威信年鉴

WEIXIN YEARBOOK

2011

威信县年鉴编纂委员会　编

云　南　民　族　出　版　社

图书在版编目(CIP)数据

威信年鉴. 2011/威信县年鉴编纂委员会编. —昆明：云南民族出版社，2011.11
ISBN 978-7-5367-5147-7

Ⅰ. ①威… Ⅱ. ①威… Ⅲ. ①威信县—2011—年鉴
Ⅳ. ①Z527.44

中国版本图书馆CIP数据核字（2011）第228201号

威信年鉴
2011

威信县年鉴编纂委员会　编

责任编辑	杨凤华
特邀校对	张秀芬
装帧设计	古仕林　杨　军
出版发行	云南民族出版社
	（昆明市环城西路170号云南民族大厦5楼　邮编：650032）
	ynbook@vip.163.com
印　　制	昆明市五华区教育委员会印刷厂
开　　本	889mm　1194mm　1/16
印　　张	22.125
字　　数	610千
版　　次	2011年11月第1版
印　　次	2011年11月第1次
印　　数	000 1～1 000
定　　价	150.00 元
书　　号	ISBN 978-7-5367-5147-7/K・1361

威信县年鉴编纂委员会

顾　　问　龙　进

主　　任　吕　磊

副 主 任　刘　坤　熊兴兰　邬春梅

委　　员　余　波　陶　义　古仕林　杨正洪

冯天学　刘华宇　彭吉武　晋　茂

潘先卫　肖昆华　汪　健

威信县年鉴编辑部

主　　编　古仕林

副 主 编　周元珠

编　　辑　魏勋健　杨　军　余　燕

彩版策划　古仕林

彩版制作　杨　军

编　　务　胡祖军　李朝燕

供稿人员

（按文稿刊载先后为序）

龙进	吕磊	刘树远	刘涛	晋其雄	陈天武	陈子毅	张宗琴
林龙秀	李绍勋	吴玲	宗吉松	李陆勇	杨健	潘先贵	曾敬连
王宗权	熊有龙	郑芳	王家强	潘先政	张泳	龚发刚	李小东
吴国庆	彭吉琼	杨永湘	杨立新	张佐香	宗大煜	陈茂林	熊顺喜
余明泉	白富元	潘涛	杨力	宗德松	周诘淞	简代平	余佑旭
潘先俊	毛义臻	郎启太	魏宝慧	李盼	熊明林	武绍春	黄锐
王金宗	李怀洪	肖剑华	陶元才	赵庆富	高武香	毕晓芹	杨富友
袁安强	秦芸	银西平	胡祖鋆	张新乔	熊瑞春	晋崇智	余腾松
张启禹	范超	赵怀毅	古仕林	王俊	王华春	兰功祥	袁尤贵
郑绍江	安定咏	程泉清	余发强	陈祥海	郑明余	雷健	古吉洪
陈忠明	刘松	武孔一	荣必中	范召贤	刘相勤	马俊	

供稿单位

县委办公室 县政府办公室

信访局 团委 外宣办 党史办 残联 人力资源开发办

上级领导在威信

2011年2月27日，国家民政部部长李立国在威信考察调研革命遗址遗迹保护及社会管理工作。

（赵世勇 摄）

2011年3月27日，省委副书记李纪恒在威信视察调研。图为在水田乡塆子古苗寨考察民族风情。

（宋海龙 摄）

2011年8月11日，省委常委、常务副省长罗正富在麟凤乡调研指导煤电一体化项目建设。

（詹生才 摄）

2011年7月14～15日，省委常委、省委宣传部部长张田欣在威信调研指导工作。

（任宗富 摄）

2011年8月6日，市委书记夜礼斌在威信调研指导文化旅游产业发展和小集镇建设工作。

（任宗富　摄）

2011年7月15日，市长刘建华在威信主持电影《扎西大转折》开机仪式。

（宋海龙　摄）

2011年5月15日，市政协主席熊启怀在威信调研指导小集镇建设工作。

（赵彪　摄）

2011年9月28日，市委副书记李勇在威信调研指导工作。

（赵彪　摄）

2011年3月4～5日，市委常委、组织部部长纳云德在威信调研指导党的基层组织建设工作。

（任宗富　摄）

2011年8月11日，副市长杨桂红在威信调研指导教育、卫生等社会事业发展工作。

（赵彪　摄）

县领导基层检查调研

2011年4月14日，县委书记龙进、县长吕磊等在庙沟乡检查指导集镇建设工作。（胡敏　摄）

2011年8月31日，县委书记龙进在三桃乡检查指导烤烟收购工作。（赵彪　摄）

2011年8月31日，县委书记龙进在罗布乡检查指导烤烟收购工作。（赵彪　摄）

2011年5月12日，县长吕磊在旧城、高田调研。（詹生才　摄）

2011年7月25日，县长吕磊在庙沟乡、长安乡和三桃乡调研指导集镇建设和烤烟生产工作。（任宗富　摄）

2011年8月7日，县长吕磊在庙沟乡调研指导集镇建设工作。（赵彪　摄）

中国共产党威信县第十二次代表大会

2011.6.15~17

龙进作县委工作报告

大会会场

分组讨论县委工作报告

大会表决

投票选举

新当选县委书记龙进发表讲话

新当选县委常委作集体公开承诺

新一届县委领导班子。书记：龙进（中）；副书记：吕磊（右五）、姚勇（左五）；常委：王维强（右四）、汤国乾（左四）、任有恒（右三）、保卫华（左三）、蒋德华（右二）、白孝华（左二）、刘坤（右一）、熊兴兰（左一）。

本栏摄影　魏勋健

威信县公安局

县人民政府副县长、县公安局局长　何国荣

政　委　余发鹏

近年来，威信县公安局在县委、县政府和市公安局的坚强领导下，以“三个代表”重要思想和科学发展观为指导，以“三项建设”和“三项重点工作”为主线，同心协力，迎难而上，通过狠抓各项工作落实，全局工作实现了刑事案件、治安行政案件打击处理数有新突破，应急处突能力有新提高，治安防控体系建设有新加强，“三项建设”和“三项重点工作”有新亮点，安全管理有新成效，公安队伍呈现“六个新”风貌，切实履行了第一责任，主动服务了第一要务，唱响了“人民公安为人民”的主旋律，为全县经济社会发展营造了良好的治安环境，得到各级各部门和社会各界的充分肯定，树立了新时期人民公安机关良好的整体形象。

局领导班子

2010年7月22日，百余政法干部检验威信治安防控体系建设成果。

2010年5月13日，省厅交警总队总队长陈新钢到水田花房子接受革命传统教育。

2010年7月21日，市委常委、市委政法委书记张朝德在威信公安局检查指导工作。

2010年7月23日，市政府副市长、市公安局局长王宇在威信检查指导工作。

“开门评警、走进110”主题宣传活动

警务综合应用平台培训

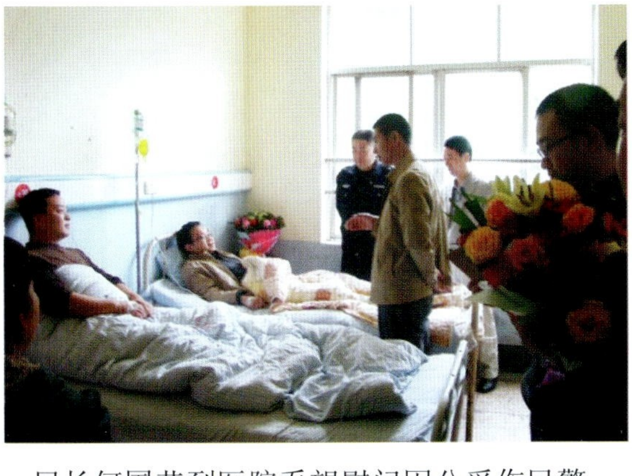

局长何国荣到医院看望慰问因公受伤民警

威信县公安局第十三届篮球运动会

局 长　王正勇

水是生命之源、生产之要、生态之基。兴水利、除水害，事关人类生存、经济发展、社会进步。2011年中央1号文件出台了《关于加快水利改革发展的决定》，把水利工作摆在党和国家事业发展更加突出的位置。省委、省政府也出台了《关于加快实施“兴水强滇”战略的决定》，作出了到“十二五”末全省将投资1000亿元左右，新开工建设100件以上骨干水源工程和100万件以上“五小水利”工程的重大决策。回顾“十一五”，县水务部门紧紧围绕县委、县政府的发展战略，与时俱进，求实创新，克服了冰冻、洪涝及特大干旱灾害等不利因素影响，全面推进水利基础设施建设，全县完成水利总投资3.44亿元，是“十五”期间水利投资的5倍。

威信县水务局

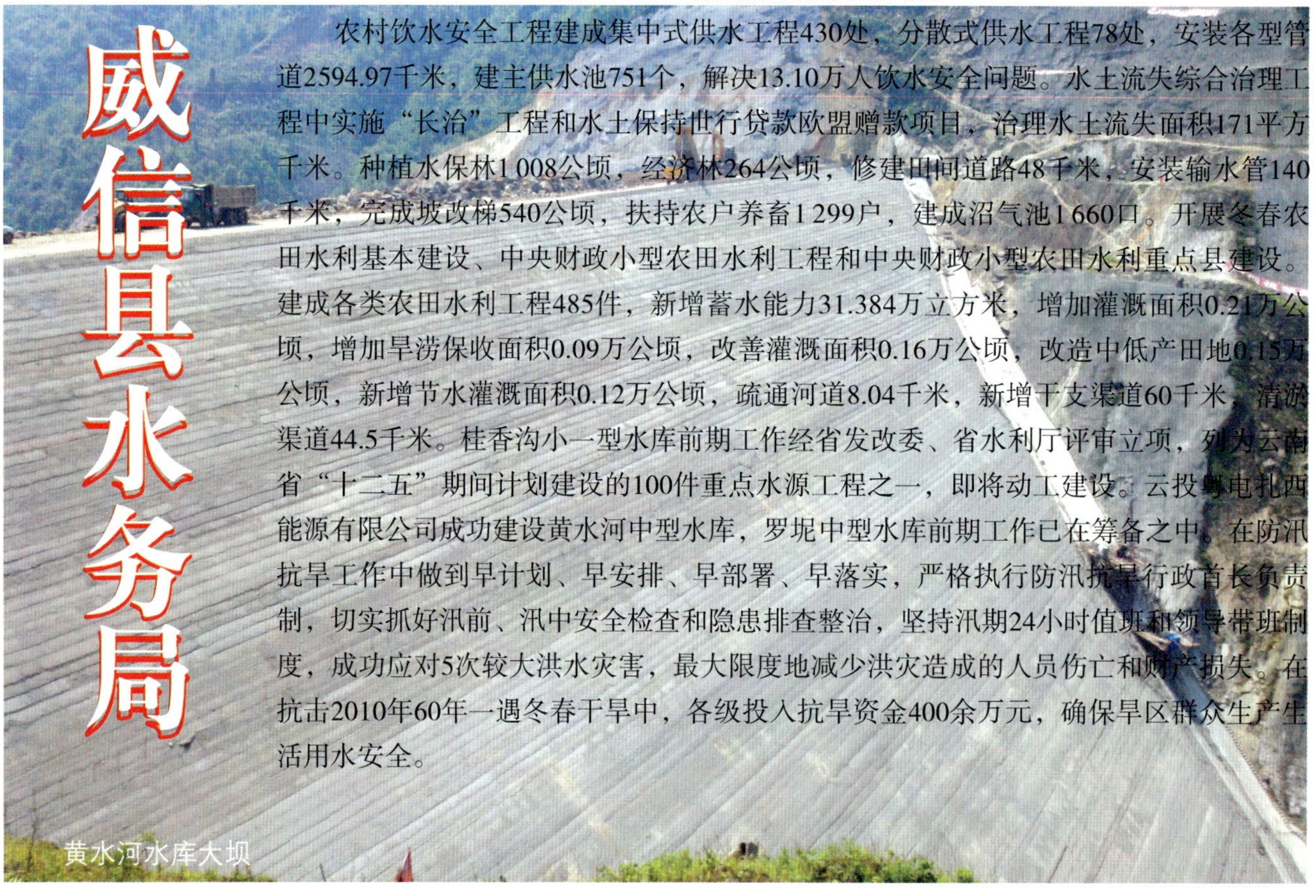

农村饮水安全工程建成集中式供水工程430处，分散式供水工程78处，安装各型管道2594.97千米，建主供水池751个，解决13.10万人饮水安全问题。水土流失综合治理工程中实施“长治”工程和水土保持世行贷款欧盟赠款项目，治理水土流失面积171平方千米。种植水保林1 008公顷，经济林264公顷，修建田间道路48千米，安装输水管140千米，完成坡改梯540公顷，扶持农户养畜1 299户，建成沼气池1 660口。开展冬春农田水利基本建设、中央财政小型农田水利工程和中央财政小型农田水利重点县建设。建成各类农田水利工程485件，新增蓄水能力31.384万立方米，增加灌溉面积0.21万公顷，增加旱涝保收面积0.09万公顷，改善灌溉面积0.16万公顷，改造中低产田地0.15万公顷，新增节水灌溉面积0.12万公顷，疏通河道8.04千米，新增干支渠道60千米，清淤渠道44.5千米。桂香沟小一型水库前期工作经省发改委、省水利厅评审立项，列为云南省“十二五”期间计划建设的100件重点水源工程之一，即将动工建设。云投粤电扎西能源有限公司成功建设黄水河中型水库，罗坭中型水库前期工作已在筹备之中。在防汛抗旱工作中做到早计划、早安排、早部署、早落实，严格执行防汛抗旱行政首长负责制，切实抓好汛前、汛中安全检查和隐患排查整治，坚持汛期24小时值班和领导带班制度，成功应对5次较大洪水灾害，最大限度地减少洪灾造成的人员伤亡和财产损失。在抗击2010年60年一遇冬春干旱中，各级投入抗旱资金400余万元，确保旱区群众生产生活用水安全。

黄水河水库大坝

桂香沟水库奠基仪式

水利宣传（演讲比赛）

省水利厅厅长周运龙一行在威信县视察工作

市水利局局长尹贵友一行在威信县视察工作

全国水利普查工作会议

防汛抗旱工作会议

世界银行、水利部专家在威信县考察工作

扎西水库

蓄水塘坝

封闭式圆形供水池

灌溉渠道

小流域综合治理

威信县卫生局

局长　张俊

副局长兼县人民医院院长　王卫

副局长　杨应勇

副局长　刘琼

近年来，威信县卫生局在县委、县政府的领导下，在广大卫生工作者和全社会的共同努力下，全县卫生事业取得了显著的成绩，人民健康水平进一步提高。

医疗卫生服务体系进一步加强。全县医疗卫生机构有卫生工作人员555人；卫生专业技术人员465人；每千人拥有卫生专业技术人员1.1人；实际开放病床672张，每千人拥有床位1.6张。共有公立医疗卫生机构14个，村卫生室83所，民营医院5个，个体诊所5个，社区卫生服务站4个。

新型农村合作医疗工作稳步推进。2010年全县参加新农合357 361人，参合率96%；共筹集资金5 003.054万元，其中个人缴纳714.722万元；全年累计减免补偿3 680.95万元，受益人员84.87万人。

基本公共卫生服务均等化平稳推进。全县农村居民健康档案完成11.22万人份，城镇居民健康档案完成1.57万人份，完成电子健康档案建档2万余人份；免费为贫困白内障患者开展复明手术121例；累计完成除氟改炉86 054套，受益人口达31万。

防预保健工作得到全面落实。2010年，全县无甲类传染病，共报告法定乙类传染病7种852例，死亡1例，总发病率207.47/10万；计划免疫以乡镇为单位接种率达95%以上；完成HIV自愿咨询监测300人份，结婚人群检测2 326例，孕产妇抗体检测1 998例；使用“降消”项目经费157.46万元，救助孕产妇4 548人；孕产妇保健覆盖率98.50%，住院分娩率85.99%；7岁以下儿童接受保健服务覆盖率93.14%。

群众就医条件明显改善。全县各村卫生室及乡（镇）卫生院相继改扩建完成，扎西、旧城、麟凤中心卫生院配备了救护车，投资3 234万元的县人民医院门诊医技楼也将在2011年底竣工。

中医药事业进一步振兴。全县有中医药人员52人，中医床位90张。针灸康复专科、中医急诊能力建设、中医骨伤专科等中医特色专科相继建成并投入使用，90%的乡镇卫生院都设置了中医科和中医药房。

卫生行政执法进一步加强。2010年，县城餐饮业、学校食堂、工地食堂从业人员持证率100%，公共场所从业人员持证率99.61%；共查处非法行医20起，收缴医疗器械、药品等价值约2 000.00元，没收违法所得7 189.30元；职业健康体检1 365人。

集中学习科学发展观

基层调研

党员义诊

慰问贫困群众

乡村医生培训

“无烟日”宣传

乡镇卫生院

村卫生室

威信县人口和计划生育局

局 长　王绍雷

副局长　张朝友

副局长　李克江

近年来，威信县人口和计划生育局认真贯彻落实中央、省、市人口和计划生育工作的决策部署，紧紧围绕全县经济社会发展的总体思路、重大计划，全面深化综合改革，创新工作机制，科学把握人口发展趋势，做好人口发展战略的衔接。坚持计划生育基本国策，严格控制人口增长速度，促进人口长期均衡发展，广泛开展统筹解决人口问题的宣传倡导，建设新型家庭人口文化，营造良好的人口舆论氛围和社会环境，建立健全利益导向体系，提高计生家庭发展能力。推进优质服务提质提速，努力使县、乡计划生育服务工作成为当地群众首选的生殖健康服务优质资源，依法行政，全面推进诚信计生，维护社会和谐稳定。深入开展关爱女孩行动，促进男女平等，促进出生人口性别比趋向平衡。重视研究人口老龄化问题，以建设开发高质量的全员人口信息资源为核心，为人口决策、服务和管理提供有力支持。全面建立流动人口计划生育服务管理“一盘棋”机制，提升流动人口基本公共服务项目均等化水平，充分发挥计划生育协会等群团组织的生力军作用，深入细致地做好群众工作，不断实现计划生育村民自治，提高人口素质，改善人口结构，均衡人口发展，努力开创人口和计划生育工作新局面，为全县经济社会发展提供良好的人口环境作出了积极贡献。

“十一五”期间，人口和计划生育工作成效显著。人口出生率由“十一五”初的10.26‰降到了“十一五”末的8.12‰，人口自然增长率由“十一五”初的4.36‰降到“十一五”末的2.81‰。一放率由63.7%上升到70.9%，二扎率由73.2%上升到80.3%，计划生育率由86.2%上升到88.8%。“十一五”期间全县共控制少出生人口7 000人左右，节约了大量的社会扶养费，产生巨大的经济效益和社会效益。在基础设施、建设流动人口管理、生育关怀、预防出生缺陷、人口老龄化、性别比偏高、推套防艾、优质服务等方面取得明显成效，2008年成功创建成为省级计划生育优质服务先进县。

服务中心大楼

考核人口和计生工作

全县计划生育工作推进会

妇女生殖健康普查普治启动仪式

人口和计划生育宣传

旧城镇开展计生台账管理

关爱独生子女

优生优育宣传服务

业务培训

计划生育宣传教育

三桃乡计生服务站挂牌成立

威信县供销合作社联合社

Weixinxian gongxiao hezuoshe lianheshe

主 任　陈光勇

副主任　杨成湘

副主任　任家麒

联合社干部职工

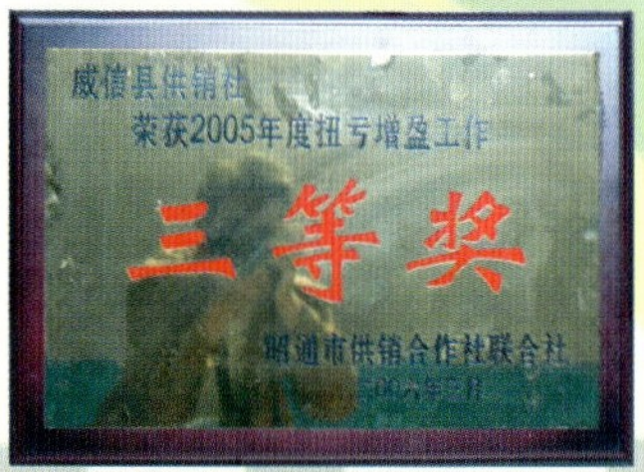

2011年，威信县供销合作社联合社机关共有人员12人，内设办公室、会计股、经济发展股、社属资产管理股4个股室。

近年来，县供销合作社按照上级领导“发展要有新思路、改革要有新突破、工作要有新举措”的要求，以“乡村流通工程建设”为中心，发展“两社一会”为重点，扎实推进供销社“二次创业”工作。全县累计发展“两社一会” 133个，其中发展各类农民专业合作社37个、农村综合服务社91个、各类协会5个。在发展农村合作经济组织及完成综合目标责任中，先后被市供销社评为特等奖、一等奖、二等奖。2010年，经营总额完成8 366万元，占计划8 000万元的104.58%；化肥销售完成12 246吨，占计划12 000吨的102.5%；实现利润109万元，占计划90万元的121%。

“十二五”期间，全县供销系统将严格按照县委、县政府及上级联社的总体安排和部署，紧紧围绕建设社会主义新农村这一宏伟目标，立足“三农”，着眼于全县改革、发展、稳定大局，进一步理清工作思路，创新工作方法，顺势而谋，趁势而上，为促进农民增收、农业增效、农村发展作出新的更大的贡献。

永盛黄牛养殖专业合作社

双河乡官田坝养猪场

威信县畜旺养殖专业合作社

扎西镇沙子坡农资经营部

石坎针纺织品经营部

石坎五金交电经营部

罗布簸箕综合经营部

旧城自来水服务站

双河乡偏岩村综合经营部

高田新华综合经营部

云南广播电视信息传播网络股份有限公司
威信支公司

经 理　王建远

副经理　魏仁碧

云南广播电视信息传播网络股份有限公司威信支公司（简称威信支公司）成立于2005年1月，属云南广电网络集团昭通分公司分支机构。主营无线、有线、卫星广播电视、互联网、广告代理及其相关产业。公司经营管理体制为一级法人，授权经营，集中管理，统一核算。威信支公司成立以来，在上级公司和威信县委、县政府的关心支持和帮助下，以安全传输、安全播出、安全营运为主线，以服务用户为中心，以做大做强为载体，大胆探索和实践现代企业先进管理体制和模式。5年来，公司通过不懈的努力和追求，全县用户不断增长、收入不断增加，成本控制、营业利润等主要指标成效显著。2007—2009年均被省广电网络公司表彰奖励为经营工作先进集体，2009年被省广电网络公司表彰奖励为党的“十七大”安全播出工作先进集体。2009—2010年均被昭通分公司表彰奖励为经营工作先进集体。到2010年12月底，全县有线电视用户达到15 000余户，年收入达到400余万元，年增长25%。县城数字电视整体转换已全面完成，全县10个乡镇实现“乡乡通”有线电视并将在1～2年内实现数字化转换，国际互联网接入经营资质已经获得。面对三网融合的契机，通过“十二五”期间的努力，公司将实现营业收入近800万元、人均产值40万元的目标，力争通过10年的努力，将公司打造成为一个年收入上千万元、利税超过百万元的县级企业。

数字电视机卡配对机房

播控机房

公司营业厅

抢修长线光缆

威信县扎西中学

扎西中学坐落于革命历史名城扎西南郊，学校创建于1982年。2011年校园布局整齐划一，幽雅宜人，建有教学楼、实验楼、学生住宿楼等6幢建筑主体，占地4.67万平方米，总建筑面积2.74万平方米；有教职工160人，其中专任教师150人（高级教师15人、一级教师80人、初级教师55人），有学生3 600余人。

校 长　王显波

近年来，学校坚持“以德树人、以质立校”的办学理念，提出“依法治教、诚信立校、科研兴校”的办学思路，创建现代项目示范学校，提高管理水平，树立新的形象，赢得社会各界的广泛赞誉。把“爱国守法、明礼诚信、团结友爱、爱岗敬业、教书育人、为人师表”六项内容作为常抓不懈的永久课题。提出“爱校如家、爱生如子、身正为师”的口号。以素质教育为核心，以德育为根本，建和谐校园，创平安班级。在上级部门的关心和各届校领导班子的重视及广大教师的努力下，学校连年被评为省、市级“文明学校”，县级“文明单位”、“示范学校”、“青年文明学校”、“德育先进单位”等荣誉称号，2009—2010年均获全县教育目标管理第一名。学校积极推进教育科研，建立课题网络，推行三级课题管理，人人有压力，个个有信心，形成教师之间相互比教学、比教研的浓厚氛围。教师曹安云的省立项课题《农村初中物理探究教学实验研究》及张绍英的《基于计算机网络的信息技术课堂教学研究》于2010年6月结题。有两名教师分别获省“骨干教师”、“学科带头人”称号，多名教师参加课堂竞赛获省、市、县级奖励。教师论文及课件获全国、省、市级奖12篇（件），获县级奖29篇（件），在各级各类教育刊物上发表文章50余篇。正是由于管理上深化改革，以管理促教研，以教研促教改，教育教学质量迅速提高，得到县委、县政府以及县教育主管部门的充分肯定和社会各界的高度评价。

学校行政会议

新建教学楼

扎西镇领导调研教育工作

人口普查宣传演讲比赛

教学教研工作会

教师上公开课

发放学生生活补贴

签订安全责任书

教学公开课点评

教学开放周活动点评

法制宣传教育

学生实验

学生篮球赛

校长　徐勇

威信县高田中学

威信县高田中学位于县城东北30千米处，1979年始建于风景优美的观斗山下，1983年迁址于高田村公布社犀牛山脚下。2011年学校占地3.63万平方米，建筑面积0.85万平方米，操场面积800平方米，有绿色基地5亩，有图书1.79万余册，生均11.7册。学校建有教学楼、实验楼、教师楼、男女生宿舍楼、师生食堂各一幢。配有多媒体教室、计算机网络教室、多功能电教室和生物、化学、物理实验室等（均达到I类标准配置），学校办公室均有接口与宽带网联接，校园网站更新及时，功能齐全，并能发挥管理功能。

学校共有20个教学班，在校学生1488人，其中女生600多人。住宿学生900多人。教职工55人，平均年龄30岁左右，专任教师51人，其中，本科23人、专科28人，学历达标为100%，中高职称1人、中一15人、中二28人。县级学科带头人5人，县级骨干教师7人，参与省级骨干教师培训2人。

建校30年来，在历任校长的精心培育下，学校坚持以“德育放首位、教学为中心、教研作先导、质量是生命”的办学方针，本着以“共同发展、主动发展、创新发展、优质发展”的办学理念以及“以生为本、关注生命、乐观自信、幸福成长”的育人精神，坚持“一切为了学生，为了学生一切”的办学思想，形成“诚信、励志、博学、笃行”的校风和“勤奋好学、刻苦踏实、循序渐进、开拓进取”的学风及“认真负责、循循善诱、严实训练、讲求实效”的教风。学校坚持以法治校、以德立校，以学生发展为本。曾先后被昭通市委、市政府授予先进文明单位；县委、县政府综合考评为教育教学质量综合评定三等奖；被县教育局授予教育科研工作一等奖称号；多次被县教育局评为安全工作一等奖、二等奖和教育目标管理二等奖、三等奖。2011年学校被县教育局授予平安校园称号。

近年来，学校在上级教育主管部门的指导下，在“以人为本，传承文明，以研导行，开拓创新”理念引导下，全面优化学校科研环境，进一步规范学校科研工作，着力提高学校教育科研水平，促进教师的专业化发展。学校教育科研取得丰硕的果实：有省级立项课题，教师论文有多篇在国家级、市级、县级的教育刊物上发表和在省教科院组织的论文竞赛中多次获奖。学生的作文也有获得国家级、市级、县级奖励的。教育质量取得了可喜的成绩，升学率逐年上升，2008—2010年分别升学84人、118人、140人。学校重视学生素质教育，开展丰富多彩的文体活动，形成良好的文化氛围。

成绩属于过去，高田中学在今后的教育教学工作中还将再接再厉，抓规范、强师德、重教改、促质量，3年内打造科学规范的教学管理；铸名师、育英才、创特色、建名校，5年内形成独具特色的育人风格，争创县市级规范化学校。

实验室

食　堂

新建的女生宿舍

新建的男生宿舍

表彰奖励学生

课堂教学

学生实验课

微机课

图书室阅读

威信县扎西小学

校 长　杨 政

扎西小学是一所环境幽雅、历史悠久、钟灵毓秀、人才辈出的学校。初创于清光绪三十二（1906）年。学校占地面积20 440平方米，建筑面积约15 000平方米。有34个教学班，在校生2 711人，教职工110人，其中，特级教师4人、小学高级教师85人，国家级骨干教师1人、省级骨干教师2人，已获本科学历的教师5人，大专学历教师占全校教师总数的90%。学校各种硬件设施完备，设有自然实验室、图书室、电教室、多媒体教室；有一个面积约4 000平方米的塑胶运动场，4个篮球场，一套健身器材，8个乒乓球台。

扎西小学经过多年的自强不息、勤耕不辍、与时俱进、开拓创新，获得了一个个可喜的成绩。学校先后被评为省家庭教育先进单位、云南省语言文字示范学校、德育先进学校、全省首批电化教育优类学校、全省体育工作先进单位、省二级示范学校。

副市长韩梅到学校检查指导工作

近年来，学校以科学发展观为指导，全面贯彻党的教育方针，深入学习贯彻《国家中长期教育改革和发展规划纲要》，坚持“管理是第一要务，教师是第一资源，质量是第一生命”的理念，以“育人为本，改革创新，促进公平，提高质量”为工作指针，以打造高素质的师资队伍为着力点，以强化常规管理为抓手，以提高教育教学质量为核心，以“创先争优”为载体，以创建“云南省现代化教育示范学校”、“国家级青少年体育俱乐部”为契机，团结广大教职工，齐心协力，与时俱进，将学校各项工作推向了一个新的台阶，取得了丰硕的成果。学校被县教育局评为学校体育工作专项督导先进单位、学校安全工作一等奖、教育目标管理一等奖等。学校支部被县直工委评为先进基层党组织。学校被市委、市政府评为平安校园。2009年学校舞蹈队编排的舞蹈《螃蟹乐》参加在澳门举办的全国少儿艺术电视展演活动，荣获金奖。2010年组织学生参加“云南省科技创新大赛”活动，有56人次获得各类科技创新奖；同年，学校编排的舞蹈节目《收麦场上》参加在北京举办的“朝霞杯”第六届全国儿童艺术展演暨魅力校园“六一”晚会展演活动，荣获金奖，学校被评为素质教育特色学校。2011年学校被评为云南省语言文字示范学校，先后被昭通市评为平安基层先进单位、“五五”普法先进单位、先进基层党组织、市教育局先进基层党组织。

省教育督导团到学校检查指导工作

教泽长流，德润千秋。扎西小学将继续在威信红色革命老区这块红土上缔造教育的传奇，续写教育的辉煌篇章。

市教育局副局长吴敏（前排左二）到学校检查指导工作

舞蹈《螃蟹乐》在澳门……文艺展演

学生达标运动会上的拔河比赛

美丽整洁的校园环境

“七彩阳光童心飞扬”小歌手比赛

植树活动

开放周活动教师专题发言

消防演练

灵动的课堂

毕业班篮球比赛

别具一格的大课间活动

威信县逸夫小学

学校领导班子（前排左四为校长李朝保）

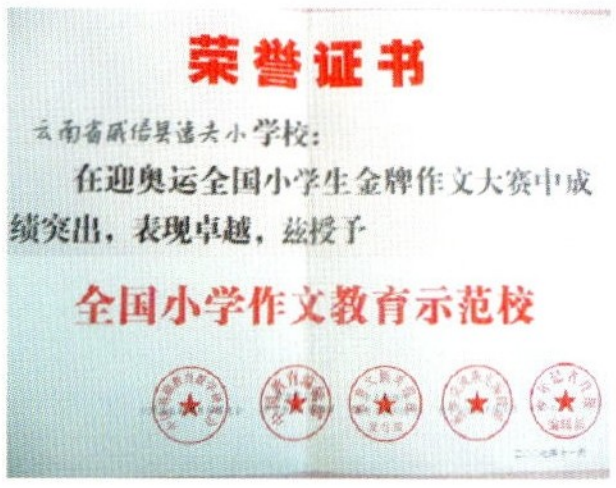

威信县逸夫小学位于扎西镇海子社区，创建于2002年，学校因邵逸夫先生捐资修建而得名。校园占地面积13 522平方米，建筑面积5 513平方米。2011年春季学期教学班级达28个，学生2 100余人，其中，女生934人，少数民族学生82人。学校教职员工85人，其中，工勤人员3人，专任教师82人；小学高级教师59人；省级学科带头人、骨干教师8人；本科学历10人、专科学历68人，专科以上学历占教职工总数的92%。

学校以“德智兼修、手脑并用”为校训，以“说实话、干实事、做真人、求真理”为校风，以打造“诗韵、书香、人文”为办学特色，以“一切为了师生的发展”为办学理念，以“依法办校、特色立校、管理兴校、教师强校”为办学思路。建校9年来，学校全体教职工识大体、顾大局，心往一处想，劲往一处使，战胜发展过程中一个又一个困难，取得骄人的办学业绩。特别是将诵读经典诗文作为提高学生人文素养的基本途径，通过建诗画文化墙、编一套经典诗文韵律操、办经典诵读专栏和校园广播站，宣传中华优秀传统文化，开展形式多样的活动，让全校师生颂诗、唱诗、绘诗、演诗，展现了中华经典诗文的独特魅力，激发学生亲近中华诗文的热情。2002年至今，教师参加省、市、县各级课赛获奖达20余人次，在各级各类刊物发表、获奖文章达30余篇。学校多次被昭通市委、市政府和威信县委、县政府评为先进单位、文明单位。2007年被中国基础教育教学研究会、中国教育编辑部等5个单位授予“全国小学作文教育示范校”；2008年被国家教育部基础教育司授予“全国经典诗文诵读实验学校”；2009年获“学校安全工作一等奖”；2010年获“全县教育系统党风廉政建设先进单位”，“安全管理先进学校一等奖”，“学校教育目标管理工作一等奖”，“体育目标专项督导一等奖”，“中小学生田径运动会团体第二名”，“教育部全国教育科学‘十一五’规划课题‘新经典诵读实验研究’成果展示一等奖”。

庆“六一”经典诗文朗诵汇演

师德师风学习整顿动员大会

多媒体教学

开展送教下乡活动

清明节师生到扎西烈士陵园扫墓

开展学生体质健康标准测试运动会

学校自编古诗韵律操

校 长　朱良才

副校长　管彦信

副校长　熊 明

扎西镇中心学校

2011年，扎西镇中心学校辖20所完小、11个教学点，民办学前教育17所，其中，云南省示范家长学校2所，云南省留守儿童、流动人口子女示范家长学校1所，市级家庭教育示范学校4所，市级文明学校1所，县级文明学校8所。共有教学班204个、学生8 864人。有教职工419人，其中，专职教师411人、工勤人员8人。有小学高级教师233人、一级教师170人、二级教师8人。本科、专科、中专学历分别有3人、203人、205人。省、市、县、镇级骨干教师分别有3人、5人、15人、25人。全镇学校占地6.54万平方米，生均7.38平方米；学校建筑面积2.97万平方米，生均3.35平方米。有图书5.76万册，生均6.5册。有实验室456平方米、仪器保管室341平方米，其中，一、二、三类实验室分别有6所、3所、2所。有卫星教学收视点20个、光盘播放点12个。校园绿化面积35%。学校先后被评为县级文明单位、教育科研先进集体、教育系统行风建设先进集体。2011年，道红、田坝、庙坝3所学校分别被云南省妇联、省教育厅、省文明办和省机关工委联合命名为“云南省示范家长学校”、“云南省留守儿童、流动人口子女示范家长学校”，李唐玲、刘扬两名教师于5月代表昭通市参加全省中小学音乐、美术课堂教学竞赛分获二、三等奖。

近年来，中心校牢固树立和落实科学发展观，坚持“管理是第一要务、教师是第一资源、质量是第一生命”的教育工作理念，秉承“严谨、奉献、创新”的管理工作理念，树立管理出质量、管理保平安、管理促稳定的观念，以现代管理理念为抓手，加强学校管理规范化建设，建立健全管理制度，严格落实目标责任制考核，抓实抓细教学过程管理，把先进的管理理念和方法向辖区学校推进，逐步实现学校科学、规范和人性管理，有效保障学校的可持续性发展。坚持育人为本、德育为先，以少先队活动为主阵地，深入持久地开展道德、法制、健康等各种德育主题教育活动，“三生教育”有声有色。着力打造“文化校园、书香校园、特色校园”，开展丰富多彩、精彩纷呈、底蕴丰厚的各种文体活动。2010—2011年，中心校连续举办两届“庆五一、迎七一”、“健身杯”气排球运动会，2011年隆重举行“庆六一、迎七一”文艺汇演，均收到较好的社会反响和得到群众的高度评价。学校紧紧围绕“抓管理、提质量、促发展”的主题和“严要求、轻负担、高效益”的目标，全面实施素质教育，深入推进教育教学改革，积极组织和参加教学研究活动，实现教学研究上档次、教学管理上水平、课堂教学出效率、教学质量上台阶。抓好骨干教师的评选和培养，以桂花、茶腊园、观音、道红、石龙5所城郊学校为中心，分片区定期开展骨干教师送教到校教研活动，促进城乡教育均衡发展。同时全面推行“一镇三乡六校”（扎西镇，水田乡、双河乡、麟凤乡，扎西小学和扎西、石坎、水田、双河、麟凤5所中心校）教育教学经验交流合作机制。全镇已基本形成“一校一课题”的格局，有省级课题3个（其中1个课题已结题）、市级课题5个(其中1个已结题）、县级课题2个、镇级课题3个。

“长风破浪会有时，直挂云帆济沧海。”扎西镇中心学校将乘着教育教学改革的时代东风，以科学发展观为指导，秉承优良的作风、校风和学风，与时俱进，厚积薄发，朝着管理科学、教学规范、学生文明、校园整洁、整体和谐的方向发展。全体教职工将按照已绘就的“十二五”蓝图，继续发扬勇于改革、勤于探索、乐于奉献、敢于拼搏的精神，开拓创新，锐意进取，努力谱写扎西教育辉煌的新篇章！

市教育局副局长吴敏检查扎西镇“两基”工作

表彰奖励优秀教师

课堂教学竞赛开幕式

教师刘扬在个旧参加全省美术课堂教学竞赛

2011年送教到校活动

教师李唐玲在楚雄参加全省音乐课堂教学竞赛

桂花小学庆“六一”活动

全镇小学生庆“六一”文艺汇演

扎西镇石坎中心学校

校 长　吴化强

学校领导班子（左二为校长吴华强、左一为副校长曾敬富、右二为副校长段国兴、右一为支部书记邓尚军）

扎西小学教师陈攀到校上示范课

法制讲座

教师郑伟代表昭通市在省上参赛

书声朗朗

教学研讨会

“爱国爱家”诗文朗诵比赛

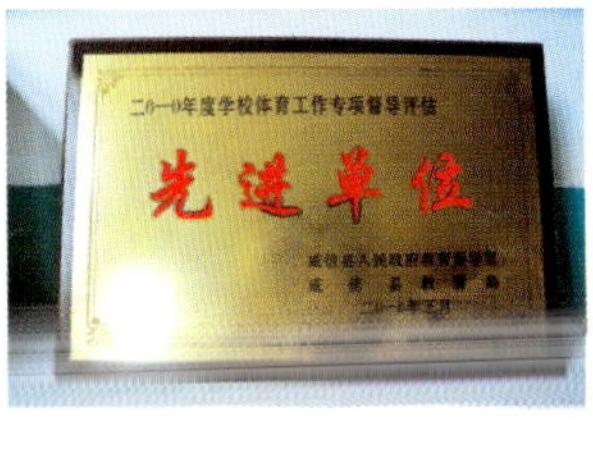

石坎中心学校位于扎西县城东隅17千米处，与著名的庄子会议会址毗邻。2011年所辖区域有小学15所，其中，完小14所、单小1所。有98个教学班，学生3 940人。有专职教师197人，专科及以上学历教师占75.5%，其中，小学高级教师93人、一级教师97人、二级教师6人、未评级教师1人。有省级骨干教师2人、市级骨干教师1人、县级骨干教师11人。

学校以“快乐校园，为幸福人生奠基”为办学理念，确立了“常规立校，科研强校”的工作思路和“创优质教育环境、办人民满意教育”的工作目标。学校围绕“让每一个教师享受职业的尊严与幸福”的主题，把培养睿智大气的教师作为学校发展的基础工程，开展各种教学研究和学习活动，努力拓宽教师视野，提高教师人文素养和学科素养，让教师在更高更宽的平台上寻找自己的起点和目标；围绕培养“活泼开朗、自信大方”的后备人才这个具体目标，努力创设和谐舒畅的育人氛围。在管理方式上，让更多学生参与管理，丰富学生角色体验，促进学生主动健康成长；在教育教学上，以促进学生的发展、张扬个性为基本理念，倡导自主、合作、探究的学习方式，让学生真正成为学习活动的主体，使其得到全面、持续、和谐的发展。坚持开展丰富多彩的活动，让学生在活动中增长知识、学会做人、获得能力。关注每一个儿童的身心健康，为他们提供更多更好的帮助，促进其快乐成长，使校园充满天真与快乐，焕发出生命的活力。

石坎中心学校教师始终团结一致，以饱满的热情投入到教育教学改革洪流之中，为石坎教育的发展书写着辉煌的篇章。学校多次被市委市政府、县委县政府评为先进单位，教育科研工作连连获中央教科所、省教育厅、省教科院、县教育局表彰奖励，居全县前列；教育教学成绩在全县乡镇学校中位居前茅，辖区7所村级完小均为县级文明学校。

面对新形势，学校将继续加大教育教学改革的步伐和教育科研力度，坚持教育科研与素质教育相结合，以课程改革为动力带动学校全面工作的开展，使教育教学改革之花在石坎这片红色的圣地上处处含苞绽放、硕果盈枝！

“六一”演出

石坎小学

篮球运动会

唱红歌比赛

校 长　李宗全

校领导班子

求真务实　锐意进取　开拓创新

—罗布乡中心学校

搭建平台锻炼体魄

多彩的教师活动

素质教育成果汇报演出

幼儿教育

罗布乡中心学校坐落在群山环抱的南广河畔。2011年全乡共有校点37个，其中，完小24个、单小7个、一师一校6个。教学班188个，在校学生6 537人。私立幼儿园一所，在园幼儿88人，教师6人。私立学前班3个，学生100人，教师3人。有教职工372人，在岗专任教师267人，代课教师105人。专任教师中，小学高级教师117人、一级教师123人、二级教师27人，省级骨干教师2人。

近年来，学校始终坚持全面贯彻党的教育方针，不断巩固“两基”成果，大力推进素质教育进程，思想上与时俱进，工作上求真务实，绩效上争先创优。以“依法执教、科学管理、突出质量”为管理理念，始终围绕“强化一条主线（教育管理）、落实一个中心（提高教育质量）、抓住一个重点（加强教师队伍建设）、抓实一个关键（安全工作）”的工作思路有条不紊地、创造性地开展教育教学工作，并致力打造务实、进取、创新的威信教育品牌。学校始终以教育科研为先导，依托一种模式，在全乡小学开展“先学后教、当堂训练”课堂教学改革，致力提高课堂教学效率，教育科研课题研究蔚然成风。目前，学校拥有省级立项课题2个、县级研究课题3个、乡级研究课题3个、校级研究课题13个。有30多篇教学论文在有关教育刊物上发表。

群山作证，碧水陪行。伴随着点滴的成功，学校在教学改革的长河中一路走来。其间凝聚着智慧火花的闪耀与辛勤汗水的挥洒。各项办学成果得到了上级部门的赞同和肯定，多次获得市、县表彰。学校组织开展的教师课堂教学竞赛、素质教育成果汇报演出、德育活动、师生演讲比赛、教师篮球运动会和教师象棋比赛等教学活动得到各级领导、学生家长和社会的好评，被昭通电视台、《昭通日报》、威信党建网、威信电视台、威信新闻网和威信教育网等多家媒体报道。先后有1名教师被评为市级优秀教师、26名教师被评为县级先进教师、5名教师被评为县级先进教育工作者。特别是2010年度，学校在教育目标管理、党风廉政建设、安全工作和体育工作专项督导评估等县教育局考核评估的工作中，包揽了所有考核评估工作全县第一。

立足现实，展望未来，罗布乡中心学校领导班子与全体教师将同心协力、一如既往、踏实进取，办人民满意的教育，育人民满意的学生。在巩固升华“两基”的基础上着力推进全乡小学教育的内涵发展、特色发展和公平发展，致力描绘南广河上游河畔光彩明艳、美丽怡人的小学教育风景。

乡中心校办公楼

罗布小学

花园式的村完小

科学布置、共谋发展

政治理论学习

教师节座谈会

表彰先进教师

课堂教学竞赛活动

科学发展观演讲比赛

护林安全教育

做人师　培优师　树名师

——发展中的三桃乡中心学校

校长　周超

党总支书记　吴天强

副校长　牟延生

副校长　李政贵

国家教育部基础教育课程质量监测视导员到学校视导质量监测工作

市教育局副局长吴敏深入三桃小学察看校安工程建设征地落实情况

县政府副县长李朝伟到学校检查指导工作

三桃中心校与逸夫小学结对发展

四川珙县王家镇百花小学与三桃柑子小学教师篮球友谊赛

柑子小学与四川百花小学教学交流活动

县第二小学送教到三桃乡活动

三桃乡2009年小学毕业班复习教学研讨会

三桃乡中心学校2009年课堂教学设计研讨活动

三桃乡中心学校第26个教师节表彰大会

2010年，三桃乡中心学校辖完小13所、单小及一师一校10所，共有教学班106个，在校学生5 237人，在校适龄儿童4 998人，入学率99.86%。有专任教师150人，其中学历合格教师147人，学历达标率98%。学校占地面积5.29万平方米，生均占地面积10.09平方米。校舍建筑面积2.06万平方米，生均校舍面积3.82平方米。有图书3.05万册，生均5.6册。

学校始终坚持“以人为本，务实创新，科研兴校，和谐发展”的办学宗旨，紧紧围绕“强素质，树形象，敢创新，上质量”的治校理念和“做人师、培优师、树名师”的发展目标扎实有效地开展工作。

2009年，新的领导班子调整后，结合实际提出了抓好“七个一”（锁定一个要务〈管理〉、落实一个责任〈安全〉、围绕一个生命〈质量〉、抓住一个资源〈教师〉、坚持一个中心〈课堂〉、强化一个机制〈奖惩〉、狠抓一个细则〈考核〉），营造“两个好”（教学热情好、学习气氛好），兑现“三个奖”（奖学生、奖教师、奖学校），力求“四个及”（及时组织、及时完成、及时总结、及时汇报），争创“五个优”（学生行为优、教师师德优、学校管理优、育人环境优、教学质量优），实现“六突破”（教师树立新形象、科研彰显新气象、质量上个新台阶、财务管理新飞跃、考核绩效新组合、评优晋级新方案）的教育教学改革新思路和新举措的工作目标。同时制定下发《各类人员管理细则》及教学“六环”检查办法、《三桃乡中心学校班主任考核条例》、《留校人员职责》、《监考组长职责》、《监考教师职责》、《评卷小组长职责》、《评卷人员细则》、《试卷保管、运送人员职责》等制度20多个，有效促进制度化建设。在教育科研工作中，学校申报《农村小学学习潜能生转化工作的研究》、《农村小学语文课堂教学环节有效性策略研究》、《农村小学生良好卫生习惯养成教育研究》、《农村留守儿童心理健康教育个案问题的研究》、《农村小学毕业班留守儿童心理健康教育》等市、县级研究课题5个，并取得了诸多的成就。在教育教学管理中以“抓规范、强管理、重过程、提质量”为宗旨，积极走横向交流、共同进步、纵向联系、协调发展的路子。2009—2011年我校与威信县逸夫小学、威信县第二小学、四川省王家镇中心学校等学校开展数次课堂教学交流活动。同时积极争取上级主管部门的支持与指导，请有关专家到我校进行专题讲座及教师培训达10余次。2009年，三桃乡中心学校获新一轮民族地区中小学教师综合素质培训先进单位；2010年获威信县体育工作专项督导评估先进单位；2009—2010年获教育目标管理和学校安全工作管理均获县二等奖。同时，学校还先后被评为县级文明单位、市级先进基层党组织等。至2010年，教职工中有100多人次获得各级党委、政府及教育主管部门的表彰奖励。教师撰写的论文在国家、省、市、县级教育刊物上发表40多篇。学校教师在县级教学竞赛中获奖20多人次。

几经风雨，几多沧桑。三桃乡中心学校的全体教职员工正以饱满的热情，务实的作风，过硬的教技，深入的研究，全心的投入，乘风破浪，为建大校、创名校积极、扎实工作。

三桃中心校与四川王家镇中心学校开展“手牵手”教学交流活动

三桃乡中心学校参加三桃乡第二届“健身杯”篮球运动会

三桃乡中心学校2011年教育工作会

校 长 宗德强

副校长 宗大武

副校长 徐大清

麟凤乡中心学校

市教育局副局长吴敏到学校检查指导工作

2011年，麟凤乡中心学校辖25所小学，其中，乡中心小学1所，村级完小9所，村级下属完小6所，单小和一师一校9所。有省级文明学校1所、市级文明学校5所、县级文明学校10所。有教学班160个，在校学生6 172人。适龄儿童6 172人，入学率100%。有教师262人，其中，专任教师235人，小学高级教师90人，小学一级教师102人，小学二级教师43人；本科学历9人、专科学历119人、中专学历90人。全乡小学学校占地面积54 204平方米，生均占地8.8平方米；校舍建筑面积为29 846平方米，生均4.84平方米。全校有图书42 586册，生均藏书量6.9册。完小以上学均有图书室、远程教育室、科学实验室、会议室等各种功能室。

近年来，学校领导班子始终以“服务学校、服务教师、服务学生”为主旨，以“以德立校、质量强校、科研兴校、特色显校”为目标，进一步端正办学思想，更新教育理念，完善管理制度，取得可喜的成绩。学校以教育科研为先导，确定教育科研的中长远目标，以课堂教学为主渠道，每期开展一次全校性大型研讨活动；以“二教”（目标教学、尝试教学）为实验推广突破口；以“三主”（教师为主导、学生为主体、训练为主线）为教学原则；实现教学“四大转变”（变课堂为学堂、变学会为会学、变被动为主动、变讲授为合作），形成了以研促教、以研求质的良好氛围。学校多名教师参加各类教学竞赛活动分别获一、二、三等奖；各类教学论文共320余篇分别在国家级、省级、市级、县级刊物上发表；麟凤小学被立为“全国尝试教学实验基地”。

学校管理逐渐规范。学校领导科学管理、务实创新，教师严谨治学、乐于奉献，学生严于律己、奋发向上，形成了和谐、自主、严实、奋进的校风和格高、业精、务实、创新的教风及主动、博学、活泼、向上的学风，学校已初步形成安定团结、宽松和谐的政治氛围和循之有序、运转有效的良好管理格局。

柴家井道红小学（底图）

麟凤小学

坪房小学

积极开展乡内教研

书声朗朗

活跃的课堂

代表威信县外出参赛的教师

交警大队麟凤中队在斑鸠小学开展道路交通安全教育

多彩的儿童活动

完善的少先队活动室

规范的实验室

要事剪影

2011年4月16日，威信县大型献礼新红歌《红哥哥》在扎西镇院子村开拍录制。（詹生才 摄）

2011年4月19日，中央电视台在威信摄制采访军民传承红军长征精神专题节目。（赵世勇 摄）

2011年7月1日上午，云南省旅游系统庆祝建党90周年、大力推进云南红色旅游发展系列活动之云南红色旅游宣传活动暨红色旅游景区的《长征云南不朽记忆》电视纪录片首播仪式在威信县扎西体育广场隆重举行。（任宗富 摄）

2011年7月1～2日，省旅游局在威信举行云南红色旅游宣传系列活动。图为“当一天红军”，在扎西会议会址重温入党誓词。（任宗富 摄）

2011年7月15日，电影《扎西大转折》开机拍摄仪式在扎西会议会址隆重举行。（宋海龙 摄）

2011年8月6日，由中国人民解放军国防大学、中共中央党史研究室、解放军电视宣传中心联合摄制的12集大型文献纪录片《苦难辉煌》摄制组开始在威信拍摄取景。（[illegible] 摄）

编辑说明

一、《威信年鉴》是由威信县人民政府主持、威信县地方志办公室编纂，并经云南省新闻出版局批准公开出版的大型综合性、资料性工具书。它以翔实、可靠的资料，客观、全面、系统地反映年度性全县基本情况、工作成就、重大事件及发展趋势，如实记载全县经济和社会发展进程，旨在“资政、存史、教化”，为各级党政领导决策提供借鉴，为社会各界了解威信、研究威信提供基础材料和基本线索，为宣传威信和发展威信服务。

二、《威信年鉴》2011 年卷设特载、概况、年内要事、政治、法制、军事、经济、科教文卫、社会、乡镇概况、人物、附录 12 个大栏目（一级目），每栏又分若干类目（二级目）、分目（三级目）和条目（四级目）。部类顺序不反映严格的科学分类体系，部类栏目级别视具体情况而定，机构、企事业单位排序不表示其地位和规模。

三、各级各部门领导人员，记入“人物”栏内；属女性、少数民族以及在 2010 年内任离职的，用括号注明。受县委、县政府表彰的单位和个人，记入县委、县政府“表彰先进”条目中；受昭通市直单位以上机关表彰的先进集体和个人，记入本单位“机构人员”、“受表彰情况”或相关条目中。其中已知受市（厅）级以上表彰的先进个人载入“人物”栏内。

四、统计资料数据均使用法定计量单位，由于行业统计口径方面的原因，个别数字不一致的地方，以县统计局的统计资料数据为准。

五、本年鉴资料主要由全县各级各部门和企事业单位提供，部分资料来源于有关文件、图书、档案、报刊、网站和采访调查。我们对多年来一直关心、支持威信年鉴事业的各级各部门领导和辛勤撰稿的供稿人员表示衷心的感谢。威信县年鉴编纂委员会殷切希望各位读者提出改进意见，使《威信年鉴》办得更好。

《威信年鉴》编辑部

2011 年 8 月

目　　录

特　　载

概　　况

2010年威信县经济社会发展概况

国内要事

2010年1～12月

政　　治

中国共产党威信县委员会

威信县人民代表大会常务委员会

威信县人民政府

报　告

调整成立领导组等专门机构

中国人民政治协商会议威信县委员会

群团组织

法　　制

政法综治

公　　安

检 察

审 判

司法行政

军 事

武 装

武 警

消 防

经 济

农 业

林　业

水　务

工　业

烟　　草

交　　通

邮政·电信

城乡建设

环境保护

经济综合管理

科教文卫

科学技术

教　育

文体·旅游

广电·新闻

史志·档案

卫　　生

食品药品监督管理

社　　会

扶贫开发

人口和计划生育

民族宗教

人事和劳动社会保障

民　　政

残疾人事业

农村人力资源开发

乡镇概况

人　物

领导干部

先进模范人物

附　录

特　　载

立足新起点　抢抓新机遇
奋力谱写威信经济社会追赶发展新篇章

——在中国共产党威信县第十二次代表大会上的报告

（2011 年 6 月 15 日）

龙　进

同志们：

中国共产党威信县第十二次代表大会，是在“十一五”任务圆满完成、“十二五”规划顺利开启之际召开的大会，是在威信新一轮打基础、转方式、快发展的关键时期召开的大会。大会的主要任务是：以邓小平理论和“三个代表”重要思想为指导，深入贯彻落实科学发展观，认真总结过去五年经济社会发展取得的成绩和经验，深入分析当前和今后一个时期面临的形势和任务，研究部署今后五年的各项工作，选举产生新一届县委班子、县纪委班子和出席昭通市第三次党代会代表，动员全县广大党员干部和各族群众，进一步解放思想，开拓进取，为推进威信经济社会追赶发展而努力奋斗。

下面，我代表中国共产党威信县第十一届委员会向大会作工作报告，请予审议。

一、求真务实，锐意进取，过去五年经济社会发展成效显著

县第十一次党代会以来，在党中央和省、市委的正确领导下，县委团结带领全县各族人民，克服了国际金融危机、特大冰凌雪灾、特大干旱等灾害的严重影响，紧紧围绕“强化一个基础、做好三篇文章、推进三化进程、实施五大战略、培育五大产业”的追赶发展思路，打基础、调结构、转方式、创特色、促发展、建和谐，全县经济建设、政治建设、文化建设、社会建设、生态文明建设和党的建设取得了显著成绩，谱写了威信“十一五”发展新篇章。

（一）经济发展提速增效，综合实力大幅提升

“十一五”期间，全县生产总值从 2005 年的80 998万元增加到 2010 年的203 586万元，年均增长 20.2%；地方财政一般预算收入从 2005 年的2 760万元增加到2010 年的12 689万元，年均增长 35.7%；全社会固定资产投资从 2005 年的16 630万元增加到2010 年的306 318万元，五年累计

完成80亿元，年均增长79.1%。经济综合实力明显增强，实现了“八个翻番”，其中：生产总值翻1.3番，财政收入翻2.2番，工业总产值翻2.4番，工业增加值翻2番，全社会固定资产投资翻4.2番，社会消费品零售总额翻一番，农民人均纯收入翻一番，城镇居民人均可支配收入近翻一番。各项主要经济指标提前2~3年完成县第十一次党代会确定的目标任务。

（二）项目投资成效显著，发展后劲不断增强

“十一五”是我县项目建设投资规模最大的时期，固定资产投资拉动GDP增长14.1个百分点。五年累计投入基础设施建设资金80亿元，是“十五”的14.5倍。交通建设步伐加快，建成大塘至县城、镇雄至威信等3条二级公路和江西塆至罗布、比喜至水田等6条通乡油路，完成农村公路通达工程362千米及村组公路1 771千米，成功地争取了成贵铁路途经威信并设站。城镇建设取得实效，扎西红色文化广场建成投用，县城污水处理厂投入运营，麒麟新区建设成效显著，新农村生态文明家园建设示范工程特色鲜明、亮点凸现，水田整乡推进及部分集镇建设效果明显。农业基础设施不断夯实，农业抵御自然灾害能力不断增强。电力设施进一步改善，城乡群众生产生活用电质量明显提高。

（三）三大产业快速发展，产业结构不断优化

大力推进工业经济发展，新型工业化进程明显加快，工业经济速效双增，煤电一体化项目建设有力推进。工业总产值从2005年的32 046万元增加到2010年的166 581万元，年均增长39.06%；工业增加值从2005年的14 756万元增加到2010年的60 497万元，年均增长32.6%。大力推进旅游经济发展，文化旅游产业进一步提速，五年累计实现旅游综合收入3.1亿元，服务业发展空间不断拓展，社会消费品零售总额年均增长16.2%。大力推进特色经济发展，绿特产业成为农村经济发展新亮点，加大科技推广力度，粮食连年增产，畜牧产业快速提升。农林牧渔业总产值从2005年的38 792万元增加到2010年的68 510万元，年均增长12%。三次产业结构比重从2005年的27:22:51调整为2010年的19.6:40.4:40。

（四）社会事业持续发展，人民生活不断改善

每年筹款600万元改善办学条件，“两基”顺利通过国检，教育事业全面发展，教育教学质量进一步提高。文化“百千万工程”深入开展，成功举办四届红色文化旅游节，完成扎西烈士陵园一二期改造和扎西会议会址改造，重新修建扎西会议纪念馆，新建6个乡镇文化站，建成51个农家文化大院。医疗卫生服务体系不断健全，村级卫生所覆盖率100%，“新农合”参合率96%。人口和计划生育工作力度加大，计划生育率明显提高。困难群众就业和劳动力转移力度加大，五年新增城镇就业8 807人，转移农村劳动力42.7万人。城乡居民社会保障体系逐步完善，0.71万城镇居民和3.02万农村人口纳入最低生活保障，新型农村社会养老保险启动实施，每年筹资700万元向农村群众和城镇低收入家庭发放燃煤补贴，为农村群众购买住房保险。廉租房、农村地震安居房、茅草房改造工程全面实施，困难群众居住条件得到明显改善。

（五）改革开放深入推进，发展空间不断拓展

行政管理体制改革不断推进，农村综合改革、财税、金融、投资、供销、科技、教育、文化、卫生等改革继续深化，支农惠农服务体系进一步健全。投资环境不断优化，对外开放水平显著提升，与周边县区交流合作更加密切，云投粤电公司等省内外有实力的企业落户威信，经济社会发展活力显著增强。招商引资成果丰硕，五年累计签订招商引资意向、协议、合同项目18个，到位县外资金67亿元。同时，积极争取上级支持，五年累计争取上级各类资金27.3亿元。

（六）民主法制不断加强，社会政治和谐稳定

人大、政协依法履行职责，工青妇等群团组织的桥梁和纽带作用充分发挥，爱国统一战线不断巩固壮大。基层自治组织建设不断加强。“五五”普法和“三五”依法治理工作深入开展，广大干部群众法制观念和法律意识进一步提高。深入开展社会治安综合治理和“平安威信”创建活动，社会治安持续好转，荣获省级“先进平安县”称号。国防后备力量建设不断加强，民兵应急分队应急处突能力明显提升，双拥工作扎实推进，荣获省级“双拥先进县”称号。党政领导干部大接访、大下访活动成为常态，一大批事关群众切身利益的热点、难点问题得到有效解决，社会和谐稳定的局面进一步巩固。

（七）强基固本持续提升，党的建设全面加强

先进性教育、深入学习实践科学发展观活动圆满完成，创先争优活动深入开展，影响科学发展的一些突出问题进一步得到解决。以“提高选人用人公信度示范县”创建活动为契机，加强和改进干部选拔任用工作，组织工作满意度和选人用人公信度进一步提高。积极探索“十大党建模式”，深入推进“党建长廊”和党建示范点创建活动，基层党组织建设亮点频现。认真践行“三个一”要求，深入开展向杨善洲同志学习活动，各级领导班子和领导干部宗旨意识进一步增强，执政能力进一步提高。切实加强干部队伍日常管理，全面推行行政问责制等四项制度，严厉问责不作为、乱作为行为，干部作风进一步转变。严格执行党风廉政建设责任制，全面推进惩治和预防腐败体系建设，强化对权力运行的监督和制约，加大案件查办力度，党风廉政建设和反腐败工作取得新成效。

过去的五年，是威信历史上发展最好最快、基础设施建设投入最多、城乡面貌变化最大、人民群众得实惠最多的五年。五年的发展，离不开上级党委的坚强领导及有关部门的大力支持；五年的变化，是全县上下各级干部群众和社会各界辛勤努力的结果。在此，我代表中国共产党威信县第十一届委员会，向全县广大党员、干部、群众，向各界人士、社会团体、驻威部队和武警官兵，向所有关心支持威信改革和发展的同志们、朋友们，表示衷心的感谢并致以崇高的敬意！

五年来，我们求真务实、锐意进取，一步一个脚印，一年一个台阶，连年取得可喜成绩。五年的成绩来之不易，积累的经验弥足珍贵。一是只有坚持发展第一要义，以科学发展观统领全局，把上级的方针政策与威信实际结合起来，不断深化县情认识，找准发展差距，进一步完善发展思路，强化工作措施，才能与时俱进，顺应时代发展潮流。二是只有坚持解放思想，用思想的大解放、观念的大更新破解发展难题，才能有效地解决制约发展的瓶颈问题。三是只有坚持以人为本，把富民利民惠民作为一切工作的出发点和落脚点，着力解决好群众最关心的切身利益问题，才能赢得人民群众的拥护和支持，促进社会和谐。四是只有坚持改革创新，牢固树立大开放推动大发展理念，不断扩大对外开放，营造开明、宽松、包容的安商、亲商、活商发展环境，加大招商引资力度，才能为发展注入新的活力。五是只有坚持团结干事，充分发扬民主，集中民智民力，动员组织各方面力量支持和参与各项建设，才能形成加快发展的强大合力。六是只有坚持转变作风抓落实，把工作的着力点放在真抓实干上，以良好的工作作风和精神状态推进各项工作，才能克服各种困难，才能解决发展中的实际问题。这些经验，是我们继往开来、再创辉煌的宝贵精神财富，要继续坚持和发扬，并在实践中不断丰富和完善。

二、认清形势，统一思想，进一步坚定追赶发展的信心和决心

未来五年，是我县推进追赶发展的关键时期和重要战略机遇期。站在新的起点上，深刻认识、准确把握全县经济社会发展面临的新形势新特点，科学谋划未来五年工作，对于实现“十二五”规划目标任务具有重要意义。当前，发展滞后、发展不足、发展不充分、发展不平衡的问题仍然较为突出：一是经济总量小，人均水平低，综合经济实力不强，经济社会发展水平与全省、全市差距较大。二是以交通、城镇、水利建设为主的发展基础条件还未得到根本改善，发展瓶颈制约明显。三是新型工业化、农业产业化水平低，优势资源开发利用程度不高，结构调整和发展方式转变难度较大。四是财政收支矛盾突出，增收渠道单一，搞建设、促发展的任务艰巨。五是城乡居民尤其是农民持续增收基础不牢，渠道不多，增长缓慢，城乡居民收入差距大，农村贫困面较大，贫困程度深，扶贫开发仍需付出艰苦努力。六是经济社会发展协调性不强，社会事业发展欠账大，社会保障体系不健全，加强和改善民生任重道远。七是一些领域体制机制性

障碍依然存在，对外开放程度低，利用外资规模不大，优势资源开发利用不明显，资源优势没有真正转化为经济优势。八是安全生产形势严峻，一些关系群众切身利益的问题仍然比较突出，维护稳定的任务十分繁重。九是少数党员干部作风不实，推进工作力度不够，领导干部的执行力、创新力、凝聚力有待进一步加强。这些问题，务必引起高度重视，采取有力措施，认真加以解决。

加快未来五年发展，我们面临着千载难逢的发展机遇和有利条件：一是国家新一轮西部大开发十年发展战略把乌蒙山区、革命老区作为扶贫开发的主战场，在基础设施建设、生态环境保护、能源资源开发、重点产业培育、民生改善等方面将给予重点支持，为我县加快脱贫步伐迎来了难得的发展机遇；二是国家支持云南省加快建设面向西南开放重要桥头堡，在水利建设、城市布局、中低产田地改造、传统工业改造升级、生物资源开发、生态建设、文化旅游、节能减排和循环经济发展、高中教育发展、劳动就业和社会保障、财政税收等方面将给予云南特殊的政策扶持和政策倾斜，为我县经济加速发展和发展方式转变提供了有力的政策支撑；三是成渝经济区、长三角经济圈、滇东北城市片区的加快建设和云南大力推进昆明—昭通—成渝经济走廊建设，为我县融入区域经济发展和区域间合作创造了有利条件；四是威信煤电一体化项目一期工程即将建成投产和交通、水利、电力、城镇等基础设施的改善，为我县加快对外开放，实施大招商、招大商创造了良好环境，为推进我县资源开发和承接载能产业发展奠定了良好基础；五是历经多年的不懈努力，全县综合实力不断增强，为加快发展奠定了较为坚实的基础；六是广大党员干部贯彻落实科学发展观的能力不断增强，全县上下盼发展、思发展、谋发展愿望强烈，为加快发展提供了强大的精神动力。

未来五年，挑战和机遇并存，机遇大于挑战。逆水行舟，不进则退。全县各级党组织和广大党员干部一定要进一步增强危机感和紧迫感，坚定信心、锐意进取，把创新发展理念和发展模式与有效应对各种困难和挑战紧密结合起来，把推动经济发展与促进广大群众共享发展成果紧密结合起来，把贯彻落实中央、省、市委重大决策部署与我县的实际紧密结合起来，把加快发展与对外开放紧密结合起来，把全县上下的积极而为与争取各方支持紧密结合起来，大胆探索符合威信县情的发展路子，更好地推动威信经济社会追赶发展、科学发展、和谐发展。

三、明确目标，突出重点，努力推动威信经济社会追赶发展

未来五年，我们必须坚持以邓小平理论和“三个代表”重要思想为指导，深入贯彻落实科学发展观，以追赶发展为主题，以转变发展方式为主线，强化基础设施建设、实用性人才建设两个基础，做好黑、红、绿三篇文章，推进新型工业化、农业产业化、城乡一体化、教育现代化四化进程，培育新型能源、煤化工、红色文化旅游、绿色农特产品加工、现代物流业五大支柱产业，实施工业强县、红色引县、生态立县、开放活县、科教兴县、依法治县六大战略，着力建设开放威信、森林威信、文化威信、平安威信。通过五至十年的努力，把威信建设成为集新型工业、红色旅游、生态经济为重点的新兴经济发达强县。

主要预期目标是：到 2015 年，全县生产总值达到 65 亿元，年均增长 26% 以上；全社会固定资产投资五年累计完成 300 亿元，年均增长 30% 以上；地方财政一般预算收入达到 4 亿元，年均增长 25% 以上；社会消费品零售总额达到 15 亿元，年均增长 24% 以上；城镇居民人均可支配收入达到 2 万元，年均增长 10% 以上；农民人均纯收入达到5 100元，年均增长 12% 以上；人口自然增长率控制在 6.5‰以内。

实现上述目标任务，必须抓好以下十个方面的工作：

（一）着眼于增强发展后劲，强力推进基础设施建设

坚持把投资作为拉动经济增长的有效途径，突出交通、水利、电力等基础建设，认真做好项目储备和项目前期工作，不失时机地争取开工一批新项目，抓好在建项目。加快交通基础设施建设，全力支持成贵铁路威信段建设，修通田坝火车站进站公路和环线公路，认真做好宜宾至毕

节高速公路威信段、威信至叙永高速公路威信段前期工作，加大城乡路网建设，加大景点景区公路、村组公路和乡镇客运站建设力度，全面提高公路等级和通达能力。抓住省加快实施“兴水强滇”战略的机遇，建好桂香沟水库，做好罗坭水库等水利项目前期工作，争取一批项目能够进入中央和省水利建设盘子，加强“五小”水利建设，实施城乡饮水安全工程，不断提高全县的水利化程度，到“十二五”末，全县水利化程度达30%以上。抓好电力电网设施建设，推进城市电网升级改造工程和西部农村电网改造工程，完成500千伏输电工程，建设220千伏变电站，完善35千伏输变电设施，不断提高供用电质量。

（二）着眼于提升发展实力，强力推进新型工业化进程

坚持“工业强县”不松劲，扎扎实实抓好电力、煤炭、化工、建材、生物资源等产业发展，推动工业经济快速增长。发挥能源优势，加快推进煤电一体化项目建设，确保今年底第一台机组发电，加快推进二期工程建设，逐步把威信打造成为全市、全省具有影响力的新型煤电能源基地。抢抓云南作为全国电力价格改革试点省的机遇，结合煤电一体化项目一期工程的建成投用，规划建设一批工业生产项目。处理好经济效益与安全生产的关系，推进煤矿安全质量标准化建设，完善相关软硬件设施，提高煤矿安全生产能力，强化矿区生态与地质环境保护，坚持开发与保护并重，努力建设生态矿区、平安矿山、和谐产业。加大引资力度，引进资金实力强、技术力量雄厚、有战略眼光的大企业、大集团，开发硫铁矿、生物资源等项目。加速建材产业改造升级。大力扶持生物资源深加工龙头企业。优化区域发展布局，在适宜乡镇建设煤电化工、煤硫化工、生物资源深加工工业园区。制定优惠政策，健全服务体系，推动非公经济和中小企业健康快速发展。积极培植新税源，促进财政持续稳定增收。

（三）着眼于发展第三产业，强力推进红色旅游开发

围绕中央《2011—2015年全国红色旅游发展规划纲要》，紧紧抓住扎西会议会址被列入100个红色旅游经典景区和云南建设滇东北生态及历史文化旅游区建设机遇，围绕把威信建设成为省级“优秀旅游城市”的目标，紧扣吃、住、行、游、购、娱六大要素，对威信文化旅游产业发展进行科学规划。加大旅游基础设施建设力度，做好宣传促销，抓实旅游载体建设。打造“扎西会议”品牌，把威信红色旅游融入川南旅游经济圈、金沙江中上游水电开发旅游经济圈以及贵州遵义、赤水红色旅游经济圈，促进旅游景区相互联网。依托文化旅游产业，培育发展交通运输、商贸物流、餐饮住宿、金融保险、信息服务、房地产开发等配套经济，推动第三产业的繁荣发展。

（四）着眼于促进农民增收，强力推进农业产业化发展

坚持把农业产业化作为促进农业增效、农民增收、农村发展的有效载体和抓手，不断提升粮烟畜等传统产业效益，强化对粮食生产的扶持，加大中低产田地改造和高标准粮田建设力度，稳定发展粮食生产；优化烤烟生产区域布局，不断提高优质烟种植水平；做大做强畜牧产业，不断提高畜牧业在农业经济中的比重。充分发挥威信生物多样性的优势，大力发展蚕桑、香桂、蔬菜、油菜、竹子等绿色产业。要突出重点，大力扶持龙头企业，积极推广“企业+基地+农户”的模式，建设现代农业科技示范园区，促进农业发展方式转变。充分发挥林地资源优势，大力发展林业和林下产业，培育新的经济增长点。各类金融机构要加大对特色产业发展和产品加工的支持力度。科学规划，合理布局，推进区域化扶贫开发模式，切实解决深度贫困群体的脱贫问题；继续推进新农村建设，提升“一廊一带”示范建设水平，逐步扩大辐射范围，拓展新农村建设的广度和深度。

（五）着眼于统筹城乡发展，强力推进特色城镇化建设

坚持城乡统筹发展，推进城乡集镇建设，切实做到做精县城，做特乡镇，做美农村，不断提高威信在川滇黔三省交界处的吸引力和影响力。要统筹规划，因地制宜，突出特色，做到山水田园一幅画、城镇村落一体化。县城建设要重点抓好扎西河景观大道建设、田坝综合开发区、一中新校区建设和城中村改造，新建外环路和兴威南路，把县城建设成为旅游精品城镇和生态宜居城市，不断提升历史文化名城形象。加大城市管理力度，加强和谐社区建设，建立高效的城市管理体制和运行机制，提高城市管理水平。注重发挥市场对资源的配置作用，加快推进重点集镇和特色集镇建设，逐步把麟凤、庙沟、水田、旧城、双河集镇分别建设成为新兴工业集镇、物流集散集镇、红色旅游集镇、生态旅游集镇、新农村示范集镇，带动其他乡镇集镇发展。同时，认真做好村庄规划。通过五年努力，全县城镇化率达35%以上。

（六）着眼于拓展发展空间，强力推进改革开放创新

坚持用改革的精神和创新的理念扩大开放、加快发展。积极推进经济体制和行政管理体制改革，推动政府职能向创造良好环境、提供优质高效的公共服务转变；继续推进教育、文化、卫生等社会领域改革；着力深化投融资体制改革，搭建银政、银企投融资平台；深化农村综合改革，推进集体林权制度配套改革，激发农村经济发展活力。牢固树立大开放带来大发展理念，以更加开放开明的姿态，创造更为宽松和谐的投资环境。抓住新一轮产业转移机遇，组织力量参与各种区域性招商引资活动，有针对性地引进资源节约型、劳动密集型、科技含量高的企业到威信投资开发。拓宽融资渠道，加快金融服务实体经济建设，盘活社会资本，增强经济社会发展资金供给能力。加强与周边县区合作交流，把威信作为昭通融入成渝经济圈、挺进长江经济带的重要节点，加快形成“背靠云南、面向四川、融入黔渝”的对外开放新格局。

（七）着眼于提升生活水平，强力推进社会事业发展

坚持以人为本、民生至上，提高公共服务的均等化水平，保障和改善民生。把教育摆在优先发展的战略地位，以打造现代优质教育为重点，推动义务教育均衡发展，统筹发展学前教育、高中教育、民族教育、职业教育和特殊教育，扩大高中阶段教育办学规模，建设布局合理、较具规模的县城教育园区。加强科技成果引进推广，提高科技对工农业生产的贡献率。巩固提高“新农合”、城镇居民医保覆盖面，加快建立覆盖城乡居民的公共卫生服务体系、医疗服务体系、医疗保障体系、药品供应保障体系，大力推进新型农村社会养老保险试点工作力度。加强人口和计划生育工作，有效控制人口增长，稳定低生育水平，促进人口与经济社会协调发展。实施更加积极的就业政策，加大就业创业扶持培训，完善就业服务体系，多渠道增加就业岗位。健全完善最低生活保障、社会救助、“五保”供养等社会保障和救助体系，进一步扩大养老、失业、医疗、工伤、生育五大保险覆盖面，加大城镇廉租房、农村安居工程等保障性住房建设力度。

（八）着眼于增强可持续发展，强力推进生态文明建设

坚持生态立县、环境优先。继续深入推进“七彩云南威信保护行动”、“森林威信”建设，切实抓好重点防护林、天然林保护等工程建设，到“十二五”末，全县森林覆盖率达到45%以上。结合经济结构调整，大力发展绿色经济、循环经济、低碳经济。加大扎西河治理力度，切实做好后山饮水工程、扎西水库、桂香沟水库等重点水源地保护工作。加强对重点行业、重点区域的环境监管。强化城乡污水、垃圾等污染源治理，加大城乡环境综合整治力度，改善城乡宜居环境。强化土地控制和管理，认真执行耕地保护和水资源管理政策。严格控制新建、改建、扩建项目新增污染物排放量，抓好企业清洁生产、节能减排和资源综合利用，不断提高能源综合利用率。

（九）着眼于引领先进文化，强力推进文化繁荣和发展

加强社会主义核心价值体系建设，不断巩固全县各族人民团结奋斗的共同思想基础。坚持把文化作为后发赶超的核心动力，树立抓文化就是抓生产力、竞争力、亲和力、凝聚力的观念，把文化产业作为今后经济发展一个新的增长点来抓。充分发挥我县红色文化底蕴深厚的优势，加大对外宣传，丰富完善红军长征扎西精神的科学内涵和精神实质，大力发展文化旅游产业。全力推进覆盖城乡的公共文化服务体系建设。围绕文化旅游、文化设施、文化产业、文艺创作，精心策划新上一批优势突出、特色明显、前景广阔的文化项目。大力开展社会主义精神文明创建活动，不断提高市民素质。

（十）着眼于凝聚发展力量，强力推进民主政治建设

坚持凝聚各方力量、集中各方智慧、增进各方共识，充分调动全县各族人民共同推进追赶发展的积极性和主动性。积极支持人大及其常委会依法履行职能，实施有效的工作监督和法律监督；积极支持人民政协履行政治协商、民主监督、参政议政职能，充分发挥人民政协在全县经济社会发展中的作用；全力支持工青妇组织按照各自章程开展工作，更好地发挥桥梁和纽带作用。进一步加强新时期爱国统一战线工作，全面贯彻党的民族宗教政策。深入开展法制宣传教育活动，推进依法治县进程。认真落实维护稳定目标责任制，加强维护稳定政绩考核。深入开展领导干部“大接访、大下访”活动，着力解决一批信访积案。巩固扩大“平安威信”创建成果，健全社会治安防控体系，严厉打击各种违法犯罪，保障社会和谐稳定。加大安全生产整治力度，全面加强防灾减灾体系建设，加大重点区域地质灾害治理力度，切实保障人民群众的生命财产安全。加强国防后备力量和民兵应急队伍建设，巩固和发展团结和谐的军政军民关系。

四、筑强堡垒，夯实基础，确保未来五年宏伟蓝图圆满实现

蓝图变成现实，关键在党，核心在各级领导干部。必须坚持以改革创新精神，加强党的思想、组织、作风、制度和反腐倡廉建设，加强党的执政能力建设和先进性建设，切实提高党领导经济社会发展的能力和水平，为推进威信经济社会追赶发展提供坚强的政治和组织保障。

（一）围绕坚定理想信念，坚持不懈加强思想政治建设

深入学习建设有中国特色的社会主义理论体系和党在社会主义初级阶段的基本路线、基本纲领、基本经验，坚持用党的理论创新成果武装头脑，指导实践，推动工作。进一步推动新一轮思想大解放，着力提高各级领导干部创新力、执行力、凝聚力。大力开展形势政策教育，准确认识和判断国际国内发展形势，准确把握县情、乡情，制定符合本地区本部门的发展思路和措施，真正把党员干部的思想认识统一到中央、省委、市委的工作部署要求上来。深入推进学习型党组织和学习型领导班子建设，坚持学以致用、用以促学，善于创造性地贯彻落实中央、省委和市委的决策部署，努力在推动威信追赶发展上取得新突破。

（二）围绕保障民主权利，坚持不懈加强党内民主建设

积极探索和把握新形势下党委工作的特点和规律，努力在思想观念、领导体制和工作方式上适应新形势新任务的要求。加强常委会自身建设，认真执行常委会集体领导、分工负责制度，做到重大事项不调查研究不决策、不征求意见不决策、不集体讨论不决策，确保决策的科学化、民主化、规范化。进一步规范全委会的决策职权，发挥全委会对重大问题的决策作用。改善党代表大会代表结构，落实和完善党代表大会代表任期制。以落实党员知情权、参与权、选举权、监督权为重点，健全党员民主权利保障机制。深入推进党务公开，规范公开内容、扩大公开范围、创新公开方式、提高公开质量。

（三）围绕提高工作水平，坚持不懈加强干部队伍建设

坚持正确的政绩导向和用人导向，以创建省级“选人用人公信度示范县”为契机，建立完善科学的选人用人机制，提高选人用人公信度。加大公开选拔干部力度，选好配强各级领导班子，加大“四类干部”培养，优化干部结构。加强干部教育培训，紧密结合换届后领导班子和干部队伍建设的迫切需要和干部队伍的知识结构状况，深入开展“三个一”主题实践活动，抓好红色扎西党员干部教育培训基地建设，增强教育培训的系统性、针对性和实效性。坚持从严管理干部，建立健全科学合理的干部日常管理机制和干部考核评价机制，重视考核结果运用，真正让干部把心思集中在“想干事”上，把责任落实在“敢干事”上，把才华体现在“会干事”上，把目标锁定在“干成事”上，把要求落实在“不出事”上。

（四）围绕发挥堡垒作用，坚持不懈加强基层组织建设

合理调整基层党组织设置，创新活动内容和工作方式，扩大党的基层工作覆盖面。坚持以“五个基本”为抓手，即建设稳定可靠的基本队伍、建设标准规范的基本阵地、建立可行管用的基本制度、健全务实有效的基本活动、提供必要可靠的基本保障，推进基层党建工作上新水平。深入开展创先争优活动，围

绕党委中心任务和本地、本单位工作，结合党员队伍的特点，创新基层党组织活动载体，丰富活动内容和方式，更好地发挥基层党组织推动发展、服务群众、凝聚人心、促进和谐的作用。把弘扬和践行杨善洲精神作为创先争优活动的重要内容，推动基层党组织履职尽责创先进，促进党员干部立足岗位争优秀。认真抓好发展党员和党员教育管理。

（五）围绕密切党群关系，坚持不懈做好党的群众工作

创新社会管理理念、体制和方式，建立健全党委领导、政府负责、社会协同、公共参与的社会管理新格局，深入研究和把握做好新形势下群众工作的新特点、新要求，不断创新工作方式方法，提高做好群众工作的能力和水平。要在服务群众、解决实际问题上下工夫。建立健全创新社会管理和做好新形势下群众工作的长效机制。切实做好新形势下的宣传思想工作，把政策讲透、形势讲清、发展讲明，争取群众真正理解和支持，有效化解各种矛盾。要始终站稳群众立场，做到想问题、作决策都从群众利益出发，充分考虑和照顾不同群众的利益和承受能力。深入开展“十万党员进农家、万名干部下基层”活动，到基层一线了解群众所思所想所盼，用真心、倾真情为群众排忧解难，做到思想上尊重群众、感情上贴近群众、发展上依靠群众、发展成果由人民共享，始终保持党同人民群众的血肉联系。

（六）围绕提高执行能力，坚持不懈加强干部作风建设

大兴求真务实之风，切实加强作风建设，着力整治“浮、懒、散、推、浅、慢”等突出问题，狠抓各项工作任务的落实。量力而行、尽力而为，不定空目标、不喊空口号、不提空要求、不搞形象工程、不做表面文章。认真落实“三联系两深入”制度，实行重点项目挂钩责任制，对县委常委实行分片包干制，对重大项目实行分工负责制，挂钩领导要深入一线，了解项目进展情况，搞好调查研究，及时协调解决项目建设中存在的困难和问题，促进重点项目顺利推进。深入开展“效能行动”，健全机关作风明查暗访机制，切实提高党政机关工作效能。建立严格的抓落实机制，增强各级干部抢机遇、抓落实的紧迫感，高质量地完成目标任务，以工作的实际成效取信于民。

（七）围绕营造良好环境，坚持不懈加强反腐倡廉建设

坚持标本兼治、综合治理、惩防并举、注重预防的方针，以创建省级惩治和预防腐败体系建设联系点为契机，扎实推进惩治和预防腐败体系建设。以落实党风廉政建设责任制为龙头，坚持和完善反腐败领导体制和工作机制，狠抓责任分解、责任考核和责任追究三个关键环节，拓宽从源头上防治腐败的工作领域，不断提高反腐倡廉建设的科学化水平。建立健全决策权、执行权、监督权既互相制约又互相协调的权力结构，重点防范领导机关、领导干部权力失控、权力滥用。建立健全监督机制，着力加强事前监督和事中监督。加强制度建设，形成按制度办事、靠制度管人的有效机制。加大力度整治党员干部大操大办歪风，保持查办案件的高压态势，既要严惩滥用职权、贪污贿赂、失职渎职等腐败行为，又要严查诬告诽谤、诋毁中伤他人的行为，营造风清气正的干事创业环境。

同志们，形势催人奋进，发展重任在肩，实现富民强县，构建和谐威信，我们责任重大，使命光荣。让我们在市委的正确领导下，以更加饱满的热情、更加昂扬的斗志、更加扎实的作风，团结和带领全县各族人民，同心同德，务实苦干，励精图治，奋发图强，为实现威信经济社会追赶发展的宏伟目标而努力奋斗！

政府工作报告

——在威信县第十四届人民代表大会第四次会议上

（2011 年 3 月 9 日）

吕　　磊

各位代表：

现在，我代表县人民政府，向大会作政府工作报告，请连同《威信县国民经济和社会发展第十二个五年规划纲要（草案）》一并审议，并请县政协委员提出意见。

一、攻坚克难，锐意进取，经济社会发展成效显著

过去的 2010 年，是威信经济稳健增长、改革不断深化、民生有效改善、社会和谐进步的一年。在中共威信县委的坚强领导下，县人民政府团结和依靠全县各族干部群众，以邓小平理论和“三个代表”重要思想为指导，深入贯彻落实科学发展观，主动应对金融危机的后续影响，努力克服各种自然灾害造成的困难，研判形势抓机遇，立足实际打基础，着眼长远搞建设，奋力推进各项工作，经济社会发展取得了可喜成绩，为“十一五”发展画上了圆满句号。全县生产总值增长 18%，全社会固定资产投资增长 20%，地方财政一般预算收入增长 25.8%，社会消费品零售总额增长 20.1%，城镇居民人均可支配收入增长 10.2%，农民人均纯收入增长 15.2%，单位生产总值能耗下降 3.37%，城镇登记失业率为 4.4%，人口自然增长率为 7‰，县十四届人大三次会议确定的目标任务全面完成。

——农村经济加快发展。实现农林牧渔业总产值68 510万元，同比增长 4%。粮食生产在严重旱灾之年喜获丰收，粮食产量达 15.58 万吨，同比增长 7.2%。圆满完成 650 万斤烟叶收购任务，实现产值4 563万元。畜牧业健康发展，实现畜牧业产值32 312万元。香桂、蚕桑、稻田养鱼等产业加快发展，成为农村经济发展的新亮点。新农村生态文明家园建设成效显著，村庄面貌焕然一新。水田乡整乡推进进展顺利，易地搬迁、产业扶贫、整村推进、小额信贷等扶贫项目深入实施，贫困群众生产生活条件进一步改善。劳务经济发展壮大，实现劳务纯收入55 600万元。

——工业经济健康运行。实现工业总产值166 581万元，工业增加值60 497万元，同比增长 49% 和 36.8%。威信煤电项目一期工程获得国家核准，征地拆迁和移民安置措施有力，电厂主厂区和配套煤矿、电网、水库建设快速推进，完成投资170 670万元。煤炭产业发展稳步回升，实现原煤产量 223 万吨。加强发、供、用电的组织协调，实现发电量 1.698 亿千瓦时，供电量 1.82 亿千瓦时。建材、白酒、农副产品加工业健康发展。积极开发新型能源，与中国水电顾问集团昆明勘测设计研究院签订了风能、太阳能战略合作框架协议。

——第三产业蓬勃发展。完成三产增加值81 449万元，同比增长 12.4%。旅游宣传推介力度加大，来威旅游人数不断增加，带动了宾馆、餐饮等传统服务业加快发展。商贸流通业进一步提升，通信、保险业健康发展，网络、家政等新兴服务业逐渐兴起。家电、汽车和摩托车下乡补贴政策落到实处，兑付财政

补贴492万元。非公经济发展势头强劲，成为推动县域经济持续增长的重要力量。

——投资规模不断扩大。完成全社会固定资产投资306 318万元，发展条件进一步改善。大塘至斑鸠沟、镇威公路威信段二级路建成投用，江西塆至罗布、双河比喜至水田斑鸠井油路完工，罗布至柏坳林、罗布至高田、顺河至中心、木瓦房至三桃油路建设加快。铺装县城人行道青石板40 500平方米，城区供排水管道安装完毕，县城污水处理厂建成投入试运行，仓头城中村改造进展顺利，麒麟新区二期工程向前推进。扎西烈士陵园二期工程、扎西会议会址维修改造效果明显，扎西会议纪念馆主体工程完工。庙沟重点小集镇建设强势推进，老集镇改造全面完成，新区建设进展顺利。麟凤、水田、旧城集镇建设取得实效，其他乡镇集镇建设同步推进。

——理财水平不断提高。地方财政一般预算收入完成12 689万元，增幅比计划目标高5.8个百分点，财政状况进一步好转。地方财政一般预算支出完成98 189万元，同比增长32.2%，在确保职工工资按时发放、机构正常运转和重点支出需要的基础上，加大了对交通、城镇、农业、教育、卫生、民生等方面的投入。金融对地方发展的支持力度加大，金融机构贷款增幅比存款增幅高19.2个百分点。

——社会事业健康发展。改扩建校舍50 600平方米，91 681名中小学生和23 720名贫困寄宿学生享受"两免一补"政策，"两基"顺利通过国检，教育督导评估扎实推进，教育教学水平不断提高，中考综合成绩排名全市第二，高考上线率比上年提高16.78个百分点。组建红色扎西艺术团，深入开展文化下乡活动。组团参加全市第二届少数民族传统体育运动会取得较好成绩。人口和计划生育工作力度加大，管理和服务水平不断提高，各项指标均超额完成市下达任务，人口控制措施落到实处。县人民医院门诊大楼动工建设，旧城、长安卫生院改扩建进展顺利。地方病和传染病防控措施有力，中医药事业有新发展。新型农村合作医疗运行平稳，84.87万人次享受减免补偿3 680万元。食品药品监管力度加大，全年无食品药品安全事件发生。

——平安创建深入推进。铁腕整治安全生产，安全生产事故得到有效遏制。加大矛盾纠纷排查调处力度，扎实做好新时期群众工作，认真落实领导干部大接访、大下访制度，妥善处理了一大批热点、难点问题。严打整治和社会治安综合治理深入开展，防邪反邪力度加大，禁毒防艾深入推进，社会治安持续好转，人民群众安全感普遍增强。

随着2010年的胜利收官，我县经济社会发展第十一个五年规划全面完成。回顾过去五年，我们走过了极不平凡的历程，战胜了各种艰难险阻，办成了一系列大事，办好了一系列喜事，办妥了一系列难事，革命老区焕发出蓬勃生机和旺盛活力，在全面建设小康社会的道路上迈出了坚实的步伐。

这是县域经济实力大幅提升的五年。经过五年的努力，全县生产总值从80 998万元增加到203 586万元，年均增长20.2%。五年完成全社会固定资产投资807 719万元，是"十五"期间的14.7倍，为威信历史上投资规模最大、增长速度最快、带动能力最强的时期。地方财政一般预算收入从2 760万元增加到12 689万元，年均增长35.7%，逐步由吃饭财政向民生财政、建设财政过渡。社会消费品零售总额从23 866万元增加到50 697万元，年均增长16.3%。城镇居民人均可支配收入年均增长12.4%，农民人均纯收入年均增长16%，分别达到11 998元和2 818元。

这是基础设施全面改善的五年。大交通网络逐步形成，建成4条二级公路54.8千米、4条通乡油路80千米，实施农村通达工程改造乡村公路434千米，建成7个城乡客运站，新建村组公路925千米，成功争取成贵铁路途经威信并设站，隆黄铁路威信段前期工作进展顺利。城镇化进程扎实推进，县城街道实现油路铺筑，红色文化广场建成投用，麒麟新区建设取得实效，县城功能进一步拓展，城市亮化、绿化、美化、净化水平明显提高，名城形象显著提升。电网建设取得突破，省网入威工程建成投用，结束了威信远离大电网和孤网运行的历史；西部地区农网改造工程、无电自然村通电工程稳步实施，农村电网一户一表覆盖率达52%。农业基础进一步夯实，建成各类水利工程489件，治理水土流失面积171平方千米，完成土地整理项目9个，新增耕地495.87公顷。

这是社会事业发展取得长足进步的五年。创新型行动计划扎实推进，成功创建“全国科普示范县”。县财政安排3 000万元发展教育事业，新建和改造校舍11.5万平方米，新增教师811人，“两基”成果不断巩固提升，6 102名学生考入大专以上院校，人均受教育年限提高2年，达到8.5年。完成扎西体育馆改造装饰，建成6个乡镇文化站、51个农家书屋，第三次文物普查全面完成，“百场演出进百村”活动深入开展，广场文化有声有色，群众精神文化生活日益丰富。安装有线电视12 000户，完成广播电视“村村通”工程34 800户，广播、电视覆盖率分别达到83%和96%。人口和计划生育工作迈上新台阶，计划生育率比“十五”末提高2.6个百分点。县人民医院住院综合楼建成投用，乡镇卫生院改扩建成效明显，新建村级卫生所1 995平方米，县、乡、村三级医疗网络逐步完善。爱国卫生运动深入开展，成功创建省乙级卫生县城。大力推进生态工程建设，完成植树造林0.87万公顷。资源利用率进一步提高，重点行业、重点企业的节能减排落到实处。第六次人口普查入户登记和第二次经济普查全面完成。千方百计加快民族地区发展，和谐团结的民族关系得到进一步巩固。宗教事务管理水平不断提高。国防后备力量切实加强，双拥共建活动深入开展。组建民兵应急队伍，应急处突能力明显提升。老龄、妇儿、残疾人工作取得新成绩，档案、气象、人防、地方志、红十字、外事侨务、防震减灾等事业全面发展。

这是改革开放实现重大突破的五年。第二轮政府机构改革顺利启动，政府职能进一步转变。行政审批制度改革成效显著，减少审批项目362项。事业单位岗位设置改革顺利实施，教育、卫生系统实行绩效工资制度。财税体制改革步伐加快，“乡财县管乡用”取得实效，49个部门63个单位实行国库集中支付，87个村（社区）实行会计委托代理服务。投资体制改革卓有成效，融资工作取得新突破。农村税费改革成效显著，农业税全部免除。集体林权制度主体改革全面完成，配套改革顺利推进。教育、卫生、国土资源管理体制逐步理顺，农技推广、畜牧兽医管理和农村信用社改革结束。对外开放水平不断提高，与周边县区的交流合作更加密切，经济社会发展活力显著增强。招商引资成果丰硕，签订招商引资项目18个，到位县外资金67亿元。

这是人民群众得实惠最多的五年。实施“贷免扶补”政策扶持318人创业，开发就业岗位9 100个，新增城镇就业7 280人。为农村群众购买住房保险，向城市低收入家庭发放住房补贴，建成廉租房378套，开发商品房228套，改造农村危房1 200户，消除茅草房6 271户，完成农村民居地震安全工程4 948户。合力推进扶贫攻坚，解决和巩固了28 000名贫困人口的温饱。实施农村饮水安全工程，解决了13.1万人的饮水安全问题。城乡低保覆盖面不断扩大、标准逐年提高，发放低保金10 561万元。新型农村社会养老保险试点工作启动实施，60周岁以上老年人按月领取养老金。县城中心敬老院建设加快，旧城敬老院建成投用，发放五保供养金1 996万元。筹集资金283万元，解决了供销系统企业职工养老保险欠费问题。投入财政资金3 388万元，实施“一事一议”财政奖补试点项目945个，农村群众生产生活条件明显改善。投入抗灾救灾资金2 984万元，受灾、困难群众的生产生活得到妥善安排。筹措资金3 362万元，连续五年向农村群众和城镇低收入群众发放燃煤补贴。

这是社会政治和谐进步的五年。政府自身建设全面加强，法制政府、责任政府、阳光政府和效能政府建设扎实推进，开通“96128”政务查询专线，主动公开政府信息，累计问责24人，行政成本得到有效控制，政府公信力、执行力进一步提升。自觉接受县人大及其常委会的法律监督和工作监督，主动接受县政协的民主监督，办理人大代表建议459件、政协委员提案288件，面商率、落实率、满意率不断提高。“五五”普法、“三五”依法治县成效明显。加强审计监督和行政监察，及时发现和纠正违纪违规行为，反腐倡廉工作取得实效。

认真总结五年来的工作实践，我们深切体会到，做好政府工作，要始终坚持发展第一要务，以科学发展观统领全局，加快转变发展方式，发展壮大优势产业，不断增强综合经济实力，为构建和谐威信和全面建设小康社会奠定坚实基础；要始终坚持以人为本，把保障和改善民生作为政府一切工作的出发点和落脚点，着力解决好群众关心的切身利益问题；要始终坚持改革创新，把上级方针政策同威信实际有机结合起来，解放思想，与时俱进，创造性地开展工作，不断增强发展活力和动力；要始终坚持团结干事，坚决贯彻落实县委的决策部署，主动争取县人大、县政协的监督支持，团结和依靠全县各族干部群众，齐心协力推动威信经济社会又好又快发展。这些经验弥足珍贵，需要继承和发扬。

各位代表，过去的五年，我们遇到的形势错综复杂，付出的努力不同寻常，取得的成绩来之不易，这是市委、市政府和县委正确领导的结果，是县人大和县政协监督、支持的结果，是全县各族人民同心同德、团结奋斗的结果。在此，我代表县人民政府，向全县各族人民、广大干部职工、驻威部队、武警官兵，向给予县政府工作大力支持的人大代表、政协委员和社会各界人士，向所有关心、支持威信经济社会发展的各级领导和朋友们，致以崇高的敬意和衷心的感谢！

在充分肯定成绩的同时，我们清醒地看到，由于历史和自然原因，威信在前进和发展中还存在不少困难和问题：一是经济总量小，工业经济结构单一，农业产业化进程缓慢，第三产业发展不足，追赶发展的任务十分艰巨；二是基础设施整体落后，交通瓶颈制约依然存在，农业基础条件差，城镇化水平低，发展条件有待改善；三是社会事业发展滞后，就业再就业压力加大，社会保障体系不健全，和谐社会建设任重道远；四是财政增收渠道单一，债务负担沉重，还款压力大，偿债需求和财力增长不匹配，财政债务风险较高，用于建设的资金严重不足；五是政府职能转变不够到位，少数部门和工作人员缺乏改革创新精神，工作落实有差距。对这些问题，我们务必高度重视，增强责任意识，采取有力措施，切实加以解决。

二、继往开来，奋力拼搏，谱写“十二五”富民强县跨越发展新篇章

“十二五”时期是威信经济社会大转型的关键阶段，是打牢基础、转变方式、加快发展的黄金机遇期。随着全球经济复苏回暖，生产要素重组和产业转移加速，能源和原材料需求激增，我县的资源优势和区位优势将进一步凸现，有利于我们加快融入成渝经济圈、挺进长江经济带，当好内地通往南亚东南亚的二传手，承接产业转移，借助外力争取更大的发展空间；国家新一轮西部大开发十年发展战略把乌蒙山区、革命老区作为扶贫开发的重点，第三届中国贫困地区可持续发展论坛形成的《昭通宣言》对昭通老区三县的发展问题更加关注，云南省“两强一堡”战略深入推进，昭通市“四基地一屏障一走廊”的发展定位和“一圈一轴一带一片区一门户”的空间布局更加优化，有利于我们争取更多支持，发挥后发优势，加快经济总量提升和发展方式转变；威信煤电项目一期一厂即将建成投产，二期二厂前期工作进展顺利，必将有力推动我县经济结构调整，为县域经济发展注入强劲动力；成贵铁路威信段即将动工，隆黄铁路威信段、宜宾至毕节高速公路威信段前期工作有序开展，交通建设将取得重大突破；经过多年的不懈努力，全县综合实力不断增强，加快发展的基础更加坚实，威信已进入厚积薄发、蓄势待发、千帆竞发的新时期。形势喜人，机遇催人，我们必须牢牢把握发展机遇，顺势而谋、乘势而上，奋发进取、务求实效，不断开创威信富民强县跨越发展的新局面。

按照县委十一届九次全会精神，“十二五”时期我县的基本思路是：以红色文化为先导，绿色经济为核心，紧紧围绕追赶发展这一主题，强化两个基础（以交通、水利、城镇为重点的基础设施建设，以能力培养为重点的实用性人才建设），做好三篇文章（以煤炭产业开发为主的黑色经济文章、以红色旅游开发为主的红色经济文章、以绿色特色产业发展为主的绿色经济文章），推进四化进程（农业产业化、新型工业化、城乡一体化、教育现代化），培育五大产业（新型能源、煤化工、红色文化旅游、农特产品加工、现代物流业），实施六大战略（红色引县、生态立县、工业强县、开放活县、科教兴县、依法治县），积聚后发优势，形成追赶跨越科

学发展态势。通过五年的努力，把威信建设成为集新型工业、红色旅游、生态经济为重点的新兴经济发达强县。

今后五年经济社会发展的主要目标建议为：全县生产总值年均增长26%以上，2015年达到65亿元；全社会固定资产投资年均增长30%以上，五年完成300亿元；地方财政一般预算收入年均增长25%以上，2015年达到4亿元；社会消费品零售总额年均增长24%以上，2015年达到15亿元；城镇居民人均可支配收入年均增长10%以上，2015年达到2万元；农民人均纯收入年均增长12%以上，2015年达到5 100元；人口自然增长率控制在6.5‰以内。

实现上述目标，必须牢牢把握四个关键环节：

（一）转变发展方式。紧扣科学追赶跨越发展主题，坚持以投资拉动为主，辅之以消费协同拉动；坚持以二产带动为主，辅之以一、三产业协调带动；坚持以集镇建设、整乡推进、新农村生态文明家园建设为载体，探索具有威信特色的城乡一体化发展新模式，促进城镇与农村良性互动。通过采取综合措施，不断增强综合实力，提高在川滇黔三省交汇处的吸引力和影响力。

（二）夯实发展基础。一是强化交通基础设施建设。举力援建过境铁路，积极争取建设过境高速公路，加快建设乡镇环线公路，逐步形成集中统一、结构完善、布局合理、便捷畅通的交通网络。二是强化城镇基础设施建设。围绕“做精县城、做特乡镇、做美农村”的目标，把名城扎西建设成为文化浓厚、生态良好、适宜居住的旅游精品城镇，加快打造庙沟物流集散集镇，三年内完成麟凤、水田、旧城集镇建设，统筹推进其他乡镇集镇发展。到“十二五”末，城镇化率达35%以上。三是强化水利基础设施建设。大力推进农村饮水安全工程和中央财政小型农田水利重点县建设，兴建一批五小水利工程，加快重点水库建设，增加耕地有效灌溉面积，提高农业综合生产能力。到“十二五”末，水利化程度达30%以上。

（三）培植优势产业。一是培植黑色产业。加快推进煤炭资源整合，加大煤矿技改投入力度，强化煤矿安全生产管理，扶持发展骨干矿井，提高产业集中度和生产能力，实现规模化生产、集团化经营。二是培植红色产业。充分利用“扎西会议”名片，扩大与川黔渝的交流与合作，加强景区景点和配套基础设施建设，加大对外宣传力度，打造独具特色的红色旅游精品线路。整合红色、生态、民族民俗文化三大资源，丰富旅游内涵，促进旅游资源向旅游经济转化。三是培植绿色产业。在巩固提升粮食、烤烟、畜牧等传统产业的同时，加快发展香桂、蚕桑、竹子、油菜、山嵛菜、中药材等绿色特色产业，建成一批具有较大规模、体现威信特色的农特产品生产基地。

（四）加快发展进程。一是加快农业产业化进程。围绕“基地上规模，龙头企业上水平”的目标，用现代经营理念谋划农业发展，促进农业生产经营专业化、标准化、规模化、集约化。扶持壮大龙头企业，积极发展各类专业协会、合作经济组织和农产品流通企业，有效带动农民增收。建设农业科技示范园区，发挥示范、辐射、带动作用，促进农业发展方式转变。二是加快新型工业化进程。坚持“工业经济强县”战略不动摇，依托优势资源，以重大项目为支撑、工业园区为平台、城镇建设为载体、科技创新为动力，促进工业经济速度、质量和效益相统一。主动承接东部沿海地区产业转移，建设现代工业园区，促进工业企业聚集式、规模化发展。三是加快改革开放进程。不断深化行政管理体制、投融资体制、财税体制、文化卫生教育体制和农村综合配套改革，为经济社会又好又快发展注入强劲动力。发挥区位优势，把威信作为昭通乃至云南融入成渝经济圈、挺进长江经济带的重要节点，当好内地通往南亚东南亚的二传手，加快形成“背靠云南、面向四川、融入黔渝”的对外开放新格局。四是加快社会事业发展进程。加快科技成果的引进、消化和吸收，不断提高科技对经济增长的贡献率。按照优先发展、育人为本、改革创新、促进公平、提高质量的方针，巩固提高“两基”水平，扩大高中办学规模，加快发展职业教育、民族教育、学前教育，促进各类教育协调发展。加强各类文化设施建设，广泛开展群众性文艺活动，不断丰富群众文化生活。进一步改善县、乡、村三级医疗卫生条件，加强公共卫生服务体系和基本医疗保障体系建设，不断提高群众健康水平。五是加快可持续发展进程。牢牢抓住数量控制、素质提高、转移输出三个关键环节，统筹解决好人口问题。树立绿色、低碳发展理念，以节能减排为重点，健全激励和约束机制，合理开发和利用资源，构建资源节约、环境友好的生产方式和消费模式，增强可持续发展能力。

三、开拓创新，求真务实，认真做好2011年的各项工作

2011年，是实施“十二五”规划的第一年，开好局、起好步，对今后五年经济社会发展具有十分重要的意义。我们必须立足科学发展，转变发展方式，创新发展模式，提高发展质量，统筹兼顾、整体推进各方面的工作，力求在解决全局性、战略性、关键性问题上取得实质性的突破。

2011年全县经济社会发展的主要目标建议为：全县生产总值增长16%以上，地方财政一般预算收入增长25%以上，全社会固定资产投资增长15%以上，社会消费品零售总额增长20%以上，城镇居民人均可支配收入增长15%以上，农民人均纯收入增长15%以上，城镇登记失业率控制在4.4%以内，人口自然增长率控制在7‰以内，完成市下达的单位生产总值能耗下降指标。

围绕“十二五”规划纲要的实施和年度工作目标的实现，重点做好九个方面的工作：

（一）转变农业发展方式，加快发展农村经济

坚持“三农”基础地位不动摇，兴水利、强基础，抓生产、保供给，促增收、惠民生，形成城乡一体化发展新格局，确保农业增加值增长5%以上。

不断改善农村发展条件。认真落实各项支农惠农政策，促进农民减负增收。实施“一事一议”财政奖补试点项目300个，不断加强农村公益事业建设。继续搞好土地开发整理，推进中低产田地改造，新增高稳产田地1 320公顷。实施水土保持世行贷款项目、小型农田水利工程，治理水土流失面积62平方千米，新增灌溉面积467公顷。通过民办公助、以奖代补等多种方式，鼓励农民兴办农田水利，建设抗旱设施。积极支持农村土地承包经营权合理流转，引导和鼓励农民以租赁、入股等方式经营土地，提高农村土地规模化利用、集约化管理水平。

加快发展现代农业。强化良种推广、样板示范和规范化种植，确保粮食产量增长5%以上。严格落实烤烟种植面积，提高科技种烟水平，收购烟叶500万斤。加强畜种改良和养殖示范，抓实动物疫病防控，确保畜牧业产值增长15%以上。坚持走本土特色、生态绿色的路子，依托地域条件和产业基础，扩大香桂、蚕桑、油菜等特色产业发展面积，新建竹子基地0.13万公顷，改造中低产林0.47万公顷。加大农机具推广力度，提高农业机械化耕作水平。整合涉农产业发展资金，协调金融机构贷款，加大对龙头企业发展的扶持力度，重点培育基础好、发展潜力大、市场前景广阔的优势产业，加快农业产业化进程。

推进新农村建设和扶贫开发。坚持“标准不降、力度不减、要求更高、效果更好”的原则，突出分类指导、连片打造、集中示范，重视发挥群众主体作用，完成新农村示范长廊民居改造任务，加快13个省级重点村、3个市级示范点建设，推进大面新农村建设。完成水田乡整乡推进，加快项目区整体脱贫步伐。继续实施整村推进、产业开发、易地搬迁、老区建设等扶贫项目，解决和巩固5 600名贫困人口的温饱。大力开发农村人力资源，加大培训力度，加强市场对接，扩大输出规模，实现务工纯收入62 000万元以上。

（二）加快重点项目建设，提高工业发展质量

坚定不移地走新型工业化道路，狠抓优势资源开发和重点产业培育，壮大工业规模，提高发展质量，确保工业增加值达到76 000万元，增长25%以上。

全力支援煤电项目建设。扎实做好威信煤电一体化项目征地拆迁和移民安置工作，强化环境整治和协调服务，加快电厂主厂区和配套煤矿、黄水河水库建设进度，确保一期2×60万千瓦火电厂年底建成投产。继续配合做好项目二期前期工作。

发展壮大煤炭产业。加强煤炭生产经营秩序整治，鼓励、扶持一批煤炭经营公司做大做强，

为煤电一体化项目提供优质稳定煤源。加大煤矿技改投入力度，强化煤矿瓦斯综合治理、顶板管理、隐患排查治理，提高煤矿安全生产水平。加快煤炭资源整合步伐，提高技术装备水平和生产能力，实现煤炭产量260万吨以上。

加快发展重点产业。支持500千伏送电工程、220千伏扎西徐家坝输变电工程和110千伏麟凤输变电工程建设，继续实施中西部农村电网升级改造工程，完成户表改造2万户以上，促进电源建设和电网建设协调发展。支持发展建材产业，开发利用特色建材。做好资源勘探工作，积极开发利用风能、太阳能。引进技术先进、实力雄厚的农副产品加工企业落户威信，开发特色优势资源，提高农产品附加值。

扶持中小企业和非公经济发展。加快公共服务平台和信息网络建设，鼓励依托威信优势产业发展中小企业。重点扶持农产品开发、物流配送、旅游商品生产、煤炭深加工等企业发展，在土地、人才、资源、信贷等方面给予大力支持。深入推进中小企业维权减负工作，进一步改善中小企业发展环境。认真落实促进非公经济发展的各项政策措施，激发社会创造活力，不断提高非公经济在县域经济中的比重。

加快建设现代工业园区。优化工业区域布局，启动麟凤工业园区规划建设和报批工作。制定工业园区总体规划和产业集群发展规划，研究出台加快工业园区发展的政策措施，吸引企业入园发展。

（三）加强基础设施建设，不断增强发展后劲

加快项目实施进度。千方百计保投资、保工期、保质量，加快推进在建项目建设，积极开工一批新项目。全力做好成贵铁路威信段前期准备和征地拆迁工作，确保年内动工建设。启动乡镇环线公路建设，抓好通乡油路扫尾工程，实施大河至罗坭通村油路工程。多方筹措资金，开工建设桂香沟水库。实施烈士陵园三期工程，完成扎西会议纪念馆装修布展和扎西会议会址周边环境整治。完善一中新校区征地工作，争取早日动工建设。推进县人民医院门诊业务综合楼建设。完成县城中心敬老院建设。

加快城镇建设步伐。围绕“规模做大、功能做强、环境做优”的目标，加快县城建设步伐，完成仓头城中村改造，启动国营林场棚户区改造工程，加快煤电小区建设，推进扎西滨河大道、后山森林公园和麒麟新区建设，打通龙泉路东段，拓展县城建成区面积，不断完善城市功能。深入开展县城卫生、市场、建筑、交通、治安、文化“六大秩序”综合整治，加强出租车运营管理。坚持“政府引导、市场运作、社会参与”的原则，建立“以地生财、以财建镇、以镇兴商、以商活镇”的新机制，加快完成庙沟重点集镇一期建设任务，推进麟凤、水田、旧城集镇建设，形成以城带乡、城乡互动、协调发展的新格局。完成1 700个自然村村庄规划工作，加强村容村貌整治。

加强项目前期工作。围绕国家和省的投资导向，增加项目前期投入，做深、做实、做细前期工作，争取更多项目列入上级投资计划。加强汇报协调，力争一批带动力强、支撑效益明显的新项目立项建设。积极配合做好隆黄铁路威信段、宜宾至毕节高速公路威信段前期工作。抓住国家和省新增水利投资的历史机遇，争取罗坭水库立项规划上马建设，争取立项建设一批重点骨干水源工程。加快县城至田坝火车站公路、石坎庄子上至水田花房子红色旅游公路的申报工作。

（四）切实提高理财水平，合理利用金融政策

增强财政保障能力。落实收入目标责任制，严格依法治税，加强重点税源监控，加大征管力度，做到应收尽收。完善税收政策，凡是在威信境内实施的各类项目必须在威信缴纳税收。加强向上汇报反映，争取更多的支持和帮助，增加可用财力。严格执行预算，勤俭持家，厉行节约，大力压缩非生产性开支，降低行政成本。加强审计监督，严肃查处各类违反财经纪律的行为。

集中财力办大事。梳理、整合财政支持企业发展的政策，灵活运用补助、贴息、担保等政策手段，支持重点企业和重点产业做大做强。优化支出结构，在保障工资发放、机构运转和重点民生需求的前提下，把财政资金倾斜到事关全局、对全县经济社会发展具有牵动效应的交通、水利、城镇及重点产业、重点项目上，提高资金使用效益。

提高投融资水平。通过争取各级财政投资、银政合作融资、市场运作引资等多种途径，增加投资总量。盘活能源、土地、矿产等资源，壮大资本存量，创新资本运作方式，放大政府投资的乘数效应、倍增效应。进一步放宽投资领域，激发民间投资活力，引导民间资本参与基础设施建设。积极扶持发展小额贷款公司，逐步发展村镇银行。用好、用活、用足、用够农行、农发行、信用社扶持“三农”发展的优惠政策，协调金融机构加大信贷投放力度，支持地方经济发展。

（五）继续深化各项改革，提高对外开放水平

全面推进各项改革。完成新一轮政府机构改革，进一步理顺政府工作部门的职能职责。深化行政审批制度改革，减少审批项目，简化审批程序，缩短审批时限。抓好以林地林木流转、林权抵押贷款和森林保险为主的林权制度配套改革，引导农民经营好林地、管理好林木，增强林业发展活力。完成农村小型水利工程管理体制改革，积极探索水价制度改革。深化文化体制改革，促进文化事业繁荣发展。全面实施事业单位绩效工资制度，调动广大事业干部职工干事创业的积极性。加快医药卫生体制改革，逐步完善基层医疗卫生服务体系。

扩大对外交流与合作。坚持开放兴县，加快走出去步伐，进一步加强与周边县区的交流，在资源开发、基础设施建设、旅游业发展等领域开展互利合作，提升区域经济的融合度、联动性和辐射力。按照“降低门槛、放宽准入、让利于人、双赢发展”的原则，努力打造创业宽松、服务良好、人居安全的发展环境，以大开放促进大发展。

加大招商引资力度。抓住经济结构调整和产业梯次转移的有利时机，依托县内丰富的旅游、生物、煤炭等优势资源，认真做好项目的筛选、论证和储备，积极组团参加各类交易会，加大对外宣传推介力度，吸引更多企业投资威信，借助外力加快发展。进一步改善招商引资环境，大力营造亲商、和商、安商、扶商的良好氛围。强化招商项目跟踪问效，提高项目履约率和资金到位率。完善政务服务中心建设，建立管理科学、机制健全、功能完备、运转协调的政务服务体系。

（六）强化社会事业发展，推动社会文明进步

优先发展科技教育事业。深入开展科普宣传、科技培训、科技示范活动，加大实用科技推广力度。新建中小学校舍12 000平方米，不断改善办学条件。认真落实“两免一补”政策，巩固提高“两基”水平。稳步推进中小学校点布局调整，合理整合教育资源。启动省级学前教育试点县工作，大力发展高中教育，加大对民族教育、职业教育的投入。加强师德师风建设，强化教育教学管理，不断提高教学质量。

大力发展文体广电旅游事业。启动水田体育活动中心和扎西体育馆改扩建，完成4个农村文体活动广场建设，加快农家书屋、农家文化大院建设。全力协助市委、市政府做好《扎西大转折》的拍摄和出版发行，精心准备节目参加全市建党90周年文艺演出。深入开展“百场演出进百村”、“千场电影进村寨”活动，送戏下乡、送文化下乡，丰富群众文化生活。加大文化市场监管力度，严厉打击违法经营的网吧和电子游戏室。启动广播入村工程，实施第三批直播卫星覆盖工程，完成双河、水田集镇有线电视数字化整体转换。加快景区景点开发和服务体系建设，不断提升旅游接待能力。

提高人民群众健康水平。增加乡镇卫生院医疗设备，改扩建村级卫生所，不断改善医疗卫生条件。支持民间资本兴办各类医院、社区卫生服务机构。加强新农合监管，确保基金平稳运行。强化疾病预防控制，防止重大传染病发生和流行。加快发展中医药事业，扎实做好妇幼保健工作。强化医务人员培训，大力整治医德医风，提高医疗卫生服务水平。妥善处理医疗纠纷，构建和谐医患关系。加强食品药品安全监督管理，确保群众饮食用药安全。

强力推进人口计生工作。认真落实人口控制措施，严格执行黄牌警告和一票否决制度，抓实一放二扎、医学监护和流动人口计划生育管理，不断提高计划生育率。强化基层计生服务站所标准化、规范化建设，提高计划生育服务水平。加强计生协会工作，推进计划生育村民自治。

努力建设资源节约型、环境友好型社会。完善资源开发和保护机制，大力发展循环经济和低碳经济，扎实抓好污染减排。加强县城污水处理厂运营监管，加大水土流失综合治理，保护县城饮用水源地，推进“七彩云南·威信保护行动”。强化农村面源污染治理，加快农村替代能源建设。继续实施退耕还林、封山育林和天保工程，全面推进城镇面山、河道两岸、公路两旁绿化治理。

统筹发展其他社会事业。加大对少数民族地区经济社会发展的扶持力度，进一步巩固和发展新型民族关系。加强宗教事务管理，引导群众守法信教。深入开展双拥共建活动，加强国防教育和后备力量建设。搞好第六次人口普查数据的开发和应用，抓好第一次全国水利普查工作。继续抓好妇儿、老龄、残疾人工作，推进档案、气象、地方志、红十字、防震减灾、人民防空、外事侨务等事业健康发展。

（七）着力解决民生问题，推进和谐社会建设

认真落实更加积极的就业政策，继续实施“贷免扶补”政策，鼓励创业促进就业，大力开发公益性岗位，新增城镇就业1 500人。深入推进新型农村社会养老保险试点工作，进一步提高参保率，让更多群众受益。认真落实城乡低保政策，实行规范化、动态化管理，做到分类施保、应退即退。逐步扩大养老、医疗、失业、工伤、生育保险覆盖面，推进中小企业和灵活就业人员参保。加快廉租房建设，消除茅草房200户，完成农村危房改造1 100户，建成第二期800套商品房。加强救灾救济工作，不断提高应对各类自然灾害的能力，妥善安排好受灾、困难群众的生产生活。实施农村饮水安全工程，解决44 800人的饮水安全问题。继续筹措资金，为农村群众和城镇低收入群众发放燃煤补贴。

（八）高度重视安全生产，全力维护社会稳定

抓实安全生产。牢固树立以人为本、安全发展理念，坚持重拳抓安全、铁腕保安全，严格落实政府监管责任和企业主体责任，强化日常监督管理，确保安全生产措施落到实处。督促业主加大安全生产投入，打牢安全生产基础。不断深化煤矿、道路交通、非煤矿山、消防等重点领域的专项整治，加大集中检查力度，及时发现和消除安全隐患，确保安全生产平稳运行。

抓实维稳工作。加强和改进信访工作，依法维护正常的信访秩序，从源头上减少越级上访、缠访闹访等非正常上访。加强矛盾纠纷排查调处，最大限度减少不和谐因素。进一步做好新时期群众工作，积极预防和妥善处置群体性事件。健全社会治安综合治理长效机制，保持对各类违法犯罪活动的严打高压态势，严密防范和打击邪教组织活动，深入开展禁毒防艾工作，保障社会和谐安宁。

（九）加强政府自身建设，提升管理服务能力

牢记为民宗旨，顺应时代要求，加快职能转变，努力建设“科学施政、勤政高效、求真务实、廉洁从政”的政府，建设人民满意的政府。自觉接受县人大和县政协监督，认真办理人大代表建议和政协委员提案，广泛听取社会各界人士的意见和建议。启动实施“六五”普法和“四五”依法治县规划，深入推进民主法制建设。积极支持工、青、妇等群团组织履行职能、发挥作用。继续推进法制政府、责任政府、阳光政府和效能政府建设，充实工作内容，完善制度体系，加强督促检查，提高实施成效。正确履行经济调节、市场监管、社会管理和公共服务职能，集中精力抓好经济社会发展重大问题。完善决策机制，提高决策水平，确保决策正确可行。深化政府信息公开，增强行政行为透明度。认真落实《领导干部廉洁从政若干准则》，实施关键岗位和重点环节风险控制，加强重点领域的廉政监察，努力从源头上预防和治理腐败。深入整治党员、干部职工大操大办之风，严肃查处各类违纪违法案件，严肃查处诽谤、诬告案件，形成一心一意谋事业、清正廉洁促发展的良好风气。

各位代表，发展蓝图已经绘就，前进号角已经吹响，我们肩负着光荣而艰巨的历史使命。让我们高举中国特色社会主义伟大旗帜，以邓小平理论和“三个代表”重要思想为指导，深入贯彻落实科学发展观，在中共威信县委的坚强领导下，以崭新的风貌、昂扬的斗志、扎实的作风，同心同德、开拓创新，求真务实、锐意进取，奋力谱写威信科学发展、跨越发展、和谐发展的新篇章！

概　况

2010年威信县经济社会发展概况

【地理位置和行政区划】 威信县位于云南省东北角，昭通市东北部，地处云贵川三省接合部，东经104°41′15″～105°18′45″、北纬27°42′30″～28°07′30″之间。东与四川省叙永县接壤，东南角与贵州省毕节市辖区隔河相望，南连镇雄县，西接彝良县和四川省筠连县，北与四川省珙县、兴文县毗连。东西最大横距57千米，南北最大纵距36.6千米，总面积1 397.64平方千米。2010年辖扎西、水田、双河、高田、旧城、罗布、三桃、麟凤、长安、庙沟10个乡镇，83个村民委员会，4个城市社区，1 613个村民小组，20个居民小组。县城扎西居县境中部偏南，距市政府所在地昭通275千米、省会昆明680千米、重庆360千米、成都480千米、四川省宜宾市和泸州市均约200千米。

【人口民族】 据公安部门统计，年末全县总户数117 115户，总人口422 838人。其中：常住人口387 000人，农业人口386 069人，男性218 976人、女性203 862人。主要少数民族为苗族和彝族，少数民族人口46 704人，占全县总人口11.04%。人口密度302人/平方千米。

【国内生产总值】 初步核算，全县生产总值203 586万元，按可比价格计算（下同），比上年增长18%。分产业看：第一产业实现增加值39 910万元，比上年增长8%；第二产业实现增加值82 227万元，比上年增长31.5%；第三产业实现增加值81 449万元，比上年增长12.4%。第一、二、三产业增加值占生产总值的比重为19.6:40.4:40，第一产业所占比重比上年下降5.4个百分点，第二产业所占比重比上年增加3.4个百分点，第三产业所占比重比上年增加2个百分点。

【农　业】 粮食总产量155 839吨，比上年增长7.2%；油菜籽产量4 513吨，比上年增长1.9%；烤烟产量3 250吨，比上年增长2.5%。全县农、林、牧、渔业、服务业总产值68 510万元，比上年增长4.0%。其中：农业产值31 549万元，比上年增长2.8%；林业产值3 702万元，比上年增长0.4%；牧业产值32 312万元，比上年增长5.8%；渔业产值54万元，与上年持平；服务业产值893万元，与上年持平。

年内造林面积1 280公顷，森林覆盖率37.2%。

肥猪出栏23.21万头，比上年增长21.1%；大牲畜出栏1.54万头，比上年增长30.5%；家禽出栏59万只，比上年增长15%。禽蛋产量1 853吨，比上年增长23.5%；肉类总产量21 636吨，比上年增长7.3%。年末生猪存栏203 267万头，比上年增长2%；大牲畜存栏6.06万头，比上年增长5.8%。

年末全县拥有农业机械总动力82 276千瓦。全年农村用电量4 385万千瓦时，农田水利有效灌溉面积9 000公顷。农用化肥施用量（折纯）12 761吨，农用塑料薄膜使用量258吨、农药使用量137吨。农作物总播种面积

55 297公顷，比上年增长4.2%。拥有乡村从业人员18.9万人。

【工　业】　工业主要产品产量：原煤222.6万吨，比上年下降0.2%；发电量16 980万千瓦时，比上年增长13.5%；电石6 068吨，比上年增长1.5倍；白酒2 510吨，比上年下降21.1%。完成现价工业总产值166 581万元，比上年增长48.9%；规模以上工业总产值70 845万元，比上年增长58%；规模以下工业总产值95 736万元，比上年增长42.9%。按轻重工业分：轻工业总产值14 810万元，比上年增长42.9%；重工业总产值151 771万元，比上年增长49.6%。按所有制分：国有工业总产值304万元，比上年增长53.5%；集体工业总产值306万元，同比增长43%；股份制企业总产值12 638万元，比上年增长68.5%；其他经济类型企业总产值153 333万元，比上年增长47.6%。实现工业增加值60 497万元，按可比价格计算，比上年增长36.8%。

【固定资产投资】　全社会完成固定资产投资306 318万元，比上年增长20%。按经济类型分：国有经济投资47 761万元，比上年增长23.5%；集体经济投资33 015万元，比上年增长1.1倍；个体私营经济投资36 266万元，同比增长1.6倍；其他经济投资189 276万元，同比增长1.4%。按管理渠道分：城镇投资233 197万元，同比增长11.8%；农村投资73 121万元，同比增长58.4%。按国民经济行业分：农林牧渔业及水利业投资59 951万元，比上年增长87.6%，其中水利投资11 097万元，同比下降43.4%；工业投资185 899万元，比上年增长9.3%；交通运输邮政通信业投资12 768万元，比上年下降30.5%；教育投资8 221万元，比上年增长1.3倍。

【交通、邮电】　年末公路通车里程达1 431千米。全年完成货物运输周转量7 060万吨千米，比上年增长5.2%，完成旅客运输周转量5 645万人千米，比上年增长3.2%。交通运输邮政业增加值8 149万元，按可比价格计算，比上年增长19.8%。全县邮电业务总量6 158万元，比上年增长18.2%。年末移动电话用户98 600户 。有固定电话机11 250部。

【国内贸易】　社会消费品零售总额达50 697万元，比上年增长20.1%。按城乡划分：城镇完成30 380万元，比上年增长19.5%；乡村完成20 317万元，比上年增长20.9%。分经济类型看：公有经济3 360万元，比上年下降5.3%；非公有经济47 337万元，比上年增长22.4%。分行业看：零售业完成40 859万元，比上年增长10.6%；住宿业完成1 218万元，比上年增长128.5%；餐饮业完成8 620万元，比上年增长81.6%。

【财政、金融、保险】　地方财政一般预算收入完成12 689万元，比上年增长25.8%，创分税制以来的最高水平。财政支出103 222万元，比上年增长31.3%，支出是收入的8.1倍。

全县年末金融机构人民币各项存款余额255 812万元，比上年增长25.38%。其中企业存款余额32 459万元，比上年增长3.47%；城乡居民储蓄存款余额159 481万元，比上年增长25.75%。各项贷款余额118 701万元，比上年增长44.58%。其中：短期贷款35 691万元，比上年增长11.24%；中长期贷款83 009万元，比上年增长65.97%。

年内完成保费收入2 318万元，比上年增长21.6%。其中：财产保险保费收入1 318万元，比上年增长19.8%；人寿保险保费收入1 000万元，比上年增长23.9%。财产保险支付赔款928万元，比上年增长36.5%。人寿保险支付赔款180万元，比上年增长27.7%。

【教育、文化体育、卫生事业】

年末全县有各类学校269所，其中普通中学15所，职业高级中学1所，小学253所。幼儿园7所（其中民办幼儿园5所）。全县有教职工4 209人，其中专任教师3 811人。中小学在校学生92 313人，其中高中在校学生6 441人、职业高级中学在校学生1 281人、初中在校学生23 901人、小学在校学生60 690人。学龄儿童净入学率达99.8%。在园幼儿7 647人。年内被高等院校录取的学生1 650人，比上年增加369人，高考上线率79%。

年末有全国爱国主义教育基地、文化馆、图书馆、纪念馆、陈列馆各1个，各乡镇建有文化站，居委会、村委会设有文化室。每个乡镇都安装了闭路电视，电视人口覆盖率95%。

全县有医疗卫生机构18个，卫生机构病床845张，卫生专业技术人员467人，其中专职医师281人。有村级卫生所87个，村级卫生所覆盖率100%，县乡村形成医疗卫生服务网络。防疫、保健工作力度不断加大，各种传染病得到有效控制，人民群众健康水平明显提高。

【环境保护】 各职能部门密切配合，加强重点污染源的监督管理。全县环境污染治理投资320万元，工业废水排放达标率100%，工业废气处理率100%，工业固体废物综合利用率86.39%。

【计划生育】 全县人口过快增长势头得到有效控制，实现基本无多孩县的目标。人口出生率15.15‰，死亡率6.38‰，自然增长率8.77‰。全县人口再生产初步实现低出生、低死亡、低增长目标。

【人民生活】 据调查测算：城镇居民人均可支配收入11 998元，比上年增长10.2%，城镇登记失业率4.2%。在岗职工年平均工资26 996元，比上年增长5.8%。农民人均纯收入2 818元，比上年增长15.2%。年内有4 000贫困人口越过温饱线。

【社会福利事业】 年末全县参加基本养老保险的职工4 114人，收缴养老保险基金总额1 761万元，比上年增长33.7%。城乡居民最低生活保障制度逐步建立和完善，年末享受低保金的人数42 670人，发放金额4 338万元，人均1 017元。其中：城镇居民领取低保金人数7 109人，金额1 322万元，人均1 860元。农村居民领取低保金人数35 561人，金额3 016万元，人均848元。有敬老院8个，收养孤寡老人68人，因灾等原因得到国家救济的贫困人口达5万多人次。

【国民经济和社会发展中存在的主要问题】 经济总量较小，发展后劲不足；农业产业化进程缓慢，农民增收的途径狭窄；新农村建设基础薄弱、困难较多；工业基础薄弱，安全生产形势严峻；第三产业发展滞后，社会保障体系与市场发展不相适应，就业和再就业压力增大，就业市场供需矛盾突出。

（根据威信县2010年度统计公报整理）

（概况栏责任编辑 古仕林）

国内要事

2010年1～12月

1月

5日，由县委组织部、县人力资源办、建设局、职教中心联合举办的“阳光工程”农村党员建筑工技能培训开班，为期5天。来自全县10个乡镇的50余名农村党员参加培训。县委常委、组织部部长保卫华出席开班仪式并作讲话。

7日，市委常委、市纪委书记周业勇在威信检查指导工作。

10日，由山西广播电影电视管理干部学院15名学生志愿者组成的支教队，到双河乡天池民族希望小学和熊孔小学开展为期一周的支教活动。

11日，云南扎西友好旅行社在红云宾馆举行成立揭牌仪式。

15日下午15时许，千年来食甚时间最长的日环食掠过扎西上空。

19日，县委十一届七次全体（扩大）会议召开。县委书记龙进代表县委常委会作题为《坚定信心 真抓实干 不断开创经济社会追赶发展新局面》的工作报告，县委副书记、县长张顺民就全县经济社会发展工作作讲话。通过《中共威信县委十一届七次全体（扩大）会议公报》。

同日，县政协在九龙溪大酒店举行2010年迎春团拜会。县委书记龙进发表讲话，向全县人民致以新春问候。县长张顺民致祝酒辞。

25～26日，北京大学贫困地区发展研究院调研组一行，深入水田花房子、埫子苗寨、麟凤煤电一体化项目工地及扎西红军烈士陵园等地，就农业产业化发展情况和扶贫开发情况进行考察调研。

同月，威信县省委、省政府、省军区授予“双拥先进县”称号。

同月，县法院陈正强的诗集《穿过高原的雨季》由云南出版集团公司、云南人民出版社出版发行。

2月

5日，全县村级换届选举工作会召开，安排部署村级换届选举工作。县委副书记贺飞出席会议并作讲话。

7日，由县委、县政府主办的“百场演出进百村”首场演出在扎西体育馆热烈举行，由此正式启动威信县“百场演出进百村”活动。县委书记龙进等四套班子在家领导出席观看。

同日，威信县召开副科级以上女领导干部座谈会。县委常委、组织部部长保卫华，县委常委、县纪委书记任有恒，县人大常委会副主任李想，副县长刘坤出席座谈会。参加座谈会的20余名副科级以上妇女领导干部围绕“自尊、自强、自信”等话题，结合各自的工作、家庭等展开交流。

8日，县委书记龙进带领民政局、老干局等部门负责人慰问了离退休老干部和消防官兵。

同月，由市委、市政府主办

的《昭通十大名片》评选揭晓，扎西会议会址名列其中。其他九张名片分别是：罗炳辉、龙云、豆沙关五尺道、黄连河风景区、大山包国家公园、中国西部千里大峡谷、溪洛渡水电站、昭通苹果、昭通天麻。

3 月

1 日，县委召开全县 2009 年新农村建设指导员工作总结表彰大会暨 2010 年新农村建设指导员动员大会。会议宣读受县委、县政府表彰的先进派出单位、优秀工作队队长、优秀指导员，通报受省市表彰的 2009 年度新农村建设工作先进派出单位和优秀指导员；宣布 2010 年新农村建设指导员出征，同时收回 2009 年下派新农村建设指导员。

2～3 日，全市第三次全国文物普查实地调查阶段示范验收现场会在威信召开。市文体局副局长、市文普办主任保卫东，县人大常委会副主任李朝华、副县长刘坤、县政协副主席张安明及各县区文物工作专家、文物工作者 70 余人参加会议。会议宣布威信县第三次文物普查通过市级验收。

3 日上午，威信县农民工服务站成立。县委常委、常务副县长王维强为农民工服务站揭牌。

3～5 日，副市长胡月星一行在威信调研供销合作社改革发展情况和农村基层组织建设工作。

8 日，召开“三八”国际劳动妇女节 100 周年纪念大会。县委常委、宣传部部长汤国乾出席大会并作讲话。会议表彰 2009 年度获得“五好文明”家庭、“双学双比”女能手、“巾帼建功”标兵、“平安家庭”和“先进妇女之家”称号的妇女代表和先进集体。

同日，省民委副主任岩秒一行深入威信县调研民族团结、少数民族干部的培养与使用以及民族工作机构设置和人员编制情况等工作。

9～12 日政协威信县第七届委员会第三次会议召开。

10～13 日，威信县第十四届人民代表大会第三次会议召开。

13 日，中国五矿集团公司党组成员、纪检组组长、直属党委书记海燕一行到威信县调研扶贫工作。

14 日，县卫生局召开全县基本公共卫生服务项目启动会，安排项目工作，并对有关业务作培训。

15 日，县纪委十一届五次全会召开。县委书记龙进出席会议并作讲话。县委常委、县纪委书记任有恒代表县纪委常委会作题为《以党的十七届四中全会精神为指导，全面推进党风廉政建设和反腐败斗争深入开展》的工作报告。通过《中国共产党威信县第十一届纪律检查委员会第五次全体会议公报》。

17 日，省纪委常委、省监察厅副厅长和正兴带领有关部门负责人在威信县检查指导工作。

25 日，省教育厅在威信县召开高中新课程改革座谈会。

31 日，县总工会七届四次全委（扩大）会议召开。会议表彰 2010 年工会工作先进集体和先进个人，签订《2011 年乡镇规范化建设责任书》，并组织参观双河乡规范化建设。

4 月

1～3 日，全国著名画家、国家一级美术师祝焘，嘉州画院专业画家刘辉，文化部中国画研究院创作室主任袁艺，著名画家、文化部中国画研究院研究员杨松葛，四川省美术协会会员费遇忠等，在云南省公安厅文联主席宋思明陪同下，应邀到威信县开展“红色经典——水墨扎西”采风创作活动。7 月，县委、县政府主编的《红色经典 · 水墨扎西》画册内部出版。

6～8 日，市人大常委会副主任陈绍余在威信县调研“五五”普法暨“三五”依法治理工作。

8～9 日，新华社云南分社党组成员、常务副总编李自良在昭通市委常委、宣传部部长陆琴雯的陪同下，在威信调研革命老区建设工作。

10 日，威信县召开革命遗址普查工作会，安排部署全县革命遗址普查工作。

11～12 日，由省人大法制委员会副主任周云为组长的省抗大旱保民生促春耕工作督办组，在威信县检查指导抗旱工作。

12 日，县人民政府召开第五次全体会议暨廉政工作会议。县长张顺民作讲话。各位副县长和县政府副调研员分别对各自分管的工作作全面具体的安排。县监察局负责人就廉政建设工作作发言。

15 日，省政协提案委主任郭文龙一行，在市政协副主席陈麟等陪同下到威信县调研政协提案工作。

16 日，共青团威信县委十一届五次全体（扩大）会议在县城扎西召开。

18 日，省总工会副主席杨文学一行 3 人，在市总工会常务副主席宴祥莉陪同下，对威信县城镇低收入职工家庭住房困难情况等开展调研。

22 日，以省发改委能源局煤炭处处长吴煜为组长的省调研组一行，到威信调研煤矿矿井瓦斯综合利用工作。

23 日，威信县召开“两基”迎国检启动会议，回顾总结全县“两基”巩固提高工作取得的成绩和经验，分析查找存在的差距和问题，研究部署“两基”迎国检各项准备工作。县委常委、常务副县长王维强代表县政府与县教育局、各乡镇签订“两基”工作目标责任书。会议还对相关人员进行业务培训。

4 月 23～25 日，威信县组织文化旅游宣传队及旅游企业参加由国家旅游局、重庆市政府主办的中国国内旅游交易会。

28 日，县总工会组织开展“您健康，我快乐”登山比赛活动，全县机关事业单位干部职工、退休老同志、农民工及部分下岗职工近千名职工踊跃参加。同日由县总工会组织的庆“五一”职工书画展在扎西体育馆展出，共展出书画作品 42 件。

29 日，威信县煤矿安全测控仪器技术服务站正式挂牌成立。昆明市煤炭科学研究所副所长赵跃武参加为服务站揭牌。

同日，县总工会在扎西广场举行以“献给劳动者的歌”为主题的广场歌舞演出。

同日，县总工会、县人事和劳动社会保障局、科协等部门在扎西广场举办职工（农民工）维权帮扶宣传活动。活动当天共展出展板 12 块，发放相关资料 4 000 多份，接受咨询近 1 000 人次。

同月，威信红色旅游宣传推介在中国国内旅游交易会上获得圆满成功。在“七彩云南·旅游天堂”云南展区着力宣传推介威信红色旅游。

同月，市政协副主席张毅敏带队到威信县调研中小学教师队伍建设与管理情况。

月底，威信县扎西镇罗坭村在昆农民工杨贵喜被国务院评为“全国劳动模范”，并参加了在北京举行的全国劳动模范和先进工作者表彰大会，受到了国务院的表彰奖励。这是他继 2008 年 4 月被云南省委、省政府评为“云南省劳动模范”之后获得的又一殊荣。

5 月

3 日，扎西小学组织 5 位教师、24 位学生赴北京参加第六届全国儿童艺术展演暨“魅力校园”六一晚会活动，选送的舞蹈《收麦场上》荣获金奖，学校被评为全国艺术教育特色单位。由本土音乐人徐永弟作词作曲、柳青编导的舞蹈《收麦场上》入选中央电视台“魅力校园”2010 年六一晚会，是云南省唯一入选节目，于“六一”期间在中央电视台少儿频道首播。

7 日，云南团省委书记饶南湖到威信县调研预防青少年犯罪及团建工作。

9 日，云南省林业厅副厅长刘一丹在威信县调研林产业发展。

10 日，威信县广播电视村村通直播卫星覆盖工程工作会议召开。会议通过《威信县广播电视局 2010 年村村通直播卫星覆盖工程实施方案》。副县长刘坤与各乡镇分管负责人签订《工程建设责任书》。

11～12 日，省扶贫办老区处处长杨春明一行，在威信县调研扶贫开发整乡推进工作。

12～13 日，云南日报、云南电视台、云南人民广播电台、云南经济日报、春城晚报、云南政协报、云南老年报、昆明电视台等 8 家省内主流媒体的 10 余名记者，在威信县进行采访活动。之后，采访活动的作品相继在各媒体刊出或播出。

同期，省民委副巡视员张宝安、省民委机关服务中心副主任吉寿海一行，在威信县就民族地区经济社会发展及对策，各地贯彻落实《云南省人民政府关于进一步加强民族工作、促进民族团结、加快少数民族和民族地区经济社会科学发展的决定》的情况开展调研。

13 日，由友好旅行社组织的 20 余位昆明游客及云南电视台、云南日报等 8 家媒体记者在威信县进行“当一天红军——记忆红色扎西”活动，体验红色生活，接受革命传统教育。

14 日，全县 84 个部门和单位共计7 400余人参加“五五”普法考试。

14～15 日，副市长冯德到威信县调研劳动和社会保障工作。

同期，省政府副秘书长、信访局局长赵海鹰率相关部门负责人在威信县检查指导信访工作。

19 日，县委召开学习实践科学发展观活动总结暨创先争优活动动员大会，总结学习实践活动，部署创先争优活动。县委书记龙进出席会议并作讲话。县委常委、组织部部长保卫华对创先争优活动作具体安排。

20 日，县委、县政府召开全县新农村生态文明家园建设推进会。全体参会人员沿着庙沟至双河“新农村示范长廊”，实地参观了双河偏岩、扎西石龙的样板房，听取乡镇党委政府主要领导对宣传发动、资金投入及原材料组织供应等方面的情况介绍。县委书记龙进作讲话。县长张顺民代表县政府与新农办及各乡镇签订责任书。

21～22 日，市人大副主任赵卫率领由市人大民工委、农工委、法工委，市教育局、财政局等部门相关领导组成的调研组，在威信县调研中小学校舍安全工程。

21～24 日，威信县组团代表云南省参加第二届中国云南国际旅游休闲文化产业博览，力推威信红色旅游文化。共发放红色旅游文化宣传资料12 000余份。

22～23 日，以省社会科学院民族学研究所副所长古文凤为组长的省民族事务工作调研组，在威信县专题调研党的政策在民族散居地区的落实情况。

27 日，威信县应急救援大队在县消防大队揭牌成立。

28 日，由共青团威信县委、县文体局、县教育局、县旅游局共同举办的以“红色经典励青春、红歌唱响新威信”为主题的青少年“红歌会”在扎西体育馆举行。12 支代表队1 000余人参加演出。

31 日，扎西小学举行第九届“校园之星”小歌手总决赛。32 位小歌手参加角逐，评出一等奖 3 个，二等奖 6 个，三等奖 9 个。

6 月

1～3 日，在中国天诺慈善基金会的大力支持下，由中国狮子协会成员、著名眼科专家吕玉建主刀的云南省医疗专家组一行 8 人，到威信县为广大贫困白内障患者实施小切口晶体植入手术。全县共有 46 名白内障患者享受了此次惠民活动。

2 日，全县第六次全国人口普查领导小组会议召开，正式启动威信县第六次全国人口普查工作。县长、县第六次全国人口普查领导小组组长张顺民在会上作讲话。

4 日，威信县红色扎西艺术团、威信县文化市场综合执法大队正式成立。

10 日，原中组部部长、全国党建研究会会长张全景，在省委常委、组织部部长辛桂梓及昭通市市长王敏正等陪同下，在威信参观考察。

10～11 日，由市政策研究室副主任杨光辉任组长的市验收组，对威信县 2009 年度新农村建设工作进行检查验收。以 97 分的高分通过验收。

25 日，市人大常委会联合市经贸委、建设局、环保局等部门组成调研组，到威信县检查调研节能减排工作。

28 日，县委组织的“百场演出进百村”文艺汇演在水田乡举行首场演出。来自县“红色扎西文化艺术团”的 30 余名演员参加汇演。演出团将利用为期 90 天时间，到全县各村民委员会巡回演出。

28～29 日，副市长成联远在威信县调研民政和计生工作。

29 日，县直工委组织县直机关1 000余名党员开展重走长征路，接受革命传统教育。

30 日上午 11 时左右，扎西镇沟头煤矿发生煤与瓦斯突出事故，造成 9 人死亡。截至 7 月 1 日上午 9 时，事故应急救援工作结束，矿方向每名遇难者家属赔偿 29 万元。矿长、防突副矿长、安全整改排水系统工程负责人等责任人员被公安机关刑事拘留。

同月，由云南省旅游局牵头编制的《西南片区红色旅游规划》初稿完成。威信县扎西红色旅游景区被列为云南十大红色旅游景点之一，归并为黔北黔西红色旅游区。

同月，威信四海电器商行获省发改委、省委宣传部、省文明办评为“云南省价格诚信单位”。

7 月

1 日，市委常委、副市长何刚在威信调研煤电一体化项目、县城污水处理厂等重点工程建设情况。

同日晚，县委在扎西体育馆举办“红飘带上的新威信”大型文艺晚会，纪念中国共产党成立 89 周年暨威信解放 60 周年。晚会分为“红色记忆”、“创业年代”、“改革开放”、“展望未来”四个篇章。

10～11 日，副市长韩梅带领市教育局、市财政局等有关部门负责人，到威信县督查“两基”迎国检准备工作情况，就如何抓好“两基”迎国检工作提出 8 个方面的要求。

13 日，县委、县政府召开新农村示范长廊建设阶段工作推进会议。

16 日上午，县委、县政府举行桂香沟水库奠基开工仪式。桂香沟水库是一座以城市供水为主，兼顾下游农业灌溉和城市防洪的小（一）型水利工程，被列入云南省“十二五”期间计划建设的 100 件重点水源工程之一。工程概算总投资5 861.2万元，坝高52.3 米，总库容224.6 万立方米，力争 2012 年建成投入使用。建成后可解决县城及周边 1.42 万人的饮水问题，兼顾解决下游5 000亩耕地灌溉用水，并保障下游5 500人的防洪安全，与扎西水库、后山引水工程一起成为县城供水的骨干水源。

同日，扎西、双河、麟凤、高田等乡镇遭受严重风雹灾害，造成部分村组玉米、烤烟、民房等受灾。全县 4 个乡镇 9 个村 107 个村民小组2 479户12 650人受灾，直接经济损失 542.1 万元。

20 日，扎西、罗布、水田三乡镇财政易地扶贫开发项目通过市级规划评审。项目涉及 86 户 400 人。

21 日，市委常委、市政法委书记张朝德率领全市政法系统领导干部 130 余人到威信县开展以“忠诚于党、忠诚于人民、忠诚于事业”为核心的忠诚教育主题实践活动，重走长征路、重温入党誓词，接受爱国主义教育。

22 日，市委常委、市政法委书记张朝德率领全市政法系统领导干部，深入威信县公安局、扎西镇麒麟社区和县运输公司等，考察综治维稳工作。

23 日，昭通市政法队伍建设暨执法能力建设座谈会在威信县召开。市委常委、市政法委书记张朝德出席会议并作讲话。市政府副市长、市公安局局长王宇主持会议。市政协副主席陈麟、全市政法系统领导干部参加会议。会议作政法工作交流发言。

27 日下午，扎西、双河、水田、长安等部分乡镇遭受雷雨风雹灾害袭击，造成玉米等农作物、烤烟不同程度受灾和部分民房受损。其中扎西灾情最重。

31 日，县统计局开展农村社会经济统计和调查业务培训，全面启动村级统计和调查试点工作。

同日晚 7 点 35 分至 8 点 40 分左右，罗布乡遭受严重大雨风雹灾害袭击，造成 700 余亩烤烟、2 000多亩玉米绝收，部分民房、树木、公路、照明线路等受损。罗布、簸箕、簸火三个村受灾较为严重。

同月，石坎中心学校校长吴化强获中国教师发展基金会组织的全国“十一五”教育科研先进工作者称号，旧城中学副校长李清富主持的课题成果《尝试探究性学习研究》获一等奖。

同月，云南日报、云南电视台、昆明电视台、云南经济日报、春城晚报、昭通电视台、昭通日报、云网、云南人民广播电台等多家省市主流媒体或在黄金时段，或在重要版位大力宣传报道威信县红色旅游文化。云南电视台的《旅游新时空》栏目全面展播威信县旅游景区景点，重点向观众展示威信县扎西会议会址等；云南日报、中国文明网等刊登了《威信红色旅游崛起西南大地》、《威信：演绎壮丽的红色画卷》；云网、昭通电视台等刊播了《威信县组团代表云南力推红色旅游文化》；《云南日报》、《春城晚报》刊登了《威信县联手旅行社唱响红色旅游交响曲》、《云南扎西友好旅游社开展红色旅游》、《开展红色旅游，威信引客入滇》等。

8 月

1 日中午 1 时 40 分左右，长安乡、麟凤乡遭受冰雹和暴风雨袭击，造成玉米等农作物、烤烟不同程度受灾和部分民房受损。其中，长安乡天坪村、长安村和麟凤乡龙塘村受灾较为严重。

6日，市统计局局长王崇明、副局长唐天全一行在威信检查指导第六次全国人口普查工作。

10日，省环保厅副厅长杨志强督察威信县污水处理厂建设情况。

同日，省教育厅副厅长王建颖在昭通市教育局局长平锦的陪同下，对威信县教育事业发展、巩固提高“两基”成果和中小学校舍安全工作进行调研。

12日，威信一中隆重举行陈怀仓先生“爱心助学工程”仪式，年内考上大学的27名品学兼优的贫困学生获得捐助。

12～13日，由市委常委、宣传部部长陆琴雯率领的市检查验收组，对威信县“五五”普法暨“三五”依法治县工作进行检查。

13日，扎西会议纪念馆陈列布展评审会召开。设计单位上海海华公司从设计理念、空间布局、综合效果设计等方面对整个陈列布展设计过程进行了详细介绍。县委书记龙进对布展提出要求，县委、人大、政府、政协的领导，有关单位负责人，离退休老干部代表、人大代表和政协委员代表等参加会议。

同日，县委、县政府在水田乡召开水田乡整乡推进动员大会。县委书记龙进出席会议并作讲话。县长张顺民主持会议。水田乡党委主要负责人，县扶贫办主要负责人作表态性发言。县四套班子在家领导出席会议。县直各相关部门领导、双河乡党政主要领导、水田乡乡村组干部职工及部分群众代表参加会议。

19日，“微笑行动中国基金”志愿服务医务工作者再次走进威信县，开展“微笑行动”活动，免费为威信县及周边县区的唇腭裂患者实施手术。活动当天，志愿服务医务工作者经筛选，全县52名符合条件的唇腭裂患者成为免费手术对象。整个活动于8月24日结束。

25日，由县人事局、总工会、妇联、个私协会等部门联合组织的鼓励创业“贷免扶补”SIYB培训正式开班，60名学员参加为期7天的创业培训。

26日，副市长邬永飞到双河乡蔡营村看望3户结对帮扶的贫困户。同时检查调研威信县创先争优、公路建设、新农村生态文明家园建设等工作。

26～27日，以省文明办综合处副处长陈光俊为组长的考评组，到威信县对“扎西会议”会址和水田塆子苗寨省级文明风景旅游区创建工作进行考评。

28日晚，电影《村官普发兴》在九龙溪大酒店五楼会议室放映。县委、人大、政府、政协在家领导到场观看。县委组织部、宣传部所有人员，县直各部门党组成员，部分公安干警和大学生村官代表共300余人观看。

30日，县委十一届八次全体（扩大）会议召开。县委书记龙进代表县委常委会作题为《抓住机遇 真抓实干 奋力谱写威信经济社会追赶发展新篇章》的工作报告。县委副书记、县长张顺民就全县经济社会发展工作作讲话。讨论并审议通过《中共威信县委十一届八次全体（扩大）会议决议》。

同日晚，昭通市“90后的好榜样”铁飞燕暨见义勇为先进事迹报告团，在九龙溪大酒店五楼会议室举行报告会。

31日，扎西小学潘婷参加昭通市中小学教师心理健康教育说课竞赛，荣获小学组一等奖，并于9月16日代表昭通市赴昆明参加云南省中小学心理健康教育课堂教学竞赛。

同月，威信县2007—2008年农村人饮安全工程，通过市级检查验收。

同月，在2010年奥林匹克国际青少年儿童书画大赛中，由扎西蜡染书画艺术院组织、选送的威信儿童国画作品取得一名特金奖、4名金奖、6名银奖、12名铜奖、3名优秀奖。扎西蜡染书画艺术院院长、书画辅导教师李盛江也因此被大赛组委会授予“素质教育辅导特级园丁”荣誉称号。

9月

8日，由云南省慈善总会出资，总投资200万元的旧城中心敬老院建成投入使用。

16日，省体育局向罗布乡新庄小学捐赠价值6 000余元的体育用品500套，学习用品300套。

18日，云南省革命老区建设促进会常务副会长黄仁跃一行到威信调研老区建设。

24～25日，铁道部鉴定中心副主任吴克非，副总工程师秦永平、丁亮，成贵公司总经理张国力，中铁二院集团公司副总工程师林世金等一行53人组成的专家组，到成贵铁路威信段进行实地踏勘。

25日起，市委、市政府“百场演出进百乡”演出团，分为两个组深入威信县各乡镇进行巡回慰问演出。

26日，威信县召开干部大会，宣布市委决定：吕磊任中共威信县委副书记、县人民政府代理县长，姚勇任中共威信县委副书记；免去张顺民中共威信县委副书记、县人民政府县长职务。市委常委、组织部部长李勇出席会议并作讲话。

27～28日，湖北省黄石市老年体育协会登山委员会组织的“长征登山行活动”旅行团在威信瞻仰革命先烈，重走红军长征路。并向徐策烈士墓敬献花圈。

30日，威信县污水处理厂通水试运行。

同月，威信县与四川珙县两县政法委、民政部门领导以及毗邻的王家、洛亥、石碑、观斗、旧城、麟凤、三桃、罗布8个乡（镇）领导，在珙县召开“珙县威信县平安边界建设工作联席会”，共商边界维稳协作事宜，两县人民政府及毗邻乡（镇）共同签订《共建平安边界睦邻友好公约》。

同月，市政协完成对双河苗族彝族乡经济社会发展情况的调研。

同月，扎西江西塆至罗布油路改造工程完工投入使用。

10月

10日，威信县在扎西文化广场举行第六次全国人口普查宣传月活动启动仪式，全面启动为期一个月的人口普查宣传活动。全县各乡镇同时举行启动仪式，共发放《致全国人口普查逐户的一封信》《中小学生一堂课》等宣传资料36 000余份，接受咨询6 000多人次。

11～12日，省人大代表视察组对威信县新农村建设、片区扶贫开发和少数民族地区经济社会发展情况进行视察。市人大常委会副主任皮永宏参加视察。

14～15日，受昭通市委、市政府的委托，云南大学文化产业学院院长李炎一行，在威信县就文化产业发展情况开展调研。

15日，县政府召开会议，安排部署创建“甲级卫生县城”迎检评比准备工作。威信县2006年创建了省“乙级卫生县城”，2008年创建通过复检验收，于2010年申报创建省“甲级卫生县城”。

16日，市委宣传部副部长、市文明办主任李岐带领中央、省、市媒体新闻记者抵达威信县采访。此次赴威采访的有新浪网、云南日报、云南法制报、春城晚报、都市时报、云南信息港、昆明信息港、昭通电视台8家中央、省、市媒体的记者。

16～17日，省委宣传部、省政府新闻办公室组织的中央、省级主流媒体“支持昭通市加快经济社会发展步伐”采访团到威信县开展宣传采访活动。

17日，省体育局局长杨宁一行在威信调研指导工作。

20日，威信县党员团员志愿者服务行动在扎西广场举行启动仪式。

23日，由市扶贫办组织的专家评审组，对2010年度双河、水田财政产业扶贫香桂种植项目规划和实施方案进行评审，一致同意将项目上报审查立项。

同日，以成都铁二院工程师郭祚川为组长的隆黄铁路调研组一行，在威信调研隆黄铁路威信段经济运量情况。

28日，云南省农科院、省蚕桑体系建设研究员陈松，副研究员贮一宁、白兴荣等组成的专家组一行，到威信传授栽桑养蚕技术。

同日，市政协副主席陈麟到双河乡调研少数民族地方经济社会发展情况。

29日，市政府召开全市县区食品药品监督管理机构移交工作会议，将县区食品药品监督管理机构改为县区政府管理，列入县区政府工作部门序列。

月底，国家发展和改革委员会《国家发改委关于云南威信扎西煤电一体化项目2×60万千瓦新建工程核准的批复》（发改能源〔2010〕2576号）正式核准威信扎西煤电一体化工程项目。

31日晚，扎西镇按县人民政府第六次全国人口普查领导小组办公室的统一安排开展“零点行动”，集中对宾馆、招待所、酒店、旅店、车站、娱乐场所、街道等地方居无定所的流动人员进行登记。

同月，风（翥）威（信）二级公路大塘至大落脚段完工投入使用，12月通过交工验收，评定为合格工程。

同月，市艺术剧院到威信开

展“百场演出进百乡”文艺演出，深入各乡镇演出10场次。

11月

1日，全县人口普查员走进千家万户，开始人口普查入户登记工作。

4～5日，市委书记夜礼斌在副市长成联远、市政协副主席普安银，市发改、建设、民政、教育、国土、水利、交通等部门负责人的陪同下，在威信县调研产业发展、社会事业、集镇建设等工作。

7日，威信县召开动员会议，部署新型农村社会养老保险试点工作。县委常委、常务副县长、新农保领导小组副组长王维强代表县政府与各乡（镇）签订目标责任书。

9日，副市长胡月星一行深入庙沟乡、扎西镇、双河乡和水田乡，对新农村建设和扶贫开发等工作进行调研。10日上午，胡月星在九龙溪大酒店为威信县领导干部作“提升领导胜任力”的专题讲座。县委、人大、政府、政协在家领导，各乡镇党政负责人、县直各单位实职副科级以上领导干部300余人听取讲座。

10日，省发改委能源局电力处副处长田宏伟一行到威信县调研煤电一体化项目工程及电力输送网络建设工作。同日，市环保局局长张顺民深入麟凤乡检查煤电一体化工程环境保护工作，市粮食局局长皮永雄一行到高田乡高田村调研指导新农村建设。

14～15日，市政协副主席陈麟一行调研威信县少数民族经济社会发展工作。

15日，庙沟乡政府召开庙沟乡小集镇建设动员大会，对庙沟乡小集镇建设作总体部署，全面启动庙沟乡小集镇建设。县委副书记、代理县长吕磊在会上作讲话，并代表县委、县政府与工程建设指挥部签订责任书。县委常委、县委办主任郑维江代表指挥部与各相关部门签订责任书。

18日，市政协主席熊启怀到双河乡、扎西镇调研少数民族文化广场建设和实地考察污水处理厂建设情况。

19日，位于四川珙县与云南威信县边际的省际党建联动区党支部成立“党员义务服务队”。

29日，威信县举办大学生村官培训。县委常委、组织部部长保卫华出席开班仪式并作动员讲话。71名大学生村官参加培训。

12月

6日，由县委副书记、代理县长吕磊带队的考察团，赴四川省宜宾市珙县进行学习考察，并召开珙威区域经济发展座谈会，双方就共同关心的“十二五”发展规划、交通建设、区域经济发展等进行广泛协商和研讨。会上，珙威两县政府签订了《区域框架协议》。

8日，旧城镇举行旧城、马安村级联合党委启动仪式。县委常委、组织部部长保卫华出席仪式并作讲话。

同日，市政协主席熊启怀到威信调研双河乡河沙沟文化广场、田坝火车站规划建设点和污水处理厂。

19日，改造一新的县新华书店隆重开业。昭通市和盐津、鲁甸、镇雄、永善、叙永、古蔺等县的新华书店代表参加开业典礼，并就管理运营、提升服务等方面进行交流。

24日，威信县新型农村社会养老保险养老金首发仪式在扎西体育馆举行，标志威信县新农保政策正式实施。

26日上午，成都至贵阳铁路建设在宜宾市南岸西区财富广场正式开工。云南省原副省长、省铁路建设工作督导组组长梁公卿出席动员大会，代表云南省委、省政府向成贵铁路的开工建设表示热烈祝贺。

同日，威信县首家准四星级酒店——瑞丰大酒店——隆重开业。

27日，县委副书记、代理县长吕磊，县委常委、宣传部部长汤国乾等上线昭通人民广播电台政风行风热线直播节目，就威信县经济社会建设和发展与群众进行互动交流。各乡（镇）长、县直各部门负责人在扎西宾馆会议室聆听热线广播，部分部门负责人对口参与现场问题解答。

28～31日，威信县老体协、威信县气排球运动领导组、扎西镇老体协主办首届“庆元旦、迎新春”气排球比赛。来自麟凤乡、扎西小学和县直单位的七八十名气排球爱好者组成的7支女队、6支男队参加比赛。

30日，滇川四县九乡镇省际边界联防联调协作会在威信县麟凤乡召开。会议总结和交流一年来各接边乡镇在矛盾纠纷联调、治安管理联防、维护边界地区繁荣稳定方面的好经验、好做法。

同月，凤（翥）威（信）二级公路大落脚至狮子沟段全面完工并通过交工验收，评定为合格工程。

同月，镇（雄）威（信）二级公路威信段完工投入使用。

同月，省发改委和省教育厅按照国家的安排部署，正式确定威信县等7个县（市）作为全省学前教育试点县（市），开展“管办分离、委托办学”试点，形成公办与民办并举的办园体制。

同月，威信县被省政府授予“云南省2009年度县域经济发展先进县”称号。

同月，县武装部获省军区表彰为征兵工作先进单位和用户型密码使用管理先进单位。

同月，威信县首个村级廉政文化活动室在旧城镇旧城村建立。

（**年内要事栏责任编辑** 古仕林）

政　治

中国共产党威信县委员会

县委领导成员

【县委领导成员及工作分工】 2010年初，中共威信县委书记1名：龙进；副书记2名：张顺民、贺飞；常委10名：龙进、张顺民、贺飞、王国斌、王维强、汤国乾、任有恒、蒋德华、保卫华、郑维江。2月副书记贺飞调离。3月增补陈麟为副书记。9月副书记张顺民调离，增补吕磊、姚勇为副书记。

10月20日，县委调整县委书记、副书记及常委分工。县委书记龙进主持县委全面工作；县委副书记、县政府代理县长吕磊负责县政府全面工作；县委副书记姚勇协助书记处理县委日常事务，协助书记抓好党的建设，分管农业农村、工业发展、县委统战部、县工商联，联系县人大常委会党组、县政协党组，任县委党校校长；县委副书记陈麟负责新农村建设指导员工作，协助书记处理县委有关事宜，联系体育事业发展；县委常委、县委政法委书记王国斌主持县委政法委工作，负责稳定工作，分管县委610办公室、县人民法院、县人民检察院、县委政府信访局，联系县公安局、县司法局、武警中队、消防大队和安全生产工作；县委常委、县政府常务副县长王维强协助吕磊负责县人民政府日常工作，完成县委交办的工作；县委常委、县委宣传部部长汤国乾主持县委宣传部工作，负责宣传思想、意识形态、对外宣传工作，分管县文明办、县文化产业办、县委外宣办、县科协、县计生协会，联系新农村建设和畜牧产业；县委常委、县纪委书记任有恒主持县纪委工作，负责党风廉政建设和反腐败工作，联系林业产业；县委常委、县委组织部部长保卫华主持县委组织部工作，负责组织、人事、老干部、人才工作，分管县委老干部局、县总工会、团县委、县妇联，联系招商引资工作；县委常委、县委办公室主任郑维江主持县委办公室工作，分管县委督查室、县委政策研究室、县委党史研究室、县委机要局、县国家保密局、县委政府接待办，兼任县直机关工委书记，联系蚕桑产业；县委常委、县武装部政委蒋德华负责县武装部全面工作。因县委领导分工调整后所涉及到担任非常设机构职务的调整另行通知。

工作意见

【2010年度人口和计划生育工作意见】 2010年2月8日，县委、县政府出台做好2010年度人口和计划生育工作的意见。全县人口出生率控制在12‰以内，人口自然增长率控制在7‰以内，计划外多孩控制在35人以内，计划生育率达90%以上，年内一孩放环率达65%以上，年内二孩结扎率达80%以上，年内多孩结扎率达100%，常住已婚育龄妇女生殖健康检查率达100%，外出已婚育龄妇女寄回生殖健康检查证明原件验证率力争达90%，补救措施落实率达95%以上，30%以上的村创建为计划生育村民自治合格村，双

河、罗布、旧城、三桃、麟凤、长安、庙沟人口和计划生育服务站实现标准化、规范化管理。全年完成结扎任务1 141例，其中二扎1 098例，完成一放1 755例，补救措施440例，征收社会抚养费200万元。工作措施：强化宣传教育工作，着力营造良好的人口和计生工作氛围；加强基层基础工作，全力推进人口和计划生育信息化建设；狠抓“一放二扎”和补救措施的落实，切实提高年内一放率和二扎率；加强社会抚养费征收和管理，着力运用经济杠杆调控人口增长；加强流动人口计划生育管理，建立健全流动人口管理机制；认真落实“奖、优、免、补”政策，进一步完善利益导向机制；全面实施人口和计划生育优质服务，着力满足人民群众的计划生育和生殖健康需求；充分发挥计生协会作用，着力促进人口计生工作健康发展；坚持依法行政，严厉查处违反人口和计划生育法律、法规、政策的行为；加强计生队伍建设，不断提升管理和服务水平。

【加快林业发展建设森林威信意见】 3月1日，县委、县政府出台加快林业发展建设森林威信的意见。目前，全县林地面积65 820公顷，林木绿化率46.1%，森林覆盖率37.2%，位居全市前列，林业为全县生态文明建设和经济社会发展作出重要贡献。全县尚有25°以上陡坡耕地2.7余万公顷，林业还有很大的发展空间。目标任务：2010—2012年，全县计划造林1.8万公顷，其中改造低产林1.33万公顷，新造林0.47万公顷，全县森林覆盖率由现在的37.2%上升到40.5%，平均每年上升1.1个百分点，活立木蓄积由2008年的246万立方米上升到280万立方米，林业总产值由2008年的5 000万元上升到1.4亿元，农民从林业获得的人均收入由125元上升到265元；2013—2020年，全县计划新增造林面积1.53万公顷。到2020年末，全县森林覆盖率达到51.5%，比2009年上升14.3个百分点，活立木蓄积达到360万立方米，林业总产值力争实现4.3亿元，农民从林业获得的人均收入超过750元。工作任务：一、大力发展速生丰产用材林。改造低产低效林，发展速生丰产用材林0.87万公顷，在海拔800～1 400米地区利用不适宜发展竹子、核桃的撂荒地、宜林荒山荒地、无立木林地新造速生丰产用材林0.47万公顷。通过10年左右的努力，建成速生丰产用材林1.3万公顷，其中2010—2012年新造林0.13万公顷、改造低产低效林0.87万公顷，2013—2020年新造林0.33万公顷。二、大力发展竹产业。到2020年，建成以毛竹、绵竹、苦竹、笻竹为主的竹产业基地1.33万公顷，其中2010—2012年达到0.53万公顷（新造林0.2万公顷，改造低产低效林0.33万公顷），2013—2020年新造林0.8万公顷。三、适度发展以核桃为主的干果木本油料产业，适度发展以优质核桃为主的干果油料林0.27万公顷，其中2010—2012年新造林0.067万公顷、2013—2020年新造林0.2万公顷。四、坚持龙头企业带动，大力发展香桂产业。锦昌生物科技公司在石漠化地区适度发展香桂产业基地0.4万公顷。2010—2012年计划利用低产低效林改造0.13万公顷，利用荒地发展0.067万公顷；2013—2020年新造林0.2万公顷。五、全面启动城乡绿化建设工程。以“城镇面山、沟河两岸、公路沿线、景区景点、水源地域”为重点，加大社区、村庄、校园、矿区、机关绿化造林力度，不断改善人居环境，提升人们的生活品质，努力打造具有威信特色的绿色长廊。六、继续抓好生态公益林建设和保护，进一步强化对现有3.8万公顷重点生态公益林的保护和培育。七、切实加强生态文化建设，以红色旅游为依托，大力开发生态旅游资源。以天星百里林海、大雪山原始森林为重点，走“以红带绿，以绿托红”的路子，积极争取上级森林旅游项目建设，努力打造森林生态旅游景观景点，切实加强生态文化建设，提升红色旅游景点的质量，增强对游客的吸引力。八、合理利用商品林资源，搞好木材深加工。在强化森林资源采伐限额管理的基础上，贯彻落实上级深化林业改革的方针、政策，认真做好商品用材林利用工作，合理利用森林资源。积极推动木材制品深加工，不断开发人造板及其二次加工，促进木材高效利用。积极扶持木材深加工龙头企业，延伸产业链，提升木材、竹材加工业水平，提高资源利用率。到2012年实现木材加工3万立方米，到2020年达到8万立方米。九、大力开展农村能源建设。以建设农村沼气池、节柴灶为重点，其他各种优质、高效、洁净能源同步实施的方式，全面推进农村能源建设。到2012年，全县新增沼气池1 500口，实施农村节能改灶3 700户。

【在全县党的基层组织和党员中深入开展创先争优活动实施意见】 5月25日，县委出台在全县党的基层组织和党员中深入开展创先争优活动的实施意见。总体目标：以深入学习实践科学发展观为主题，坚持从威信实际出发，围绕科学发展、追赶发展目标和“113355”工作思路，巩固提升基层党组织建设先进县成果，改革创新，务求实效，统筹推进党的建设其他经常性工作，充分发挥基层党组织的战斗堡垒作用和共产党员的先锋模范作用，在推动科学发展、构建和谐威信、服务人民群众、加强基层组织实践中建功立业。深入开展创先争优活动以巩固提升“基层党组织建设先进县”成果为重要抓手，创建“先进基层党组织、争当优秀共产党员”为主要内容。各级党组织要认真组织开展好主题实践活动，突出抓好“五项基本建设”，即：以基层党组织书记队伍为重点的基本队伍建设，以基层党组织活动场所、党员干部现代远程教育网络、党员服务中心和农民服务站为重点的基本阵地建设，以“四议两公开”为重点的基本制度建设，以方便基层党组织和党员参加的基本载体建设，以财政投入为主、党费留存补助为辅、社会筹集为补充的基层党组织建设工作经费保障机制建设，形成创先争优的长效机制。各级基层党组织要从自身实际出发，紧紧围绕确定的主题，通过公开承诺、领导点评、群众评议、评选表彰四种方式，统一开展党性锤炼、岗位奉献、党群和谐、组织创新四项活动。全县创先争优活动分为两个阶段进行，第一阶段从2010年4月开始，第二阶段从2011年7月开始。县委成立创先争优活动领导小组和办公室，由县委组织部、县委宣传部牵头，办公室设在县委组织部，具体负责全县创先争优活动工作。全县各级也要成立相应的领导机构和工作机构，落实领导和指导责任。

【进一步加强公共文化建设意见】 6月29日，县委办公室、县政府办公室印发《威信县进一步加强公共文化建设的意见》。按照全面建设小康社会的要求，坚持把握方向、巩固阵地，服务群众、贴近基层，党委政府主导、社会积极参与，示范带动、整体推进，近期目标与长远目标相结合的原则，充分发挥文化育民、文化乐民、文化富民的功能，从2010年起，扎实推进全县“百场演出进百村”和农家文化大院建设、“2131”农村电影放映文化系列工程。力争到2015年，全县基本形成较为完善的县、乡、村三级公共文化服务网络，农村文化基础设施相对完备，公共文化服务切实加强，体制机制进一步建立和完善，文化队伍不断壮大，农民群众收听广播难、收看电视难、看书难、看戏难、看电影难的问题基本解决，农村文明程度和农民整体素质明显提高，社会主义新农村建设取得显著成效。一、加强文艺演出队伍建设，组建威信县红色扎西艺术团。2010年完成乡镇业余文艺演出队的组建工作，开展“千场演出进自然村寨”等活动。二、加强农家文化大院建设。2010年重点建设42个农家文化大院，力争用3～4年时间，全县实现200人以上的自然村“农家文化大院”全覆盖。三、加快推进电影管理体制改革。按“2131”电影放映目标要求，迅速组织实施“千场电影进村寨”活动，切实开展好农村电影放映工作。四、加快推进文化市场综合执法改革。五、扎实推进公共文化服务基础设施建设，夯实发展基础。六、加强爱国主义教育基地建设，充分发挥其教育功能和作用。成立以县委副书记为组长，县委宣传部部长、政府分管副县长为副组长，宣传、发改、财政、人事、编办、文体、广电、扶贫、农业、林业、水务、教育、卫生、科技等相关部门和工会、共青团、妇联等群团组织负责人为成员的领导小组，负责全县公共文化建设的指导、统筹和协调工作，领导小组办公室设在县委宣传部。各乡镇也要成立相应的领导机构和工作机构。

【社会主义新农村示范长廊建设意见】 7月2日，县委、县政府出台社会主义新农村示范长廊建设的意见。坚持“政府主导、农民主体、产业支撑、环境改善”原则，以“房屋亮化、环境净化、产业优化、村庄美化”为目标，以自然村寨和农户为载体，高层次、高标准打造具有地域特色和传统风格的民居，并与观光旅游、休闲娱乐、文化景观、民族风情相结合，打造辐射带动能力较强的新农村生态文明家园示范长廊。目标任务：坚持把村庄整治放在首位，打造清洁舒适的居住环境；因地制宜发展特色优势产业，增加农民收入；完善体制机制，促进农村经济发展；加快社会事业发展，提高人口素质；加强社会建设，促进文明和谐。

布局安排：庙沟大塘至双河谢家坳二级公路、镇威公路威信段、比喜至水田公路沿线。主要内容：围绕产业发展，做好增收文章；围绕村庄建设，改善生活环境；围绕配套建设，提升生活质量；围绕生态建设，优化生存环境，打造“绿色长廊”；围绕民主管理，促进乡风文明。新农村示范长廊建设分四个阶段实施：2010年5月31日前启动试点，2010年6月1日至12月31日重点推进，2011年1月1日至6月30日继续推进，2011年7月1日起巩固提升。主要措施：以科学规划为统领，统筹部署生态文明家园建设工作；以产业培育为龙头，加快推进农业产业结构调整步伐；以长廊建设为重点，集中力量打造主要公路沿线生态文明示范带；以资源整合为依托，实施示范长廊建设整体推进战略；以村庄整治为突破，加快农村基础设施建设和环境改造步伐；以项目实施为平台，动员和组织各方面力量参与生态文明家园建设；以旅游休闲为载体，培育农村经济发展新的增长点；以机制创新为手段，确保生态文明家园建设顺利推进。县委、县政府调整充实县新农村建设领导小组，加强办公室工作力量。

【“提高选人用人公信度示范县”创建活动实施意见】 10月20日，县委出台开展“提高选人用人公信度示范县”创建活动的实施意见。创建活动中重点抓好四项工作任务，使我县干部选拔任用工作和整治用人上不正之风“两个满意度”高于全市平均水平，达到全省平均水平以上。严格执行干部选拔任用工作法规，科学规范和有效监督“一把手”选人用人行为，积极稳妥地推进干部人事制度改革，深入整治用人上不正之风。严格执行干部选拔任用工作法规，严格监督、强化管理，坚决查处违规违纪行为、严厉整治不正之风。县委成立“提高选人用人公信度示范县”创建活动工作领导小组，由县委书记任组长，县委专职副书记和县委常委、组织部部长任副组长，切实加强“示范县”创建活动的组织领导。领导小组下设办公室于县委组织部，由组织部部长兼任办公室主任，具体负责抓好“示范县”创建活动的组织实施。每年年底要围绕“六看”（一看民意调查中干部选拔任用工作和整治用人上不正之风工作的满意度情况；二看“一报告两评议”情况；三看反映选人用人问题的举报情况；四看对用人上违规违纪问题的查处情况；五看各类媒体反映选人用人热点问题的舆情及应对情况；六看开展干部选拔任用工作监督检查情况），对“示范县”创建工作开展自查自纠，确保“示范县”创建工作取得实效。

工作规划实施

【2010年春节慰问和“送温暖”活动】 2010年1月22日，县委办公室、县政府办公室印发《威信县2010年春节慰问和“送温暖”活动方案》。县委、县政府决定在春节期间组织对城乡特困户（含五保、孤儿、残疾困难户、计生双女结扎户、独生子女户）、重点优抚对象、驻威部队官兵、离退休干部、劳动模范、科技工作者、贫困老党员、春节坚守岗位单位职工、特困妇女、困难农民工、重点工程建设企业和企业困难职工等进行走访慰问。由民政局组织慰问城乡特困户、重点优抚对象和驻威部队官兵。由县委老干部局拟订实施方案并组织慰问离退休老干部。由县委组织部、民政局准备慰问物资，县领导带队分别到各乡镇开展“送温暖”活动。由民政局组织慰问品，由县领导带队，县总工会、民政局、卫生局参加，到县人民医院和县中医院慰问住院病人和值班医生。由民政局组织慰问品，县领导带队，相关部门参加，慰问春节坚守岗位单位。由县总工会拟订实施方案并组织慰问企业困难职工、社区非公企业困难农民工、劳动模范、科技人员等。由县妇联拟订

实施方案并组织慰问特困妇女和留守儿童。由县民宗局拟订实施方案并组织慰问民族宗教人士。

【2010年党风廉政建设和反腐败工作主要任务分解】 4月7日，县委办公室、县政府办公室印发《威信县2010年党风廉政建设和反腐败工作主要任务分解》。

县委、县政府对全县党风廉政建设负全面领导责任。县委书记对县委班子及其成员和全县党风廉政建设负总责；县长对县政府班子及其成员和政府系统党风廉政建设负总责；县委、县政府班子的其他成员根据分工，对分管范围的党风廉政建设负直接责任。各乡镇党委、政府及县直各部门、各单位党政领导班子对管辖范围内的党风廉政建设负全面领导责任；正职领导对班子成员和分管范围内的党风廉政建设负总责，班子其他成员根据分工，对职责范围内的党风廉政建设负直接领导责任。各乡镇纪委、县直各部门纪委（纪检组）和县纪委派出（驻）各纪工委对本地区、本部门及管辖（负责和联系）范围内各部门的党风廉政建设和反腐败工作负组织协调和监督检查责任。将党风廉政建设和反腐败工作主要任务分解细化为35个大项，明确各主办单位和协办单位。

【全县革命遗址普查】 4月7日，县委办公室转发《县委党史研究室关于抓好全县革命遗址普查工作的实施方案》。普查地域范围为威信县行政区域内。时间范围为新民主主义革命时期（1928—1950.7）和剿匪斗争时期（1950.8—1955.9）。普查项目为革命遗址的名称、地址、占地和建筑面积、建筑样式及材质、形成时间、利用时间等基本情况，遗址本体的历史由来、使用状况、保存状况、陈列物品情况，遗址使用管理的所有权属、经费来源、工作人员状况，遗址周围的环境状况（包括自然环境和人文环境）等信息、资料，遗址的照片和影像资料（历史情况、现实情况、内外环境等）。普查内容为中国共产党的重要机构旧址，重要党史人物的故居、旧居、活动地，重要事件、重大战役战斗遗址，具有重要影响的革命烈士事迹发生地或墓地，反映重要历史活动、进程、思想、文化的各种遗迹，新中国成立后修建的内容涉及新民主主义革命时期的各种纪念馆、展览馆、纪念碑、纪念设施等。同时，一些已被损坏的不复存在的重大遗址、遗迹也在普查之列，要说明基本情况，写明损毁原因。普查标准时点为2009年10月31日（即以此时间为止存在的革命遗址和纪念设施）。整个普查从2010年3月21日起分四个阶段实施，即筹备宣传培训、开展普查、提交成果、成果出版和总结，2011年6月全面结束。

【“法制讲座进乡镇”活动】 4月21日，县委办公室印发《威信县“法制讲座进乡镇”活动实施方案》。活动范围为全县各乡镇（乡镇党委、政府班子成员，机关干部职工原则上必须参加）。活动内容：乡镇主要领导作动员讲话；由县委预防职务犯罪领导小组安排专人作预防职务犯罪法制讲座；由县委预防办、县检察院预防部门采取座谈会或问卷调查的形式，对教育效果进行测评，收集意见和建议，探索建立长效机制。活动时间从2010年5月开始至9月结束。本次活动由县委预防职务犯罪领导小组统一安排协调，县委预防办、县检察院预防科和各乡镇党委共同组织实施。

【学习宣传贯彻《中国共产党党员领导干部廉洁从政若干准则》】 4月24日，县委办公室印发《威信县学习宣传贯彻〈中国共产党党员领导干部廉洁从政若干准则〉工作方案》。要通过学习贯彻《廉政准则》，促使各级党员干部特别是党员领导干部统一思想、提高认识，自觉用《廉政准则》规范从政行为，最终实现廉洁从政的目标。2010年9月底前完成学习宣传阶段，2010年12月底前完成自查自纠阶段，2011年1月底前完成督促检查阶段。注重将学习宣传贯彻活动与深入贯彻落实科学发展观、推动威信追赶发展结合起来，将学习宣传贯彻活动与贯彻落实党的十七大、十七届四中全会精神、十七届中央纪委五次全会、省纪委八届五次全会、市纪委二届五次全会和县委十一届七次全会、县纪委十一届五次全会精神结合起来，将学习宣传贯彻活动与贯彻落实《中共中央关于加强和改进新形势下党的建设若干重大问题的决定》和省、市委贯彻实施意见结合起来，将学习宣传贯彻活动与贯彻落实中共中央《建立健全惩治和预防腐败体系2008—2012年工作规划》和省、市、县《实施办法》结合起来，将学习宣传贯彻活动与扎实抓好当前各项工作结合起来。突出十个载体：召开一次专题会议，组织一次专题学习，开展一次专题培训，征订一本手册，建设一条廉政长廊，开展一次短信送廉，开展一次巡回辅导，开展一次知识测试，开展一次警示教育，开辟一个宣传专栏。

【县级领导深入基层开展专题调研】 5月13日，县委办公室印发《威信县县级领导深入基层开展专题调研工作方案》。参加对象为县委常委，县人大主任、副主任、副调研员，县政府副县长、副调研员，县政协主席、副主席。调研课题围绕县委十一届七次全会精神以及全县重大工作部署、各项重点工作安排和重点项目建设，由县级领导结合分管或联系的具体工作自行确定1~2个调研课题，有针对性地开展调研活动。也可参考本方案提供的课题开展调研。根据“三联系两深入”制度要求，深入基层，深入群众，协调有关职能部门，通过召开见面座谈会、民情恳谈会等多种形式，准确掌握全县各项工作动态，认真分析存在的困难和问题，提出对策建议，积极采取有效措施，切实帮助解决。此次县级领导深入基层专题调研活动自5月20日开始至10月30日结束，分实地调查研究、撰写调研报告、转化调研成果3个阶段。

【开展争创“平安和谐村寨”活动】 7月13日，县委办公室、县政府办公室印发《威信县关于开展争创“平安和谐村寨”活动的实施意见》。通过开展平安和谐村寨建设，使农村矛盾纠纷排查调处机制更加健全，农民的合法权益得到保护，农村各类矛盾得到化解，邪教和非法宗教发展蔓延势头得到有效遏制；农村治安防范体系更加完善，突出治安问题和治安乱点得到有效整治，治安状况进一步好转，群众安全感进一步增强；农村民主法制建设更加深入，农村社会管理和公共服务进一步加强，农民法律意识明显增强，遵纪守法、诚实守信、相信科学、反对迷信、反对邪教的自觉性不断提高；农村社会和谐稳定，农民群众安居乐业，社会主义新农村建设顺利进行。努力营造“五个环境”：即安定有序的治安环境、优美文明的村庄环境、公平正义的法治环境、诚信有爱的人际环境、安全健康的成长环境。增强“五个意识”：即增强懂法守法意识、安全防范意识、健康文明意识、和谐相处意识、男女平等意识。《实施意见》制定平安家庭、平安村（居）民小组、平安村和谐村（社区）具体创建标准及量化评分标准。建立完善矛盾纠纷“大调解”工作机制、基层维稳“大综治”工作机制、便民利民“大服务”工作机制。平安家庭的考核以户为单位，由村、组依照考核标准，评选出优秀“平安家庭”予以命名表彰。平安村（居）民小组的考核以村（居）民小组为单位，考评分达90分以上为“平安组”，经村（居）委会考核合格，报乡镇平安创建领导组验收后，由乡镇党委、政府命名表彰。平安和谐村（社区）的考核以村（社区）为单位，考评分达90分以上为“平安和谐村（社区）”，经乡镇党委、政府考核合格，报县平安创建领导组审核复查验收后，提请县委、县政府命名，奖励5 000。2010年扎西镇创建达标的村（社区）要达到4个，其他乡镇创建达标的村要达到2个。每年进行一次“平安家庭”、“平安村（居）民小组”、“平安和谐村（社区）”的考核验收、命名表彰工作。对因重视不够、工作不力，导致发生严重危害社会稳定、造成恶劣影响的重大刑事案件、治安灾害事故和重大群体性事件的地方和单位，严格实行社会治安综合治理领导责任制和一票否决制，严肃追究有关责任人的责任。

【深入推进社会矛盾化解、社会管理创新、公正廉洁执法三项重点工作】 7月13日，县委办公室、县政府办公室印发《威信县关于深入推进社会矛盾化解、社会管理创新、公正廉洁执法三项重点工作的实施意见》。一、深入推进社会矛盾化解，建立健全依法有序表达诉求、及时有效解决问题的机制。建立健全社会稳定风险评估和社情民意调查机制，完善“大调解”工作体系，把调解优先原则贯穿于执法办案中，健全统一指挥、反应灵敏、协调有序、运转高效的应急处置机制，整合基层政法维稳力量。二、深入推进社会管理创新，逐步建立与社会主义市场经济体制相适应的社会管理体系。

加强特殊人群的服务管理，开展社会治安重点地区综合治理，加强对互联网等信息网络的建设管理，加强对社会组织的管理服务。三、深入推进公正廉洁执法，切实提高政法机关的执法公信力。组织开展执法教育培训，进一步加强执法规范化建设，加快执法信息化建设，认真落实执法公开要求，创新执法监督制约机制，建立符合科学发展观要求的执法考评机制。县委、县政府成立由县委常委、政法委书记任组长，各相关领导、县级政法部门负责人为成员的深入推进三项重点工作领导小组，全面推进三项重点工作的落实。

【2010年城市防空警报试鸣】 9月15日，县委办公室、县政府办公室印发《威信县2010年城市防空警报试鸣实施方案》。为确保本次试鸣工作的顺利实施，县政府已将市政府试鸣公告于9月13日向社会发布，各有关单位要做好试鸣保障工作，各级各部门要提高认识，把本次试鸣作为一项重要工作来抓。本次试鸣不带演习任务。成立威信县城市防空警报试鸣指挥部，县委常委、常务副县长王维强为指挥长，县委常委、宣传部部长汤国乾，县委常委、县委办主任郑维江，县委常委、人武部政委蒋德华，扎西镇党委书记白孝华为副指挥长，有关单位负责人为成员。下设办公室于县人民防空办公室，由应永斌兼任办公室主任。试鸣定于2010年9月18日9：30开始，10：30结束。届时，县城已经安装设置的全部防空警报同时鸣响。本次试鸣使用国家统一规定的防空警报信号，即“预先警报”、“空袭警报”、“解除警报”。试鸣工作要与开展中国人民防空事业创立60周年宣传活动紧密结合。

【新中国人民防空创立60周年宣传活动】 9月15日，县委办公室、县政府办公室印发《威信县开展新中国人民防空创立60周年宣传活动方案》。成立威信县开展新中国人民防空创立60周年宣传活动领导组。县委常委、县政府常务副县长王维强为组长，县委常委、宣传部部长汤国乾，县委常委、县委办主任郑维江，副县长刘坤副组长，有关单位负责人为成员。下设办公室于县政府办，由应永斌兼任办公室主任。宣传活动时间为2010年9～10月。活动内容为发表署名文章和电视讲话，召开座谈会，开展社会宣传活动，组织开展媒体及网络宣传。

【水田乡整乡推进扶贫开发试点项目实施】 9月26日，县委办公室、县政府办公室印发《威信县水田乡整乡推进扶贫开发试点项目实施方案》。坚持整乡推进与老区开发及新农村建设相结合，经济发展与社会发展相结合，产业发展与基础设施建设相结合，统筹兼顾与优先扶持相结合，政府扶持、社会资助与充分发挥老区人民的主体作用相结合的原则。总体目标：通过实施整乡推进，基础设施、生态环境得到明显改善，村容村貌有较大改观，农村住户实现项目全覆盖，经济社会可持续、健康、协调发展，实现市委、市政府提出的“八通”（行政村通公路、通水、通电、通广播电视、通移动电话，自然村通简易公路、通安全卫生饮用水，农村电网改造率达100%）、“八有”目标（行政村有安全适用的办公房、支部活动室、卫生室和文化室，农户有安全适用的安居房，户均有一口沼气池或节能灶、有一个小水窖或小水池，人均有0.067公顷高稳产农田地，人均有0.067公顷特色经济林果或经济作物，年人均有一头（只）商品畜出售，户均有一名富余劳动力输出）。近期目标：到2012年底，全乡经济总收入达6 811万元，农民人均纯收入达4 000元，人均有粮350千克以上，全乡实现整体脱贫。远景目标：到2020年，全乡农民人均纯收入突破1万元，开始步入小康水平。项目概算总投资11 976.8万元。其中：省级财政专项资金600万元，县财政安排资金1 663.6万元，整合县级部门资金7 941.2万元（其中县委组织部资金16万元、县新农办资金80万元、县烟草系统资金436万元、县扶贫办资金100万元、县妇联资金2万元、县农业局资金344万元、县林业局资金40万元、县水务局资金1 188万元、县供电公司资金964万元、县建设局资金800万元、县交通局资金2 149.2万元、县教育局资金1 295万元、县国土资源局资金167万元、县卫生局资金14万元、县文体局资金120万元、县广电局资金116万元、县人力办资金40万元、县绿特办资金70万元），小额扶贫贴息贷款850万元，群众自筹922万元。项目建设期为1

年，2011年6月30日前全面完成，具体分规划编制上报、全面动员，全面启动实施，检查验收和总结完善三个阶段实施。县委、县政府成立水田乡整乡推进工作领导组，下设办公室、村容村貌整治组、产业发展组、基础设施建设组、社会事业发展组、宣传组和督促检查组7个工作机构。每个村由2名县级领导挂钩联系，55个县级单位挂钩帮扶54个村民小组。主要工作为村容村貌整治、基础设施建设、产业发展、社会公益事业、生态能源建设、农村基层组织建设、农民培训7个大项，并分解细化到各县直单位，落实责任人。

【开展非公有制经济代表人士综合评价工作】 10月29日，县委办公室印发《威信县开展非公有制经济代表人士综合评价工作实施方案（试行）》。成立威信县非公有制经济代表人士综合评价工作领导小组，负责对全县非公有制经济代表人士评价对象的政治安排、评选表彰以及非公有制企业的信用、信誉、资质进行评定等工作。县委副书记姚勇为组长，县人大常委会副主任李朝华，县政府副县长、公安局局长何国荣，县政协副主席、统战部部长张安明为副组长，有关单位负责人为成员。下设办公室于县委统战部，由张宗万兼办公室主任。综合评价工作由县委统战部牵头，县人大财经委、政协经科委、监察局、公安局、检察院、法院、经贸局、安监局、环保局、人口和计划生育局、人事和劳动社会保障局、总工会、团县委、工商联、工商局、国税局、地税局、人行等单位参与。评价对象主要是已作、拟作县级（含）以上人大代表、政协委员、工商联执委、商会副会长政治安排和拟推荐给县级（含）以上党委、政府及相关部门作为重要评选表彰人选的非公有制经济代表人士。综合评价的评价内容通过相应的4个一级指标和16个二级指标反映，主要包括思想政治表现、诚信守法状况、企业经营状况、履行社会责任情况四个方面。评价工作从2010年11月开始启动。

【2010年度推进惩防体系建设检查和落实党风廉政建设责任制考核】 11月16日，县委办公室、县政府办公室印发《威信县2010年度推进惩防体系建设检查和落实党风廉政建设责任制考核方案》。2010年度全县党风廉政建设责任制考核在县委、县政府的统一领导下进行，由县纪委、县委组织部、县党风廉政建设责任制工作领导小组办公室具体负责组织协调。全县共组成5个考核组，由县级党员领导干部负责联系；考核组组长原则上由县纪委监察局领导和有关部门负责人担任，考核组成员从县纪委、县委组织部等部门抽调。考核范围为各乡镇党政领导班子及成员，县直部门（含省、市驻威单位）党政领导班子及其成员。其中，统一组织考核单位37个（乡镇10个、县政府工作部门27个），自查自考单位25个。按照统一组织、分层实施、实事求是、客观公正、统筹兼顾、分类指导、定量与定性相结合的原则进行考核。以《中共威信县委办公室、威信县人民政府办公室关于印发〈威信县2010年党风廉政建设和反腐败工作主要任务分解〉的通知》《威信县2010年党风廉政建设责任书》确定的各项任务完成情况为重点考核内容，着重考核党政领导班子及其成员履行“一岗双责”，贯彻落实科学发展观情况；全面落实党风廉政建设责任制情况；强化反腐倡廉宣传教育，遵守和执行廉洁自律规定情况；治理和纠正损害群众利益的不正之风情况；加强信访举报工作和违纪违法案件查办情况；强化改革和制度建设，深入推进源头治腐情况；强化监督制约，规范权力运行情况；牵头单位组织开展工作和协办单位配合主办单位完成协办任务情况。2010年11月25日前完成自查自评，2010年11月30日前完成检查考核。全县组成5个考核组对10个乡镇、27个县政府工作部门进行检查考核。

【庙沟乡集镇建设】 11月29日，县委办公室、县政府办公室印发《威信县庙沟乡集镇建设实施方案》。实施城乡一体化战略，积极发展小集镇建设，尽快缩小城乡差距，真正把庙沟建设成为威信县西大门。坚持统一领导、统一规划、统一设计、统一风格的原则，人民集镇人民建、人民集镇人民管的原则，公开、公平、公正的原则，民办公助、以民为主的原则，统筹兼顾、先急后缓、分步实施的原则。2010年12月底前，完成老集镇房屋改造、街道铺油、亮化、绿化等工作，老集镇形象得到全面提升；2011年6月前，完成河堤、滨河大道、桥梁、滚水坝、路网、广场、民房建设、绿化亮化等工程，新集镇建设取得明显成效；2013年12月底前，高标准建成特色鲜明、协调一致的“三横三纵”集镇建设规划框架，使建成区面积达0.8平方千米，城镇人口达8 000人，城镇化率达到38%以上。通过3～5年的努力，努力把庙沟打造成为一个具有浓郁地方特色、融合川滇民族风情的重点门户集镇，全面提高城镇化水平。庙沟乡集镇建设期限为3年，2013年12月前全面完成，具体分规划编制、全面动员、征地拆迁、攻坚实施、集中建设、检查验收6个阶段实施。根据《市委专题会议纪要》精神，庙沟乡集镇建设概算投资2 850万元，其中：增加庙沟乡危房改造指标500户，投资500万元，由市住房和城乡规划建设局负责帮助解决；庙沟乡扎实沟村至集镇土地开发整理项目预计投资600万元，由市国土局帮助解决；庙沟河防洪工程预计投资400万元，由市水利局整合项目资金100万元、市国土局整合项目资金300万元帮助解决；庙沟干旱片区五小水利工程、庙沟集镇饮水工程预计投资400万元，由市水利局整合项目资金帮助解决；庙沟乡以工代赈片区开发项目预计投资600万元，由市发改委整合项目资金帮助解决；庙沟集镇配套电力设施建设预计投资100万元，由市供电局整合项目资金帮助解决；庙沟小学综合楼和食堂改造工程预计投资250万元，由市教育局整合项目资金帮助解决。主要工作分老集镇建设和新集镇建设两部分。成立庙沟乡集镇建设工作领导组，由县委副书记、代理县长吕磊任组长，县委副书记姚勇，县政府常务副县长王维强，县纪委书记任有恒，县委办主任郑维江，县政府副县长左顺春、赵祖辉任副组长。领导组下设指挥部，由郑维江任指挥长，谢刚、杨正洪、陶思茂、郑光洪、王正勇、李宗清、舒云辅任副指挥长。指挥部下设办公室，由舒云辅任办公室主任。发改局、建设局、国土局、水务局、监察局等部门安排专人到指挥部办公室工作。

工作部署

【全县村级党组织和第四届村民委员会换届选举工作】 2010年2月4日，县委办公室、县政府办公室就认真做好全县村级党组织和第四届村民委员会换届选举工作发出通知。这次村级换届选举工作的主要目标任务：一是选好配强村“两委”班子。按照“一好双强”（思想政治素质好、带富能力强、协调能力强）的原则，把优秀党员、优秀人才选入村“两委”班子，进一步增强村“两委”成员素质能力。二是继续提倡村党组织书记和村委会主任“一肩挑”。以县公安局2009年末户籍人口为准，6 000人以下的村实行村党总支书记与村委会主任“一肩挑”，6 000人以上的村分设村党总支书记与村委会主任。三是积极倡导村“两委”成员交叉任职力度。村“两委”班子成员交叉任职的比例原则上不低于50%。四是村党组织全面实行“两推一选”。先由党员、群众分别推荐候选人，再由党员大会选举村党组织成员。五是抓好村民小组换届选举。村级换届选举结束后，由新一届村党组织领导开展村民小组换届选举工作，一方面要最大化提高村委会委员、村民小组长中的党员比例，另一方面在下步工作中要加大从村组干部中发展党员工作力度，确保2012年实现村委会委员和村民小组长90%以上为党员的目标。六是统筹指导农村共青团组织、妇代会的换届选举。按照加强指导、有机衔接、经费共用的原则，以村级换届选举为契机，开展农村共青团组织、妇代会换届选举工作。七是全面推行“四议两公开”工作法，发展和完善党领导的村级民主自治机制。村党总支设委员5名，其中设书记1名，专职副书记1名。村民委员会设主任1名，副主任1名，村党总支书记和村委会主任“一肩挑”的村，设委员3名，分设村党总支书记和村委会主任的村，设委员5名。村民委员会成员中，至少要有1名妇女干部和1名35岁以下的年轻干部，根据实际情况兼任团组织书记和妇代会主任。以乡镇为单位，力争三分之一的村有女性村党组织书记或村委会主任或副书记或副主任。少数民族聚居村“两委”成员中，要有一名以上的少数民族干部。新进入的村“两委”成员候选人，一般应具有高中（中专）以上学历，年龄一般为男55周岁、女50周岁以下。对原村党组织成员，以及优秀民营企业经营管理人员、县乡机关和企事业单位退居二线、提前离岗或退休干部职工中的党员回原籍参加选举的，可适当放宽年龄限制。按照建设社会主义新农村的需要，进一步拓宽选人用人渠道，注重从农村致富能手、回乡大中专毕业生、外出务工人员、转业退伍军人等群体中选拔优秀人才担任村“两委”委员。鼓励优秀民营企业经营管理人员，县乡机关和企事业单位退居二线、提前离岗或退休干部职工回原籍参加村“两委”成员选举。本村暂时没有合适人选，以及需要加强领导力量的，可从县直部门和乡镇机关党员干部中选派村党组织书记，并可探索村党组织书记跨村任职。鼓励到村任职的高校毕业生积极参与换届选举，通过法定程序进入村“两委”班子。全县村级换届选举工作，按照“先党组织换届、后村委会换届”的总体要求，坚持把加强党的领导、充分发扬民主与严格依法依章依规办事结合起来，坚持超前谋划、整体推进、严格程序、科学规范，从2010年1月开始，到2010年3月底基本结束，总体上分准备、选举和总结三个阶段进行。规范换届选举程序。做好换届选举工作的有机衔接。营造风清气正的换届选举环境。县委成立以县委书记为组长的村级换届选举工作领导小组，下设办公室于县委组织部。各乡镇要成立村级换届选举工作领导小组及其办公室，组建换届选举工作指导小组，具体组织、指导本乡镇的村级换届选举工作。

【对抗大旱保民生促春耕工作进行督查】 3月22日，县委办公室、县政府办公室转发市委督查室《关于对抗大旱保民生促春耕工作进行督查的紧急通知》，并提出贯彻意见，要求各乡镇将开展抗大旱保民生促春耕工作中所采取的措施、取得的效果、存在的问题及对下一步工作的建议，形成书面材料报县委办、县政府办。县直各部门要由领导带队，深入挂钩联系点，动真情、办真事，切实帮助群众解决抗旱春耕生产中的困难和问题。

【加强工会经费和建会筹备金征收管理】 4月12日，县委办公室、县政府办公室就切实加强工会经费和建会筹备金征收管理工作发出补充通知。第一季度、第三季度征期仍按云南省地方税务局、云南省总工会、中国农业银行云南省分行《关于地税机关代收工会经费和建会筹备金业务操作流程》规定执行，即缴费单位应于季度终了后次月15日前到主管地方税务机关申报缴纳工会经费和建会筹备金。第二季度征期由原来的7月1～15日，提前至6月1～15日；第四季度征期由原来的12月1～20日，调整至12月1～15日。缴费单位在申报缴纳第二季度、第四季度工会经费或建会筹备金时，已计提工资总额的，以实际发生额为计提依据，计算缴纳工会经费或建会筹备金；若6月、12月尚未计提工资的，以上月实际发生的工资总额为依据，计算缴纳工会经费或建会筹备金。差额部分由缴费单位在下一个征期自行调整，并在《云南省规费通用申报表》备注栏中加以说明。县总工会对工会经费和建会筹备金实行专户管理，按季清算。凡属于财政国库集中支付改革单位，返还单位的工会经费，由县总工会于每季度征期结束后20日内，按规定比例50%划拨财政专户，各单位向财政申请计划使用，不属于财政国库集中支付改革单位（属省级返还单位除外）并建立账户的，由县总工会于每季度征期结束后20日内，按规定比例50%返还，未建立账户的，暂时保留在县总工会经费集中户，待账户建立后再拨付。工会经费一律不返还现金。各缴费单位要按照以上要求，严格依法及时足额缴纳工会经费或建会筹备金，对返还的工会经费或建会筹备金必须专款专用，全部用于工会事业，不得截留和挪用。对违反工会经费和建会筹备金征收、管理和使用规定的，将严格追究责任；情节严重，构成犯罪的，移送司法机关处理。以上规定从2010年1月1日起执行。

【开展全县第七期职工医疗互助活动】 5月17日，县委办公室、县政府办公室就开展全县第七期职工医疗互助活动发出通知。各单位已参加职工医疗保险和大病补充保险的在职职工和退休人员，按规定交纳互助金的，均可由单位工会统一组织参加云南省职工医疗互助活动。参加的人员中，在职职工不得少于本单位参加基本医疗保险总数的

60%。第七期职工医疗互助活动从2010年7月1日起至2011年6月30日止。县医疗互助活动代办点设在县总工会。互助金缴纳标准：已参加第六期职工医疗互助活动的人员每人缴纳80元；新参加第七期职工医疗互助活动的人员每人缴纳100元；原参加过职工医疗互助活动，第六期中断未连续参加，第七期又继续参加的人员仍按每人100元的标准缴纳。补助标准：按照职工住院发生的、在基本医疗保险、大病补充医疗保险和以各种方式办理的公务员补助等支付后的自付部分，扣除全自费医疗费用后，采用分段计算、累加支付的办法给予补助。即职工住院自付部分800元以上至1万元的部分补助30%，1万元以上至10万元的部分补助60%，10万元以上至15万元的部分补助80%。职工在一个互助期限内发生多次住院时，只扣减一次补助起点，其费用可以累加计算，但已审批过的补助不得与下一次补助累计。

【对县委十一届七次全会精神进行立项督查】 5月24日，县委办公室就对县委十一届七次全会精神进行立项督查发出通知。一、各级各部门要认真学习、全面准确领会县委十一届七次全会精神，切实把贯彻落实县委十一届七次全会精神放在首要位置，深入贯彻落实科学发展观，进一步理清发展思路，明确工作重点，创新工作方法，突出工作成效，精心组织，周密部署，全面、深入、扎实地把县委十一届七次全会确定的目标任务和工作要求落到实处，奋力开创追赶发展新局面。二、各乡镇和县直部门主要负责人，是贯彻落实县委全会精神的第一责任人，必须高度重视并认真负责地抓好贯彻落实。三、县委督查工作领导小组将对各乡镇、各部门贯彻落实县委十一届七次全会精神的情况进行跟踪问效，并根据《督查分解立项目录》进行重点督查。四、《督查分解立项目录》所列各项任务由责任单位负责牵头落实，各协办单位协助配合责任单位做好工作。五、县直部门和各乡镇要明确专人具体负责贯彻落实情况的收集和综合反馈工作。六、各级各部门在推进落实工作中的典型经验和具体做法，存在的问题和困难，以及对推进落实工作的意见、建议，要形成专项材料上报县委督查室。

【开展中国共产党成立89周年纪念活动】 6月22日，县委就开展中国共产党成立89周年纪念活动发出通知。活动内容：召开“七一”纪念大会，举办“红飘带上的新威信”专题文艺晚会，树立、培育和宣传一批先进典型，培养一批入党积极分子和发展一批新党员，开展党内走访慰问活动，开展“党性教育”活动，开展革命传统教育活动。同时明确各项活动的负责单位。县委成立由县委书记龙进任组长，县委常委、宣传部部长汤国乾，县委常委、组织部部长保卫华，县委常委、县委办主任郑维江任副组长，相关单位领导为成员的纪念活动领导组。

【进一步做好农村人力资源开发工作】 6月24日，县委、县政府转发《中共昭通市委、昭通市人民政府关于进一步加强农村人力资源开发的意见》，并提出意见。一、明确目标任务。到“十二五”末，全县累计转移输出农村劳动力12万人以上，实现务工工资性收入17亿元以上，务工纯收入8.6亿元以上；培训新型农民8万人以上；30%的农村人口转移进入城镇居住，努力开创我县农村劳动力大培训、大转移、大增收的新局面。到2020年，全县农村人力资源开发实现“三个三分之一”的目标，即：三分之一的农村劳动人口通过技能培训和有序转移到县外、省外乃至到国外就业创业；三分之一的农村劳动人口通过加快城镇化步伐，转移到县城和集镇实现稳定就业；三分之一的农村劳动人口通过加强培训，大力推广科技措施，促进生产方式和观念转变，成为新型农民，实现农业的规模化、产业化经营。二、推进三项改革：办学体制改革、培训项目管理制度改革、推进用工制度改革。三、认真做好培训工作。力争用3～5年时间，通过各方面各层次的培训，逐步培育和树立起威信县的劳务品牌，从而有效地带动农村劳动力转移就业。

【进一步加强防汛工作】 7月2日，县委办公室、县政府办公室就进一步加强防汛工作发出通知。一、及时安排，全力做好各项防汛准备。提高认识，把握形势；强化督查，消除隐患；结合实际，完善预案；专兼结合，组建队伍；未雨绸缪，储备物资。二、强化措施，全力抓好防汛工作。着力完善防汛应急管理机制，认真落实防汛责任制，加强气象和水情雨情监测预报，抓紧建设防汛工程，加强河道管理工作，坚持防汛值班制度。

【组织开展防汛工作检查督查】 7月5日，县委办公室、县政府办公室就组织开展防汛工作检查督查发出通知。检查时间为2010年7月6～8日。检查内容：水库、水电站防汛行政负责人落实情况，防洪度汛方案、调度运行计划和抢险应急预案编制上报审批情况，管理责任制、值班制度、通信保障等落实情况；防洪法律法规执行情况，河道治理特别是对侵占河道违章建筑的查处情况；滑坡、泥石流区域地质灾害防治措施落实情况；学校、城镇、公路防汛措施落实情况；防汛应急抢险物资储备情况；防汛隐患排查及整改落实情况；在建工程安全度汛措施落实情况；汛期执行24小时值班，工作制度落实情况；防洪预案制定、落实情况。从县直相关部门抽调人员组成6个检查组进行检查督查，每个组由牵头单位1名领导带队。第一组县委办、县建设局、县教育局、县卫生局，由县委办牵头，检查扎西镇、水田乡；第二组县国土资源局、县交通局，由县国土资源局牵头，检查三桃乡、麟凤乡；第三组县发改局、县煤炭工业局，由县发改局牵头，检查双河乡、高田乡；第四组县经贸局、县安监局，由县经贸局牵头，检查罗布乡、旧城镇；第五组县水务局、县农业局，由县水务局牵头，检查长安乡、庙沟乡；第六组综合检查组，县政府办、县财政局、县水务局、县人武部、县烟办、县气象局，由县政府办牵头，检查防雹、防汛物资就位情况，民兵应急分队抢险救灾演练准备情况，各级防汛经费落实情况。

【对全县2010年上半年推进惩防体系建设和落实党风廉政建设责任制情况进行检查】 7月8日，县委办公室、县政府办公室就对全县2010年上半年推进惩防体系建设和落实党风廉政建设责任制情况进行检查发出通知。检查内容：《县委关于认真贯彻落实市委〈建立健全惩治和预防腐败体系2008—2012年工作规划〉实施办法的通知》（威发［2008］20号）精神落实情况；贯彻落实党风廉政建设责任制工作情况；贯彻落实市委二届十次全会、市纪委二届五次全会、县委十一届七次全会和县纪委十一届五次全会精神，开展党风廉政建设和反腐败工作的做法、成效和经验、存在问题及下步工作打算。7月8日至7月15日为自查阶段，7月16日后为抽查阶段。由县委组建检查组，对全县各单位上半年推进惩防体系建设和贯彻落实党风廉政建设责任制情况进行抽查。各单位要高度重视，加强领导，认真组织好本单位的自查工作。县委党风廉政建设责任制工作领导小组办公室要加强对检查工作的督促和指导。

【切实做好建军83周年纪念活动】 7月29日，县委办公室、县政府办公室就切实做好建军83周年纪念活动发出通知。一、认真抓好以爱国主义为核心的国防和双拥宣传教育活动。二、认真搞好双拥共建，切实为部队和优抚对象办实事。三、积极开展走访慰问活动，密切军政军民关系。“八一”期间，县委、县政府领导将走访慰问驻威部队官兵和军队退休干部。各级各有关部门要采取举办联谊会、座谈会、报告会等形式，积极开展“送温暖、献爱心”活动，走访慰问执勤官兵及重点优抚对象。各乡镇要组织干部群众对居住在高寒边远山区的烈军属、革命伤残军人、老复员退伍军人、带病回乡退伍军人等重点优抚对象进行走访慰问（扎西镇26户，罗布乡10户，麟凤乡、三桃乡、高田乡各8户，其余乡镇各6户），把党和政府的关怀送到慰问对象手中。

【贯彻落实中央关于党政机关厉行节约要求文件】 10月11日，县委办公室、县政府办公室就贯彻落实中央关于党政机关厉行节约要求文件发出通知。一、严格规范因公出国（境）管理。不得组织、参加各类公款出国（境）旅游活动，使用公费出国（境）的团组和个人必须通过因公出国（境）审批渠道办理审批手续；严格按照经费预算和财政部制定的临时因公出国人员费用开支标准及管理办法审核出国（境）费用。二、加强和规范公务用车配备使用管理。严格执行公务用车编制管理规定和配备使用标准，严禁超编制和超标准配备机关车辆，严禁豪华装饰公务用车；严格执行公务用车政府采购制度，购置公务用车须严格按照规定程序报批，并按政府采购相关规定执行；加强公务用车购置和运行经费预算管理，全县2010年公务用车购置及运行经费不得超过2009年按规定比例压缩后的经费预算规模；加强公务用车日常使用管理，实行公务用车保险、维修和加油政府集中采购，推行公务用车定点保险、定点维修和定点加油制度；建立公务用车配备更新和使用情况统计报告制度。三、规范和改革公务接待工作。严禁用公款大吃大喝，杜绝公务接待中的浪费现象；创新公务接待方式，整合优化资源，逐步推行接待集中统一管理，降低接待费用；全面实行公务卡结算制度，将公务接待费纳入公务卡结算范围；严格公务接待预算管理，认真落实公务接待经费财务单独列项制度；各乡镇、县直各部门2010年公务接待费用不得超过2009年按规定比例压缩后的经费预算规模；严禁以组织或参加会议、学习、培训、联谊活动等名义用公款相互宴请和用公款请客送礼；严格审核领导干部参加会议、学习、培训期间的费用支出，不得报销同乡会、校友会、战友会等各种联谊活动的费用。四、从严控制楼堂馆所建设。健全完善控制党政机关办公楼等楼堂馆所建设的长效机制；严格审批制度，从严控制办公楼维修项目，严禁超预算超标准装修办公用房；2010年底前，除已批准开工建设的项目外，各级各部门一律不得新建、翻扩建、迁建办公楼等楼堂馆所；经批准已开工建设的，要严格执行规定标准。严禁为领导干部超标准建造、装修住房。五、严格控制各种庆典活动。未经上级主管部门批准，全县各级部门一律不得举办、参与和赞助举办各种庆典、节会、论坛、商业演出等活动；经批准举办的要本着节俭的原则，从严控制规模和经费支出；社团、中介机构、企业等举办的此类活动，政府财政不出资，领导干部原则上不出席、不题词、不发贺信贺电；组织开展庆典、节会、论坛等过多过滥问题专项治理，严肃查处滥用政府财政资金、向企业和个人摊派费用举办庆典、节会、论坛活动等问题。六、进一步控制一般性支出。继续压缩公用经费，在按编制增人增支核定部门公用经费的基础上，全县各级各部门2010年公用经费预算压缩5%，项目支出预算原则上按零增长控制；严格控制会议数量、规模、经费，严格控制发文数量和范围；严禁党政机关以各种名义向企事业单位转嫁、摊派和报销费用；加大党政机关和事业单位“小金库”专项治理工作力度，进一步完善防治“小金库”的长效机制，切实从资金来源上堵塞漏洞。

【进一步做好紧急信息报送工作】 10月11日，县委办公室、县政府办公室就进一步做好紧急信息报送工作发出通知。各级各部门必须站在对党、对国家、对人民群众负责的高度，进一步提高对紧急信息重要性的认识，把做好向县委、县政府报送紧急信息工作放在重要位置，切实增强大局意识和责任意识，克服侥幸心理，下决心解决存在的突出问题，努力实现紧急信息报送“第一手情况、“第一份资料”、“第一时间报送”的工作目标。各乡镇、各部门要进一步拓宽信息渠道，完善工作机制，改进工作手段，明确工作职责，采取有力措施强化紧急信息报送工作。要明确一位领导主抓紧急信息报送工作，明确工作人员承担紧急信息报送任务，做到任务到人、责任到人。要统筹办公室的工作力量，进一步明确职责，落实责任，确保及时有效做好紧急信息报送工作。报送范围：一、自然灾害。主要包括水旱灾害、气象灾害、地震灾害、地质灾害、生物灾害和森林火灾等。二、事故灾难。主要包括工矿商贸等企业的各类安全事故、交通运输事故、公共场所、公共设施的安全事故、环境污染和生态破坏事件等。三、公共卫生事件。主要包括传染病疫情、群体性不明原因疾病、食品安全、职业危害、动物疫情以及其他严重影响公众健康和生命安全的事件。四、重大群体性事件。主要包括群体性上访、群体性围堵党政机关、群体性聚集争斗、群体性阻挠工程建设及交通等人员聚集较多、影响较大的事件。五、重大治安和刑事案件。主要是涉及人员较多、性质较为恶劣、影响较大的治安和刑事事件，也包括虽然涉及人员少，但社会关注度高、较为敏感的治安和刑事事件。六、社会安全事件。主要包括恐怖袭击事件、经济安全事件、民族宗教、涉外突发事件等。未在上述范围内，但涉及国家安全以及其他可能对经济社会大局稳定造成重要影响的紧急情况，本身较为敏感、发生地和人员身份特殊、已经或可能在社会上形成舆论热点的事件，可能引发重大突发事件的内幕性、预警性、行动性信息，均要及时报送。特别重大、重大突发事件一旦发生，要立即报送。县直各参与紧急事件应急处置工作的部门在向市对口部门报送紧急信息前，要先将上报文稿报送县委办和县政府办，由县委办、县政府办审核并经分管领导审定同意后方能上报。上报紧急信息应包括时间、地点、信息来源、事件性质、影响范围、危害程度、事件发展趋势和已采取的应急处置措施等。上报紧急信息时，必须经乡镇、部门主要领导签发，确保信息真实、准确、及时、口径统一。

【调整县级领导干部联系乡镇工作】 11月2日，县委就调整县级领导干部联系乡镇工作发出通知。因人员变动和工作需要，县委决定，对县级领导干部挂钩联系乡镇工作进行调整。扎西镇召集人姚勇，成员刘坤、姜荣学；水田乡召集人王国斌，成员杨应伦、赵祖辉；双河乡召集人任有恒，成员李想、李联洲；高田乡召集人王维强，成员晋家荣；罗布乡召集人汤国乾，成员张元昌、何国荣；旧城镇召集人陶军秀，成员蒋德华、李朝伟；三桃乡召集人吕磊，成员项云华、张安明；麟凤乡召集人龙进，成员郑维江、江旭林；长安乡召集人保卫华，成员李朝华；庙沟乡召集人吴必田，成员左顺春。挂钩联系乡镇的领导干部要认真践行“三联系两深入”制度（即联系乡镇全面工作、联系重点工程、联系新农村建设示范点和特困村及结对帮扶特困户；深入了解干部思想动态，深入了解社情民意），重点指导乡镇抓好产业发展、扶贫攻坚、新农村建设、劳务输出、计划生育、农村低保、新型农村合作医疗、集体林权制度改革、农村综合改革、农村党的建设和平安创建等工作，着力解决群众最关心、最直接、最现实的利益问题，进一步密切党群干群关系，推动各项工作有效开展。挂钩联系乡镇的各组召集人要定期或不定期召集挂钩联系成员，深入所联系的乡镇，开展调研督查工作，指导和帮助乡镇解决工作中遇到的困难和问题，并将工作情况每月向县委报告。

【征订《中共中央办公厅通讯》、《内参选编》、《秘书工作》等内部刊物】 11月2日，县委办公室就征订《中共中央办公厅通讯》、《内参选编》、《秘书工作》等内部刊物发出通知。《中共中央办公厅通讯》、《秘书工作》、《保密工作》三份刊物不限级别和单位性质，党员个人也可征订；《内参选编》为秘密级刊物，科级（含）以上党政军机关、企事业单位（包括建有党支部的非公有制经济实体）和人民团体订阅；《云南领导参考》订阅对象为各级党政机关、各人民团体、各行业、各企事业单位管理者。《中共中央办公厅通讯》县级四套班子办公室要为每位县级领导订阅1份，县委组织部用党费为各乡镇党委和各村（社区）党组织订阅1份，县直各党支部确保订阅1份；《内参选编》各乡镇党委、政府，县直各部门至少订阅1份；《秘书工作》各乡镇党政办、各单位办公室订阅1份，鼓励基层办公室人员和文秘人员订阅；《保密工作》各乡镇党政办、各单位办公室要积极订阅，各保密要害部门必须订阅1份以上；《云南领导参考》各乡镇、各部门要积极订阅。

【做好2010年度全省检查考评准备工作】 11月16日，县委办公室、县政府办公室就做好2010年度全省检查考评准备工作发出通知。一、各乡镇、县直各部门要把迎接2010年度全省检查考评工作作为当前的一项重要任务，高度重视，加强领导，精心组织，周密部署，切实做好各项准备工作，为检查考评工作的顺利开展创造良好条件。二、县直涉及单位负责人要及时向县委、县政府分管领导汇报，由分管领导牵头研究相关考评项目的迎接检查准备。各涉及单位主要领导要切实承担起第一责任人职责，按照县委十一届七次、八次全会和年初“两会”明确的各项目标任务，抓紧时间，组织相关力量，采取有力措施，加快工作进度，确保圆满完成全年目标任务。三、各相关单位要对应考评项目，组织开展自检自查，形成自查报告。此次检查考评项目共66项，其中：统一组织实地考评项目20项，统一组织在昆评审项目29项，州市实地考评、部门在昆评审项目2项，牵头单位自行组织项目15项。各相关单位要根据考评要求，抓好查缺补漏工作，抓好痕迹资料搜集整理，抓好汇报衔接工作，及时发现和改进工作中存在的问题和不足，确保此次检查考评工作顺利进行。四、凡涉及需要开展实地检查和抽查的项目，各有关部门必须按照典型性、代表性的要求，提前深入乡镇、深入实地选好点，与乡镇一道精心做好现场准备。涉及乡镇要认真研究制定现场点检查方案，现场点要安排熟悉情况的部门或基层干部做汇报，努力突出工作的实效和特色、亮点。五、为做好此次检查考评准备工作，县委办公室、县政府办公室将起草《中共威信县委、威信县人民政府2010年度工作综合自查报告》，县直各有关部门要严格对照《2010年度全省检查考评项目》内容，认真做好专项自检自查准备，并配合县委办、县政府办做好《综合自查报告》中涉及项目的撰写，字数限500字以内。

【2011年度党报党刊征订发行】 11月16日，县委办公室、县政府办公室就认真做好全县2011年度党报党刊征订发行工作发出通知。根据中央、省委、市委要求，2011年度党报党刊征订的范围包括：《人民日报》、《光明日报》、《新华每日电讯》、《经济日报》、《云南日报》、《昭通日报》、《求是》、《半月谈》、《瞭望》，《党的生活》共六报四刊。其中，各单位要优先订阅的是《人民日报》、《求是》、《光明日报》、《经济日报》、《新华每日电讯》、《云南日报》、《昭通日报》、《党的生活》等重点党报党刊。在集中精力做好主要党报党刊发行工作的同时，也要做好《瞭望》、《半月谈》等新闻时事政策性期刊的发行工作，善于运用这些新闻时事政策性期刊开展形势教育和思想政治工作。各级宣传文化、教育、科技和经济工作部门、企事业单位要积极订阅《光明日报》、《经济日报》。宾馆、银行、车站、饭店等人员流动较大的场所，要订阅一定数量的《人民日报》、《云南日报》、《昭通日报》等党报党刊供读者阅读。各乡镇、各部门要不折不扣地完成征订任务。同时，要注意把民营企业和其他新经济组织也列为订阅对象，动员多订阅党报党刊。严禁各部门各行业滥发文件强行订阅行业内的各种报刊。在2011年度发行工作中，将继续实行“财政代扣、集订分送”办法，对所有财政拨款的行政事业单位，一律实行财政代扣代缴制度。切实加强垂直管理系统和部门的发行工作。县委组织部要按规定用党费为全县党员电教播放点和特困党员订阅一定数量的党报党刊；县财政要拿出一定经费为各村组征订《云南日报》、《昭通日报》等党报党刊。县委成立党报党刊征订发行工作领导小组，由县委常委、宣传部部长汤国乾任组长，宣传、财政、邮政等相关部门负责人为成员，下设办公室在宣传部。各乡镇、县直各部门要及时成立党报党刊征订发行工作领导小组，加强领导，明确职责，积极采取措施，于12月10日前全面完成本乡镇、本部门征订发行任务。

规章制度

【县纪委牵头组织协调反腐败工作实施办法】 2010年3月31日，县委办公室印发《威信县纪委牵头组织协调反腐败工作实施办法（试行）》。分总则、组织协调的主要任务、组织协调的程序、组织协调的保障、附则5章共28条。各乡镇党委、县直部门党委（党组），可以根据本实施办法，结合各自实际，制定实施意见，报县纪委备案。实施办法由威信县纪委负责解释，自印发之日起执行。

【新农村生态文明家园建设考核奖惩办法】 8月11日，县委办公室、县政府办公室印发《威信县新农村生态文明家园建设考核奖惩办法》。考核对象为新农村示范长廊建设和整乡推进所涉扎西、双河、水田、长安、麟凤、庙沟6个乡镇。考核时间以乡镇为单位分阶段进行。扎西、双河、麟凤、庙沟4乡镇考核时间为2010年9月、2011年1月、2011年7月；长安乡考核时间为2010年9月；水田乡考核时间为2011年1月、2011年8月。阶段性工作结束后，各乡镇先进行自查验收，形成自查报告，然后向县新农村建设领导小组提出验收申请，同时提交房屋改造农户花名册，由县新农村建设领导小组办公室牵头，纪检监察、财政、审计等部门参与，组成考核验收组，以乡镇为单位进行考核评分。实行百分制量化考核，分目标任务、质量标准、责任措施3个方面。满分100分。

根据县委文件和新农村生态文明家园建设目标责任书要求，按财政投入资金的4%兑现乡镇工作经费和奖励经费。考核评分结果作为兑现奖惩的依据，考核评分80～100分的，以实际完成户数兑现工作经费和奖励经费；考核评分79分以下的，以实际完成户数兑现工作经费，不予奖励，并严格实行问责。本办法由县新农村建设领导小组办公室负责解释。

【乡镇党政领导班子和领导干部综合考核评价等三个办法】 12月6日，县委办公室印发《威信县乡镇党政领导班子和领导干部综合考核评价办法（试行）》、《威信县县直部门领导班子和领导干部综合考核评价办法（试行）》、《威信县乡科级领导班子和领导干部年度考核办法（试行）》。3个《办法》皆分总则、考核内容和指标、考核方法和程序、考核评价等次、考核结果的运用、考核内容和指标等内容，自发布之日起施行。凡过去规定与办法不符的，按照新办法执行。

通　报

【2009年度全县党风廉政建设责任制考核情况的通报】 2010年3月15日，县委办公室、县政府办公室就2009年度全县党风廉政建设责任制考核情况发出通报。2009年12月，县委对全县10个乡镇和52个县直部门（含25个自查自考单位）2009年度党风廉政建设责任制工作的落实情况进行全面的检查考核。县纪委常委会对考核情况进行专题研究，对优秀、合格、基本合格、不合格单位进行了认真审定，经县委同意予以通报。优秀单位（19个）：扎西镇、麟凤乡、长安乡、庙沟乡、县委办、县人大办、县政府办、县政协办、县委组织部、县委宣传部、县委政法委、县人民法院、县公安局、县民政局、县建设局、县农业局、县财政局、县审计局、县煤炭工业局。合格单位（40个）：水田乡、双河乡、高田乡、罗布乡、旧城镇、三桃乡、县委统战部、县委政策研究室、县委党史研究室、县委党校、县人民检察院、县民宗局、县人事和劳动社会保障局、县统计局、县发改局、县经贸局、县环保局、县水务局、县教育局、县科技局、县文体局、县司法局、县广电局、县旅游局、县安监局、县档案局、县防震减灾局、县人口和计划生育局、县卫生局、县交通局、县粮食局、县供销社、县地方志办、县烟办、县扶贫办、县总工会、团县委、县妇联、县工商联、县残联。基本合格单位（3个）：县国土资源局、县林业局、县农村人力资源开发办。被评为优秀单位的乡镇各奖励6 000元，其中20%用于奖励党政主要领导和纪委书记；被评为优秀单位的县直部门各奖励3 000元，其中20%用于奖励主要领导和纪委书记（纪检组长）或分管党风廉政建设的领导。被评为合格单位的乡镇各奖励3 000元，被评为合格单位的县直部门各奖励1 000元。

调整成立领导组等专门机构

【成立威信县农民服务站建设工作协调小组】 2010年2月5日，县委、县政府成立威信县农民服务站建设工作协调小组。龙进为组长，张顺民、贺飞、保卫华、赵祖辉为副组长，余波、陶义、牟汉、刘光友、陈香才、刘华宇、陶其华、钟浚、王正勇、余挺、安永华、王绍雷、郑光宏、张建军、段锡勇、张俊、白孝东、曹刚、武绍洪、杨洪飞、白尚芬、艾强、柯发昌为成员。下设办公室于县委组织部，并由保卫华兼办公室主任，牟汉兼办公室副主任。

【成立威信县整乡推进规划建设领导组】 2月5日，县委、县政府成立威信县整乡推进规划建设领导组。张顺民为组长，贺飞为常务副组长，汤国乾、左顺春、赵祖辉为副组长，余波、陶义、谢刚、谢联友、王善松、陈勇、张宗万、陈香才、李朝洪、杨正洪、刘华宇、陶思茂、冯天学、安永华、唐俊、安定麟、郑光宏、陶其华、钟浚、王正勇、杨聪、张建军、余挺、段锡勇、张俊、白孝东、王绍雷、刘光友、曹华、陶永成、李宗伟、李怀锋、杨洪飞、宗林、白孝勇、任家材、陈丽霞、顾英毅、白尚芬、张清霖、周清松、王祖春、范镇为成员。下设办公室由赵祖辉兼任主任。县四套班子每名领导在水田乡结对帮扶2户贫困户，领导组成员单位分别在水田乡结对帮扶2户贫困户。

【成立威信县森林采伐管理改革试点工作领导小组】 2月5日，县委、县政府成立威信县森林采伐管理改革试点工作领导小组。张顺民为组长，贺飞、赵祖辉为副组长，钟浚、宋思万、刘宣虎、杨正洪、刘华宇、宗吉松为成员。下设办公室于县林业局，并由钟浚兼办公室主任。

【成立威信县推行“四议两公开”工作法领导小组】 2月5日，县委、县政府成立威信县推行“四议两公开”工作法领导小组。龙进为组长，张顺民、贺飞、保卫华、赵祖辉为副组长，余波、陶义、谢刚、牟汉、李勇、刘光友、陈香才、安永华、杨聪为成员。下设办公室于县委组织部，并由保卫华兼办公室主任，牟汉兼办公室副主任。

【调整威信县社会主义新农村建设领导小组】 2月8日，县委、县政府调整威信县社会主义新农村建设领导小组。龙进为第一组长，张顺民为组长，贺飞为常务副组长，王维强、汤国乾、保卫华、郑维江、项云华、左顺春、赵祖辉、姜荣学为副组长，余波、应永斌、谢刚、牟汉、吴太辉、陈勇、陈香才、杨正洪、刘华宇、陶思茂、陶其华、钟浚、王正勇、安定麟、张建军、余挺、段锡勇、张俊、王绍雷、冯天学、安永华、曹华、唐俊、周瑞权、刘光友、丁开砚、晋茂、杨聪、陶永成、郑光宏、李怀锋、杨洪飞、宗林、白孝勇、任家材、白孝东、李宗伟、武绍洪、顾英毅、白尚芬、张跃、周清松、李宗清、杨宛锋为成员。下设办公室于县委政研室，与县委农办合署，汤国乾兼办公室主任，陈香才兼办公室常务副主任，陈子毅任副主任。今后领导小组成员如变动，由接替人员递补，一般不再另行文。

【调整威信县村级换届选举工作领导小组】 3月1日，县委、县政府调整威信县村级换届选举工作领导小组。龙进为组长，王国斌、汤国乾、任有恒、保卫华、李朝伟、何国荣为副组长，余波、陶义、罗光勇、谢刚、牟汉、李勇、刘光友、陈勇、陶永成、陈香才、周道怀、袁付先、安永华、杨正洪、刘华宇、杨聪、陶其华、王绍雷、白孝东、李跃贵、余泳、毛子海、顾英毅、白尚芬、李敏为成员。领导小组下设办公室以及宣传报道、调研督查、秩序维护、案件查处4个小组。办公室主任保卫华，副主任牟汉、安永华；宣传报道小组组长汤国乾，副组长李勇、刘光友；调研督查小组组长李朝伟，副组长袁付先、李敏；秩序维护小组组长王国斌，常务副组长何国荣，副组长陈勇、白孝东；案件查处小组组长任有恒，副组长谢刚、周道怀。办公室及各小组工作人员从领导小组成员单位抽用。明确办公室及各小组工作职责。

【成立威信县抗大旱保民生促春耕工作领导组】 3月4日，县委、县政府成立威信县抗大旱保民生促春耕工作领导组。张顺民为组长，李朝伟、赵祖辉为副组长，余波、陶义、李怀锋、李勇、刘光友、陈香才、杨正洪、刘华宇、唐俊、安永华、郑光宏、陶思茂、安定麟、陶其华、钟浚、王正勇、周瑞权、张建军、余挺、张俊、白孝东、毛子海、杨洪飞、宗林、任家材、杨章湧、李宗伟、柯发昌、李克武、李宗清、刘涛、许学顺、王洪、周清松、吴如志、赵明礼为成员。下设办公室在县水务局，并由王正勇兼办公室主任。

【成立威信县革命遗址普查工作领导小组】 4月7日，县委成立威信县革命遗址普查工作领导小组。郑维江为组长，余波、李朝洪为副组长，李勇、骆忠贵、肖昆华、晋家林、李敏、陈方、王凤先、王拓、陶思健、安定咏、王永鹏、黄勇、龚尚锟、江旺、李勇、杨章龙、李宗余、张万春、周林、牟鸿、张启尧为成员。下设办公室于县委党史研究室，并由李朝洪兼办公室主任，骆忠贵兼办公室副主任。

【成立创先争优活动领导小组】 5月20日，县委成立创先争优活动领导小组。龙进为组长，汤国乾、保卫华为副组长，余波、陶义、王旭东、谢联友、牟汉、李勇、刘光友、张宗万、陈香才、倪仕龙、王春琼、刘华宇、安永华、唐俊、段锡勇、张建军、张俊、丁开砚、柯发昌、潘先卫为成员。下设办公室于县委组织部，并由牟汉兼办公室主任。明确领导小组办公室主要职责。

【调整威信县“五五”普法领导小组】 5月26日，县委、县政府调整威信县“五五”普法领导小组。汤国乾为组长，郑维江、杨应伦、何国荣、晋家荣为副组长，张建国、陶义、张佐泽、谢刚、冯天学、吴太辉、陈勇、王晓芹、周必仁、毛子海、刘华宇、陶其华、钟浚、王正勇、安定麟、陶思茂、杨聪、唐俊、安永华、张建军、柯发昌、张俊、李宗伟、白孝洪、陈丽霞、顾英毅、白尚芬为成员。下设办公室于县司法局，并由毛子海兼办公室主任。

【调整威信县“三五”依法治理领导小组】　5月30日，县委、县政府调整威信县“三五”依法治理领导小组。王国斌为组长，郑维江、杨应伦、何国荣、晋家荣为副组长，张建国、陶义、张佐泽、谢刚、冯天学、刘光友、陈勇、王晓芹、周必仁、毛子海、刘华宇、陶其华、钟浚、王正勇、安定麟、陶思茂、杨聪、唐俊、安永华、张建军、张俊、柯发昌、宗吉松、李宗伟、白孝洪、陈丽霞、顾英毅、白尚芬为成员。下设办公室于县司法局，并由毛子海兼办公室主任。

【成立水利建设工作领导小组】

6月29日，县委、县政府成立水利建设工作领导小组。张顺民为组长，赵祖辉为副组长，余波、陶义、陈香才、陈光海、冯天学、吴太辉、刘光友、潘先卫、杨正洪、刘华宇、郑光宏、陶思茂、安定麟、王正勇、陶其华、钟浚、晋茂、李宗伟、杨洪飞、宗林、张清霖、李宗清为成员。下设办公室于县水务局，并由王正勇兼办公室主任。

【成立县委公开选拔领导干部工作领导小组】　7月21日，成立县委公开选拔领导干部工作领导小组。龙进为组长，任有恒、保卫华为副组长，谢联友、王旭东、冯天学、李勇、张建军、张俊、王绍雷为成员。下设办公室于县委组织部，并由谢联友兼办公室主任。县纪检监察部门对整个公开选拔工作实行全程监督。明确领导小组的主要职责。

【威信县2010年烟叶收购工作领导小组】　8月6日，县委、县政府成立威信县2010年烤烟收购工作领导小组。张顺民为组长，王国斌、王维强、赵祖辉、何国荣为副组长，余波、陶义、王旭东、陈勇、刘华宇、杨聪、丁开砚、熊建华、张全宇、张清松、宗林、李克武、柯发昌、魏国香、张清霖、肖叁、廖道雄、艾宗智、陈华为成员。下设办公室于县烟办，并由宗林兼办公室主任。领导小组下设生产收购督查组、执纪执法和后勤保障组两个工作组。生产收购督查组组长赵祖辉，副组长宗林、张清霖，成员张永、古国良、范镇、陶永朝、杨令、宋思湘、陈吉波、廖道雄、陈华、杨章熙，办公室设在县烟草分公司，由陈华兼办公室主任。执纪执法和后勤保障组组长何国荣，副组长陈勇、熊建华，成员王旭东、张全宇、张清松、丁开砚、柯发昌、肖叁、张清霖、艾宗智，办公室设在县烟草专卖局，由艾宗智兼办公室主任。明确两个工作组主要职责。

【调整威信县整乡推进工作领导组及建立县处级领导、县直部门挂钩联系工作制度】　8月27日，县委县政府调整威信县整乡推进工作领导组及建立县处级领导、县直部门挂钩联系工作制度。龙进为组长，张顺民为常务副组长，汤国乾、杨应伦、左顺春、赵祖辉为副组长，余波、陶义、谢刚、谢联友、吴太辉、陈勇、张宗万、陈香才、李朝洪、杨正洪、刘华宇、陶思茂、冯天学、丁开砚、安永华、唐俊、张全宇、郑光宏、陶其华、钟浚、王正勇、杨聪、张建军、余挺、段锡勇、张俊、白孝东、王绍雷、刘光友、王拓、陶永成、李宗伟、李怀锋、杨洪飞、宗林、白孝勇、任家材、白书先、顾英毅、白尚芬、张清霖、李宗清、周清松、杨宛锋、许学顺、王洪、王祖春、范镇为成员。由杨应伦具体负责整乡推进领导组日常工作。领导组下设办公室、村容村貌整治组、产业发展组、基础设施建设组、社会事业发展组、宣传组、督促检查组7个工作机构。办公室主任王祖春，成员从新农办、扶贫办、农业局、水务局、统计局、水田乡政府等单位抽调；村容村貌整治组组长左顺春，成员陶思茂、安永华、王正勇、杨正洪、唐俊、段锡勇、刘华宇、陈香才、范镇；产业发展组组长赵祖辉，成员陶其华、钟浚、白孝勇、张孟贵；基础设施建设组组长王维强，成员张全宇、王正勇、郑光宏、李宗清、陶其华；社会事业发展组组长李朝伟，成员谢联友、张建军、刘光友、段锡勇、张俊、任家材；宣传组组长汤国乾，成员刘光友、潘先卫；督促检查组组长任有恒，成员余波、谢刚、杨聪。明确办公室及各组工作职责。王国斌、李朝伟挂钩联系香树村，王维强、刘坤挂钩联系龙洞村，汤国乾、左顺春挂钩联系水田村，保卫华、赵祖辉挂钩联系河坝村。建设局、国土局、司法局、法院、教育局、政协办挂钩联系水田村花房子红色文化区，民政局、科技局、统计局、民宗局、旅游局挂钩联系水田村塆子苗族文化区，水务局、政法委、计生局、地震局挂钩联系香树村河底小三峡彝族生态区，发改局、林业局、农业局、绿特办、老干局挂钩联系龙洞村生态农业区，文体局、人事局、卫生局、环保局、人力办、档案局、总工会、团县委挂钩联系水田集镇至斑鸠井油路沿线，交通局、公安局、煤工局、经贸局、工商局、农行、国税局、地税局、党校、农发行、财保公司挂钩联系水田集镇至河底“小三峡”公路沿线，财政局、宣传部、检察院、人武部、妇联、信用联社、广电局、移动公司、联通公司挂钩联系水田集镇至槽子头公路沿线，烟办、气象局、供电公司、人保公司、烟草公司、人行、电信公司挂钩联系4个村辐射区域。提出6条工作要求。今后领导小组成员如变动，由成员单位相应人员递补，不再另行文。

【成立威信县现代烟草农业建设领导小组】 9月30日，县委、县政府成立威信县现代烟草农业建设领导小组。姚勇为组长，赵祖辉为副组长，谢刚、刘华宇、杨正洪、郑光宏、陶其华、王正勇、杨聪、余进、宗林、张清霖为成员。下设办公室于县烟草分公司，并由宗林任办公室主任，县烟草分公司副经理陈华任常务副主任，县水务局副局长王宗高任副主任。县现代烟草农业建设领导小组办公室与县烟草分公司现代烟草农业基础设施建设办公室合署办公。

【调整威信县机构编制委员会成员】 11月3日，县委调整威信县机构编制委员会成员。吕磊为主任，姚勇、王维强为副主任，保卫华、郑维江、陶义、刘华宇、杨正洪、冯天学为成员。

【调整充实威信县惩治和预防腐败体系建设工作领导小组】 11月16日，县委调整充实威信县惩治和预防腐败体系建设工作领导小组及其办公室。龙进为组长，吕磊、姚勇、王维强、任有恒为副组长，项云华、晋家荣、余波、王旭东、谢联友、吴太辉、陈勇为成员。下设办公室于县纪委，并由王旭东任办公室主任，任大衡（县委巡视组组长）任副主任。今后领导小组成员及办公室人员如有变动，由成员单位相应人员自然替补，报领导小组审定后自行调整，不再另行发文。

【成立庙沟乡集镇建设领导组】 11月24日，县委、县政府成立庙沟乡集镇建设领导组。吕磊为组长，姚勇、王维强、任有恒、郑维江、左顺春、赵祖辉为副组长，余波、陶义、谢刚、陈香才、杨正洪、刘华宇、杨聪、唐俊、张建军、安永华、郑光宏、陶思茂、余进、王正勇、陶其华、钟浚、段锡勇、丁开砚、杨洪飞、李宗清、舒云辅、高秀清为成员。下设指挥部，由郑维江任指挥长，谢刚、杨正洪、陶思茂、郑光宏、王正勇、李宗清、舒云辅任副指挥长；指挥部办公室设在庙沟乡政府，由舒云辅兼任办公室主任。指挥部成员从县直相关部门和庙沟乡党委、政府抽用。

【调整威信煤电一体化项目建设协调领导组】 11月29日，县委、县政府关于调整威信煤电一体化项目建设协调领导组。吕磊为组长，姚勇、王维强、江旭林为副组长，王国斌、汤国乾、郑维江、项云华、左顺春、李朝伟、赵祖辉、何国荣、姜荣学、王晓芹、周必仁、陶义、谢刚、李勇、杨正洪、毛子海、刘华宇、郑光宏、陶思茂、丁开砚、周瑞权、陶思宽、王正勇、钟浚、唐俊、冯天学、安永华、晋茂、张泽辉、余进、张清松、柯发昌、魏国香、陈善全、晋家万、李克武、曹阜刚、张跃、李宗清、杨宛锋、何鹏、王洪、宋思湘、杨章龙、张永为成员。下设办公室，由江旭林兼办公室主任。

【成立威信县桂香沟水库工程建设指挥部】 11月29日，县委、县政府成立威信县桂香沟水库工程建设指挥部。吕磊为指挥长，王维强、赵祖辉、姜荣学为副指挥长，谢刚、杨正洪、安永华、刘华宇、郑光宏、陶思宽、陶思茂、王正勇、钟浚、杨聪、周瑞权、杨洪飞、余进、白孝东、李宗清、杨宛锋、何鹏、张永为成员。指挥部下设桂香沟水库工程建设管理局，由姜荣学兼任局长，王正勇、张永兼任副局长；管理局内设办公室、财务室、技术组。明确桂香沟水库工程建设管理局主要职责。

【成立庙沟集镇建设指挥部下设工作机构】 12月26日，县委、县政府成立庙沟集镇建设指挥部下设工作机构。规划设计组组长陶思茂，成员从县建设局和庙沟乡抽调人员组成；征地拆迁组组长郑光宏，成员从县国土资源局和庙沟乡抽人组成；矛盾纠纷排查组组长舒云辅，成员从庙沟乡抽人组成；项目实施组组长为各项目单位主要负责人，成员从建设局、相关责任单位和庙沟乡抽人组成；工程质量监督组组长陶思茂，成员从建设局、相关责任单位和庙沟乡抽人组成；专项资金监管组组长谢刚，成员从发改、财政、监察、审计、庙沟乡抽人组成；工程进度督查组组长余波，成员从县委办、政府办、监察局和庙沟乡抽人组成；工程计量验收组组长谢刚，成员从发改、建设、财政、监察、审计、责任单位、庙沟乡抽人组成。明确各组工作职责。

会议纪要

【1·18 县委常委会议】 2010年1月18日，县委书记龙进主持召开2010年第一次县委常委会议，传达学习全市接待工作座谈会议精神，听取县委常委、县委办主任郑维江关于全县接待工作的情况汇报，对如何加强公务接待工作进行专题研究。会议决定：一、撤销县委、县政府接待处，组建县委、县政府接待办公室（简称“接待办”），性质为事业单位，核定编制为6人，设主任1名（正科级，由县委办副主任兼任），副主任1名（副科级），其余人员从全县事业单位中抽调补充，办公地点在扎西宾馆新建一楼，内设综合股和接待股两个职能股。二、接待办主要负责县委、县人大、县政府、县政协公务接待服务；负责县党政考察团及县级主要领导外出考察、访问的外联、食宿安排；承担县级领导交办的重要会议和重要活动的接待服务；负责接待经费的管理、使用和审核、结算。三、凡县财政承担的接待，一律由接待办统一安排，接待标准严格按照《威信县党政机关、事业单位公务接待暂行规定》（威办发〔2009〕54号）执行。四、接待办办公经费纳入财政预算。五、接待经费由县财政据实核拨，统一由接待办掌握使用，严格管理，专款专用。接待办每季度向县委书记、县长及分管接待工作的领导书面报告接待经费使用情况。

【2·4 县委常委会议】 2月4日，县委书记龙进主持召开县委常委会议，就“三农”工作、村级组织换届选举、党风廉政建设责任制考核、政法系统部分机构和岗位设置、县委外宣办成立、县委党代表联络办和县委党建办成立、农村党员干部现代远程教育办有关事项、干部人事等问题进行研究。

一、关于“三农”工作。会议传达学习省委农村工作会议精神，听取县政府副县长赵祖辉关于农业农村工作的情况汇报。决定2010年县财政投入粮食生产资金300万元，畜牧业发展资金140万元，新农村示范点建设资金450万元；原则同意《关于表彰全县深化集体林权制度主体改革工作先进集体和先进个人的决定》；2010年2月6日召开县委林业工作会议和全县春季植树造林现场会。

二、关于村级组织换届选举工作。会议传达学习全市村级换届选举工作会议精神，听取县委副书记贺飞关于威信县村级换届选举工作的情况汇报。决定原则同意《关于认真做好全县村级党组织和第四届村民委员会换届选举工作的通知》，待修改完善后，以“两办”文件印发；先进行村党组织换届，后进行村委会换届，选举工作必须按照规定的程序步骤进行，确保3月底前全面完成村级换届选举工作；组建县村级换届选举工作办公室，办公地点设在县委组织部，相关工作人员从县委学习实践办、县委组织部、县民政局人员抽用，同时抽调县人大选联委主任袁付先、县委巡视组副组长周道怀参与；县财政划拨专项资金55万元，作为村级换届选举工作经费；2010年2月5日召开全县村级换届选举工作会议，安排部署全县村级换届选举工作。

三、关于2009年党风廉政建设责任制考核情况。会议听取县委常委、纪委书记任有恒关于2009年党风廉政建设责任制考核情况的汇报。决定同意县委考核组对全县10个乡镇和52个县直部门2009年度党风廉政建设责任制考核结果；由县财政划拨专项资金15万元，对被评定为优秀、合格等次的乡镇和部门进行奖励，奖励标准为：被评为优秀等次的乡镇各奖励6 000元，被评为优秀等次的县直部门各奖励3 000元，被评为合格等次的乡镇各奖励3 000元，被评为合格等次的县直部门各奖励1 000元。

四、关于规范设置政法系统部分机构和岗位问题。会议听取县委常委、政法委书记王国斌关于规范设置政法系统部分机构和岗位的情况汇报。决定：一、县委政法委部分机构和岗位调整：政法委政工科长按正科级配备，执法监督室主任按副科级配备；政法委机关公用经费和业务经费从2010年起参照县法院和县检察院标准核定，每人每年2.51万元；从2010年起，县综治维稳经费按全县总人口人均2元列入县财政预算并划拨到县委政法委统筹使用。二、县法院部分机构和岗位调整：双河、旧城、麟凤三个中心法庭庭长按正科级配备，旧城、麟凤两个中心法庭各设2名副庭长，双河法庭设1名副庭长，副庭长在岗享受副科级；县法院刑事审判庭、民事审判一庭、立案庭庭长在岗享受正科级，民事审判一庭、立案庭各设2名副庭长，刑事审判庭设1名副庭长，副庭长在岗享受副科级；法警大队设教导员1名，按副科级配备；执行局设教导员1名，按正科级配备，增设副局长1名，在岗享受副科级；增设环境保护庭，设庭长1名，按副科级配备；增设调解中心，设主任1名，按副科级配备；增加5名协警员。三、县公安局部分机构和岗位调整：扎西派出所副所长按实职副科级配备；麟凤派出所副所长职数核定3名，罗布派出所副所长职数核定2名，均按实职副科级配备；同意上报审批增设扎西镇田坝火车站站前派出所。

五、关于成立县委外宣办的问题。会议听取县委常委、宣传部部长汤国乾关于成立县委外宣办的情况汇报。决定县新闻宣传中心从县广电局分离，成立中共威信县委对外宣传领导小组办公室，简称县委外宣办，性质为参公管理单位，隶属县委宣传部管理；县委外宣办机构规格为正科级单位，设主任、副主任各1名，主任由县委宣传部副部长兼任，人员编制15名，为参公管理性质；县委外宣办办公经费按原新闻宣传中心标准划拨；进一步明确县委外宣办的职能职责。

六、关于明确县委党代表联络办公室、农村党员现代远程教育办公室有关事项和成立县委党建办的问题。会议听取县委常委、组织部部长保卫华关于明确县委党代表联络办公室、农村党员现代远程教育办公室有关事项和成立县委党建办的情况汇报。决定县委党代表联络办公室设在县委组织部，设主任、副主任各1名，分别按正、副科级配备，人员编制3名，在县委组织部现有人员编制中调剂；县委农村党员干部现代远程教育办公室主任按副科级配备；设立县委党建办公室，机构规格为正科级，挂靠县委组织部，党建办设主任、副主任各1名，主任由县委组织部副部长兼任，配备工作人员2名，人员编制从县委组织部现有编制中调剂。

七、关于干部人事工作（略）

【4·28县委常委会议】 4月28日，县委书记龙进主持召开县委常委会议，就组织工作、宣传思想文化工作、固定资产投资、县公安局交警大队机构和岗位设置、县国有资产监督管理局成立、干部人事等问题进行研究。

一、关于组织工作。会议传达学习全市组织工作会议精神，听取县委常委、组织部部长保卫华关于组织工作的情况汇报。决定原则同意《关于进一步建立和完善村级干部激励保障机制的实施意见》，在广泛征求意见的基础上，修改完善后印发执行；拟于近期召开全县学习实践科学发展观活动总结大会、组织和宣传思想工作会议、县直机关党建工作会议；原则同意2009年度全县党建工作考核结果，县委、县政府安排党建工作责任制奖金18万元，对考核为一、二、三等奖的党（工）委，分别兑现责任制奖金2.1万元、1.6万元、1.2万元；全县收到的“共产党员抗旱救灾特别捐献”资金154.48万元，其中：130.98万元用于实施全县部分旱片区的小型人饮工程，23.5万元作为关爱资金发放给受灾群众。小型人饮工程由县水务局规划设计并组织实施，困难群众关爱资金由民政局负责发放；逐步将10个乡镇的党委组织委员按副科级配备，其中，2010年完成5个乡镇的配备工作。

二、关于宣传思想文化工作。会议传达学习全市宣传思想文化工作会议精神，听取县委常委、宣传部部长汤国乾关于宣传思想文化工作的情况汇报。决定同意组建威信县红色扎西艺术团，隶属县文体局。艺术团专业创编人员可采取选调、招考等形式解决，其他演职人员要充分整合社会力量，通过与市场结合的形式予以解决；县财政解决红色扎西艺术团启动经费、“百场演出进百村”演出补助费、编创人员外出观摩学习、采风费、道具服装、耗材维护更新等费用35万元。从2011年起，每年解决运转经费25万元，并列入财政预算；5月中旬举行县委理论中心组学习，相关筹备工作由县委宣传部汤部长牵头；2010年5月15日前全面启动“百场演出进百村”活动和“农家文化大院”建设工作；县财政解决与昭通日报的合作经费6万元，红军长征过扎西75周年专版经费2万元，第五届红色文化旅游节专版经费2万元，红军长征过扎西75周年系列活动经费10万元，扎西会议会址邮票发行申报工作经费10万元，外宣办购置办公设备及网络升级改造经费10万元，“千场电影进村寨”工作经费16万元。

三、关于固定资产投资工作。会议听取县委常委、常务副县长王维强关于固定资产投资工作情况汇报。决定将2010年重点项目前期工作和固定资产投资目标任务分解落实到县委常委、县政府分管领导和县直各责任部门，纳入年度工作考核的重要内容，对完成工作目标任务、成效明显的，予以奖励；对落实不力、推诿扯皮而延误工作的，严格实行问责；由县委督查室对固定资产投资和重点工程推进情况进行立项督查，跟踪问效，及时掌握相关工作落实情况，形成书面材料每月向县委、县政府报告1次；成立重点工程项目外部环境整治协调组，由县公安局1名副局长任组长，相关工作人员在县公安局和相关部门抽用。

四、关于县公安局交警大队机构和岗位设置问题。会议听取县委常委、政法委书记王国斌关于县公安局交警大队机构和岗位设置的情况汇报。决定威信县公安局交通警察大队确定为威信县公安局内设正科级机构；设大队长、教导员各1名，按正科级配备；设副大队长1名，按副科级配备。交警大队内设综合科、车管分所、事故中队、秩序中队、扎西中队、麟凤中队、罗布中队、双河中队八个部门；综合科设科长1名，按副科级配备；车管分所设所长1名，按副科级配备；事故中队、秩序中队、扎西中队、麟凤中队、罗布中队、双河中队各设中队长1名，按副科级配备。同意交警大队招聘交通协警员17名，使全县交通协警员达70人。交警大队的办公用房建设资金按照“收支两条线”的规定，在建设期间的罚没收入款中解决。

五、关于成立县国有资产监督管理局的问题。会议听取县委常委、常务副县长王维强关于成立县国有资产监督管理局的情况汇报。决定在县财政局加挂“威信县国有资产监督管理局”牌子，与县财政局合署办公；县国有资产监督管理局局长按正科级配备，由县财政局副局长兼任；县国有资产监督管理局核定人员编制3名，从县财政局现有人员中调剂。

六、关于干部人事工作（略）

【县城污水处理厂建设会议】 9月16日，县委书记龙进主持召开县委常委会，专题研究县城污水处理厂建设相关工作。会议听取县建设局负责人及项目建设各施工企业关于建设情况的汇报，县级相关领导对工程建设提出推进要求。会议认为：县城污水处理厂属省政府42个重点督查工程之一，县委、县政府高度重视。目前，工程建设已进入扫尾冲刺阶段，时间紧、任务重，相关单位要紧密配合，责任部门要加强监管，各施工企业要鼓足干劲，细化施工方案，加班加点，24小排班，苦战15天，确保9月30日前完成建设任务，实现设备运行，无论有多大困难，都必须按时保质完成。要求县建设局作为污水处理厂建设的主管部门，要制定出详细的工期计划，将工期责任落实到人，实行按日考核，按小时安排工作任务。单位领导和有关工作人员要亲临建设现场，主动协调好施工企业之间关系，保证正常施工秩序，督促加快建设进度，及时解决建设过程中遇到的困难和问题。各施工企业要加强协调，土建工程、管网建设、设备安装等工作要同步进行，多个作业面同步开展。不同工种之间要密切配合，做好施工交底，及时化解设计误差引起的工期延误问题。施工企业各专业班组要制定具体的分部分项实施时间表，制定分部分项的细化考核指标，将每一个单项工作的责任落实到具体个人。县直各有关部门要积极配合、支持项目建设，对项目建设涉及的相关事项要特事特办，能提供帮助的一定要全力支持，绝不能相互推诿、敷衍了事，影响工程建设进度。正确处理速度与质量的关系。加快建设速度，9月30日必须完成基本建设任务，同时要保证工程质量，不能因为强调速度而忽视工程质量，工程建设必须经得起时间的检验。决定县城污水处理厂建设总协调工作由常务副县长王维强负责；督查督办工作由县纪委书记任有恒、县人大副主任项云华负责落实；项目建设外围环境整治工作由副县长何国荣负责，并协助施工方做好大件设备的运输准备工作；建设现场相关协调工作由副县长左顺春负责抓好落实。对工程建设中措施不力，影响污水处理厂建设进度，未能在9月30日前完成规定任务的单位和个人，严格实行问责，并对未完成施工任务的施工企业实行严厉处罚。

会议报告

【龙进在县委十一届七次全体（扩大）会议上的报告】 2010年1月9日，在中共威信县委十一届七次全体（扩大）会议上，县委书记龙进作题为《坚定信心 真抓实干 不断开创经济社会追赶发展新局面》的报告。《报告》深入贯彻党的十七大，十七届三中、四中全会，中央经济工作会议和省委八届八次全会、市委二届十次全会精神，从7个方面总结2009年县委常委会的工作，指出面临的6个方面的困难和问题。提出2010年工作的总体要求是：以邓小平理论和“三个代表”重要思想为指导，全面贯彻党的十七大，十七届三中、四中全会，中央经济工作会议和省委八届八次全会，市委二届十次全会精神，深入贯彻落实科学发展观，把握机遇求发展，矢志不渝抓项目，兼顾各方搞统筹，努力保持经济追赶发展态势和社会和谐稳定局面，全面完成“十一五”规划的各项目标任务，推动威信经济社会追赶发展。一是促进投资持续增长，不断增强发展后劲。二是推进“三农”工作，不断夯实发展基础。三是加快重点项目建设，推进工业经济发展。四是大力发展社会事业，着力解决民生问题。五是继续深化改革开放，不断增强发展活力。六是加强资源环境保护，推进生态文明建设。七是大力推进文化建设，繁荣发展文化事业。八是推进民主政治建设，构建和谐平安威信。九是编制“十二五”规划，引领威信更好更快发展。做好今年的工作，必须以改革创新精神，全面推进党的思想、组织、作风、制度和反腐倡廉建设，切实把各级党组织建设成为立党为公、执政为民，求真务实、改革创新，清正廉洁、富有活力的坚强领导核心，为推进经济社会追赶发展提供坚强的政治保障和组织保障。

【龙进在县委十一届八次全体（扩大）会议上的报告】 8月30日，在中共威信县委十一届八次全体（扩大）会议上，县委书记龙进作题为《抢抓机遇 真抓实干 奋力谱写威信经济社会追赶发展新篇章》的报告。《报告》以十七大，十七届三中、四中全会精神为指导，深入贯彻科学发展观，全面落实中央经济工作会议和省委八届八次、九次全会，省政府昭通专题工作会议，市委二届十次、十一次全会精神，实事求是地总结今年上半年工作，全面分析全县经济社会面临的形势，安排部署下半年主要工作任务。《报告》从4个方面总结2010上半年的工作。一是积极应对各种困难，促进经济持续增长。二是注重解决民生问题，社会事业全面进步。三是加强民主法制建设，社会政治保持稳定。四是党建工作科学推进，党的建设全面加强。同时指出工作中存在的4个方面的困难和问题。提出下半年是全面完成“十一五”规划、顺利启动“十二五”规划的承上启下的关键半年。做好下半年的工作，必须深入贯彻落实科学发展观，牢牢把握国家深入实施西部大开发战略、建设中国面向西南开放的桥头堡，特别是中央明确将乌蒙山区作为扶贫开发重点的重大发展机遇，进一步解放思想、争取主动、赢得先机，坚定信心、抢抓机遇、扎实工作，加快推进重点项目建设，统筹抓好社会事业发展，全面完成今年和“十一五”确定的各项目标任务，为“十二五”规划开好头、起好步奠定坚实基础。一是更加有力地抓好“三农”工作。二是更加有力地抓好工业经济发展。三是更加有力地抓好基础设施建设。四是更加有力地抓好社会事业发展。五是更加有力地抓好改革开放。六是更加有力地抓好环境保护。七是更加有力地抓好文化建设。八是更加有力地抓好民主政治建设。九是更加有力地抓好维稳工作。十是更加有力地抓好规划编制。完成今年和“十一五”各项目标任务，推进威信经济社会追赶发展，关键在党，责任在各级党组织和领导干部。要以开展创先争优活动为契机，按照科学发展观的要求，着力锻造一批干事创业、善于推动科学发展的基层党组织和党员干部队伍，为我县经济社会追赶发展提供坚强的组织保障。

会议讲话

【张顺民在县委十一届七次全体（扩大）会议上的讲话】　2010年1月19日，在中共威信县委十一届七次全体（扩大）会议上，县委副书记、县长张顺民作题为《坚定信心　再接再厉　推进威信经济社会平稳较快发展》的讲话。2009年，县委、县政府团结带领全县各族人民，认真学习实践科学发展观，紧紧围绕追赶发展这一主题，积极应对金融危机蔓延、煤炭价格下滑、投资任务艰巨等挑战，紧紧抓住国家扩内需、调结构、保增长的重大机遇，群策群力、开拓进取，全力推进各项工作，经济社会发展取得令人鼓舞的成绩，圆满完成了年初提出的“保增长、保民生、保稳定、保安全”的各项目标任务。一是“保增长”目标全面实现。二是“保民生”工作成效显著。三是“保稳定”任务圆满完成。四是“保安全”措施扎实有效。经济社会发展情况总体较好，保持了平稳较快发展的良好态势，生产总值、财政收入、农民人均纯收入等多项指标提前完成了“十一五”目标任务。存在许多困难和问题：一是追赶型发展任务艰巨。二是项目建设进度与计划有差距。三是工业经济发展任务艰巨。四是财政支出压力较大。五是作风建设仍需加强。2010年全县经济增长目标定为13%以上，总量力争突破20亿元。全社会固定资产投资增长10%以上，地方财政一般预算收入增长20%以上，农民人均纯收入增长15%以上，城镇居民可支配收入增长10%以上，社会消费品零售总额增长16%以上，城镇登记失业率控制在4.4%以内，单位生产总值能耗下降3.3%，人口自然增长率控制在7‰以内。围绕目标任务，我们必须准确把握经济形势和发展机遇，进一步解放思想，充分发挥各方面的积极性和创造性，用好有利条件，抓住发展机遇，克服各种困难，解决矛盾问题，趋利避害，扎实工作，确保实现预期目标。一是进一步扩大投资规模，快速推进基础设施建设。二是进一步加快工业发展，切实增强工业支撑作用。三是进一步夯实“三农”基础，推动农村经济加快发展。四是进一步抓好增收节支，确保财政金融平稳运行。五是进一步强化统筹发展，推动社会事业全面进步。六是进一步落实工作责任，创造平安和谐的社会环境。当前要重点抓好农业农村、春节慰问、春节期间的相关工作、“两会”的筹备4项工作。

【龙进在县委农村工作会议上的讲话】　3月14日，在县委农村工作会议上，县委书记龙进作讲话。讲话简要回顾2009年全县农村工作。2009年，全县实现农林牧渔业总产值69 726万元，同比增长14.1%；农民人均纯收入2 501元，同比增长17.8%。一是农业生产进一步发展。认真落实强农惠农政策，发放涉农补贴1.4亿元，同比增长6.6%。县财政投入“三农”资金4 437万元，同比增长55.2%。贴息资金260万元，拉动民间资本投入5 000余万元发展农业产业。推广“两杂”良种50万千克，办粮食丰产样板2.13万公顷，粮食产量14.5万吨，同比增长10.1%。全面完成5.5万担烟叶收购任务。狠抓畜种改良、养殖小区建设和大户示范，畜牧业产值达34 351万元，同比增长24.3%。继续筹资100万元助推资金打造“东桑西移”基地县。完成夏收油菜面积4 810公顷，实现产值3 760万元。二是基础条件进一步改善。建成各类农田水利工程225件，治理水土流失面积55平方千米，新增和改善灌溉面积79.33公顷；完成中低产田地改造1 553.33公顷；大力实施农村人饮安全工程，解决了2.48万人的饮水安全；建成沼气池4 582口、节能灶2 176眼；建成村组公路251千米；实施农村电网改造，解决了2 763户11 580人的用电问题。新农村建设全面推进，农村生产生活条件逐步改善。三是扶贫工作进一步深入。全面完成水田花房子革命老区试点开发项目，消除茅草房2 006户，投放小额信贷资金3 100万元，97个部门挂钩83个村，1 462名干部职工结对帮扶贫困户1 650户。3 000名绝对贫困人口解决温饱，15 000名低收入群众稳定脱贫。转移输出农村劳动力8.85万人，实现务工纯收入4.8亿元，同比增长54%。四是农村社会事业进一步加强。实施校舍安全工程项目，新建和改造农村中小学校舍75 461平方米，91 684名中小学生享受免费教科书，21 261名寄宿制贫困学生享受生活补贴。新型农村合作医疗参合率92.5%，105万人次享受减免补偿，支付基金3 693万元。筹资806.8万元向农民和城市低收入群众发放燃煤补贴；筹集40万元为农户购买住房保险。五是农村各项改革进一步深化。集体林权制度主体改革全面完成，配套改革正努力推进。村级公益事业建设一事一议财政奖补试点工作取得明显成效，立项实施村级公益事业一事一议财政奖补项目332个。87个村（社区）实行村级会计委托代理服务。同时指出农业农村工作还面临的很多困难和问题。一是农民人均纯收入虽有较快增长，但与全国、全省水平相比，差距较大。二是农业基础设施薄弱，全县水利化程度仅为19%，抗御自然灾害的能力低，相当大程度上仍在靠天吃饭。三是农业产业规模化、标准化生产水平不高，组织化程度低，经营水平与市场竞争要求不相适应，龙头企业规模还不够大，带动能力不够强。四是教育、科技、文化、卫生等农村公共服务能力与农民群众生活需求不相适应，农村上学难、看病难、养老难和公共设施薄弱等问题依然突出，扶贫攻坚任务难度加大，改善农村民生任务繁重。五是各级抓农业和农村工作的方式、方法、作风虽然有了很大转变，但还没有跳出“就农业抓农业”的圈子，领导农业工作的能力还有差距，作风不实的现象依然存在。提出2010年是全面实施“十一五”规划的最后一年，更是夺取应对国际金融危机冲击新胜利、保持经济平稳较快发展的关键一年。主要预期目标是：粮食总产量增长7%以上；畜牧业现价产值增长15%以上；农民人均纯收入增长15%以上；农业增加值增长5%以上。围绕上述要求和目标，要重点抓好9个方面的工作：一是不断加大“三农”投入力度。二是不断加强农村基础设施建设。三是大力培育农业传统产业和绿色特色产业。四是不断加强农业服务体系建设。五是不断加大扶贫开发力度。六是不断加快新农村建设步伐。七是不断推进农村社会事业发展。八是不断深化农村各项改革。九是全力做好抗大旱保民生促春耕工作。

【张顺民在县委农村工作会议上的讲话】 3月14日，在县委农村工作会议上，县委副书记、县人民政府县长张顺民作讲话。2009年农业农村工作，主要表现为“7个突破”：一是农村经济总量实现新突破。2009年实现农林牧渔业总产值69 678万元，增长14.1%。农民人均纯收入2 501元，增长17.8%。二是农业优势产业发展实现新突破。县财政安排资金220万元扶持粮食生产，实现粮食产量14.5万吨，增长10.1%，增幅与全市持平，产量创历史新高。将2008年的784万元烟叶税全部投入2009年的烤烟生产，收购烤烟275万千克，均价每千克14.2元，比上年提高0.56元。县财政安排资金250万元发展畜牧业，生猪和大牲畜的存栏、出栏率稳步提高，实现畜牧业总产值34 351万元，增长24.3%。县财政连续4年投入100万元助推蚕桑产业发展，新栽桑200公顷，蚕桑产业稳步发展。种植油菜4 800公顷，实现产值3 760万元。实施稻田养鱼200公顷，成为农村经济发展的新亮点。三是农村基础设施建设实现新突破。完成中低产田地改造1 553公顷。实施农村人饮安全工程，解决了66 000人的饮水困难。县城至大落脚二级公路完工投用，县乡油路全面启动，新建村组公路251千米。实施农村电网改造，解决了2 763户11 580人的用电问题。四是扶贫工作实现新突破。投入财政扶贫资金1 799万元，整村推进、易地搬迁、茅草房改造、老区开发等项目进展顺利，3 000名绝对贫困人口解决温饱，15 000名低收入群众稳定脱贫。输出农村劳动力88 500人，实现务工纯收入4.8亿元，同比增长54%。五是农村社会事业发展和改善民生工作实现新突破。新型农村合作医疗参合率达92.5%，105万人次享受减免补偿，支付基金3 693万元。实施校舍安全工程项目，新建和改造农村中小学校舍75 461平方米。人口和计划生育工作全面完成市下达任务，人口自然增长率控制在7‰以内。组织家电、汽车和摩托车下乡，兑付财政补贴资金257万元。27 150名农村困难群众享受低保，向80周岁以上老年人发放保健补助，为全县8.4万户农户购买住房保险，按人均20元标准向农村群众和城市低收入家庭发放燃煤补助。六是农村各项改革取得新突破。集体林权制度主体改革全面完成，林业发展活力显著增强。加强农村公益事业建设，实施“一事一议”财政奖补项目332个，投入奖补资金998万元。农村公路养护管理体制改革取得实效。七是新农村建设取得新突破。新农村示范长廊工程进展顺利，村容村貌逐步改观，群众生产生活条件逐步改善，生产有了较快发展，一些地方已培植发展了支柱产业，辐射带动作用逐步显现。同时指出存在的困难和问题：一是农业基础设施薄弱，水利化程度仅为19%，低于全国（46%）、全省（34%）、全市（27%）平均水平，农业生产发展的基础不牢固，农业综合生产能力和抗灾能力较低；二是农业产业化、标准化生产水平低，缺乏有实力的龙头企业带动，畜牧、蚕桑等优势特色产业发展步伐不快；三是农村贫困面大，按照新的统计标准（人均年收入1 196元以下），全县2009年底还有11.7万贫困人口，占全县总人口的28%，扶贫攻坚任重道远；四是农村社会事业发展滞后，农村教育、卫生、文化、科技、人口与计生、环境保护等社会事业发展不足，群众看病难、养老难、子女上学难等问题还没有完全解决好；五是少数干部的服务意识不强，工作作风存在一定的问题，抓落实有差距。提出2010年农业农村工作的总体要求和目标任务就是要完成6个100分，实现粮食产量增长7%、畜牧业现价产值增长15%、农民人均纯收入增长15%以上、农业增加值增长5%。重点抓好8项工作：一是围绕发展农村经济，切实抓好农业优势产业发展。二是围绕可持续发展，切实加强农村基础设施建设。三是围绕和谐发展，加快推进扶贫攻坚进程。四是围绕农民增收，千方百计拓宽增收渠道。五是围绕新农村建设，实施好示范长廊建设工程。六是围绕体制机制创新，大力推进农村改革。七是围绕统筹发展，着力发展农村社会事业和改善民生。八是围绕服务三农，抓好供销工作和气象服务。同时就当前的抗旱保民生、春耕备耕、森林防火、安全生产几项重点工作作安排部署。

【龙进在全县政法综治暨信访工作会议上的讲话】　3月14日，在全县政法综治暨信访工作会议上，县委书记龙进作讲话。讲话用三句话概括当前全县政法综治和信访工作的总体形势：成绩显著，问题突出，责任重大。提出当前和今后一段时期，要紧紧抓住影响社会和谐稳定的源头性、根本性、基础性问题，深入推进社会矛盾化解、社会管理创新、公正廉洁执法三项重点工作，结合实际统筹抓好政法综治和信访各项工作的落实，为推动经济社会追赶发展提供更加有力的法治保障。一是积极预防和有效化解各类矛盾。二是深入推进社会管理创新工作。三是深入推进公正廉洁执法工作。

【王国斌在全县政法综治暨信访工作会议上的讲话】　3月14日，在全县政法综治暨信访工作会议上，县委常委、政法委书记王国斌作讲话。讲话简要回顾2009年全县政法综治工作，总结出10个特点：一是强化“四个环节”，确保将矛盾纠纷化解在基层、消灭在萌芽状态。二是强化“两项措施”，确保社会治安秩序良好。三是强化“三抓”，确保各类群体性事件预防得早、报告及时、处置得当。四是强化“三个环节”，确保“严打”斗争取得实效。五是强化“五个一”工程建设，确保综治维稳基层基础工作不断夯实。六是强化“三层创建”，确保先进平安县创建活动整体推进。七是强化“三个不放过”，确保不发生重特大安全生产事故。八是强化“三个落实”，确保邪教组织活动不反弹。九是强化“三个重点”，确保社会环境安定有序。十是强化“四支队伍”建设，确保政法综治工作有人抓、抓到位。指出政法综治工作仍将继续面临各种严峻形势和风险挑战。一是对敌斗争形势复杂尖锐。二是影响社会稳定的因素不断增多。三是社会治安形势依然严峻。四是政法综治工作本身仍存在一些不足。提出2010年全县政法综治工作的总体要求是：以科学发展观为统领，紧紧抓住影响社会和谐稳定的源头性、根本性、基础性问题，按照“围绕一个目标、抓好两个提升、突出三个重点、开展四项活动、完善五个机制、强化六项工作”的基本思路，全力维护社会政治稳定大局，不断开创全县政法综治工作新局面。讲话简要回顾2009年全县信访工作。2009年，全县共受理群众来信307件，办理293件，办结率达95%；中央、省、市交办重要信访案件16件，办结16件，办结率达100%；网上信访交办件36件，办结回复36件，回复率100%；接待群众来访550批1 440人次，排查、交办各类主要矛盾纠纷173件，办结162件，办结率达93%；开展县委书记、县长大接访19次，接待上访群众291批555人次，现场办结答复23件，立案交办189件，办结189件，办结率100%。同时正确分析和认识全县信访工作面临的形势：一是信访总量高位徘徊，反映事项相对集中，主要是土地征用、房屋拆迁、企业改制、重点工程建设、林权制度改革、涉法涉诉等方面；二是越级上访和重访、缠访、闹访明显增多，尤其是到市、上省、进京上访大幅度上升，严重影响威信形象；三是少数基层干部在群众反映诉求时不主动应对、积极沟通，而是态度蛮横、方法简单、敷衍塞责，有的甚至上交矛盾，导致群众不理解、不信任，这也是引发群众不满和越级上访的深层次原因。针对存在的问题，2010年，要紧紧围绕新增信访问题控制在10%以内，重要信访案件办结率达100%，普通信访案件办结率不低于90%，息访罢诉率达到70%以上，网上信访和人民网留言办结率达100%，全年信访积案化解率达80%的目标，以人为本，完善机制，强化措施，转变作风，妥善协调解决群众实际问题，切实预防和减少重复访、集体访、越级访，杜绝非正常上访。一是严格落实领导责任制。二是继续开展领导干部大接访、大下访活动。三是切实抓好重大节庆活动期间信访工作。四是认真开展基层矛盾纠纷、信访积案排查化解工作。五是深入开展越级上访和非正常上访集中整治活动。

【龙进在县纪委十一届五次全会上的讲话】 3月15日，在县纪委十一届五次全会上，县委书记龙进作题为《加强反腐倡廉制度建设 深入推进党风廉政建设和反腐败斗争》的讲话。2009年，全县各级党委、政府和纪检监察机关围绕中心、服务大局，始终坚持标本兼治、综合治理、惩防并举、注重预防的方针，深入贯彻落实中央《建立健全惩治和预防腐败体系2008—2012年工作规划》，扎实推进反腐倡廉建设，重大决策部署监督检查、反腐倡廉宣传教育、纠风治乱和查办案件工作力度进一步加大，惩防体系建设、党员干部作风建设和纪检监察干部队伍建设进一步加强，党风廉政建设责任制工作进一步落实，全县党风廉政建设和反腐败工作取得了明显成效，全县反腐倡廉建设的形势是好的。年内，威信县被市委评为推进惩防体系建设和落实党风廉政建设责任制优秀单位。指出当前反腐倡廉建设仍然存在一些薄弱环节，集中体现在：部分的领导干部宗旨意识不强，工作作风不实，形式主义、官僚主义严重，奢靡享乐之风滋长；一些党组织和领导干部反腐倡廉工作抓得不实，执行力有待提高，对歪风邪气不敢做坚决斗争，失之于软、失之于宽的问题依然存在；一些重点领域和关键环节的腐败案件依然存在；造谣生事、诬告诽谤现象时有发生。其根本原因在于反腐倡廉制度建设问题。加强反腐倡廉制度建设是惩治和预防腐败体系建设的核心内容和治本之策，是从源头上预防腐败的必由之路。提出2010年要围绕教育、监督、制度、惩治、改革、纠风等工作，加快建立健全内容科学、程序严密、配套完善、有效管用的反腐倡廉制度体系。突出抓好三个重点：一是要把制度建设融入反腐倡廉各项工作中。二是要着力构建反腐倡廉制度体系。三是要着力提升反腐倡廉制度科学化水平。

【郑维江在威信县革命遗址普查工作会议上的讲话】 4月10日，在威信县革命遗址普查工作会议上，县委常委、县委办主任郑维江作讲话。威信县是全市党史资源重点县，在全市、全省乃至全国都有十分重要的党史地位。这次革命遗址普查工作的专业性比较强，涉及的内容非常复杂，各级各有关部门特别是参加普查的同志要加强学习，弄清各项要求，严格把关，不出差错。一是要正确理解“革命遗址普查”的含义。二是要弄清普查的范围、项目和内容。凡威信的行政区域都属于这次普查的范围。普查的项目包括革命遗址的名称、地址、占地和建筑面积、建筑样式及材质、形成时间、利用时间；遗址本体的历史由来、使用状况、保存状况、陈列物品情况；遗址使用管理的所有权属、经费来源、工作人员状况；遗址周围的环境状况（包括自然环境和人文环境）等信息资料；遗址的照片和影像资料（历史情况、现实情况、内外环境等）。普查的内容包括中国共产党的重要机构旧址；重要党史人物的故居、旧居、活动地；重要事件、重大战役战斗遗址；具有重要影响的革命烈士事迹发生地或墓地；反映重要历史活动、进程、思想、文化的各种遗迹；新中国成立后修建的内容涉及新民主主义革命时期的各种纪念馆、展览馆、纪念碑、纪念设施等。以上是省委党史研究室规定的普查任务，要报中央党史研究室。剿匪斗争内容也要列入普查范围，虽然不报中央党史研究室，但是要报省委党史研究室，所以也要列入普查范围。三是要把握好革命遗址普查的几个时间规定。普查时间范围是1928年至1950年7月，在这个时间段内所涉及的与党的活动有关的历史史实、产生的革命遗址或纪念设施都是规定的普查对象。但威信县在1950年8月至1955年9月这段时间发生的历史事件和留下来的革命遗址，也要进行普查并填表造册上报。普查标准时点，即2009年10月31日以前存在的革命遗址和纪念设施。普查工作时间安排：2010年3月21日至4月10日进行宣传培训；4月11日至8月31日开展普查；9月1日至30日提交成果，普查成果实行逐级提交；10月1日至2011年6月进行成果出版和普查总结。

【郑维江在全县统战工作会议上的讲话】　4月27日，在全县统战工作会议上，县委常委、县委办主任郑维江作讲话。2009年，在县委的正确领导和各级各部门的大力支持下，全县统战工作高举中国特色社会主义伟大旗帜，紧紧围绕县委、县政府工作大局，立足自身优势，切实发挥凝聚人心、汇聚力量、服务发展的作用，为全县经济、政治、文化和社会建设作出了积极贡献。所取得的成绩，凝聚着包括全县统一战线广大干部职工在内的全县各族各界干部群众的心血和汗水。

实现追赶发展需要我们把各个阶层、各个方面的力量团结起来、凝聚起来，把全社会的一切积极因素充分调动起来，充分发挥出来。统一战线要围绕全县经济社会发展大局，发挥优势，认真履职，强化服务，努力开创统战工作新局面。一是要扎实有效地开展好第三批学习实践科学发展观总结活动。二是要为威信经济社会发展献计出力。三是要选拔和培养党外干部和少数民族干部。四是要促进“五大关系”和谐。

【龙进在全县学习实践活动总结暨创先争优活动动员大会上的讲话】　5月19日，在全县学习实践活动总结暨创先争优活动动员大会上，县委书记龙进作讲话。从2009年3月开始，全县共有233个单位、865个基层党组织、11 117名党员，分两批参加深入学习实践科学发展观活动。全县各级党组织和广大党员干部紧紧围绕“党员干部受教育、科学发展上水平、人民群众得实惠”的总体要求，以“弘扬革命传统、促进科学发展、改善老区民生、构建和谐威信”为实践主题，坚持高起点谋划，高质量推进，高标准落实。切实做到“五个到位”：一是调查摸底到位。二是组织领导到位。三是学习开展到位。四是宣传发动到位。五是整改落实到位。一年来，全县共举办集中学习培训班197期，培训党员干部8 525人次，入户送学1 320余人次，邮寄学习资料1 108份，党员总体参学率达98.6%。全县共撰写各类信息3 200余条。共查找各类突出问题1 581个，目前已整改落实1 411个，整改率达89.25%。通过开展学习实践活动，全县广大党员干部受到了一次深刻的科学发展观理论和实践教育，基本实现了提高思想认识、转变工作作风、解决突出问题、促进科学发展的目标，学习实践活动取得丰硕成果。

在全县人民群众满意度测评中，满意率达98.45%。学习实践活动作为一个阶段性任务已基本结束，但贯彻落实科学发展观，推动全县经济社会科学发展、追赶发展，仍然任重而道远。当前和今后一个时期，要认真贯彻落实党的十七届三中、四中全会精神，持之以恒地把学习和实践两个方面狠抓下去，进一步巩固扩大学习实践活动成果。一是要进一步强化理论武装，着力推进学习型党组织建设。二是要进一步抓好整改落实，着力解决制约科学发展的突出问题。三是要进一步改善民生问题，着力提高群众工作的能力和水平。四是要进一步完善体制机制，着力建立科学发展的长效机制。五是要进一步加强党的建设，着力夯实科学发展的组织基础。

根据中央和省委、市委的部署，创先争优活动从2010年4月开始，着重围绕迎接中国共产党成立90周年开展，掀起创先争优的热潮。从2011年7月开始，着重围绕迎接党的十八大开展创先争优，引导基层党组织和广大党员以昂扬向上的精神风貌，更加出色的工作业绩，向党的十八大献礼。深入开展创先争优活动，要以深入学习实践科学发展观为主题，围绕推动科学发展，促进社会和谐、服务人民群众、加强基层组织的要求，达到党员干部受教育、科学发展上水平、人民群众得实惠，着力建设领导班子好、党员队伍好、工作机制好、工作业绩好、群众反映好“五个好”基层党组织，着力造就带头学习提高、带头争创佳绩、带头服务群众、带头遵守纪律、带头弘扬正气“五带头”优秀共产党员，在推动科学发展、追赶发展的实践中建功立业。机关党组织要以建设学习型机关、服务型队伍、效能型部门为主题，把开展创先争优活动与开展讲党性、重品行、作表率活动有机结合起来，与开展“个人形象一面旗、工作热情一团火、谋事布局一盘棋”的“三个一”主题实践活动有机结合起来，深入开展“比学习，创一流素质；比团结，创一流队伍；比服务，创一流作风；比效能，创一流业绩；比奉献，创一流形象”的“五比五创”主题实践活动。通过设立党员先锋岗、党员示范窗口，组建党员服务队、城乡党员结对帮扶等发挥党员作用，切实改进机关作风，提高机关效能。农村党组织要以建设社会主义新农村为主题，把创先争优活动与深化农村基层党建工作三级联创活动有机结合起来，认真落实“一定三有”政策，大力推广“四议两公开”工作法，深入开展“强班子、强素质，创建带领致富党组织、争当创业致富带头人”的“双强双带”主题实践活动。要大胆探索尝试建立村级联合党委，全县先试点进行3个。社区党组织要以建设文明和谐社区为主题，把创先争优活动与借鉴农村基层组织建设经验，在社区开展基层党建工作三级联创活动有机结合起来，认真落实“三有一化”，深入开展“讲服务，创建温馨家园；讲秩序，创建文明家园；讲共建，创建平安家园；讲团结，创建和谐家园”的“四讲四创建”主题实践活动。中小学校党组织要以建设人民满意、社会满意教育为主题，围绕推进教育改革、搞好教书育人、加强教师队伍建设工作，深入开展“树立良好师风，争当育人标兵；树立良好学风，争当学习标兵；树立良好作风，争当服务标兵”的“三树立三争当”主题实践活动。文化、卫生、体育等事业单位党组织要以服务群众、奉献社会为主题，深入开展“注重道德修养，争做行业模范；注重业务水平，争做行家里手；注重服务奉献，争做岗位楷模”的“三注重三争做”主题实践活动。非公有制经济组织和社会组织要以服务建设有中国特色社会主义事业为主题，以抓好组织健全和党员队伍建设为基础，以发挥基层党组织和党员作用为重点，深入开展“为社会作奉献、为党旗增光彩；争当岗位能手、争当员工标兵、争当守纪模范”的“两为三争当”主题实践活动。少数民族聚居地区党组织要把团结各族群众推动发展、促进和谐、维护稳定贯穿于创先争优活动始终，全面贯彻党的民族政策，积极探索少数民族聚居地区基层党组织和党员队伍建设的新路子，坚决维护民族团结和社会稳定，促进各民族共同团结奋斗、共同繁荣发展。

【张顺民在县委十一届八次全体（扩大）会议上的讲话】 8月30日，在县委十一届八次全体（扩大）会议上，县委副书记、县人民政府县长张顺民作题为《振奋精神　顽强拼搏　乘势而上　全面实现今年经济社会发展目标任务》的讲话。讲话简要回顾2010年上半年全县经济社会发展情况，主要表现为“六个稳步增长”、“一个全面发展”。六个稳步增长：一是国民经济稳步增长。二是农村经济稳步增长。三是工业经济稳步增长。四是固定资产投资稳步增长。五是财政收入稳步增长。六是社会消费品零售总额稳步增长。一个全面发展，即各项社会事业全面发展。下半年，全县上下要坚定信心、坚守目标、坚持拼搏，以必胜的信念、过硬的举措、顽强的作风，切实抓好各项工作，全面实现今年各项目标任务，收好“十一五”的尾，开好“十二五”的头。一是突出农民增收，切实抓好“三农”工作。二是突出投资拉动，千方百计增加固定资产投资。三是突出工业强县，加快推进新型工业化进程。四是突出财力保障，切实做好财税金融工作。五是突出科学发展，精心谋划好“十二五”发展。改善民生，推动社会全面进步，是经济发展的必然要求和根本目的，是落实科学发展观的具体体现。当前要抓好教育、人口与计生、文体广电、医疗卫生、第六次人口普查、改善民生、防灾救灾、安全生产和维护社会稳定几个方面的工作。

重点检查调研

【王国斌检查指导双河、水田等乡镇道路交通安全工作】 2010年1月17日，县委常委、政法委书记王国斌深入双河、水田等乡镇，检查指导道路交通安全工作。查看双河至水田红色景区公路、水田至龙洞斑鸠井公路的道路建设及通行情况；听取了乡镇贯彻落实全县道路交通安全管理工作紧急会议精神的情况汇报，要求乡镇一定要深刻吸取“1·06”事故教训，采取果断措施，扎实开展“平安出行”创建活动。一是理清思路，加强领导，严格落实四长责任制，切实将交通安全工作纳入议事日程，做到常检查、常研究、常整治；派出所、农机监理站等职能部门进一步明确责任，形成合力，切实抓好三项检查（车辆的清理检查，危险路段的排查整治，驾驶员的清理检查），从源头上抓紧抓好交通安全工作。二是要加大宣传教育力度，采取发传单、写标语、办专栏、播放宣传片等百姓喜闻乐见的形式扩大宣传面，在学校及广大农村群众中营造“关爱生命，遵守交通规则”的浓厚氛围，切实提高群众的道路交通安全意识。三是加大对“三无”（无牌、无证、无照）、“三超”（超载、超速、超员）车辆的打击力度。

【龙进等检查指导麟凤乡各项工作】 2月26日，县委书记龙进，在县委常委、纪委书记任有恒，县委常委、副县长王维强，县委常委、组织部部长保卫华，县委常委、县委办主任郑维江等陪同下，到麟凤乡检查指导当前各项工作。龙进一行先后到斑鸠村、五谷村、麟凤村、龙塘村，检查指导“两委”班子工作情况、村级活动场所建设、促进农民增收、春耕备耕、村级换届选举等工作，并对抓好当前各项工作提出要求。

【保卫华检查指导旧城镇村级组织换届选举等工作】 3月3日，县委常委、组织部部长保卫华到旧城镇检查指导村级组织换届选举、农民服务站建设、村级活动场所修缮等工作。保卫华先后深入旧城村、龙马村、镇农民服务站办公室实地查看，对村“两委”换届选举、党员远程教育、村级活动场所建设等工作提出要求。强调镇村干部要把村级换届选举工作作为当前的首要任务来抓，严格按照选举工作程序，依法开展好各环节各阶段工作，确保村级换届选举圆满成功。要求服务站要尽快开展各项工作，为群众提供优质、高效、快捷、方便、周到的服务。村“两委”换届工作结束后，尽快启动村级农民服务点建设。

【龙进张顺民检查麟凤乡困难群众生产生活】 4月27日，县委书记龙进、县长张顺民深入麟凤乡金凤村检查困难群众生产生活情况，要求各乡镇、部门要认真做好困难群众的基本生活保障工作，让群众安全度过春荒。村组干部要认真落实好农村五保老人生活补助政策，关心他们的烧煤和吃水等问题，让特殊群体群众共享和谐社会建设的成果。

【龙进张顺民检查指导麟凤、三桃等乡春耕备耕工作】 4月27日，县委书记龙进、县长张顺民带领农业、水务、烟办、烟司等部门负责人，到麟凤、三桃等乡检查指导当前春耕备耕工作。龙进、张顺民一行先后深入麟凤乡金凤村、龙塘村，三桃乡三桃村实地查看，就全县烤烟移栽烟苗、烟肥就位及大面移栽技术指导工作提出具体要求和安排。

【汤国乾检查指导双河乡偏岩村新农村建设】 5月5日，县委常委、宣传部部长汤国乾到双河乡偏岩村检查新农村建设情况，提出工作要求：一是要做好宣传发动工作，调动农户参与新农村建设的积极性，充分发挥群众建设新农村的主体作用；二是要加强协调，整合资源，打造出亮点，整体推进新农村建设；三是要真抓实干，实实在在地解决群众在新农村建设过程中存在的问题；四是要建立过硬的奖惩机制和严格的考核制度，要统筹兼顾，在抓好新农村建设工作的同时，做到粮烟生产几不误；五是要总结经验，在长廊一带掀起新农村建设高潮。

【王国斌检查指导罗布乡校园安全工作】 5月6日，县委常委、政法委书记王国斌到罗布检查指导校园安全工作。通过实地查看罗布中学、小学及新蕾幼儿园安全工作开展情况，并听取汇报后，对学校安全工作提出要求：一是各有关部门要切实增强责任感、使命感、紧迫感，务必把此项工作作为维稳工作的重中之重来抓；二是要加强领导，各司其职，落实责任，整合力量，形成强大的工作合力全方位开展工作；三是加大宣传力度，动员全社会力量参与，形成长效工作机制；四是各学校要建立健全校园安全保卫制度，加强安保力量，人员及安保器材等及时配备到位；五是各学校要及时排查校园内安全隐患；六是从各成员单位抽调人员，组成联合执法小组，清理整顿校园周边网吧、饮食摊点；七是派出所及各学校及时排查重点人员，化解矛盾纠纷，并掌握重点人员活动情况。

【汤国乾调研指导“谢大新农村建设长廊”】 7月9日，县委常委、宣传部部长汤国乾带领县新农村建设办公室、县质监局、县林业局、县信用联社等相关部门领导，深入“谢（家坳）大（塘）新农村建设长廊”沿线乡村进行调研。强调要调动一切积极因素，克服一切困难，因地制宜搞好新农村建设，既要统一建设规格标准和风情格调，保证工程质量，办出各自的特色，也要加大工作力度，加快工程进度，按照责任制完成建设任务。汤国乾要求各相关部门要客观认识自身情况，本着为民办事、为民解忧、注重发展、注重持续的思路，主次分清，依次排队，逐步解决。要加强沟通协调，形成合力，对通过各部门协调配合能及时解决的困难和问题要及时解决，对各部门协调配合无法解决的困难和问题要梳理总结，及时形成书面材料向县委政府汇报，争取支持，排除障碍，按时保质完成“谢大新农村建设长廊”打造任务，通过“谢大长廊”的示范带动，充分调动广大群众建设新农村的积极性，进一步推动威信县新农村生态文明家园建设。

【汤国乾检查指导扎西镇、双河乡新农村建设】 7月14日，全县新农村示范长廊建设阶段工作推进会后的第二天，县委常委、宣传部部长、县新农村建设领导小组副组长兼办公室主任汤国乾带领有关单位负责人，深入扎西镇、双河乡检查指导新农村建设工作。对下步工作提出要求：一是要加快进度，形成规模，建出特色；二是要高标准、高质量、严要求，把好质量关，砖瓦、木材等建设用材、用料要经得起检验，确保群众用得高兴、满意、放心；三是要加大宣传力度，给群众讲透政策，充分调动广大群众建设新农村的积极性，变要我建为我要建，进一步推进新农村生态文明家园建设；四是要做好资料收集、整理归档等相关工作。

【任有恒督察“谢大长廊”及水田乡整乡推进等生态家园建设】

7月29日，县委常委、县纪委书记任有恒在带领县委新农村生态家园建设督察组督察新农村建设“谢大长廊”及水田乡整乡推进等生态家园建设工程，要求不折不扣地贯彻落实好县委新农村生态家园建设整体规划部署，克服等、靠思想，拓宽思路，破解难题，全面推进工程建设，做到“三个确保”（确保工程按时完成，确保建成高质量、高标准工程，确保工程、人员、资金的全面安全），打造出具有革命老区特色的宜居生态家园。强调各乡镇要对照新农村建设实施方案和目标责任书，寻找差距，调整思路，加压进取，强势推进，全面完成今年新农村生态家园建设任务。

【龙进张顺民等调研指导罗布、旧城农业生产和林产业发展】

8月9日，县委书记龙进，县委副书记、县长张顺民，县委常委、常务副县长王维强，县委常委、县纪委书记任有恒，县委常委、组织部部长保卫华，县委常委、县委办主任郑维江，副县长左顺春等县委、县政府领导，深入罗布、旧城对农业生产和林产业发展进行调研。龙进、张顺民一行先后深入罗布乡簸火村岩背村民小组、锦昌生物科技有限公司、旧城马安村“水稻高产创建示范样板”区、旧城镇旧城村委会农村书屋、旧城敬老院等地查看，并提出具体要求。在锦昌生物科技有限公司召开现场办公会，当即安排成立以县委常委、县纪委书记任有恒为组长，副县长赵祖辉为副组长的林产业发展领导小组，并落实相关领导责任，解决公司存在的困难。公司做出承诺。

【汤国乾等检查指导高田、罗布、双河广播电视村村通工程】 8月18日，县委常委、宣传部部长汤国乾，县政府副县长刘坤到高田、罗布、双河检查广播电视村村通工程实施情况。汤国乾、刘坤先后深入高田乡新华村，罗布乡顺河村、罗布村，双河乡偏岩村、半河村实地查看，要求村村通设备一定要用好，文化站要负责进行操作培训，要让该设备最大限度地发挥作用，为丰富农村文化生活、指导农业生产服务。

【汤国乾等检查指导旧城、罗布、双河“农家文化大院”建设】 8月20日，县委常委、宣传部部长汤国乾，副县长刘坤深入旧城、罗布、双河检查指导“农家文化大院”建设情况。先后深入旧城文化站、旧城村敬老院、旧城村农家书屋，罗布乡顺河村和双河乡偏岩、易朵寨农家书屋实地查看，就农家文化大院建设提出5点要求。一是进一步完善书屋的硬件设施，配备桌凳，为群众提供良好的学习环境；二是要强化图书管理，分类编号和规范摆放，方便群众借阅；三是加大宣传力度，营造文化氛围，提高群众学习知识的积极性；四是建章立制，加强管理，切实搞好图书的借阅登记，以防遗失；五是加强文化墙和宣传栏建设，及时宣传党的路线、方针、政策，展示民风民俗，反映民情民意。

【龙进等检查指导双河、扎西等乡镇新农村示范长廊建设】 8月27日，县委书记龙进在张顺民等县委班子在家领导、县人大常委会副主任杨应伦陪同下，深入双河、扎西、麟凤、庙沟、长安等乡镇检查新农村示范长廊建设工作，要求把握重点，强化督查，示范带动，确保进度和质量，整体推进工程建设。农家文化大院建设要充实图书种类和数量，做好归类整理和建档工作，不断满足群众的阅读需要；要把新农村建设和创先争优活动结合起来，充分发挥党员群众在建设农家文化大院、组织开展文化活动中的带头作用，组织好创作和演出活动，将农家文化大院建设成为农民群众开展文化活动的主要阵地，以积极向上的文化活动促进乡风文明。要求建设部门要积极配合乡镇，制定出一套符合实际的街道环境卫生管理办法，做到建、管、用并重，解决当前部分乡镇集镇卫生管理难问题，发挥好集镇在新农村建设中的文明建设引领作用。相关部门要主动加强沟通联系，立足长远，超前做好规划，具体指导到位，为新农村建设住房改造提供优质服务。对庙沟集镇建设，龙进要求做好4点工作。一是要做好规划。二是要加强公共建设用地储备，满足各项公共建设用地需求。三是要加大力度治理河堤。四是要加强集镇卫生整治。

【保卫华等在水田乡河坝村召开工作协调会】 9月1日，县委常委、组织部部长保卫华，县人大常委会副主任杨应伦，县政府副县长赵祖辉带领县民政、农业、扶贫、电信、人行等部门负责人到水田乡河坝村召开工作协调会，专题研究部署水田乡整乡推进工程建设中河坝村的基础设施建设。强调河坝村民房改造、乡村道路、水利建设、公共服务设施等基础设施建设，是为贫困群众谋利益、谋发展的大事，各部门要给予高度重视，要按照相关规划，切实加大扶持力度，积极支持河坝村加快基础设施建设，推进扶贫开发，帮助群众尽快脱贫致富。保卫华要求细化方案、尽快启动，突出重点，整合资源，以核心区为主，结合创先争优活动充分发挥各级干群的主观能动性。杨应伦就如何抓好整乡推进核心区、展示区、辐射区等工作作了强调，并要求各涉及帮建部门细化方案和签订帮建责任书。赵祖辉公布各帮建部门的具体帮建任务，并提出三点要求。

【龙进等调研指导扎西、水田、长安烤烟收购和集镇建设】 9月16日，县委书记龙进在县委常委、纪委书记任有恒，县委常委、组织部部长保卫华，县委常委，县委办主任郑维江等陪同下，深入扎西、水田、长安三个乡镇调研烤烟收购和集镇建设工作。在烤烟收购方面，龙进要求：一是要进一步统一思想认识，紧紧围绕目标任务，采取积极有效的措施，加大入户预检力度，确保烟叶纯度，提高烟叶收购质量，加快收购进度。二是要积极动员烟农成熟采摘、科学烘烤，尽量不让一片烟叶腐烂在田间地头、不让烟叶因烘烤不当损失在炉中，做到应采尽采、应烤尽烤、应收尽收，确保烟农增收。三是要加大堵截力度，严防死守，确保全县烟叶不外流，完成今年烤烟收购任务。在乡镇集镇建设方面，龙进指出：好的思路、好的机制比资金更重要，乡党委政府要有创新精神，要拓宽融资渠道，盘活土地、资金、国有资产等，同时高标准规划、高质量建设，在集镇建设上探索出一条好路子，加快集镇建设步伐。

【龙进张顺民检查指导城镇污水处理厂工程建设】 9月24日，县委书记龙进、县长张顺民等县领导检查城镇污水处理厂工程建设扫尾阶段情况。要求保证工程质量，加快工程进度，确保城镇污水处理厂按期建成投入使用。要严格对照扫尾工程工期表规定的时限，做细做实工程建设的每一项工作。强调工程建设要坚持“安全至上，质量第一”的建设理念，做到既保进度和质量又保工程建设安全。县建设局等部门要把好整个工程建设各环节的质量关；施工单位要采取措施切实加快设备安装的进度，保证按期调试、按期投入使用。

【龙进吕磊等视察调研麟凤乡移民等项工作】 10月10日，县委书记龙进，县委副书记、代理县长吕磊，在县委副书记姚勇，县委常委、常务副县长王维强，县委常委、县纪委书记任有恒，县委常委、组织部部长保卫华，县委常委、县委办主任郑维江，县政府副调研员江旭林及县直相关部门负责人陪同下，深入麟凤乡视察调研移民工作、项目建设和工业旅游小集镇建设。强调煤电一体化项目建设已进入关键时期，各级各部门、项目业主及相关涉建单位要统一思想、坚定信心，认真总结项目建设前阶段的工作，分析项目建设中存在的困难和问题，进一步完善协调联系机制，既要明确职责、各司其职，又要进一步增强协同配合意识，切实做到少指责、多沟通，少埋怨、多理解，少拆台、多补台，少争论、多落实，正确处理好时间进度和工程质量的关系，处理好政府、企业与群众三者之间的利益关系，处理好政府服务与企业管理的关系，形成强大合力，坚定信心，共同推进项目建设进程；要提高认识、明确目标，强化责任落实，进一步明确目标任务，不断完善责任机制，在工作中要做到公开、公平、公正、透明，对群众的合理诉求，要依法予以解决，对不合理的诉求，要教育引导，切实做好社会稳定维护工作；要切实做好移民安置和就业及发展等工作，切实保障搬迁群众的利益；要抓实工业旅游小集镇打造工作，在服务群众和为项目建设提供好后勤保障的基础上进一步提升发展水平；要不断强化对煤电一体化项目工程的领导，强势推进工程建设，确保各项目标任务的完成。在现场，龙进还嘱咐县建设局和国土局的领导，要帮助麟凤做好土地储备和规划建设管理等相关工作，尽最大努力支持好煤电一体化项目建设和工业旅游小集镇建设，为搬迁群众乃至麟凤人民创造一个良好的生产生活和创业发展的环境。

【龙进等检查指导罗布乡人口普查及集镇建设等工作】 11月1日，县委书记龙进，在县委常委、常务副县长王维强，县委常委、宣传部部长汤国乾，县委常委、县委办主任郑维江，副县长左顺春、李朝伟、赵祖辉、何国荣、刘坤及发改局、民政局、建设局、国土局、林业局、交通局、文体局、扶贫办等部门负责人陪同下，到罗布乡检查指导人口普查、集镇建设等工作。强调普查工作要注重每一个环节，考虑到每一个细节，各乡镇和县直部门要密切配合，加强宣传，普查工作不能敷衍了事，普查不能弄虚作假，普查数据一定要准确，普查档案一定要真实，普查信息采集一定要有效。勉励罗布香桂厂要做大做强，县委政府会大力支持。强调生产要安全，管理措施要到位。对罗布集镇建设提出更高要求，为打造国家级“生态集镇”更上新台阶。

【龙进吕磊等调研指导麟凤乡集镇建设和煤电项目建设】 11月27日，县委书记龙进，县委副书记、代理县长吕磊，在县委常委、常务副县长王维强，县委常委、县委办主任郑维江，副县长左顺春及有关部门负责人随同下，深入麟凤调研集镇建设和煤电项目建设。煤电一体化项目建设为麟凤乡集镇发展带来了前所未有的大好机遇，集镇建设得到了较快发展。随着消费面的扩大和消费水平的上升，集镇住房和文化娱乐、健体运动、饮水、交通等功能扩大建设迫在眉睫。强调集镇民居房屋建设要统一格调，体现整体效果，严禁破坏规划建设；积极协调处理好群众矛盾纠纷和热点难点问题；集镇功能建设和河道治理，乡党委政府要先入为主，加强配合，与煤电项目工程共建共荣，协调发展；积极盘活滞留地皮，科学规划，加快建设进度；县直相关部门要各司其职，主动配合，竭力支持麟凤集镇建设。要求县政府要及时与煤电公司建立起沟通机制，加强协调，做好后勤保障，为煤电工程建设和正常生产运营提供强有力保障；交管部门要建立相应的应对方案，削减交通压力，打造平安快捷通道，保障机械进场和耗煤供应；及时做好征地拆迁工作，建设大型储煤场，有效应对今后可能遇到的意外缺煤问题；煤电公司要制定相应的工作方案，加紧完善煤矿相关手续，确定煤源的范围和数量，加快建设进度，确保建成投产后正常供煤。煤电一体化项目工程建设已进入关键时刻，要按照县委政府的统一部署，举全县之力配合、支持项目建设。

【龙进等调研指导扎西镇社区建设情况和民生工作】 12月1日，县委书记龙进，在县委常委、组织部部长保卫华，县委常委、县委办主任郑维江，扎西镇、县公安局、民政局等相关负责人陪同下，深入海子、鱼洞社区，就社区建设情况和民生工作开展调研。指出社区是社会了解政府的一面窗口，是各项政策落实的前沿阵地，也是各项政策上传下达的重要载体，社区服务建设尤为重要。要求社区要以提高办事能力建设为主线，以“三有一化”和“四项制度”为切入点，以建设“五好”社区为标准，扎实有效地发挥好服务功能、自治功能、维稳功能、文明促进功能“四大功能”；工作重心要下移，多走动，让社区群众喊得应干部，看得见工作实效；要结合社区实际建出特色，创优质高效服务。社区干部要有耐心和奉献精神，要在“四大功能”上下工夫，除了要做好常规的工作，还要在工作方式上不断创新求变，要在各种资源的整合上出新招，以适应新形势下的社区工作；要积极动员离退休干部、广大群众参与管理，既可以扩大管理面，又可以提升居民自治能力；要多与社区派出所和辖区单位加强横向和纵向联系，既做到资源共享，又强化社区维稳功能；要在已有条件的基础上不断优化环境，在学习、娱乐、健身等方面营造良好的氛围，搞好便民服务，引导群众健康向上，努力构建和谐文明社区；对社区困难群众和孤残老人、儿童，社区干部要通过“帮、问、看”，了解他们的疾苦，利用优抚政策给予他们更多的帮助，做好各种服务，尽量为他们脱贫出谋划策。龙进强调，各社区建设要朝“服务主体多元、服务功能完善、社区环境优美、社区居民和谐共融的新型社区”方向努力，扎实有效做好民生工作，热情周到做好群众服务工作，为构建平安和谐威信作贡献。

【姚勇调研指导水田乡整乡推进项目建设】 12月9日，县委副书记姚勇带领县扶贫办、建设局、农业局、文体局等部门负责人，深入水田乡调研整乡推进项目建设。在垮子苗寨，姚勇要求县文体局、民族宗教局要着重挖掘苗族传统文化，要把展现苗族婚姻习俗、传统服饰、手工艺等苗族文化元素作为重要内容，切实做好民族风情旅游开发的基础性工作；要把垮子的房屋改造和公路沿线的生态文明家园建设区别开来，必须坚持“修旧如旧”的原则，重点立足于保护和展示垮子苗寨古朴、厚重的苗族文化；建设局、文体局等职能部门要切实做好开发与保护并重的中长期规划，农业局、林业局、畜牧局等部门结合垮子的实际，做好香桂、本地大种土鸡等生态产业项目的规划落实，为垮子苗寨的建设和发展提供产业支撑。在花房子会议会址，强调建设局、旅游局、文体局等部门要根据同济大学提供的规划设计和2008年县政府关于花房子景区建设的批复拟定具体方案，及时完成文化广场、管理用房和厕所的建设，做好景区范围的绿化、美化工程。下午，姚勇在水田乡整乡推进办公室主持召开办公会议，听取水田乡整乡推进项目建设前期工作和后期规划情况汇报。强调通过这次调研后，建设局要及时牵头做好花房子景区和垮子苗寨建设规划；水田乡在引进龙头企业培植香桂、“乌金猪”等产业时，要建立健全风险防御机制，保证农民群众的经济利益不受损失；各涉建部门要切实按照县委、县政府整体安排部署，采取有力措施加快工程建设进度，确保在明年5月底前全面完成核心区各项规划项目建设。

表彰先进

【表彰全县深化集体林权制度主体改革工作先进集体和先进个人】 2010年2月6日，县委、县政府表彰全县深化集体林权制度主体改革工作先进集体和先进个人。

一、先进集体（30个）：县委办公室，县政府办公室，县委政法委，县财政局，县司法局，县档案局，县广播电视局，县法院，县信用联社，扎西镇小坝村党总支、村委会，扎西镇石龙村党总支、村委会，扎西镇龙里村党总支、村委会，水田乡水田村党总支、村委会，双河乡党委、政府，双河乡茨竹坝村党总支、村委会，高田乡高田村党总支、村委会，高田乡马家村党总支、村委会，罗布乡党委、政府，罗布乡青龙村党总支、村委会，罗布乡簸箕村党总支、村委会，旧城镇旧城村党总支、村委会，旧城镇文兴村党总支、村委会，三桃乡鱼洞村党总支、村委会，三桃乡斑竹村党总支、村委会，麟凤乡党委、政府，麟凤乡龙塘村党总支、村委会，长安乡党委、政府，长安乡天坪村党总支、村委会，庙沟乡党委、政府，庙沟乡马河村党总支、村委会。

二、先进个人（100名）：邵涛、鲁聪、王胤聪、谢联友、吴太辉、陈勇（县委政法委）、张宗万、张佐红、余廷钢、王绍雷、卓家勇、刘雪晴、周松梅、刘祖义、余腾淮、周斌、龚斌、陈懋宽、郭强、马启晏、宗大禹、张维谦、雷洪静、牟延禄、刘大双、刘晓、朱志刚、朱梅、宗琳、肖燕英、谢先群、石绍聪、曹阜然、范孝忠、张丽、罗海贵、肖世金、黄明富、潘杨中、王德光、唐大友、李文权、郑祖全、陈军、熊娟、郑方旭、陇良会、杨强、熊春华、韩军、晚国兴、马朝光、张如聪、程宗权、王永松、罗跃恩、陈茂奎、邹纯智、赵长忠、杨润桂、熊宗健、曹阜彪、韩登伦、王毅、张朝举、王宗强、张朝云、肖泽普、郑琼尧、刘腾刚、陈勇（旧城镇司法所）、万成江、张安全、范孝云、赵烈昭、杨明英、熊吉平、孔朝春、江先海、孙业松、王宗远、任家国、王靖、郑光雄、周清明、杨仕勇、王权、苟银武、潘桥先、李绍东、杨弄章、涂云聪、黄天帝、李健全、严斌、黄天棋、杨仕贵、余廷松、李申仁、王凤昌。

【表彰第三批新农村建设工作队先进集体和优秀个人】 3月1日，县委、县政府表彰第三批新农村建设工作队先进集体和优秀个人。

一、先进派出单位（7个）：县委组织部、县科技局、县环保局、县民政局、县文体局、县扶贫办、罗布乡党委政府。

二、优秀工作队队长（3名）：陈永国、陶祝军、李云飞。

三、优秀指导员（10名）：郑祖洪、范超、罗玉惠、万里刚、杨松、谢仕江、刘松、袁登才、肖秀贵、王远波。

【表彰2009年度全县综治维稳信访暨平安创建工作先进集体先进个人】 3月14日，县委、县政府表彰2009年度全县综治维稳信访暨平安创建工作先进集体先进个人。

一、综治维稳信访目标责任奖（10个）。一等奖（1个）：扎西镇党委政府；二等奖（2个）：双河乡党委政府、麟凤乡党委政府；三等奖（7个）：水田乡党委政府、高田乡党委政府、罗布乡党委政府、旧城镇党委政府、三桃乡党委政府、长安乡党委政府、庙沟乡党委政府。

二、综治维稳暨平安创建工作先进集体（12个）：县委政府信访局、县检察院、县民政局、县教育局、县工商局、团县委、扎西派出所、罗布派出所、麟凤法庭、麟凤司法所、扎西镇麒麟社区、扎西小学。

三、综治维稳暨平安创建工作先进个人（41名）：潘先杰、魏发兴、解贵华、王家强、吴开富、林勇、马太华、江奎、余修甫、潘先振、曹安武、戴洪刚、李祖军、郑绍苍、廖绍伦、骆金成、龚发刚、宗德波、王华春、余佑武、秦芸、付方、黄勇、王永夫、周道斌、郑绍云、杨强、乐发权、陈啸澜、邓德华、赵申柱、杨章龙、黄天军、陈勇、牟庭栋、江先海、季大钧、曹昌敏、刘富、刘相勤、张启尧。

四、反邪防邪工作先进集体（2个）：县公安局国保大队、高田派出所。

五、反邪防邪工作先进个人（2名）：刘均、田应书。

六、信访工作先进集体（5

个）：县经贸局、县国土资源局、县建设局、县交通局、县林业局。

七、信访工作先进个人（10名）：王玲、陈功书、程泉清、罗安朝、李再权、刘跃聪、袁方芳、范占高、田贵忠、黄赞伦。

八、见义勇为先进个人（6名）：陈功友、段定武、王禄超、黄启云、张大昌、尤传兴。

【兑现2009年度党建工作责任制奖】 5月11日，县委兑现2009年度党建工作责任制奖。一等奖（3个）：麟凤乡党委、三桃乡党委、扎西镇党委。二等奖（5个）：长安乡党委、县直机关工委、罗布乡党委、高田乡党委、庙沟乡党委。三等奖（3个）：水田乡党委、旧城镇党委、双河乡党委。

【表彰2010年度林业工作先进集体和先进个人】 12月29日，县委、县政府表彰2010年度林业工作先进集体和先进个人。

一、先进集体（15个）：扎西镇党委政府、高田乡党委政府、旧城镇党委政府、扎西镇林业站、双河乡林业站、三桃乡林业站、麟凤乡林业站、长安乡林业站、庙沟乡林业站、罗布中心校、扎西镇小坝村委会、水田乡水田村委会、高田乡鸽城村委会、高田乡新华村委会、旧城镇松林村委会。

二、先进个人（30名）：李文权、曹阜琴、邓尚举、雷健、陈泽富、杨天智、王永松、陈光权、刘琼、陶明镜、杜廷才、陈茂胜、胡纯江、吴兴奎、陈吉村、常贵银、陈其勇、江家增、李朝团、杨仕贵、覃宇、施永晏、林正勇、陶余强、龚向宇、罗力、张廷财、毛臣武、赵伦富、周金江。

（县委办公室）

纪检监察

【机构人员】 2010年县纪律检查委员会书记1名：任有恒；副书记2名：谢刚、王旭东；常委3名：卢德、刘树远（3月起）、王玲（3月起，正科级纪检监察员）。县纪委、监察局有内设机构7个，即办公室、信访室、纪检监察室、案件审理室、党风廉政建设室、执法监察室、干部教育管理室，共有工作人员16名。

【党风廉政建设责任制落实】 2010年，坚持“一岗双责”，全面实行县级领导挂钩联系乡镇、县直部门和乡镇党委成员挂钩联系基层党支部党风廉政制度，并根据领导班子的变动及时调整联系分工。制定《威信县2010年党风廉政建设和反腐败工作任务分解》和《威信县2010年党风廉政建设责任书》，将党风廉政建设工作任务、目标要求逐项细化，层层分解。全年全县各级各部门共签订目标责任书360余份，形成上下贯通、左右联动、横向到边、纵向到底的全方位目标管理体系。年初，安排15万元资金对全县10个乡镇、52个县直部门2009年度推进惩防体系建设和党风廉政建设责任制考核情况进行奖励，对考核为基本合格的3个单位进行责任追究。7月中旬组织8个检查考核组对全县2010年上半年推进惩防体系建设和落实党风廉政建设责任制情况进行检查考核。大力推进农村基层党风廉政建设，全面实行“村财乡管村用”、“乡财县管乡用”等财务制度和村“两委”班子廉政承诺制，把廉政承诺、述职述廉等制度拓展到全县农村基层组织，开展乡镇干部勤廉双述81人次，民主评议基层站所116个，立案查处农村党员干部违纪违法案件1件，切实做到廉政教育覆盖到村，廉政领域拓展到村，廉政文化辐射到村，廉政监督进驻到村，责任追究到村。11月29日召开2010年度推进惩防体系建设暨落实党风廉政建设责任制考核动员大会，县委常委、县纪委书记任有恒全面部署考核工作。

【行政监察】 2010年，紧紧围绕中央和省、市、县委重大决策部署落实开展“十大督查”。一是围绕抗旱救灾促春耕工作开展督查，重点对今年的抗旱救灾促春耕工作及救灾救助资金物资管理使用情况进行专项检查，确保市委、市政府抗旱救灾“三个不让”目标实现。二是围绕扩大内需促进经济增长政策落实开展督查，对全县辖区内101个中央扩大内需建设项目进行监管检查，涉及总投资35 272.91万元，其中县级配套2 761.415万元，已配套到位3 847.765万元，到位率139.3%；已开工54个，开工率53.5%；已完成投资24 928万元，占计划投资的71%。项目进展情况较好，未出现违规使用资金行为。三是围绕工程建设领域突出问题专项治理情况开展督查，共排查工程项目196个，涉及总资金83 465.27万元，督促整改问题8个，其中履行监理责任不到位的项目3个，安全生产责任落实不到位的项目5个。督促相关部门签订重点工程建设廉政合同42份，纠正造价严重超标工程建设项目1件。四是围绕强农惠农政策落实情况开展督查，重点对各项政策补助资金（包含良种补贴、农资综合补贴、农机具补贴、家电下乡补贴等各类补贴资金）兑现情况监督检查，确保了良种补贴601.1万元、农机具购置补贴50万元、农资综合补贴2 332万元、家电下乡补贴624.8万元、烟农补贴696.5万元及时兑现落实到位，查处侵吞、冒领、私分五保、低保资金案件1件1人。五是围绕干部作风转变开展监督检查，主要以建设法治政府、责任政府、阳光政府和效能政府为目标，以落实法治政府等“十六项”制度为抓手，以转变机关作风、提高行政效能、提升机关形象为突破口，查找廉政风险点174个，确定关键岗位101个，确定重点环节129个，制定监督防范措施296条，对窗口服务行业和重点部门进行定期不定期明察暗访，对不作为、乱作为等行为严肃问责，共实施行政问责12人，其中乡科级9人；督促各部门发布公示信息74条，通报信息88条，听证公告18个，解答在线提问19个，电话提醒到期部门99次，对严重超期的两部门操作员进行了问责。六是围绕政府采购政策落实情况开展督查，参与集中询价采购活动5项，涉及资金870万，查处未落实政府采购政策擅自购买办公用品行为的案件1件1人。七是围绕安全生产落实情况开展督查，参与安全责任事故的调查处理6起，追究相关责任人8人，其中乡科级领导7人。八是围绕整治选人用人不正之风开展督查，重点对村“两委”换届工作进行监督检查，调查核实村“两委”换届选举信访举报6件；严格审查公开选拔副科级领导干部资格107人，取消不符合报考条件考生9名。九是围绕部门责任是否到位开展督查，重点对新农村生态文明家园、整乡推进等新农村建设进行督促检查，对涉及生态文明家园建设中存在的宣传不到位、建筑材料质量差等问题进行了督促整改，对资金使用不合理的工程及时进行了叫停。十是围绕县委、县政府的阶段性重点工作开展督查，重点对人口与计划生育工作进行半年和年度检查考核，对全国第六次人口普查工作进行全程督促检查，对特岗教师招聘、高考、中考、烤烟收购、冬季征兵等各项重点工作进行全程监督，确保政令畅通。

【党风廉政宣传教育】 2010年，始终坚持不断完善“大宣教”格局，在提高教育的针对性和有效性上下工夫，在探索教育方式方法的改革创新上出新招，不断筑牢党员干部拒腐防变的思想道德防线，增强反腐倡廉的自觉性，重点推进两项工作。一是以领导干部教育为重点，扎实开展了“六个一”反腐倡廉教育活动。即：（1）开展一个主题教育活动。以开展创先争优活动为主题，深入开展党的基本理论、基本路线、基本纲领、基本经验教育和理想信念、法律纪律、岗位廉政、优良传统、警示教育，打牢廉洁从政的思想政治基础，树立和宣传一批廉政勤政的先进典型，切实增强了反腐倡廉的决心和信心。（2）举办一期廉政培训班。以县委党校为阵地，对乡科级干部和村“两委”干部分别进行集中反腐倡廉专题培训。（3）开展一次巡回辅导。以学习贯彻《廉政准则》为切入点，由县委巡视组对各乡镇、派出纪工委监察分局对所辖、联系单位、部门进行巡回学习《廉政准则》辅导。（4）开展一次知识测试。以《廉政准则》和相关廉政知识为主要内容，适时组织党员干部进行廉政知识测试。（5）开展一次廉政谈话。由县纪委主要领导对新任乡科级领导干部讲一堂廉政党课或作一次反腐倡廉形势报告，并对其进行任前廉政谈话。（6）召开一次专题民主生活会。把反腐倡廉内容作为民主生活会主要内容，组织各党委（党组）认真开了年度专题民主生活会。二是以创新廉政教育为载体，打造了“十个一”平台。即：（1）建立一个革命传统教育基地。按照教育工作方式方法必须与时俱进、开拓创新的要求，依托扎西会议会址、水田花房子红军营地、扎西红军烈士陵园等红色资源，建立革命传统教育基地。（2）建立一条廉政文化街。采取图文并茂的形式，利用县城主干道设立的廉政文化灯箱和扎西广场安装的露天大型影视播放屏，滚动播出廉政文化公益广告图片。(3) 建立一批廉政宣传墙。充分利用扎西县城视野比较开阔的单位围墙作为廉政展示平台，将古今中外关于反腐倡廉的格言、名言警句、图画等向社会展示。(4) 建立一条廉政文化宣传长廊。充分利用红色旅游线路，以图画、格言等形式宣传廉政文化和文明乡风。(5) 建立一批廉政文化宣传牌。选取新农村生态文明家园建设路线和各乡镇主干道路段以及村（居）委会办公楼，以宣传牌的形式宣传廉洁党风和文明村风。(6) 建立一个廉政文化活动室（图书角）。在全县各村（居）委建立廉政文化活动室（图书角），定置一套廉政书籍和宣传片，定期组织党员开展各项廉政文化活动。(7) 建立一批廉政文化活动大院。利用有条件的村民小组农户，以开展传唱红色歌曲、廉政歌曲以及讲廉政故事等为主要内容的廉政文化活动。(8) 建立一个廉政短信平台。利用中国移动、电信、联通“企信通”业务平台，创建全县廉政短信平台，在重大活动期间或节假日期间向全县党员领导干部发送廉政短信。(9) 建立一个廉政教育网络。利用党员干部现代远程教育终端，组织全县广大党员干部观看党风廉政建设相关内容，对广大党员领导干部进行廉政教育。(10) 组织一次廉政文化下乡活动。将廉政文化融入县委、县政府举办的“百场演出进百村”文艺下乡活动，以群众喜闻乐见的形式将廉政文化形象生动地传达到村。

4月8日县委巡视组对扎西镇新当选的村官、社区干部以及镇干部进行廉政勤政教育，拉开巡回各乡镇开展廉政勤政教育的序幕。11月10日，县委、人大、政府、政协在家领导以及各乡镇党政负责人、县直各单位实职副科级以上党员领导参加了全县干部警示教育大会，县委常委、县纪委书记任有恒组织学习中纪委、中组部印发的《坚决刹住用人上的不正之风——关于12起违规违纪用人典型案件的通报》。

【制度建设】 2010年，始终坚持把制度建设作为增强反腐倡廉约束力的关键环节来抓，积极督促各级各部门严格执行领导干部重大事项报告、述职述廉、谈话等廉洁自律制度。同时，按照“坚持、完善、废止”的要求，对现有的反腐倡廉制度进行全面的清理和审查，对不适应反腐倡廉形势需要又缺乏针对性、有效性的制度进行废止，对过于笼统、缺乏可操性的制度进行修订完善。针对腐败现象易发多发的关键岗位和重点环节，重点抓三个方面的反腐倡廉制度建设。一是围绕组织人事、工程建设、土地出让、产权交易、医药购销、政府采购、资源开发、国企监管、财政管理、政府投资等重点领域和关键环节，制定完善《县委全委会民主推荐提名乡科级党政正职干部初始人选暂行办法》、《推荐优秀干部暂行办法》、《规范县管干部任免职谈话和宣布到任工作意见》、《干部监督工作联系制度》、《党政机关厉行节约若干规定》、《行政事业单位国有资产处置暂行办法》、《国家机关和事业单位差旅费管理办法》、《行政机关推行效能政府四项制度实施办法》、《重大决策听证重要事项公示重点工作通报》等制度。二是围绕土地征用、房屋拆迁、企业重组改制和破产、教育医疗收费、环境保护、食品药品安全、安全生产、社保基金、新农保基金、住房公积金管理等重点领域和关键环节，制定完善《纠风工作实施意见》、《村民一事一议筹劳和以资代劳限额标准》、《被征用土地农民养老保障暂行办法》、《加强医德医风建设　提升医疗质量和服务水平实施意见》、《中小学财务管理办法》、《整治违法排污企业　保障群众健康环保专项行动实施方案》、《鼓励外商投资若干优惠政策规定》等制度。三是围绕领导班子自身建设、监督制约和领导干部廉洁从政、转变作风等重点领域和关键环节，制定完善《县级领导干部联系制度》、《领导班子交心谈心制度》、《严禁领导干部驾驶公车若干规定》、《党政机关厉行节约若干规定》、《乡科级领导干部考勤和外出报告制度》、《严禁党员、干部和国家公职人员借婚丧喜庆等事宜大操大办的暂行规定》、《领导干部职述廉述学制度》、《干部职工学习培训制度》、《威信县督查问责追究制度》、《重要工作事项报告制度》、《阳光政府四项制度网站信息发布员工作制度》、《领导班子和领导干部综合考核评价办法》、《乡科级领导干部和领导干部年度考核办法》、《党建工作责任制考核办法》等制度。

【完善民主监督】 2010年，严格执行党委全委会和常委会议事制度、决策程序和票决制度，加强对贯彻执行民主集中制情况的监督检查，反对和防止个人或少数人专断。加大信息公开监督检查力度，督促各部门进一步深化政务、厂务、村务公开，全面推行党务公开。完善机制，支持和保证人大、政府专门监督机构、群众舆论、新闻媒体的监督，确保权力在阳光下运行。严格落实“三谈两述”制度，纪委负责人对下级党政主要领导谈话58人次，落实领导干部任前廉政谈话37人次，对乡科级领导实施诫勉谈话3人次。审核党员、干部职工操办婚丧喜庆事宜80件，纠正国家公职人员违规操办婚丧喜庆4件。

【纠风治乱】 2010年，始终坚持“纠建并举、综合治理”的方针，深入推进了政风行风建设。一是深入推进纠风治乱工作。会同人事等部门，督促8个用人单位缴纳农民工保证金16.9万元，责令10户用人单位为670名农民工购买工伤保险，补签劳动合同730份，查处用人单位拖欠农民工工资案件3件，为212名农民工追讨被拖欠工资83万元。强化对治理教育乱收费、医药购销和医疗服务中的不正之风、涉农收费、公路“三乱”等方面的专项检查，协调省公路管理段调查处理超限运输临时卸载点乱罚款1件。加强对“两污”处理工程等重点工程建设的监管，参与征地拆迁、“两房”建设等民生工程的监督，有效维护群众利益。二是深入推进政风行风评议活动。依据省、市纠风工作意见，制定《威信县政风行风评议实施方案》，聘请政治素质好、参政议政能力强、熟悉评议业务、敢于和善于评议的人大代表、政协委员、新闻媒体工作者以及企业职工、村组社区居民代表共9人组成评议工作组，历时2个月，对全县31个政府部门的政风行风建设情况进行了民主评议，共征求意见建议350条，涉及31方面，督促建立完善各项规章制度93项。11月11日召开政风行风评议总结大会，对2010年度政风行风建设工作取得较好成绩的公安局、民政局等9个部门进行表彰，县教育局、国土局、卫生局3个被评议为不合格的部门督促其整改。

【源头治腐】 2010年，会同有关部门积极推进行政审批制度、财政管理制度、政府投资制度、干部人事制度等改革。行政审批制度改革上，将现有的348项行政审批项目进行集中清理，取消和调整165项行政审批项目，取消和调整项目达原有项目的43%。全面推行“一站式”服务，有效缩短项目的落地时间；在财政管理体制改革上，继续规范“收支两条线”管理，进一步强化政府财政资金支出管理。加大对政府非税收入的管理力度，积极开展“小金库”清理回头看和规范津补贴政策落实自查自纠工作，坚决杜绝私设“小金库”和“坐收坐支”现象的发生；在干部人事制度改革上，对拟提拔任职的乡科级干部进行廉政审查；以贯彻落实《政府信息公开条例》为契机，全面实行阳光政府四项制度，着力推进党务、政务、厂务和村务公开工作。

【案件查办】 2010年，充分发挥查办案件的治本功能，加大对违反党纪、诬告乱告、公职人员超生等案件查处力度。全年共收到上级交办的信访件58件，全县纪检监察机关共受理检举控告信访举报127件，初步核实22件，其中转立案12件，信访了结10件。立案并查结26件，给予党政纪处分31人。党纪处分21人（其中开除党籍16人），政纪处分14人（其中开除公职3人）。特别是严肃查处了林业局原党组书记、局长马启志和林业局原党组成员、森林公安分局局长胡聪林受贿案，水务局原副主任科员桂永强行贿案，旧城镇天蓬村原党总支书记、主任杨先风虚报冒领低保金、已故五保老人供养金及截留五保老人供养金案等典型案件，较好发挥了查办案件的治本功能。同时，坚持以人为本、宽严相济，对一般性自律不严和轻微违纪问题的领导干部进行诫勉谈话，为7名举报失实的人员澄清了是非，保护了党员干部干事创业的积极性。加强案件管理、案件审理和处分执行情况的监督检查，有力维护了党纪政纪的严肃性和权威性。

【纪检监察队伍建设】 2010年，全面贯彻落实中纪发〔2009〕9号、10号文件精神，县委及时调整反腐倡廉协调领导小组，将县纪委监察局人员、公用经费和纪检监察事务费全额纳入财政预算，县纪委常委、乡镇纪委书记按正科级配备。进一步完善派出机构的统一管理工作，选派5名纪检监察干部参加省、市纪委组织的业务培训。严格落实纪检监察干部“五严守、五禁止”要求，切实加强对纪检监察干部的日常监督。按照省、市纪委部署要求，制订下发《关于在全县纪检监察系统中深入开展创先争优活动实施方案》、《威信县纪检监察系统关于在创先争优活动中深入学习刀会祥同志先进事迹活动实施方案》和《威信县纪检监察系统关于学习黄通富同志先进事迹的通知》，成立了纪检监察系统创先争优活动领导小组和办公室，并于5月15日率先在全县启动创先争优活动，县委常委、县纪委书记任有恒到会并作讲话。动员部署会上，把参加范围扩大到单位的非党干部职工，扩大开展创先争优活动的知晓面和影响力，确保全县纪检监察系统21个纪检监察组织51名纪检监察干部职工全部参加动员部署，做到基层组织1个不漏、纪检监察干部职工1个不漏，达到全员覆盖。截至12月共召开动员会议3次、集中各类学习5次、参加学习党员50人、编发工作简报8期、组织专题讲座3次、开展学习讨论5次、开展集体活动2次，深入挂钩扶贫点开调研1次，深入10个乡镇检查指导学习活动各1次，上报创先争优活动简报5期，撰写读书笔记300余篇，学习交流材料11篇，撰写调研报告10篇，民情日记500余篇，向主管部门提意见建议40余条。落实资金12余万元，为全县10乡镇解决10台电脑、10台照相机等办公设备，切实解决乡镇纪委办公办案难问题。

10月15日县纪委召开全县纪检监察干部职工大会，组织全县10个乡镇纪委书记、2个县直部门纪委和5个派出纪工委书记对任职以来的工作进行述职。

【县纪委十一届五次全会】 3月15日，县纪委十一届五次全会在县城扎西召开。全会传达学习中央、省、市纪委全会精神，认真总结全县2009年的党风廉政建设和反腐败工作，部署2010年任务。县委书记龙进出席会议并作讲话。县委常委、县纪委书记任有恒代表县纪委常委会作题为《以党的十七届四中全会精神为指导　全面推进党风廉政建设和反腐败斗争深入开展》的工作报告。

【挂钩扶贫】 1月26日，县纪委监察局开展访贫问苦送温暖活动。县委常委、县纪委书记任有恒带领机关各室主任将职工捐赠的2 000元现金和单位出资购买的50千克菜油、230千克糖、350千克大米等生活物资送到挂钩扶贫点双河乡楠木村困难群众手中。年内协调资金12万元，帮助解决双河乡楠木村村公所建设；向相关部门争取11.7万元，动员群众筹资30.4万元，完成楠木村19.3千米的连户路建设，解决群众“行路难”问题；向水利部门争取12万元，为楠木村3个村民小组近1 000人解决“饮水难”问题；与电力部门协调，解决楠木村3个村民小组800人的“用电难”问题；协调资金对楠木村“两委”办公楼进行修缮，购置办公设备，改善办公条件；与农业等部门协调，扶持该村雪莲果产业50余亩，引种红花种植7亩，生态家园建设94户，解决扶贫村“产业难”问题。

（县纪委办公室　刘树远）

组织建设

【机构人员】 2010年，县委组织部内设办公室、干部股、组织股、干部教育股、干部监督股、人才规划股、农村党员现代远程教育办公室。共有在职工作人员22人，其中干部20人、工人2人。

【全县党组织概况】 2010年，全县共有基层党委10个，县直工委1个，政府工作部门党委2个，党组19个，党总支114个（其中建制村党总支83个，社区党总支4个），党支部764个（其中建制村党支部456个，有5个为村辖区企业党支部；社区党支部26个，有4个为“两新”组织党支部）。有党员11 778名，其中女党员1 674名、少数民族党员1 129名、农村党员9 770名、建制村党员7 587名、在岗职工党员3 396名。全年发展党员441名，14人被开除党籍。

【“创先争优”活动】 2010年，为巩固和拓展深入学习实践科学发展观活动成果，按照中央和省、市委的部署和要求，在全县各级党组织和共产党员中深入开展“创先争优”活动，着力建设领导班子好、党员队伍好、工作机制好、工作业绩好、群众反映好“五个好”基层党组织，着力造就带头学习提高、带头争创佳绩、带头服务群众、带头遵守纪律、带头弘扬正气“五带头”优秀共产党员，不断增强党组织的创造力凝聚力战斗力，为推动全县经济社会科学发展、追赶发展提供强大动力和组织保证。

【思想政治建设】 2010年，认真抓好各级党委中心组学习，坚持党支部“三会一课”制度，突出重点抓好党的十七大和十七届三中、四中全会以及省委八届七次、八次全会，市委二届七次、十次全会和县委十一届七次全会精神的学习，加强各级领导班子和干部队伍的理想信念教育、宗旨教育和作风教育。本着科学发展什么就培训什么、干部成长缺什么就补什么、党员需求什么就侧重什么的原则，扎实开展党员干部教育培训。党的十七届五中全会召开后，邀请省、市专家举办宏观经济形势分析、提升领导胜任力等专题讲座，办好新任村干部培训、农产品经纪人培训等10个主体培训班次，共培训干部24421人次；不断创新形式，通过政治理论、岗位技能、科技知识、学历培训“四位一体”的模式集中培训各级干部，采取集中辅导、流动党校、乡村夜校、送学上门等方式轮训全体党员。建立5类15个党员干部教育培训基地，研发《威信县干部教育管理系统》软件，使党员干部教育培训工作步入规范化、信息化建设轨道；新建电信模式终端接收站点13个，并建成全市第一个使用四川电信网络的云南远程教育接收点。在实践中探索“一推荐、一提醒、一通报、一约谈”制度，不断提高远程教育的服务和管理水平。依托LED显示屏开展“广场远教”，扩大远程教育覆盖面。

【领导班子和干部队伍建设】 2010年，坚持围绕科学发展选人用人，逐步完善干部选拔任用、考核评价、管理监督、激励保障机制，提高选人用人公信度。科学调整和合理搭配乡科级领导班子，年内新提拔任用乡科级干部65人，轮岗交流43人，改任非领导职务8人，班子结构进一步优化，整体功能不断提升；以“提高选人用人公信度示范县创建”活动为契机，对干部任用初始提名方式做了探索，通过公开推荐提名的方式，公选任用5名副科级领导干部，选拔任用1名村党总支书记担任乡镇领导干部。认真贯彻落实《关于进一步从严管理干部的意见》，切实加强领导干部的日常管理。对拟提拔的干部进行任前廉政教育谈话，签订廉政承诺书；对新提拔的干部先安排到重难点工作岗位进行实践锻炼；对关键岗位的干部，实行关口前移，抓早抓小，重点管理；不断加大干部选拔任用工作四项监督制度的执行力。通过开展干部“干部选拔任用工作法规宣传月”活动、“贯彻四项监督制度提高选人用人公信度”自我学习教育活动、违规违纪选人用人典型案例警示教育活动等，营造风清气正的选人用人环境。

【干部人事制度改革】 认真贯彻落实《党政领导干部选拔任用工作条例》和各项配套政策法规，坚持德才兼备、以德为先的用人标准，加强和改进干部德的考察，注重考察干部的政治品质和道德品行。进一步健全完善主体清晰、程序科学、责任明确的干部选拔任用推荐提名制度，促进干部选拔任用推荐提名工作科学化、规范化、制度化，下发《关于调整和充实乡科级后备干部队伍的通知》、《关于认真做好公开提名推荐副科级领导干部的通知》。探索实行县乡党政机关副职差额推荐、差额考察、差额酝酿制度。结合中央、省委和市委的要求，改进公开选拔方式，注重干部综合素质、工作实绩、基层领导工作经历和发展潜力。有计划地安排有发展潜力，但缺乏基层领导工作经历的机关干部到基层任职，组织经历单一的年轻干部到基层和复杂环境锻炼。注重从乡镇党政领导干部中选拔县级党政机关领导干部，注重选拔具有基层领导工作经历的优秀干部充实到各级党政机关。

【基层组织建设和党员队伍建设】 2010年，以创建基层党组织建设先进县为抓手，坚持抓基层、打基础不放松，大力推进各行业、各领域的基层党建工作，使基层党组织进一步增强功能、焕发活力。一是扎实抓好村级换届选举，选好带头人、换出新气象。在年内第四届村级换届选举中，共选举产生村“两委”干部637名，其中村党总支416人，村委会干部445人，每村都配备1名专职党务副书记；女干部81人，71个村“两委”班子中有女干部，占行政村总数的85.5%；55个村党总支书记、村委会主任“一肩挑”，占66.3%，“两委”成员交叉任职169人，占67.6%；在13个村推行“两推直选”试点。二是认真开展“共产党员抗旱先锋行动”，使受灾群众深切感受党的关怀和温暖。全县共计收到“共产党员抗旱救灾特别捐献”关爱资金154万余元，结成帮扶对子415个，组建抗旱先锋队87支。三是认真做好发展党员工作，全年发展党员441名，并采取“六种管理”模式分类抓好党员队伍建设，不断增强党员队伍生机与活力。四是真正重视、真情关怀、真心爱护基层党员干部。大幅度提高村级组织办公经费，年内，6 000人以下的村办公经费增至2万元，6 000人以上的村办公经费增至2.5万元，社区办公经费增至5万元。大幅度提高村（社区）干部待遇，村（社区）支书、主任基本补贴最高每月达1 500元。扶持农村党员发展农业特色产业，安排专项扶持资金50万元。开展“贫困党员关爱行动”，建立困难党员帮扶资金，坚持平时走访、节日慰问、生病看望、死亡悼念。提高原大队一级离职半脱产干部和村级退职干部定额生活补助，以实际行动温暖离任者、感动在职者。五是全面完成2009年度村级组织活动场所建设任务，在村级组织全面推行“四议两公开”工作法，使全县村级组织建好了阵地，健全了机制。六是按照“三有一化”要求，加快区域化党建创新，助推和谐社区建设。在4个社区设立党总支，将社区党总支下设9个党支部调整和增至26个，在108个楼道、小区、院落配备楼院门栋长。同时，启动海子、鱼洞2个社区办公用房和活动场所的选址新建工作。七是探索推进党内基层民主建设的途径和方法，扎实开展党代表大会任期制工作，在各级党组织中全面推行党务公开，在县直机关党组织中普遍推行“公推直选”，进一步激发党内民主，促进党内和谐。八是积极创新党的基层组织设置形式，不断扩大党的工作覆盖面。在具备条件的3个非公经济组织和2个新社会组织建立党支部，实现“双达标”工作要求。探索在旧城镇在4个地域相连、产业相近、基础较好的村组建2个村级联合党委，打破村与村之间行政区划的限制，实现村与村之间组织共建、资源整合、优势互补、互利共赢。与四川珙县携手共建，打破壁垒，创建党建联动区，建立全省第一个跨省联合党支部，以党建资源的整合促省际边界地区经济社会的融合，得到了省委组织部的肯定。九是认真做好新农村建设指导员和大学生“村官”的管理和服务工作，使这两支队伍成为新农村建设的骨干力量。

【人才工作】　2010年，整合县委党校、职教中心等各类培训资源，实施党员、干部、人才“素质提升工程”，按照各级干部强化能力建设、普通党员强化党性锻炼、乡土人才强化技术技能的思路，有计划、分步骤、全方位进行调训；通过重点对全县党政人才、企业经营管理人才、专业技术人才等9类人才队伍进行调研，掌握全县人才队伍现状，形成全县人才队伍现状调研报告；进一步做好大学生村官的管理服务工作，举办全县大学生村官培训班，对全县在岗的71名大学生村官进行培训，分别安排2008年、2009年选聘的大学生村官到县直单位进行顶岗锻炼，为大学生村官干事创业、成长成才铺路搭台。

【部门自身建设】　2010年，结合“创先争优”活动，“共产党员抗旱先锋行动”活动、万名组织部长下基层及党团员志愿者行动等活动，进一步加强部门自身建设。结合工作实际，组织部门干部职工深入走访调研，了解群众疾苦，倾听群众呼声，帮助群众解决实际困难，继续抓好每月一个调研周、建立一个党建联系点、开展一次谈心谈话、帮扶一名贫困群众、体验一周农民生活“五个一”主题实践活动，力促组工干部下基层，引导和推动广大组工干部在思想观念、素质能力、工作作风和工作方式上有新转变、新提高，带头讲党性、重品行、作表率，在全社会树立公道正派的良好形象。

（县委组织部　刘　涛）

宣传思想

【机构人员】　2010年，县委宣传部内设办公室、宣传股、理论股、县精神文明建设指导委员会办公室（正科级机构）、县文化产业办公室（正科级机构）、县委对外宣传领导小组办公室（正科级机构）。共有在职工作人员18人。

【理论武装】 2010年，县委继续把各级党委（党组）中心组学习纳入党建工作目标管理的重要考核内容，紧紧围绕不同时期的工作重点，严格制订方案，确定学习主题。做到每次学习确定一个主题，讲清一个问题，剖析一个案例，深化一个认识，解决一个问题，切实增强学习的针对性、实用性。创新学习载体，拓展学习内容，组织宣讲团根据不同层次需求对乡村干部进行理论宣讲，全年共组织开展宣讲125场，参听干部群众达1万多人次。向各级党委（党组）中心组学习成员推荐了《中国特色社会主义理论体系》、《社会主义核心价值体系读本》、《科学发展观学习读本》、《理论热点面对面》等优秀理论读物。制定和完善各级党组织中心组学习制度、党员培训制度、干部述学制度、个人自学制度等6项制度。分别在威信新闻网、电视台、电台、党建网开设学习栏目，刊载播放高质量文章，供广大干群学习借鉴。以开展专题讨论等形式进行学习交流，创新学习方式，强化深度交流，着力思想碰撞，形成解决问题的新思路。县委成立了学习型党组织建设小组办公室，各级党组织按照实施意见带头开展学习，带动学习型机关、学习型社会的创建，收到良好效果。全县各级干部群众“爱读书、读好书、善读书”的浓厚氛围逐步形成。

【舆论引导】 2010年，全力抓好全县两会、“辉煌2009”、“回眸十一五、展望十二五”、“创先争优在基层”、“第六次人口普查”、“麟凤煤电一体化项目实施”、“新农村建设”、“抗旱抗冰保民生”等重要会议、重大主题活动的宣传，把一个个火红的干事创业场面和红红火火的百姓生活展示在广大人民群众面前，切实提高新闻报道的吸引力、感召力和影响力。年内，威信电视台共播出新闻1 200条；威信人民广播电台共播出《威信新闻》130期、《一周新闻回顾》48期、《经典小故事》100期、《健康新生活》120期、《成长导航站》80期、《扎西文学》95期；威信新闻网共发布各类新闻信息1 000余条。加强对突发性事件的新闻引导。针对“6·30”沟头煤矿突发性事件，快速介入，及时发布信息，及时引导媒体和网络客观评判，有效回应了《中国消费日报》反映的扎西镇大地头村民小组“强行征地事件”，《云南日报内参》反映的“威信县出租车管理混乱事件”、“路霸横行，强收千元过路费，警察帮凶，天下公理今何在”，《领导参考》反映的“麟凤煤电一体化项目实施过程中武警打人”等事件，有力地促进矛盾的化解和有关问题的解决。

【精神文明创建】 2010年，精神文明创建和未成年人思想道德建设迈出了新步伐。注重以举办各种活动为载体，组织各行业深入学习《公民道德建设实施纲要》、“八荣八耻”、社会主义荣辱观等；广泛开展“价格诚信单位”评选活动，威信县四海电器商行获得云南省“价格诚信单位”荣誉称号；评选表彰“文明家庭”、“平安家庭”、“文明职工之家”；大力倡导爱国、敬老、诚信、友善、勤俭的道德风尚；组织全县各级干部职工参加“90后的好榜样铁飞燕先进事迹”和“杨善洲先进事迹”报告会，营造全县上下学先进、争先进的浓厚氛围；利用清明节、“五一”、“七一”等节日，组织各单位、学校到红军烈士陵园、水田花房子、庄子上会议会址接受革命传统教育，广大干部群众的理想信念得到进一步加强。紧紧抓住县委、县政府打造“一廊一带”新农村建设契机，进一步加强农村房屋改造和环境绿化、亮化、美化，组织家政和文明礼仪培训；加强文化建设，培植支柱产业，农村文明创建面不断扩大，创建水平明显提高。抓住申报市级文明单位的契机，组织召开全县文明创建推进会，对省、市、县文明单位进行评比考核，对存在的问题采取强有力的措施，加强整改，文明创建水平得到进一步提升。多管齐下，齐抓共管，未成年人思想道德建设迈出新步伐。一是组织开展做一个有道德的人主题班会活动，扎西小学获得全市三等奖。二是设置法制课程，聘请法制副校长抓实未成年人法制教育。三是加强对网吧、游戏室监管，加大文化市场整治，净化校园周边和社会环境。四是开展先进模范人物、优秀影视片进校园活动，在全县各学校巡回组织放映《青涩记忆》、《黑白记忆》、《五月的声音》等影片，在广大师生中产生强烈的反响。认真组织实施“西部送电脑”文化扶贫工程，向上级争取一批已安装了不良信息过滤软件的绿色电脑分发到部分学校和乡村，有效引导上绿色网，上文明网。

【文化事业】　2010年，理顺体制，深化改革，顺利完成“2131”放映队行政职能划转和清产、核资、交接工作；撤销文化稽查队，成立综合执法大队，规范职能，强化执法。公共文化基础设施建设得到加强，扎西烈士陵园二期工程、扎西会议纪念馆主体工程、扎西会议会址改扩建工程全面完成。举力实施文化惠民工程。成立红色扎西艺术团并深入开展百场演出进百村活动；出资40万元，建立20个农家文化大院和22个农家书屋，组织实施农村体育健身工程，农民读书难、看报难等问题得到了有效解决。加强对农村文化、社区文化和文学、艺术创作指导。着力打造精品，指导办好新扎西、扎西诗词等。由徐永弟作词作曲，柳青、武绍玲执导的舞蹈作品《收麦场上》赴北京参加第六届全国儿童艺术展演暨“魅力校园”六一晚会活动获金奖，《螃蟹乐》赴澳门参加全国少儿艺术电视展演获金奖。努力提升文化品位，邀请国家一级美术师祝焘等5位画家到威信采风创作，出版了《红色经典　水墨扎西》一书，全面展示了威信红色旅游、生态旅游资源。组织办好各地的苗族花山节，开展丰富多彩的广场文化，进一步提升城乡群众文艺活动质量。制定扎西会议纪念馆布展大纲，上报中宣部审批。积极向上级汇报，得到市委、市政府和市委宣传部的大力支持，于去年11月与全国著名剧作家张笑天签署了《扎西大转折》电影剧本写作协议。着力抓好电视网络村村通工程建设，全面完成市年初下达15 000户村村通任务，农村电视覆盖率达到95.2%。

【外宣工作】　2010年，通过整合资源，细化管理，进一步加强外宣工作力度。成立外宣办，落实具体责任，制定科学合理的考核办法，切实做到让外宣工作有人抓、有人管，有制度可循。突出主题，加强合作，邀请中央、省、市8家媒体到威信进行深度采访，先后在云南电视台、云南日报、都市时报、生活新报、春城晚报进行深度报道；在友好旅行社400张旅游车上打出“红色圣地、绿色家园”宣传广告。“红色圣地、绿色家园”的旅游品牌首次走出市门，得到有力推介。在昭通日报开辟专版，在昭通电视台、电台开办联播昭通栏目等全面推介威信。组织旅游文艺宣传队到四川、重庆、昆明等地参加各种旅游交易会，广泛开展对外文化交流，威信县对外形象得到了极大提升。精心策划，深入挖掘，《威信县破壁垒，强合作，珙威两地省际共建谋发展》、《威信农民工服务站——架设劳务增收的金桥》、《巧借东风好扬帆——威信县创先争优活动助推经济社会发展》等一批有影响的新闻稿件分别在《云南日报》、《云南网》、《昭通日报》等头版发表。全年全县被中央、省、市平面主流媒体采用稿件共687篇。被省电视台播出新闻15条、市电视台播出新闻280条。

【舆情信息】　2010年，将舆情信息工作纳入外宣办、文明办及各乡镇和各单位目标责任进行考核，加强调研，注重质量，充分调动各乡镇、各单位信息报送的积极性。全年共向市委宣传部报送信息75条，被市委宣传部采用22条，省委宣传部采用3条。组织专案组对李洪等人在网上发布《威信城管打死人》的贴子进行依法查处，有力地惩罚了造谣者，起到较好教育震慑作用。

【自身建设】　2010年，注重干部队伍综合素质的提高，始终把干部队伍自身建设放在重要位置。先后选派5名副科级以上领导干部和5名记者分别到中央、省、市相关学校以及电视台、电台、昭通日报社进行培训；深入开展三项学习教育活动，通过招考调人，补充了外宣办、威信电视台、威信人民广播电台差欠记者，宣传队伍自身建设得到明显加强。

（县委宣传部　晋其雄）

统一战线

【机构人员】　2010年，县委统战部机构内设办公室、工商对台股、民族宗教股。行政编制9人，工勤编制1人。实有人员8人。其中部长1人、副部长2人

（1人为民宗局局长兼），办公室主任、工商对台股长、民族宗教股长、工勤人员、办公室人员各1人。年内威信县统战工作获市委统战部评为统战工作目标责任制考核三等奖。全年编制统一战线信息27条，上报调研文章2篇。

【走访慰问统战人士】 1月22日春节前夕，县委统战部走访慰问统战人士谢仕贤（台胞）、宋时海等16人。

【学习培训和考察活动】 2月26日，县委统战部副部长张宗万参加在昆明市召开的全省对台工作会议和业务培训。7月16日，县委常委、县委政法委书记王国斌，县政府副县长左顺春在市委统战部统一组织下赴台湾参加经贸考察活动。

【全县统战工作会议】 4月27日召开全县统战工作会议，传达省委、市委统战部长会议精神，总结2009年全县统战工作，安排部署2010年工作任务。县四套班子联系和分管统战工作的领导出席会议，县直统战成员单位、各乡镇党委专职副书记、乡镇统战委员、扎西镇4个社区的党支部书记、社会各界人士共55人参加会议。

【民族工作】 2010年，组织开展苗族古歌抢救、保护、收集工作，共收集、整理苗族古歌100余首。启动县境内的彝族语言抢救项目，拟定《彝族口头非物质文化遗产抢救、保护与利用实施意见和方案》报县政府，落实领导班子和具体工作人员，确定以水田乡香树村河底彝族聚居区为重点工作区。对民族民间艺人进行调查统计，掌握他们的基本情况，春节期间还专门组织人员对他们进行慰问。推荐苗族女青年熊玲参加“云南少数民族酒歌”大赛，获得第二名。组团参加昭通市第二届少数民族传统体育运动会，取得5金5银8铜的好成绩。

【宗教工作】 2010年，在县委党校举办全县乡镇、村总支书记、主任干部培训班2期共125人，县分管联系领导和县民宗局局长在会上作宗教政策法规宣讲。6月2日，威信县批准开放的合法宗教场所扎西镇云海寺、扎西镇净心寺积极响应中国佛教协会的倡议，为青海玉树地震遇难同胞举行超度祈福法会。8月30日，扎西镇净心寺管理组长杨洪芳（法名释香印）通过中国红十会为甘肃舟曲县泥石流灾区捐款1万元。

【非公经济】 2010年全县共有注册非公有制经济组织4 177户（其中私营企业279户，个体工商户3 898户），注册资金72 204万元，从业人员16 554人，涉及农业、电业、化工、矿产、食品、建材、建筑、商贸、文化、娱乐、运输等行业。8月18日组织非公经济人士参加市委统战部举办的昭通市宏联杯“统一战线促发展、建和谐”演讲比赛，获组织奖。9月20日推荐非公经济党组织3名优秀支部书记参加市非公经济党工委举办的培训班培训。年内建立落实县委统战部、县工商联领导挂钩联系非公有制企业制度。

（县委统战部 陈天武）

政策研究

【机构人员】 2010年，县委政策研究室内设办公室、县委农村工作领导小组办公室、县委新农村建设工作队领导小组办公室、县社会主义新农村建设领导小组办公室，共有在职在编人员6人（均为中共党员），其中大学2人、大专3人、中专1人、初中1人。另外从相关部门和乡镇抽调了5名干部到本单位帮助工作。

【新农村建设】 2010年，针对过去几年社会主义新农村建设在实施过程中存在的布点分散、投入不足、建设水平低、亮点不突出、示范带动作用不明显、重复建设现象不同程度存在等问题，在深入调查研究、反复讨论，深化认识、统一思想的基础上，重新调整确定“收缩战线，加大投入，集中示范，打造亮点”的工作思路，把生态文明家园建设作为新农村建设的主题，以房屋改造为重点，统一风格特色，统一技术标准，统一培训施工人员，强化技术指导，集中打造谢大公路长廊，实施水田整乡推进，同步推进水田、双河、旧城、麟凤、庙沟和麟凤斑鸠等乡镇集镇和村集镇建设。总体规划布局是集中打造庙沟大塘至双河谢家坳二级公路、镇威公路威信段、比喜至水田公路沿线。涉及7个乡镇，25个村委会，203个村民小组，7 000多户农户3万余人。截至12月31日，全县共启动房屋改造5 000余户，全面完成2 000户，信用社发放贴息贷款3 055户8 000多万元。

2月14日，在双河乡偏岩村核桃坳村民小组廖绍华户启动第一幢样板房。

3月16～18日，在县职教中心举办“生态文明家园民居建设技工培训班”，培训技术工匠500余人。

3月25日，县委常委、宣传部部长、县新农村领导小组副组长兼办公室主任汤国乾带领县新农办、信用、财政部门负责人前往双河乡现场办公，集中研究新农村示范长廊样板房启动建设有关问题。

5月18日，在完成全县省级重点建设村规划编制的基础上，向市委农办、市财政局上报《2010年省级重点建设村实施方案》，共规划13个村民小组，即：扎西镇墨黑村煤岭、石龙村冯郊、石龙村大房子、石龙村陈家坝，双河乡蔡营村苦茶坝、偏岩村新房子、偏岩村楼方、偏岩村核桃坳、偏岩村大地塆，高田乡钨城村黄坭坡、钨城村坳上，罗布乡簸火村丁家坝一组，庙沟乡庙沟村河口。规划建设项目及主要内容：扶持产业发展10公顷（桑园改造），户间路硬化26 000米，院坝硬化26 190平方米，改厕改厩6 530平方米，修建排水沟0.2千米，人畜饮水管道安装11千米，村民文化活动室440平方米。

5月20日，县委、县政府召开全县新农村建设工作推进会。县四套班子领导，县新农村建设领导小组成员单位主要领导，扎西镇、双河乡、水田乡、麟凤乡、长安乡、庙沟乡党委书记、乡镇长和县新农村建设办全体工作人员参加会议。县委书记龙进、县长张顺民分别作讲话。县委常委、宣传部部长、县新农村建设领导小组副组长兼办公室主任汤国乾主持会议。县政府副县长赵祖辉汇报全县新农村生态文明家园建设前期工作情况。会上县长张顺民与扎西镇、双河乡、麟凤乡、长安乡、庙沟乡及县新农村建设办签订新农村生态文明家园建设责任书。

6月13日，县新农村建设领导小组办公室制定印发《威信县新农村生态文明家园建设房屋改造技术要领》。

7月2日，县委、县政府出台《关于社会主义新农村示范长廊建设的意见》。按照中央关于社会主义新农村建设“二十字”方针和建设资源节约型、环境友好型社会的要求，进一步学习贯彻和深入实践科学发展观，坚持走全面、协调、可持续发展道路，统筹城乡协调发展，加快农村发展步伐，推动全县经济追赶发展。县委、县政府调整充实县新农村建设领导小组，加强办公室工作力量。县委书记任领导小组第一组长、县长任组长，县四套班子8位领导任副组长，并由一名副组长兼办公室主任。县新农村领导小组下设督查督办组，加大督查督办力度。各乡镇成立相应的领导机构和工作机构，乡镇党委书记是第一责任人，乡镇长是直接责任人。制定六项机制推进新农村建设工作：一是财政投入补助机制。县财政筹措资金，按照每户1.2万元的标准，对新农村生态文明家园示范长廊建设的农户进行补助。县新农办和财政部门根据任务安排和工程进度将资金划拨到乡镇，农户房屋改造以户为单位实行补助和以奖代补，严格实行公开公示。二是信用贷款保障机制。房屋改造确因资金不足需要贷款的农户，由农户申请，乡村审核，向信用社或农行贷款，贷款上限为3万元，由财政安排贴息3年。三是领导挂钩联系机制。实行领导联系、部门帮建、县乡联动工作机制，统筹安排项目和资金，搞好组织协调和指导。挂钩联系乡镇的县级领导就是新农村示范长廊建设的挂钩领导，实行分片联系负责。四是干部驻村指导机制。乡村干部、新农村指导员、大学生村官直接驻村指导生态文明家园建设工作，落实专人具体负责项目实施和管理，及时向县新农村建设领导小组报告工作进展情况。五是技术人员培训机制。加大实施项目所需技术人才、建筑工匠、规划人员等的培训力度，提高广大干部群众和项目实施技术人员素质，有效整合人才资源投入生态文明家园建设。六是考核奖惩激励机制。将生态文明家园建设工作纳入县委、县政府年度目标考核和重点督查内容，跟踪问效，严格考核奖惩。对工作开展得好的乡镇和部门，给予表彰奖励，对完成得差的给予通报批评、问责追究，并责令限期整改。组织部门要将开展生态文明家园建设的成效，纳入考核评价各级领导干部工作实绩的重要指标之一，作为干部使用的重要依据。采取以奖代补形式解决长廊建设工作费用，即完成责任书规定的任务并经考核验收的乡镇，按财政投入资金的2%配套安排工作经费、2%安排奖励经费。新农村示范长廊建设分4个阶段实施。一、启动试点阶段（2010年5月31日前）。深入调查摸底，合理规划，制定方案，抓好宣传发动，启动样板房建设，5月底前在双河、扎西两乡镇完成示范样板房打造任务。二、重点推进阶段（2010年6月1日至12月31日）。总结样板房打造经验，完善政策机制，强化工作措施，全面启动长廊沿线5个乡镇民居建设工程，6~8月完成828户，9~12月完成1 230户，确保长廊建设初见成效。水田乡公路沿线列入整乡推进项目，按生态文明家园建设标准，同时启动民居建设工程。三、继续推进阶段（2011年1月1日至6月30日）。完成长廊沿线民居改造1 577户，基本完成长廊建设民居改造任务。四、巩固提升阶段（2011年7月1日起）。继续完善民居改造工作，围绕示范长廊建设内容，综合提升建设水平。

7月13日，县委、县政府召开新农村示范长廊建设阶段工作推进会议，示范长廊涉及乡镇的党委书记、乡镇长、分管副书记或副乡镇长参加会议，县委常委、宣传部部长、县新农村建设领导小组副组长兼办公室主任汤国乾，县人大常委会副主任项云华，县政府副县长赵祖辉，县政协副主任姜荣学出席会议。汤国乾主持会议，赵祖辉安排新农村生态文明家园建设阶段工作，县新农村建设办主任陈香才通报全县新农村建设工作情况，各乡镇汇报新农村生态文明家园建设阶段工作情况，双河乡作经验交流发言。

8月11日，县委办公室、县政府办公室印发了威信县新农村生态文明家园建设考核奖惩办法》。

9月20日，在完成3个市级新农村建设示范点《实施方案》的基础上，向市委新农村建设办上报《2010年新农村市级示范点建设项目实施方案》。3个市级新农村建设示范点分别安排在双河偏岩村河沙沟村民小组、海子村小组和水田乡楼上村民小组，规划建设项目是：改厕、改厩2 800平方米，道路硬化5 000平方米，扶持产业发展8.33公顷，扶持休闲观光农业示范户5户。共安排建设资金60万元。

9月26日，市委农办、市财政局下达威信县省级重点建设村指标13个，以自然村为单位，每个点省级财政补助资金15万元。

9月27~29日，县新农村建设领导小组组织县新农村建设办、县财政局、县监察局、县审计局等单位人员，按照县政府与乡镇签订的生态文明家园建设目标责任书和《威信县新农村生态文明家园建设考核奖惩办法》文件要求，对各乡镇上报第一期的房屋改造进行检查验收。

10月9日，召开检查验收工作汇报会，县委副书记姚勇，县委常委、宣传部部长汤国乾，县政府副县长赵祖辉，县政协副主任姜荣学，县人大副调研员张元昌及检查验收组全体人员参加会议。会议由汤国乾主持。会议认真听取检查验收组的验收情况，并决定对第一阶段生态文明家园建设的1 187户农户房屋改造予以验收，其中扎西镇263户（其中样板房43户），双河乡451户（其中样板房37户），麟凤乡156户，长安乡18户，庙沟乡299户。

10月17日，县委农办批复2010年度实施的13个省级重点建设的《实施方案》。

11月30日，县新农村建设领导小组办公室将3个市级新农村建设示范点《实施方案》批复到水田、双河两个乡镇，工程建设正式启动。

12月3日，召开全县水泥彩瓦企业负责人会议，集中研究安排水泥彩瓦供应新农村建设的相关事宜，并由县质监局与各企业签订产品质量承诺书。县委常委、宣传部部长、县新农村领导小组副组长兼办公室主任汤国乾参加会议并作讲话。所涉乡镇新农村建设工作分管领导、各水泥彩瓦企业负责人，县新农村建设办、县质监局、县建设局、县工商局负责人，县新农村建设办技术指导干部参加会议。

【新农村建设工作队指导员工作】 2010年，根据省委、市委对选派新农村建设指导员到村工作的总体安排部署，按照省级5%、市级15%、县级50%、乡镇级30%的比例，采取个人自荐、单位推荐、县委决定的方式，从省、市、县、乡四级59个单位中选派新农村建设指导员85名；从省体育局选派计财处处长陈麟担任工作队总队长并挂职县委副书记，县人大常委会选派副调研员张元昌为工作队副总队长，以乡镇为单位组成10支工作队。其中：省级派出单位4个，派出指导员5名；市级派出单位8个，派出指导员9名；县级派出单位39个，派出指导员39名；乡镇派出指导员32名。

全年各级新农村工作指导员共走访群众32 596户87 979人次，撰写调研报告210篇，心得体会373篇，宣讲政策法规1 924场次，组织召开各类座谈会1 360场次，争取落实帮扶资金361万元，争取捐赠物资17万元，落实经济发展项目46个，调解解决矛盾纠纷997起，制定和完善规章制度180个，主讲党课252场次，发展党员343人，指导完成新农村生态文明家园建设房屋改造4 000余户，并协助所驻村开展学习实践科学发展观活动，参与省级重点建设村的规划、人口普查等工作。新农村指导员已成为全县新农村建设的重要推动力量。

3月1日，县委召开全县2009年新农村建设指导员工作总结表彰大会暨2010年新农村建设指导员动员大会。县委、县人大、县政府、县政协有关领导出席会议，县新农村工作队领导小组成员、各乡镇党委副书记、县直新农村建设指导员派出单位主要负责人、2009年和2010年新农村建设指导员参加会议。县委常委、县委办公室主任郑维江主持会议，县委常委、组织部部长保卫华作工作总结和动员讲话，县新农村建设工作队办公室主任陈香才宣布第四批新农村建设工作队队长、副队长名单及指导员驻村分配方案。会议宣读受县委、县政府表彰的先进派出单位7个，优秀工作队队长3名，优秀指导员10名。通报受省市表彰的2009年度新农村建设工作先进派出单位和优秀指导员，其中：受省委、省政府表彰优秀工作队队长1名，优秀指导员2名；受市委、市政府表彰的先进派出单位4个（省知识产权局、市建设局、市第一人民医院、县建设局），优秀指导员8名（其中市级单位1名）。县农业局、县林业局、县水务局、县扶贫办、县烟草办、县绿色特色产业办、县人力资源开发办等单位在会上作培训发言。新农村建设指导员代表作发言。同日下午，新农村建设指导员进驻全县83个村开展新农村指导工作。县委新农村建设工作队总队长、县委副书记陈麟在欢送仪式上作讲话，并宣布2010年新农村建设指导员出征，同时收回2009年下派新农村建设指导员。

4月7～20日，县委新农村建设工作总队长、县委副书记陈麟带领县新农村建设工作队办公室、县文体局两个单位负责人，对全县10个乡镇新农村建设工作队指导员工作进行督查指导，分别与乡镇班子领导、工作队队长、新农村建设指导员进行座谈，并就全县体育设施建设情况进行调研。

9月20日，县委新农村建设工作队领导小组就2010年第四季度新农村建设指导员工作要点发出通知。

12月至2011年1月，根据中共云南省委组织部《关于做好第四批新农村建设工作队及指导员总结考核推优等工作的通知》和市委组织部《关于做好2010年度第四批新农村建设工作队及指导员总结考核推优等工作的通知》要求，及时认真做好2010年新农村建设工作队及指导员工作的总结考核。通过认真总结考核，评选出先进派出单位10个，其中报省市表彰4个，报县委县政府表彰6个；评选出优秀工作队队长4名，其中报省委、省政府表彰优秀工作队队长1名，县委县政府表彰优秀工作队队长3名；评选出优秀指导员23名，其中报省委、省政府表彰优秀指导员2名，报市委市政府表彰优秀指导员7名，县委、县政府表彰优秀指导员14名。

【调研工作】　1月，组织完成“三农”工作相关课题的调研，分别撰写出《贯彻落实中央农村工作会议、省委八届八次会议、市委二届十次全会精神初步意见》、《威信县农业储备项目调研报告》、《威信县特色生物资源产业工作调研报告》、《威信县农民工返乡创业调研报告》、《威信县粮食增产增收调研报告》和《威信县2009年和2010年茅草房改造工程情况的调研报告》，上报市委农办和县委、县政府。

3月29日，组织单位干部职工到三桃乡鱼洞村调查研究，开展扶贫帮困主题活动，分别到所结队的扶贫户了解情况，为贫困群众送去化肥、棉被等物资，价值3 000余元，并帮助村委会解决工作经费2 000元。

9 月，组织完成《少数民族地区社会主义新农村建设的关键在发展经济》调研报告。

12 月 23 ~ 24 日，市委副秘书长、市委政策研究室主任李平到威信对“三农”工作及产业发展情况进行调研，并于 24 日下午在县委常委会议室与政研室、农业局、林业局、扶贫办、绿特办、信用社、财政局等相关单位负责人进行座谈，广泛听取各部门对新农村建设、“三农”工作、产业发展、龙头企业扶持等方面的意见和建议，李平主任对威信县近几年来的“三农”工作及新农村建设所取得的成绩给予了充分的肯定。县委副书记姚勇主持会议。

【2009 年度受省市表彰新农村建设先进集体和优秀个人】 3 月，省市表彰 2009 年度新农村建设先进集体和优秀个人。威信县获省表彰优秀工作队长 1 名、优秀指导员 2 名，获市表彰优秀指导员 8 名，省知识产权局、市建设局、市第一人民医院、县建设局获市表彰为先进派出单位。

（县委政研室 陈子毅）

县直机关党建

【机构人员】 2010 年，县直属机关工作委员会（简称县直工委）与县委组织部合署，一个机构，两块牌子。内设办公室 1 个，总人数 3 人。工委委员 6 名。协管党委两个（公安局党委、教育局党委）。

【县直机关党组织概况】 2010 年县直工委辖党总支 12 个、党支部 110 个。党员 1 589 名，其中女 322 名，少数民族 96 名，在职党员 1 316 名、离退休党员 228 名、其他党员 45 名。

【县直机关党建工作会议】 5 月 11 日召开县直机关党建工作会议。县委常委、组织部部长保卫华出席会议并作讲话，县直工委副书记王春琼作工作报告，安排部署 2010 年机关党建工作。县直工委委员谢刚主持会议。会议表彰 2009 年度县直机关党建工作先进集体和优秀个人。

【思想政治建设】 2010 年，以推进学习型党组织建设为重点，按照“学以增智、学以致用、学以长才、学以立德”的要求，结合实际制定下发《关于在县直机关扎实推进学习型机关党组织建设的实施意见》，明确建设学习型党组织的重大意义、指导思想、总体目标和工作原则及基本要求。坚持以创建学习型党支部为基础，以创建“学习型机关”为重点，在党员干部中广泛开展“爱读书、读好书、善读书”活动。全年向各党（总支）支部发放学习书本3 000余本。以深入开展创先争优活动为切入点，加强机关党的思想政治建设。围绕“五个好，五带头”的总体要求，在县直机关各级党组织和党员干部中开展创先争优活动。各单位党组织组建了机构，制订了方案，设计了载体，做了动员部署。并针对各行业各领域特点，分别制定在工会、共青团、妇联、离退休党员、流动党员中开展创先争优活动等实施方案。重点抓好公开承诺、领导点评、授旗评星三项“规定动作”。

【党员教育、管理和服务】 拟定《2010—2012 年县直单位党员教育培训工作意见》，为县直单位党员发放《党章》、《科学发展观在基层》、《党支部工作手册》等学习资料。出台《关于在县直机关建立党内激励、关怀和帮扶机制的意见》，关心爱护广大党员，特别是对老党员、生活困难的党员。春节和“七一”期间，看望慰问县直“特困”党员 24 名，发放慰问金 5 900元。县直单位各党组织也对所属困难党员开展多种形式的访贫问苦送温暖活动。

【党组织建设】 2010 年，从 8 个方面加强党组织建设。一是成立一支队伍。即党员团员志愿者服务队，并于 10 月 20 日举行“共建创先争优、共创和谐威信”党员团员志愿者服务行动启动仪式，共计 400 余人参加志愿者服务行动启动仪式。各志愿者服务队分别开展了公共场所卫生治理、科技服务咨询、群众健康检查等服务活动，共为 126 名群众进行义务诊疗，发放涉及农业科技知识、食品安全卫生等方面的宣传资料2 500余份，接受群众咨询 400 多人次，解答各类疑难问题 82 个。同时县直各党组织结合实际也成立了“党员志愿者服务队”，制订出活动方案。二是开展三个活动。即深入推进“学习型机关党组织”建设活动，深入开展创先争优活动，开展以“基本队伍建设、基本阵地建设、基本活动建设、基本制度建设、基本保障建设”为主要内容的“五个基本建设”

活动。三是发展党员工作。按照“坚持标准、保证质量、改善结构、慎重发展”的新时期党员发展“十六字”方针，对新党员发展和预备党员转正进行严格考察，材料逐一审核，全年共发展新党员52名（其中女18名）。按期转正28名，并完善相关的档案材料。5月19～21日举办了一期入党积极分子培训班，73名入党积极分子参加了培训，70名获得培训合格证书。四是4个信息库建设。即完成党员信息库、入党积极分子信息库、离退休老党员信息库、党务工作者后备干部信息库四个信息库的建立和维护工作。五是抓好党建工作制度的落实。成立县直机关党建工作目标考核领导小组，负责机关党建工作的组织领导和考核检查。根据“细化、量化、科学化”的原则，制定《机关党建工作目标考核细则和评分标准》，采取定量考核与定性考核、平时考核与定期考核、组织考核与群众参评相结合，对机关党组织开展党建工作的情况进行调查问卷，听取机关党员干部对党组织的意见和建议，使考核工作更加真实。六是开展“七一”系列活动。县直工委按照县委《关于开展中国共产党成立89周年纪念活动的通知》通知要求，组织县直单位党员开展“重学党章、新党员入党宣誓、老党员重温入党誓词、老党员讲党史、重走红军长征路、唱红歌、党员义诊”等系列活动。七是加强支部班子建设。县直工委及时督促、指导任期届满的机关党总支、党支部按时换届，并在县委党校、财政局、国土局和法院4家党组织进行“公推直选”。截止年底，县直机关有45个党（总支）支部完成换届工作，配齐配强机关党组织领导班子，选配充实一批政治强、业务精、作风正、纪律严的党务干部。八是抓好基层党建示范点建设。按照“以点促线，以线带面，点线面结合”的思路，整合创建资源，精心培育打造，在县直单位创建1个省级、12个县级基层党建示范点。

【党费收缴】　2010年，按照新的党费收缴标准，县直工委下发党费测算通知，并对各党组织缴纳党费的基数进行认真核实，减少了缴纳的随意性。全年共收缴党费17万余元。

【表彰先进】　5月11日，在县直机关党建工作会议上，县直工委表彰2009年度先进集体及优秀个人。先进基层党组织16个：县公安局刑侦党支部、县扎西小学党支部、县卫生局党总支、县煤炭工业局党总支、县农业局机关党支部、县双河工商所党支部、大中专毕业生党支部、县委办党支部、县委老干部局党支部、县委党校党支部、县人民法院党支部、县人民检察院党支部、县民政局党支部、县审计局党支部、县扶贫办党支部、县烟办党支部；优秀党务工作者8名：李绍芳、胡英、王旭东、安建勇、张清霖、李再权、李玉强、朗启太；优秀共产党员20名：陈应坤、周道华、曾以会、白庆远、常吕祥、刘明波、熊有龙、王银德、顾英武、郭世勇、尹定华、王贤军、周强 、张泳、陈功书、刘献礼、罗凡、张艳、肖忠华、马庭荣。

【党建工作检查】　2010年底，根据县委要求，县直工委会同组织部、宣传部组成4个考核组对全县2010年度党建工作进行全面检查考核。采取听、查、看、访相结合的方式进行。根据检查结果，决定兑现2010年度县直机关党建工作责任制，并对优秀党务工作者进行表彰。一等奖：县扎西小学党支部、县工商局党总支、县审计局党支部；二等奖：县委办公室党支部、县卫生局党总支、县烟草专卖局党总支、县国税局党总支、县农业局党总支；三等奖：县地税局党支部、县人民法院党支部、县人大机关党支部、县建设局党支部、县财政局党支部、县统计局党支部、花家坝煤矿党支部。优秀党务工作者10名：李绍芳、吴乾芳、李再权、尹定华、黄赞炯、熊熙、杨洪雁、蒋成锐、白友林、杨应清。

（县直工委　张宗琴）

老干部工作

【机构人员】　2010年，县委老干部局内设办公室，下属老干部活动中心，共有工作人员9人。截至12月31日，全县有离休干部15名，其中行政9名、事业4名、企业2名，异地安置5名（昆明、昭通、会泽各1名，曲靖2名）；县处级退休干部27名。3月，在全市2009年度老干部工作目标管理责任制考评中，县委老干部局被市委组织部、市委老干部局评为优秀一等奖。

【老干部座谈会】 2月5日，县委、政府召开老干部春节座谈会。县长张顺民向与会老干部通报2009年全县经济社会发展情况和红色旅游发展规划、2010年全县经济社会发展目标，与会老干部们围绕全县“煤炭工业、红色旅游、绿色产业”等方面提出11条意见建议，得到县委、县政府领导的高度重视，县委领导及时批示由相关部门逐一研究加以落实。

【发挥老干部余热】 年初，积极响应省、市开展“共产党员抗旱先锋行动”的号召，认真组织开展全县离休、县处级退休干部和单位干部职工为灾区捐款奉献爱心活动，捐款总额达10 100元。其中年近80岁的离休干部党员郑伯东捐款1 000元。5月25日，结合全县新农村建设工作大局，组织部分离休、县处级退休干部深入到扎西镇石龙村、双河乡偏岩村等新农村建设示范点现场参观考察。10月13日，组织部分离休、县处级退休干部参观考察水田乡整乡推进扶贫开发试点项目建设情况，就如何把广大农村真正建设成“生产发展、生活宽裕、乡风文明、村容整洁、管理民主”的社会主义新农村，老干部们从培植农民增收的支柱产业、村庄环境卫生的整洁、乡村文化基础设施建设等方面提出许多意见、建议。

【老干部文体活动】 5月24日，为庆祝建党89周年、威信解放60周年，县委老干部局、县老年体协、县老年书画协会联合举办全县离退休干部书画展活动，组织老干部参加全国“做好新形势下的老干部工作”征文活动和参加昭通市老干部喜迎“敬老月”书画展征稿活动。“九九”敬老节，组织老干部进行麻将、大贰、象棋、扑克、门球等比赛。10月16日，县委老干部局与县工会、县老年体育协会联合举行敬老节广场联欢文艺演出，老同志们以饱满的热情，身着红军服，唱响《没有共产党就没有新中国》、《团结就是力量》，使老同志们度过一个欢乐、祥和的节日。通过开展文体活动，丰富活跃了老同志的精神文化生活，促进了老同志之间的相互交流，有益于老干部的身心健康。

【老干部政治理论学习】 2010年，始终坚持每月两次集中组织全体离休、县处级退休老干部进行政治理论学习的制度。每月月底最后一天认真组织老干部学习时事政治理论、学习老干部工作方针政策和党的十七届五中全会精神。通过学习，使老干部自觉在政治上、思想上和行动上与党中央保持一致，紧跟时代前进的步伐，真正做到“政治坚定、思想常新、理想永存”，积极为威信全面建设小康社会作贡献。

【落实老干部有关待遇】 2010年，由县财政解决老干部特困资金3万元、春节慰问费等78 000元、县老年大学老干部法律知识培训班经费14 500元、老干部健康体检费23 000元、组织老同志参观考察经费5 000元、开展“敬老月”系列活动经费4万元，确保了老干部工作的顺利开展。全年共发放离休干部离休金58.36万元，共为离休干部报销门诊费18.93万元；发放离休干部专项经费9万元（含县处级退休干部）；发放离休干部遗属补助费2.4万元；发放老干部特困资金8 500元。

【老干部党支部工作】 2010年，全年召开支委会8次，组织老干部党员过组织生活12次，支部党员上交党费全年共计7 735元。结合老干部党员年龄大、体弱多病、行动不便的自身特点和实际情况，坚持每月15日集中组织老干部党员过组织生活。在开展创先争优活动中，按照创建先进离退休干部党支部的“五好”标准和争当优秀离退休干部党员的“四好”要求，积极探索创新离退休干部党支部开展创先争优活动的途径和形式，开展学习老干部中的优秀典型杨善洲的先进事迹，使离退休干部党支部组织生活真正“活”起来，支部和党员的“活力”真正强起来，增强了离退休干部党支部的吸引力、凝聚力。5月3日《昭通日报》以题为《夕阳红似火——记威信县委老干部局老干部党支部》报道威信县委老干部局老干部党支部的先进事迹。8月10日《中国老年报》以题为《细化措施　典型引路——威信县推进“五好”党支部建设》报道威信县积极推进离退休干部党支部创先争优的情况。

【老年大学工作】 6月8日，结合老干部的实际和老干部关注的问题，县老年大学在县政法委、县法院、县公安局的大力支持下，举办为期三个月的老干部法律知识专题学习班。学习内容包括《老年人权益保障法》、《继承法》、《物权法》等法律知识理论，参学老干部人数30余人。教学主要采取邀请专业老师集中授课、案例分析、专题讨论等形式进行。经过3个月的课时学习，参学老干部学员学完教学计划安排的课程内容。

（县委老干局　林龙秀）

党校工作

【机构人员】　2010年，县委党校内设办公室、教学办公室、后勤办公室、科研办公室、财务室。共有教职工18人，其中公务员5人、专业教师9人、工勤人员4人，高级讲师5人、讲师4人。

【干部培训】　2010年，紧紧扭住干部教育培训这一根本任务，严格按照县委和县干部教育委员会的培训计划要求，不断更新理念，调整工作思路，以教学为中心，以管理为重点，以服务为保障，顺利推进干部教育培训工作。县委分管领导和县干教委主要领导十分重视干部培训教育工作质量，多次召开授课教师备课会，认真反复征求授课教师的意见和建议，并对授课教师提出具体要求。为进一步提高培训质量，大胆探索基层干部教育培训的新模式和有效途径。开始利用多媒体和网络等新形式，大胆尝试开放式教学和案例式分析等新模式，注重学员与教师双向交流，采取讨论、座谈的方法，调动学员学习思考和解决问题的积极性。教育教学中，把理论、知识、党性、能力4个方面教学结合起来，提高学员的党性修养和解决实际问题的能力，采取跟班管理与座谈讨论和互动教学相结合，加强理论联系实际，逐步提高学员学习马列主义、毛泽东思想、邓小平理论、“三个代表”和科学发展观的实际运用能力。加强对培训学员的管理，制定学习管理规定，坚持随堂考勤，跟班管理，将每位学员的学习情况填入登记表，装进档案作为干部培养和提拔使用的重要依据。通过以上措施使党校的干部培训教育的办学水平、培训层次和服务质量不断提升，干部培训轮训的主渠道作用得到充分的发挥。全年共举办培训班12期1 796人。其中：与县委组织部联合举办积极分子培训班1期150人，大学生村官培训班一期71人，全县农村经纪人培训班1期；与卫生局联合举办全县卫生从业人员培训班1期160人；与县煤炭工业局联合举办驻矿安监员培训班1期70人，煤矿瓦斯抽放技术培训班1期120人，白国周班组法及职业病危害培训班2期260人，职业病防治培训班5期435人，兼职矿山救护队培训班2期350人。

【干部学历教育】　2010年，针对党校函授教育停止招生的现状，积极转变办学思路，继续加强与省电大、楚雄师院高等院校联系，进一步加强联合办学，招生工作稳步推进，全年共计招生110余人，超额完成招生计划，全年全校有学历班9个，学员386人。同时努力开辟学历教育新途径，积极与奥鹏培训中心联系，9月批准成立奥鹏培训威信教学点，为威信党校开展网络远程教育打下坚实的基础，使威信党校的学历教育开始形成函授、电大、网络三位一体的全新格局。在学历班教学上，注重课堂教学与自学辅导相结合，按学历班教学要求，所有任课教师紧紧把握教学重点和难点，按所开设专业和教学要求，准确地将各科知识讲授给学员，并督促每位学员做好课后作业，完成读书笔记，指导学员开展学习小组互助活动，并将这些学习过程纳入平时成绩，计入学员学期成绩中。为确保学历教育水平，学校还按照函授教育等管理规定，严抓考风考纪，抓考风促学风，每次专业考试都聘请县干部教育委员会、组织、纪检等部门的主要领导参加巡考、监考。通过这些措施，进一步提高了学历班的教学的质量。全年学校学历班共开设课程26门，开考240场次，合格率95%以上，补考人数微乎其微，其中党校函授2008级法律本科、经济本科班共84名学员完成毕业论文答辩，顺利毕业。

【教学科研】　2010年，学校继续加强科研工作的领导，坚持以“科研立校、人才强校”和“教学带科研，科研促教学”的思路，充分发挥县党校哲学社会科学研究中心的职能作用，围绕县委、县政府中心工作搞科研，围绕经济社会突破发展搞调研，围绕教学搞教研，完善科研奖励机制，加大科研、调研课题的研讨力度，任务措施具体到人，并加强检查督促，学校的科研工作又有新进展，科研数量和质量有了明显提升。全年教师共撰写理论文稿和调研文稿36篇，其中在市级以上刊物发表8篇，《威信发展农村经济的几点思考》、《浅谈加强无职党员的教育和管理》还发表在《云南行政学院学报》上。

【自身建设】 2010年，学校以深入开展创先争优活动为契机，坚持科学发展，不断加强党校自身建设，在党组织建设、教师队伍建设、基础设施和精神文明建设、制度建设等方面取得新的成绩。

一、创先争优活动和党支部建设。按照县委的安排部署，6月以“创建先进党组织，争做优秀共产党员”为主题，紧密结合单位实际，紧紧围绕推动科学发展、促进社会和谐、服务人民群众、加强基层组织的总体目标，深入开展创先争优活动。为切实加强对此项工作的领导，学校党支部成立以支部书记、常务副校长为组长的领导组，抽调专人具体负责。研究制订出切实可行的实施方案，通过广泛动员，稳步推进创先争优活动的开展，先后采取集中学习、自学、讨论交流等方式，组织全体教职工学习邓小平理论、“三个代表”重要思想和科学发展观和十七届四中、五中全会精神，党章和《中国共产党党校工作条例》、《2010—2020年干部教育培训改革纲要》以及各种业务知识，建设学习型党组织。支部结合党校工作实际，从班子建设、机关作风、干部教育培训、后勤工作服务、服务县委中心工作方面对党员进行公开承诺，全体党员也对自己进行公开承诺，自觉接受群众监督。学校党支部作为县直机关党组织换届公推直选的4个试点之一，公推直选选举产生新的支委班子。通过开展以创先争优活动为中心的党组织建设，学校党支部的凝聚力、创造力、战斗力明显增强，党支部的战斗堡垒作用和共产党员的先锋模范作用得到充分发挥。

二、教职工队伍建设。在县委的重视和关心下，配齐了学校行政班子，招考公务员一名，充实了教师队伍，同时按照党校工作计划和教职工培训制度，积极鼓励广大教职工进行学历深造，选送多名教师参加省、市党校及有关部门举办的各种业务培训，增加教师的知识储备，拓宽教师教育教学的视野，稳步提高全体教职工素质。目前学校有编制18人，实有18人。其中：公务员5人，专业教师9人，职工4人；研究生学历2人，大学本科学历8人，大学专科5人；高级讲师5人，讲师4人。开始形成一支素质较为优良、规模适当、结构比较合理、基本适应新时期干部教育培训要求的党校工作人员队伍。

三、基础设施建设和精神文明建设。党校地处扎西红军烈士陵园拆迁区域，为配合扎西红军烈士陵园建设，先后拆除厨房、篮球场、花园等设施。为适应新时期党校教育的需要，学校充分利用现有资源，量力而行，先后购买2台电脑和一台液晶电视，改善办学条件，加强环境卫生，美化亮化校园环境，积极申报市级文明单位。

四、制度建设。坚持从严治校，从严管理，始终坚持《中共威信县委党校校务会制度》，凡涉及学校的重要事项，始终坚持校务会集体讨论通过，加强监督、发扬民主、增大工作的透明度，形成班子成员之间团结协作，密切与教职工的联系，极大地调动广大教职工的工作积极性，教职工按照岗位职责要求，积极创新工作，学校工作环境和教学环境得到改善。教学管理方面，继续坚持执行《中共威信县委党校教学管理实施意见》，注重对教师教学、教师备课、班主任工作、学员学习的管理和考核。财务管理方面，认真执行《中共威信县委党校财务管理制度》，教学用品、办公用品的购置及经费的使用，一直坚持集体讨论，各种费用收取，坚持收缴分离，对财产分类登记由各负责人员签字保管使用，责任到人。学校的一切经费开支，始终坚持校务会讨论通过“一支笔”签字报账制度。坚持按照透明、民主、公开、厉行节约的原则，按规定使用好有限的预算内外经费，根据县纪委要求，重新修订《关于培训经费收支管理的规定》、《关于函授学历班学费收支管理的规定》，进一步加强学费的收缴和培训班经费的管理，确保整个教育教学工作的正常运转。教师管理方面，认真执行《中共威信县委党校岗位责任制考核办法》，坚持请销假制度；同时，按照人事部门的安排部署，按照按需设岗、竞聘上岗、按岗聘用、合同管理的原则，对学校专业技术和工勤人员进行岗位设置，按照岗位签订为期三年的聘用合同，进行合同管理。安全管理和车辆管理方面，坚持执行了《校园安全管理若干规定》和《车辆管理的若干规定》。

【挂钩扶贫和帮建工作】 2010年，校领导和教职工多次分批到扎西镇院子村挂钩扶贫点开展调查研究，帮助扶贫点制定和完善发展规划，到扶贫点开展党员培训和农村适用技术培训，增强广大群众致富的本领；派出新农村建设指导员一名长期驻村具体指导。开展扶贫工作始终坚持“真扶贫，扶真贫，抓产业，促发展”的思路，按照已制定的挂钩扶贫规划，全面推进挂钩扶贫点的各项工作，共筹措资金2 000元帮助解决院子村的党员电教设施。通过努力，院子村的各项工作又有新的进展。9月，按照县委的要求，挂钩帮建水田乡香树村田坎村民小组生态文明建设工作，组织专人深入调研，制订出具体可行的实施方案，把措施责任具体落实到人。按照水田乡安排，属展示区的田坎生态文明建设尚未启动，各项工作正在具体的组织准备中。

11月、12月，抽调专人配合县委宣传部、党史研究室、文体局等部门完成扎西会议纪念馆陈列提纲和布展说明，顺利通过省委宣传部、中宣部等部门审查，使扎西会议纪念馆布展工作顺利推进。

（县委党校　李绍勋）

信访工作

【加大信访工作力度】 2010年4月，召开全县信访工作会议，安排部署2010年信访工作。县委、县人大、县政府、县政协主要领导出席会议。年内，将信访工作经费纳入财政预算，当年投入经费40万元；购置信访工作用车，添置监控设备；落实信访专（兼）职干部岗位津贴。

【县委书记、县长大接访活动】

2010年开展县委书记、县长大接访17次，参与接访的县级领导43人次，接待上访群众96批897人次。其中初访65批392人次，重访31批505人次，集体访9批521人次。

【群众来信来访】 2010年共受理群众来信371件，同比增加64件，其中初信209件、重信162件，联名信15件；办结344件，办结率94%。接待群众来访644批2 390人次，同比增加94批950人次，其中初访348批842人次、重访296批1 548人次，集体访27批1 077人次。

【信访案件办理】 2010年，中央、省、市交办重要信访案件17件，同比增加1件，办结17件，办结率100%。交办网上信访案件22件，同比减少14件，办理回复22件，回复率100%。

【重点信访案件专项办理】 2010年，完成县委、县政府交办的重点信访案件专项办理工作。一、完成县烟草、商业系统163名分流安置人员276万元困难补助资金的发放工作。二、认真清理威信县原参加修建洛泽河电站退伍军人并调查其基本情况，圆满完成19名参加修建洛泽河电站退伍军人困难生活补助费567 415元的兑现工作。三、自2010年3月起，麻园水泥厂职工100多人多次集体上访，反映该厂关停后对职工安置不合理等相关问题。2010年12月15日，在县政府组织协调下，麻园水泥厂与职工代表本着平等、自愿的原则，通过协商，就1999年企业改制前的问题、缴纳养老保险、仲裁裁决书的履行等问题达成一致意见。

【重要会议和重大活动期间信访工作】 2010年，全国、省、市、县“两会”和法定节假日、上海世博会、广州亚运会、广州亚残会期间，制定预防和处置有可能上访重点人员工作预案，配合责任部门稳控信访重点人员，妥善帮助其解决反映诉求，开展重信重访专项治理，实行信访零报告制度，实现全县越级、跨省零上访目标。

【农村矛盾纠纷排查交办和疑难复杂信访积案化解】 2010年共排查交办各类矛盾纠纷191件，办结175件，办结率92%。解决特殊疑难信访问题12件。

【新提拔副科级领导干部信访工作顶岗锻炼】 2010年，县委组织部安排9名新提拔的副科级领导干部轮流到信访局顶岗锻炼。通过办理群众来信、接待群众来访、协调处理重要信访案件、参与信访逐级负责督查等工作实践锻炼，既充实信访干部队伍，又使参与锻炼的干部提高做群众工作和处理复杂疑难问题的能力。

（县信访局）

威信县人民代表大会常务委员会

【县人大常委会简况】 2010年，威信县第十四届人民代表大会常务委员会主任1名、副主任4名、委员19名。常委会下设办公室、代表选举联络工作委员会、法制工作委员会、财政经济工作委员会和教科文卫民族宗教事务工作委员会。年末共有工作人员23人。其中：干部20人，工人3人（合同工2人）；党员20人，苗族1人，彝族2人，女3人；大学本科4人，大专12人，中专3人，高中4人。

【县十四届人民代表大会第三次会议】 3月10～13日召开县十四届人民代表大会第三次会议。出席会议代表189人。会议听取和审议县人民政府县长张顺民作的《政府工作报告》、县人大常委会主任吴必田作的《威信县人民代表大会常务委员会工作报告》、县人民法院院长周必仁作的《威信县人民法院工作报告》、县人民检察院检察长王晓芹作的《威信县人民检察院工作报告》，审查和批准《威信县2009年国民经济和社会发展计划执行情况的报告与2010年国民经济和社会发展计划》、《威信县2009年地方财政预算执行情况的报告与2010年地方财政预算》，并审议通过有关决议。会议收到代表提出议案5件，建议、批评和意见82件。经议案审查委员会审查，大会主席团决定，代表提出的5件议案拟作建议、批评和意见办理。

【县十四届人大常委会第13～20次会议】 1月20日召开县十四届人大常委会第13次会议，听取和审议县人民政府《贯彻落实县人大常委会关于进一步加强教师队伍建设决议情况报告》、县人民代表大会代表资格审查委员会《关于补选县十四届人大代表资格审查情况报告》，审议通过《威信县人民代表大会常务委员会2010年工作要点》，作出关于召开威信县第十四届人民代表大会第三次会议的决定，接受毛雨秋辞去威信县第十四届人民代表大会常务委员会委员职务的请求，通过有关人事任免事项。

3月1日召开县十四届人大常委会第14次会议，听取县十四届人大三次会议筹备工作领导小组《关于大会筹备工作情况及有关事项说明的报告》，审议《县人大常委会工作报告》、《政府工作报告》、《2009年国民经济和社会发展计划执行情况与2010年国民经济和社会发展计划草案的报告》、《2009年地方财政预算执行情况和2010年地方财政预算草案的报告》、《法院工作报告》、《检察院工作报告》等6个报告草案以及县十四届人大三次会议议程、主席团和秘书长名单等草案，确定县十四届人大三次会议列席人员和人大常委会工作报告的报告人，作出关于表彰人大工作先进集体和先进个人的决定，通过有关人事任免事项。

4月15日召开县十四届人大常委会第15次会议。会议听取和审议县人民政府《关于廉租住房建设情况报告》，听取县人民政府各组成部门2010年工作目标的书面承诺；接受戴自坤辞去威信县人民政府副县长职务的请求，决定任命陈强为威信县人民政府副县长。

6月10日召开县十四届人大常委会第16次会议，听取和审议县人民政府《关于社会保障工作情况报告》、《公安队伍建设情况报告》，县人大常委会视察组《关于法制宣传教育第五个五年规划实施情况视察报告》、执法检查组《关于检查〈中华人民共和国工会法〉贯彻实施情况报告》，审议通过《威信县人民代表大会常务委员会规范性文件备案审查办法（草案）》，通过有关人事任免事项。

8月10日召开县十四届人大常委会第17次会议，听取和审议县人民政府《关于2010年上半年国民经济和社会发展计划执行情况报告》、《2010年上半年财政预算执行情况报告》，县人民检察院《关于刑事审判监督工作情况报告》，县人大常委会视察组《关于视察全县通乡油路工程建设情况的报告》、执法检查组《关于检查〈劳动合同法〉贯彻实施情况报告》，审议县民政局《关于威信县中心敬老院建设工程进展情况的报告》、县文体局《关于扎西纪念馆建设工程进展情况的报告》，通过有关人事任免事项。

9月28日召开县十四届人大常委会第18次会议。会议听取县人民法院《关于对县人大代表闻在富采取强制措施并进行审判的报告》，许可县人民法院对闻在富采取强制措施并对其进行审判；接受张顺民因工作变动辞去县人民政府县长职务的请求，决定任命吕磊为威信县人民政府副县长、代理县长；通过其他有关人事任免事项。

10月27日召开县十四届人大常委会第19次会议。会议听取和审议县人民政府《关于2009年度县本级财政预算执行和其他财政收支的审计报告》、《2009年地方财政决算情况报告》、《开展第六次全国人口普查工作情况报告》及《麟凤乡、庙沟乡、罗布乡撤乡建镇议案报告》，县农业局、县经贸局局长述职报告，审议县人大常委会视察组《关于全县新型农村合作医疗工作情况视察报告》。会议经过认真审议，作出《关于批准2009年县财政决算的决议》和《关于撤销麟凤乡、庙沟乡、罗布乡建立麟凤镇、庙沟镇、罗布镇的决议》。

12月29日召开县十四届人大常委会第20次会议。会议听取和审议县人民政府《关于“十二五”规划编制情况报告》、《2010年地方财政预算调整方案报告》、《县十四届人大三次会议代表建议、批评和意见办理情况报告》，县教育局、建设局局长的述职报告，审议县人大常委会调研组《关于威信县人民法院巡回审判工作情况和全县红色旅游产业发展情况调研报告》；批准威信县2010年地方财政预算调整方案；接受陈建国辞去威信县第十四届人民代表大会代表职务的请求，作出关于补选县十四届人大代表的决定；传达学习县委人大工作会议精神。

【重要决议】 县第十四届人民代表大会常务委员会第19次会议听取县人民政府《关于麟凤乡、庙沟乡、罗布乡撤乡建镇的议案》的报告，通过审议，同意撤销麟凤乡、庙沟乡、罗布乡，建立麟凤镇、庙沟镇、罗布镇。请县人民政府按照撤乡建镇有关规定，认真做好申报审批工作。

【视察调研】 5月5～19日，县人大常委会组织部分县人大代表，对全县法制宣传教育第五个五年规划（简称“五五”普法）实施情况进行视察。5月9～26日，县人大常委会主任吴必田深入全县10个乡镇，对发挥乡镇人大作用的有关问题进行调研。5月中旬，县人大常委会组织调研组对全县公安队伍建设情况进行调研。7月中旬，县人大常委会组织部分县人大代表，视察全县通乡油路建设情况。

9月中下旬，县人大常委会组织视察组视察全县新型农村合作医疗工作运行情况。

【执法监督检查】 5月10～30日，县人大常委会组织执法检查组，对全县贯彻实施《中华人民共和国工会法》情况进行检查。7月27～31日，县人大常委会组织执法检查组，检查县人民政府贯彻实施《中华人民共和国劳动合同法》情况。

【学习培训】 5月26日，县人大常委会组织对全县乡（镇）人大主席、办公室工作人员和县人大常委会机关委、室以下干部职工进行业务知识培训，就如何召开乡镇人民代表大会和闭会期间人大主席团怎样开展工作进行交流。

【表彰先进】 3月13日，在县十四届人民代表大会第三次会议上，县人大常委会表彰3个先进县人大代表小组、5个办理代表建议先进单位、15名优秀县人大代表、5名优秀人大工作者、13名提出优秀建议代表。先进县人大代表小组：扎西代表小组、庙沟代表小组、麟凤代表小组；办理代表建议先进单位：县政府办、发改局、交通局、国土局、教育局；优秀县人大代表：罗海贵、王德光、郭帮才、宋时海、杨远美、王正勇、龚怀云、赵烈昭、王应苍、李明森、陈祥桂、李绍才、邓坤、李健全、舒云辅；优秀人大工作者：王义书、袁从政、闻明章、袁付先、张廷友；提出优秀建议代表：王禄超、潘为品、李绍才、田桂英、唐祖华、常贵银、牟廷元、童长宁、罗学松、吴定学、王万友、陈永会、毛子海。

（县人大常委会办公室　吴玲）

威信县人民政府

县政府领导成员

【县政府领导成员及工作分工】 2010年初，威信县人民政府县长1名：张顺民；副县长7名：王维强、左顺春、李朝伟、戴自坤、何国荣、赵祖辉、刘坤；副调研员1名：江旭林。2月副县长戴自坤任满调离，增补陈强为副县长。9月县长张顺民调离，增补吕磊为代理县长。

1月21日，县政府调整领导成员工作分工。县长张顺民主持县政府全面工作，兼任县编委主任、安委主任。副县长王维强协助县长处理县政府日常工作，负责发展和改革、财政、监察、人事和劳动社会保障、审计、国土、政府法制、煤炭资源开发、矿山安全和粮食安全工作，分管县政府办、发展和改革局、财政局、监察局、审计局、人事和劳动社会保障局、安全生产监督管理局、国土资源局、煤炭工业局，联系县人大、县政协，国税局、地税局、人行威信县支行、农行威信县支行、农发行威信县支行、信用联社、总工会、中国人寿保险威信县支公司、中国人民财产保险威信县支公司。副县长左顺春协助县长负责经贸、建设、交通、统计、环境保护、招商引资、电力和建筑安全工作，分管县经贸局、建设局、交通局、统计局、环境保护局、商务招商局，联系县工商局、质监局、威信供电公司、邮政局、中国电信威信分公司、中国移动威信县分公司、中国联通威信县分公司、威信公路路政管理大队、威信公路养护段、住房公积金办事处。副县长李朝伟协助县长负责教育、救灾救济、老龄、卫生、食品药品安全和学校安全工作，分管县教育局、民政局、卫生局，联系县食品药品监督管理局、红十字会。副县长赵祖辉协助县长负责农业、林业、水利、烟草、扶贫、绿色特色产业、人力资源开发和护林防火、防汛安全工作，分管县农业局、林业局、水务局、烟办、扶贫办、供销社、绿特办、人力资源开发办，联系县气象局、烟草分公司。副县长何国荣协助县长负责社会稳定、信访、民族、宗教和道路交通安全工作，兼任县公安局局长，主持县公安局全面工作，分管县司法局、民宗局，联系县法院、检察院、武装部、武警中队、消防大队。副县长刘坤协助县长负责计划生育、文体、科技、广电、旅游、防震减灾、妇女儿童、档案、地方志、残疾人工作，分管县人口和计划生育局、文体局、科技局、广电局、旅游局、防震减灾局、档案局、地方志办公室、残联，联系团县委、妇联、科协。副县长戴自坤协助县长负责招商引资工作。副调研员江旭林协助县长联系煤电联营工作。

3月3日，县政府决定，常务副县长王维强协助县长处理县政府日常工作，原分管工作不变。

5月3日，县政府决定，副县长陈强协助县长负责招商引资工作。

工作意见

【2010年粮食生产意见】 2010年1月21日，县政府出台2010年粮食生产意见。根据市委、市政府粮食生产增长保7%争10%的目标，全县计划粮食种植面积4.98万公顷，总产量16万吨。其中：大春粮豆3.87万公顷，产量14.5万吨；小春粮豆1.11万公顷（含秋冬马铃薯），产量1.5万吨。主要措施：一、大力实施中低产田地改造，夯实粮食生产基础。突出重点，集中连片，整体推进，综合运用工程措施、生物农艺措施实施田、水、路、林综合治理，努力完成0.18万公顷中低产田地改造任务。二、狠抓良种良法推广，提高单位产出率。全县计划推广“两杂”良种59万千克

(其中杂交玉米良种51.5万千克，杂交水稻良种7.5万千克)，优质、高产、抗病马铃薯种2 000万千克。围绕“县有技术专家、乡有技术骨干、村有技术能人”的基本要求，采取现场培训、知识讲座、发放技术资料等多种形式，强化实用科技培训，提升农民种粮科技水平。三、抓好粮食样板，充分发挥示范带动作用。围绕玉米、水稻、马铃薯三大粮食作物，重点实施三大高产创建项目。一是粮食科技示范样板。全县计划实施2.2万公顷粮食科技示范样板，其中，玉米1.33万公顷，水稻2 000公顷，马铃薯0.67万公顷。二是粮食高产创建样板。围绕高产创建“百亩核心区，千亩展示片，万亩辐射面”的有关要求，全县计划实施1.33万公顷粮食高产创建样板，其中：创建玉米高产核心区11个（含地膜覆盖玉米高产核心区1个)，展示片10个，辐射带动面积0.67万公顷以上；创建水稻高产核心区1个，展示片1个，辐射带动面积0.067万公顷以上；创建马铃薯高产核心区10个，展示片10个，辐射带动面积6 000公顷以上。三是粮食作物间套种和生物多样性栽培技术推广。全县计划实施粮食作物间套种和生物多样性栽培技术推广2.27万公顷，其中玉米间套马铃薯0.93万公顷，玉米间套红薯4 000公顷，玉米间套豆类0.53万公顷，水稻多样性混栽2 000公顷，水稻间种豆类2 000公顷。四、搞好新品种新技术试验示范，提高农业科技创新能力。积极开展粮食作物、经济作物、水果、中药材等优质、高产、高效品种和栽培技术的引种试验示范，抓好优良品种的更新选育工作，加快新成果新技术的转化利用；实施稻田养鱼工程3.33公顷，推动池塘标准化健康养殖建设及新品种新技术试验示范。五、积极推广节本增效技术，促进农民增收。大力推广测土配方施肥、绿肥种植、秸秆还田、免深耕等农艺和生物措施，增加土壤有机质含量，提高耕地生产能力。积极推广农机具作业，计划推广旱地机耕面积0.67万公顷、水田机耕面积0.13万公顷，降低劳力投入。搞好农村沼气池和服务网点建设，积极开展沼渣、沼液再生能源利用的试验示范推广，有效节约生产投入。六、扎实抓好病虫害防治，降低灾害损失。农业部门要科学设置农作物病虫监测点，及时、准确预报病虫发生危害信息，组建专业联防队，搞好玉米、水稻、小麦、油菜、马铃薯五大作物18种病虫的监测预警和综合防治，指导农民搞好科学防治，确保病虫害有效防治率达95%以上，病虫害损失率降低到5%以下。2010年县财政投入粮食生产各项资金共300万元。

【2010年畜牧生产意见】 1月25日，县政府出台2010年畜牧生产意见。2010年，全县计划完成畜牧业总产值4.1亿元，同比增长15%。主要措施：一、大力推进畜牧科技创新。继续实施“畜禽良种工程”、“科技入户工程”，提升畜牧科技措施的推广应用水平。二、加强良种工程建设。大力推广黄牛冻精改良和生猪杂交改良技术，引进良种母牛500头、二元杂母猪1 000头、种公猪50头，确保黄牛冻改覆盖面和生猪杂交改良面达100%。加强畜禽良种繁育场建设，在双河乡、扎西镇分别建良种母猪、仔猪和良种牛繁育场各1个，巩固发展罗布乡白羽乌骨鸡孵化场，逐步实现县内自给自足，留有结余外销。抓好大种鸡、乌骨鸡、白山羊等地方特色品种保种繁育、提纯复壮工作。三、加快实施畜禽标准化、规模化养殖。在巩固扶持现有生猪、黄牛、家禽养殖示范小区（大户）的基础上，在扎西镇发展4个黄牛养殖村，养殖黄牛1 200头，在水田乡水田村、香树村实施生猪养殖示范小区建设。四、强化依法治疫。坚持“政府保密度、业务部门保质量”的原则，确保动物W病、D病、猪蓝耳病免疫密度达100%，严格控制畜禽疫病死亡率。五、抓好草料工程建设。六、加大龙头企业扶持力度。七、强化科技培训。结合新型农民培训等工作的开展，深入村、组、农户，采取形式多样的培训方式，培训畜牧业从业人员1万人次。2010年县财政投入畜牧业发展各项资金140万元。

【2010年烤烟生产意见】 1月25日，县政府出台2010年烤烟生产意见。全县完成收购总量5.5万担（含出口备货烟叶)；除出口备货烟叶外，上中等烟达到90%以上，上等烟达到40%以上；收购均价达到全市平均水平。2010年全县投入烤烟生产

资金1 586.34万元，其中县政府投入781万元，烟草系统投入805.34万元。继续将烤烟生产、基础设施建设纳入县政府目标责任制管理，县政府分别与各种烟乡镇、县烟办、烟司签订目标责任状，并对各责任主体进行考核，根据考核目标任务完成情况兑现奖惩。完不成任务的，取消奖励，并实行行政问责。继续实行对村组干部的奖励。主要措施：一、统一思想、提高认识。烤烟产业在今后相当一段时间内仍然是全县的一项主要农业产业，稳定和发展烤烟产业是全县经济发展的现实需要。二、抓好大田面积落实。山区连片3.33公顷以上，坝区连片6.67公顷以上，户均种植面积0.67公顷以上。三、抓好实用技术推广，即100%漂浮育苗，认真抓好肥料就位，落实科学栽烟技术，加强中耕田间管理，狠抓科学烘烤，抓好烟叶基础设施建设。四、搞好样板示范。2010年全县承办市样板133.33公顷，举办小区域特色优质烟叶样板（县样板）466.67公顷。五、强化科技培训。六、抓好合同签订和管理。

【2010年煤矿安全生产工作意见】 1月29日，县政府出台2010年煤矿安全生产工作意见。2010年全县原煤产量在300万吨以上，比2009年增长35%以上。全县原煤生产百万吨死亡率控制在1.39以内。工作措施：进一步落实煤矿企业安全生产主体责任，严把煤矿复工整改关，进一步加强煤矿采掘计划审批工作，进一步加强煤矿瓦斯综合治理工作，进一步加强煤矿顶板管理工作，进一步加强煤矿基础管理工作，进一步加强煤炭资源整合工作，进一步加强队伍建设，进一步加强从业人员教育培训工作，进一步加强违法违规建设煤矿的清理整治和重点煤矿的监管工作，进一步强化监管执法工作。

【2010年安全生产工作意见】 3月1日，县政府出台2010年安全生产工作意见。总体目标："两杜绝、一控制、一实现"，即杜绝重特大事故发生，杜绝因失职渎职造成死亡事故发生；各类指标严格控制在市政府下达的控制目标范围内；实现全县安全生产形势持续稳定好转。具体目标：全县各类生产安全事故起数和死亡人数不突破市政府下达的控制指标。工作重点及措施：一、强化责任落实，构建安全生产目标责任体系。落实政府监管主体责任，落实企业安全生产主体责任，建立健全安全生产系列制度，加大安全生产投入。二、深入开展隐患排查治理，有效防范事故发生。在2009年开展隐患排查治理工作的基础上，各乡镇人民政府、县直各部门要按照隐患排查治理的工作要求，研究制订具体工作方案，继续深入开展隐患排查治理，有效防范生产安全事故发生。三、强化安全生产执法监管，坚决打击违法违规行为。突出源头治本和执法监察两个重点。四、加强安全宣传教育，努力提高全民安全意识。五、打牢安全生产基层基础，不断改善安全生产条件。六、严肃事故查处，严格行政问责。七、加强应急救援管理，提升事故应对能力。

【2010年蚕桑生产意见】 7月31日，县政府出台2010年蚕桑生产意见。2010年，全县新栽桑133.33公顷，嫁接良桑166.67公顷，低产桑园改造266.67公顷，新建、改建标准蚕房600间18 000平方米以上；全县养蚕6 000张，产茧达180吨以上；小蚕共育和蚕病统防统消率达100%。2010年计划投入蚕桑产业发展资金257.5万元，其中县财政投入助推资金100万元，主要用于栽桑养蚕基础设施建设、目标任务奖励及技术培训等方面。主要措施：一、示范带动，促进蚕桑产业全面发展。2010年计划建栽桑养蚕综合示范片7个、培育大户15户、示范户800户。二、统一标准，强化养蚕基础设施建设。乡镇要加强检查督促，确保新建蚕房100%用于养蚕，切实提高蚕房利用率。三、加强管理，巩固桑园规模。四、配强技术力量，促进科学化养蚕。五、推广矮杆作物套种，提高桑园综合效益。六、抓好收购，维护蚕农利益。

【2010年烟叶收购工作意见】 8月7日，县政府出台2010年烟叶收购工作意见。完成烟叶收购总量6.5万担（含出口备货烟叶0.62万担）；上等烟比例达到40%以上，上中等烟叶比例达90%以上，下低等烟比例控制在10%以内，综合等级合格率达到75%；收购价格好于去年。主要措施：全力抓好烤烟中后期管理，加强合同收购和预检定级管理，认真落实收购政策，严格执

纪执法。强调严肃收购纪律。县委、县政府决定成立威信县2010年烟叶收购工作领导小组，下设生产收购督查组、执纪执法和后勤保障组两个工作组。各乡镇也要成立相应的领导机构，切实加强领导，确保收购工作顺利开展，全面完成收购任务。

【2010年秋冬农业生产意见】 8月10日，县政府出台2010年秋冬农业生产意见。2010年全县计划完成秋冬农业种植面积2.93万公顷。其中：晚秋作物种植面积0.67万公顷，其中秋马铃薯0.13万公顷，秋大豆、秋红薯及其他杂粮0.2万公顷，秋蔬菜0.2万公顷，秋绿肥0.13万公顷。小春生产面积1.87万公顷，其中小麦0.67万公顷，蚕豆0.27万公顷，杂粮0.27万公顷，油菜0.67万公顷。冬季农业开发面积0.4万公顷，其中冬早蔬菜0.27万公顷，冬马铃薯1 000公顷，冬季大田种草333公顷。县财政安排秋冬农业生产各项资金30万元。工作重点：狠抓播种面积落实，不断提高秋冬农作物覆盖率；突出特色，着力调整优化作物品种结构和区域布局；加强综合配套技术措施的推广应用，提高科技措施到位率；做好土地流转工作，促进秋冬农业规模化生产；搞好支农服务，确保秋冬农业生产顺利开展。

工作规划实施

【2010年度小区域特色优质烟叶示范样板】 2010年1月，县政府办公室印发《威信县2010年度小区域特色优质烟叶示范样板实施方案》。2010年，全县举办小区域特色优质烟叶示范样板466.67公顷。其中扎西镇73.33公顷、三桃乡66.67公顷、麟凤乡133.33公顷、罗布乡60公顷、长安乡40公顷、双河乡33.33公顷、水田乡60公顷。小区域特色优质烟叶样板范围内每公顷产量2 250千克以上，公顷产值3万元以上，上中等烟比例达到90%以上。落实投入政策，严格技术措施，科学合理布局。县政府成立由副县长赵祖辉任组长，宗林、张清霖任副组长，廖道雄、陈华及各种烟乡镇乡镇长为成员的小区域特色烟叶示范样板工作领导组，下设办公室于县烟办，并由宗林兼任办公室主任，廖道雄、陈华兼任办公室副主任。对小区域特色烟叶种植实行百分制考核，经县烤烟生产领导组分三次（育苗及预整地、移栽规范化及节令、田间管理）组织检查。

【森林采伐管理改革试点】 2月3日，县政府印发《威信县森林采伐管理改革试点实施方案》。改革试点工作从2010年1月起全面实施，12月对全县森林采伐管理改革试点工作进行检查验收，总结改革成果。此次采伐管理改革试点只在个人、集体人工商品林中进行，全县森林分类区划界定确定的生态公益林和非林地上的林木不纳入此次森林采伐管理改革试点范围。为确保改革顺利实施并取得成效，对商品林中位置敏感区域（城镇周围具有水源涵养、森林景观等区域）、权属有争议林木和国有林木暂不列入此次改革范围。天然林禁止商品性采伐。全县“十一五”期间森林采伐总限额为27.35万立方米，其中，2009—2010年森林采伐限额共计10.94万立方米统筹安排使用，不再分年度下达木材生产计划，除县预留10%用于因工程建设、灾害性采伐和县政府2010年下达各乡镇的个人零星采伐指标外，剩余采伐指标全部分配给国营、集体、个人林权所有者。取消林木采伐限额按消耗结构、采伐类型分项限额限制的限额管理模式，实行以县为单位进行总量控制的管理方式。成立县森林采伐管理改革试点工作领导小组，负责全县森林采伐管理改革试点工作的领导、决策、协调。乡镇要成立相应的领导机构，负责本辖区试点工作的组织领导和监督管理。

【2010年粮食科技示范样板创建】 3月23日，县政府办公室印发《威信县2010年粮食科技示范样板创建实施方案》。目标任务：一、粮食科技示范样板。全县举办粮食科技示范样板2.2万公顷（玉米1.33万公顷，水稻0.2万公顷，马铃薯0.67万公顷）。其中：市级样板0.67万公顷，增产15%以上；县级样板0.67万公顷，增产10%以上；乡村样板0.87万公顷，增产7%以上。各乡镇举办乡镇党委书记、乡镇长、分管副乡长粮食科技示范样板各66.67公顷；各村分别举办粮食科技示范样板一片33.33公顷。二、粮食作物高产创建。完成省、市、县粮食作物高产创建样板5片0.33万公顷，县、乡粮食作物高产创建

21片1.33万公顷（玉米10片0.67万公顷，水稻一片0.067万公顷，马铃薯10片0.6万公顷）。三、粮食作物间套种示范推广。推广玉米间套马铃薯14万亩、玉米间套红薯0.4万公顷、玉米间套豆类0.53万公顷、水稻多样性混栽0.2万公顷（增产10%以上）、水稻间种田埂豆0.2万公顷（增产10%以上）。区域布局：市级样板主要布局在县乡公路主干道沿线，县级样板主要布局在乡村公路主干道沿线，乡村样板主要布局在本辖区内地势较为平坦、土地肥沃、可视范围较宽的区域。各级示范样板由乡镇组织实施。省、市、县粮食作物高产创建样板作为县委书记、县长、县委副书记、分管副县长、农业局局长样板打造。县、乡粮食作物高产创建样板由乡镇选择交通方便，地势平坦，土地肥沃，较为集中连片的村组组织实施。县财政安排资金100万元，用于粮食生产科技培训、粮食作物高产创建和粮食作物间套种核心区建设补助及目标任务考核奖励。成立由副县长赵祖辉任组长，陶其华、晋茂任副组长，有关单位负责人为成员的威信县粮食科技示范样板创建工作领导组，下设办公室于县农业局，由陶其华兼办公室主任。各乡镇也成立相应的领导机构，确保各项工作正常开展。

【2010年非煤矿山安全生产专项整治】 3月26日，县政府印发《威信县2010年非煤矿山安全生产专项整治工作方案》。全县现有非煤矿山130座，非煤矿山数量多，规模小，安全条件差，开采技术水平低，安全保障能力有限，安全生产形势仍然严峻。非煤矿山安全生产专项整治工作围绕“合法生产、管理规范、现场安全”三大目标，实现“五有五落实十达标”。合法生产“五有”。即：工商营业执照、采矿许可证、安全生产许可证合法有效，安全和环保“三同时”手续齐全完备，开采设计正规可行。安全管理“五落实”。即：安全管理机构健全、安全管理人员到位，特种作业人员持证上岗，从业人员培训合格；安全生产责任制、安全管理规章制度、安全操作规程完善并有效实施；应急救援预案有针对性和可操作性，定期演练，做好记录；“安全生产风险抵押金、安全生产费用提取、工伤保险和人身意外伤害保险”三项经济政策落实；安全管理档案健全规范。“十达标”为现场安全达标。4月10日前安排部署和调查摸底，10月底前治理，11月底前检查验收。县政府成立威信县非煤矿山安全专项整治领导组，由县政府分管领导任组长，县安监局局长任副组长，有关部门负责人为成员，下设办公室于县安监局，由江涛兼办公室主任。明确县非煤矿山安全专项整治领导组成员单位职责。

【2010年纠风工作】 4月6日，县政府办公室转发县政府纠风办《2010年纠风工作实施意见》。主要任务：一、重点抓好强农惠农资金监督检查、治理面向企业的乱收费和各种摊派、清理规范检查考核活动三项工作。二、继续深化六项治理，切实解决群众反映强烈的不正之风问题。三、贯彻落实效能政府四项制度，加强部门和行业作风建设，深入推进民主评议和政风行风热线工作。工作要求：加强组织领导，认真落实责任制；强化案件查处，严格责任追究；坚持求真务实，夯实纠风基础；注重制度建设，加强源头防治。将2010年纠风工作主要任务分解为14个大项，并落实责任单位和协办单位。

【农村劳动力转移就业特别行动】 4月14日，县政府办公室印发《威信县农村劳动力转移就业特别行动工作方案》。“特别行动”期间，计划集中转移输出农村劳动力1.44万人（含新增转移0.78万人），开现场招聘会6场。最终实现全年累计转移农村劳动力9.64万人、务工工资性收入达9.4亿元以上、务工纯收入达5.56亿元以上的目标。“特别行动”从2010年4月上旬开始，至2010年8月底结束，为期5个月。各乡镇5月底前完成新增转移农村劳动力总数的80%、现场招聘会总数的70%、培训任务总数的80%，8月底前全部完成新增转移农村劳动力、现场招聘会和全年培训任务（培训农村劳动力按年初分解落实目标完成）。“特别行动”分三个阶段进行：4月1～10日为劳务订单筛选和宣传发动阶段，4月11日至8月20日为特别行动实施阶段，.8月20～30日为总结提高阶段。成立由分管副县长任组长，县农村人力资源开发办主任任副组长，县财政局、人事和劳动社会保障局、农业局、交通局、建设局、教育局、卫生局、扶贫办、农行威信县支行等相关部门领导为成员的威信县农村劳动力转移就业特别行动领导小组，下设办公室于县农村人力资源开发办，由任家材兼任办公室主任。各乡镇也要成立相应的领导机构，切实加强对“特别行动”的组织领导。

【“两基”迎国检工作】 4月20日，县政府办公室印发《威信县“两基”迎国检工作方案》。工作步骤及安排：2010年4月1~20日宣传动员，4月21日至5月20日实施，5月21日至6月30日督查，7月1日至8月31日查缺补漏，9月1日至10月31日完善提高，11月1日至12月31日迎检，2011年1~6月整改完善。工作内容及重点：国检主要检查普及程度、教师队伍、教育质量、办学条件、教育经费、学校安全管理、扫盲程度7个方面35项指标，重点考察近3年来“两基”巩固提高工作实绩及各项指标完成情况。各级各有关部门必须以上述7项检查内容为重点，认真排查，切实解决存在的问题。在做好7个方面工作的同时，必须着重做好以下4项工作：一是狠抓普及程度的提高。二是继续抓好缺编教师的补员招聘工作，力争使中小学教师编制基本达到国检要求。三是加快中小学校舍安全工程建设步伐，全部排除D级危房，如期完成今年的建设任务；要高度重视学校音、体、美、劳器材和实验室、图书室、信息化多媒体教室等建设，使中小学办学条件得到较大改善。四是建立和完善“两基”档案。县政府成立由县长任组长，分管副县长任副组长，相关部门领导为成员的“两基”迎国检工作领导小组，并落实“两基”迎国检工作领导小组成员单位职责。

【行政机关推行效能政府四项制度】 4月22日，县政府办公室印发《威信县行政机关行政绩效管理制度实施方案》、《威信县行政机关行政成本控制制度实施方案》、《威信县行政机关行政行为监督制度实施方案》和《威信县行政机关行政能力提升制度实施方案》。

一、关于行政绩效管理。成立以县审计局局长杨聪为组长，有关单位负责人为副组长和成员的威信县行政绩效管理工作领导组，设办公室设于县审计局，由毛雨秋兼办公室主任。建立行政绩效管理工作协调会议制度，由县政府办、审计、财政、发改、监察部门组成，每季度召开一次工作协调会议。重点内容：政府投资重大项目，重点民生专项资金，政府年度重要工作。行政绩效管理制度的实施从2010年3月至2010年12月，分为准备阶段、实施阶段、总结提高阶段三个步骤。主要措施：政府投资重大项目的稽查审计工作，由县审计局牵头，发改局配合；重点民生专项资金绩效审计工作，由县审计局负责；政府年度重要工作督查，由县政府办负责；政府投资重大项目、重点民生专项资金和年度重要工作实施部门或单位，应在每季度结束后的次月10日前，分别向县政府办公室、发改局、财政局、监察局和审计局报送本部门或单位实施政府投资重大项目、重点民生专项资金的实施计划、工程进度、资金到位及管理使用情况和重要工作进展情况；每年的7月20日和12月20日前，县审计局要向县人民政府报告上半年和全年行政绩效管理检查评价结果；县监察局负责对行政绩效管理制度实施情况进行监督检查。

二、关于行政机关行政成本控制。坚持经费保障与行政成本控制相结合、行政责任与加强监督相结合的原则，确保行政成本控制工作健康有序开展。2010年，从严控制机构编制和财政供养人员，因公出国（境）经费零增长，公务用车购置经费零增长，楼堂馆所一律不新建，会议、庆典、论坛和出省考察经费压缩20%。成立由县财政局局长刘华宇为组长，有关单位负责人为副组长，县财政局相关股室负责人和县直相关部门对口股室负责人为成员的威信县行政成本控制工作领导组，下设办公室于县财政局，由熊腾洋兼办公室主任。各部门要及时成立本部门行政成本控制工作领导小组，报威信县行政成本控制工作领导组办公室。从2010年3月起至2011年2月，分4个阶段实施。主要措施：严格控制机构编制和财政供养人员，严格控制公务用车购置和管理，严格控制会议庆典论坛的数量、规模、规格和经费，严格控制出国、出境、出省考察，严格控制行政机关办公楼等楼堂馆所建设。

三、关于行政机关行政行为监督。成立由县监察局局长谢刚为组长，有关单位负责人为成员的威信县行政行为监督工作领导组，下设办公室于县监察局，由李绍勇兼办公室主任。实施行政行为监督制度，坚持依法行政、突出重点、实事求是、公开透明的原则。实施范围为全县县级以上行政机关。分宣传教育、制订实施方案、组织实施、总结提高4个阶段。各部门要把加强监督检查作为推进行政行为监督制度顺利实施的重要手段，加大督促检查力度，确保工作实效；县监察局要强化监督检查职能，督促各部门执行好行政行为监督制度。强化自查自纠，严格整改落实，严肃责任追究。

四、关于行政机关行政能力提升。成立由县人事和劳动社会保障局局长冯天学为组长，有关单位负责人为副组长和成员的威信县行政能力提升工作领导组，下设办公室于县人事局公务员管理股，由马世钦兼任办公室主任，舒云海兼任办公室副主任。建立协调会议制度，由县人事局、法制局、信息中心组成，由县人事局根据工作需要召集并组织召开协调会议。从2010年3月起至2010年12月，分为制订实施方案、组织实施、完善提高3个步骤进行。工作内容：强化学习实效，公平公正履职，工作目标倒逼，深入一线工作，推进电子政务。

【2010年地质灾害防治】 4月27日，县政府办公室印发《威信县2010年地质灾害防治方案》。通过排查踏勘，全县各类地质灾害隐患地段达39处，直接威胁到722户2 932名群众的生命财产安全。其中，扎西、水田、罗布和麟凤等乡镇隐患地段分布较多，地质灾害类型仍以斜坡岩土体位移（崩、滑、流）为主，灾害发育程度及构成的威胁较大，防灾减灾形势严峻。根据全县地质灾害隐患分布状况、孕育规律及威胁特点，按照地质灾害防治“三为主”、“四结合”的方针和协调联动的原则，全县地质灾害防治着重采取以下措施：加强领导，落实责任；加强群测群防体系建设，注重灾前避让；坚持制度管理，强化应急处置；早防早治，强化前置举措；加大搬迁力度，严防危害对象滞留险区；深入宣传，进一步增强公众防灾减灾意识。严明工作纪律，严格责任追究。

【2010年昆交会威信县交易团筹备】 5月6日，县政府办公室印发《2010年昆交会威信交易团筹备工作方案》。县政府成立由副县长左顺春为组长，陶义、唐俊为副组长，有关单位负责人为成员的威信县2010年昆交会威信交易团筹备领导组，下设办公室于县商务招商局，由张贵方兼办公室主任。办公室下设综合组、项目组、宣传组三个具体办事机构。综合组组长唐俊，成员赵林昭、唐莉、王应周；项目组组长白庆阁，成员谢作川、唐莉；宣传组组长刘光友，成员王应周及县广电局、新闻宣传中心各1人。参展企业及产品：威信县盛丹赐绿色食品有限公司的蕨粉、山野菜、苦丁茶系列产品，台湾长青园有限公司的乌龙茶，威信县羊藿酒业有限责任公司的“羊藿”牌淫羊藿酒产品，威信县红锦春绿色食品有限公司的泡菜系列产品，威信县长征茧丝绸有限公司茧、丝，其他企业的煤、硫铁矿。6月6日上午8：00参加昆交会开幕式，6月10日下午17：00撤展。

【农村客运秩序专项整治】 5月6日，县政府办公室印发《威信县农村客运秩序专项整治实施方案》。按照“积极引导、宏观调控、逐步规范、依法管理”的方式进行，逐步实现农村客运规范管理。2010年5月1～10日宣传发动、调查摸底，5月11日至8月20日集中整治，8月21～30日检查验收。成立由副县长左顺春为组长，有关单位负责人为成员的威信县农村客运秩序专项整治领导组，下设办公室于县交通运政管理所，由成忠岱任办公室主任。明确职责，落实相关部门任务。农村客运秩序专项整治领导组对整治工作进行检查、验收，查找存在问题，完善相关管理制度，建立长效管理机制。

【木材加工企业清理整顿】 5月7日，县政府办公室印发《威信县木材加工企业清理整顿工作实施方案》。工作目标：通过对全县木材加工单位进行清理整顿，规范木材加工市场，取缔非法加工厂（点），整合现有木材加工生产企业，切实改变加工企业低水平重复建设、加工厂（点）设置过多的现状，建立布局合理、管理规范、效益良好的木材加工经营秩序，促进全县木材加工业持续健康发展。清理整顿范围为全县范围内从事木材加工的单位和个人。清理整顿措施：对未经林业主管部门批准私自设立的木材加工厂（点），由县工商、森林公安、林政、各乡镇林业站组织力量进行清理取缔，根据《森林法实施条例》第四十条规定，没收非法经营的木材和违法所得，并处违法所得2倍以下的罚款；未经县林业主管部门批准，在采伐区内私自设立临时加工点的，一律予以取缔；违反《云南省森林条例》第三十条、三十一条、四十二条、四十三条规定，责令其停业整顿、关停、限期搬迁，注销并收回木材加工许可证，构成犯罪的依法追究刑事责任；对规模小、浪费资源、产品附加值低、安全措施不到位、偷漏林业规费的企业列入整顿对象，经限期整改仍不合格的，依法注销或吊销其木材经营加工许可证；对关停或限期搬迁的加工企业，其来源合法的木材（产品）限于2010年7月31日前调运完毕；对无合法来源证明的木材依法予以没收，并停止办理木材运输证。木材加工企业清理整顿工作从2010年5月20日起，分三个阶段进行。5月20日至6月19日调查摸底、年检，6月20日至7月31日清理整顿，8月1～20日总结提高。县政府成立由分管副县长任组长，县林业局、工商局局长为副组长，国土资源局、林业局、森林公安局等部门领导和各乡镇分管副乡镇长为成员的木材加工企业清理整顿工作领导小组，下设办公室于县林业局，由县森林公安局副局长陈文毅兼办公室主任。

【2010年食品安全整顿】　5月13日，县政府办公室印发《威信县2010年食品安全整顿工作方案》。主要任务：加强违法添加非食用物质和滥用食品添加剂整顿，加强农产品质量安全整顿，加强食品生产加工环节整顿，加强餐饮消费环节整顿，加强畜禽屠宰整顿，加强保健食品、化妆品整顿，推进食品生产企业诚信体系建设。有关要求：严格落实食品安全整顿工作责任，切实加大食品安全案件查处和责任追究力度，认真做好信息报告和新闻宣传工作，加强督促检查和评价考核。

【农村公路养护管理】　5月15日，县政府办公室印发《威信县农村公路养护管理实施方案》。坚持“政府主导、全民参与、统筹管理、分类指导、因地制宜、协调发展”的总体思路，建立县道以县级为责任主体、乡道以乡镇为责任主体、村道以村级为责任主体的农村公路管理和养护体制，构建农村“路、站、运、安、管”一体化网络，建立符合全县实际的农村公路管理体制和养护机制，使全县农村公路路面平整，路肩清洁，侧沟、桥涵排水通畅，保证安全畅通，解决广大群众出行难问题，促进农村公路持续健康发展。农村公路养护管理实行“统一领导、分级负责、行业管理、科学养管、统分结合、提高质量、依法治路、保障畅通”的原则。建立健全农村公路养护管理新机制：实行分级负责的机制，因地制宜确定养护标准和重点，建立健全农村公路管理养护责任体系，层层签订农村公路养护管理责任制，严格考评、考核。截至2009年，全县有县道286千米（含新列入火剪坑至观斗山18.2千米，长安至瓦石6千米，鱼井至罗布10千米），乡道359千米，村道186千米。从2010年起，县道的养护资金除争取上级补助外，按5 000元／千米补助，乡道采取“以奖代补”的办法按每年3 500元／千米的标准考核兑现。

【开展涉农经费管理使用情况专项检查】　5月19日，县政府办公室印发《威信县开展涉农经费管理使用情况专项检查工作方案》。由县政府纠风办牵头，从相关部门抽调人员组成检查组，对各乡镇和县直各涉农部门进行检查，具体时间和安排由县政府纠风办负责通知。检查内容和范围：在全县10个乡镇、县直有关部门，对2009—2010年中央和地方安排的财政扶贫资金（含以工代赈资金、少数民族发展资金），涉农“三项补贴”资金，救灾救济资金的监管情况进行专项检查。5月20日至8月20日自查自纠，8月20～30日抽查。强化责任追究。

【道路交通安全隐患大排查大整治专项行动】　5月19日，县政府办公室印发《威信县道路交通安全隐患大排查大整治专项行动实施方案》。成立由副县长、公安局局长何国荣为组长，县安监局局长周瑞全为副组长，有关单位负责人及各乡镇分管副乡镇长为成员的威信县道路交通安全隐患大排查大整治专项行动领导组，下设办公室于县公安局交警大队，由杜洪景兼办公室主任，张青松兼办公室副主任。专项行动分为三个阶段：4 月 29 日至 5 月 15 日宣传发动，5 月 16 日至 6 月 30 日集中排查整治，7 月 1 ~ 31 日总结提高。工作重点：对农村地区机动车及驾驶员进行全面的清理排查，对严重道路交通安全违法行为进行排查整治，对客运企业及车辆进行全面的排查整治，对道路交通安全隐患进行认真排查整治，全面加强校园周边道路交通秩序治理整顿。

【2010 年整治违法排污企业保障群众健康环保专项行动】 5 月 21 日，县政府办公室印发《威信县 2010 年整治违法排污企业保障群众健康环保专项行动实施方案》。工作重点及要求：深入开展饮用水源保护区集中整治和县城污水处理厂工程建设的督查，集中整治工矿企业的环境违法问题。经县环保专项行动领导小组研究，对以下问题企业实行挂牌督办：麻园水泥厂立窑生产线的限期淘汰问题；上坝煤矿、蒲草坝煤矿、尹家塆煤矿和水洞坪煤矿废水超标排放，依法对其实行限期治理的问题。成立由副县长左顺春为组长、县环保局副局长李宗伟为副组长、有关单位负责人为成员的威信县 2010 年整治违法排污企业保障群众健康环保专项行动领导小组，下设办公室于县环保局，由魏仁贵兼办公室主任。加强部门联动，强化督查督办，严格责任追究，加强动态报告。5 月动员部署，6 ~ 9 月集中检查和整治，10 月总结。

【综合应急救援】 5 月 27 日，县政府办公室印发《威信县综合应急救援实施方案》。按照构建统一指挥、反应灵敏、协调有序、运转高效的应急救援机制，建立县应急救援大队。在乡镇先行试点、逐步推广，普遍建立完善基层应急救援队伍，基本形成“统一领导、专兼并存、优势互补、运转高效、防范严密、公众参与、保障有力”的综合应急救援工作机制和“反应灵敏、功能齐全、协调有序、处置快捷”的综合应急救援队伍体系，基本满足本区域和重点领域突发事件应急救援工作的需要。综合应急救援队伍建设框架：依托县公安消防部队组建综合应急救援队伍。本着“先挂牌组建队伍，后完善相关机制”的原则，成立威信县应急救援大队。县应急救援大队大队长由县政府副县长、公安局局长何国荣担任；教导员由县公安局政委余发鹏担任；副大队长由县人武部部长佘世富、县公安局副局长白孝东、县安全生产监督管理局局长周瑞权、县煤炭局局长丁开砚、县卫生局局长张俊、县民政局局长安永华、县财政局局长刘华宇、县交通局局长安定麟、县武警中队中队长何鑫担任；由县公安消防大队教导员李佳连担任专职副大队长；成员从县人武部、宣传部、民政局、水务局、交通局、公安局、消防大队、财政局、煤炭局、国土局、建设局、卫生局、防震减灾局、广电局、林业局、安监局、环保局、供电公司、自来水公司、气象局、电信公司、移动公司、联通公司、红十字会、交警大队、武警中队等部门抽调 146 人组成。县应急救援大队下设 6 个工作小组：应急救援小组 80 人（其中消防官兵 27 人、民兵应急分队 27 人、矿山救护队 16 人、武警官兵 10 人），通信联络小组 10 人（其中电信公司 2 人、移动公司 2 人、联通公司 2 人、公安局 2 人、县应急救援办公室 2 人），物资保障小组 20 人（民政局 5 人、交通局 4 人、交警大队 4 人、自来水公司 4 人、供电公司 3 人），医疗救护小组 20 人（其中卫生局 2 人、红十字会 2 人、疾控中心 2 人、人民医院 8 人、中医院 6 人），专家技术小组 10 人（其中安监局 1 人、煤炭局 1 人、建设局 1 人、环保局 1 人、林业局 1 人、气象局 1 人、国土局 1 人、防震减灾局 1 人、电信公司 1 人、消防大队 1 人），宣传报道小组 6 人（其中宣传部 4 人、广电局 2 人）。县应急救援大队下设办公室于县公安消防大队，由白孝东兼办公室主任，李佳连任办公室副主任。县应急救援大队成员作为专业综合应急救援力量队伍，平时由各单位管理，接受县应急救援大队的统一领导，服从训练、作战等调度安排。县综合应急救援工作所需经费由县政府根据工作需要统筹安排。县应急救援大队作为综合应急救援的主要力量，由县政府统一调动，需要执行应急救援任务时，接到指令后立即奔赴事发现场组织参与救援。分为应急救援小组、通信联络小组、物资保障小组、专家技术小组、医疗救护小组、宣传报道小组 6 个工作小组开展应急救援工作，并明确各小组工作职责。各成员单位要切实履行值班制度，每月将应急救援工作值班名单报县应急救援大队办公室。每季度定期召开1次专题会，有针对性地研究解决本单位应急救援队伍存在的问题；县应急救援大队每季度召集各成员单位召开1次联席会议，预测灾害事故可能发展的形势，部署相关工作，并及时制订应急救援工作方案。确定麟风乡为综合应急救援工作示范点，建立“麟风乡应急救援分队”。

【2010年度烟叶生产收购考核奖惩办法】 5月31日，县政府办公室印发《威信县2010年度烟叶生产收购考核奖惩办法》。考核对象为各种烟乡镇人民政府、县烟办、县烟草分公司、县乡烤烟生产相关责任人。县政府安排186.65万元资金用于2010年烤烟生产收购奖励。其中：42.25万元用于相关责任人奖励，23.34万元用于村组干部奖励，其余部分用于集体奖励。对乡镇、对村组干部、对县烟办、对县烟草分公司分别提出考核奖惩标准。

【继续深入开展安全生产年活动】 6月2日，经县政府同意，县政府办公室提出继续深入开展安全生产年活动的实施意见。以治大隐患、防大事故为目标，以治理隐患、加强监管、落实责任为重点，深入开展安全生产“三项行动”，不断加强“三项建设”，进一步强化和落实两个主体责任，采取切实有效的措施，坚决遏制和防范各类生产安全事故，努力实现事故起数、死亡人数、直接经济损失三项指标持续下降，促进全县安全生产形势稳定好转。主要任务：进一步强化和落实两个主体责任，深化安全专项整治，加强安全监管执法，加强应急管理和监管装备建设，加强安全生产基础工作。“安全生产年”活动在县政府的统一领导下，分4个阶段组织实施：2010年6月10日前安排部署，6月10日至9月20日组织实施，9月21～30日督促检查，10月1日至11月30日总结提高。

【构筑社会消防安全防火墙工程】 6月7日，县政府办公室印发《威信县构筑社会消防安全“防火墙”工程实施方案》。县政府研究决定成立威信县构筑社会消防安全“防火墙”工程领导小组，负责构筑工程的组织部署、指导协调、示范创建和督导验收等工作。副县长何国荣为组长，县政府办公室主任陶义、县公安局副局长白孝东为副组长，有关单位负责人为成员。领导小组下设构筑社会消防安全“防火墙”工程办公室（以下简称“筑墙办”）在县公安消防大队，由李家连兼办公室主任。工作目标及任务：实施构筑社会消防安全“防火墙”工程，以落实政府部门消防工作“四项责任”、提高社会单位消防安全“四个能力”、夯实农村社区火灾防控“四个基础”、提高公安机关消防监督管理“四个水平”为着力点，力争通过3年的努力，使全县消防安全责任制更加健全，社区农村消防安全基础更加牢固，社会单位消防安全自防自救能力明显提高，公安消防监督管理能力显著增强，消防工作社会化水平显著提升，重特大尤其是群死群伤火灾事故得到有效遏制。落实政府部门消防工作“四项责任”，开展社会单位消防安全“四个能力”建设，夯实农村、社区火灾防控“四个基础”，提高公安机关消防监督管理“四个水平”。2010年5月动员部署，6～8月示范带动，2010年9月至2012年10月全面推进，2010年11月、2011年11月、2012年11月总结验收。

【第六次全国人口普查】 6月18日，县政府办公室印发《威信县第六次全国人口普查实施方案》。分人口普查的目的和原则，人口普查的标准时间、对象和内容，人口普查的宣传工作，普查员、普查指导员的选调和培训，人口普查登记前的准备工作，人口普查的登记和复查工作，人口普查数据的汇总、发布和管理，工作要求8个大项，52个小项。

【2010年务工人员夜校培训】 6月23日，县政府办公室印发《威信县2010年务工人员夜校培训方案》。在2010年11月10日前完成各类培训60期3 000人，其中：职业技能培训15期730人，转移就业率达95%以上；通过职业技能鉴定发证人数达280人以上；务工引导性培训27期1 360人；经营能手、农村种养业带头人培训18期910人。通过务工人员夜校培训，使扎西镇农民人均纯收入在2009年的基础上增长15%以上。围绕市场需求，在充分听取群众意见、自愿选择的

基础上，对扎西镇年满16周岁以上50周岁以下的农村劳动力开展木工、支砌工、电动缝纫工、电工、家政、烹调、机修、电焊、手绣工、竹艺编制、水晶玻璃工艺加工等务工技能培训。同时，着力开展农村经营能手、农村种养业带头人的实用技术培训及外出务工基本常识的引导性培训。务工人员夜校培训由县农村人力资源开发办公室和扎西镇政府共同实施，县职业教育中心作为主要培训单位。职业技能培训教材按农民所需的技能要求组织相关专业人员编写。课程设置为职业技能培训、引导性培训和经营能手、种养业带头人培训。组织职业技能鉴定机构对参加技能培训的人员组织考评考核，考核合格后，发给国家认可的职业资格证书。夜校培训共投入资金66万元，其中：整合中央阳光工程培训、贫困地区劳动力转移培训、劳动力转移示范基地培训等省级以上项目资金50万元，市级财政投入补助资金10万元，县财政配套资金6万元。成立由副县长赵祖辉为组长，县农村人力资源开发办主任任家材、扎西镇镇长张永为副组长，有关单位负责人为成员的威信县2010年务工人员夜校试点培训工作领导小组，下设办公室于县农村人力资源开发办公室。务工人员培训夜校校长由张永担任，副校长熊胜银、陈功燕。扎西镇务工人员夜校培训工作必须于2010年11月10日前全面完成。

【深化煤矿安全县长霹雳行动】 7月4日，县政府印发《威信县深化煤矿安全县长霹雳行动工作方案》。以“铁腕整治，科学发展”为行动主题。行动时间自2010年7月1日至12月31日，历时6个月。县政府成立由县长为组长，县委常委、常务副县长王维强为副组长，各位副县长、调研员、有关单位负责人及各产煤乡镇乡镇长为成员的“煤矿安全县长霹雳行动”工作领导小组，下设办公室于县煤炭工业局，由丁开砚任办公室主任。行动内容：深入开展“县长专项督查”，坚决贯彻“六个严格执行”，深化煤矿瓦斯综合治理，切实加大煤矿安全生产监管力度，加强监管队伍建设，加强从业人员技术培训。

【农村小型水利工程管理体制改革】 7月4日，县政府办公室印发《威信县农村小型水利工程管理体制改革实施方案》。符合以下标准的农村小型水利工程纳入本次改革范围：小型农田水利灌溉工程或渠道流量1立方米／秒及以下的灌溉排水工程，库容在100万立方米以下的水库、小坝塘、小水池、小水窖等蓄水工程，乡、村集中供水、农村人畜饮水工程，其他农村小型水利工程设施。改革方法：明晰工程产权，完善管理机制，落实管理责任，明确工程所有者或经营者的权利和义务，健全配套政策，新建农村小型水利工程改革。全县农村小型水利工程管理体制改革工作采取试点先行、逐步推开、规范运作、全面实施的方法，分4个阶段实施：2010年6月15日前准备实施，6月16日至8月20日调查摸底、制订方案，8月21日至12月31日公开实施、签订合同，2011年1月1日至6月31日发证建档、总结验收。县政府成立威信县农村小型水利工程管理体制改革工作领导小组，由县政府分管副县长任组长，县水务局局长任副组长，有关单位负责人为成员，下设办公室于县水务局，由县水务局局长兼办公室主任。

【煤矿安全生产隐患大检查、大排查、大整治】 7月8日，县政府办公室印发《威信县煤矿安全生产隐患大检查、大排查、大整治活动方案》。为深刻吸取扎西镇沟头煤矿“6·30”煤与瓦斯突出事故的惨痛教训，采取有效措施，坚决遏制煤矿安全事故再次发生，彻底扭转煤矿安全生产的被动局面，县政府决定在全县范围内开展为期2个月的煤矿安全生产隐患大检查、大排查、大整治活动。县政府成立威信县煤矿安全生产大检查、大排查、大整治活动领导组。县委常委、常务副县长王维强为组长，县安监局局长周瑞权为副组长，有关单位负责人为成员。领导组下设办公室于县安监局，由周瑞权兼办公室主任。成立4个联合执法检查组暨隐患大排查工作组。第一组组长周瑞权，负责检查扎西煤管所片区；第二组组长江涛，负责检查罗布煤管所片区；第三组组长石泉，负责检查双河煤管所片区；第四组组长牛敏，负责检查麟凤煤管所片区。排查的内容：证照管理方面，机构设置方面，制度建设方面，装备建设方面，基础工作方面。全县煤矿安全生产隐患大检查、大排查、大整治活动从2010年7

月6日开始，8月30日结束，分集中排查、集中治理、检查验收3个阶段实施。

【问题乳粉清查】 7月22日，县政府办公室印发《威信县问题乳粉清查工作方案》。县政府决定成立联合工作组，联合工作组即县食品安全委员会，联合工作组办公室即县食品安全委员会办公室。联合工作组统一部署，协调公安、监察、食品药品监管、农业、质监、工商、卫生等部门联合开展清查行动。严格奶源监管，确保奶源质量；严查乳粉和含乳食品生产企业；严防问题乳粉流入市场和餐饮环节；严厉查处违法犯罪案件和追究责任。

【2010年反腐倡廉建设重点工作及责任分解】 7月，县政府办公室印发《威信县2010年反腐倡廉建设重点工作及责任分解方案》。将全县政府系统反腐倡廉重点工作分解细化为8个大项，11个小项，落实牵头单位和责任部门。8个大项，即：强化政府投资项目和公共资金监管；完善财政预算制度，推进预算公开透明；加强国有资产管理，完善国有资产监管体系；加强行政程序的制度建设；加强政风建设；加强领导干部廉洁自律；坚决查办违纪违法案件；严格执行党风廉政建设责任制。

【打击非法违法生产煤矿专项行动】 8月4日，县政府办公室印发《威信县打击非法违法生产煤矿专项行动实施方案》。目标任务：一、通过取缔关闭无证非法开采煤炭资源矿点（坑口、井），使无证非法开采煤炭资源行为得到全面查处，非法采矿的组织者得到相应责任追究，非法采矿参与者得到依法处理，无证非法开采煤炭资源势头得到有效遏制。二、大力推进煤炭资源整合过程中的矿井关闭工作，强化责任意识，严格按照“六条标准”按时完成2010年矿井关闭任务。三、全面查清越界采矿行为，对清查出的越界开采煤矿依法进行查处，对拒不退回采矿权范围的矿井，坚决实施停产整顿。四、明确职责分工，定期组织巡回检查，坚决关闭非法开采矿点，落实监控措施，防止死灰复燃。五、加强对整合技改矿井的监督检查，督促整合技改矿井严格按照批准的设计进行施工。施工过程中因地质条件变化等原因造成开拓方案、采区布置、通风方式等重大设计变更的，必须按程序报原设计批复部门批准后实施。严禁边技改、边生产和只生产不技改，严肃查处借技改之名非法组织生产的行为。六、建立健全打击非法违法开采煤炭资源行为的长效机制。2010年7月20日至2010年8月25日，为期35天。县政府成立由县安委办主任、县安监局局长周瑞权为组长的打击非法违法生产煤矿专项行动领导小组。7月20日至8月15日排查治理，8月15～25日督查。

【涉农经费管理使用情况自查自纠】 8月8日，县政府办公室印发《威信县涉农经费管理使用情况自查自纠工作方案》。县政府成立由县委常委、常务副县长王维强为组长，县纪委副书记、县监察局局长谢刚为副组长，有关单位负责人为成员的威信县涉农资金专项检查领导小组，下设办公室于县政府纠风办并由李绍勇兼办公室主任。此次自查的范围是使用中央与省级财政安排的强农惠农资金的相关单位，主要对2009年1月至2010年6月30日前中央和省级财政预算安排的各类涉农资金管理使用情况进行检查。包括4类：一是农业部门“农村劳动力转移培训阳光工程资金”和扶贫部门“贫困地区劳动力转移培训资金”；二是良种补贴、农资综合直补、种粮补贴和生猪生产扶持项目补助资金；三是新型农村合作医疗资金；四是农村低保资金。重点对7个方面内容开展自查：一是资金管理制度是否完善，二是农民的各项补助资金是否及时足额拨付到户，三是是否存在多头申报、虚报冒领、套取资金的问题，四是是否存在截留、挤占、挪用资金的问题，五是是否存在滞留、资金使用率低的问题，六是财政预算安排的强农惠农资金相关账户设置和资金划转存在的问题，七是违反制度规定的其他问题。2010年8月10日至9月5日自查自纠，9月5～10日抽查。

【2010年烤烟收购执纪执法】 8月10日，县政府印发《威信县2010年烤烟收购执纪执法方案》。成立由副县长、公安局局长何国荣为组长，有关单位负责人为副组长和成员的威信县烤烟收购执纪执法领导组，下设办公室设于县烟草专卖局，由艾宗智兼办公室主任。成立烟叶收购巡回检查小组。第一组组长陈勇，

成员烟司1人、公安1人、工商1人，巡回检查扎西、长安、麟凤、三桃；第二组组长艾宗智，成员烟司1人、公安1人、工商1人，巡回检查双河、水田、罗布。成立烟叶收购流动稽查小组，组长熊建华，副组长肖发涛、谢锋、钱东柱，成员公安2人、工商2人、烟草3人。成立烟叶收购执纪执法应急小组，组长何国荣，副组长陈勇、王旭东、熊建华、艾宗智、谢锋，成员公安5人、工商5人、烟草5人。成立烟叶收购纪律督查小组，组长王旭东，成员为县纪委、监察局工作人员。成立各乡镇烟叶收购执纪执法领导组，设立烟叶收购执纪执法宣传点。强化涉烟案件的执法和处理，强化烟草专卖法律、法规的宣传，强化责任、严明纪律。

【2010年民主评议政风行风】 8月17日，县政府办公室印发《威信县2010年民主评议政风行风工作实施意见》。2010年主要对县直29个职能部门政风行风建设情况进行民主评议。2009年评议过的农业、人事和劳动社会保障系统今年不再评议，重点抓好2009年行风评议整改措施落实情况的跟踪检查工作。评议内容：一是信息公开，二是依法办事，三是服务质量，四是廉洁自律，五是制度建设。8月20日前动员部署，8月21日至9月20日公开评议和查找问题，9月20～25日总结，2010年10月至2011年10月整改落实。评议代表由县人民政府授权纠风办聘请，评议代表主要由农民代表、企业代表、人大代表、政协委员、乡镇（街道）干部代表、村（居）委会代表构成，人数根据规模确定，其中农民、城镇居民和企业代表应占较大比例。县直部门的民主评议政风行风工作，由县纪委监察局派出的纪工委监察分局具体负责。民主评议政风行风工作在党委、政府的领导下，由政府纠风办统一组织实施，充分发挥部门和行业的作用，动员引导人民群众和新闻媒体广泛参与。

【威信县职业病防治规划（2010—2015年）】 8月24日，县政府办公室印发《威信县职业病防治规划（2010—2015年）》。在全县范围内涉及职业危害因素的主要行业有煤矿、采石厂、加油站等，主要职业危害因素有生产过程中产生的粉尘、噪声、氮氧化合物和炭氧化合物。由于部分企业劳动者个人防护用品落后，粉尘作业浓度超过国家标准，职业病防治工作刻不容缓。坚持“预防为主、防治结合”的方针，实行标本兼治、重在治本，控制职业病危害源头；统筹规划，分步实施；宣传动员，社会参与；依法监管，认真履职。总目标：到2015年，存在职业病危害的用人单位负责人、劳动者职业卫生培训率达到85%以上，外出务工人员培训率达到15%以上。用人单位职业病危害项目申报率达到75%以上，工作场所职业病危害告知率和警示标识设置率达到95%以上，工作场所职业病危害因素监测率达到65%以上，粉尘、毒物、放射性物质等主要危害因素监测合格率达到75%以上。到2015年，可能产生职业病危害的建设项目预评价率达到60%以上，控制效果评价率达到65%以上，严重职业病危害项目防护设施设计卫生审查率达到95%，职业卫生防护设施竣工卫生验收率达到70%以上。到2015年，从事接触职业病危害作业劳动者的职业健康体检率达到65%以上，接触放射线工作人员个人计量监测率达到85%以上。到2015年，职业病防治监督覆盖率比2008年提高15%以上，严重职业病危害案件查处率达到100%。监管网络不断健全，监管能力不断提高，对中小企业的监管得到加强。建立完善与职责任务相适应、规模适度的职业病防治网络，基本职业卫生服务逐步覆盖到社区、乡镇。化学中毒医疗救治能力建设和管理得到加强，职业病防治、应急救援能力不断提高。到2015年，企业劳动合同签订率达到90%以上，有劳动关系的劳动者工伤保险覆盖率达到90%以上；职业病患者得到及时救治，各项权益得到有效保障。年度目标及任务：加强培训和宣传教育；突出重点，落实用人单位职业病防治责任。成立由县政府分管领导任组长，县卫生、安监、煤炭、人事和劳动社会保障、环保、发改、经贸、建设、国土、财政、公安、司法、工会等相关部门负责人为成员的全县职业病防治工作领导小组，下设办公室设于县卫生局。落实领导小组各成员单位职责。认真贯彻落实《职业病防治法》，将职业病防治纳入法制化管理；加大经费投入，加快职业卫生监督和职业病防治基础设施建设，提高监管能力。

【集中开展严厉打击非法违法生产经营建设行为专项行动】 9月1日，县政府办公室印发《威信县集中开展严厉打击非法违法生产经营建设行为专项行动实施方案》。重点范围：煤矿、非煤矿山、交通安全、建筑施工、危险化学品、烟花爆竹、民用爆炸物品、特种设备等行业和领域。重点内容：重点打击共性的非法违法生产经营建设行为，以及具有行业和领域特点的非法违法生产经营建设行为，把打击技改整合煤矿非法违法生产经营建设行为作为重中之重。一是共性的非法违法生产经营建设行为。二是具有行业和领域特点的非法违法生产经营建设行为，具体是煤矿、非煤矿山、交通安全、建筑施工、危险化学品、烟花爆竹、特种设备等方面。此次“专项行动”从2010年9月1日开始，至2010年10月25日结束，分5个阶段进行：9月1～5日部署动员，9月5～20日企业自查，9月21～30日督查检查，10月上旬至10月中旬督促整改，10月中旬至10月底制定措施建立遏制非法违法生产经营建设行为产生的长效机制。成立由县委常委、常务副县长王维强为组长，有关单位负责人为副组长和成员的威信县打击非法违法生产经营建设行为专项行动领导小组，下设办公室于县安委办，由周瑞权兼办公室主任。

【进一步加强气象防灾减灾能力建设】 9月25日，县政府出台进一步加强气象防灾减灾能力建设的实施意见。加强综合气象观测能力建设，提高气象灾害预测预报水平：加快推进气象观测体系建设，大力实施信息网络工程建设，认真开展气象探测环境和设施保护，继续加大气象预测预报系统建设力度，切实加强气象信息发布系统建设，充分发挥气象防灾减灾科技支撑作用。加强公共气象服务体系建设，提高气象灾害应急处置能力：积极构建农村气象综合信息服务体系，扎实抓好人工影响天气工作，加强雷电灾害的防御工作，全面拓展专业气象服务领域，努力提高全社会对气象灾害的防范意识。强化气象灾害防御保障体系建设，确保气象防灾减灾工作有序开展：加强气象防灾减灾工作组织领导。县政府成立威信县气象防灾减灾工作领导小组，由联系气象工作的副县长任组长，县直相关部门领导为成员，办公室设于县气象局。加大气象防灾减灾资金投入力度。建立健全气象灾害防御工作机制。全面落实气象灾害防灾减灾责任制。

【新型农村社会养老保险试点】

10月28日，县政府印发《威信县新型农村社会养老保险试点实施方案》。坚持“保基本、广覆盖、有弹性、可持续”。一是从农村实际出发，低水平起步，筹资和待遇标准与经济发展及各方面承受能力相适应；二是个人（家庭）、集体、政府合理分担责任，权利与义务相对应；三是政府主导和农民自愿相结合，引导农村居民普遍参保；四是社会统筹与个人账户相结合；五是属地管理，逐步提高基金管理层次，试点期间基金实行县级管理。建立个人缴费、集体补助、政府补贴相结合的新型农村社会养老保险制度，形成合理的筹资渠道、健全的管理体制和规范的运行机制，保障农村居民老年基本生活。2010年10月1日启动新农保试点工作，2010年底参保率达到60%以上，2011年达到85%，2012年达到90%，2013年底基本实现全覆盖。参保范围和参保政策：年满16周岁以上（不含在校生）、未参加城镇职工基本养老保险、具有本县户籍的农村居民，均可以在户籍地自愿参加新型农村社会养老保险。未满60周岁的参保人按年足额缴纳养老保险费，参保人可以将需要缴纳的养老保险费一次性存入新农保个人缴费存折。缴费标准为一年100元、200元、300元、400元、500元5个档次，由参保人自主选择档次缴纳。国家依据农民人均纯收入增长等情况适时调整缴费档次。新农保制度实施时，距领取年龄超过15年的参保人，应按年缴费，累计缴费年限不少于15年。鼓励其在累计缴费年限满15年后继续按年缴纳养老保险费，长期缴费，长缴多得。参保人在缴费期间未实现连续缴费的，可以从中断缴费的次年继续缴费，其中断前后的缴费年限累计计算。新农保制度实施时，距领取年龄不足15年的参保人，对其在年满45周岁到新农保制度实施时之间的未缴费年限，可在其年满59周岁年内一次性补缴相应年限的养老保险费，并同时享受政府的缴费补贴，但累计缴费年限不得超过15年。新型农村社会养老保险基金由个人缴费、集体补助、政府补贴三部分构成。县新农保经办机构为参保人建立养老保险个人账户。新农保基金暂实行县级管理。新农保制度实施时，已年满60周岁、未享受城镇职工基本养老保险待遇的，不用缴费，可以按月领取基础养老金，但其符合参保条件的子女（户籍在本县辖区内的）应当参保缴费。参保人领取的养老金由个人账户养老金和基础养老金两部分组成，支付终身。县政府成立县新型农村社会养老保险试点工作领导小组，由县政府县长任组长，常务副县长任副组长，人事和劳动社会保障局、监察局、发改局、财政局、民政局、计生局、公安局、审计局、残联、信用联社等相关部门负责人及各乡镇乡镇长为成员。下设办公室于县人事和劳动社会保障局。县人事和劳动社会保障局设立农村社会保险局，具体负责全县新型农村社会养老保险的业务工作。明确相关部门工作职责。2010年9月1日至10月31日宣传动员，10月1～31日试点启动，10月1日起全面实施。本实施方案自10月1日起施行。

【医药卫生体制改革（2009—2011年）】 10月30日，县政府印发《威信县医药卫生体制改革3年实施方案（2009—2011年）》。主要任务：一、加快推进基本医疗保障制度建设。扩大基本医疗保障覆盖面，提高基本医疗保障水平，规范基本医疗保障基金管理，完善城乡医疗救助制度，提高基本医疗保障管理服务水平，建立完善基本医疗保障补充机制。二、贯彻落实国家基本药物制度。制订威信县实施国家基本药物制度工作方案，逐步建立基本药物供应保障体系，开展基本药物目录药品遴选与调研，建立基本药物优先选择和合理使用制度，建立基本药物使用绩效评估制度。三、健全基层医疗卫生服务体系。加强医疗卫生机构基础设施建设，加强基层医疗卫生队伍建设，改革基层医疗卫生机构补偿机制，转变基层卫生服务运行机制。四、促进基本公共卫生服务逐步均等化。基本公共卫生服务覆盖城乡居民，实施重大公共卫生服务项目，加强公共卫生服务能力建设，落实公共卫生服务经费。五、积极探索公立医院改革。研究制定加快形成多元办医格局的有关政策，改革公立医院管理体制、运行机制和监管机制，推进公立医院补偿机制改革。县深化医药卫生体制改革领导小组负责统筹组织和协调各项改革工作，县直有关部门要按照国家和省、市的有关要求，切实加强组织领导，抓好组织落实，尽快研究制订我县相关配套方案，加快推进各项重点改革。落实相关部门工作责任，加强统筹协调，加强财力保障，加强宣传引导。

【城市出租汽车营运秩序专项整治】 11月19日，县政府办公室印发《威信县城市出租汽车营运秩序专项整治实施方案》。主要任务：清理核实全县出租汽车行业无营运证照、伪造营运证照出租汽车车辆，从事非法营运出租车辆；进行集中整治，对纳入城市出租汽车的营运车辆进行规范整治，严肃查处非法营运出租车辆，促进县城出租汽车营运有序发展；强化对县城出租汽车规范管理，形成出租汽车管理长效机制，使全县出租汽车行业健康发展。2010年11月10～20日宣传发动，2010年11月21日至12月11日清理整顿，2010年12月12日至2011年1月10日集中整治。成立由副县长左顺春为组长，副县长、公安局局长何国荣为副组长，有关单位负责人为成员的威信县城市公共客运专项整治领导组，下设办公室于县建设局，由陶思茂任办公室主任。明确各成员单位职责，落实具体工作任务和责任人。

【2010年农村危房改造工程】 11月23日，县政府办公室印发《威信县2010年农村危房改造工程实施方案》。坚持分级管理、社会互助的原则，科学规划、因地制宜的原则，统筹建设、分类实施的原则，公开、公平、公正的原则。目标任务：全县完成农村危房改造重建700户，在庙沟、长安、双河、旧城4个乡镇实施。其中：庙沟乡561户，长安乡60户，双河乡56户，旧城镇23户。补助对象：居住在危房中农村特困户、低保户和分散供养的五保户。补助标准：依据《农村危房房屋鉴定技术导则（试行）》鉴定属于整栋危房（D级）或局部危房（C级）的房屋。D类危房的拆除重建每户补助1万元，C类危房的修缮加固每户补助0.2万元。其中贫困残疾人家庭每户增加1 000元（资金由国家社会福利彩票公益金中

另行安排和下达)；重点优抚对象每户增加2 000元（资金从省级社会福利彩票公益金，省财政重点优抚对象无房和危房补助经费中另行安排和下达)。贫困残疾人家庭和重点优抚对象由各项目实施乡镇确认。按照公开、公平、公正原则，实行补助标准和补助对象审批制度，由农户自愿申请、村民会议民主评议、乡镇审核、县级审批。实行补助标准和补助对象公示制度，补助对象的住房状况、补助标准等基本信息要在村务公开栏公示。要求11月15日以前全部开工，春节前完成主体结构。2011年5月30日前全面竣工。通过修缮加固和拆除重建改造后，必须达到《农村危险房屋鉴定技术导则(试行)》中的A类完好住房和当地抗震设防标准。成立由代理县长吕磊为组长，副县长左顺春为副组长，有关单位负责人为成员的县农村危房改造工程建设领导组，下设办公室于县建设局，由陶思茂兼办公室主任。明确领导组办公室及各成员单位工作职责。

【冬季防火“乌蒙平安”专项行动】 11月29日，县政府办公室印发《威信县冬季防火“乌蒙平安”专项行动方案》。县政府成立由副县长、县公安局局长何国荣为组长，有关单位负责人为副组长和成员的“乌蒙平安”专项行动领导小组，下设办公室于县公安消防大队，由李佳连任办公室主任。第一阶段自2010年11月15日至2010年12月10日，第二阶段自2010年12月11日至2011年1月6日，第三阶段自2011年1月7日至2011年2月2日，第四阶段自2011年2月3日至2011年2月25日。突出防范整治重点，明确责任分工，严格监督执法，营造浓厚氛围，加强执勤备战。

【“十佳创业之星”评选活动】

12月10日，县政府办公室转发县人事和劳动社会保障局、财政局、人行威信县支行、县信用联社制定的《威信县开展“十佳创业之星”评选活动方案》。评选对象：2008年享受小额担保贷款政策的和2009年享受鼓励创业“贷免扶补”政策，以各种形式自谋职业和自主创业，取得显著经济效益和社会效益，并在社会上产生广泛良好影响的创业人员。包括创办企业、兴办经济实体并带动其他人员实现再就业的创业人员；重新走上就业岗位后，发挥专业技术特长，在企业改革、技术创新、市场营销等方面有突出贡献的创业人员；努力转变就业观念，不等不靠，积极创造条件，实现再就业后，在新的岗位上取得显著成绩的创业人员。成立由县委常委、常务副县长王维强任组长，冯天学、刘华宇、曹阜刚、肖叁任副组长，有关单位负责人为成员的“十佳创业之星”评选活动领导小组，下设办公室于县人事和劳动社会保障局，由刘伦华兼办公室主任，晋齐金兼办公室副主任。成立全县“十佳创业之星”评委会，成员由县人事和劳动社会保障局、县财政局、人行威信县支行、县信用联社、县劳动就业服务局相关人员组成，评委会成员5~7人，下设办公室于县人事和劳动社会保障局。在2011年1月下旬，由县政府对“十佳创业之星”予以表彰奖励。

【烟花爆竹专项整治行动】 12月23日，县政府办公室印发《威信县烟花爆竹专项整治行动实施方案》。通过开展专项整治，进一步提高烟花爆竹经营单位安全管理水平，健全和完善安全生产自我约束机制，提高防范事故的能力，杜绝烟花爆竹批发企业、零售单位安全事故的发生，全面落实批发企业安全标准化工作，不断提高零售单位安全管理水平，进一步加大对非法生产、储存、经营烟花爆竹违法活动的打击力度。县政府成立由副县长、公安局局长何国荣为组长，县安监局局长周瑞权为副组长，有关单位负责人及各乡镇乡镇长为成员的烟花爆竹专项整治行动领导小组，下设办公室于县安监局，由周瑞权兼办公室主任。整治重点：对全县烟花爆竹批发企业和所有零售经营单位进行全面整治，对全县烟花爆竹非法生产、经营、储运等违法行为进行严厉打击，对违反规定燃放烟花爆竹的行为进行严厉查处。从2010年12月20日起至2011年2月28日，分三个阶段实施。2010年12月20~25日动员部署，2010年12月26日至2011年2月15日集中整治，2011年2月16~28日总结提高。

【打击侵犯知识产权和制售假冒伪劣商品专项行动】 12月24日，县政府办公室印发《威信县打击侵犯知识产权和制售假冒伪劣商品专项行动方案》。2010

年10月至2011年3月，在全县集中开展打击侵犯知识产权和制售假冒伪劣商品专项行动。专项行动坚持整体推进、突出重点、打防结合、务求实效。以保护专利权、商标权、著作权等为重点内容，以本县大型商业企业、文化娱乐场所、批发市场、药店、商品流通铺面等为重点检查对象，以图书、音像、软件、手机、药品、种子、烟、酒等为重点查处产品，全面查处侵犯知识产权和制售假冒伪劣行为，提高执法办案效率，大力净化市场环境，保护企业和消费者的合法权益。工作任务：加强市场监督管理，严厉打击侵犯知识产权和制售假冒伪劣商品违法行为；加强知识产权保护宣传，积极营造良好的舆论氛围。明确各相关部门职责。县政府决定成立由副县长刘坤任组长，县科技局局长、县知识产权局局长余挺，县经贸局副局长、县商务招商局局长张贵方任副组长，县政府办等相关部门主要负责人为成员的威信县打击侵犯知识产权和制售假冒伪劣商品专项行动领导小组，下设办公室在县经贸局，由张贵方任办公室主任。专项行动分三个阶段进行：2010年11月动员部署，2010年11月至2011年2月组织实施，2011年3月总结验收。

工作部署

【进一步加强道路交通安全管理】 2010年1月8日，县政府办公室就进一步加强道路交通安全管理发出通知。2010年1月6日19时许，扎西镇长地村龙汤坝村民小组村民吴开友驾驶未落户的长安牌微型客车，搭乘7名本地村民自长地村向龙汤坝方向行驶，行至长地村沙子坝社沟头路段时，车辆向右跑偏驶离公路，翻下距公路垂直距离100余米的地里，造成4人死亡4人受伤的特大交通事故。为认真吸取“1·06”特大交通事故教训，针对存在的问题，经县政府研究，就进一步加强全县道路交通安全管理工作有关事项提出7点要求。

【安全生产重特大事故应急处置】 1月11日，县政府办公室转发《昭通市人民政府办公室关于印发昭通市安全生产重特大事故应急处置办法》，并提出贯彻执行意见。要求提高认识，切实加强对突发事件信息报送工作的领导；严格时限，确保在第一时间内迅速上报突发事件；严肃纪律，提高突发事件应急处置水平。

【安全生产重特大事故应急处置】 1月11日，县政府办公室转发市政府办关于印发昭通市安全生产重特大事故应急处置办法的通知，并提出贯彻执行意见。一、提高认识，切实加强对突发事件信息报送工作的领导；二、严格时限，确保在第一时间内迅速上报突发事件；三、严肃纪律，提高突发事件应急处置水平。要求各乡镇政府和县直各部门要认真组织学习《威信县突发公共事件总体应急预案》和各类专项预案，进一步掌握突发事件信息报送的时间要求和报送程序，并结合本乡镇、本部门实际进一步修订完善相关预案。

【贯彻实施中华人民共和国农村土地承包经营纠纷调解仲裁法】 1月13日，县政府办公室转发《昭通市人民政府办公室关于贯彻实施中华人民共和国农村土地承包经营纠纷调解仲裁法的通知》，并提出贯彻执行意见。一、统一思想，充分认识《中华人民共和国农村土地承包经营纠纷调解仲裁法》（以下简称《农村土地承包经营纠纷调解仲裁法》）的重要意义。二、突出重点，认真抓好《农村土地承包经营纠纷调解仲裁法》的学习宣传和培训。三、搞好调研，为《农村土地承包经营纠纷调解仲裁法》的贯彻实施做好准备。四、加强领导，推进《农村土地承包经营纠纷调解仲裁法》的实施。

【加快农村气象综合信息服务系统建设】 1月13日，县政府办公室就加快农村气象综合信息服务系统建设发出通知。建设目标：用3～5年时间，建成基本覆盖全县所有乡镇、村的气象信息电子显示屏系统，实现气象信息进农村、入户，全面提升农村防御和减轻自然灾害的能力。同时，完成布点到乡镇及重要区域的区域自动气象站建设，进一步健全县乡气象预警预报信息发布平台。建设内容：建立完善农村气象预警信息发布系统，建设乡镇及重要（点）区域的区域自动气象站，DAB预警系统建设，气象信息员队伍建设。

【煤炭价格调节基金征收管理】 1月13日，县政府办公室转发市政府办关于印发昭通市煤炭价格调节基金征收管理办法

（试行）文件的通知，并提出贯彻执行意见。根据威信县实际，煤炭价格调节基金征收出厂环节原煤和洗精煤按照最低标准30元／吨收取，褐煤按照最低标准10元／吨收取；外运环节原煤按照最低标准60元／吨收取，洗精煤按照最低标准40元／吨收取，褐煤按照最低标准10元／吨收取，外运煤在出厂环节已按规定缴纳过煤炭价格调节基金的，扣除已缴纳部分来补交煤炭价格调节基金。洗精煤缴纳的价格调节基金不在原煤缴纳的基础上作抵扣。并从1月20日起开始执行。原威政办发〔2008〕125号文件同时废止。

【“十二五”能源规划编制】 1月21日，县政府办公室就做好威信县“十二五”能源规划编制工作发出通知。编制“十二五”能源规划必须按照“坚持发展、分类指导，加强统筹、协调发展，顺应形势、调整结构，关注民生、保护环境，对外开放、合作发展”的原则。正确处理总量与结构、开发与保护、常规能源与新能源的关系，协调载能和用能工业布局和生产，平衡能源供需；充分考虑能源的加工、利用、转送，编制好综合规划和专项规划，开展全方位、多层次的能源开发与建设。主要任务是：全面总结“十一五”能源建设发展情况，找准存在的问题，科学分析“十二五”能源发展面临的形势和环境，把握机遇和挑战，确定发展的指导思想、发展目标、主要任务、具体思路、总体布局和具体的生产指标、结构调整指标、经济指标、民生用能指标，提出发展的重大项目、需要的投资，研究发展效益，提出规划实施的政策措施。县政府成立以分管副县长为组长，县发改局局长为副组长，县财政局、经贸局、国土资源局、农业局、林业局、水务局、环保局、煤炭工业局、县供电公司负责人为成员的威信县“十二五”能源规划编制工作领导组，下设办公室于县发改局。“十二五”能源规划由综合规划和五个专项规划组成。综合规划由县发改局局负责，经贸局、煤炭工业局、农业局、林业局、水务局等部门配合；“十二五”电网规划由县供电公司负责，经贸局配合；矿业与电业协调发展规划由县经贸局负责；新能源产业发展规划由县发改局负责，气象局配合；“十二五”煤炭产业与煤层气开采发展规划由县煤炭工业局负责、经贸局、发改局配合；农村能源建设规划由县农业局负责，林业局配合。按照全县国民经济和社会发展“十二五”规划编制工作要求，“十二五”能源规划于2010年4月底前全面完成。

【进一步加强抗旱救灾水资源管理】 3月11日，县政府办公室转发市政府办关于进一步加强抗旱救灾水资源管理工作文件的紧急通知，并提出贯彻执行意见。一、各乡镇和县直有关部门要结合实际，及时传达贯彻《紧急通知》精神，按照要求逐项安排、认真落实。二、县防汛抗旱指挥部统一协调指导抗旱工作，各成员单位要抽派干部深入抗旱第一线，督促推进。明确成员单位具体职责。

【开展中小水电站安全评价】 4月6日，县政府办公室就开展中小水电站安全评价工作发出通知。目前，全县共有中小水电站35座，其中已建成投入运营（包括试运行）的32座，在建3座。县政府决定成立由县政府分管领导任组长，县安监局、发改局、经贸局、水务局、工商局、国土局等部门负责人为成员的全县中小水电站安全评价工作领导组，下设办公室于县安监局，由石泉兼办公室主任。根据《昭通市人民办公室关于加强建设项目安全设施“三同时”审查验收工作的通知》精神和市安监局有关规定，结合威信实际，2006年12月31日前已建成投产使用的水电站，只做安全现状评价；2007年1月1日以后拟建、在建和已建成的水电站，必须做安全预评价和验收评价，并按照“两审查一验收”的要求进行软硬审查验收。强化监管，确保中小水电站安全评价工作取得实效。

【2009年冬季退役士兵接收安置】 4月29日，县政府就做好2009年冬季退役士兵接收安置工作发出通知。农村退役士兵按照“从哪里来，回哪里去”的原则，由各乡镇政府安置回原村组。对符合政府统筹安置条件的退役士兵（含转业士官），实行自谋职业和扶持就业相结合的办法予以安置。进一步加强退役士兵教育培训和就业服务工作，积极做好农村退役士兵服务工作。

【县政府2010年重点工作任务分解】 4月29日，县政府印发

《县政府2010年重点工作任务分解方案》。一、县政府各位主管领导负责统筹推进分管的各项重要工作，负责检查各项工作的落实情况，协调处理工作中出现的困难和问题，督促各主办单位和责任单位扎实开展工作，确保按期完成任务。二、各主办单位是重要工作的责任主体，要高度重视，按照县政府分解落实的工作重点，进一步组织、量化各项工作任务，精心组织、周密安排，加强督查、督促落实，确保各项工作任务顺利推进。各协办单位要主动加强与主办单位的沟通衔接，积极配合主办单位，形成合力，共同推进工作。三、各主办单位和协办单位在推进重要工作进程中，要按照效能政府四项制度的要求，适时反映工作动态，定期反馈工作进展情况。将县政府2010年重点工作任务分解细化为75项，落实主管领导和主办单位、协办单位。

【建立威信县查处取缔无证无照经营联席会议制度】 5月6日，县政府办公室就建立威信县查处取缔无证无照经营联席会议制度发出通知。县政府分管领导为县联席会议召集人，县工商局、公安局、人事和劳动社会保障局、经贸局、卫生局、建设局、交通局、文体局、农业局、国土资源局、环保局、安监局、质监局、食品药品监督管理局、烟草专卖局等部门负责人为成员。下设联席会议办公室于县工商局，各成员单位确定1名股室负责人为联络员。明确联席会议及成员单位主要职责。制定联席会议工作规则和要求。

【分解落实全省重点督查20个重大建设项目和20项重要工作涉及威信县具体任务】 5月11日，县政府就分解落实全省重点督查20个重大建设项目和20项重要工作涉及威信县具体任务发出通知。2010年，省政府决定在全省继续推进实施重点督查的20个重大建设项目和20项重要工作（以下简称2个20项重要工作），其中涉及威信县的重大建设项目8个、重要工作16项。各乡镇、县直有关部门要进一步提高认识，把全省“2个20项重要工作”作为推进全县经济社会持续快速发展的重要抓手，强化组织领导，采取有力措施，做到认识到位、责任到位、人员到位，扎实推动工作开展，确保目标任务按期完成。各主办或牵头责任部门主要负责人要充分履行第一责任人的职责，对涉及本地区、本部门的重大建设项目和重要工作进行认真研究和逐项分解细化，明确责任主体、工作措施、进度安排和时限要求，使每个项目、每项工作都有具体责任人和量化工作任务，确保重大建设项目和重要工作的顺利推进。有关协办部门和单位，要按照职责分工，加强协作，密切配合，全力支持，共同高效推进工作。严格时限，定期反馈。

【校园及校园周边环境专项整治】 5月17日，县政府办公室就切实做好校园及校园周边环境专项整治工作发出通知。专项整治时间自2010年5月20日至12月31日。县政府成立由副县长李朝伟任组长，县教育局、公安局、工商局、建设局、文体局、卫生局、环保局、质监局、司法局、食品药品监督管理局等部门负责人为成员的威信县校园及校园周边环境专项整治工作领导组，下设办公室于县教育局，由县教育局局长兼办公室主任。明确各成员单位职责分工。领导组定期或不定期召开成员单位联席会议，通报情况，强化协调，建立校园及校园周边环境专项整治的长效机制。

【协助做好天然气勘探作业】 5月19日，县政府办公室就协助做好天然气勘探作业工作发出通知。中国石油集团川庆钻探工程有限公司地球物理勘探公司物探211队按照中国石油天然气集团公司总体部署，为加快西部油气勘探步伐，将于近期到威信县的有关乡镇进行石油地震勘探，请相关部门和乡镇按照以下职责做好协调和服务工作。明确县国土局、县公安局、县交警大队、县水务局、县农业、县林业局、县广电局、县文体局、相关乡镇政府职责。

9月30日，县政府办公室再次发出通知。中油集团东方地球物理勘探有限责任公司新区经理部239队按照国土资源部和中国石油集团的总体部署，将于近期到威信县的有关乡镇进行石油地震勘探，请上述相关部门和乡镇按照职责做好协调和服务工作。

【贯彻落实全省丘北经验推广工作暨县乡平安出行创建活动现场会议精神】 6月23日，县政府办公室就认真贯彻落实全省丘北经验推广工作暨县乡平安出行创建活动现场会议精神做好道路交通安全工作发出通知。一、认清形势，切实增强工作责任感和紧迫感。二、明确职责，深入推广丘北经验和推进“县乡平安出行”创建工作。三、完善痕迹档案，按时上报工作信息。

【重大决策听证重要事项公示重点工作通报】 6月24日，县政府办公室就继续抓好重大决策听证重要事项公示重点工作通报工作发出通知。一、进一步增强做好重大决策听证、重要事项公示、重点工作通报的责任感和紧迫感。自2009年我县启动实施阳光政府四项制度以来，县直各部门严格按照县政府的部署和要求，加强领导，精心组织，重大决策听证、重要事项公示、重点工作通报稳步推进，形式逐渐规范，方式不断创新，取得了较好成绩。2009年，全县各部门共组织重大决策听证6项，重要事项公示34项，发布重点工作通报141条。但2010年以来，全县实施数量呈明显下滑态势，截至5月份，全县仅组织实施了重大决策听证1项，重要事项公示11项，发布重点工作通报33条。二、进一步明确目标任务。根据市政府下达威信县的目标任务，结合各部门重大决策听证、重要事项公示、重点工作通报的实施情况，按照实事求是、区别对待、分类指导的原则，在各部门上报工作计划的基础上，县政府办公室对目标任务进行了分解，制定了《威信县6~12月拟实施重大决策听证重要事项公示重点工作通报工作计划表》。各责任部门要结合实际，进一步创新工作方式，规范工作程序，按时、按质完成工作任务，扎实推进本部门重大决策听证、重要事项公示和重点工作通报工作。三、进一步加大工作力度。

【进一步做好两基迎国检工作】 7月21日，县政府办公室就进一步做好两基迎国检工作发出通知。加大宣传力度，认真开展自查，认真做好“三个一”工程，进一步加强学校常规管理，加强档案建设，抓好“控辍保学”，扎实抓好安全工作，加大督查力度。

【煤矿安全生产隐患整改】 7月26日，县政府办公室就切实做好煤矿安全生产隐患整改工作发出通知。为深刻吸取扎西镇沟头煤矿“6·30”煤与瓦斯突出事故的教训，坚决遏制煤矿安全生产事故再次发生，彻底扭转煤矿安全生产的被动局面，县政府办公室于7月8日印发了《威信县煤矿安全生产隐患大检查、大排查、大整治活动方案》，并从县直相关部门抽调人员组成4个煤矿安全隐患排查工作组，从7月9日起，对全县42口保留煤矿的证照管理、机构设置、制度建设、装备建设、基础工作、炸材管理、资源管理7个方面进行全面的排查。截至7月23日，第一阶段的排查工作全面结束，共排查出各类安全隐患1 328条。其中：证照管理方面119条，机构设置方面73条，制度建设方面152条，装备建设方面503条，基础工作方面230条，炸材管理方面215条，地质灾害方面16条。按照《方案》部署，已进入到集中治理隐患阶段。明确各级各相关部门职责，加强监管，切实做好煤矿安全隐患治理工作；互相配合，齐抓共管，坚决遏制煤矿安全生产事故；强化信息报送工作。

【规范行政审批行为监督检查】 7月30日，县政府办公室转发市政府办关于印发昭通市规范行政审批行为监督检查实施方案文件的通知，并提出贯彻执行意见：进一步做好规范行政审批行为工作，认真做好自查自纠工作，加强督促检查。

【500千伏威信电厂送出线威信至甘顶输电线路建设】 9月16日，县政府办公室就协助做好500千伏威信电厂送出线威信至甘顶输电线路建设工作发出通知。由云南省电网公司建设分公司设计施工的500千伏威信电厂送出线威信至甘顶输电线路途经麟凤、庙沟2个乡镇，现已进入路径勘测定位阶段。要求麟凤、庙沟乡政府、县林业局、国土局做好相关工作。

【加强地沟油整治和餐厨废弃物管理】 9月27日，县政府办公室就加强地沟油整治和餐厨废弃物管理发出通知。工作重点：开展“地沟油”专项整治，加强餐厨废弃物管理。明确分工、落实责任，加强监督检查和宣传教育。

【迎接全省第九次城市卫生检查评比准备工作】 10月8日，县政府办公室就做好迎接全省第九次城市卫生检查评比准备工作发出通知。各责任单位要紧紧围绕“争创全省甲级卫生县城，构建生态文明威信”这条主线，积极履行《威信县创建“省甲级卫生县城”实施方案》中确定的工作职责，严格执行《威信县创建“甲级卫生县城”工作制度》，认真对照《云南省卫生县城检查评比标准》，建立健全工作机制，细化工作方案，落实工作责任，完善工作措施，统筹各方力量，形成工作合力，切实抓紧抓好抓实此项工作。县政府决定开展为期一个月的“巩固乙级卫生县城、创建甲级卫生县城”活动，时间从9月10日起至10月10日。

【规范性文件清理】 10月13日，县政府办公室就做好规范性文件清理工作发出通知。本次规范性文件清理的范围是：1993年1月1日起至2010年6月30日前县政府及其职能部门制发的现行有效规范性文件。各有关部门要通过对现行有效的规范性文件进行一次集中清理，查找存在的明显“不适应、不一致、不协调”的突出问题，根据不同情况，区别轻重缓急，分类进行处理，保证法制统一，更好地服务于全县经济社会发展。一是作出废止决定。二是分步作出修改。三是公布规范性文件目录。本次规范性文件清理工作按照“谁制定、谁清理，谁执行、谁负责”的原则进行。县政府及县政府办制发的规范性文件，由县政府办牵头，县政府法制局负责进行清理，县直有关执行部门要在各自职能范围内向县政府法制局提出规范性文件清理意见。县政府职能部门制发的规范性文件，由制定部门负责清理。县政府各职能部门联合制发的规范性文件，由牵头部门负责组织清理，并协调有关方面，形成清理意见。本次规范性文件清理工作从2010年10月15日起至2010年12月10日结束，具体分为4个阶段：10月15～20日部署动员，10月21日至11月15日实施清理，11月15～25日清理结果公布，11月26日至12月10日总结报告。县政府成立由县政府常务副县长任组长，县政府办、发改、国土、人事、监察、公安、法制等部门为成员的县规范性文件清理工作领导小组，并下设办公室于县政府法制局。

【新建成贵铁路威信段地质精查勘探临时占用土地补偿标准】

11月30日，县政府办公室印发《新建成贵铁路威信段地质精查勘探临时占用土地补偿标准》。一、青苗补偿标准：按照“统筹平衡，谁占用土地、谁负责补偿”的原则，统一按照扎西集镇规划区一类区年产值91元／公顷执行。二、林木补偿标准：1. 经济林果树。胸径30厘米以上的200元／棵，20～30厘米的100元／棵，10～20厘米的80元／棵，10厘米以下的40元／棵。2. 其他林木。人工林胸径30厘米以上的80元／棵，20～30厘米的50元／棵，10～20厘米的30元／棵，10厘米以下的10元／棵，次生林胸径30厘米以下（不含30厘米）不补偿，30～40厘米的30元／棵，40厘米以上的50元／棵。3. 竹子。成竹15元／100斤，各类人工育的竹苗22 500元／公顷。三、空地、荒山补偿标准：空地、荒山按年产值20 475元／公顷的50%标准执行。四、土地废弃清理补偿标准：按照地勘青苗补偿总额的20%计算。五、地质精查勘探补偿费计算：青苗补偿费按照临时占地补偿标准计算；林木、竹子补偿费按实际砍伐数量乘以补偿标准计算。

【加强冬防春运道路交通安全管理】 12月23日，县政府办公室就加强冬防春运道路交通安全管理发出通知。明确各乡镇政府、县公安局交警大队、各派出所、县交通部门、县教育部门、客运企业、县农业部门、县气象部门、县安监部门责任，整体联动。加强宣传，营造氛围。

决定　通报

【撤销庙沟乡人口和计划生育工作黄牌警告的决定】 2010年1月18日，县政府作出撤销庙沟乡人口和计划生育工作黄牌警告的决定。2009年4月9～14日，县政府组织考核组对各乡镇2009年度人口和计划生育工作进行半年考核。通过考核，庙沟乡人口和计划生育工作严重滞后。根据年初县政府与各乡镇签订的《威信县2009年度人口和计划生育目标管理责任书》要求，县政府对庙沟乡人口和计划生育工作实行黄牌警告。庙沟乡被黄牌警告，认真总结，正视差距，深刻分析工作中存在的问题，切实加强组织领导，加大工作力度，采取更加有力的措施，狠抓“一放二扎”、医学监护、补救措施的落实，通过下半年的努力，庙沟乡人口计生工作逆势而上，重、难点有所突破，顺利完成年度目标任务。根据年初县政府与各乡镇签订的《威信县

2009年度人口和计划生育目标管理责任书》要求，经县政府研究，决定撤销庙沟乡人口和计划生育工作黄牌警告。

【第二轮取消和调整行政审批项目的决定】 5月13日，县政府作出第二轮取消和调整行政审批项目的决定。为进一步推进行政审批制度改革，减少行政审批项目，规范行政审批行为，提高行政管理效能和服务水平，努力打造良好的投资发展环境，县行政审批制度改革工作领导小组根据《行政许可法》和省、市、县有关文件精神，组织对县人民政府及其职能部门和乡镇政府现有的348项行政审批项目进行了集中清理。经严格审核和论证，县政府决定取消和调整165项行政审批项目。其中：取消行政许可项目24项，取消非许可类行政审批项目2项，调整行政审批项目139项（合并同类行政许可项目59项，转为备案管理的行政审批项目6项，转为内部管理并不再对外公布的行政审批项目15项，转为服务和一般性管理的行政审批项目59项）。

【2010年粮食生产检查考核的情况通报】 8月12日，县政府办公室就2010年粮食生产检查考核的情况发出通报。为认真抓好粮食生产工作，确保粮食生产各项措施落到实处，实现全年粮食产量增长7%的目标任务，县政府组织检查考核组于7月3～10日对各乡镇粮食生产工作进行检查考核。检查考核组在“听、查、看”的基础上，按威政办电〔2010〕50号文件考核评分标准进行打分，按加权平均数方法计算各乡镇粮食生产考核得分：扎西镇98.02分，三桃乡97.89分，旧城镇97.53分，麟凤乡96.94分，长安乡96.78分，庙沟乡96.70分，罗布乡96.58分，水田乡95.74分，高田乡95.61分，双河乡95.33分。

办法　预案

【行政事业单位国有资产处置暂行办法】 2010年1月20日，县政府办公室印发《威信县行政事业单位国有资产处置管理暂行办法》。分总则，资产处置范围和基本程序，无偿调拨（划转）和捐赠，出售、出让、转让和置换，报废报损和核销，处置收入和支出管理，监督检查和法律责任，附则8章43条。自发布之日起施行。此前颁布的有关规定与本办法不一致的，以本办法为准。

【国家机关和事业单位差旅费管理办法】 1月20日，县政府办公室印发《威信县国家机关和事业单位差旅费管理办法》。分总则，城市间交通费，住宿费，伙食补助费，公杂费，参加会议等的差旅费，调动、搬迁的差旅费，附则8章31条。自2010年1月1日起执行。

【森林采伐管理改革试点林木采伐运输管理办法】 2月3日，县政府办公室印发《威信县森林采伐管理改革试点林木采伐运输管理办法》。分基本原则、采伐限额及指标管理、采伐管理、运输管理、育林基金征收及迹地更新保证金收取、附则6大项25条。自公布之日起执行。根据上级林业主管部门下达威信县“十一五”森林采伐限额，2010年全县采伐蓄积指标96 005立方米（含2009年结转的商品材20 645立方米、农用材20 660立方米），其中商品材45 645立方米、非商品材50 360立方米。根据《威信县森林采伐管理改革试点实施方案》，采伐限额实行总量控制，商品材和非商品材指标统筹使用。县预留10%用于因工程建设、灾害性采伐等，下达各乡镇个人零星采伐指标8 000立方米，剩余采伐指标全部分配给国营、集体、个人林权所有者申请采伐。

【2010年度乡镇人口和计划生育目标责任制考核办法】 3月12日，县政府办公室印发《威信县2010年度乡镇人口和计划生育目标责任制考核办法》。分发展规划、流动人口管理、政策法规、科技管理、宣传教育、队伍建设、协会工作、工作运行、信访和政务公开、经费保障、相关事宜11个大项28个次项65个小项。半年考核以县政府下达各项目标任务数的70%为基数进行考核，年终考核以县政府下达各项目标任务数的100%为基数进行考核，半年、年终均以百分制考核，半年考核占40分，年终考核占60分。县政府组织对乡镇进行半年或年终考核后，若省、市在平时抽查或考核时又查出问题的乡镇，由县计生局根据本考核办法对乡镇进行减分。

【煤矿安全监管员管理办法】 4月6日，县政府办公室印发《威信县煤矿安全监管员管理办法》。分总则、聘用管理、驻矿职责、监督管理、工资福利、附则6章24条。自2010年1月1日起施行。原2008年《威信县煤矿安全监管员管理办法》同时废止。全县煤矿驻矿安监员以煤矿矿井为单位，按矿井瓦斯等级进行派驻，低瓦斯矿井派驻1人；高瓦斯矿井及煤与瓦斯突出矿井派驻2人。

【医患纠纷应急处置预案】 4月6日，县政府办公室印发《威信县医患纠纷应急处置预案》。分总则、领导机构及成员单位职责、责任追究、附则4章20条。自印发之日起施行。施行中将根据有关法律、法规的新规定和出现的新情况进行修订完善。成立威信县医患纠纷应急处置领导小组，组长李朝伟，副组长陈勇、张俊、白孝东，有关单位负责人为成员，下设办公室于县卫生局，由张俊兼办公室主任。

【河流渔业资源承包管理实施办法（试行）】 6月10日，县政府办公室印发《威信县河流渔业资源承包管理实施办法（试行）》。明确指导思想、基本原则和目标任务，适用范围，承包管理，河流渔业资源承包管理申办程序，河流渔业资源承包管理期限，渔业资源增殖保护费的收取和管理，承包管理方的权利和义务，强调加强管理，自印发之日起实施，由县农业局负责解释。

【被征地农民基本养老保障暂行办法】 9月7日，县政府印发《威信县被征地农民基本养老保障暂行办法》。分总则、参保对象、参保程序和缴费办法、基金的筹集与管理、社会保障待遇、管理机构及职责、责任追究、附则8章40条。自印发之日起施行。2009年1月1日至本办法施行前，被征地农民基本养老保障参照本办法执行。

【残疾人就业保障金征收使用管理实施办法（试行）】 12月31日，县政府办公室印发《威信县残疾人就业保障金征收使用管理实施办法（试行）》。共20条，自2011年1月1日起施行。

批　复

【对储备食用植物油的批复】 2010年3月20日，县政府批复同意县粮食局储备食用植物油50吨，初次购入成本价15元／千克。要求建立健全相关管理制度，切实加强管理。

【对仓头城中村改造方案的批复】 6月29日，县政府批复同意县建设局《仓头城中村改造方案》。征地拆迁过程中，要加强政策宣传，严格执行已批准的安置补偿方案，并按实际建设和安置补偿资金拨付款项，做到公开、公正、公平，切实保障好被拆迁群众的合法权益。要求加强汇报协调，积极争取上级支持，抓紧做好各项准备工作，认真组织实施。

【对2010—2020年农田水利规划的批复】 7月29日，县政府批复同意县水务局《威信县2010—2020年农田水利规划》。该规划的目标任务是：2010—2015年发展灌溉面积13 882公顷，全县水利化程度提高至47.59%；2016—2020年发展灌溉面积7 237.4公顷，全县水利化程度提高至63.47%；到2020年全县农田水利灌溉保证率达到75%，灌溉水利用系数由现在的0.2提高至0.7。规划的主要建设内容包括：规划农田水利工程9 244件，规划总灌溉面积21 119.53公顷。其中：渠道灌溉工程29件，渠道总长为256.72千米；管网灌溉工程24件，管道总长1 102.71千米，取水构筑物76座，蓄水池296个蓄水29 600立方米；排涝工程7件，排涝渠道总长15千米；五小水利工程9 184件（含小水窖6 001个，小水池1 121个，小水沟1 945条561.6千米，小塘坝117个）。其他措施包括土地平整4 786.67公顷，坡改梯1 033.33公顷，田间道路945.7千米，生物措施（种植绿肥）2 666.67公顷，农艺措施（测土配方施肥）10 840公顷和土壤板结改良10 840公顷。规划总投资估算为68 413.05万元。其中水利项目投资46 633.15万元，土地平整投资7 180万元，坡改梯投资4 040.4万元，田间道路投资6 619.9万元，生物措施投资200.1万元，农艺措施投资1 300.5万元，土壤板结改良投资2 439万元。资金筹集按照中央、省级投资85%，市、县投资5%，群众自筹10%的比例，争取中央、省级投资58 151.09万元，市、县投资3 420.65万元，群众自筹6 841.31万元。其中：水利工程争取中央及省级投入资金39 638.18万元，市县投入2 331.66万元，群众自筹4 663.32万元。要求相关部门配合，积极争取项目资金，扎实抓好各项农田水利工程建设。

【对威信县兽医管理体制改革实施方案的批复】 8月27日，县政府批复原则同意县农业局《威信县兽医管理体制改革实施方案》，要求严格按照《方案》做好畜牧兽医工作机构设置及其他相关工作。

【对2010年度实施村级公益事业建设一事一议财政奖补项目的批复】 10月19日，县政府批复同意各乡镇政府上报的282个一事一议财政奖补项目列为威信县2010年度实施的村级公益事业建设一事一议财政奖补项目，并给予中央和省、市、县财政奖补资金。由县农业局经管站书面告知县农村综合改革领导组办公室议事项目的村民筹资、村民捐资、村民以资代劳金、村集体投入、社会捐资、社会捐物、乡镇人民政府投入和其他投入等款项、物资已全额收取后，县农村综合改革领导组办公室及时将财政奖补资金划拨到乡镇财政所村级资金专户，乡镇财政所按项目工程进度向项目议事主体的民主理财小组拨款。乡镇财政所对每个项目预留20%的财政奖补资金，待项目工程竣工验收结算后划拨。各乡镇要及时组织收取财政奖补项目的农民筹资、农民以资代劳金、村集体经济投入、社会捐赠和其他投入等款项、物资，并尽快组织实施，确保项目按时按质按量完成。

【对庙沟乡庙沟村等2个村土地整理项目立项的批复】 11月11日，县政府批复同意县国土资源局把庙沟乡庙沟村等2个村土地整理项目立项为省级投资开发土地整理重点项目，土地整理建设规模为449.73公顷。该项目列入威信县中低产田（地）改造规划。要求按照有关规定完善相关手续，及时上报，争取上级早日立项。

请　示

【批准执行2010年村级公益事业建设一事一议筹资筹劳标准的请示】 根据《云南省人民政府办公厅关于转发省农业厅云南省村民一事一议筹资筹劳管理实施办法的通知》要求，结合全县2009年农民人均纯收入情况，威信县2010年村级公益事业建设一事一议筹资筹劳标准拟定为：人均筹资20元，筹劳标准上限为10个标准工日，筹劳折资标准为每个工日50元，以资代劳限额为每个工日50元。2010年4月6日，县政府向市政府报请批准执行。

【批准实施威信县城总体规划修编的请示】 2009年3月31日，《威信县城总体规划修编（2008—2025）》经昭通市规划委员会全会审议通过，并根据专家评审意见和昭通市规划委员会领导组意见，威信县及时委托云南省城乡规划设计研究院对《威信县城总体规划修编（2008—2025）》进行修改完善。由于未完成《地质灾害危险性评估报告》，2009年10月威信县委托云南地质工程勘察设计研究院对威信县城总体规划修编进行地质灾害危险性评估，并由云南省地质灾害研究会组织专家对云南省地质工程勘察设计研究院完成的《云南省威信县城总体规划修编（2008—2025）集镇规划建设项目地质灾害危险性评估报告》进行会议评审，专家组一致同意报告并通过评审。为确保该规划修编早日付诸实施，4月17日县政府向市政府请示，恳请批准实施《威信县城总体规划修编（2008－2025）》。

【教育工作督导评估复查的请示】 根据《云南省人民政府教育督导团关于做好2010年县级人民政府教育工作督导评估的通知》要求，2010年将对威信县教育工作进行督导评估。威信县严格按照《云南省人民政府办公厅转发教育厅关于建立对县级人民政府教育工作进行督导评估制度实施意见的通知》要求，及时组织有关部门认真学习省、市相关文件精神，充分认识建立县级人民政府教育工作督导评估制度的重要性和必要性，进一步增强抓好教育工作督导评估的紧迫感和责任心，成立以县长为组长的教育工作督导评估自评工作领导组和分管教育的副县长为组长的教育工作督导评估自评工作检查组。从2009年12月开始，威信县严格按照教育工作督导评估的程序、办法，对照6个A级20个B级评估指标，对全县教育工作进行认真的自评。截至目前，对各乡镇的复查已全面完成，撰写了自评报告，认真填写了《县级人民政府教育工作督导评估基本情况登记表》、申报表等相关表册，档案建设、资料汇编、教育成果展室、教育发展电视专题片等即将完成，自查自评工作已基本结束。经自评领导组研究，5月8日申请市政府进行复查。

【将威信县列为新型农村社会养老保险试点县的请示】 截至2009年底，全县有农村居民305 089人，其中16～59岁166 255人（含外出务工3年以上3.89万人，在校学生0.8万人），适龄参保人员中，重度残疾人5 431人、独生子女9 891人、两女结扎户1 523人、社会优抚对象1 948人。60岁及其以上的32 509人。全县10个乡镇设立了劳动保障所，县城4个社区设立了劳动保障工作站，有专职工作人员14名，兼职工作人员14名。根据省政府办公厅《云南省人民政府办公厅关于上报新型农村养老保险试点备选县的通知》要求，威信县高度重视，专题进行研究，成立由县长任组长，常务副县长任副组长，相关部门为成员的新型农村社会养老保险试点工作领导组。目前威信县新型农村社会养老保险试点前期准备工作已完成。6月24日，县政府向市政府请示，恳请将威信县列为新型农村社会养老保险试点县。

【审批威信县中低产林改造规划及年度实施方案的请示】 根据《云南省人民政府关于加快推进中低产林改造的意见》文件精神，威信县组织编制完成《威信县中低产林改造规划及年度实施方案》，经组织相关部门对《方案》进行认真审查，《方案》符合有关政策要求和技术规程，切合威信实际，选择的改造方式切实可行，布局和年度计划安排合理，具有较强的可操作性，能够指导全县中低产林改造工作。6月28日，县政府将《方案》向市政府上报并请示，恳请批准实施。

【解决2010年中央财政小型农田水利建设重点县市级配套资金的请示】 威信县是一个典型的山区农业县，全县共辖10个乡镇87个村居委会1 621个村民小组，2009年末全县总人口40.75万人，国土面积1 400平方千米，有耕地面积46 800公顷，灌溉面积8 390公顷，粮食总产量13.26万吨，人均有粮325.4千克，农民人均纯收入2 123元。目前，威信县水资源分配不均，工程性缺水严重，因地制宜兴建小型农田水利工程，合理开发利用、治理、节约、保护和优化配置水资源，从根本上促进山区粮食增产增收，提高粮食的安全性，意义十分重大。按照云南省水利厅农村水利处《关于抓紧做好2010中央小型农田水利第二批重点县工程建设补助资金项目申报工作的通知》及昭通市财政局、昭通市水利局转发《云南省中央财政小型农田水利重点县建设管理实施细则的通知》要求，威信县遵循“统一规划，因地制宜；集中连片，突出重点；尊重民意，民办公助；整合资源，完善机制”的原则，及时组织相关部门编制完成《2010年云南省中央财政小型农田水利重点县威信县建设方案（2010—2012年）》。根据《方案》设计，2010—2012年，威信县计划实施小型农田水利灌区工程9件，建设灌溉渠道178千米（主干渠65.7千米，支渠112.3千米），分水口229个，新增灌溉面积2 496.2公顷，项目概算总投资5 910.45万元。其中：2010年计划实施的小型农田水利灌区工程共3件，建设灌溉渠道67.1千米（干渠21千米，支渠46.1千米），分水口23个，灌溉面积909.06公顷。2010年计划总投资为2 129.51万元，资金筹集按照中央、地方、群众共同负担的原则，2010年申请中央财政补助800万元，省级补助800万元，其余由市县、群众自筹及整合资金解决。7月29日，县政府向市政府请示，恳请帮助解决威信县2010年小型农田水利建设市级配套资金。

【关于确定威信县省级公益林区划规模布局的请示】 2009年，威信县按照《云南省林业厅、云南省财政厅关于开展省级公益林生态效益补偿实施方案编制工作的通知》精神，对全县省级生态公益林进行区划界定和校核，编制上报《云南省省级公益林生态效益补偿威信县实施方案》。全县省级公益林规模为7 166.67公顷，布局在7个乡镇，其中扎西镇1 680.27公顷、双河乡883.47公顷、旧城镇1 020.53公顷、罗布乡1 286.47公顷、三桃乡814公顷、长安乡514.07公顷、庙沟乡967.87公顷。2010年5月，根据《云南省林业厅办公室关于进一步复核公益林规模和布局的通知》，将7 166.67公顷省级公益林调整为2 300公顷，县林业局向市林业主管部门上报《关于调整全县省级公益林规模的报告》。8月18日，省林业厅在昭通召开公益林复核和补偿兑现工作座谈会议，根据会议精神，威信县省级公益林按《云南省省级公益林生态效益补偿威信县实施方案》确定的规模和布局进行调整。8月25日，县政府向市政府请示：威信县省级公益林区划规模和布局按《云南省省级公益林生态效益补偿威信县实施方案》的规模和布局确定。

【请求批准威信县新型农村社会养老保险试点实施方案的请示】 根据全省新型农村社会养老保险试点工作会议精神和《云南省人民政府关于印发云南省新型农村社会养老保险试点实施办法（试行）的通知》要求，威信县结合实际，草拟了《威信县新型农村社会养老保险试点实施方案》，征求县四套班子领导和相关部门的意见，多次进行修改完善，并于2010年9月6日县政府常务会议讨论通过。9月21日，县政府将该方案上报省新型农村社会养老保险试点工作领导小组，并请示审定后批转执行。

【威信县开展城市管理相对集中行政处罚权工作实施方案的请示】 为理顺城市管理行政执法体制，按照《昭通市人民政府办公室关于开展相对集中行政处罚权和实行综合行政执法工作的实施意见》的要求，威信县组织建设等有关部门深入调研，并在广泛征求意见的基础上制订《威信县开展城市管理相对集中行政处罚权和综合行政执法工作实施方案》和《威信县城市管理综合行政执法局相对集中行政处罚区域及权限范围》。9月8日，县政府向市政府报请审批。

【将双河乡天池村和楠木村土地开发整理项目中未利用地开发为耕地的请示】 根据国家耕地保护政策，为做好土地开发整理工作，切实提高土地综合利用率，确保耕地占补平衡，威信县按照《双河乡土地利用总体规划》，结合双河乡实际，拟在双河乡天池村和楠木村实施土地开发整理项目，开发未利用地62.25公顷，工程概算总投资430.66万元。项目建成后，可净增耕地54.64公顷，使全县耕地面积得到补充。11月11日，县政府将《昭通市威信县双河乡天池村等2个村土地开发整理（占补平衡）项目》上报并请示市政府，请求审批。

【上报审查《威信县土地利用总体规划（2006—2020年）》的请示】 根据《昭通市土地利用总体规划（2006—2020年）》确定的各项指标，《威信县土地利用总体规划（2006—2020年）》已编制完成。威信县已组织对《规划》进行审查，审查意见认为《威信县土地利用总体规划（2006—2020年）》所确定的各项指标，指导思想正确、编制技术路线正确、基础工作较为扎实，符合威信县在昭通市的实际定位，能够较好地满足经济建设的需要，同意《规划》通过审查。根据云南省国土资源厅《关于转发〈土地利用总体规划编制审查办法〉的通知》要求，12月1日县政府请求市政府对《威信县土地利用总体规划（2006—2020年）》进行审查，并上报省国土资源厅审批。

【上报审查《扎西镇土地利用总体规划（2006—2020年）》的请示】 根据《威信县土地利用总体规划（2006—2020年）》确定的各项指标，《扎西镇土地利用总体规划（2006—2020年）》已编制完成。威信县已组织对《规划》进行审查，审查意见认为《扎西镇土地利用总体规划（2006—2020年）》所确定的各项指标，指导思想正确、编制技术路线正确、基础工作较为扎实，符合扎西镇在威信县的实际定位，能够较好地满足经济建设的需要，同意《规划》通过审查。根据云南省国土资源厅《关于转发〈土地利用总体规划编制审查办法〉的通知》要求，12月1日县政府请求市政府对《扎西镇土地利用总体规划（2006—2020年）》进行审查，并上报审批。

【麟凤乡撤乡建镇的请示】 麟凤乡地处威信县西部，全乡国土面积133平方千米，东西两头与本县扎西、三桃、庙沟、长安等乡镇相连，南北两方和镇雄县雨河镇、四川珙县王家镇接壤，辖麟凤、金竹、金凤、金鸡等9个村143个村民小组，于1988年撤区改为建制乡，乡政府驻地距离县城33千米。境内交通便利，资源丰富，文化底蕴深厚，近郊区位优势尤为明显。2009年末，全乡总人口40 625人，实现工农业生产总值16 879万元，农民人均纯收入2 601元。麟凤乡是威信煤电一体化项目建设的主战场，具有独特的区位优势、资源优势和发展优势，在承接县城辐射和凝聚带动周边乡镇经济发展中发挥着重要作用。自2006年10月威信煤电一体化项目开工建设以来，相继有近百家施工单位进驻麟凤，集镇常住外来人口达7 000余人，随着威信煤电一体化一期工程获得国家发改委核准，以及2011年1期2×60万千瓦电厂和配套年产240万吨观音山煤矿建成投产，麟凤乡已步入了一个崭新的发展阶段，对麟凤乡基础设施、集镇功能和产业结构等提出了更多、更高的要求，以乡建制下的麟凤已无法承载和满足人民群众的生产生活需要。为了进一步发挥城镇集聚效应，促进威信县农村经济和社会发展，加快农村劳动力的转移，推进城乡一体化建设进程，根据1984年《国务院批转民政部关于调整城镇标准的报告的通知》精神，12月1日县政府向市政府请示将麟凤乡改制为麟凤镇。撤乡建镇后，原辖区范围、隶属关系和镇政府驻地不变。

【罗布乡撤乡建镇的请示】 罗布乡地处威信县中部，于1988年撤区改为建制乡，与扎西、高田、旧城、三桃等乡镇毗邻，与四川珙县观斗乡接壤，出川威珙公路从境内通过，地理位置较为优越。全乡国土面积164平方千米，辖11个村212个村民小组。乡政府驻地罗布集镇距县城21千米。2009年末，全乡总人口50 343人。境内矿产资源丰富，主要有煤、硫、石灰石等，其中：无烟煤贮量达25亿吨、硫铁矿0.8亿吨，水能资源1.2万千瓦，已开发利用5 600千瓦。目前，全乡有乡镇企业14个，其中煤矿11个、电站2个、香桂厂1个，从业人员800余人。近年来，罗布乡充分发挥区位、资源、人力等优势，加快发展烤烟、香桂等优势特色农业产业，积极发展煤炭产业，搞活物流市场，扩大农村消费需求，全乡经济持续快速发展，群众生活水平不断提高。2009年，全乡农村经济总收入13 500万元，农民人均纯收入2 144元，人均有粮394千克。在集镇建设上，通过历届乡党委、政府的努力，走“以地生财、以财建镇”的路子，征用中坝片区土地3.85公顷，修通两条主街和4条副街，集镇设施日趋完善，功能逐步齐全，现集镇常住人口达5 000余人。目前，罗布集镇至江西塆油路已建成通车，罗布至高田、罗布至旧城、顺河至中心油路正在加快建设，随着经济社会快速发展和区域经济一体化进程的加快推进，罗布乡车流、物流、人流、经济流必将倍增，在物流聚散、宣传威信等方面将成为一个重要门户，中心区位优势日益凸显，内连外接的纽带作用逐渐放大，在区域经济发展中的带动作用不断增强。为充分挖掘资源潜力，把资源优势转化为经济优势，加快推动工业化进程，根据《国务院批转民政部关于调整建镇标准的报告的通知》精神，12月1日县政府向市政府请示将威信县罗布乡改制为威信县罗布镇。撤乡建镇后，原辖区范围、隶属关系和镇人民政府驻地不变。

【庙沟乡撤乡建镇的请示】 庙沟乡位于威信县西南部，是1988年区乡体制改革时从长安乡分出来的新建乡，乡政府所在地距县城35千米。庙沟乡东北面与麟凤乡、长安乡相连，西南面与镇雄县木卓、罗坎、雨河等乡镇接壤，境内山脉交错，河谷纵横，气候温和，矿产资源丰富，年降雨量1 080毫米，海拔680—1 640米，森林覆盖率36%，适宜种植蚕桑、花生等经济作物。全乡国土面积55.9平方千米，辖庙沟、大塘、马河、宗家坳、扎实沟5个村70个村民小组，2009年末，全乡总人口20 842人，农村经济总收入6 255万元，人均有粮335千克，农民人均纯收入2 210元。目前，全乡已实现组组通路，户户通电。庙沟集镇是市委、市政府确定的全市40个重点集镇之一，也是威信县打造新农村示范长廊建设的重点区域，目前该乡集镇常住人口3 000余人，集镇建设、新农村建设呈现出勃勃生机。随着盐津柿子坝至威信县大塘二级公路的建成通车，庙沟乡将成为威信连接昭通的重要物资集散地，成为省、市进入威信最亮丽、开放的西大门，是展现威信、带动群众、拉动发展的一个重要窗口。目前，庙沟乡在政策、产业发展等方面迎来了难得的发展机遇，但以乡为建制的管理体制已不能满足全乡城镇化、工业化、农业产业化的发展需求。为加快庙沟乡经济社会发展，统筹我县城乡区域经济协调发展，充分发挥城镇集聚效应，推进城乡一体化建设进程，根据《国务院批转民政部关于调整城镇标准的报告的通知》精神，12月1日县政府向市政府请示将威信县庙沟乡改制为威信县庙沟镇。撤乡建镇后，原辖区范围、隶属关系和镇人民政府驻地不变。

【将威信县扎西镇和三桃乡土地开发整理项目中未利用地开发为耕地的请示】 根据国家耕地保护政策，为做好土地开发整理工作，切实提高土地综合利用率，确保耕地占补平衡，威信县按照《扎西镇土地利用总体规划》和《三桃乡土地利用总体规划》，结合实际，拟在扎西镇和三桃乡实施土地开发整理项目，开发未利用地 71.05 公顷，工程概算总投资 501.37 万元。项目建成后，可净增耕地 66.45 公顷，使全县耕地面积得到补充。12 月 10 日县政府将《昭通市威信县扎西镇和三桃乡土地开发整理（占补平衡）项目》上报并请示市政府，请求审批。

【请求批准 2011 年度拆迁计划的请示】 根据市建设局的有关要求，按照《云南省人民政府办公厅转发国务院办公厅关于控制城镇房屋拆迁规模严格拆迁管理文件的通知》、《云南省人民政府办公厅关于转发国务院办公厅严格征地拆迁管理切实维护群众合法权益文件的紧急通知》文件精神，威信县结合实际，拟定 2011 年度拆迁计划48 000平方米，其中用于房地产开发 25 000平方米、用于公益事业 23 000平方米。为确保威信县拆迁工作能及时组织实施，12 月 25 日县政府请示市政府批准威信县 2011 年度拆迁计划。

报　告

【“十二五”森林采伐限额编制森林资源消耗量调查报告】 2010 年 3 月 19 日，县政府向市政府上报《关于“十二五”森林采伐限额编制森林资源消耗量调查的报告》。一、基本情况。威信县林业用地面积65 800公顷（森林资源二类调查成果），活立木蓄积量 246.7 万立方米，森林年生长量 22 万立方米，森林覆盖率 37.2%，林木绿化率 46.1%，全县有林地面积 40 066.67公顷。其中：国有林 4 800 公顷，占 12%；集体林 35 266.67公顷，占 88%。商品林面积26 533.33公顷，公益林面积38 466.67公顷，其中国家重点公益林31 266.67公顷、地方公益林7 200公顷。二、工作开展情况。为切实做好“十二五”森林采伐限额编制森林资源消耗调查工作，威信县成立“十二五”编限领导组，抽调 4 名工程师、4 名工作人员组成调查组，在参加省培训人员的指导下，对调查方法等进行业务培训，2009 年 11 月 1～26 日，历时 26 天，完成威信县 2008 年森林资源消耗量调查。三、调查方法。根据威信县森林资源的分布情况和消耗情况，将全县 10 个乡镇按消耗量大、中、小三个类型，每个类型抽取 1 个乡镇，以此类推，全县共抽取 3 个乡镇、9 个村委会、27 个村民小组、270 户农户、城镇居民 10 户，以及砖厂 1 家，瓦厂 1 家，石灰窑 1 个、烤烟房 5 座进行调查，结合有关部门的统计资料进行分析，确定各类用材的消耗结构和消耗量。四、调查结果。（一）森林资源实际消耗现状。2008 年，全县森林资源消耗量为 191 014立方米。其中：商品材 24 983立方米，占 13.1%；农民自用材7 412立方米，占 3.9%；烧材3 492立方米，占 1.8%；灾害性消耗 155 127 立方米，占 81.2%。（二）消耗结构特点分析。威信县 2008 年森林资源消耗191 014立方米，以灾害性消耗为主，占 81.2%，原因是 2008 年威信县遭受有史以来最严重的冰雪灾害，森林受灾面积达 4 万余公顷，成灾面积达 1.67 万公顷。在其他消耗中，商品材和烧材切合实际，农民自用材明显偏小，原因是灾害性消耗的155 127立方米中有37 185立方米转为农民自用材，所以农民自用材7 412立方米明显偏低。（三）生长量和消耗量比较分析。全县年总生长量219 790立方米，其中商品林166 270立方米，防护林53 520立方米。2008 年全县总消耗量191 014立方米。其中：商品性消耗118 500立方米，占 62.0%；非商品性消耗 43 706立方米，占 22.9%；灾害性消耗 28 808 立方米，占 15.1%。从以上数据可以看出，即使是遭遇 2008 年严重冰雪灾害，总生长量也大于总消耗量，商品性消耗也低于商品林生长量。（四）森林资源消耗量发展趋势分析。从“十一五”期间全县森林资源消耗情况看，商品材、农民自用材呈逐年上升趋势，工副业用材和农民生活烧材基本稳定。随着人口的增加和生活水平的提高，以及替代能源的利用，“十二五”期间，商品材、农民自用材和工副业用材会明显增加，生产、生活烧材会逐年减少。（五）“十二五”期间森林资源消耗量及消耗结构年度分析。从2008年度全县森林资源消耗量分析，减除灾害性消耗后，正常年森林资源总消耗量应在21万立方米，其中商品材4万立方米，低产低效林改造12万立方米，农民自用材3万立方米，工副业用材1万立方米，农民生活烧材1万立方米。以2008年森林资源二类调查我县年总生长量219 790立方米计算减除每年消耗的21万立方米，每年可节约9 790立方米，即整个“十二五”期间，全县可增加森林蓄积48 950立方米。

【“十二五”森林采伐限额编制工作报告】 3月19日，县政府向市政府上报《威信县人民政府关于“十二五”森林采伐限额编制工作的报告》。一、“十二五”编限工作开展情况。成立以林业局局长为组长，财政局、林业局副局长为副组长的“十二五”森林采伐限额编制领导组，抽调8名工程师、4名林政干部组成编制工作组开展工作。根据《中华人民共和国森林法》、《中华人民共和国森林实施条例》的有关规定，按照《国家林业局关于印发〈“十二五”期间年森林采伐限额编制工作方案〉的通知》、《云南省林业厅关于转发国家林业局“十二五”期间年森林采伐限额制编工作方案的通知》要求，及省委、省政府《关于加速林业发展的决定》和有关文件精神，在总结全县“十一五”期间年森林采伐限额执行经验的基础上，根据编制的原则、范围，以省“十二五”编限工作方案为指导，制订威信县“十二五”期间年森林采伐限额编制工作方案和技术方案。加强技术培训指导，落实工作经费。二、“十二五”编限单位组织情况。根据“十二五”编限相关文件规定，威信县全县为1个编限单位，权属以国有、集体进行编限。威信县林业用地面积65 800公顷（森林资源二类调查成果），活立木蓄积量246.7万立方米，森林年生长量22万立方米，森林覆盖率37.2%，林木绿化率46.1%，全县有林地面积40 066.67公顷，其中：国有林4 800公顷，占12%；集体林35 266.67公顷，占88%。商品林面积26 533.33公顷，公益林面积38 466.67公顷，其中国家重点公益林31 266.67公顷、地方公益林7 200公顷。按编限相关技术规程，除竹林和四旁树未纳入编限外，其余全部纳入编限。三、编限资源数据情况。（一）资源数据来源及时效性。威信县森林资源数据，是云南省林业调查规划设计院于2008年10月开始调查，2009年2月全面完成的森林资源二类调查成果数据，按编限技术规程，威信县编限的森林资源数据，以2008年的二调数据为准，不再进行修正。（二）资源数据的基本情况。全县林地面积65 824.7公顷，活立木总蓄积量2 467 280立方米。其中：生态公益林面积38 405.9公顷，蓄积554 650立方米；商品林面积27 418.8公顷，蓄积1 912 630立方米。在生态公益林中，防护林面积16 096.8公顷，蓄积543 350立方米；其他林地面积22 309.1公顷，蓄积11 300立方米。在商品林中，一般用材林20 924.9公顷，蓄积1 791 980立方米；速生丰产林812.2公顷，蓄积74 100立方米；疏林地7.9公顷，蓄积110立方米；其他林地5 673.8公顷，蓄积46 440立方米。（三）编限资源数据的具体情况说明。1.“两类林”基本情况及纳入编限情况。全县林地面积65 824.7公顷，活立木总蓄积量2 467 280立方米。其中：商品林面积27 418.8公顷，蓄积1 912 630立方米；生态公益林面积38 405.9公顷，蓄积554 650立方米。纳入编限的商品林面积27 418.8公顷，蓄积1 912 630立方米，其中：一般用材林20 924.9公顷，蓄积1 791 980立方米；速生丰产林812.2公顷，蓄积74 100立方米；应抚育林7 044.7公顷，蓄积727 240立方米；低产林改造10 094.1公顷，蓄积609 030立方米。纳入编限的生态公益林面积38 405.9公顷，蓄积554 650立方米，其中：低产林改造6 679.1公顷，蓄积194 030立方米；应抚育林8 393.4公顷，蓄积290 560立方米；近、成、过熟林1 024.3公顷，蓄积58 760立方米。2.速丰林、短轮伐期工业原料林。速丰林、短轮伐期工业原料林812.2公顷，蓄积74 100立方米。（四）未纳入编限的资源数据说明。1. 自然保护区。据调查核实，威信县无自然保护区。2. 竹林和农地上人工种植的森林。全县竹子总株数15 205万株。其中：竹林面积1 579.5公顷，株数1 252万株；林下竹13 688万株；四旁竹265万株。全县农地上人工种植的森林，退耕还林和成片人工林均进行了林改，已全部纳入“十二五”编限。3. 个人所有的零星四旁树资源。个人所有的零星四旁树蓄积45 550立方米未纳入编限。4. 其他资源（如不可及资源等）。据二调成果材料，全县近成过熟林中有不可及资源面积582.4公顷，占近成过熟林面积的12.67%，蓄积44 860立方米，占8.47%。从现在采伐的工具和手段分析，二调中定为不可及的资源是可以进行采伐的，所以，在“十二五”编限中将这582.4公顷，蓄积44 860立方米的森林全部纳入编限。四、森林资源消耗量调查工作开展情况。（一）消耗调查工作开展情况。抽调4名工程师、4名工作人员组成调查组，在参加省培训人员的指导下，对调查方法等进行业务培训，2009年11月1日至26日，历时26天，完成威信县2008年森林资源消耗量调查。（二）调查结果（消耗现状、消耗结构）及其真实性、可靠性。2008年，全县森林资源消耗量为191 014立方米，其中：商品材24 983立方米，占13.1%；农民自用材7 412立方米，占3.9%；烧材3 492立方米，占1.8%；灾害性消耗155 127立方米，占81.2%。全县2008年森林资源消耗191 014立方米，以灾害性消耗为主，占81.2%，原因是2008年威信县遭受有史以来最严重的冰雪灾害，受灾面积4万余公顷，成灾面积1.67万公顷。在其他消耗中，商品材和烧材切合实际，农民自用材明显偏小，原因是灾害性消耗155 127立方米中的37 185立方米转为农民自用材，所以农民自用材7 412立方米明显偏低。从以上数据分析，威信县2008年的森林资源消耗真实、可靠。（三）森林资源消耗量发展趋势及其对“十二五”限额确定、管理的影响。从“十一五”期间全县森林资源消耗情况看，商品材、农民自用材呈逐年上升趋势，工副业用材和农民生活烧材基本稳定。随着人口的增加和生活水平的提高及替代能源的利用，“十二五”期间，商品材、农民自用材和工副业用材会明显增加，生产、生活烧材会逐年减少。从森林资源消耗发展趋势和威信县的地理区位看，“十二五”期间商品材采伐指标的可能会明显不足。（四）“十二五”期间年度消耗量及消耗结构预测。从2008年度全县森林资源消耗量分析，减除灾害性消耗后，正常年森林资源总消耗量应为21万立方米，其中：商品材4万立方米，低产低效林改造12万立方米，农民自用材3万立方米，工副业用材1万立方米，农民生活烧材1万立方米。五、合理年伐量测算情况。（一）纳入编限的森林资源分采伐类型的具体情况。威信县纳入编限的森林资源以采伐类型分，有一般用材林主伐、速生丰产林主伐、更新采伐、抚育采伐、低产林改造采伐和其他采伐6种。1. 一般用材林面积10 838.8公顷，蓄积1 182 950立方米。2. 速丰林拟采伐面积4.5公顷，拟采伐蓄积600立方米，预计可采蓄积720立方米，采伐周期5年。3. 公益林更新采伐面积9 417.7公顷，蓄积349 320立方米。4. 应抚育资源面积15 438.1公顷，蓄积1 017 800立方米。其中：天然8 308.6公顷，蓄积289 490立方米；人工7 129.5公顷，蓄积728 310立方米；以经营面积类型分，商品林面积7 044.7公顷，蓄积727 240立方米；公益林面积8 393.4公顷，蓄积290 560立方米。抚育强度15%，抚育周期5年。5. 低产低效林改造面积16 773.1公顷，蓄积803 060立方米。其中：天然林面积6 632.6公顷，蓄积194 120立方米；人工林面积10 140.5公顷，蓄积608 940立方米。以经营类型分，商品林面积10 094公顷，蓄积609 030立方米；公益林面积6 679.1公顷，蓄积194 030立方米。改造强度20%，改造周期5年。6. 其他采伐面积27 990.8公顷，蓄积12 300立方米。可采比例20%，采伐周期5年。（二）抚育、低改、其他采伐强度（采伐比例）的说明。威信县的人工造林，进入21世纪后主要采用低密度造林，单位面积上的株数相对比20世纪90年代要低得多，所以抚育采伐强度定为15%。2008年，我县遭受百年一遇的特大冰雪灾害，中、幼林受损严重，在进行低产林改造时，应尽可能不砍或少砍，所以改造强度定为20%。其他采伐主要是散生木，以5年为周期，每年采伐20%。（三）合理年伐量测算方法及其结果。威信县“十二五”合理年伐量测算以省编限工作方案中的模拟测算法进行测算，测算结果：全县合理年伐量110 888立方米。其中：国有8 886立方米，集体102 002立方米。以采伐类型分：主伐46 928立方米，抚育采伐30 534立方米，更新采伐811立方米，其他采伐32 615立方米（其中低产林改造32 122立方米）。以经营类型分：公益林17 741立方米，商品林93 147立方米。（四）天保工程区合理年伐量测算结果。威信县全县均属于天保工程区，所以全县的合理年伐量即为天保工程区的合理年伐量。（五）出材率的调查结果说明。国有林必须依据近5年的实际出材计算；集体林依照《云南省森林调查常用数表》和威信县近几年商品林采伐的实际出材率综合计算，确定天然林出材率为55%，人工林出材率为65%。

【威信县2010—2012年城镇和国有工矿棚户区改造规划的报告】 3月24日，县政府向市政府上报《关于威信县2010—2012年城镇和国有工矿棚户区改造规划的报告》。经调查，威信县国有企业已改制或破产倒闭，下岗职工2 000余人，其中在县城规划区内属低收入家庭且居住条件困难的有200余户，主要是国营林场棚户区、红色老城区和仓头棚户区。这些棚户区结构简易、人均居住面积少、建设使用年限长、配套基础设施差。规划范围：县城规划区范围内，在国有土地上建设，集中连片、结构简易、平房密度大、人均居住面积少、建设使用年限久、配套基础设施差、治安和消防隐患大的城镇和国有工矿企业棚户区。目标任务：2010—2012年，结合开展保障性住房建设，完成2.35万平方米棚户区改造。成立威信县城镇和国有工矿棚户区改造领导小组，全面负责棚户区改造的组织领导、协调和监督检查工作。各相关职能部门根据各自职能各负其责。2010年，拆除位于第三客运站南侧的县国营林场棚户区，在原地址上建设经济适用住房1万平方米98套，解决县城规划区部分国有工矿住房困难职工住房问题。2011年，拆除红色老城区连片国有工矿棚户区，建设为经济适用住房8 000平方米110套，主要改善红色老城区棚户区内及规划区内部分低收入家庭的住房困难问题。2012年，拆除扎西镇仓头棚户区，建设经济适用住房5 500平方米68套，主要解决原仓头棚户区居住户及县城规划区内部分住房困难的下岗职工的住房问题。

【2009年度教育工作督导评估自评报告】 5月8日，县政府向市政府上报《关于教育工作督导评估自评的报告》。一、基本情况。2009年教育经费总支出25 080万元，人均教育经费总支出611元。全县有幼儿园10所（其中民办8所），民办学前班95个，在园幼儿6 989人，幼儿入园率35%；小学272所（其中完小152所，教学点120个），在校生66 150人，小学学龄儿童入学率99.46%，在校小学生辍学率为0.45%；普通初中13所，在校生25 531人，初中阶段毛入学率达102.02%，辍学率为2.85%；完中2所，在校生5 974人，高中阶段毛入学率33.4%；职教中心1所，在校生861人。全县在编教职工总数3 942人。每万人口中初中阶段学生数622人，高中阶段学生数170人，大学生数163人，人均受教育年限8.5年。全县完小以上学校配备了实验室、图书室，建有远程教育接收点163个。共有文明学校103所，其中省级9所、市级27所、县级67所。近年来，威信县认真实施“科教兴县”战略，切实把教育放在优先发展的战略地位，办学条件不断改善，教育经费投入逐年增长，教育质量大幅度提高。二、主要做法。（一）县委、政府高度重视，把教育摆在优先发展的战略地位。（二）机制健全，通力合作。建立人大政协监督机制，建立部门协作机制，建立乡（镇）政府教育工作长效机制，建立健全学校管理机制。（三）多措并举，加大投入，保证教育事业正常运转。县政府突出教育优先发展，不断加大对教育工作的投入，保证按时、足额发放教师工资。1.依法确保教育经费“三个增长”。政府对教育经费优先安排，教育专款按时下拨，实现教育经费逐年增长，满足教育发展需要。2005—2009年预算内教育拨款分别为9 052万元，11 416万元，15 427万元，18 609万元，24 117万元，预算内教育拨款年增长率分别为26.12%，35.13%，20.63%，

29.60%。2005—2009年，小学生均教育事业费分别为847.97元，993.63元，1 143.5元，1 293.41元，1 926.86元，年增长率分别为17.18%，15.08%、13.11%、48.98%；初中生均教育事业费分别为908.86元，910.22元，1 527.79元，1 936.16元，2 476.83元，年增长率分别为0.15%，67.85%，26.73%，27.92%。按照国家、省核定的标准和要求按时足额拨付生均公用经费，2005—2009年，小学生均公用经费分别为28元、141元、162元、237元、326元，增长率分别为404%、15%、46%、38%；初中生均公用经费分别为42元、238元、258元、390元、545元，增长率分别为467%、8%、51%、40%。2. 按时足额征收城市教育费附加并全部用于教育。将城市教育费附加作为教育专项资金纳入预算管理，坚持“先收后支、列收列支、收支平衡”的原则管理使用。2005—2009年，征收教育费附加分别为60万元、62万元、116万元、221万元、457万元，共计916万元，并全部拨付到教育部门用以改善中小学教学设施和办学条件。3. 优先保障教育资金的需求。县财政从2006年起每年拨专款600万元用以改善农村中小学办学条件，从2000年起每年划拨30万元发放农村中学生助学金；坚持每年为少数民族学生发放生活补助，2007—2009年分别为10.73万元、11.21万元、12.34万元；从2000年起每年拨款4万元，表彰100名“优秀教师”及“优秀教育工作者”；2007年以来，政府共拨款9万元作为县一中高考教育质量、县二中教育教学提高奖励资金。4. 积极筹措资金，努力改善办学条件。威信县加大对电化教育和“普实”的投入，2001年基本普及实验教学，并确保“普实”工作顺利通过省政府复查验收。2002—2007年，全县争取到现代远程教育工程专项资金566万元，县政府自筹120万元，建成现代远程教育接收点163个，光盘播放点154个，计算机教室20间，多媒体教室33间，配备计算机880台。2009年政府加大投入，新建改（扩）建中小学校舍131 657平方米，新征中小学学校用地404 869平方米，全县生均建筑面积小学达4.1平方米，初中达6.76平方米；小学生均占地面积达11平方米，初中达18平方米；生均图书小学为5.9册，初中为11.49册；中小学实验仪器配备率分别为100%和93.9%。5. 全面实施教育扶贫工程。认真贯彻落实“两免一补”政策，确保贫困生按时到校入学。深入开展“云岭先锋”工程、“手拉手”、“机关党员干部帮扶贫困学生”、“关注未来、爱心助学”等爱心助学活动，确保留守儿童、社会弱势群体子女、残疾儿童都能享有受教育的权利。2005—2009年全县按时足额兑现“两免一补”专项资金分别为536.08万元、1 391.92万元、2 524.51万元、4 060万元、4 892.97万元，无挤占截留挪用。为巩固“两基”成果，提高“两基”水平，政府发出倡议，动员一切社会力量捐资助学，2005—2009年共获得社会捐资分别为70万元、60万元、93.2万元、333万元、205万元，共计达761.2万元，极大地改善了办学条件。通过多形式、多渠道的助学，确保了学生不因贫困而失学，全面提高了全县的基础教育普及率和巩固率，促进了教育事业和谐发展。

（四）加强教师队伍管理，提高教师整体素质。威信县以师德教育为核心，以业务培训为根本，从三个方面抓好教师队伍建设工作。一是积极推行教育人事制度改革。根据国家中小学教职工编制方案和云南省中小学教职工编制标准，严格核定教职工编制。实行教师资格认定制度，规范教师招录程序，严把教师入口关，择优录用教师，确保新招录教师质量。2006—2009年，全县共招聘教师525人，其中高中教师102人，初中教师141人，小学教师282人，极大地缓解了教育持续发展与教师数量不足的矛盾。实行支教服务制度，均衡教师资源，实现城乡教育资源共享，达到城乡教育、民族教育与普通教育的协调发展。二是持之以恒抓师德师风建设。根据《威信县教育局关于进一步加强师德师风建设的意见》精神，将师德师风建设放在教师队伍建设的首位。组织政治理论学习，提高思想认识，贯彻落实《中小学教师职业道德规范》，积极开展以教书育人、为人师表和爱岗敬业为主要内容的师德师风教育活动，提高广大教师的职业道德修养，推进教育系统行风进一步好转。三是扎扎实实推行教师全员培训。以骨干教师队伍建设为龙头，带动整个教师队伍素质的提高，促进教师队伍的协调发展。正确处理提高教师业务素质与加强教师职业道德建设的关系，以现代教育理论、现代教育技术为主，积极开展“新一轮民族贫困地区中小学教师综合素质培训工作”，多形式多渠道开展教师非学历继续教育和学历提高教育，确保教师学历合格。（五）“控辍保学”常抓不懈，“两基”成果巩固提高。1. 抓好“两基”巩固提高。县政府及各乡镇坚持把“两基”巩固提高工作纳入重要议事日程，每年定期召开教育工作会议，专题研究“两基”巩固提高工作。建立“两基”巩固提高工作目标责任制，将“两基”指标任务逐级分解到乡镇、村委会、学校，做到机构健全、人员到位、责任落实。2. 努力提高适龄儿童、少年入学率和控制在校学生辍学率。一是加大义务教育法律法规的宣传力度。利用标语、广播、电视等进行《教育法》、《义务教育法》宣传，提高家长法律意识。二是依法治理辍学问题。每学年开学初，由乡镇政府向辖区内适龄少儿填发义务教育入学通知书，要求其父母或监护人限期送子女入学，实行“乡镇政府—村民委员会—村民小组—农户”和“乡镇中心校—学校—教师”的双线承包责任制，把适龄少儿入学工作纳入乡、村、社干部年度考核，并实行“一票”否决制；把在校学生巩固纳入教师的年度考核，严格实行责任追究。三是建立“一保二控三监管”机制，按时发放教师工资，稳定教师队伍，确保教师安心工作，教学质量稳步提高。四是严格禁止体罚和变相体罚学生的行为，关心学习困难学生、行为偏差学生和经济困难学生，积极引导学生克服厌学情绪，确保适龄少儿“进得来，留得住，学得好，能毕业”。2009年，威信县小学学龄儿童入学率、辍学率，初中阶段毛入学率、辍学率均达到“两基”标准；高中阶段入学率达到33.4%。（六）优化育人环境，促进教育发展。县委、县政府高度重视教育事业，在全县营造各级党委、政府、县直有关职能部门重视教育发展，支持教育发展，全社会尊重知识、尊重人才的良好环境。一是始终遵循“再穷不能穷教育，再难不能难学校，再苦不能苦孩子”的原则，把保教师工资、教育教学运转经费、贫困学生助学金等义务教育经费作为重中之重优先给予保证。二是千方百计改善教师工作条件，维护教师合法权益，坚持每年表彰奖励优秀教师和教育工作者，大力宣传优秀教师先进事迹，让尊师重教蔚然成风，极大地调动教师的积极性，去年和今年共为学校修建廉租房16 000平方米，切实解决教师住房困难问题。“党以重教为先，政以兴教为本，民以支教为荣、师以从教为乐”的良好社会风气在全县得以形成。

【2010年森林防火目标管理责任状自查考核报告】 6月12日，县政府向市森林防火指挥部上报《关于2010年森林防火目标管理责任状自查考核的报告》。一、强化组织领导，森林防火责任制全面落实。自2009年12月进入防火期以来，多次召开专题会议对森林防火工作进行安排部署，调整充实县森林防火指挥部成员，投入最大的精力，制定最严格的制度、采取最管用的措施切实抓好森林防火工作，真正把森林防火同“抗大旱、保民生、促春耕”工作摆在同等地位抓好抓实。严格落实森林防火行政首长负责制，落实了各乡镇乡镇长和林业局局长为第一责任人，分管副乡镇长、林业局副局长、林业站站长、国营林场场长为直接责任人的森林防火责任制。县、乡、村层层签订森林防火责任书，把责任分解细化，明确到人。指挥部各成员单位领导定期不定期到责任区检查督促森林防火各项措施的落实，遇到火情、火警时全力以赴，积极配合。各乡镇实行乡、村、组干部包片负责制度，全面落实乡长、村主任、村民小组长、户主、林权所有者和护林民兵等关键人的责任。全县各级签订各类森林防火责任书34 464份，把责任落实到乡、到村、到组、到户、到人，做到领导到位、责任到位、措施到位。二、强化宣传教育，群防群治基础不断增强。为抓好森林防火宣传工作，各乡镇以“严防森林火灾、共创平安和谐”为主题，周密安排，精心策划，采取各种形式扩大宣传覆盖面，增强群防群治意识，夯实群防群治基础。一是通过会议、培训、标语、发放宣传资料、广播电视、宣传车、手机短信等形式进

行广泛宣传，不断提高广大人民群众的森林防火意识，使“森林防火，人人有责”深入人心。全县共召开各类大小会议1 620余次，发放各类宣传资料56 000份、森林防火法律法规汇编270本、森林防火宣传光碟（含录音磁带）150张（盒）、森林防火五色彩旗60套、书写（翻新）森林防火宣传标语（碑、牌）2 873条（块），张贴森林防火戒严令1 580张，发送手机短信5 193条。二是继续抓好“五个一”宣传教育活动，各学校给中小学生上森林防火课累计达7 586课时，出森林防火墙报526期，致学生家长森林防火公开信864封，书写森林防火标语1 254条，中小学生写森林防火作文12 684篇，举行以森林防火为主题的演讲比赛、游行活动10余场次，编辑传唱森林防火儿歌1首。三是通过媒体对在森林防火工作中取得的好经验、好措施、涌现的好人好事进行广泛宣传，同时，利用反面典型对群众进行警示教育，做到用身边的事教育身边的人。三、强化火源管理，森林火险、火情得到有效控制。县政府下发2010年森林防火命令，各乡镇认真贯彻落实2010年全县森林防火工作会议精神，严格落实野外火源管理“五个100%”，切实把好火源管理“五关”（生产生活用火关、学生失火关、流动人口乱丢烟头关、林区作业单位失火关和监测关），做到处处设防，人人设防，严查重罚。一是加大巡山护林密度，聘请了136名天保护林员和81名护林民兵巡山护林、堵关设卡，严防火种进山，对重点地段，重点区域，实行严防死守。二是对“五类人员”（痴、呆、聋、哑、精神病人）登记造册并落实监护责任人，签订监护责任书382份。三是对林边、林中坟所进行清理登记，共清理坟所3 541所，与责任人签订责任书3 541份。四是加大野外用火的查处力度。严格按《森林防火条例》和《云南省森林消防条例》的相关规定，各乡镇结合实际制定切实可行的野外用火管理规定，严厉打击一切野外用火行为，最大限度控制森林火灾的发生，查处一起，教育一方，处罚一人，震慑一片。四、强化应急响应，应急处置能力明显提升。一是及时修订完善应急预案。按照《云南省森林火险预警响应规范》和人员、机具、车辆、通信、教育、保障“六到位”的要求，及时修订和完善《威信县处置森林火灾应急预案》，制定653个6.67公顷连片森林防火应急预案，预案中绘制林地、树种和出场路线图，进一步增强预案的科学性和可操作性。针对一天可能发生多起火情的实际，县林业局制定《处置三级响应以上火灾应急预案》，明确人员职责和分工，进一步规范应急秩序。二是抓应急队伍建设。组建一支60人的民兵应急大队，各乡镇按市、县要求组建一支30人的应急扑火队伍，村组也相应组建15～20人的义务扑火队伍，全县共组建专业半专业应急扑火队伍625支15 525人，形成县、乡、村、组“四级扑火网络”，并编制《威信县森林防火网络联系册》，畅通信息渠道。三是狠抓技能培训。在坚持日常培训演练的基础上，县森林防火指挥部在县人武部的大力支持下，聘请云南省森林警察部队2008年退伍的娄发为教官，对县民兵应急大队队员进行理论知识、野外演练，火场自救及各种机具的使用、装卸、日常维护、故障排除等培训；县武装部又从民兵应急大队抽调业务骨干到各乡镇进行培训指导，各级应急防扑火队伍处置能力普遍提高。四是未雨绸缪，超前谋划。即在全县的林业发展规划上做文章，利用商品材采伐的有利时机开挖防火隔离带，同时，要求无论是采伐迹地更新还是新规划造林地都必须按照森林防火的要求规划实施。五、强化物资储备，后勤保障能力得到加强。在及时划拨省、市配套资金的基础上，县财政拿出森林防火资金43万元，除维持日常工作运转外，全部用于购买扑火物资（灭火机、油锯、水枪、弯刀、扑火服、头盔等），加上乡镇自筹和指挥部成员单位对挂钩乡镇的帮助，目前，县、乡森林防火物资储备基本达到省、市要求。一旦发生森林火灾，能够提供近1 000人的扑火物资保障。六、强化火案查处，依法治火水平不断提升。在防火工作中，县森林公安局和各乡镇林业站严格依法行政，认真贯彻落实国务院新修订的《森林防火条例》、《云南省森林消防条例》和省、市有关森林防火文件精神，坚持扑火、查案两不误，做到发生一起，查清处理一起，依法严惩火灾肇事者，并做到手续完备，程序合法，大大提高了依法治火水平。同时，按照事故原因未查清不放过、事故责任者未处理不放过、整改措施未落实不放过、教训未汲取不放过的原则，依法严肃追究有关责任人的责任。全县共查处违规用火64起，罚款35 000元。七、严肃值班纪律，信息渠道保持畅通。进入防火期后，县防火办和各乡镇严格执行防火期24小时值班和领导带班制度，严肃值班带班工作纪律，县防火办经常对防火值班情况进行抽查，防止出现脱岗、漏岗情况。坚持日报告制度，及时通报火险、火情动态，做好上情下达，下情上达，保持信息畅通，及时处置火情，实现“打早、打小、打了”。对不及时、不准确上报或虚报、瞒报森林火情，工作不力的，要给予通报批评，对贻误战机造成严重后果的，将依法追究有关人员和主管领导的责任。八、强化督促检查，各项措施有力落实。县森林防火指挥部办公室及成员单位认真履行职责，积极为森林防火工作提供保障和服务，努力创造有利条件的同时，把督促检查作为一个重点来抓，经常定期不定期地深入联系挂钩乡镇或片区进行检查。一是对各乡镇、国营林场防火措施落实情况进行检查，检查是否做到“四上”，即：把森林防火放在“心”上；把宣传重点放到“户”上；把管理措施落在“山”上；把应急准备落到“实”上。二是按照“两监管三检查”要求，检查野外用火、五类特殊人群是否监管到位；按月例行检查、重点时段专项检查、关键部位反复检查是否开展到位。三是检查存在的问题和薄弱环节是否及时整改到位。通过督促检查，及时抓好落实，消除森林火灾隐患，克服松劲麻痹思想，切实增强广大干部群众的责任感和紧迫感。通过自查，威信县2010年森林防火目标管理责任状考核自评100分。

【配套文星干渠防渗工程建设资金的承诺报告】 6月30日，县政府向市政府上报《关于配套文星干渠防渗工程建设资金的承诺报告》。文星干渠位于威信县旧城镇境内，建于1977年，覆盖旧城镇文兴、天蓬2个村，灌区内耕地连片集中，土地肥沃，是当地粮食主产区之一。由于投入不足，该干渠目前仍有70%以上的渠段未进行防渗处理，渗漏严重，使原本十分紧张的水资源未得到充分利用，严重制约了灌区经济社会的发展。为充分发挥工程效益，切实解决灌区群众生产生活用水困难，威信县计划对该干渠进行防渗处理，工程计划总投资426.12万元。工程完工后，可改善灌溉面积366.67公顷，2个村5 400人受益，效益较为明显。为确保文星干渠防渗工程建设顺利开展，威信县政府承诺：按时按要求足额配套县级资金。

【落实县城污水处理厂工程建设资金承诺报告】 7月2日，县政府向市发改委上报《关于承诺落实县城污水处理厂工程建设资金的报告》。威信县县城污水处理厂属三峡库区污染防治项目，计划投资5 100万元，目前已完成排污管网铺设26.3千米，厂区主体工程建设已完成，正实施污水处理池建设。为使威信县县城污水处理厂尽快投入规范运营，加快污水处理厂附属工程建设，按照工程建设的相关要求，威信县政府承诺将认真组织实施污水处理厂工程建设，按要求配套县级资金，并建立健全监督管理制度，保证各级安排资金专款专用。

【威信县2010年度煤矿整顿关闭矿井名单报告】 7月15日，县政府向市政府上报《关于威信县2010年度煤矿整顿关闭矿井名单的报告》。根据《昭通市人民政府办公室关于加快推进煤炭资源整合和煤矿整顿关闭工作的通知》要求，2010年威信县共整顿关闭煤矿矿井7对，分别是：富华煤矿、红粟地煤矿、龙汤坝煤矿、水井坎煤矿、楠木桥煤矿、岩上煤矿、青树子煤矿。

【隆（昌）黄（桶）铁路威信段地方投资部分全额由威信县承担承诺报告】 7月16日，县政府向市政府上报《关于隆（昌）黄（桶）铁路威信段地方投资部分全额由威信县承担的承诺报告》。隆黄铁路建设对拉动威信县经济社会发展具有十分重要的意义。因此，威信县政府特向市政府郑重承诺，隆（昌）黄（桶）铁路威信段的地方投资部分，威信县将全部承担，并保证按建设进度及时足额到位资金。

【配套2010年中央财政小型农田水利重点县建设资金承诺报告】 7月29日，县政府向市政府上报《关于配套2010年中央财政小型农田水利重点县建设资金的承诺报告》。威信县是一个典型的山区农业县，全县水资源分配不均，工程性缺水严重，因地制宜兴建小型农田水利工程，合理开发利用、治理、节约、保护和优化配置水资源，从根本上促进山区粮食增产增收，提高粮食的安全性，意义极为重大。根据云南省水利厅《关于抓紧做好2010中央小型农田水利第二批重点县工程建设补助资金项目申报工作的通知》及昭通市财政局、昭通市水利局转发《云南省关于中央财政小型农田水利重点县建设管理实施细则的通知》精神和相关要求，威信县遵循“统一规划，因地制宜；集中连片，突出重点；尊重民意，民办公助；整合资源，完善机制”的原则，及时组织相关部门编制完成《2010年云南省中央财政小型农田水利重点县威信县建设方案（2010—2012年）》。威信县2010—2012年计划实施的小型农田水利灌区工程共9件，建设灌溉渠道178千米（主干渠65.7千米，支渠112.3千米），分水口229个，新增灌溉面积3.744 3万亩，项目概算总投资5 910.45万元。其中2010年计划实施的小型农田水利灌区工程共3件，建设灌溉渠道67.1千米（干渠21千米，支渠46.1千米），分水口23个，灌溉面积909.06公顷。2010年计划总投资为2 129.51万元，资金筹集按照中央、地方、群众共同负担的原则，2010年申请中央财政补助800万元，省级补助800万元，市级补助100万元。为确保中央财政小型农田水利重点县工程建设顺利开展，威信县政府承诺，建设资金不足部分由县政府自筹解决。

【普及九年义务教育扫除青壮年文盲的自查报告】 9月12日，县政府向市政府上报《关于普及九年义务教育扫除青壮年文盲的自查报告》。一、基本情况。威信县1997年实现“普六”，2000年实现“两基”，2001年实现普及实验教学，2005年被列为全市教育综合改革试点县，2006年被列为全市农村中小学现代远程教育项目实施试点县。2009年全县有小学272所，在校生57 929人，普通初中13所，在校生22 665人，人均受教育年限8.5年。文明学校103所，其中省级9所、市级27所、县级67所。二、“两基”巩固提高主要做法及措施。（一）加强组织领导，落实工作责任。（二）加大宣传力度，营造迎检氛围。（三）狠抓“控辍保学”，“两基”巩固提高。（四）加强业务学习，提高档案质量。（五）保证教育投入，完善经费保障。一是政府对教育经费优先安排，教育专款按时下拨，满足教育发展需要。在财政非常困难的情况下，县政府仍然坚持教育经费“三个增长”，根据省、市财政部门的经费测算统一口径，我县组织专人对近三年教育经费进行认真测算，2007—2009年财政经常性收入增长比例为32.1%、20.4%、20.5%，预算内教育拨款比上年增长比例为35.9%、20.6 %、29.6%，财政对教育的拨款增长比例连续三年实现了高于财政经常性收入增长比例，生均教育事业费、教师工资和生均公用经费均实现逐年增长。通过自查，县财政于今年6月一次性补拨教育费附加916万元。千方百计保障教育资金需求，从2000年起每年划拨30万元发放农村中学生助学金；坚持每年为少数民族学生发放生活补助，2007—2009年共计34.28万元；从2000年起每年拨款4万元，表彰100名“优秀教师”及“优秀教育工作者”；2007年以来，政府每年都拨款8万元作为县一中、二中高考教育质量提高奖励资金。二是积极筹措资金，努力改善办学条件。县财政从2006年起，连续5年每年拨款600万元改善农村中小学办学条件；2009年实施的中小学校舍安全工程39个项目50 601平方米，主体完工项目30个共35 876平方米，正在主体施工的项目9个14 725平方米。随着校舍安全工程等学校建设项目的完工投入使用，全县学校办学条件将得到较大的改善，校舍不足的问题将逐步得到解决。2009年全县修建教师廉租房8 000平方米，2010年又启动修建教师廉租房1万平方米，切实解决农村教师住房困难问题。为畅通义务教育出口，县委政府筹集资金，为一中新校区新征土地325亩。全县广大群众积极捐资助学，仅2007—2009年就获得社会捐资631万元，并全部用于改善农村中小学办学条件。2002—2007年，全县争取到现代远程教育工程专项资金566万元，县政府自筹120万元，建成现代远程教育接收点163个，光盘播放点154

个，计算机教室20间，多媒体教室33间，配备计算机880台。积极争取资金为中小学配备图书、实验仪器等，使全县生均图书和中小学实验仪器配备率均达国检指标。三是高度重视义务教育经费的管理和使用，确保教育事业健康发展。（六）加强队伍建设，提高教师质量。一是积极深入推进教育人事制度改革。2007年以来，共招聘教师671人。二是持之以恒抓师德师风建设。三是扎实推进教师全员培训。2010年7月，县教育局组织对近年招聘的132名特岗教师进行为期一周的业务培训。同时，组织全员培训1 019名，履职晋级培训1 408名。各种形式的培训，提高了教师的业务素质和教学水平。8月，选派6名中学校长出外参加培训，在县教师进修学校对108名小学校长进行培训，使参训校长的管理能力不断增强，学校管理水平不断提高。目前，全县有小学专任教师2 433人，学历达标率97.53%，有初中专任教师1 158人，学历达标率90.93%。（七）强化督促检查，保证工作质量。（八）提升管理水平，提高教育质量。在2009年云南省教育学会举办的“云南省教育学会优秀教育科研成果评选”活动中，全市5项中小学研究成果获云南省教育科研奖，这五项教育科研研究成果均在威信县。全县小学阶段优生率逐年提高，中考成绩总评居全市前列，高考上线率大幅度提高，2010年高考上线人数2 607人，上线率为91.28%，比上年提高16.78个百分点，其中：一本上线130人，比上年增加21人；二本上线593人，比上年增加204人；三本上线960人，比上年增加294人。积极组织学生参加全国各类大型文化艺术活动，喜获嘉奖：2009年12月，扎西小学学生舞蹈《螃蟹乐》在澳门参加全国春晚节目组委会组织的“童心祝福祖国文艺汇演”中荣获金奖；5月2日扎西小学学生舞蹈《打麦场上》在北京参加第六届全国儿童艺术展演魅力校园“六一”晚会活动中荣获金奖，同时扎西小学被中国教育学会、全国校园春节联欢晚会、中国文学艺术基金会评为“全国艺术教育特色学校”。三、指标完成情况。（一）普及九年义务教育和扫盲程度。适龄儿童、少年入学率：2010年全县7～12周岁适龄儿童53 602人，已入学53 503人，入学率99.82%；13～15周岁适龄少年22 166人，初中阶段在校学生22 665人，毛入学率102.25%。在校学生年辍学率：上学年小学辍学人数147人，辍学率0.22%；上学年初中辍学人数325人，辍学率1.27%。残疾儿童、少年入学率：全县7～15周岁三类残疾儿童、少年193人，已入学181人，入学率为93.78%。15周岁人口中初等教育完成率：全县15周岁人口9 605人，已完成初等教育9 538人，初等教育完成率为99.30%。17周岁人口中初级中等教育完成率：全县17周岁人口9 325人，已完成初级中等教育9 107人，初级中等教育完成率为97.66%。青壮年非文盲率：2010年，全县青壮年人口238 046人，非文盲237 958人，非文盲率为99.96%。近三年脱盲人员复盲率：近三年没有脱盲人员，无复盲人员，复盲率为0。（二）教师队伍。教师学历和取得专业合格证书的合格率：全县有小学专任教师2 433人，符合学历规定2 373人，学历达标率97.53%；有初中专任教师1 158人，符合学历规定1 053人，学历达标率90.93%。新补充教师学历合格率：全县新补充中小学教师学历合格率100%。校长任职条件合格率：全县中小学校长任职条件合格率100%。校长岗位培训合格率：全县中小学校长岗位培训合格率100%。（三）教育质量。按照国家和省的课程计划开齐课程、开足课时：全县中小学均按国家和省的课程计划开齐课程、开足课时，开课率100%；初中开设信息技术课校数15所，开设率100%，小学开设信息技术课校数3所，开设率1.97%，与云南省“两基”国检指标要求相差38.03个百分点。在校学生品德操行综合评定合格率：全县在校学生品德操行综合评定合格率100%。毕业班学生毕业率：全县中小学毕业班学生毕业率100%。毕业班学生体育合格率：小学毕业班学生体育合格率98.5%；初中毕业班学生体育合格率99.4%。初中毕业班学生全科合格率：初中毕业班学生中全科合格率68.42%。学校体育运动会举办率：全县学校体育运动会举办率为100%。（四）办学条件。生均占地面积达标率：全县小学占地面积651 902平方米，生均占地11.25平方米，合格学校占总校数的比例是97.37%；初中占地面积331 859平方米，生均占地14.64平方米，合格学校占总校数的比例是100%。生均校舍建筑面积达标率：全县有小学校舍总面积258 548平方米，小学生均校舍面积4.46平方米，合格学校占总校数比例的96.05%；初中校舍总面积154 128平方米，初中生均校舍面积6.8平方米，合格学校占总校数比例的100%。教学用房达标率：全县中小学教学用房达标率100%。院墙、校门、运动场地、厕所、水源、旗杆合格率：全县中小学"六配套"合格率100%。危房率：全县中小学危房已全部排出，危房率为0。课桌椅配备率：全县中小学课桌椅配备率100%。图书达标率：全县小学生均图书6.74册，达标率100%；初中生均图书12.9册，达标率100%。教学仪器达标率：全县小学教学仪器配备达标率96.05%，初中教学仪器配备达标率100%。文体器材达标率：全县中小学文体器材达标率100%。劳动（劳技）课设施配备率：全县中小学劳动（劳技）课设施配备率100%。试验教学普及率：全县小学试验教学普及率94.74%，初中试验教学普及率100%。信息技术课设备配备率：全县所有中学和城镇小学皆已开设信息技术课程，城镇小学人机比例59:1，初中人机比例27.4:1。（五）教育经费。财政对教育的拨款：全县2007—2009年地方财政经常性收入分别为3 953万元、4 761万元、5 738万元，增长率分别为32.1%、20.4%、20.5%；2007—2009年财政对教育的拨款分别为15 427万元、18 609万元、24 117万元，增长率分别为35.9%、20.6%、29.6%。财政对教育的拨款实现了逐年增长，增长比例高于财政经常性收入增长比例。年生均教育事业费：2007—2009年，小学生均教育事业费分别为1 280元、1 543元、1 953元；初中生均教育事业费分别为1 397元、1 877元、2 402元，中小学年生均教育事业费均实现了逐年增长。财政拨发的年生均公用经费：2007—2009年小学生均公用经费分别是264元、398元、474元；初中生均公用经费分别是301元、463元、600元，中小学年生均公用经费均实现了逐年增长。教育费附加：2007—2009年征收城市教育费附加分别为116万元、221万元、457万元，三年共计794万元，足额征收并全部用于教育。多渠道筹措义务教育资金，开展勤工俭学：2009学年获得社会捐资205万元；勤工俭学收入小学22.19万元，生均3.83元，初中8.8万元，生均3.88元。教职工工资（包括各种政策性补贴）：按时足额发放教职工工资。

【供销系统企业职工基本养老保险工作实施方案报告】 9月30日，县政府向市政府上报《威信县供销系统企业职工基本养老保险工作实施方案的报告》。全县供销系统有企业22个，共有职工542人。1995年10月全部参加职工基本养老保险。自1999年启动改革改制以来，已改革改制企业17个，安置职工456人，未改革改制企业5个，有未安置人员86人。由于企业自身困难，22个企业欠缴养老统筹，总欠费达342万元，其中：单位欠费271万元，个人欠费71万元。供销系统企业职工基本养老保险工作分四个阶段实施：8月10～20日政策宣传，8月21日至9月10日清理核实，9月11～17日公示公告，9月18日至10月25日处理遗留问题。工作重点：一是对至今未改制的企业，加大改革力度，加快供销社改革的步伐。二是对改制尚未完善企业的劳动关系的解除、土地权属、房产手续等一系列遗留问题尽快补充完善相关资料，妥善解决。三是制定好缴费保障措施，一次性统筹解决我县供销企业职工的基本养老保险问题，杜绝参保企业新的养老保险欠费发生，并做好相关的社会稳定工作。县政府成立解决供销合作社企业职工参加基本养老保险工作领导组，由代理县长吕磊任组长，副县长赵祖辉任副组长，有关单位负责人为成员。下设办公室于县供销社，由陈光勇兼办公室主任，杨勇兼办公室副主任。明确各成员单位职能职责。要求加大企业改制工作力度，统筹协调解决好其他遗留问题。

【贯彻执行云南煤监局对威信县沟头煤矿"6·30"较大煤与瓦斯突出事故调查处理意见批复文件的情况报告】 10月8日，县政府向市政府上报《贯彻市政府关于贯彻执行云南煤监局对威信县沟头煤矿“6·30”较大煤与瓦斯突出事故调查处理意见批复文件的情况报告》。白志云，沟头煤矿二水平施工负责人，县公安局已移送县检察院依法追究其重大责任事故罪；李金美，沟头煤矿防突矿长，县公安局已移送县检察院依法追究其重大责任事故罪；杨旭，沟头煤矿防突机构领导小组组长，县公安局已移送县检察院依法追究其重大责任事故罪；周玉洪，沟头煤矿矿长，县公安局已移送县检察院依法追究其重大责任事故罪；张伦，沟头煤矿法人代表，已对其处以25万元罚款；陈学云，威信县煤炭工业局派驻沟头煤矿安监员，已移交司法机关调查处理；李陆松，威信县煤炭工业局派驻沟头煤矿安监员，已对其解聘；刘志然，威信县煤炭工业局扎西片区煤管所负责人，已移交司法机关调查处理；刘跃聪，威信县煤炭工业局副局长，县监察局已按批复要求进入审理程序，追究其相关行政纪律责任；丁开砚，威信县煤炭工业局局长，县监察局已按批复要求进入审理程序，追究其相关行政纪律责任；谢仕波，扎西镇副镇长兼安监站站长，县监察局已按批复要求进入审理程序，追究其相关行政纪律责任；张永，扎西镇镇长，已向县政府写出书面检查；王维强，威信县政府常务副县长，已向县政府写出书面检查；威信县政府已向市政府写出书面检查；扎西镇政府和县煤炭工业局，已向县政府写出书面检查。市煤监分局已对沟头煤矿罚款290万元，并暂扣其相关证照。

【威信县“十二五”保障性住房建设规划报告】 10月9日，县政府向市建设局上报《关于威信县“十二五”保障性住房建设规划的报告》。《规划》共分7章30条。规划保障对象：家庭收入标准在最低生活保障线220元以下和家庭人均收入在550~980元，且家庭住房困难标准为人均住房建筑面积在12平方米以下的城镇户籍居民家庭。规划区域为威信县城市规划区。规划期限为2011—2015年。据调查，2010年威信县城镇户籍居民总人数4.76万人，人均可支配收入7 555元／年，人均住房建筑面积21平方米，城镇居民最低生活保障线为2 640元／人、年。据统计，2010年威信县城区城镇户籍居民家庭人均月收入在220元（廉租住房保障对象）以下低收入家庭有988户共2 328人；988户中，无住房的有772户，家庭人均住房建筑面积在10平方米以下的住房困难家庭有868户。中等偏下收入住房困难家庭（人均收入在550~980元）有1 310户共4 042人；家庭人均住房建筑面积在10平方米以下的住房困难家庭有1 186户。按照年5%的年增长率，规划期内，中等偏下收入住房困难家庭（人均收入在550~980元）有1 638户共7 158人。县城区城镇户籍居民家庭人均月收入在220元（廉租住房保障对象）无住房的有934户。截至2010年9月底止，威信县城区共建成保障性住房361套，建筑面积32 600平方米。累计解决廉租住房家庭868户（其中货币配租762户；实物配租106户），经济实用住房家庭255户；2010年在建廉租房200套，其中建设局新建68套，教育系统新建132套，预计2011年7月底完工。依据规划目标与要求，规划期内，应建设保障性住房2 535套，建筑面积154 750平方米。其中经济适用房1 539套104 650平方米，廉租住房670套3万平方米。棚户区改造126户6 000平方米。城中村改造200户14 100平方米。2011年建设经济实用住房98套6 650平方米，廉租房160套8 000平方米，棚户区改造126套6 000平方米，城中村改造80套5 600平方米；2012年建设经济实用住房618套42 000平方米，廉租房110套5 500平方米，城中村改造80套5 600平方米，城中村改造120套8 500平方米；2013年建设经济实用住房412套28 000平方米，廉租房120套5 000平方米。2014年建设经济实用住房146套1万平方米，廉租房130套5 500平方米。2015年建设经济实用住房265套18 000平方米，廉租房150套6 000平方米。规划期内，预计以货币配租方式享受廉租住房保障的城镇居民家庭有592户，补贴的总金额约593.15万元。计划人均配租面积为13平方米，具体补贴标准8元／月／平方米／人。规划期内，威信县保障性廉租住房用地总量为7.06公顷，包括新增土地和部分回收土地。2011年供应保障性经济实用住房建设用地0.19公顷，供应保障性廉租住房建设用地0.39公顷，棚户区改造用地0.24公顷，城中村改造用地0.28公顷；2012年供应保障性经济实用住房建设用地1.75公顷，供应保障性廉租住房建设用地0.3公顷，城中村改造用地0.39公顷；2013年供应保障性经济实用住房建设用地1.4公顷，供应保障性廉租住房建设用地0.3公顷；2014年供应保障性经济实用住房建设用地0.4公顷，供应保障性廉租住房建设用地0.3公顷；2015年供应保障性经济实用住房建设用地0.76公顷，供应保障性廉租住房建设用地0.35公顷。规划期内，预计威信县住房保障资金总需求为2.058亿元，其中保障性住房建设资金1.998亿元，租赁补贴资金593.15万元，保障性住房维修管理等资金14.05万元。2011年全县保障性住房建设预计支出3 000万元，2012年预计支出7 850万元，2013年3 860万元，2014年1 800万元，2015年2 760万元。

【地方政府融资平台公司债务清理核实工作的情况报告】 10月13日，县政府向市领导小组办公室上报《威信县人民政府关于地方政府融资平台公司债务清理核实工作的情况报告》。一、融资平台公司基本情况。威信县高等级公路建设开发有限责任公司系国有独资公司，2003年7月9日经威信县政府批准成立，同年7月公司正式通过县工商部门注册，注册资金1 159万元。公司位于威信县交通局内（威信县九龙路203号），其主要职能是负责公路建设资金筹措、公路工程招投标，施工及质量技术监督管理、公路沿线开发、机械设备租赁、公路物资供应等。公司成立后，主要承担威信县高等级公路建设资金筹措及工程建设施工任务。在工程建设中始终把工程质量管理放在首位，视工程质量为企业生命，建立健全了工程质量、工程进度、工程安全及资金管理制度。截至2010年6月30日，公司资产负债余额为21 668.1万元 。二、融资平台公司贷款情况及款项投向。公司成立截至2010年6月30日，共融资7 565万元，其中2004年1月向威信县农业银行贷款2 995万元，2004年10月、12月向昭通市国资公司借款570万元，用于威信至叙永二级公路建设。2009年3月向市农业发展银行贷款4 000万元，用于威信县入滇主要通道大塘至大落脚二级公路建设。融资均属正常贷款，担保方式为县财政承诺。2010年，市国有资产经营公司划转威信至凤翥公路建设贷款13 801.4万元，柿子坝至凤翥公路建设贷款7 500万元；市开投公司划转农村校舍改造工程贷款366.67万元。三、主要成绩和存在的问题。威信县高等级公路建设开发有限责任公司作为政府搭建的融资平台，主要是筹措资金用于威信交通基础设施建设。公司自成立以来，采用贷款和借款的方式筹措到资金7 565万元，用于地方交通基础设施建设，缓解了政府性资金投入不足的现状，极大地改善了地方交通基础设施薄弱的状况，对打破交通瓶颈制约，发展地方经济起到了积极的作用。由于融资用于交通基础设施建设，资金使用周期长，资金回笼方式仅靠收取通行费，而威信县对通行的车辆未实行计重收费，收取通行费少，造成资金回笼慢，而回笼的资金大部分又要用于公路的正常维护保养，只有极少部分资金能用于还贷款。如威信至叙永公路收取的通行费，从收费开始至今只还了30万元贷款本金。如继续按此方式收费，必将影响今后的还贷资金的筹措。四、下步工作打算。一是加强对融资平台公司的管理，加强对回笼资金的管理和使用，按照厉行节约的原则，压缩经费开展，确保贷（借）款本金的筹集不受影响。二是拓宽融资渠道，威信县高等级公路建设开发有限责任公司现有的融资渠道主要是向金融机构贷款或借款，能缓解资金紧张的局势，但不能从根本上解决资金短缺的问题。下步我们将拓宽融资渠道，采用引进势力雄厚的大型企业入股分红等方式融资，既解决了资金短缺的问题，又建设了基础设施，发展了地方经济，做到企业发财、地方发展，实现双赢目标。

【“七彩云南·昭通保护行动”2010年度工作目标责任的情况报告】 11月17日，县政府向“七彩云南·昭通保护行动”领导小组办公室上报《关于“七彩云南·昭通保护行动”2010年度工作目标责任的情况报告》。一、“七彩云南·昭通保护行动”组织实施情况。县委、县政府多次召开会议进行研究，下发了《中共威信县委、威信县人民政府关于实施“七彩云南·威信保护行动”的意见》，提出了到2010年的生态保护目标和污染防治目标。“七彩云南·威信保护行动”以“红色圣地，绿色家园”为主题，以控制污染和加强生态建设为重点，成立了由县政府主要领导任组长，县人大、县政府、县政协分管或联系领导任副组长，县直相关部门负责人为成员的领导组，建立健全工作机制，并制定考评制度和奖惩制度。2010年2月26日，全市环境保护工作会议召开后，县政府对“七彩云南·威信保护行动”2010年度的工作进行安排部署，把县政府与市政府签订的目标考核内容分解落实到相关部门。县政府办公室印发《关于“七彩云南·威信保护行动”2010年度工作计划的通知》，各级各部门及时行动，认真开展工作。二、环境法治行动情况。根据4月9日国家环保部等8部门联合召开的2010年全国环保专项行动电视电话会精神和省、市的安排部署，结合威信县实际，制订印发《威信县2010年整治违法排污企业保障群众健康环保专项行动实施方案》，认真开展2010年整治违法排污企业保障群众健康环保专项行动，开展对重金属清查、煤炭行业污染治理和重点行业环境违法问题的集中清理整治，挂牌督办环境问题企业5家，检查排污企业68家，处罚环境违法企业4家。严格落实环境影响评价制度，认真贯彻《环保法》、《建设项目环境保护管理条例》和《建设项目分类管理名录》，严把建设项目环保准入关，办理建设项目环境影响评价审批手续47家。严格执行《排污费征收使用管理条例》，做到应收尽收，共征收排污费50万元，完成市政府下达的指标任务，目前正在解缴入库。三、环境治理行动情况。狠抓煤矿废水治理，采取联合执法的方式，向相关煤矿下发煤矿废水限期治理的通知，督促煤矿业主加大环保投入，组织煤矿业主到贵州六盘水、四川珙县等地参观学习煤矿生产废水治理技术，全面推广工艺成熟，运行稳定，管理方便的煤矿废水治理技术，完成桥上煤矿等4家煤矿生产废水治理任务。编制《威信县突出环境事件应急预案》和《县城生活饮用水源污染事故应急预案》，督促重点排污单位制订和完善污染事故应急预案，防范环境污染风险。制订和完善了扎西河水流域治理工程实施方案，并认真组织实施。认真开展城市环境综合整治工作，全县主要集中式饮用水源地水质达标率达到100%。四、环境阳光行动情况。建立和完善全县地表水、县城环境空气、县城功能区噪声等环境状况年度分析报告制度，通过综合分析全年地表水、县城空气和声环境质量状况，查明影响环境质量的因素，为环境管理提供决策依据。推进企业环境行为公开制度，将排污企业的环境违法行为和处罚结果通过县政府政务信息公开网站和县环保局政务公开栏向社会公布，接受社会监督。邀请部分人大代表参与江西塆至旧城柏坳林公路、顺河至中心公路、比喜至水田公路、凤翥至威信二级公路威信段等交通项目“三同时”执行情况环境监察活动，邀请部分政协委员参与整治违法排污企业环保专项行动环境监察活动，自觉接受人大、政协监督。深化环境管理政务公开工作，将建设项目环评审批办理程序、办理时限、环境违法案件处罚结果以及重点工作进展情况等通过县政府政务信息公开网站向社会公布，接受社会监督。五、生态保护行动情况。确定罗布乡为生态乡创建对象开展创建工作，积极开展生态文化体系建设，2003年以来，累计投入建设资金900多万元，修建河堤1 900米、防洪沟8 000米，坡改梯地156.93公顷，退耕还林531公顷，完成罗布乡水环境、环境空气和声环境质量状况监测，罗布生态乡镇创建的文图影像资料已上报市环保局审查、待省环保厅验收审批命名。积极开展生态文明建设，编制完成《威信县生态文明建设规划》（2010—2020），成立威信县生态建设领导机构，并将生态文明建设纳入全县国民经济和社会发展“十二五”规划。扎实推进新农村示范点建设，2010年，威信县投入了2 000万元资金，集中打造新农村生态文明家园示范长廊建设，整合1亿元资金在水田乡实施整乡推进。加强自然保护区的建设管理，为拯救濒危珍稀特有鱼类，保护长江上游河流流域生物多样性，已建长江上游珍稀、特有鱼类国家级自然保护区威信段保护站，建筑面积691平方米，保护站人员编制6人，设置标志塔1座、界碑6座、宣传碑4座、界桩100棵。

六、绿色创建行动情况。按照创建县级绿色学校的相关要求，县环保局与县教育局、县民政局联合下发关于创建县级绿色学校和绿色社区的通知，将扎西镇石龙小学确定为县级绿色学校创建对象，扎西镇海子社区确定为县级绿色社区创建对象，开展创建工作，学校、社区在积极开展校园、社区环境绿化美化的基础上，广泛开展环保知识第二课堂教育教学和社区居民环保知识宣传教育，学校环境整洁优美，师生和社区居民环保意识普遍增强。县工商局部门牵头组织开展了禁塑活动，县广电局通过威信有线电视台播放了节能减排、环保文明的宣传图片，积极倡导节约、健康、文明的生活方式。七、绿色传播行动情况积极筹措资金，在全县主要道路设置以“七彩云南保护行动”为主题内容的永久性环境公益广告宣传牌。认真开展“环境日”、“水日”、“地球日”等为主题的资源环境宣传日活动，通过悬挂宣传标语、播放电视专题片、制作手机短信等形式，突出“保护七彩云南威信，建设长江上游生态屏障”的宣传主题。今年以来，在威信有线电视台威信新闻栏目播放县城污水处理厂建设进度情况、建成试运行、西南环境督查中心检查威信煤电一体化项目环保“三同时”、罗布乡开展了生态乡镇创建、关闭麻园水泥厂结构减排淘汰设备拆除等20余条新闻，大张旗鼓地进行“七彩云南·威信保护行动”宣传。八、节能减排行动情况。2010年以来，威信县积极调整产业结构，转变经济增长方式，在巩固发展好现有企业的同时，积极发展能耗量较少的酿酒、果蔬等食品加工业和种养殖业。切实抓好矿产、化工、建材等重点行业、重点企业和重点领域的节能降耗，把全县规模以上企业作为节能降耗的重点对象，进一步搞好节能运行监测。在新建项目中，严禁新增污染大、能耗高、效益低的企业，同时抓好全民节能活动的开展，倡导绿色消费观念，提高全民节能意识，确保实现单位生产总值能耗下降3.3%的工作目标。一是认真抓好煤炭产业节能降耗。煤炭产业是威信工业支柱产业，全县工业产值的80%，工业增加值的90%都集中在煤炭产业，抓好煤炭产业的节能降耗对全面完成单位GDP能耗下降3.3%的任务目标尤为重要。2010年1～10月，全县规模以上工业产值45 626.10万元。同比增长20.76%，工业增加值完成48 596.40万元，同比增长39.09%，综合能耗12 238.13吨标煤，产值能耗0.150 5吨标煤／万元，工业增加值能耗0.285 4吨标煤／万元。二是认真落实财政补贴高效照明产品推广工作。2010年，威信县按照市工信委、市财政局下达威信县财政补贴高效照明产品推广任务，实行大宗用户实际购买价格为中标协议供货价格的70%，城乡居民实际购买价格为中标协议供货价格的50%。通过努力，完成5 700只，超额完成了市级下达5 000只推广任务。三是转变农村能源消费方式，大力推进清洁能源建设。2010年1～10月，全县农村完成1 208口沼气池，节约煤炭消耗3 624吨，农民节支增收199万元，少砍木林966.4亩。按照县政府与市政府签订的2010年主要污染物总量减排目标责任书的要求，加强对重点减排项目的检查督促，2010年1月底麻园水泥厂两条机立窑生产线拆除完毕，淘汰落后水泥产能10万吨，预计减排二氧化硫669.9吨，减排成果图片及相关文本材料已于6月上旬上报市环保局。威信县污水处理厂工程建设已于2010年9月26日全部完工，项目完成总投资5 236万元，累计完成截污管网23.59千米，现已进入厂网贯通和试运行阶段，并委托云南省水务产业投资有限公司负责运营和管理，年底可完成年度污染减排任务，实现“十一五”主要污染物总量控制目标。根据自我考评，自评分为99.5分。

【加强地方政府融资平台公司管理工作落实情况报告】 12月2日，县政府向市政府上报《关于加强地方政府融资平台公司管理工作落实情况的报告》。一、组织实施情况。县政府成立威信县加强地方政府融资平台公司管理工作领导小组及其办公室，组织实施加强融资平台公司管理工作。二、债务总量、分类、分级情况。（一）基本情况。威信县高等级公路建设开发有限责任公司系国有独资公司，2003年7月9日经威信县人民政府批准成立，同年7月公司通过县工商部门注册，注册资金1 159万元。公司位于威信县交通局内（威信县九龙路203

号），主要职能是负责公路建设资金筹措、公路工程招投标，施工及质量技术监督管理、公路沿线开发、机械设备租赁、公路物资供应等。公司成立后，主要承担威信县高等级公路建设资金筹措及工程建设施工任务。在工程建设中始终把工程质量管理放在首位，视工程质量为企业生命，建立健全了工程质量、工程进度、工程安全及资金管理制度。（二）债务总量、分类、分级情况。截至2010年9月30日，公司总资产8 062.1万元，总负债22 230.16万元，应收款项余额100万元，主营业务收入355万元，银行贷款余额7 487万元。公司属于第四类融资平台公司，截至2010年9月30日债务总量21 668.06万元（其中昭通市开发投资有限责任公司划转债务366.66万元，昭通市国有资产经营有限公司划转债务21 301.4万元），还款来源为：一般预算偿还73.7万元，预算外资金偿还4 260.4万元，主营业务收入偿还17 334万元。三、规范管理的措施及效果。一是建立完备、透明的地方政府债务信息披露制度，强化市场对地方政府信用的监督和约束。二是严格约束融资平台债务，注重项目质量，加强风险评估，促使资金投向对地方经济社会发展具有重要意义的项目。三是坚持科学发展观，处理好短期利益和长期持续发展利益的关系。四是调整地方建设的投资结构，逐渐降低政府投资的比重，积极鼓励和引导民间资本投资扩大。四、存在的主要困难和问题。威信县高等级公路建设开发有限责任公司作为政府搭建的融资平台，主要是筹措资金用于威信交通基础设施建设。公司自成立以来，采用贷款和借款的方式筹措资金，缓解了政府性资金投入不足的现状，极大地改善了地方交通基础设施薄弱的状况，对打破交通瓶颈制约，发展地方经济起到了积极的作用。由于融资主要用于交通基础设施建设，资金使用周期长，资金回笼方式仅靠收取通行费，而威信县对通行的车辆未实行计重收费，收取通行费少，造成资金回笼慢，且回笼的资金大部分又要用于公路的正常维护保养，只有极少部分资金能用于还贷款。如继续按此方式收费，将影响今后还贷资金的筹措。

【2010年度教育工作督导评估自评报告】 12月28日，县政府向市政府上报《关于教育工作督导评估自评的报告》。至2010年底，全县有幼儿园10所（其中民办8所），学前班128个，在园（班）幼儿8 916人，幼儿入园率46.9%；小学248所（其中完小150所，教学点98个），在校生60 690人，小学学龄儿童入学率99.8%，在校小学生辍学率为0.4%；普通初中13所，在校生23 901人，初中阶段毛入学率达107.09%，辍学率为1.4%；完中2所，在校生6 441人，高中阶段毛入学率45.3%；职教中心1所，在校生1 281人。全县教职工总数4 147人。每万人口中初中阶段学生数622人，高中阶段学生数170人，大学生数163人，人均受教育年限8.5年。全县完小以上学校配备了实验室、图书室，建有远程教育接收点163个。共有文明学校103所，其中省级9所、市级27所、县级67所。

一、教育地位。二、教育决策。（一）深入实施“科教兴威”战略，巩固和完善“以县为主”的农村义务教育管理体制。（二）完善教育改革与发展规划的政策和保障措施。（三）建立乡镇人民政府及其有关职能部门教育工作目标责任制，明确各乡镇和县直相关部门工作职责。（四）建立定期研究教育工作制度和领导联系学校制度。从2006年起，县政府在财力非常困难的情况下，一是坚持每年划拨专款600万元用于改善农村中小学办学条件；二是坚持每年为少数民族学生发放生活补助，到2010年，少数民族学生生均生活补助提高到每月35元；三是每年划拨30万元发放农村中学生助学金；四是对高考成绩优异的学校、教师和学生给予了奖励；五是帮助各学校解决学校用地问题；六是坚持每年在教师节时对“优秀教师”和“优秀教育工作者”进行表彰；七是划拨学校建设配套资金；八是2007年以来，每年拨款9万元作为县一中、县二中高考教育教学质量提高奖；九是动员一切社会力量捐资助学，巩固提高“两基”成果，2005—2010年共发动社会捐资1 011.2万元。三、教育管理。（一）依法行政，依法执教。（二）加强教师队伍建设与管理。（三）认真落实“三全”政策，建立科学的教育质量评价机制，巩固提高“两基”

水平。2010 年，威信县小学学龄儿童入学率 99.8%，在校学生辍学率为 0.4%；初中阶段毛入学率 107.09%，辍学率为 1.4%；高中阶段毛入学率为 45.3%。近三年没有复盲人员，15～24 周岁青年文盲率为零。（四）合理调整布局，逐步缩小差距，努力实现义务教育均衡发展。2005 年以来，共收缩小学校点 100 个。（五）重视发展非义务教育，努力实现职教与普高协调发展，依法管理民办教育。到 2010 年底，全县幼儿园从原来的 2 所发展到 10 所，公、民办学前班发展到 128 个班，在园（班）幼儿8 916人，幼儿入园率 46.9%，大力促进了幼儿教育的健康发展。目前全县视力、听力和弱智三类残疾儿童共 174 人，其中有 164 人分散在全县各学校、各年级随班就读，入学率 94.3%。县有民族中学 1 所。2005 年以来，每年扩招高中学生 200 人以上，2010 年全县高中在校学生数6 441人，高中阶段毛入学率45.3%。到2010 年，全县共有民办幼儿园 8 所，民办学前班 114 个，在园班幼儿7 297人。（六）认真抓好学校安全工作，切实治理校园周边环境，严厉打击扰乱学校治安的违法犯罪活动。（七）认真落实有关法律、法规，保护儿童、少年身心健康。四、教育投入。（一）依法保障教育投入，做到教育经费“三个增长”。一是在县财政极为困难的情况下，千方百计筹集资金，在预算安排和预算执行过程中，优先安排教育系统公用经费，保证教学工作的正常开展。2005—2009 年，全县地方财政经常性收入分别为2 643万元、2 921万元、3 853万元、4 639万元、5 742万元，增长率分别为 10.5%、31.9%、20.4%、23.8%；预算内教育拨款分别为9 052万元、11 355万元、15 427万元、18 609万元、24 117万元，增长率分别为 25.4%、35.9%、20.6%、29.6%。二是 2005—2009 年，小学生均教育事业费分别为 847.97 元、993.63 元、1 044.84 元、1 135.05 元、1 707.52元，年增长率分别为 17.2%、5.2%、8.6%、50.4%；初中生均教育事业费分别为 908.86 元、910.22 元、1 711.9元、1 863.14元、2 312.51元，年增长率分别为 0.15%、88.08%、8.83%、24.12%。三是2005—2009 年，小学生均公用经费分别是 28 元、136 元、188 元、252 元、503 元；初中生均公用经费分别是 39 元、182 元、451 元、452 元、643 元，中小学生均公用经费均实现了逐年增长。四是把教师工资全额纳入财政预算，依照国家统一规定的项目和标准，实行县级工资国库统一支付制度，按时足额发放，无拖欠教师工资现象。（二）上级转移支付资金和教育专款拨付情况。一是在安排上级转移支付资金时优先保障教育经费支出，及时足额划拨国家、省、市专项教育资金，未出现截留、挤占和挪用各种教育经费的现象。2005—2009 年，安排上级转移支付资金用于教育分别是 445 万元、453 万元、438 万元、400 万元、400 万元。二是足额征收城市教育费附加，并全部用于教育。2005—2009 年，全县足额征收城市教育费附加 916 万元，分别为 60 万元、62 万元、116 万元、221 万元、457 万元，并全部用于教育。三是及时拨付教育专款。2005—2009 年，中央和省、市下拨的各类教育专款分别为 803 万元、758 万元、1 177 万元、2 868 万元、1 877万元。2009 年，中央下达县危改资金 944 万元，农村初中校舍改造工程专项资金 885 万元，2009 年和 2010 年校安工程资金3 929.65万元，全部按时拨付，无截留、挪用、挤占专项资金的现象。（三）建立和完善农村义务教育经费保障机制。2005—2010 年，全县共新建改（扩）建校舍170 889平方米，排除危房85 814平方米。2008 年 3 月省锁定我县 D 级危房36 666平方米，目前已全部排除。（四）严格执行教育收费标准。五、办学条件。（一）办学条件。目前，全县现有小学校舍面积243 875平方米，生均校舍面积 4.02 平方米；小学占地面积734 940平方米，生均占地面积 12.11 平方米。初中校舍建筑面积138 865平方米，生均校舍面积 5.81 平方米；初中占地面积 471 567平方米，生均占地面积 19.73 平方米。有小学有图书 426 919册，生均图书 7.03 册；初中有图书245 642册，生均图书 10.28 册。小学教学仪器配备达标率 95.33%，实验教学普及合格率为 94%。初中教学仪器配备达标率 100%，实验教学普及合格率 100%。现代远程教育设备配备率，小学完小 100%，初中 100%。2008 年以来，继续加大投入，为全县中小学添置计算机，全县信息技术的人机比城镇小学达59:1，初中达27:1。（二）开展勤工俭学和教育基地建立情况。2005—2009年，全县勤工俭学折合资金共计159.09万元。六、教育监督。（一）依法建立健全和完善教育督导制度。（二）认真贯彻落实《云南省教育督导规定》。成立了县人民政府教育督导室，落实5名专职人员，县政府任命19名县级督学和9名特聘督学。教育督导室办公地点设在教育局。七、自评结论。按《云南省县级人民政府教育工作督导评估标准》，威信县自评总得分98.5分。

调整成立领导组等专门机构

【调整充实县防汛抗旱指挥部成员】 2010年3月11日，县政府调整充实县防汛抗旱指挥部成员。赵祖辉为指挥长，王正勇为常务副指挥长，欧建明、王宗高为副指挥长，李勇、陈香才、杨正洪、唐俊、安永华、刘华宇、郑光宏、陶思茂、安定麟、陶其华、钟浚、张建军、张俊、白孝东、李宗伟、刘光友、周瑞权、李克武、张泽辉、宗林、李怀锋、吴如志、赵明礼、李宗清、杨宛锋、许学顺、王洪为成员。设办公室于县水务局，并由王宗高兼办公室主任。

【成立威信县实施效能政府四项制度领导组】 3月15日，县政府成立威信县实施效能政府四项制度领导组。张顺民为组长，王维强为副组长，陶义、杨正洪、刘华宇、冯天学、谢刚、杨聪、应永斌、宗吉松为成员。下设五个办公室：综合协调办公室设于县政府办公室，主任陶义，副主任应永斌；行政绩效管理办公室设于县审计局，主任杨聪；行政成本控制办公室设于县财政局，主任刘华宇；行政行为监督办公室设于县监察局，主任谢刚；行政能力提升办公室设于县人事局，主任冯天学。明确各办公室主要职能。

【威信县防火安全委员会更名为威信县消防安全委员会】 3月16日，县政府将威信县防火安全委员会更名为威信县消防安全委员会。何国荣为主任，陶义、白孝东、周瑞权、赵明礼为副主任，柯发昌、郑光宏、陶思茂、段锡勇、唐俊、曹华、魏国香、安定麟、张俊、张建军、李宗清、覃坤林、柳光兵为成员。下设办公室于县公安消防大队，并由赵明礼兼办公室主任。明确消防安全委员会及其办公室工作职责。

【成立威信县深化医药卫生体制改革领导小组】 4月8日，县政府成立威信县深化医药卫生体制改革领导小组。王维强为组长，李朝伟为常务副组长，陶义、杨正洪、张俊、冯天学、刘华宇副组长，吴太辉、宗吉松、谭清霖、王凤先、熊腾洋、胡俊、季大恒、李敏、刘剑、王卫、毛雨秋、罗联军、王德勤、姜伟五、艾强、白书先为成员。下设办公室于县发展和改革局，并由杨正洪兼办公室主任，张俊兼办公室副主任。领导小组属于临时议事协调机构，任务完成后自行撤销。

【调整威信县招生考试委员会成员】 4月26日，县政府调整威信县招生考试委员会成员。李朝伟为主任，陶义、张建军为副主任，冯天学、陶思茂、杨正洪、刘华宇、安定麟、张俊、谢刚、段锡勇、陶永成、柯发昌、刘光友、汪健、白孝东、李宗伟、张勇、胡纯炜、李宗清、张青松、赵力勤、汪仁良、张佐威、熊胜银、江家才为成员。下设办公室于县教育局，并由张勇兼办公室主任。

【成立威信县烟叶基础设施建设工作领导小组】 5月18日，县政府成立威信县烟叶基础设施建设工作领导小组。赵祖辉为组长，宗林、张清霖为副组长，刘银昌、韩杰、钟永奇、张全宇、毕承帅、王宗高、卢德、杨云碧、范厚强、陈华为成员。下设办公室于县烟办，并由宗林兼办公室主任，陈华兼办公室副主任。

【调整威信县道路交通安全管理委员会成员】 5月20日，县政府调整威信县道路交通安全管理委员会成员。张顺民为主任，何国荣为副主任，安定麟、周瑞权、陶其华、张建军、刘华宇、陶思茂、刘光友、张俊、柯发昌、毛子海、唐俊、谢刚、杜洪景、魏国香、杨仕兴、李怀洪、胡婷梅为成员。下设办公室于县公安局，并由杜洪景任办公室主任，张青松、成宗岱、游本东、张金德、何兴平任办公室副主任。

【成立威信县新型农村养老保险试点工作领导小组】 6月4日，县政府成立威信县新型农村养老保险试点工作领导小组。张顺民为组长，王维强为副组长，冯天学、潘先卫、艾强、白孝东、王凤先、李敏、陶思健、钟永奇、毕承帅、张朝友、刘剑、胡俊、钟远萍、肖叁为成员。下设办公室于县人事和劳动社会保障局，并由冯天学兼办公室主任。领导小组属于阶段性工作机制，任务完成后即撤销。明确领导小组成员单位职责。

【成立威信县煤炭价格调价基金征收管理委员会】 6月10日，县政府成立威信县煤炭价格调价基金征收管理委员会。王维强为主任，杨正洪、刘华宇、丁开砚为副主任，郑光宏、钟浚、王正勇、陶思健、谢刚、杨聪、李怀锋为成员。下设办公室于县发展和改革局，由刘成勇兼办公室主任。明确管理委员会及其办公室职责。

【成立威信县第一次全国水利普查工作领导小组】 6月24日，县政府成立威信县第一次全国水利普查工作领导小组。赵祖辉为组长，陶义、王正勇、晋茂为副组长，吴太辉、刘银昌、韩杰、钟永奇、胡四海、陈健、李朝强、杨信堂、李宗伟、王宗高、周清远为成员。下设办公室于县水务局，并由王宗高兼办公室主任。

【调整威信县第六次全国人口普查领导小组成员】 6月30日，县政府调整威信县第六次全国人口普查领导小组成员。张顺民为组长，左顺春为副组长，陶义、晋茂、杨正洪、刘华宇、谢刚、冯天学、王绍雷、张建军、陶思茂、陶其华、张俊、安永华、毛子海、郑光宏、刘光友、柯发昌、吴太辉、陈香才、潘先卫、张宗万、白孝东、杨信堂、罗联军、李连奇、叶菊新为成员。下设办公室于县统计局，并由晋茂兼办公室主任。

【成立威信县建设工程和矿业开发秩序整顿工作领导组】 7月2日，县政府成立威信县建设工程和矿业开发秩序整顿工作领导组。王维强为组长，左顺春、何国荣为副组长，余发鹏、宋思万、曹刚、谢刚、杨正洪、刘华宇、陶思茂、安定麟、张建军、郑光宏、丁开砚、周瑞权、安永华、段锡勇、毛子海、李宗伟及各乡镇乡镇长为成员。下设办公室于县公安局，并由李祖军兼办公室主任。明确领导组、办公室及成员单位职责。

【县烟草专卖管理及“两烟”打假打私工作领导小组更名为县打击涉烟违法犯罪工作领导小组】 8月10日，县政府将威信县烟草专卖管理及“两烟”打假打私工作领导小组更名为威信县打击涉烟违法犯罪工作领导小组，并对其成员进行调整。何国荣为组长，张清霖、陈勇、宗林为副组长，宋思万、余泳、熊建华、毛子海、刘成勇、王永鹏、谢锋、魏国香、张全新、艾宗智为成员。下设办公室于县烟草专卖局，并由艾宗智兼任办公室主任。明确领导小组负责。

【成立威信县生态文明建设工作领导组】 8月20日，县政府成立威信县生态文明建设工作领导组。左顺春为组长，李宗伟、刘成勇、王德勤、熊腾洋、胡四海、毕承帅、杨仕江、王宗高、宗德波、白孝勇、江涛、刘跃聪及各乡镇乡镇长为成员。下设办公室于县环保局，并由李宗伟兼办公室主任。

【成立威信县城乡环境卫生整洁行动领导组】 8月24日，县政府成立威信县城乡环境卫生整洁行动领导组。李朝伟为组长，陶义、张俊为副组长，陶思健、季大恒、毕承帅、李朝强、王宗高、王凤先、晋家林、李敏、陈振波、刘剑、杨华章、白孝东、张全宇、李宗伟、杨应勇、李明江、王拓、王永鹏、刘昌林、吴兰、张青松、陈子毅、陶永成、潘先卫、杨仕琴、刘朝飞、顾英毅、郑居栋、李德洪及各乡镇乡镇长为成员。下设办公室于县卫生局，并由杨应勇兼办公室主任。

【调整威信县医务劳动鉴定委员会成员和威信县慢性病及特殊病种鉴定组】 10月8日，县政府调整威信县医务劳动鉴定委员会成员和威信县慢性病及特殊病种鉴定组成员。一、威信县医务劳动鉴定委员会成员。冯天学为主任委员，张俊、刘华宇、马世钦为副主任委员，李良辉、杨柏庭、李宗恒、张子成、郭良启、江承旭、杨永龙、徐大勇为委员。下设办公室于县医保中心，并由徐大勇兼办公室主任。二、威信县慢性病及特殊病种鉴定组成员。张俊为组长，李良辉、杨柏庭为副组长，李宗恒、张子成、刘明君、任明、郭良启、江承旭、杨永龙、徐大勇为成员。下设办公室于县医保中心，并由徐大勇兼办公室主任。

【成立县人民医院门诊业务综合楼工程建设领导组】 10月18日，县政府成立县人民医院门诊业务综合楼工程建设领导组。李朝伟为组长，杨正洪、刘华宇、张俊、谢刚、杨聪为副组长，钟永奇、陈方、杨云碧、李宗伟、熊瑞春、李家连、张明宇、钱启华、李良辉、王华忠为成员。下设办公室于县卫生局，并由张俊兼办公室主任。

【成立威信县新型农村社会养老保险试点工作领导小组】 11月5日，县政府成立威信县新型农村社会养老保险试点工作领导小组。吕磊为组长，王维强为副组长，陶义、潘先卫、杨正洪、谢刚、刘华宇、冯天学、安永华、郑光宏、杨聪、陶其华、晋茂、王绍雷、白孝东、刘光友、艾强、刘剑、胡俊、肖叁及各乡镇乡镇长为成员。下设办公室于县人事和劳动社会保障局，并由冯天学兼办公室主任。领导小组属于阶段性工作机制，任务完成后即撤销。明确领导小组成员单位职责。

【成立威信县小额贷款公司开业筹备县级验收小组】 11月26日，县政府成立威信县小额贷款公司开业筹备县级验收小组。王维强为组长，刘华宇为副组长，陶思健、熊建强、熊孟琴为成员。下设办公室于县财政局，并由陶思健任办公室主任，徐祥龙任办公室副主任。明确验收小组工作职责和县级验收程序。

【调整威信县高等级公路建设开发有限责任公司董事会组成人员】 11月29日，县政府调整威信县高等级公路建设开发有限责任公司董事会组成人员。余进为董事长，魏章勇、王凤先、胡四海、牛敏、杨仕兴、毛子信为董事。要求县高等级公路建设开发有限责任公司董事会按程序完善相关手续。

【成立威信县农村学前教育推进工程试点项目领导组】 12月5日，县政府成立威信县农村学前教育推进工程试点项目领导组。李朝伟为组长，陶义、杨正洪、张建军为副组长，刘华宇、冯天学、陶思茂、郑光宏、谢刚、杨聪、李家连、晋崇高为成员。下设办公室于县教育局，并由张建军兼办公室主任。

【成立雪炭工程扎西体育馆改扩建项目工作领导小组】 12月10日，县政府成立雪炭工程扎西体育馆改扩建项目工作领导小组。刘坤为组长，陶义、段锡勇、陶思茂为副组长，刘华宇、杨正洪、郑光宏、陶思宽、李正斌为成员。下设办公室于县文体局，并由段锡勇兼办公室主任。

【调整威信煤电一体化项目征地拆迁安置工作领导组和工作组】

12月22日，县政府调整威信煤电一体化项目征地拆迁安置工作领导组和工作组。一、领导组。王维强为组长，赵祖辉、江旭林、郑光宏、郑汝祥、李文勇、杨章龙为副组长，钟浚、毛子海、陈永国、曹安奎、魏章勇、王涛、毕承帅、王永鹏、季大恒、赵恒昭、赵佐高、李宗清、何鹏、王洪、杨宛锋为成员。二、工作组。宋思湘为组长，郑光宏、杨章龙、陈永国、郑汝祥、李文勇为副组长，杨雷霆、刘波、宗大勋、杨鸿雁、张金松、华太海、张泽华、季大军、杨仕勇、张成勤、江祖旭、杨万林、余廷水、杨孝华、黄光君、张海啸、张国华、冉红杰、龚新福为成员。明确领导组及工作组职责。

会议纪要

【县城监控设备采购安装专题会议】 2010年4月21日，副县长、公安局局长何国荣召集县政府办、公安局、建设局、财政局、发改局、监察局、审计局、威信供电公司等单位领导会议，专题研究县城监控设备采购安装问题。会议决定：成立县城监控设备采购安装工作领导组，由县政府副县长、公安局局长何国荣任组长，县政府办公室副主任李怀锋、县财政局副局长陶思健任副组长，县公安局、建设局、发改局、监察局、审计局、质监局、工商局、威信供电公司等单位领导为成员，领导组全面负责对县城监控设备采购安装工作的领导。充分考虑县城监控系统建成后的系统维护、设备检修及其他后续服务工作，努力降低项目建设成本，确保长期使用功效，结合《政府采购法》的有关规定，以县政府为采购方，委托有资质的中介公司采取单一来源采购的方式，对县城监控设备进行采购。县政府办要做好项目建设的协调推进工作；县公安局、建设局要对监控探头的布局进行科学规划；县财政局要将项目经费纳入县财政预算；县发改局要对项目的论证和招投标进行把关；县监察局、审计局要对项目的实施和资金使用进行全程监督；威信供电公司要积极支持配合，无偿提供工程建设和设备运行所需电源；县质监局、工商局要对设备质量进行把关，确保工程顺利验收。

【35千伏旧城变电站及线路工程建设专题会议】 5月11日，副县长左顺春召集县经贸局、林业局、国土局、罗布乡政府、旧城镇政府、威信供电公司等单位领导会议，专题研究旧城35千伏变电站及旧城至顺河、顺河至中心35千伏线路工程建设问题。会议决定：工程建设涉及的土地征用、林木砍伐、青苗赔偿等费用，由项目建设单位参照《威信县人民政府关于印发威信县煤电一体化项目征地拆迁安置方案的通知》标准执行，旧城镇、罗布乡要积极支持配合解决好项目建设中的困难和问题，维护群众的合法权益，营造良好的施工环境。项目建设涉及的用地、林木砍伐等手续，由县国土、林业等部门按照国家相关规定予以办理，同时，要加强与市国土、林业等部门的汇报衔接，争取上级的政策支持，确保该项目建设有序推进。会议要求：旧城35千伏输配电工程属2010年中央扩大内需建设项目，时间紧任务重，各级各职能部门要积极支持配合建设单位、施工单位做好各项工作，确保该项目在今年6月份开工，年底前竣工。工程建设中，工程建设单位和施工单位要妥善处理好工程建设与当地群众的利益关系，做到文明施工、和谐施工、安全施工。旧城镇、罗布乡政府要切实做好群众的思想工作，为工程建设营造良好的施工环境，确保工程建设顺利开展。

【县第六次全国人口普查领导小组会议】 6月2日，县政府召开第六次全国人口普查领导小组会议。县政府县长、县第六次人口普查领导小组组长张顺民出席会议并作讲话，县政府副县长、县第六次人口普查领导小组副组长左顺春主持会议。会议听取县统计局局长、县人口普查领导小组办公室主任晋茂工作汇报，县人口普查领导小组成员单位负责人作发言。会议决定：一、原则同意《威信县第六次全国人口普查目标责任书》、《威信县第六次全国人口普查目标责任考核办法》、《威信县第六次全国人口普查实施方案》、《威信县第六次全国人口普查督查工作制度》，由领导小组办公室根据会议提出的意见作进一步修改完善后下发。二、对县第六次全国人口普查领导小组成员进行调整，由县政府县长张顺民任组长，县政府副县长左顺春任副组长，县直相关部门主要负责人为成员。三、同意从县煤炭工业局、三桃乡、旧城镇各抽调1名业务骨干，脱产到普查办公室上班，工作时间从2010年6月至2011年6月。领导小组各成员单位要确定1名分管领导联系人口普查工作，确定1名科级干部为人口普查联络员，县普查办公室相关工作人员根据工作需要从领导小组成员单位中抽调。四、近期召开我县第六次全国人口普查工作会议，与各乡镇政府和县直相关部门签订人口普查目标责任书。五、由县财政局负责落实人口普查经费，保障普查工作的基本需要。六、在6月中旬对各乡镇人口普查机构、人员、办公地点、经费落实等工作开展督查。

【8·29县政府常务会议】 8月29日，县政府召开常务会议，专题研究威信县实行城市管理相对集中行政处罚权和综合行政执法工作。县长张顺民主持会议，常务副县长王维强、副县长左顺春、县直相关部门负责人参加会议。会议听取县建设局局长陶思茂、县人事局局长冯天学工作汇报，县直相关部门负责人作发言。会议决定：一、原则同意《威信县实行城市管理相对集中行政处罚权和综合行政执法实施方案》内容，并上报市政府法制局审查。二、成立威信县城市管理综合行政执法局，其机构规格为正科级，拟核定领导职数3名（1正2副）。内设办公室、政策法规股两个股室，下设房地产执法中队、建设规划执法中队、公用事业执法中队和交通管理中队4个事业单位，挂靠威信县建设局管理。三、拟核定威信县城市管理综合行政执法局行政编制15名，工勤编制2名。拟核定事业编制64名，人员参照公务员管理。其中：房地产执法中队事业编制9名、建设规划执法中队事业编制12名、公用事业执法中队事业编制26名、交通管理中队事业编制17名。

【11·30县政府常务会议】 11月30日，代理县长吕磊主持召开县人民政府常务会议，专题研究政府机构改革、威信云投粤电煤炭有限公司探矿权扩界、交

通建设、煤矿安全生产等工作。

一、关于政府机构改革工作。会议听取县人事和劳动社会保障局局长冯天学关于县政府机构改革工作的情况汇报。原则同意《威信县人民政府机构改革实施意见》（送审稿）。会议要求县编办要按照会议提出的意见，进一步修改完善《威信县人民政府机构改革实施意见》，及时提交县委常委会讨论；按照有关程序，抓紧做好向县人大报备县政府工作部门的调整设置工作；认真做好县政府机构改革动员大会的相关筹备工作，在2010年12月份召开县政府机构改革动员大会，按时、按要求完成改革任务；在2011年5月份前完成县政府各工作部门及部门管理机构“三定”（定主要职责、定内设机构、定人员编制）工作；机构改革期间严肃政治纪律、工作纪律、财经纪律、组织人事纪律，确保思想不散、秩序不乱、工作不断、国有资产不流失。

二、关于威信云投粤电煤炭有限公司探矿权扩界。会议听取县政府副调研员江旭林关于云投粤电扎西能源公司探矿权扩界的有关情况汇报。原则同意威信云投粤电煤炭有限公司申请探矿权扩界49.99平方千米（其中：新庄向斜中段煤矿区普查拟扩界20.31平方千米、石坎向斜北翼煤矿区拟扩界20.99平方千米、马河向斜北翼煤矿区普查拟扩界8.69平方千米），提请县委常委会研究后按相关规定和程序办理。要求在办理探矿权扩界时，云投粤电扎西能源有限公司和省煤勘院（或煤田地质局）要向县政府书面承诺，将鱼井片区的开发权转给县政府；探矿权扩界必须满足和服务于威信煤电一体化项目建设需要；探矿权转让必须经县政府同意，否则视为无效；如何组织地方煤矿供煤给威信煤电一体化项目要提前研究，提出方案。

三、关于交通工作。会议听取副县长左顺春、交通局副局长余进、威信公路管理段段长杨仕兴关于交通工作的有关情况汇报。原则同意威信公路管理段在威信县境内修建养护机化站、养护服务区和养护中心。要求修建养护机化站、养护服务区和养护中心需新征、扩征土地共1.35公顷，由县国土资源局、威信公路管理段书面报县政府按相关规定办理，土地出让金每亩不低于20万元；县内机化站暂时缓建，威信公路管理段要积极向上争取，把更多公路列入养护范围；成立二级公路债务锁定工作领导组，由副县长左顺春任组长，相关部门和乡镇主要负责人为成员，按时完成二级公路债务锁定工作；由左顺春副县长牵头，交通局负责，理顺路产路权管理体制，总体上坚持属地管理的原则；威信公路管理段治超点必须搬迁到合理的位置，不能因治超工作影响全县公路畅通。

四、关于煤矿安全生产工作。会议听取县委常委、县政府常务副县长王维强关于煤矿安全生产工作的有关情况汇报。同意县监察局按照市政府办《关于贯彻执行云南煤监局对威信县沟头煤矿“6·30”较大煤与瓦斯突出事故调查处理意见批复文件的通知》要求提出的威信县沟头煤矿“6·30”事故相关责任人政纪处分意见。会议认为，“6·30”事故以来，威信县采取一系列强有力措施抓煤矿安全生产，严格落实责任，加大隐患排查整改力度，全县煤矿安全生产形势稳步好转。

五、关于其他工作。同意威信供电公司修建旧城35千伏变电站征用土地3 100平方米，由县国土资源局按原定政策办理；同意宏发煤矿提出的土地使用申请，由县国土资源局按相关规定和程序办理；同意水田乡政府提出的水田乡企业办资产处置申请，按国有资产处置的相关规定办理；同意县残联提出的残疾人保障金收缴办法，由副县长刘坤牵头，县财政、地税、残联进一步修改完善后送县政府审定印发执行。

会议讲话

【张顺民在全县人口和计划生育工作会议上的讲话】 2010年1月18日，在全县人口和计划生育工作会议上，县长张顺民作题为《统一思想，强化措施，不断提高人口计生工作管理服务水平》的讲话。讲话回顾总结2009年的人口计生工作情况。2009年度，完成一孩放环2 712例，比市下达指标2 100例多612例，占129.1%；完成二孩结扎1 716例，比市下达指标1 620例多96例，占105.9%；完成结扎2 105例，比市下达指标1 800例多305例，占117%；征收社会抚养费304.8万元，占市下达指标110万元的277%。全县计划生育率为91.9%，比市下达指标88%高3.9个百分点；违法多孩生育32人，比市下达控制指标70人少38人。同时，指出全县人口计生工作面临的形势：一是遏制人口过快增长的压力大。按计生统计数据，截至2009年10月，全县总人口数是389 972人，其中育龄妇女100 198人，已婚育龄妇女69 967人。同时育龄妇女的数量在逐年增加，在未来一段时间将是我县人口出生的高峰期。二是违法生育隐患仍然存在。目前，69 967人的已婚育龄妇女中只有60 311人落实了综合避孕节育措施，还有9 656人仍未落实避孕节育措施，且这部分人中大多属外流人员，监管难度大。三是流动人口管理难度逐渐增大。目前，全县外出半年以上人口已达7万人以上，占全县总人口的五分之一左右。四是群众的生育观念还比较落后。存在的问题：思想认识出现松懈麻痹，工作方法简单，统计不实的情况依然存在，基础工作十分薄弱，计划生育政策机制不够完善。提出2010年全县人口和计划生育工作的目标任务是：全县人口出生率控制在12‰以内，人口自然增长率控制在7‰以内，计划外多孩率控制在35人以内，计划生育率达90%以上，年内一孩放环率达65%以上，年内二孩结扎率达80%以上，年内多孩结扎率达100%，常住已婚育龄妇女生殖健康检查率达100%，外出已婚育龄妇女寄回生殖健康检查证明原件验证率力争达90%，补救措施落实率达95%以上，30%以上的村创建为计划生育村民自治合格村，双河、罗布、旧城、三桃、麟凤、长安、庙沟7个乡镇的计生服务站实现标准化、规范化管理。全年完成结扎任务1 141例，其中二扎1 098例，完成一放1 755例，补救措施440例，农村居民独生子女办证83户，征收社会抚养费200万元。围绕目标任务，重点落实好五项措施：强化节育措施的落实，强化流动人口管理，强化社会抚养费的征收使用管理，强化党员干部和国家公务员违法生育的查处及打假治乱，强化利益导向机制建设。重点加强六个方面的基础工作：加强计生统计台账管理，加强计生服务能力建设，加强人口计生村民自治建设，加强计划生育协会建设，加强人口计生干部队伍建设，加强宣传教育。重点抓好落实三个到位：领导要到位，责任要到位，考核要到位。

【王维强在县安全生产委员会全体会议上的讲话】　4月29日，在县安全生产委员会全体会议上，县委常委、常务副县长王维强作讲话。讲话回顾总结2010年第一季度全县安全生产工作情况，部署2010年全县安全生产领域需要做好的9个方面的工作，即煤矿方面，道路交通方面，非煤矿山方面，消防安全方面，烟花爆竹方面，森林防火方面，地质灾害防治方面，其他安全方面，节假日期间安全生产工作。强调进一步加强对安全生产工作的领导，严格安全生产指标控制，加大督促检查力度。

【张顺民在威信县第六次全国人口普查领导小组会议上的讲话】

6月2日，在威信县第六次全国人口普查领导小组会议上，县长张顺民作题为《加强领导，密切配合，全面完成我县第六次全国人口普查工作》的讲话。这次人口普查主要目标是查准人口总量、查清人口结构、查实人口迁移流动状况、搞好普查资料的开发应用。如期实现既定目标，必须做到坚持依法普查、科学普查、强化责任，扎扎实实地做好普查的各项工作，确保普查数据真实、准确、完整。要坚持依法普查，坚持科学普查，坚持强化责任，坚持质量第一。第六次全国人口普查登记的时间是2010年11月1日。要按照“全县统一领导、部门分工协作、地方分级负责、各方共同参与”的原则，明确责任，精心组织，周密安排落实各项工作。要加强组织领导，健全普查机构，强化协调配合，明确各方责任，加强队伍建设，广泛宣传发动，强化督促检查，严格考核奖惩。

【赵祖辉在全县烟叶收购暨现代烟草农业建设工作会议上的讲话】　8月4日，在全县烟叶收购暨现代烟草农业建设工作会议上，副县长赵祖辉作讲话。讲话传达贯彻全市烟叶收购暨现代烟草农业建设工作会议精神，认真总结全县上半年烟叶生产工作，分析当前形势，安排部署当前烟叶生产收购工作。提出2010年全县烟叶收购工作的总体要求是：“保总量、保质量、保增收。”完成烟叶收购6.5万担。要实现以上目标，必须抓好以下

5项工作：严格执行政策，平稳有序收购；强化中后期田间管理，提高烟叶质量；加强专卖管理，打击非法经营；转变工作作风，切实搞好服务；加强制度建设，确保平稳收购。强调加大力度，扎实推进现代烟草农业建设；加强领导，落实责任，确保烟叶收购任务圆满完成。

重点检查调研

【张顺民检查指导水田乡抗旱救灾促春耕工作】 2010年3月5日，县长张顺民带领县政府办、民政局、交通局、水务局等县直相关部门负责人深入水田乡河坝、香树、龙洞等村检查指导抗旱救灾促春耕工作。强调当前各部门特别是乡村领导干部要从稳定粮食生产，解决好民生问题，维护人民群众正常生产生活状况、维护社会和谐稳定的高度出发，把思想和行动迅速统一到县委、县政府关于抗旱救灾促春耕的决策和部署上来，各部门要团结协作，重点抓好大春播种的准备工作，特别是烤烟苗床地管理、土地翻犁、化肥储备以及运送农家肥等工作，争取把损失降到最低。广大干部群众特别是共产党员要紧急行动起来，采取有力措施，全力以赴打一场抗大旱、保民生、促春耕的攻坚战。要把确保群众生活用水安全放在首位，根据旱情发展，做好统筹安排，确保抗旱救灾经费优先；要加强水资源的科学管理，尽可能地利用好水资源，要提倡节约用水。

【张顺民等检查指导旧城镇工作】 3月6日，县长张顺民在县委常委、纪委书记任有恒，县委常委、组织部部长保卫华，县交通、农业、民政、水务、绿特、长征公司等相关部门负责人陪同下，到旧城镇检查指导工作，对蚕桑“三冬”管理、旧城中心敬老院建设、上街街道建设、松林村通乡油路建设、村级组织换届、春耕备耕、水利建设等提出要求。

【张顺民检查指导高田乡工作】

5月21日，县长张顺民在县交通局、林业局等相关部门负责人陪同下，到高田乡检查指导工作，对鸽城村幼林管护、鱼井村和高田村通乡油路工程建设、集镇建设、新农村建设、安全生产和道路交通安全等提出要求。

【张顺民赵祖辉调研指导扎西双河新农村示范长廊生态文明家园建设】 6月2日，县长张顺民、副县长赵祖辉带领新农办、财政、林业、水务、环保、政府办等部门负责人到扎西、双河调研指导新农村示范长廊生态文明家园建设。要求建设新农村生态文明家园要从长远利益考虑，进一步做好产业发展这篇文章，将新农村建设与发展产业结合起来，与保护环境结合起来。有关部门要借鉴外地先进经验，针对本地实际，积极寻找对策，妥善解决好相关问题，促进协调发展。强调要进一步做好宣传发动工作，加大住房改造的力度，同时要保证工程质量，做到进度和质量双保证。要紧紧围绕“生态文明家园”这个主题，在依托地域优势，注重发展好运输和劳务等产业的基础上，加强精神文明特别是加强农村文化活动场所建设，引导和鼓励群众积极参与文化活动，用健康向上的文化活动不断丰富农民群众的精神文化生活，促进乡风文明。新农村示范长廊的农业产业化发展，可根据现有基础，结合未来发展方向围绕蔬菜种植区、休闲观光农业区等进行合理布局，在巩固现有面积的基础上，通过科技培训和入户指导，逐步向区域化、规范化的方向发展。通过加大科技培训力度，尽快解决目前蔬菜生产上存在的品种单一，单产水平低，产品质量不高，缺乏自有品牌等问题；提高村民的科学栽培管理水平，使蔬菜的栽培管理尽快上档次，并按照绿色蔬菜生产技术操作规程进行生产。要鼓励发展“农家乐”旅游，在打造精品餐饮、特色餐饮上下工夫，努力把发展“农家乐”旅游和无公害蔬菜种植培植成为城郊农民增收的重要支柱之一。新农村示范长廊生态文明家园建设范围广、内容多、任务重，县领导小组成员单位负责人和沿线乡镇领导要把这项工作作为当前乃至明年的重点工作来抓，严格按照责任书的要求开展工作，做到超前思考，统筹兼顾，措施有力，扎实推进，保证质量，确保既定的目标任务圆满完成。通过1～2年的努力，使威信县的新农村生态文明家园建设成为全市乃至全省的一大亮点。

【张顺民检查指导双河水田安全生产隐患“大检查、大排查、大整治”工作】 7月5日，县长张顺民带领煤炭工业局负责人深入双河、水田检查指导煤矿开展安全生产隐患“大检查、大排查、大整治”工作，要求决不放过每个细节，从小处着手查起，从小隐患开始整改，将煤矿安全生产整治工作抓细抓实，坚决杜绝煤矿安全生产事故的再次发生。为深刻吸取“6·30”事故教训，根据全市深入开展“煤矿安全县（区）长霹雳行动”的要求，全县从现在起至8月底，用2个月的时间，在全县范围内集中开展煤矿安全隐患“大检查、大排查、大整治”活动，全面排查清理事故隐患及监管工作中的薄弱环节，认真解决存在的问题，严厉打击安全生产领域的违法行为，有效防范和遏制煤矿安全事故的发生。要求煤矿安全隐患“大检查、大排查、大整治”活动期间，各煤矿必须严格按照市县要求，坚决停下来，开展好大检查、大排查、大整治，集中精力、加大投入搞好大排查和大整改，切实解决好煤矿自身存在的问题，千万不能掉以轻心。一是要坚决停下来，仔细排查安全上存在的问题。二是要再加大投入。三是要组织好学习培训。强调细节决定成败，排查整改决不放过每个细节。煤矿安全生产大检查必须从小处着手查起，大整治必须从小隐患改起，将安全生产抓细抓实，做到检查到位、排查细致、整治有力，坚决杜绝煤矿安全生产事故的再次发生。

【赵祖辉检查指导水田乡安全生产隐患“大检查、大排查、大整治”工作】 7月7日，副县长赵祖辉带领相关单位人员深入水田检查指导煤矿开展安全生产隐患“大检查、大排查、大整治”工作，要求切实领会好“煤矿安全县长霹雳行动”的主旨，认真做好煤矿安全隐患“大检查、大排查、大整治”工作，全面排查清理事故隐患，认真解决存在的问题，有效防范和遏制煤矿安全事故的发生。指出安全生产细节决定成败。特别在目前事故多发、上下各级对安全生产更加重视的严峻形势下，更要突出抓细节，坚决克服侥幸心理，严格落实生产操作规定，做到工作细之又细、措施全之又全，坚决遏制重特大安全生产事故的发生。必须深刻汲取“6·30”事故教训，举一反三，防微杜渐。要进一步加强对员工的安全知识教育培训，做到安全生产时时讲、事事讲、班班讲、人人讲，形成浓厚的安全生产舆论氛围，促进煤矿企业安全生产工作深入健康开展。强调安全生产重在落实责任，煤矿要遵从相关管理规定，严格遵守限产、限入井人数等有关规定，坚决不准超员超能力生产；要严格遵守矿领导驻矿带班制度，主管矿长和技术员坚持轮流跟班，确保煤矿安全生产时时有人抓、事事有人管、级级保安全；要严格落实隐患排查治理措施，真正做到检查到岗，责任到人，严防各类隐患和事故发生，确保社会安定和谐。

【张顺民等检查指导县城主要建设项目实施情况】 7月27日，县长张顺民在县委副书记、县委新农村工作队总队长陈麟，县委常委、常务副县长王维强，县委常委、组织部部长保卫华，副县长左顺春、刘坤等陪同下，检查指导县城主要建设项目实施情况。要求各部门和施工单位要抓好安全生产工作，加快进度，保证质量，着力推进在建工程建设进程。要努力盘活土地，做好相关协调服务工作，吸引各方资金参与开发建设；要加强新区街道的绿化美化亮化设施的管护，强化卫生管理，特别要及时清运建筑垃圾，确保新区街道整洁卫生，努力将麒麟新区建设成为城镇建设的一个亮点。扎西陈列馆主体工程基本完工之后，要按照规划抓好附属设施建设。要与有关部门联系，超前思考，积极做好内部装修装饰和布展的各项准备工作，确保内部装饰和布展工作有序推进，确保按期建成投用。扎西会议旧址修复建设中要有超前的眼光、开阔的思路。相关配套设施建设要做到既保持原有设计，又充分考虑游客量逐渐增大的客观实际，在建设中不断加以修改完善，使其更加适应旅游业不断发展的需要，避免重复建设。要注重主体建筑与自然生物植被之间的和谐搭配。要根据规划和实际的需要，创新工作思路，注重探索旧址房屋与周围花草树木的搭配问题，力求建筑与周围环境相协调，树木与建筑相搭配，做到建筑、自然与人类和谐统一；力求突出红绿相间、相互包容的和谐效果与生态效果，让游客充分感受到威信县“红色圣地、绿色家园”的旅游文化主题内涵。要加强协调配合，部门之间要经常沟通，围绕大局开展好服务工作；要加快工程进度，要按照年初的工作计划，进一步明确职责，细化措施，进一步抓紧抓好抓实各项工作；要保证工程质量，严格把好各环节的质量关，以高度负责的工作态度建设高质量的工程，以高质量的工程树立政府廉洁高效的良好形象；要树立大安全思想，始终抓好安全生产工作，杜绝建设领域安全事故的发生。

【何国荣检查指导爆炸物品储存场所、金融营业网点安全工作】

9月22日，副县长、县公安局局长何国荣带领公安民警深入爆炸物品储存场所、金融营业网点检查指导安全工作。要求进一步认识当前民爆物品安全管理形势，切实增强安全意识，扎实做好“两节”期间安全工作，确保不发生安全事故。金融网点要坚持“预防为主、单位负责、突出重点、保障安全”的方针，本着“看好自己的门，管好自己的人，办好自己的事”的指导思想，落实值班值宿，严格执行枪支管理规定，建立健全人防、物防等责任制度，切实强化单位内部安全防范各项措施，确保金融网点内部的绝对安全。

【吕磊等检查指导水田乡整乡推进工作】 9月29日，县委副书记、代理县长吕磊在县委常委、县委政法委书记王国斌，县委常委、县委组织部部长保卫华，县政府副县长赵祖辉陪同下，带领县政府办、建设局、国土局、扶贫办、信用联社等相关部门负责人深入水田乡检查指导整乡推进工作。指出水田乡整乡推进工作必须坚持以科学发展观统领全局，以革命老区扶贫开发建设为主线，以“一线三片区”（比水油路水田段沿线、花房子红色文化片区、塆子苗族风情片区和河底“小三峡”彝族生态片区）为核心建设区域，以水田乡乡村公路、出川公路沿线村组为项目建设展示区，把水田乡红色文化资源、生态资源、独特的自然景观、历史古迹和多彩的民俗文化等有机结合起来，把资源优势转化为经济发展优势，加快脱贫致富进程，实现经济、社会、生态可持续健康协调发展。强调水田乡整乡推进工作重点是抓好村容村貌整治、基础设施建设、产业发展、社会公益事业、生态能源建设、农村基层组织建设、农民培训7个方面。在具体工作中要始终坚持整乡推进与老区开发建设及新农村建设相结合，经济发展与社会发展相结合，产业发展与基础设施建设相结合，统筹兼顾与优先扶持相结合，政府扶持、社会资助与充分发挥老区人民的主体作用相结合的原则，确保整乡推进不变形、不走样。在建设资金安排上要整合资金，集中力量，一户一策，因地制宜，把建设资金用在刀刃上，切实提高资金使用效益。要求县建设局、国土局、信用联社和水田乡党委、政府要加强协调配合，成立联合工作组，争取在10月底前帮助农户完善由县财政贴息贷款的相关贷款手续，解决农户建设资金困难问题，确保整乡推进工作目标如期实现。

【吕磊等调研指导麟凤庙沟集镇建设和新农村建设】 10月20日，县委副书记、代理县长吕磊在县委常委、常务副县长王维强，县委常委、县委办主任郑维江及县直有关部门负责人陪同下，深入麟凤、庙沟调研指导集镇建设、新农村建设。在麟凤乡，吕磊强调村级集镇建设要注意房屋整体布局和楼层设置以及民居室内外的协调统一。煤电一体化项目建设为麟凤乡集镇发展带来了前所未有的大好机遇，项目建设、移民安置、异地搬迁以及其他外来投资贸易建设等，使麟凤集镇建设得到较快发展，现集镇居民人口已达1万余人。随着人口的增加，消费水平在上升，消费面在扩大，集镇承载能力须大幅度提升，集镇住房和文化娱乐、健体运动、饮水、交通等功能扩大建设迫在眉睫。要求县直相关部门要各司其职，积极配合，竭力支持麟凤集镇建设。同时要求麟凤乡党委政府要调整好土地，积极引资，争取煤电公司和上级相关部门对口的大力支持，同时充分做好“乡”改“镇”申报的各项准备工作。在庙沟乡，吕磊强调新农村建设要进一步强化室内卫生和设置，避免内外反差，达到和谐美。并要求组织开展好家政培训，促进生态文明家园建设和发展。吕磊一行在检查了庙沟乡集镇前期建设情况后，召开办公会，听取庙沟乡党委负责人关于集镇建设、新农村建设和扶贫开发等工作情况汇报。强调庙沟是全市76个扶贫重点乡之一，作为威信县西大门，与镇雄和彝良两县相连，是入市必经之路。集中精力搞好集镇建设后，可以从物流集散方面做文章，带动市场经济发展。要求农业部门要致力帮助寻求适合庙沟土质、气候的见效快、收入稳定的特色农业产业；相关部门要予以引导和支持，搞好集镇建设，加大扶贫开发力度；乡党委政府要具有敏锐性，积极汇报，主动对接，努力争取项目资金。

【吕磊调研指导旧城镇集镇建设和产业发展】 10月22日，县委副书记、代理县长吕磊深入旧城镇调研指导集镇建设和产业发展等工作。强调旧城镇作为省级重点小集镇，集镇建设已粗具规模，下步要重点做好以下几项工作：一是要结合集镇建房特点，加大工作力度，实施好“穿衣戴帽”工程，提升集镇品位；二是要抓好土地储备，合理开发利用，按照缺什么补什么的原则，引资建好公厕、农贸市场、文化广场等公益设施，进一步完善集镇功能；三是要加大集镇软环境整治工作力度，建立长效管理机制，为集镇居民提供安全、卫生、舒适的工作和生活环境。指出旧城镇作为全县的林业大镇，要以商品林采伐为契机，做好“腾笼换鸟”工作，大力调整林产业结构，重点发展竹产业和香桂产业。同时，要充分发挥温、光、水、土条件好的优势，抓好秋冬农业开发，多渠道促进农民增收。

【吕磊等调研指导长安乡小集镇建设】 10月23日，县委副书记、代理县长吕磊在县委常委、组织部部长保卫华陪同下，带领县财政、建设等单位主要负责人深入长安乡，调研指导小集镇建设、集贸市场建设选点等工作。强调可以把长安乡定位为麟凤乡煤电一体化项目建设的后勤保障基地。长安乡要因地制宜，统筹城乡协调发展，加大农业产业结构调整力度，加强交通、农村电网、集镇人饮等基础设施建设，做好“筑巢引凤”的硬、软环境建设。要坚持以经济建设为中心，积极鼓励扶持个体、私营经营户。乡镇要有经营集镇的理念，扩大招商引资的力度，走“以地生财、以财建镇”的路子，要通过招商、盘活土地资产、激活民间资本等形式加快小集镇建设。要吸纳转移更多的农村劳动力参与小集镇的建设发展。在新农村生态文明家园建设方面，要整活部门资金，集中捆绑使用，进行连片开发建设。国土、建设、交通等部门要积极配合长安乡政府搞好集贸市场的规划、设计，按照“统一规划、合理布局、综合开发”的方针，走市场化建设集贸市场的思路，全力打造特色小镇，推进城乡一体化进程。

【吕磊等调研指导高田乡公路及特色小集镇建设】 11月12日，县委副书记、代理县长吕磊在副县长左顺春、县政协副主席李联州陪同下，深入高田乡调研指导公路及特色小集镇建设，并就高田乡特色小集镇建设召开现场办公会。指出通乡油路工程对连接县乡及乡与乡之间的沟通连接具有十分重要的意义，要进一步加大施工力度，使油路按质按期完工，在促进经济社会快速健康发展的同时，切实解决群众出行难的问题。强调观（斗山）天（星）通达工程建成之后，将对威信县开发“以红带绿、以绿衬红”的旅游产业及林木经济快速发展具有较大的推动作用，相关部门一定要强化部署，争取早日启动建设，并如期投入使用，为全县的旅游产业和林业经济健康发展提供交通保障。就高田乡如何继续抓好特色小集镇建设，吕磊要求：一是解放思想，提高认识，学习周边地区小集镇建设经验，在学习中创新，在创新中不断充实和完善；二是找准问题，分析原因，迎难而上，把高田乡集镇建设成农村商品集散地，提高影响辐射能力；三是加大集镇区卫生管理力度，搞好街区清洁，清理卫生死角，同时强化监管，坚决遏制脏、乱、差现象发生，为高田的集镇居民提供一个优美的生产生活环境；四是树立服务意识，建设消费、服务一体化集镇，以集镇建设带动其他产业发展，吸引外来消费，促进全乡经济快速增长。

【吕磊等调研指导麟凤庙沟小集镇建设】 11月14日，县委副书记、代理县长吕磊在县委常委、常务副县长王维强，县委常委、县委办主任郑维江，副县长左顺春，县政府副调研员江旭林，县发改、国土、建设、水务、财政等部门负责人陪同下，深入麟凤、庙沟调研指导小集镇建设工作。要求麟凤乡要盘活土地资源，以地生财、以财建镇；要严格按照规划进行建设，禁止私建、乱建的行为；安置新区和老街区建设风格要区别开来，各自在建设上要统一颜色，外观高度、建筑风格要尽量统一。要继续加大集镇绿化、亮化建设工作力度，将麟凤集镇建设成为舒适、宜居的新兴工业集镇。要求庙沟乡老集镇建设要实施好房屋改建包装和街道硬化、亮化、绿化工程，地下管网安装要规范，要着眼长远，避免重复建设，同时做好保洁工作。新集镇建设要认真按照集镇建设规划进行建设，不得随意更改；要立足可持续发展，结合自身实际，大胆借鉴外地小集镇建设的先进经验，制定好引进资金参与建设的体制和机制，充分盘活土地资源，大力搞好各项基础设施建设，吸引周边群众前来投资、建房；房屋建设上要统一外观、统一标高、统一颜色，进一步提升集镇品位和形象。要正确处理好一期工程与二期工程建设的关系，要立足长远，根据集镇规划的定位，统筹规划好集镇建设用地，预留好农贸市场等二期工程建设的空间，为小集镇后续发展、科学发展打好基础。

【吕磊等检查指导麟凤乡烟叶生产基础设施建设项目】 12月4日，县委副书记、代理县长吕磊在县委常委、常务副县长王维强，副县长左顺春陪同下，深入麟凤乡龙塘、金凤等村，检查烟叶生产基础设施建设项目。指出基本烟田水利配套工程项目的实施，对改善当地烟农的生产条件，提高基本烟田烟叶产值产量具有重要的意义。该项目的实施，是进一步加强农村水利和机耕路建设，以实际行动支持"三农"工作发展的具体体现；是落实科学发展观，建设社会主义新农村，构建和谐社会的具体体现。麟凤乡党委、政府要积极配合、支持该项目的建设。县烟办、税务、交通等相关单位要相互配合、共同协作，做好烟水工程、机耕路、育苗设施建设项目的规划，规划中要从大局方面考虑，着力解决好麟凤乡集镇周边人畜饮水问题，多为项目区群众办一点好事、实事，确保项目建设一件，成功一件，带动一方发展。当天，吕磊一行还深入庙沟乡检查指导生态文明家园建设，并对工程建设进度、质量等提出要求。

表彰先进

【表彰2009年度移动信息富民工程工作先进集体和先进个人】 2010年1月25日，县政府表彰2009年度移动信息富民工程工作先进集体和先进个人。

一、移动信息化乡镇创建进步奖先进集体（5个）：扎西镇政府、庙沟乡政府、麟凤乡政府、罗布乡政府、旧城镇政府。

二、移动信息富民村创建进步奖先进集体（43个）：扎西镇河口村、小坝村、玉京山村、庙坝村、干河村、罗坭村、院子村、观音村、石龙村、田坝村，麟凤乡斑鸠村、麟凤村、坪房村、金竹村、金凤村、五谷村，罗布乡黑龙村、新庄村、庙坪村、新田村、顺河村、罗布村、簸箕村，庙沟乡马河村、扎实村、宗家村，水田乡水田村、龙洞村，双河乡偏岩村、双河村，三桃乡三桃村，长安乡天坪村、安稳村、长安村，旧城镇回龙村、松林村、龙马村、马鞍村、文兴村、旧城村，高田乡高田村、鱼井村、新华村。

三、移动信息富民村创建工作先进个人（10名）：郭发瑶、陈吉科、余廷松、朱启俊、李弈呈、杨润贵、常贵银、严冰、熊吉平、吴太柏。

四、移动信息乡镇先进工作者（1名）：石泉。

【表彰2009年度卫生工作先进集体和先进个人】 7月27日，县政府表彰2009年度卫生工作先进集体和先进个人。

一、2009年度卫生工作目标责任考核先进集体（3个）。一等奖：长安乡人民政府；二等奖：三桃乡人民政府；三等奖：双河乡人民政府。

二、2009年度无偿献血工作先进集体（6个）：扎西镇政府、水田乡政府、罗布乡政府、县卫生局、县工商行政管理局、县人口和计划生育局。

三、2009年度新农合筹资工作先进集体（10个）。一等奖：长安乡政府、庙沟乡政府、扎西镇政府；二等奖：旧城镇政府、麟凤乡政府、水田乡政府；三等奖：罗布乡政府、高田乡政府、三桃乡政府、双河乡政府。

四、2009年度卫生工作先进个人（20名）：王驰雄、王华忠、姚先惠、杨忠德、王琴、范翥、李昭琴、杨清和、王忠禹、胡光勇、王磊、杨国琴、应永其、张正玲、舒松兴、张定铸、陈文松、邹纯海、江艳、潘凤先。

【表彰2009年度先进教师和先进教育工作者】 9月10日，县政府表彰2009年度先进教师和先进教育工作者。

一、先进教师（55名）：张世平、熊英、赵恩平、林晓雁、郑巧灵、李国政、杨明毅、李登银、王万祥、魏敏、范敏、熊浩云、余发恒、李登芳、陈茂万、彭吉松、胡纯焕、李宗万、邱瑜、张仲娥、赵耀、王正刚、柳青、高家斌、杨章田、余腾均、刘平华、熊宽、赵国芳、熊鸣彪、陈文才、舒兴海、陈茂杰、陶帮寿、段昭喜、郑刚、陈银才、谢先飞、崔廷忠、梁启仲、何跃军、王秋菊、赵全钊、彭永平、韩宗毕、李清余、谭科琴、张辉、潘先润、周清举、方波、陈祥福、赵冬梅、武爱萍、郑永琴。

二、先进教育工作者（5名）：杨联海、袁正蓉、曾敬富、周仁勇、柳昌雨。

【表彰2010年度移动信息富民工程工作先进集体和先进个人】 12月23日，县政府表彰2010年度移动信息富民工程工作先进集体和先进个人。

一、移动信息化乡镇创建进步奖先进集体（10个）：扎西镇政府、双河乡政府、水田乡政府、高田乡政府、罗布乡政府、旧城镇政府、麟凤乡政府、长安乡政府、庙沟乡政府、三桃乡政府。

二、移动信息富民示范村先进集体（1个）：三桃乡斑竹村。

三、移动信息富民村先进集体（4个）：扎西镇玉京山村、长安乡安乐村、麟凤乡金凤村、旧城镇旧城村。

四、移动信息富民村创建进步奖先进集体（61个）：扎西镇长地村、桂花村、田坝村、庙坝村、石坎村、墨黑村、院子村、小坝村、罗坭村、石龙村、巷子村、河口村、大河村、干河村、龙里村、扎岭村，双河乡偏岩村、双河村、天池村、半河村、过街楼村，水田乡河坝村，高田乡大塆村、鸰城村、马家村、新华村、凤阳村，罗布乡罗布村、黑龙村、庙坪村、桃坝村、新庄村、顺河村、新田村、青龙村、郭家村、簸火村，旧城镇文兴村、回龙村、龙马村、马鞍村、天蓬村、松林村，麟凤乡金竹村、麟凤村、五谷村、柏香村、坪房村、金鸡村，长安乡天坪村、安稳村、瓦石村，庙沟乡大塘村、宗家坳村，庙沟乡庙沟村、马河村，三桃乡新芬村、环房村、菜坝村、三桃村、鱼洞村 。

五、移动信息乡镇先进工作者（2名）：刘群、杜朝银。

六、移动信息富民村创建工作先进个人（10名）：宗齐华、左顺文、王昌凤、唐祖华、熊吉平、王应仓、郭发瑶、罗跃恩、郑青山、李清远。

（县政府办公室）

政府法制

【机构人员】 县政府法制局隶属县政府办公室，行政编制3名。2010年实有人员2名，其中局长1名（副科级），工作人员1名。

【法律法规教育培训】 2010年，从4个方面加强对行政执法人员依法行政知识和综合类法律、法规的教育培训。一是继续抓好《国务院关于加强市县政府依法行政的决定》（以下简称《决定》）的贯彻落实的学习、培训和宣传。将《决定》纳入行政执法人员学法计划，采取集中学习、个人自学等形式，组织行政执法人员对《决定》的进行学习，确保行政执法人员准确把握《决定》的基本内容，深刻理解领会《决定》的基本精神，明确在行政管理中应承担的责任，增强依法行政的意识和能力。同时，通过《威信县政府网》、《威信新闻网》等媒体，对《决定》的主要内容和要求以及贯彻落实情况进行广泛宣传，为推进依法行政和建设法治政府的营造良好的社会氛围。二是抓好综合类法律、法规的学习培训宣传。将综合类法律、法规知识学习培训与规范性文件清理、效能政府四项制度实施工作结合起来，组织各级各类行政执法人员对《行政处罚法》、《行政许可法》、《行政复议法》、《行政复议法实施条例》、《云南省行政机关规范性文件制定和备案办法》等法律、法规进行集中学习培训，使他们增强程序法律意识，不断提高依法行政的能力。采取印发宣传材料、举办咨询活动、以案说法等形式，向社会公众广泛宣传，让人民群众了解掌握法律知识，自觉依法维护自身的合法权益。三是抓好部门专业法律法规知识学习培训宣传。督促各级各部门建立执法人员学法制度，采取举办专题法制讲座、法律知识竞赛等形式，定期组织行政执法人员对本部门负责组织实施的专业法律、法规和规章集中进行学习培训，做到以工作应用促进带动执法人员认真学习法律知识，不断提高行政执法水平。四是抓好行政执法人员执法资格证办证换证学习培训。

在配合各级各部门做好将行政执法人员送出去培训的同时，积极邀请市政府法制办到威信举办依法行政和综合行政执法业务知识培训班，加强对全县各级各类行政执法人员教育培训和执法岗位考核，确保他们获得的行政执法证件合法有效。2010年，全县400余名行政执法人员经过培训考核获得行政执法资格证，切实保证各级各类行政执法工作的顺利开展。

【行政审批规范工作】 2010年，完成新一轮行政审批项目的清理、取消、调整工作。经过新一轮清理、取消、调整，全县共取消行政审批项目26项，其中行政许可项目24项，非许可类行政审批项目2项。调整的行政审批项目139项，其中合并审批内容相同或相似的行政许可项目59项，转为备案管理的行政审批项目6项，转为内部管理并不再对外公布的行政审批项目15项，转为服务和一般性管理的行政审批项目59项（行政许可项目35项，非许可类行政审批项目24项）。全县保留行政审批项目205项（省、市政府职能部门下放34项），其中行政许可项目191项，非许可类行政审批项目14项。并对保留、取消、调整的行政审批项目，通过“威信县人民政府网”向社会公示公开。目前，全县共减少行政审批项目143项，其中减少行政许可项目109项，非许可类行政审批项目34项。与2008年保留行政审批项目数相比，精简41.1%。同时，采取到部门实地抽查、网上检查、电话督办等多种形式，切实加大检查、指导工作力度，督促各级各部门推行行政审批集中办理制、窗口办理制、并联审批制、告知承诺制，切实改进行政审批方式，提高政管理效能和服务水平。健全行政审批监督管理和责任追究制度，强化行政审批内部监督管理，规范行政审批行为，增强行政审批透明度，确保按承诺时限依法依规做好行政审批工作。

【重大行政决策听证协调推进工作】 2010年，认真贯彻落实好省、市、县关于实施“阳光政府四项制度”的文件精神，切实加强协调、指导工作，努力推进全县重大行政决策听证工作开展。一是做好督查指导工作。加强重大行政决策听证工作业务指导，做好拟听证事项和听证结果的合法性审查把关工作，严格规范听证工作法律文书格式，有力保障政府作出的重大行政决策合法有效。积极督促各级各有关部门认真开展重大行政决策听证工作，做到全县每月有听证，听证事项件件有落实。二是做好重大行政决策听证情况统计工作，按时上报全县听证工作计划表和听证结果报表。2010年，协调、督促和指导县发展和改革、人事和劳动社会保障、教育、建设等部门对拟出台或编制的《威信县被征地农民养老保障暂行办法》、《威信县国民经济和社会发展十二五规划》、《威信县十二五教育事业发展规划》、《威信县十二五城镇建设规划》等关系全县经济社会发展和民生的17项重大决策事项，严格按照有关程序规定，组织召开听证会并进行公示，充分听取和采纳社会公众的意见。通过举行重大行政决策听证，提高重大行政决策透明度和社会公众参与度，切实做到政府重大决策让群众参与，重大事项让群众知道，接受社会公众监督，有力促进了全县重大行政决策科学化和民主化。

【规范性文件备案登记和清理】 2010年，切实加强规范性文件的审查、登记、备案和清理。一是做好县政府制定的规范性文件事前审查把关工作。认真落实“事前审查制度，听取意见和协调制度，会议决定制度，登记、公告和公众查阅制度，备案和监督制度”，加强对县政府制定《威信县被征地农民基本养老保障暂行办法》等17件规范性文件发布实施前的合法性审查把关工作，并及时报送市政府法制办登记、备案，确保了县政府制定发布的规范性文件合法有效。二是做好部门规范性文件登记备案工作。坚持合法性、适当性、公开性和精简统一及效率原则，切实加强各级各部门规范性文件的审查、登记、备案工作，基本杜绝抽象行政行为越权设定行政许可、行政收费、行政处罚、行政强制措施的现象发生。三是做好规范性文件清理工作。按照法律、法规、规章、规范性文件修改和废止情况，采取“列出现行规范性文件目录，找出规范性文件正式文本，将文件内容对照清理依据，逐件审核，查找问题，分别处理”的方法，组织对县政府于1993年1月1日至2010年9月30日期间制定的现行有效的105件规范性文件进行全面清理、审核、评估，并对应予以修改、废止的规范性文件及时向县政府提出具体处理建议。同时，指导督促县直相关部门对本部门制定的现行规范性文件进行了清理、修订。目前，全县共清理修订现行规范性文件110件，其中继续保留实施规范性文件74件，废止规范性文件33件，修订继续实施的规范性文件3件，切实解决了全县各级各部门规范性文件中存在的“不适应社会主义市场经济发展要求、与上位法不一致、互相之间不协调”问题。

【行政复议及行政应诉】 2010年，切实采取措施，认真做好行政复议及行政应诉工作。一是认真做好行政复议工作。坚持“以人为本，复议为民”的方针，积极受理行政复议申请，依法做好行政复议案件办理工作，同时积极运用调解、和解等形式，切实做到“定纷止争、案结事了”，有效化解行政争议和社会矛盾，提高办理的行政复议办案质量。2010年，全县共收到行政复议申请3件，受理1件，转信访案件办理2件。目前，受理的行政复议申请1件已经办结。二是做好行政复议应诉工作。依法积极参加以县政府为被申请人的行政复议案件应诉活动，认真做好答辩工作，及时提交材料，切实维护政府形象。2010年，办理行政诉讼应诉案件2件，其中1件驳回诉讼请求，1件正在审理中。三是做好行政执法统计工作。严格执行行政执法情况、行政复议案件、行政应诉案件统计制度，加强行政执法情况、行政复议案件、行政应诉案件进行统计、分析工作，按时编制报送《威信县行政执法情况统计报表》、《威信县行政复议案件统计报表》、《威信县行政应诉案件统计报表》。

【行政执法监督】 2010年，从三个方面开展行政执法监督工作。一是积极开展行政执法案卷评查工作。加强与相关部门协调配合，搞好行政执法案卷评查工作，规范行政执法行为。二是加强行政执法投诉案件处理工作。建立健全行政执法投诉处理制度，认真做好行政执法投诉案件或群众来信来访案件办理工作。2010年，办理行政相对人的在土地审批、农村土地承包管理、矿产资源开采管理、计划生育管理、林地林权管理、土地和房产登记管理等方面的投诉和群众来信20件，接待投诉人或群众来访25人次，通过采取当场咨询、解答、转办等方式，每件行政执法投诉案件或群众来信来访案件都得到及时答复和解决。三是做好行政执法人员资格审查把关工作。认真执行《云南省行政执法证件管理规定》，切实加强行政执法人员资格审查。2010年，完成对国土、卫生、财政、计生、农业、林业、盐务管理、烟草专卖、旅游等部门257名新办行政执法证件人员的资格审查，有效杜绝了合同工、临时工作为行政执法人员上报办理执法证件的现象发生。

【政策法律研究】 2010年，将政策和法律、法规、规章的学习与县情研究结合起来，切实加强对土地承包及管理、矿产资源税费征管、社会保障、城乡规划建设管理等方面的政策和法律研究，不断提高服务意识和能力，努力为群众、为基层、为领导搞好法律政策咨询服务。一是认真办好县政府领导交办的法律事务，及时提出法律政策研究建议，为县政府领导提供决策辅助依据。二是做好有关地方性法规和政府规章征求意见稿办理工作，及时向上级部门提出我县的修改意见。三是积极做好为基层为部门办理行政审批事项、解决行政争议和民事纠纷提供法律政策咨询服务。2010年，共办理县政府领导批转请示件15件，为各乡镇和县直有关部门法律咨询服务31次。

（县政府法制局　宗吉松）

政府信息

【机构人员】 县信息中心隶属县政府办公室，行政编制5名。2010年实有人员3名，其中主任1名（副科级）、工作人员2名。

【基本情况】 2010年，认真贯彻落实《中华人民共和国政府信息公开条例》（以下简称《条例》），切实做好政府信息公开工作，成立以分管副县长任组长，县政府办公室主任、县监察局局长为副组长，县委宣传部、县财政局等相关单位负责人为成员的政府信息公开领导小组，下设办公室于县政府办，形成“主要领导亲自抓，办公室抓落实”的工作机制。明确县政府办公室为主管部门，县政府信息中心为工作机构，配备必要的办公条件，由县政府信息中心工作人员负责开展政府信息公开工作。政府信息公开工作纳入年度工作计划、工作经费纳入年度预算。充分利用电视、广播、报刊、墙报和互联网等多种方式，多种途径加大对政府信息公开的宣传力度，广泛宣传《条例》的重大意义，进一步扩大政府信息公开工作的影响，使社会公众关注和参与政府信息公开工作，不断推动政府信息公开工作向前发展。县政府信息公开领导小组办公室结合实际情况，不定期召开工作会议，开展业务培训，进一步完善各项管理制度，规范操作，切实推动政府信息公开工作深入开展。

【主动公开政府信息】 2010年，进一步更新《威信县政府信息公开指南》、《威信县政府信息公开目录》，规范编制、公布《威信县政府信息公开工作年度报告》。根据《条例》规定，凡应主动公开的政府信息都及时、准确、全面公开。在政府信息公开过程中，各级各部门严格对公开的信息逐条进行审核，确保公开的信息不涉密，涉密的信息不公开。为加强对全县政府信息公开工作的审查和监督，建立完善政府信息主动公开、依申请公开、保密审查、监督检查等一系列制度，使政府信息公开工作有章可循、有据可依。对于主动公开的信息，一是利用政府信息公开统一公开平台、各自门户网站进行公开；二是通过政府公报、报刊、广播、电视等方式公开；三是通过政务服务中心、县档案馆、图书馆等多渠道公开，确保公众快捷、方便获取政府信息。2010年，按照《条例》规定的主动公开信息范围，按要求发布或更新信息。全年从未出现影响或者可能影响社会稳定、扰乱社会管理秩序的虚假或者不完整的信息。全县累计主动公开信息10 871条，其中通过政府门户网站公开信息4 393条，电视、公告等公开政府信息2 400条，政府信息公开网站公开信息4 078条。

【依申请公开政府信息】 2010年，向社会公开“威信县政府信息依申请公开办法”、“威信县政府信息依申请公开流程图”、“威信县政府信息申请公开表”、“威信县政府信息公开工作机构”等相关信息，方便公民、法人和其他组织对政府信息公开的申请2010年度未收到政府信息依申请公开申请。

【政府信息公开保密审查工作】

2010年，健全组织机构，确保领导到位，形成主要领导亲自抓，分管领导直接抓，专职人员具体抓的良好格局，为开展信息化建设工作奠定坚实的组织基础。建立各项保密工作制度，健全信息公开保密审查机制，明确保密审查的职责分工、审查程序和责任追究办法，确保不发生泄密事件，做到以制度管人、按程序办事，确保保密工作顺利开展。严格制度，规范管理。严防涉密信息上网，做到“涉密信息不上网，上网信息不涉密”，按照“控制源头、加强检查、明确责任、落实制度”和“谁上网，谁负责”的原则，加强对涉密网络的检查。经审查全年上网公开的信息符合保密规定，未发生泄密事件。

【政务信息咨询】 2010年，通过政务服务中心、档案馆、图书馆等政务信息查询点提供现场咨询5 000人次，接听96128电话查询300人次，答复网络查询500人次。查询内容主要涉及教育、招商、人事、财政、工商、建设等，均给予满意的答复或引导。

【政府信息系统安全检查】 10月9日起，在全县范围内开展政府信息系统安全检查。坚持“谁主管谁负责、谁运行谁负责、谁使用谁负责”的原则，各单位采取自查的方式，对政府信息系统安全工作的信息安全组织机构建设情况、日常信息安全管理情况、等级保护与风险评估情况、技术防范手段建设情况、应急管理工作开展情况、信息技术产品和信息安全产品使用情况、信息安全服务情况、信息安全教育培训情况、信息安全经费保障情况、安全隐患排查及整改等情况进行全面自查，认真查找隐患，堵塞安全漏洞，努力提高全县各级各部门政府信息系统安全工作水平，确保政府信息系统安排稳定运行。

（县政府信息中心　李陆勇）

中国人民政治协商会议威信县委员会

【政协威信县第七届委员会第三次会议】 2010年3月9～12日，召开政协威信县第七届委员会第三次会议。出席会议的委员150人。会议听取和审议晋家荣副主席所作《政协威信县第七届委员会常务委员会工作报告》、提案委主任肖吉英所作《政协威信县第七届委员会常务委员会提案工作情况报告》；列席县人大十四届三次会议，听取和商讨县人民政府工作报告及其他报告；审议通过县政协七届三次会议决议；县政协主席陶军秀在闭幕式上讲话。

【七届政协常委会第8～11次会议】 2月3日，召开县七届政协常委会第八次会议，协商决定召开政协七届三次会议有关事项。

3月12日，召开县七届政协常委会第九次会议，听取县政协七届三次会议委员讨论组讨论情况汇报，审议县政协七届三次会议决议（草案）。

7月30日，召开七届政协常委会第十次会议，听取县人民政府关于2010年上半年全县经济运行情况通报，听取县卫生局、人事局、水务局关于办理县政协七届三次会议政协委员提案的情况通报。

12月29日，召开七届政协常委会第十一次会议。听取县人民政府关于2010年全县经济运行情况通报；听取县委办、政府办关于办理县政协七届三次会议政协委员提案情况通报；对县民政局2008年以来的工作进行面对面的民主评议。

【七届政协第12～15次主席会议】 1月8日，县政协主席陶军秀主持召开七届政协第十二次主席会议，研究修改完善《政协威信县委员会关于我县蚕桑生产发展情况的调研报告》、《政协威信县委员会关于威信县村组公路建设与管理情况的调研报告》等4个调研报告。

2月1日，县政协主席陶军秀主持召开七届政协第十三次主席会议，研究县政协七届三次会议筹备工作。

4月7日，县政协主席陶军秀主持召开七届政协第十四次主席会议，研究安排2010年调研视察、民主评议、提案办理等工作。

10月22日，县政协主席陶军秀主持召开七届政协第十五次主席会议，研究贯彻落实威办发［2010］36号文件精神，安排年底前应开展的各项工作，通报县委、县人大、县政府、县政协四套班子联系会议情况。

【专题协商】 3月11日上午，县政协主席陶军秀在政协常委会议室主持召开县人民政府工作报告专题协商会议。同日下午，县政协副主席晋家荣在政协常委会议室主持召开县人民法院、县人民检察院工作报告专题协商会议。参加会议的60余名政协委员，分别就县人民政府工作报告、“两院”工作报告，与县委、县政府、县法院、县检察院领导和县直有关部门负责人进行面对面的协商讨论，并对有关工作提出意见建议。

【提案工作】 县政协七届三次全会共收到提案66件，提案内容涉及全县工业、农业、交通、城镇建设、环境保护、旅游业发展、文化、教育、人民生活、执行政策等方面。经提案委审查立案65件，将内容相同或相近的7件作并案处理，共交办58件，送交16个单位办理，并确定将《继续加大政府投入，巩固“两基”成果，迎接“两基”国检和“普实”年检》、《规范医德医风减少医闹》、《关于建议县委、政府重视农业科技人才奇缺问题的提案》等12件提案作为重点提案由主席、副主席督促办理。5月11日，在县政府召开的人大代表议案、政协委员提案交办会上交有关部门办理，其中交县委办督促办理4件、交政府办督促办理53件。提案交办后，提案委加强提案承办单位的联系，积极开展座谈面商，县政协主要领导亲自参加面商会，指导研究重点提案办理工作，有力地促进重点提案的办理落实，对提案办理工作的整体推进起到积极的促进作用，使提案办理质量得到有效提高，提案办理中重答复轻落实的现象有较大改变。截至2010年9月底，所有提案全部办复完毕。提案涉及的问题得到解决或基本解决的19件，占31%；正在解决或列入计划逐步解决的33件，占59%；因条件限制暂不能解决的6件，占10%。

【民主评议】 4～12月，为推动党和政府的惠民政策得到贯彻落实，促进提高部门工作效率和改进工作作风，经请示县委同意，县政协组织对县民政局2008年以来的工作进行民主评议。4～10月，完成制订民主评议工作方案、成立民主评议工作领导小组、准备相关材料等前期工作。11月11日，召开动员大会。11月13～20日，三个调研组分别深入扎西、双河、高田、旧城、麟凤、三桃等乡镇14个村（社区）26个村（居）民小组，通过实地了解情况、查阅资料、召开座谈会、发放调查问卷等形式开展调研。12月29日，在七届政协常委会第十一次会议上，对县民政局2008年以来在城乡社会救助、基层组织建设、社会事务管理等8个方面工作进行评议，形成《政协威信县委员会关于县民政局2008年以来履行职能情况的初步评议意见》，向县民政局提出改进工作的建议6条，指导其制订整改方案。

【重点调研视察】 1月14日，县政协主席陶军秀到双河乡天池村查看罗家沟、落底、黄泥坡村民小组“连户路”建设情况。1月22日，县政协主席陶军秀到罗布乡郭家村枹桐塆村民小组调研农村劳力外出务工情况。3月7日、12日、28日，县政协副主席晋家荣分别到扎西镇纸房沟、高田乡下坪查看煤矿安全生产情况，到麟凤乡、长安乡督查交通安全。3月18日，县政协副主席姜荣学到庙沟乡调研蚕桑生产“三冬”管理和新栽面积落实情况。3月19～24日，县政协主席陶军秀到麟凤、三桃、双河、罗布、旧城等乡镇调研春耕备耕工作情况。4月15日，县政协主席陶军秀、副主席张安明到旧城镇调研2010年粮食样板和蚕桑生产情况。4月16日，县政协副主席张安明到三桃乡调研粮烟生产和村级班子换届后的工作情况。5月4日，县政协主席陶军秀到扎西镇石坎办事处、庙坝办事处调研农业生产情况。7月14～19日，县政协副主席姜荣学到三桃、麟凤、扎西、双河等乡调研粮烟生产情况。8月17～22日，县政协主席陶军秀、姜荣学、副主席晋家荣到扎西、罗布、庙沟、水田、双河等乡镇调研委员活动小组工作情况。9月24～29日，县政协副主席张安明到扎西镇、长安、旧城镇等乡镇调研新农合运行情况。10月3～6日，县政协副主席晋家荣到扎西、双河、高田、罗布等乡镇调研扶贫工作情况。

4～5月，县政协组织部分政协委员到三桃、庙沟、罗布、双河等乡镇调研生猪养殖情况，形成《关于我县生猪养殖情况调研报告》，提出发展我县生猪生产的8条建议。

5月12日至9月20日，县政协组织部分政协委员深入扎西、旧城、麟凤、高田、双河、水田、罗布等乡镇专题调研少数民族地区经济发展情况，形成《关于我县少数民族地区经济发展滞后的原因分析及对策》，向县委、县政府提出发展少数民族地区经济的4个方面9条建议。

6月1日至8月1日，县政协抽调部分政协委员组成调研组，在县水务局的配合下，先后深入庙沟、旧城、罗布、水田、扎西、长安等乡镇，通过听取情况介绍、查阅资料、走访干部群众、实地查看等形式，对农村人畜饮水工程建设与管理情况进行专题调研。形成《关于我县农村人畜饮水工程建设与管理情况的调研报告》，针对当前农村人畜饮水工程建设与管理中存在的问题，向县政府提出加快农村人畜饮水工程建设步伐、提高建设和管理质量等5个方面的12条建议。

6月20日至8月24日，县政协组织部分政协委员深入旧城、罗布、高田、林凤、长安等乡镇和国营林场对我县林业产业发展情况进行调研，形成《加快发展我县林业产业的调查报告》，向县委提出加快我县林产业发展的7条建议。

7月5日至9月16日，县政协组织部分政协委员到扎西、庙沟、双河、水田、麟凤、长安、旧城等乡镇调研养殖业发展情况，形成《威信县养殖业发展现状调研报告》，针对当前养殖业发展过程中存在的问题，向县委、县政府提出加强畜禽良种繁育体系、市场体系、防疫体系、管理体系、服务体系建设的建议。

10月中旬，县政协成立以主席为组长、分工联系教育工作的副主席为副组长，政协提案委、教文卫委负责人及部分政协委员为成员的调研组，在教育局有关人员陪同下，深入扎西、长安、罗布、庙沟、三桃、水田6个乡镇，采取查、看、问、访等形式，对全县乡村中小学教师队伍的建设与管理情况进行调研，形成《威信县乡村教师队伍的建设与管理工作调研报告》，针对当前乡村教师队伍建设与管理中存在的问题，提出加强乡村教师队伍建设的6条建议。

10月19日，县政协主席陶军秀带领县政协办、教文卫委等科室负责人到水田乡调研整乡推进工程。在听取水田村委会工作汇报和深入农户家中了解情况，对工作中存在的问题和困难进行现场办公，并提出4点意见。一是要摸清家底，建立详细的档案资料，一户制订一个实施方案，有的放矢地开展好各项工作。二是要按照先易后难的原则，稳步实施整乡推进工程进度，集中一切力量解决困难户的实施进度。三是要各级干部起先锋模范带头作用，从县、乡、村干部抓起，建立督促机制，率先完成整乡推进工作任务。四是要利用整乡推进工程的有利契机，邀请县妇联、人力资源办等单位参与各类培训，进一步提高群众思想素质和生活质量。

10月25日，为缓解威信县交通瓶颈制约，加速推进威信县融入川渝经济区，构建“一进四出”的大交通网络格局，县政协组织部分政协委员，对罗布至中心通乡油路工程建设情况进行视察。视察组在听取县政府关于《威信县罗布至中心通乡油路工程建设情况》的通报和深入到施工现场实地查看的基础上，形成《政协威信县委员会关于视察罗布至中心通乡油路工程建设情况的报告》，提出6条建设性意见和建议。

【团拜会、座谈会】　1月19日，县政协在烟草宾馆举行迎春团拜会。县四套班子领导、县直各部门负责人、各乡（镇）党委书记和乡（镇）长、部分政协及各族各界人士欢聚一堂，畅叙友情，喜迎新春。县委书记龙进代表县委、县政府向全县人民拜年，并发表热情洋溢的讲话，通报全县2009年经济社会发展情况和2010年工作思路，对政协工作提出了要求。县长张顺民致祝酒辞。县政协主席陶军秀主持团拜会并简要通报2009年政协工作情况。

10月27日，召开提案办理工作座谈会，市政协提案委、市政府办公室、县政府、县政协领导和县政协各委室负责人、部分政协委员参加座谈。会议总结近年来威信县政协提案办理工作经验，商讨今后进一步提高提案质量，创新提案办理形式，加强督办，提高提案办理质量和办结率、办复率、解决落实率的思路和方法。

【文史资料编辑出版】　2010年完成《委员诗词专辑》（即《威信文史资料》第35辑）的征集、编辑出版工作。

【联系与交流】　6月28～30日，县政协主席陶军秀到镇雄县出席云贵川25县（市、区）政协区域经济论坛第二次会议，并作会议交流。9月，县政协派员参加在昭通市召开的云南省八地市文史资料联系会议并作会议交流。年内，县政协选送政协委员书法作品4件、绘画作品3件参与省政协举办的书画摄影作品展，其中1件绘画作品获二等奖，1件书法作品、1件绘画作品获优秀奖，1件书法作品获参展奖。

【自身建设】　3月20日，为推进县政协机关各项工作顺利开展，县政协副主席姜荣学代表政协常委会同政协机关各委室签订2010年度工作目标考核责任书，明确2010年度政协机关各委室工作目标、工作任务、考核要求及奖惩办法。

4～6月，根据《威信县学习宣传贯彻〈中国共产党党员领导干部廉洁从政若干准则〉工作方案》部署，县政协党组组织开展学习贯彻《廉政准则》活动，认真组织学习胡锦涛总书记在中纪委十七届五中全会上的讲话、中纪委十七届五次全会、省纪委八届五次全会、市纪委二届五次全会和县委十一届七次全会、县纪委十一届五次全会精神，以及《中共中央关于加强和改进新形势下党的建设若干重大问题的决定》、中共中央《建立健全惩治和预防腐败体系2008—2012年工作规划》和省市县《实施办法》、《廉政准则》等文件精神，并组织集体收看警示教育专题片。

6～12月，按照县委《关于在全县党的基层组织和党员中深入开展创先争优活动的实施意见》要求，县政协党组组织开展创先争优活动。6月16日，成立了由县政协党组书记陶军秀任组长，副主席姜荣学、晋家荣、张安明为副组长，各委室负责人为成员的县政协创先争优活动领导小组。制订《政协威信县委员会党组关于开展创先争优活动的实施方案》。及时动员，引导机关党员积极参与创先争优活动。县政协在职党员14人、病退休党员5人全部参加创先争优活动。

11～12月，按照县委组织部《关于开展“贯彻四项监督制度，提高选人用人公信度”自我学习教育活动的通知》要求，县政协组织副科级以上党员领导干部认真学习《党政领导干部选拔任用工作责任追究办法（试行）》、《党政领导干部选拔任用工作有关事项报告办法（试行）》、《地方党委常委会向全委会报告干部选拔任用工作并接受民主评议办法（试行）》、《市县党委书记履行干部选拔任用工作职责离任检查办法（试行）》等制度。参学人员撰写了学习心得体会，参加了学习测试。

【表彰先进】 3月11日，县政协七届三次会议表彰七届二次会议以来优秀提案、提案承办先进单位。优秀提案（6件）：《提高科技措施含量，促进粮食生产发展》，提案人陈永聪，复议人杨光武、周贵武；《关于落实科学发展观，提高烤烟单位面积产量，促进农民增收的建议》，提案人潘先卫，复议人顾英武、张建通、崔田苍、简世清、杨廷才、文成书；《关于在扎西会议会址、烈士陵园、红色文化广场、主要街道设立塑像、浮雕、牌赋的建议》，提案人杨明海、郭璋琼，复议人江家才、艾强、顾英武、李晓春、曹刚；《关于解决车辆乱停乱放的几点建议》，提案人张新乔，复议人罗尚敏、王宗高、袁劲松、李永林、张孟贵、高发科、林云龙、熊熙、余挺；《解决失地农民生活保障问题的建议》，提案人田敏，复议人王方权、宋宗普；《关于扎西烈士陵园建设和管理的几点建议》，提案人陈香才，复议人崔田苍、简世清、杨廷才、张建通、顾英武、文成书、罗尚敏、杨祖庆。提案承办先进单位（5个）：政府办、发改局、交通局、经贸局、建设局。

（县政协办公室 杨 健）

群团组织

县总工会

【县总工会简况】 2010年，县总工会内设经审委、女工委、办公室、财务室、困难职工帮扶中心、职工医疗互助活动代办点。年末共有工作人员9人。年内，全县工会工作经市总工会各业务部门提出具体认可意见，市总工会考核领导组评定，获工会工作目标责任考核一等奖。

【工会组织建设】 2010年，全县有基层工会组织278个（村民委员会工会小组83个），会员13 731人（其中农民工会员3 836人，不含煤矿工会农民工），有专兼职工会干部530人。根据市总下达会员发展任务，组织29个非公企业建立工会组织，新发展会员927人。

【威信县工会七届四次全委（扩大）会议】 3月31日，县总工会工会七届四次全委（扩大）会议在县城扎西召开，县直各部门职工代表，各乡镇工会主席，各企事业单位、非工企业的职工代表参加会议。县委常委、组织部部长保卫华出席会议并作讲话。县人大常委会副主任、县总工会主席李朝华作工会工作报告。会议认真学习贯彻落实党的十七届五中全会精神，全面总结全县2010年工会工作，安排部署2011年工作。会议表彰2010年工会工作先进集体和先进个人，签订《2011年乡镇规范化建设责任书》，并组织参观双河乡规范化建设。

【创建活动】 2010年3月，联合县人力资源办、县职教中心、县运输公司在运输公司站内成立集培训、就业、信息咨询、职业介绍、转移就业、考试办证、维权救助、困难帮扶、跟踪服务为一体的农民工服务站。扶持威信二中、县养护段、海子社区建立职工书屋，支持双河乡、水田乡建立职工活动室。继续开展“创建学习型组织、争做知识型职工”活动。

【维权工作】 2010年，自农民工服务站建站以来，共发放维权服务卡1万余张，接待来信来访和电话咨询200多起，提供法律援助4起。利用“五一”开展《劳动合同法》宣传活动，发放宣传资料4 000余份。配合县人事和劳动社会保障局、安监局、煤炭工业局等部门开展企业用工和安全生产检查。参与事故调查2起，协助处理10名工亡善后事宜，协调兑现工亡赔偿金260余万元。

【职工培训】 2010年，自农民工服务站成立以来，为8 000多名农民工提供了就业咨询服务，集中开展农民工进城务工引导性培训和基本技能培训共178期10 854人，开展电工、电焊工、中式烹调、宾馆服务等专业培训共16期1 500人。组织工会干部8人次到省市工会接受义务培训学习。

【职工文体活动】 2010年春节期间，在扎西镇、长安乡长安村、罗布乡青龙村开展以龙灯、花灯、歌舞、篮球、拔河为主要内容的返乡农民工春节文体活动。“五一”劳动节期间，组织开展“庆五一”职工书画才艺展、“你健康，我快乐”职工登山比赛、“献给劳动者的歌”广场歌舞演出、老年门球运动会。九月在广场举办“九九”重阳节老年职工文艺演出等文体活动。

【调研工作】 2010年，深入非公企业开展工资集体协商工作，完成全县所有煤炭企业和仁安医院、百姓医院、蓝天幼儿园、麒麟幼儿园等50个非公企业的工资集体协商工作，签订工作集体协议书。完成新建工会组织29家，发展会员927人。

【职工医疗互助活动】 2010年，第七期职工医疗互助实现新突破，参加人数8 653人（其中新参加人数1 643人），占职工总数的92.5%，是第六期参加人数的116.5%。全年有349名职工获得医疗互助金补助，共计兑现金额333 317元。

【送温暖工程】 2010年元旦、春节期间，县工会为全县劳模、困难职工、下岗职工、农民工、科技人员等送去慰问金。为全县174名环卫工人买保险。“金秋助学”为57名困难学子圆了大学梦。为困难劳模发放生活补助金。发放贷款250万元为50位下岗职工提供再就业资金。

【挂村帮扶工作】 2010年，县委、县政府把水田乡作为整乡推进扶贫开发试点。县总工会把工会基层组织建设和水田乡推进扶贫开发工作有机结合起来，挂村帮扶水田乡山背村民小组，深入基层宣传、研究和督促检查工作，筹措资金6万元建立山背村“农民工之家”。在规定的时间内完成山背村民小组的村容村貌整治工作。

（县总工会　潘先贵）

共青团威信县委

【团县委简况】 2010年，共青团威信县委员会（简称团县委）内设“一室一站两办”，即办公室、志愿者服务站、希望工程办、少工委办。人员编制5名，其中公务员编制4名、行政后勤工人编制1名。实有工作人员5人，在职3人。

【基层组织概况】 2010年末全县有青年18.6万人，团员3.2万人，团青比例17%；少年儿童5.85万人，少先队员5.5万人。基层团委12个（10个乡镇、县一中、县二中），团总支89个（83个村、4个社区、民族中学、电力公司），团支部1 694个（村民小组1 621个，机关、中心校、县直单位团支部43个，“两新”组织团支部30个）。

【团县委十一届五次全会】 4月16日，共青团威信县委十一届五次全体（扩大）会议在县城扎西召开，总结2009年全县共青团工作，安排部署2010年工作任务。县委常委、组织部部长保卫华出席会议并作讲话。会议号召全县团员青年争当实践科学发展观的排头兵，努力推动全县共青团和青年工作实现新发展。会上为“省级青年文明号”

授牌，为优秀团组织和优秀团干部颁奖。

【宣传服务活动】 春节期间，团县委全体干部职工深入扎西镇大山村沟头等村民小组，为4户挂钩扶贫户送去粮油等物品及慰问金，鼓励他们努力发展生产，自立自强，早日脱贫。

4月，部署开展“百名团干部下基层、进千家走访帮扶”活动，在全县10个乡镇动员团干部走访基层青年群众，聆听青年声音、帮扶困难农户。

4月26日下午，举办2010年首期“青年马克思主义者培训工程”培训班，县、乡、村团干部160余人参加培训。

10月20日，县委组织部、团县委在扎西广场举行“共建创先争优、共创和谐威信”党员团员志愿者服务行动启动仪式，8支青年志愿者服务队开展公共场所卫生治理、科技服务咨询、群众健康检查等服务活动。仅当天下午，就为126名群众进行义务诊疗，发放涉及农业科技知识、食品安全卫生等方面的宣传资料2 500余份，接受群众咨询400余人次，解答各类疑难问题100余个。

年内，倡导全民读书，筹措资金4 000余元，为7个乡镇、4个社区和3所县直中学征订《中国青年报》，鼓励农村团员青年培养健康的兴趣爱好；拿出工作经费3 000元，支持新农村示范点双河乡偏岩村大坡上村民小组建设青年书屋；围绕水田乡整乡推进扶贫开发试点项目建设工作任务，多次深入水田乡龙洞村沟对村民小组开展调研摸底，组织挂钩帮建的35户村民召开群众会议，积极动员群众搞好房屋改造亮化、改炉改厕、产业发展。

【文体活动】 4月3日，组织全县各中小学在扎西红军烈士陵园等地开展革命传统教育活动。学生们通过唱红歌、朗诵诗歌、团干部代表发言等多种形式，深切缅怀革命先烈，接受革命传统教育。

5月28日，联合县教育局、文体局、旅游局等单位成功举办“红色经典励青春，红歌唱响新威信——青少年红歌会”活动，来自县城各中小学和县直团组织的12支代表队1 000余名青少年热情唱响《四渡赤水出奇兵》、《山丹丹花开红艳艳》、《长征组歌》等经典曲目，在广大青少年中引起强烈反响。

6月，以扎西小学、县二小、逸夫小学、桂花小学为重点单位，开展“国旗下的讲话”、“红领巾之声”队史广播、“入队仪式”等全国统一队日活动。

【青年创业就业工作】 8月11日，组织召开首期鼓励创业“贷、免、扶、补”项目初评推荐暨培训会，对前期考察的26个申请项目进行初评，23名创业青年通过初评并现场填写了审批表。评审会采取青年自述项目、评审组评审、当场确定申报项目的方式进行，体现公开、公正、透明、高效的工作原则，得到广大青年的一致好评。9月，联合县劳动社会保障部门开展专题培训2期，参与培训青年70人次，培训内容涵盖市场营销、成本预算、财务管理等方面知识。通过积极努力，配合县农村信用社成功发放贷款350万，扶持青年创业项目70余个，涉及服装零售、家电销售、餐饮服务、鱼类养殖、建材批发、粮油批发、水果蔬菜批发等10多个行业。

【预防青少年违法犯罪工作】 2010年，充分发挥协调、督促、参谋作用，认真实施预防办联席会议制度、青少年舆情监测制度和志愿帮扶制度，加强对预防青少年违法犯罪各项工作的督促与检查，制定信息管理办法，开展全县预防青少年违法犯罪信息统计，召开专题会议2次，专题研究预防青少年违法犯罪“阳光工程”等工作。支持海子社区青少年文化中心开展法制讲堂活动，设立海子社区青少年咨询室为青少年提供服务，指导县直两所完全中学开展好阳光工作室、心灵驿站，对青少年进行心理疏导活动。建立双河乡法制学校预防青少年违法犯罪工作试点，通过到双河法制培训学校授课，对青少年进行帮教、转化，开展帮扶讲课5场次。11月，随同县人大、政协等单位到县看守所看望慰问青少年在押人员，了解在狱生活情况和思想动态。通过认真调研，整合资源，积极推进预防青少年违法犯罪工作的规范化、制度化建设，制订《威信县预防青少年违法犯罪“阳光工程”主题活动实施方案》，进一步建立起有效预防青少年违法犯罪的长效机制。2010年全县青少年违法犯罪比例低于前三年平均数。

【希望工程】 2010年，持续开展“爱心栋梁工程”希望助学活动，协调私营业主曹骞捐资20万元，资助2010年被录取的贫困大学生97名，其中县一中73名，县二中24名。争取香港苗圃助学行动资助初中生349人（每年每人350元），高中生150名（每人每年700元）。共争取助学金227 150元。申报双河乡楠木小学为中国青基会、省青基会地震灾区希望小学资助项目，获得60万元项目资金，并签订协议。加强与共青团昭通市委、“海星行动”志愿者协会的沟通联系，争取爱佑华夏慈善基金会支持，救助6名先天性心脏病贫困儿童。为贫困大学生解决路费和部分生活费，帮助贫困学子继续求学。3月，联系影视演员胡歌先生向石坎村张冕苗圃希望小学配套图书室捐书316册、北师大学生捐书493册。

【共青团工作表彰奖励】 2010年，县电力公司团总支和县二中团委分别荣获“昭通市五四红旗团支部”和“昭通市五四红旗团委”称号。在10月召开的全市第二次少代会上，扎西小学学生毛旗、县逸夫小学学生胡丽被评为“昭通市四好少年”。

（团县委）

威信县妇女联合会

【机构人员】 2010年，县妇联行政编制5人，工人编制1人。实有6人，其中主席、副主席、主任科员、办公室主任各1人，副主任科员2人。

【慰问活动】 “三八”妇女节期间，县妇联为全县50名贫困妇女、50名贫困儿童送去价值2万余元的钱物，力所能及为她们解决一些生活上的困难。“六一”期间，由县妇儿工委牵头，县妇联、计生协会、民政、教育局等县妇儿工委成员单位组成慰问团，深入到全县各乡（镇）慰问农业人口独生子女、留守儿童、残疾儿童等特殊群体。

【巾帼示范及文明创建】 2010年，县妇联整合资金3万余元，在双河乡偏岩村创建烤烟生产“巾帼示范村”，在水田乡水田村者珠坪创建黄牛养殖“巾帼科技致富示范基地”，在内口村民小组创建“文明新村”。年内在水田乡开展“百人牵手创文明”活动，组织县直机关55个单位的女职工与水田乡新农村示范点的农村创业妇女结对、与示范基地结对，开展城乡妇女团体之间的组织结对活动，为当地群众脱贫致富快发展提供技术、资金、政策等方面的支持。

【维权工作】 2010年，县妇联共接待信访妇女22件（次），其中来信7件，来访15件，处理率100%。

【服务工作】 2010年，县妇联搭建就业服务平台，开展贷免扶补工作，到10月底26户贷免扶补指标已全部发放完毕，其中女农民工5名、女大学生1名、下岗失业女性9名、个体工商户11名。年内县妇联对三桃乡塘房村患有骨癌的代课女教师陈祥群争取了5 000元的医疗补助。

【文体活动】 “三八”节期间，县妇联举办县直单位庆祝“三八”国际劳动妇女节100周年文艺汇演。年内县妇联把扎西红色文化广场健身点向全国妇联申报获批为全国妇女健身示范站点。为保证健身点正常开展活动，县妇联出资2万元为健身点重新购置音响。

【评比表彰】 2010年，扎西镇海子社区“妇女之家”、扎西镇扎岭村“妇女之家”、双河乡官田坝村“妇女之家”被市妇联评为市级“优秀妇女之家”。县地税局缴税厅被评为“云南省地税系统巾帼文明示范岗”。县供电公司110千伏威信变电所被省妇联评为“云南省三八红旗集体荣誉称号”。县振兴实业有限公司经理李冬翠被省妇联评为“云南省巾帼建功标兵”，她创办的振兴实业有限公司同时被评为“云南省巾帼创业示范基地”。市妇联表彰李跃贵家庭为“五好文明”家庭，罗布乡庙坪村坳田村民小组吴天飞、扎西镇田坝村海椒塆村民小组刘万荣为“双学双比”女能手，县振兴实业有限公司经理李冬翠为“巾帼建功标兵”，扎西镇海子社区邹晓艳家庭为“平安家庭”示范户。“三八”节期间，县妇联表彰全县各个领域作出贡献的84个妇女工作先进集体和个人。

（县妇联　曾敬连）

工商业联合会（商会）

【工商联简况】 2010年县工商业联合会内设综合股，年末共有在职职工6人。其中会长、副会长兼秘书长各1人，主任科员2人，副主任科员、工勤人员各1人。年末有执委45名，兼职副会长6名。

【组织建设】 2010年末县工商联共有会员398名，其中企业会员43名、团体会员21名、个人会员314名。有6户非公企业建立了党支部。

【光彩事业】 2010年，非公企业投入光彩事业的资金达190余万元，其中教育事业捐资28.8万元、公益事业基础设施建设投资161.2万元。非公企业参与“百企帮百村”新农村建设示范点4户，涉及5户自然村，已投入资金86万元。

（**县工商联** 王宗权）

（**政治栏责任编辑** 古仕林）

法　　制

政法综治

【机构人员】　2010年，县委政法委内设办公室、综治维稳办、政工科、执法监督室4个机构。县社会治安综合治理维护稳定委员会、县委610办公室与县委政法委合署办公。共有工作人员8人。

【三项重点工作】　3月4日，县委、县政府召开全县政法综治工作会议，对深入推进三项重点工作进行全面部署。实行县四套班子领导、县综治维稳委成员单位挂钩联系乡镇和县委、县政府班子成员"一岗双责"制度，对所联系乡镇和分管范围三项重点工作推进情况负总责。坚持县、乡、村三级联席会议、例会等制度，定期不定期分析、研究、部署、协调、督办各个时期工作情况，推动三项重点工作全面有序深入开展。

【社会稳定风险评估】　2010年，按照《威信县重大事项社会稳定风险评估制度》和《威信县关于建立维护社会稳定预警工作机制的规定》，对煤电一体化项目、成贵铁路威信段等重点工程建设进行社会稳定风险评估，对可能影响社会稳定的重大问题进行预警督办，从源头上有效降低稳定风险。建立完善五部委联席会议、稳定形势定期研判协调处理、重大事项报告处理回复等制度，增强工作的预见性、主动性、针对性和实效性，有效推动重点问题的解决和落实。进一步健全完善县、乡、村、组四级综治维稳组织和工作机制，强化乡镇、村（社区）综治维稳中心（站）建设，巩固和提升综治维稳基层基础建设。

【矛盾纠纷大调处】　2010年，按照"哪里有群众，哪里就有调解活动"的思路，着力加强人民调解组织建设，全县共建调委会100个，其中乡镇10个、村（社区）87个、企事业单位3个，成员680人，有调解小组1 621个，一线人民调解员5 543人。组织县法院、司法局等部门深入全县10个乡镇对87个村（社区）680余名调解员进行全面培训。将人民调解工作经费纳入财政预算，继续实行"以奖代补"和"以案定补"激励机制，对乡村两级人民调解组织调处成功、档案资料完整规范的案件给予每件50～200元不等的补助。县委政法委印发《关于进一步加强人民调解、司法调解、行政调解衔接联动工作的实施意见》，强化"三调"对接机制建设，在扎西派出所、罗布派出所组建联合人民调解室，在县公安局成立道路交通事故人民调解委员会，同时积极探索在卫生、工商、劳动等部门建立医患纠纷、消费者权益保护、劳动争议等调解组织，为各类矛盾纠纷的排查调处奠定坚实基础。加强与毗邻的四川珙县、叙永等县的协调联动，健全和完善边际联调机制，使接边地区矛盾纠纷得到及时有效排查化解。组织工作组进驻煤电一体化等重点项目区，加强对征地拆迁、移民安置、工程建设等引发矛盾纠纷的排查调处工作。同时要求政法各部门牢固树立调解也是执法的观念，从政策、体制、机制上最大限度地把调解优先原则贯穿于执法办案全过程，公安机关通过执法办案排查化解矛盾纠纷1 171件，人民法院审执结案件调撤率达37.37%，基本实现案结事了。

【流动人口服务管理】 2010年，认真贯彻落实市委办、市政府办《关于印发〈昭通市社会治安综合治理维护稳定委员会关于进一步加强流动人口服务和管理工作的实施意见〉的通知》精神，本着公平对待、服务至上的原则，结合城镇化建设，从就业、就医、住房、教育等基本民生入手，充分利用流动暂住人口信息采集系统、常住人口管理系统、重点人口信息系统，抓好出租房管理和相关信息采集，进一步完善服务管理体系，有效解决人口的无序流动问题。

【特殊人群帮教管理】 2010年，充分发挥基层组织和社会组织的作用，建立刑释解教人员帮教管理衔接机制和社会闲散青少年群体常态化教育管理机制，实现重点人员应列尽列，建档率、"四知"率达到100%，确保不漏管、不失控。年内列入社区矫正对象20名，接收刑释解教通知书90份，帮教86人。

【公共安全监控管理】 2010年，投入资金200余万元建成由50个摄像头组成的县城视频监控系统和城市4个出入口高清视频抓拍机动车辆信息系统，同时将县城城区红绿灯十字口、金融、税务、校园、重点场所等监控装置（70余个摄像头）解码接连到县公安局视频监控系统平台（110指挥中心），基本实现县城复杂区域、公共场所、重要部位24小时实时监控。组织开展"平安锁"建设活动，在各单位和城区摩托车盗窃案件高发区域设置专门的摩托车停放点，对每个停车位进行编号管理，停放的摩托车以钢链铁锁固定，"平安锁"钥匙由看护人员保管，为群众提供无偿服务，车主随到随停、即停即走。在县城设立10个治安岗亭，聘请协勤人员86人坚持24小时在岗亭值守和开展街面巡逻防范工作。将城管执法大队35人、民兵应急大队66人和社区义务联防队24人纳入城区巡防力量，建立"公安+城管"、"公安+民兵应急大队"、"公安+社区义务联防队"巡防联动模式，基本形成以110巡逻民警为主、城区协警和县城民兵应急大队为辅、城管执法大队为补充的联合巡逻队伍，实现"网络化"巡防，形成联打、联防、联治、联动格局，有效维护扎西城区街面治安秩序。

【社会治安重点地区排查整治】

2010年，县综治维稳委制发《威信县社会治安重点地区排查整治工作实施方案》，坚持严打严治，整治城郊接合部、治安混乱的娱乐场所、部分重点乡村及单位。重点整治4个乡镇、8条街道、12个村、31个村民小组。

【巩固和提升先进平安县创建活动】 2010年，县委、县政府紧紧围绕"五个提高"和"五个环境"目标要求，出台《关于开展争创"平安和谐村寨"活动的实施意见》，将推进"平安和谐村寨"建设作为巩固和提升先进平安县建设水平的细胞工程，着力打牢平安和谐建设基础。继续深化平安单位、平安行业、平安场所、平安乡镇等创建活动，巩固先进平安县创建成果。年内，有11个"平安和谐"村（社区）获县委、县政府命名表彰奖励，扎西小学、威信县工商局获市委、市政府"平安基层先进单位"荣誉称号。

【防邪反邪工作】 2010年，坚持把情报信息工作放在突出位置，充分发挥基层党组织和帮教组织的作用，加强对监管对象的动态情况报告，并在重点列管人员和隐患地区建立情报信息联络员，深层次掌握"法轮功"、"门徒会"等邪教组织和冒用宗教名义邪教、有害气功组织活动情况，做到超前防控。进一步完善和落实教育、转化、巩固包保责任制，原"法轮功"人员实现"四无"。安排专项工作经费，建立奖惩激励机制，深入开展防邪打邪专项行动。

【政法队伍建设】 2010年，着力解决政法队伍"为谁服务、为谁执法"的问题。始终坚持政治建警，完善各级党委、党组、党支部学习、宣传、思想、活动和工作制度，深入开展创先争优活动，充分发挥党组织的战斗堡垒和党员干警的先锋模范作用，不断提高政治鉴别力和科学判断能力。充分利用红色文化资源，组织政法各部门领导干部和政法干警开展革命传统教育和忠诚教育活动，始终牢记"三个至上"，切实做到"四个在心中"。加强执法能力建设，有效解决"说不过、追不上、打不赢、判不明和案结事不了"的问题。

深入开展“五项活动”，提升队伍整体素质。采取“请进来”与“送出去”相结合的方式，积极鼓励、支持政法干警参加各种业务学习培训、提升学历教育和司法考试，提高政治理论、专业知识和文化知识水平。围绕案件侦查、治安防范与管理、公诉、诉讼审判、人民调解等重点工作开展岗位大练兵活动。开展实践锻炼活动，将新进、年轻干警安排到基层一线锻炼，对成绩优异的优先予以提拔使用。开展执法考评活动，把考评结果与政法干警的表彰奖励、晋职晋级相挂钩。加强执法作风建设，有效解决执法不严格、不文明、不公正、不廉洁的问题。坚持警示教育与示范引导相结合，日常养成与规范约束相结合，全面加强政法干警执法作风建设，树立严格文明、公正廉洁执法的良好形象。充分利用反面典型进行警示教育，积极宣传和弘扬先进人物的典型事迹，按照“八个坚持、八个反对”和全市政法干警“十个严禁”要求，与政法各部门签订党风廉政建设责任书，建立健全预防和监督干警违纪违法“十二项制度”，坚持“严”字当头，防微杜渐，年内，全县政法干警无违法违纪行为发生。

【受表彰情况】　2010年，威信县政法综治工作获中共昭通市委、昭通市人民政府先进奖，林隆获中央610办先进个人并荣立个人二等功，王朝军获“十佳扎根基层好干警”荣誉称号。

（县委政法委　熊有龙）

公　　安

【机构人员】　2010年，县公安局内设机构25个。其中：执法执勤机构8个，即指挥中心，国内安全保卫大队，刑事侦查大队（内设综合信息办公室、大案侦查中队、情报信息中队、刑事科学技术室），交通警察大队（内设综合科、车辆管理分所、事故处理中队、秩序管理中队），治安管理大队（内设综合信息办公室、治安管理中队、户政管理中队、网络监察中队），巡特警大队，禁毒大队（内设综合信息办公室、禁种禁吸中队、毒品案件侦查中队），经济犯罪侦查大队（内设办公室、经济侦查中队、打假缉私中队、涉税案件侦查中队）；综合管理机构3个，即政工监督室、法制室、警务保障室；监管场所3个，即看守所、行政拘留所、强制戒毒所；辖11个乡镇派出所。有干部职工270人，其中民警263人、工人7人，女29人，少数民族10人，党员180人，大学本科70人、专科193人、中专（高中）7人。

【自身建设】　2010年，唱响“人民公安为人民”的主旋律，坚持从严治警和从优待警相结合的队伍正规化建设工作思路，加强党委班子建设，充分发挥班子示范带头作用。加强中层领导干部建设，优化干部队伍，整合警力资源，将麟凤、罗布派出所所长、指导员高配为实职正科，年内提拔任命正科级干部9名、副科级干部14名、股所级干部7名，调整44人的工作岗位。加强队伍管理机制建设，制定出台《思想政治工作规范》、《年度思想政治教育计划》、《“退回试岗制”实施办法》、《纪律作风百分制考核办法》等制度。建立健全干部谈话制度、民警思想状况每月研判分析等制度，坚持从细节入手，用制度管人，不断规范民警的言行举止。制订出台关爱民警八项制度，使关爱民警工作制度化、常态化，实现连续两年民警违法违纪行为为零发案的队伍管理工作目标。大力宣传正面典型，在互联网和市级以上新闻媒体刊播新闻稿件136篇，开展大型警察公共关系活动3次，制作电视专题3个。

【维护社会政治稳定】　2010年，扎实开展重点人员排查管控和涉恐线索核查，严密防范和严厉打击“法轮功”、“门徒会”等邪教组织捣乱破坏活动。收集上报《国保信息》161 期，调研报告23 篇。处置突发性、苗头性、倾向性群体性事件46 起，其中工程建设引发 14 起、征地拆迁引发 8 起、企业改制引发 4 起、交通事故引发 7 起、医患纠纷引发 10 起、城市客运引发 3 起。

【刑事案件侦破】 全年立各类刑事案件 357 起（不含毒品案件、经济犯罪案件、交通肇事案件和森林犯罪案件），破案 180 起。立重大刑事案件 221 起，破案 72 起。破年前隐积案 85 起，抓获作案成员 236 人。打掉恶势力团伙 1 个，破案 14 起，抓获犯罪嫌疑人 18 名。摧毁犯罪团伙 25 个 127 人，破案 82 起。抓获上网在逃人员 70 人，其中为外地公安机关抓获 16 人、本地 54 人。

【治安案件查处】 全年受理治安行政案件 690 起，查处 690 起。处理各类违法人员 665 人，送法制学校学习教育 384 人，其中警告 31 人、罚款 106 人、拘留 430 人（并处罚款 82 人）、劳动教养 5 人、移交有关部门 1 人、其他处理 92 人。收缴罚没款总价值 99.5 万元，收缴管制刀具 191 把，调解各类纠纷 1 519起。

【难点热点问题处置】 2010 年，组织民警深入重点领域、重点群体、重点地区对矛盾纠纷、热难点问题开展拉网式排查调处工作。重点整治群众反映强烈的突出治安问题。开展“1·28”、“3·27”、“5·03”、“7·21”等专项行动，查处涉赌案件 38 起，抓获赌博违法人员 76 人，扣押涉赌电子游戏机 82 台。开展打击零星贩毒专项行动，破获零星贩毒案件 6 件，逮捕犯罪嫌疑人 5 名，缴获海洛因 64.4 克、冰毒 12.7 克。协同教育、文化、卫生等部门整治校园周边治安环境，推出警车护送考生、安排民警与各乡镇考生同吃、同住、同到（离）考点制度，严格对学校重要工作岗位人员背景审查，排查管控“问题教师”、“问题学生”，排查化解涉校矛盾纠纷。

【危爆物品管理】 2010 年，采取“四强化”措施管理危爆物品。日常检查与突击检查相结合，检查辖区内使用危爆物品的单位安全隐患。对民用爆炸物品使用单位经营的相关许可证照和从业人员的身份资格开展清理审查，更新 120 家涉爆单位的 180 余份档案资料。落实业主和从业人员责任，采取以会代训方式，召开业主和从业人员会议，层层签订安全管理责任书。年内开展日常安全检查1 030余家次，重点检查 510 家次，发现安全隐患 73 家 75 处，当场责令整改 26 家 28 处，发放整改通知书 47 份，限期整改 47 家 47 处。查处违反《民用爆炸物品管理条例》的矿山企业 5 家，罚款 25 万元。全年未发生涉爆案事件。

【查处赌博、卖淫嫖娼案件】 2010 年，加大对“六合彩”、“筒子二八”等赌博违法犯罪活动的打击力度，查处赌博案件 19 起，抓获违法人员 78 人，处行政拘留 24 人、罚款 54 人。其中“六合彩”赌博案件 6 起，抓获违法人员 14 人，治安处罚 14 人，收缴罚没款 5.32 万余元；查获利用棋牌室进行赌博的窝点 3 个，抓获违法人员 10 人，收缴赌资7 950元，收缴用于赌博的扎币机 2 台。

【特行特业管理】 2010 年，进一步建立健全特行特业业主、从业人员台账。按要求配置治安耳目，及时掌握和发现该行业中的违法犯罪活动。推进旅店业管理信息系统建设，督促 42 家旅店业安装使用管理信息系统，录入、上传旅客入住信息 34 万余条。14 家安装视频监控系统，安装监控探头 104 个。加大废旧金属收购业、汽车拆解业的整治工作，与 8 家废旧金属收购业和 1 家汽车拆解业签订管理责任书。

【娱乐场所管理】 年初由治安部门牵头，各派出所配合，对旅店业、网吧、电子游戏室、歌舞娱乐场所、棋牌室等行业场所进行法规知识培训，签订安全管理责任书。先后开展 5 次集中清理整治，查处违法经营行业场所 8 个，取缔经营 2 家。扣押各种涉嫌用于赌博活动的电子游戏机 84 台（其中老虎机 68 台、宝贝机 10 台、地主机 6 台），抓获违法嫌疑人 19 名。

【校园周边秩序整治】 2010 年，按照建设“和谐校园”的工作要求和维护校园安全“三下降、三提高”的工作目标，继续强化校园及周边治安秩序整治。对学校 200 余名门卫、食堂、试验室工作人员的背景进行严格审查，辞退 2 名不合格人员。做好对排查出的 1 名“问题教师”和 64 名“问题学生”的管控、帮教工作。排查学校及周边的矛盾纠纷19起，化解17起，上报2起。建立健全保卫组织机构，在县城中小学、幼儿园，乡（镇）中学和完小推行门卫保安服务制度，建立保卫组织机构85个265人，实行24小时值班守护制，购置钢叉、盾牌、警棍、催泪器等100余套发放，在重点部位安装报警装置和视频监控设备。在县城中学建立3个警务岗亭，在县城小学、幼儿园、乡（镇）中学、中心小学建立26个民警执勤室，出动警力1 100余人次进行巡逻。出动警力150余人次对各乡镇中学、中心校进行防火、防盗、防事故安全大检查。检查学校、幼儿园293家，发现和整改安全隐患87处，收缴各类管制刀具29把。强化法制教育，在137个学校、幼儿园开展法制授课。查处1起向学生收取保护费的案件，抓获嫌疑人3名。整治学校周边网吧、出租房等行业场所和餐饮、商业摊点。检查596家，取缔无证网吧8家，不卫生的摊点2家，消除出租房安全隐患12处。做好中考体育、高考、中考安全保卫工作，确保无涉及师生的案（事）件发生。

【治安防控体系建设】　2010年，以县城扎西为中心构建点线面互动、打防控一体、动静结合、警民携手的全时空、多层次的治安防控网络，有效挤压违法犯罪空间，建成“执法办案场所音视频监控系统”，投资37.6万元建成由6个高清摄像头组成的县城出城卡口高清视频抓拍系统，投资207万元建成由48个球机和2支枪机组成的共50个监控点的城市监控系统。布建“三道防线”：以县城为中心，将城区按街道特点划分为6个工作区域，每个区域设立治安岗亭，实行“网格化”控制；在城区2个主要出入口设立治安卡点，24小时对出入城区的可疑人员、可疑车辆进行盘查，建立第二道防线；在县城周边4个派出所分设4个拦截点，检查可疑车辆、人员和物品，建立第三道防线。不断优化警力资源配置，最大限度屯警街面，提高群众见警率。督促89个内部单位和46家企业配齐保卫干部和保安人员。在城区4个社区各组建一支义务巡逻队伍。在车站、出租车行业、农贸市场、停车场、娱乐服务场所等设治安信息员。年内全县有治保会87个、联防组织578个2 270人，护厂护校队247个1 924人。在巡逻防范中，协助公安机关破案18起，抓获违法犯罪嫌疑人92名，调解纠纷187起，制止违法行为385人次，为群众挽回经济损失6.41万余元。

【禁毒工作】　2010年，仍然坚持“四禁并举、堵源截流、严格执法、标本兼治、综合治理”的方针，严格按照《威信县2010年禁毒工作意见》和《禁毒工作目标管理责任书》的要求，加大涉毒案件侦办、吸毒人员收戒和禁毒知识宣传力度。张贴标语200幅、展出挂图6 200张、发放《禁毒法》读本1 500册、举行大型禁毒图片展览3次，散发《中华人民共和国禁毒法》、《致全县人民的公开信》、《致外出务工人员的公开信》、《毒品知识问与答》、《拒绝毒品、珍爱生命》、《依法禁毒、构建和谐》等禁毒知识小折页5万余份。年内侦破涉毒案件18起，缴获毒品1 708.8克（其中海洛因1 696.1克、冰毒12.7克），铲除私种罂粟6 221株，抓获违法犯罪嫌疑人25名，逮捕犯罪嫌疑人12人，强制隔离戒毒吸毒人员100名，社区戒毒80名，社区康复50人。

【打击经济领域违法犯罪】　2010年，围绕“保民生、保稳定、保增长”目标，履行“打击与预防、管理与服务”职能，开展对假币、发票、银行卡等犯罪的专项打击行动。排查线索30条，立案13件，破案13件，抓获犯罪嫌疑人11人，挽回经济损失40万元。收缴假币1 700余元，收缴假发票14份。侦办涉烟刑事案件1件，协助烟草稽查部门查处涉烟行政案件4件，收缴初烤烟叶6 370斤，非烟1 270条（无证运输）。收缴假烟1 262.5条。

【交通安全管理】　2010年，深入推进“交通文明行动计划”活动，组织开展道路交通安全宣传咨询活动37场，宣展挂图84场，播放专题片96场、交通安全提示语62条次，发送手机短信78条35 000余人次，深入客运企业、中小学校举办交通安全知识讲座62场次，张贴宣传标语85幅，发放其他宣传材料5万余份。组队参加全市举办的“珍爱生命、文明出行”交通安全知识竞赛活动并取得第二名。深化丘北经验推广暨“县乡平安出行”创建工作重点，对摩托车交易市场、机动车修理业和报废机动车回收点进行集中清理。建立健全摩托车基础管理台账，督促876辆无牌无证机动车办理注册登记手续、453名无证驾车人员办理培训办证手续、500余辆脱检摩托车办理补检手续、强制解体报废120辆不符合安全要求二轮摩托车，报废更新80辆老旧客运三轮摩托车。开展道路交通安全隐患排查和交通秩序治理整顿，上路上单位检查5 000余人次，查验各类车辆6万余辆次，查处各类道路交通违法行为5 000余人次，行政拘留29人，建议、协调有关职能部门治理42处道路危险点段，查处123辆非法客运车辆，对全县547辆客运车辆实行100%逐人逐车建立基础管理台账。年内共发生列入信息采集上报的道路交通事故110起，死亡9人，受伤23人，直接经济损失19.87万元。未发生一次死亡3人以上道路交通事故。

【消防安全管理】 2010年为构筑社会消防安全“防火墙”工程，相继开展公众密集场所、易燃易爆行业、高层建筑、消防产品等多个消防安全专项治理。检查单位、场所200余个，发现隐患160余条（处），当场整改64条（处），下发责令限期整改通知书96份，实施消防行政处罚6起，罚款8.1万元。年内未发生列入信息采集上报火灾事故。

【监所安全管理】 2010年，全面开展打击整治“牢头狱霸”专项行动和监管场所整顿工作，实现监所安全事故零发生目标。年内看守所关押481人，其中新收押399人，上年接转82人。在押123人，出所358人。行政拘留所执行拘留401人。监管部门开展深挖犯罪工作，共提供各类犯罪线索6条，协助破获案件27起。

【公共信息网络安全监察】 2010年，坚持定期不定期对网吧进行检查和抽查，严格执行网吧实名登记上网制度，全年核对上网人员身份信息15 000余人次，清退未成年人上网350余人次，对不认真执行实名登记上网制度的3家网吧发出整改通知书，收缴“公用上网卡”500张，联合工商、文化等部门对证照不全的网吧进行集中清理和整治两次。加强对互联网网站、网页、网络服务商、网络接入的监督管理，对辖区内18家网站网页和19家提供非经营性上网服务的学校、宾馆、酒店等场所进行ISP、ICP备案，采集整理入库网安基础数据3 100余条。完成50个信息系统等级保护评定任务。加强网评队伍建设，开展网上舆论引导，及时发现、删堵网上不良信息，发现和处置有害信息500余条，查获发布虚假网上信息扰乱公共秩序案件1起，治安拘留2人。网监部门协助抓获犯罪嫌疑人2名。进行公安三级网及接入网的优化改造，对网络路由和交换设备进行更换，对各派出所的11台交换机及80余台电脑进行网络配置优化，消除网络广播风暴隐患。

【出入境管理】 全年受理批准出国（境）申请351份，其中出国157人、出境194人。登记管理入境人员27人，其中外国人12人，港澳、台胞15人。登记管理旅游、探亲的境外人员38人（次），其中外国人11人（次），港澳、台同胞27人（次）。开展防范打击清遣“三非”外国人专项行动，清遣缅甸籍“三非”人员1人。

【“三台合一”】 2010年，完成“110”指挥中心的搬迁和升级改造，初步建成“纵向贯通、横向集成、优势互补、资源共享”的公安信息平台。全年共接各类报警电话5 133个，有效报警电话3 003个，骚扰及假报警电话2 130个，咨询电话7 630个。有效报警电话中，刑事案件报警510起、治安案件报警1 224件、群众求助报警340件、事故类报警617件、其他类报警312个。撰写《每日警情》365期，《每周警情》52期。

【森林资源保护】 1月1日至3月31日、4月1日至6月30日、5月20至8月20日，县森林公安分局先后开展“冬季行动”、“春季行动”、“清理整顿木材经营加工企业”等专项行动，集中查处一批乱砍滥伐林木、破坏珍稀植物、非法收运木材、乱征滥占林地、防火或失火烧毁林木的大要案件和违法犯罪人员，严厉打击破坏森林资源违法犯罪活动。全年受理各类森林和野生动物案件215起，查处215起，其中侦破刑事案件12起，逮捕4人，刑事拘留8人，取保候审7人；查处治安案件23起，治安拘留12人并处治安罚款21人次，收缴治安罚款0.44万元。查处行政案件180件，林政处罚288人次，其中罚款 124 人次，罚款110.067 5万元，补种树木 33 人次，其他处罚 131 人次，收缴木材460.868 45 立方米，变价23.955 2万元，没收违法所得2.353 2万元，其他处罚3.060 4万元。为国家挽回经济损失共计140.419 8万元。“春季行动”期间成功处置一起聚众哄抢事件，逮捕1人。

【“三项建设”和“三项重点工作”】　2010 年，按照“创特色，树品牌”工作思路，由县委、县政府解决400余万元专项保障资金，开展“三项建设”和“三项重点工作”。实施“五二五”工程，落实“五必谈”，开展“十个一”活动，提高民警信息化应用水平。采集信息30万余条。按时签收反馈预警情报信息3 280条，布控1 145条（民警人均布控4.37 条），发出网上逃犯预警信息380条，抓获逃犯62 人，发出吸毒人员预警信息 138 条，查获 79 人。利用刑侦综合信息系统、城市监控系统等资源破获15起系列盗窃案（涉案金额15万余元）。实现全局民警执法办案法律文书全部电脑制作，案件审核网上进行。树立“以规范促公正”理念，把公正廉洁执法作为公安机关生命线工程来抓。构筑“执法制度”、“执法管理”、“执法安全”三道“防护墙”，规范公正廉洁执法行为。狠抓“典型示范引导、全警教育培训、突出问题解决”三项工作，提高公正廉洁执法水平。落实“执法设备到位、平台搭建到位”，确保公正廉洁执法顺利推进。成立“疑难案件远程会诊、处警规范远程监控、执法安全远程督察、执法培训远程教育”4个中心，远程规范公正廉洁执法。树立“发展是第一要务、稳定是第一责任”思想，落实“联调联动”工作机制，全面化解社会各类矛盾纠纷，年内调处各类矛盾纠纷1 431件，其中麟凤煤电联营项目矛盾纠纷排查化解工作组化解矛盾纠纷 78 件。协助相关部门完成征地700余宗，完成拆迁安置116户。成立专门机构抓建设工程领域矛盾纠纷排查化解。搜集建设领域情报信息135条，妥善化解矛盾纠纷 73 件、阻工事件19件，查处无理阻工等违法案件 9 件，治安处罚 11 人，侦办强迫交易犯罪案件2件，逮捕3人。落实“联调联动”机制化解社会矛盾纠纷，按照“四有三规范”要求在各派出所建立调解室。在罗布乡试点推行接边联调和巡回联调，处理接边矛盾纠纷。优化行政审批，推行领导事后签批制度。进一步简化户籍、危险物品、外管等相关行政审批程序。编制《威信治安行政审批服务指南》免费发放各村社，提高群众对公安行政审批程序的知晓率。建设城区防盗“平安锁”，在内部单位和城区的摩托车盗窃案件高发区域设置专门的摩托车停放点，停放的摩托车以钢链铁锁固定。内部单位由保安人员、街面由岗亭协警负责摩托车停放点的看护，对每个停车位进行编号管理，车主可以随到随停，即停即走，“平安锁”钥匙由看护人员保管，为群众提供无偿服务。改进客运安全管理模式，将个体客运车辆挂靠公司统一经营、严格实行车进站、人归点、站管车和按线路经营的规范化管理；对九座以上客运车辆全面实行 GPS 卫星定位系统监测；推行行车记录卡管理、客运驾驶员家属监督管理制度。建立客运企业、管理部门、乘客、家属四者有机结合的客运安全监督管理模式。构建农村道路交通安全防控网络。在派出所组建交通管理勤务小组，在已配备1名专职交通协管员的基础上，招聘 14 名专职道路交通协管员充实到辖区未设交警中队的派出所，在每个村民委员会聘用一名兼职交通协管员，负责做好本村辖区的道路交通管理基础工作。6 月 19 日在扎西派出所成立国保（反邪教）工作站。收集上报社会热点问题信息 102 条，办理邪教活动案件 11 件，处罚22人。构建和谐警民关系，落实便民利民措施。年内分别走访企业 290 家、群众6 810户19 665人、困难群众 378 户 545 人，帮助群众解决实际困难 322 件，集中帮扶困难企业 11 家，为企业挽回经济损失10万余元，帮扶群众378户，赠送慰问金及棉被、棉衣、大米、食用油等物品折价 15 万元。9 月，县公安局被省公安厅评为全省爱民实践活动示范单位。

【案件审核、复议和应诉】　全年审核刑事案件278件，审核同意刑事案件 277 件。刑事拘留319人，取保候审 117 人；提请逮捕 135 件 214 人，批准逮捕124件192人，不批准逮捕11件22人；移送起诉109件224人，不起诉1件1人。监视居住20人。审核治安案件597件，审核同意治安处罚596件501人，不同意1件，建议其他处罚89人；审核其他行政案件15件，审核同意处理15件21人；办理劳教案件4件7人。

【信访工作】 2010年，落实局长每月10日、25日的接待制度和局党委成员星期日轮流值班制度。全年局领导值班121人次，审批信访信件23件，审批率100%。接待来信来访25件，办结25件。全力组织开展公安信访积案专项清理化解行动，完成中央政法委交办的1件，省委政法委交办的2件，省公安厅交办的11件，市政法委交办的1件，市公安局交办的9件，县委、县政府交办的1件。

【受表彰情况】 2010年，县公安局被省公安厅评为“全省公安机关执法示范单位”和“全省公安机关爱民实践示范单位”，获昭通市户口整顿工作领导组办公室“2010年户口整顿宣传报道先进集体”，获全市公安机关年终考核第二。法制室被市公安局评为“十大优秀基层单位”，荣立集体三等功。刑事侦查大队获市委“2010年打黑除恶专项斗争先进办案单位”，扎西派出所获市委“2010年冬季铁拳行动先进集体”。局长何国荣、政委余发鹏分别获市公安局嘉奖1次，杨勇朝、万赟、陈文才分别获市委办“2010年打黑除恶专项斗争先进个人”，周清龙、郭鸿分别获市委办“2010年冬季铁拳行动先进个人”，徐勇获昭通市户口整顿工作领导组办公室“2010年户口整顿宣传报道先进个人”。

（县公安局 郑 芳）

检 察

【机构人员】 2010年，县人民检察院内设反贪污贿赂局、反渎职侵权局、公诉科、侦查监督科、民事行政检察科、控告申诉检察科、监所检察科、政工科、行政办公室、职务犯罪预防科、人民监督员办公室、法警队、监察科、计划财务装备科、法律政策研究室、检察技术科16个部门。有干部职工45人，其中检察官24人、法警6人、书记员13人、工人2人。

【刑事检察】 2010年以深入推进社会矛盾化解为主线，在抓结合、谋创新、求突破上着力，履行打击、预防、保护职能。保持高压态势，严厉打击危害社会稳定和影响群众安全感的严重刑事犯罪，受理移送审查逮捕案件129件290人、批准逮捕107件220人，受理移送审查起诉案件134件248人、提起公诉102件197人。批捕故意杀人、故意伤害、强奸等严重暴力犯罪嫌疑人31人、起诉37人。坚持打击“两抢一盗”等多发性侵财犯罪，批捕犯罪嫌疑人92人、起诉75人，批捕毒品犯罪嫌疑人14人、起诉5人，批捕非法经营、合同诈骗、生产销售伪劣商品等破坏市场经济秩序的犯罪嫌疑人7人、起诉4人。正确运用宽严相济刑事司法政策，不予批准逮捕无逮捕必要的犯罪嫌疑人13人，其中未成年犯罪嫌疑人7人；不起诉主观恶性不大、犯罪情节轻微的未成年人、初犯、过失犯，以及因亲友邻里纠纷引发、当事人达成和解的轻微刑事案件犯罪嫌疑人8人，提出量刑建议9件次。

【预防和查办职务犯罪】 2010年，共立办贪污贿赂职务犯罪案件9件9人，侦查终结9件9人，审查起诉9件9人，人民法院作有罪判决9件9人，其中贪污案件3件3人、受贿案件5件5人、行贿案件1件1人；大案7件；涉罪乡科级干部4人；为国家挽回经济损失80万元。立办渎职侵权犯罪案件3件3人，侦查终结3件3人，起诉2件2人，人民法院作有罪判决2件2人。查办交通系统职务犯罪案件5件，土地管理部门、交通运政管理部门职务犯罪案件4件，矿山安全领域职务犯罪案件2件。

深入推行审查逮捕每案必讯，无罪、撤诉、职务犯罪不起诉案件一案一检查、一案一分析、一案一报告和侦查、批捕、起诉一体化防范及检察环节执法办案风险评估预警机制，防止发生新的社会矛盾。要求侦查机关提供《法庭审判证据意见书》46份，决定退回补充侦查62件次。不批捕证据不足案件8件46人，不起诉2件3人。撤诉率、无罪判决率、撤抗率、破坏社会主义市场经济秩序犯罪案件相对不诉率继续保持为零，没有因案件质量问题和执法过错诱发的社会矛盾，无涉检信访事件发生。2010年检察院在加大打击职务犯罪力度的同时，把预防职务犯罪作为促进社会管理创新的有力举措，结合实际在二级公路建设中推行"三级预警机制"，立项预防15件，开展预防调查15件132次，犯罪案件分析15件70次，撰写调查报告15份，县政府领导批转执行15份，对交通系统的立项预防案件被评为全市精品案件。组织开展"法制讲座进乡镇"活动，为烟草系统和各乡镇开展法制讲座12场次，受教育干部职工1 300余人。利用发《检察建议》等手段促进有关单位建章立制，堵塞漏洞。结合执法办案并从中发现管理漏洞，向有关单位发出检察建议53份，促进有关单位完善管理机制32项、落实预防措施84项。

【社会管理创新工作】　2010年，县检察院充分发挥检察职能，积极参与社会治安重点地区矛盾纠纷排查整治工作，认真落实检察环节的社会治安综合治理措施，服务县委、县政府工作大局。坚持领导定期接访、内部科室联合接访和矛盾纠纷排查化解制度，落实首问首办责任制。对矛盾早发现、早处置，抓早抓小将其化解在萌芽状态，办结81件来信来访。开展青少年维权岗创建工作，在各乡镇设立维权点，公布维权电话，专人办理未成年人犯罪案件。依法开展社区矫正法律监督工作。开展监外执行罪犯的执行和管理考察62人次，彻底消除脱管、漏管现象，针对监管场所存在的问题发出书面或口头检察建议16件次，依法保障监管场所的安全稳定，维护在押人员的合法权益。高度重视网络舆情监管，建立领导机制，组建网络信息监督员队伍，全方位搜集网络信息，综合分析，准确判断，适时引导，积极应对。

【法律监督】　2010年，深入贯彻省人大常委会《关于进一步加强全省各级人民检察院对诉讼活动法律监督的决议》，监督侦查机关立案3件3人，对不应当立案而立案的案件，监督撤案3件3人，追捕漏犯7人，追诉遗漏犯罪嫌疑人8人、遗漏犯罪事实15件；提出刑事抗诉1件；纠正侦查违法情形12件13人。提前介入重特大案件、社会影响较大案件引导侦查11件次，确保稳准狠打击犯罪。通过立案监督程序办理的吴某故意伤害案件被评为全市"十佳"诉讼监督案件。民事审判监督切实加大抗诉、再审检察建议力度，共受理各类民事申诉案件11件，建议提抗3件，提抗1件，提出再审检察建议2件；办理非抗诉类案件17件。加强自身监督，自觉把检察工作置于党的领导，人大、政协及社会各界的监督之下，进一步健全检察工作外部监督机制，聘任了人民监督员和特约检察员；细化重点执法岗位和环节的办案流程，由纪检组全面监督，实现阳光执法；加强执法业绩档案建设，确保干警公正廉洁执法。

【队伍建设】　2010年，加强领导班子建设，坚持民主集中制原则，按照"一岗双责"的要求，班子成员以身作则，率先垂范；严格执行上级院派员参加民主生活会制度、述职述廉制度、重大事项报告制度。扎实开展"恪守检察职业道德、促进公正廉洁执法"、"反特权思想、反霸道作风"教育活动，增强干警宗旨意识、大局意识和职业修养。强化教育培训，解决干警总体学历层次不高和检察官断层严重的问题，激励干警参加学历教育和国家司法考试。建立健全以《案件质量评查办法》、《错案责任追究制度》、《党风廉政建设责任制》和《办案安全防范规定》为主的一系列制度，要求干警对案件质量终身负责，对案前、案中、案后全程监督。开展创先争优活动，在全市检察机关绩效考核中，县检察院名列第三；反渎局被高检院记集体"二等功"，侦查监督部门被市院记集体"三等功"。

（**县检察院**　王家强）

审 判

【机构人员】 2010 年，县人民法院内设政工科、纪检组、办公室、法律政策调查研究室、刑事审判庭、民事审判第一庭、民事审判第二庭、行政审判庭、执行工作局、立案庭、审判监督庭、司法警察大队、环境保护庭、调解中心 14 个机构，辖麟凤、旧城、双河 3 个法庭。有干警 71 人。其中：女 12 人，苗族 7 人、蒙古族 1 人；中共党员 46 人；审判员 39 人，法官助理 5 人，书记员 16 人，司法警察 8 人；工人 3 人；本科 53 人，专科 5 人，中专以下 13 人。

【刑事审判】 全年受理刑事案件 113 件 214 人，审结 111 件 208 人，审结率 98.23%。判处罪犯 208 人，其中处 10 年以上有期徒刑的 10 人，处 5 年以上 10 年以下有期徒刑的 20 人，处不满 3 年有期徒刑和拘役 110 人，管制 13 人，缓刑 42 人，免刑 13 人。对杀人、强奸、绑架等严重暴力犯罪、毒品犯罪、有组织犯罪和严重影响人民群众安全感的“两抢一盗”犯罪，坚持“严打”方针不动摇。加强轻微刑事案件的民事化审理，加大刑事附带民事案件的调解力度，调解兑现赔偿金额 85 万余元。对未成年人犯罪案件、犯罪情节较轻且认罪悔罪的案件、积极赔偿被害人损失并取得被害人谅解的案件，以及有自首、立功等法定从轻、减轻情节的犯罪分子，依法从宽处理。开展犯罪青少年的矫治工作，对非监禁刑的未成年罪犯进行回访考查、帮教 34 人次。

【民商事审判】 全年受理各类民商事案件 681 件，审结 673 件，审结率 98.83%，结案标的 2 943.35 万元。按照“调解优先，调判结合，案结事了”的原则，抓好人民调解、行政调解和司法调解的对接，充分运用调解手段化解社会矛盾，平衡诉讼利益。调解结案和经调解撤诉的案件共 483 件，调撤率 71.77%；公正处理各类合同纠纷，维护公平竞争的市场秩序，促进社会诚信体系的建立；妥善处理征地拆迁、企业改制、土地承包经营流转、劳动用工等方面的纠纷，为全县经济结构调整和经济发展方式的转变提供司法保障。

【行政审判】 2010 年，坚持“走出去和请进来”的工作方法，主动与行政机关协调，指导行政机关依法行政，探索诉前调解化解行政争议，到行政机关帮助解决行政执法中存在的问题 30 余次。受理并审结行政诉讼案件 2 件；审查非诉行政案件 5 件，其中裁定执行 1 件，裁定不予执行 1 件，当事人撤回执行申请 3 件；诉前协调解决行政争议 20 余件。

【执行工作】 2010 年，在认真总结执行清积经验和巩固成果的基础上，以争创“无执行积案”法院为目标，坚持外部监督和内部约束相结合、领导督办和执行回访相结合、阳光执行和廉政执行相结合，不断创新执行方法，健全和完善执行联动、执行救助、执行和解、执行退出等工作机制。全年受理执行案件 225 件，执结 216 件，执结率 96%，执结标的 926.08 万元，达到全国无执行积案法院的标准。

【法律服务】 2010 年，始终把“重民生、排民忧”作为审判工作的出发点，紧紧围绕“三项重点工作”，拓展司法职能，切实服务民生。将巡回审判作这项便民、利民工程的触角延伸到村寨、社区、民房院坝、田边地角。全年巡回审判案件 605 件。落实司法救助制度，让确有经济困难的群众打得起官司，办理减缓免诉讼费案件 156 件，减缓免诉讼费 5 万余元。推行和完善执行救助制度，保障生活确有困难的权利人及时得到救助，发放执行救助金 20 余万元。加强对人民调解委员会的业务指导，在县司法局配合下对全县 100 个调解委员会 680 名调解员进行培训，提升人民调解员解决纠纷的能力。搭建责任到人、归口管理、齐抓共管的涉诉信访网络平台，集中处理一批信访积案，化解一批热点难点问题。以解决群众实际问题为出发点，持续推行院长接待日制度，在全县开展“院长下访接待”和“执行回访”活动。

【队伍建设】 2010年，以党建工作带动队伍建设，成立中共威信县人民法院党总支。开展对党员法官干警的理想信念教育和纪律作风教育，组织党员向贫困老党员送温暖，开展与群众结对帮扶促春耕、助秋收等活动。继续开展“人民法官为人民”主题实践活动，增强司法为民的宗旨观。加大队伍教育培训力度，制定《威信县人民法院学习教育办法》，从时间、经费等方面支持和鼓励干警参加不同层次的学历教育。年内共选送干部参加国家法官学院和省高级法院培训13人次，参加中级法院举办的各类培训班，培训干部89人次。加强制度建设，修定和完善《威信县人民法院岗位目标管理责任制》、《审判流程管理规则》等26个制度，用制度管人、管事。严格执行“五个严禁”，增强司法廉洁意识，从源头上预防和治理违法违纪行为。严格审判质量管理，由纪检监察部门参与实行一案一评查，发现违法违纪线索坚决查处；采取发放法官办案承诺书、廉政监督卡、公布举报电话等方式，让当事人监督法官依法办案；在人大代表、政协委员中聘请20名廉政监督员对法院工作进行监督。在审判执行工作中，自觉接受县人大及其常委会的法律监督和县政协的民主监督，积极办理县人大代表和政协委员的议案、提案。定期向人大报告工作。主动接受县人民检察院的法律监督，邀请检察长列席法院审判委员会会议；接受新闻媒体舆论监督，做到公开审判、阳光执行；健全人民陪审员制度，保障人民陪审员依法履职。年内，人民陪审员参加审理、调解各类案件230件。开展岗位练兵活动，锻炼和提高法官的庭审驾驭、辨法析理、调解和法律文书制作等能力。

【文化建设】 在开展审判执行工作的同时，努力营造文化育院的氛围，全力推进人民法院软实力发展。以威信法院网为主要载体，加强法律理论研究和新闻宣传。全年有600余篇稿件被多家媒体采用1 729次，其中国家级报刊、网络等新闻媒体采用稿件492篇。编印的《麟凤法庭》宣传画册，全面地反映了人民法庭作为司法服务主战场的服务职能。在争创市级文明单位的同时，开展创建文明庭室、法官礼仪月、推选支持法院工作“贤内助”、庭审观摩、优秀法律文书评比和展示等活动及“人民法官为人民”演讲比赛，丰富人民法院工作的文化内涵。

【表彰奖励】 2月，陈祥泽被省委、省政府评为云南省第三批新农村建设工作队优秀队长。同月，陈正强被昭通市文联评为2009年文学创作三等奖。6月，余修甫获西部法制维权网评选的好新闻三等奖。8月，潘先振、罗光宇、陈正强在云南省高级法院组织的征文活动中获优秀奖。9月，王泽甫被省高级人民法院评为清理执行积案先进个人。12月，余泳获省委组织部组织的知识竞赛奖。余泳被市委政法委评为执行清积活动先进个人。潘为英、王宗强、余修甫、吴天华、周映鸿、黄天军、向学勤分别被市中级法院评为“十佳女干警”、“十佳书记员”、“十佳执行员”、“十佳调解能手”、“十佳干警”、“十佳法官”、“十佳陪审员”。

（县法院　潘先政）

司法行政

【机构人员】 2010年，县司法局内设办公室、政工科、法制宣传股、法学教育股、基层工作管理股、律师公证工作管理股，刑释解教人员安置帮教工作管理股、法律援助工作管理局（二级局），辖10个乡镇司法所（县司法局派出机构）、威信县公证处、晓春律师事务所、威信县法律服务所。县委普法依法治理领导组办公室、社区矫正工作领导小组办公室和刑释解教人员安置帮教领导小组办公室设于县司法局内。有职工35人，其中局机关24人，司法所11人；女职工6人；苗族3人，彝族2人；中共党员28人（含退休人员4人）；公务员26人，合同制职工4人；三级公证员2人，四级律师3人；大专21人，中专14人。2月，扎西司法所所长林隆芬被昭通市委、市政府评为“十佳政法干警”。

【法制宣传】 2010年是“五五”普法暨“三五”依法治理规划的检查验收年。5月10日召开全县“五五”普法暨“三五”依法治理工作推进会，结合《云南省“五五”普法检查验收指导标准》，强化组织保障，责任落实到位；整合普法资源，增强普法实效；突出普法重点，扩大普法范围；严格依法行政，推进依法治理；认真督促检查，完善档案资料。通过普法，以宪法为主的各项法律法规深入人心，全县广大人民群众的法律素质得到加强，三个文明建设水平明显提高。8月12～13日，威信县普法依法治理工作顺利通过市委常委、宣传部部长陆琴雯率领的市检查验收组的检查验收，威信县被市委、市政府表彰命名为普法依法治理先进县。

【人民调解】 2010年，按照“哪里有群众，哪里就有调解活动”的思路，加强乡村组三级调解组织建设，形成横向到边、纵向到底的调解网络。把人民调解工作经费纳入财政预算，继续完善“以奖代补”和“以案定补”激励机制，对年度人民调解卷宗进行检查验收，兑现奖励。为加强人民调解、行政调解与司法调解的有效对接，在扎西派出所、罗布派出所组建联合人民调解室，与公安局联合成立道路交通事故人民调解委员会，加强与毗邻的四川珙县、叙永等县协调联动，进一步修订完善联合调委会章程、边际联调、信息收集等制度，全力化解接边地区矛盾纠纷。年内建有人民调解委员会101个，其中乡镇人民调解委员会10个、村人民调解委员会83个、社区人民调解委员会4个、企业人民调解委员会3个、交通事故人民调解委员会1个；调解小组1 621个。年内发生各类矛盾纠纷4 042件，调成3 978件（其中有登记、有卷宗的矛盾纠纷2 017件，调成1 971件，履行1 969件；口头调解2 025件，调成2 007件），调成率98.4%。

【法律服务】 2010年，加大对《云南省法律援助条例》的宣传力度。成立以局长任组长，分管领导任副组长，局办公室、基层科、律师事务所、公证处、扎西法律服务所等部门负责人为成员的领导机构，在全县10个乡镇成立法律援助工作管理站，与乡镇司法所合署办公。把法律援助经费纳入财政预算，实行专户储存、专户管理、专款专用，无截留、挤占、挪用等现象的发生。整合法律援助工作管理局、律师所、公证处、扎西法律服务所等法律服务部门的力量，签订责任书。年内法律援助工作管理局审查批准办结法律援助案件100件；律师所办理各类案件78件；公证部门办结各类公证58件；法律服务所担任法律顾问2家，办结诉讼代理业务22件，为当事人挽回经济损失16.9万元。

【社区矫正和安置帮教】 2010年，把社区矫正和安置帮教工作纳入社会管理创新重要内容，积极创新组织保障和建立健全管理机制，报请县委成立由县委政法委书记任组长的社区矫正工作领导小组，下设办公室于司法局；各乡镇也成立社区矫正工作机构。由司法局基层科牵头，对社区矫正和刑释解教人员的情况进行详细登记，将有关资料全部录入微机，实行动态监控管理。各乡镇司法所建立健全社区矫正工作流程、学习教育、档案管理等制度，明确专人进行监控管理。刑释解教人员管理上，建立个人安置帮教管理卡，实行按季度帮教。全年累积接收社区矫正对象26人（管制1人，缓刑1人，假释15人，暂予监外执行1人，剥夺政治权利8人），接收刑释解教人员183人（刑满释放173人，解除劳教10人）。

（**县司法局** 张 泳 龚发刚）

（**法制栏责任编辑** 魏勋健）

军　事

武　装

【武装部简况】　2010年，中国人民解放军云南省威信县人民武装部内设军事科、政工科、后勤科，辖10个乡镇武装部。12月，先后被云南省军区表彰为征兵工作先进单位和用户型密码使用管理先进单位，被昭通军分区表彰为先进团级党委、先进人武部和安全稳定工作先进单位，被昭通市委、市政府表彰为“昭通市抗冰救灾先进集体”。

【思想政治建设】　2010年，县武装部党委注重加强班子团结干事氛围，认真落实“六项制度”，开展“三互”活动，依据组织原则抓好思想政治建设。用民主集中制原则规范党委工作，坚持党委统一领导，按照“十六字”原则和《党委议事规则》规范党委工作，广泛发扬民主，做到重大工作安排、重大经费开支都提前形成提案送党委酝酿、决策。部党委连续第六年被分区以上党委评为先进团级党委。狠抓党风廉政建设，严格落实党风廉政建设各项规定。在干部提职、专武干部考核任用上均能做到公道正派，不搞亲疏，不拉小圈子；在经费管理上，严格落实各项管理制度，落实“双签双控”规定，做到不乱吃喝，不贪不占，各类经费开支科学合理。按照分区党委的统一部署，组织4个专题的党委中心组理论学习，开展“增强党性、严守纪律”、“艰苦奋斗、献身使命”和培育当代革命军人核心价值观等专项教育，完成民兵应急分队经常性的思想工作。年内新闻报道稿件被《战旗报》刊登1条、《西南民兵》杂志刊登1条、省军区《要讯》刊载2条。

【军事斗争准备】　2010年，始终坚持军事斗争准备“龙头”地位不动摇，高标准完成每一项任务。积极做好战备工作，进一步修订战备方案，节假日和重要敏感时期坚持开展战备教育，严格落实战备值班制度，结合县情做好以雨雪冰冻、森林防火、抗洪抢险、地质灾害等为重点的抢险救灾工作。3月，组织干部职工和民兵应急分队100余人次参加3起森林扑火任务，受到军地各级领导的高度好评；积极协调县林业局对民兵应急分队进行森林防火灭火培训。认真抓好军事训练工作，完成机关干部、职工在职训练和534人的民兵军事训练任务。在全年军事训练活动中，各乡镇武装部工作积极主动、计划周密、组织得力，确保了训练“四落实”。在民兵整组工作中，各乡镇武装部主动配合，密切协作，积极动员社会各界力量参加，做到应编尽编。

【学生军事训练】　8月，完成县一中、县二中共2 000余人的学生军事训练。训练中，严格按照《学生军事训练大纲》规定的内容进行施训，主要进行队列、战术、投弹、军体头面人物以及阅兵式、分列式等内容的教学和训练，结合训练还开展法制教育、国防知识等讲座，并组织长途行军野营拉练。通过军训，进一步增强学生的国防意识和军事技能。

【征兵工作】　2010年，通过教育、公安、卫生等部门的大力支持，对全县2 000余名应届高中毕业生进行预征入伍宣传。通过强有力的宣传发动，全县共有487名预征对象报名应征，其中应届毕业生209名。由于宣传到位，措施有力，冬季征集的兵员素质较之往年有较大提高，其中本科生1名、大专生10名、中专生20名、高中生169名，完成上级下达的70人年度征兵任务。

【军民共建】 2010年，把开展军民双拥共建活动和参加地方经济建设作为义不容辞的职责。协调省军区等部门出资80万元在县二小建爱民小学，积极参加水田乡新农村“整乡推进”工作，各乡镇武装部积极组织民兵和预备役人员参加驻地抢险救灾、扶贫帮困。

【正规化达标建设】 上半年，县武装部被云南省军区确定为本年度正规化达标建设单位。为按时完成达标建设任务，依据云南省军区《县（市、区）人武部全面建设内容与考评标准》拟制《正规化达标建设方案》，对工作进行全面的梳理，并及时向县委、县政府报告工作，解决达标建设所需的各项经费。6月22日顺利通过省军区正规化达标建设检查验收。

【后勤业务建设】 2010年，紧紧围绕“保障有力”的总目标，积极做好各项后勤保障工作。在财务管理上，按照省军区《四项规定》和分区指示，制订“后勤工作实施细则”，健全“财务管理”、“车辆管理”等规定，使各项工作做到有章可循。坚持勤俭办事的原则，严格执行预算标准，按照省军区“五总五控二审双兑现”管理要求，各项经费严格按预算开支，认真控制经费流向、流量，确保年度收支综合平衡。卫生防病工作落实，干部职工身体健康。计划生育成绩突出，“六项指标”达到总部规定要求。

（县武装部　李小东）

武　警

【政治建设】 2010年，武警威信县中队认真贯彻落实总部、总队和支队三级党委（扩大）会议精神，严格按“政治合格、军事过硬、作风优良、纪律严明、保障有力”总要求，开展“培育当代革命军人核心价值观”主题教育，坚持“内强素质，外树形象”，充分利用驻地红色教育资源，积极开展历史使命、理想信念、战斗精神和社会主义荣辱观等教育引导官兵、教育官兵、激励官兵、塑造官兵的功能。积极营造浓厚和谐的警营政治文化环境和氛围，促进中队官兵“以队为家”的思想，官兵立足本职岗位，建功立业，中队全面发展，切实把教育成果转化为部队实实在在的战斗力。紧紧围绕“保先进、夺标兵”的目标，党支部带领全体官兵盯着问题抓落实，揭露矛盾求发展，确保官兵政治信念坚定、思想道德纯洁和年度各项工作任务的圆满完成。全年先后为法院司法大队干警军训1次、参加县公安杯篮球活动1次，利用党团日、清明节、青年节等时间组织官兵参观扎西会址和瞻仰烈士陵园5次，连续12年资助二中贫困学生杨永梅完成学业。

【军事管理】 2010年，中队党支部严格按照新《军事训练和考核大纲》要求抓好落实，坚持把年度军事训练作为经常性中心工作来抓，军政主官带领班长骨干组成军事训练领导小组，责任到人，明确分工，围绕“严格按纲施训，规范训练秩序，加强训练保障，提高训练质量”为目标，科学组训、因人施训的原则，提高中队官兵军事训练水平。加强对可能担负处置大规模群体性事件和反恐任务的演练，突出新重点科目内容训练，突出新装备的运用和训练。认真修订和完善各类方（预）案，搞好各种保障，全面提升部队执勤、处突和反恐能力。10月，中队参加云南省总队标兵考核，取得优异成绩。在确保执勤目标的前提下，先后完成押解犯人指认现场任务3次、“两会”及县重要会议警卫勤务4次、抗冰雪灾害连续4天出动人员32人次。高标准实现“三个确保，一个展示”总要求。在部队管理上，坚持依法从严治警，不搞土政策、土规定，部队内部关系和谐，执勤目标安全稳定，全年无任何案件事故。

【后勤工作】 2010年，共投入经费40多万元，先后完成对营房装修和目标单位防护网的建设，对中队营区环境的修整，重新装修食堂，更换厨房炊具。中队澡堂进行装修的同时购买4台热水器，解决官兵的洗浴问题。购买不锈钢架子，实现中队所有置放物架不锈钢化。修理调整中队所有训练场，进一步规范训练场。中队按照“四项设施”建设标准，已实现基本配套，为官兵工作、学习、生活和训练创造拴心留人的良好环境，为下步更好地完成各项任务打下坚实的基础。

【受表彰情况】 2010年，中队被武警云南省总队评为“先进党支部”和“基层建设先进单位”。中队长何鑫和政治指导员叶菊新被总队表彰为“一对好主官”。年度工作中1人被支队荣记个人“三等功”、1个班荣立集体“三等功”、9人被评为优秀士兵。

（武警中队　吴国庆）

消　防

【思想政治教育】 2010年，结合大队党委“大走访”爱民实践活动和“三句话”主题教育活动，按照“为民、务实、清廉”的要求，不断加强党组织班子的思想作风和领导作风建设。同时按照“集体领导、民主集中、个别酝酿、会议决定”的原则，加强党委集体领导，严格贯彻党委统一的集体领导下的首长分工负责制，充分发挥党委会在重大问题上的决策和监督作用。大队党委开展“廉政制度宣贯月”活动和“条令条例学习月”活动，大队认真贯彻中央《关于加强和改进党的作风建设的决定》，严格落实《公安消防部队廉洁行政若干规定》。大队根据威信的实际情况，积极探索加强廉政自律的有效措施，以强化警示教育为基点，依托威信县看守所建立廉政警示教育基地，大队还与扎西纪念馆联系建立红色文化教育基地，通过参观和教育，不断提高官兵的政治素养。根据《新大纲》要求，把思想政治教育与部队管理工作相结合。通过新大纲试点工作的开展，切实提高消防官兵政治思想素质不断加强、改进和规范大队思想政治教育。

【部队管理和安全防范】 2010年，根据《昭通市公安消防支队关于转发云南省公安消防总队关于印发基层部队正规化建设精细化管理若干规定文件的通知》和支队部队精细化管理现场会精神，施行部队精细化管理。大队结合威信实际出台《威信县量化管理规定》，对官兵的工作、训练、履职、遵章守纪等方面实行加扣分制，获得支队通报表彰、立功受奖、训练成绩突出、在班上评为好人好事等先进的，大队给予加分，并进行奖励。以“安全日”活动为契机，定期分析安全防事故工作，每月开展的安全日活动中，组织官兵学习安全知识，认真开展安全检查及时找出队伍管理的薄弱环节，狠抓各项部队安全措施的落实。同时，大队严把“五条禁令”关，严格车辆管理制度，加强“人、车、酒、赌、毒、色、钱、利”8个关键环节的落实，严格落实请示汇报制度，加强请假销假、晚点名、查哨制度，严格控制人员外出、加强外出人员的管理，切实做到把管理工作落实到执勤、战备、训练等各项活动之中。

【岗位练兵】 2010年，以干部训练带动战士训练，以体能训练带动业务训练，以战术战法训练促进火场实战演练，开展消防“铁军”打造和“大比武”训练工作。在“铁军”打造和“大比武”工作中，结合威信的实际对灭火救援攻坚组科目、铁军训练科目、大比武科目进行更改，适合于大队开展训练工作。在全年的大比武工作中取得第四名的好成绩，先后有两名战士取得一级战斗员资格。

【打造“防火墙”工程】 2010年，加大消防监督执法力度，全力消除火灾隐患。开展社会单位“四个能力”建设，构筑社会消防安全“防火墙”工程，扎实开展社会单位“四个能力”建设，全面提升社会单位的消防安全管理水平，增强社会单位人员的消防安全意识和自防自救能力，提高社会单位抵御火灾的整体能力，不断为全县经济社会的健康平稳发展营造良好的消防安全环境，自社会单位消防安全“四个能力”建设工作开展以来，大队积极创新思路，采取多项有效措施，稳步推进社会单位消防安全“四个能力”建设工作。8月31日，全部完成重点单位“四个能力”建设工作。年内，共检查单位、场所200余个，发现隐患160余条（处），当场整改64条（处），下发责令限期整改通知书96份，实施消防行政处罚6起，罚款8.1万元。先后对石油公司、瑞丰大酒店及各重点单位、重点场所的责任人和管理人进行消防安全培训，共组织培训7次，培训人员近1 600余人，同时加大消防站对外开放力度，共计开放6次，接待人员320余人。多方法、多途径拓宽消防宣传工作渠道。首先扩大宣传覆盖面，以“全员参与，舆论先行，强化意识”的宣传思路，以推进消防宣传进社区、进农村、进学校、进企业、进家庭为主题的消防宣传“五进”工作为重点，大力推进消防宣传“五进”工作，通过开展丰富多彩、形式多样、贴近群众实际生活的消防宣传教育活动。全年消防大队共投入资金6 000元制作消防宣传光碟，同时还制作消防宣传标语25幅，发放消防宣传资料6 000余份，发放新《消防法》7 000余册，与中小学校联合进行义务消防宣传，形成教育一个孩子带动一个家庭，一个家庭带动整个社会的宣传局面。大队充分调动社会资源，广泛利用报纸、电视、广场显示屏、网络等宣传媒体，扩大消防宣传覆盖率和影响力。年内投资2万余元在入城主要路口处制作消防宣传的巨幅公益广告。借“119消防日”的契机，举办消防宣传活动。

【事故及出警】 2010年，全县共发生火灾15起，造成财产损失14 000元。全年消防大队共接警21起，出动18次（含增援），出动消防车28辆次，消防官兵300人次，抢救被困人员4人，疏散人员6人，抢救财产价值300万元。

【后勤保障】 3月，县委、县政府结合消防大队车辆器材装备量少、质弱，不适应威信抢险救灾实际需要等情况，专题召开常委会，划拨50万元专项资金用于购置一辆抢险救援车和两辆消防水罐车及器材装备。8月，大队又积极筹措资金，购置18万元的个人防护装备，提升火灾扑救和抢险救灾能力。

（消防中队　彭吉琼）

（军事栏责任编辑　杨　军）

经　济

农　业

【机构人员】　2010年，县农业局内设办公室、财务室、人事职改办，下设农业技术推广中心、植保植检站、种子管理站、农机管理站、农机安全监理站、农村经营管理站、农广校、蚕桑站、渔业站。畜牧兽医局内设办公室、动物卫生监督检验所、动物疫病防控中心、畜牧技术推广站。有干部职工188人。其中：女57人，高级职称17人、中级职称99人、初级职称37人，技师1人、高级工9人、中级工9人、初级工2人，少数民族9人，中共党员32人，大学文化27人、大专49人、中专100人、高中以下12人。

【农业生产概况】　2010年，进一步落实“粮食安全行政首长负责制”和“菜篮子工程市长负责制”，加强领导，强势推进。县、乡均成立以党政主要领导为组长的农业生产领导组，切实加强对农业生产的组织领导，统筹协调和检查督促，确保农业生产有序推进。县与乡、乡与村分别签订农业生产目标考核责任书，建立和完善严格的检查考核奖惩制度，确保农业生产措施在产前、产中、产后各个环节均能落到实处。建立县级领导包乡挂片、乡级领导包片驻村、村级领导包片驻社、科技人员入村驻户的联动机制，形成行政加科技的强大合力，确保农业生产出现问题有人管、技术难题有人答。大小春粮油种植面积55 600公顷，其中大春粮豆38 666公顷，小春粮豆6 467公顷，经济作物10 467公顷。粮食总产量15 583.9万千克，比上年的14 539.7万千克增1 044.2万千克，增长7.2%；现价产值32 845万元，比上年的30 695万元增2 150万元，增长7%。大春完成玉米种植21 656.7公顷，马铃薯种植面积13 886.7公顷（其中脱毒马铃薯5 356.7公顷），水稻种植面积3 601.3公顷，其他杂粮豆种植面积5 228.7公顷。水产品产量83.1万千克。多措并举稳定扩大农作物种植面积，完成秋冬农业开发面积27 333.3公顷和农作物间混套种面积29 333.3公顷，改造中低产田地2 066.7公顷，恢复种植撂荒土地833.3公顷。年内农民人均纯收入2 818元，比上年的2 503元增315元，增长12.58%。

【玉米制种与良种推广】　全年推广“两杂”良种59万千克，比上年增长18%。其中杂交玉米50万千克，杂交水稻9万千克。完成杂交玉米制种234公顷，产量75万千克。

【示范点建设】　2010年，举办省级粮油作物高产创建样板7个片区4 815公顷，其中“百亩核心区”7个59.3公顷、“千亩展示片”7个561.2公顷、“万亩示范区”7个4 194.4公顷。示范带动全县玉米高产创建样板4 584公顷、水稻781.2公顷、马铃薯5 905.2公顷，共实施粮食作物高产创建样板13 342公顷，比2009年增长78.1%。

举办省级粮油作物间套种技术推广“百亩核心区”49个384.2公顷，其中玉米套种马铃薯10个79.6公顷、玉米套种红薯10个72.8公顷、玉米套种豆类9个62.7公顷、小麦套种豆类10个80.5公顷、油菜套种豆类10个88.5公顷，“千亩展示片”49个3 715.7公顷，其中玉米套种马铃薯10个730.9公顷、玉米套种红薯10个692.5公顷、玉米套种豆类9个673.8公顷、小麦套种豆类10个881.1公顷、油菜套种豆类10个737.2公顷。示范带动全县粮油作物间套种技术推广面积达29 309.6公顷，比上年增长31.9%。

举办市、县、乡、村科技示范样板29 400公顷，其中玉米13 466公顷、水稻2 000公顷、马铃薯7 067公顷、小麦2 533.3公顷、油菜4 333.3公顷，比上年增长26%。

举办测土配方施肥核心示范样板666.7公顷，示范带动大面施用配方肥11 600公顷。

增加池塘、水库、河沟养殖面积81.3公顷，其中池塘33.3公顷、水库18公顷、河沟30公顷；扩大稻田养鱼233.3公顷，其中旧城砖建永久性稻鱼工程33.3公顷。

【农机购机补贴】 2010年，完成中央购机补贴50万元，补贴机具418台套。开展水田、旱地机耕机耙现场演示8场次，实施机耕机耙面积4 133公顷。

【经济油料作物种植】 2010年夏收油菜7 472公顷，产量1 475万千克，比上年增792公顷，增287.4万千克。收蔬菜3 548公顷，产量6 215.5万千克。新栽桑133.33公顷，嫁接良桑11.11公顷，低产桑园改造17.78公顷，新改建蚕房125间3 722平方米，建设消毒池106个，发种4 500张，产茧14万千克。

【秋冬农业生产开发】 2010年，种植小麦6 723公顷，比上年增231公顷；蚕豆2 673公顷，比上年减470.3公顷；杂粮2 666.6公顷；秋马铃薯1 413.3公顷；种植秋大豆及其他杂粮2 000公顷，油菜7 480公顷。

【新品种新技术试验】 2010年，完成昭通市种子管理站下达的杂交玉米品种区域试验3组（共42个处理）和预备试验1组（13个处理）。完成昭通市农业技术推广中心安排的杂交玉米新品种自然对比试验1组11个品种和县农技中心安排的杂交玉米新品种自然对比试验1组5个品种。在旧城镇旧城村实施完成杂交水稻新品种正规试验1组（9个品种）。在扎西镇干河村子返坝社完成杂交玉米新品种（6个品种）展示区一片面积1.24公顷。完成桑园套种五黑“黑花生、黑红薯、黑玉米、黑马铃薯、黑豆”试验5个，示范3.33公顷。完成玉米、水稻正规试验及自然对比试验20组，涉及面积1.26公顷。各乡镇农业综合服务中心完成农作物品种对比试验、栽培试验各1组。年内的试验示范共涉及杂交玉米新品种66个，杂交水稻新品种9个。表现较好的杂交玉米新品种有YX－9、JD200、昌隆88、贵单8号、丰玉一号、春喜6号、09－1、09－7、西单5号，分别比对照增产57.2千克、47.8千克、42.8千克、50千克、22.3千克、23.2千克、63千克、46千克、49千克，增产量分别为10.5%、8.8%、7.8%、7.1%、3.2%、3.5%、13.4%、9.8%、10.4%。表现较好的杂交水稻新品种有川香858、冈优158、德香4103，分别比对照增产67千克、42千克、31千克，增产分别为11.7%、7.3%、5.4%。

【病虫害防治】 2010年，组织技术人员对全县5种农作物15种常发性病虫害实施综合防治120 093公顷次，占发生130 493公顷次的92%。挽回粮食损失2 761.56万千克，挽回经济损失2 800万元。

【农业行政执法】 2010年的农业行政执法重点在保障农产品质量安全、农资市场秩序稳定。加强农药管理，清理暂扣过期农药品种3种140支（瓶、包），清理农药经营摊点50个，取缔无证农药经营点8个，确保无禁用农药销售和使用。严格种子管理，对10个乡镇的种子生产企业及经销户进行全面检查，重点对种子生产企业制种过程进行监督，防止不合格种子上市，同时对种子经销户销售档案进行备案登记，使种子销售做到能追根溯源。查获假冒伪劣种子400千克，价值金额5 500元。长江禁渔期间接到举报电话30次，出动执法车次70余次，执法人员250人次，查获电捕鱼案件10件，破获毒鱼案件3起，没收其他违法网具12副、渔获物400千克、打鱼机10台。配合公安交警部门纠正农机违章30余起，严厉打击“无证驾驶”、“黑车非驾”、“拖拉机载人”等严重违法行为，把农机安全责任落实到人、车、路。清理检查农机经销商38户，农业机械560台（套），确保无假冒伪劣农机产品上市。

【农产品质量安全】 农产品质量安全从农业生产投入品农药使用的源头抓起，对农药经营户进行强化宣传，张贴《农药经营管理制度》、《国家明令禁止使用的农药》等宣传资料，建立农药经营进销货台账，实行农业投入品可追溯制度。搞好农残检测工作，对县城3个集贸市场销售的蔬菜及蔬菜基地生产的农产品进行抽样检测，抽检样品44批次1 278个，合格样品1 194个。指导农民进行标准化种养，建立健全销售台账、用药记录等档案。实施无公害油菜生产示范2 000公顷，无公害大棚蔬菜示范46.7公顷，标准化稻田养鱼26.7公顷。

【沼气国债项目】 2010年建设沼气池2 000口，新建20个农村沼气服务网点。至年底，全县累计建设农村沼气池12 841口，养殖小区8个，联户沼气6个，服务网点60个。

【中低产田地改造】 2010年建设坡改梯工程面积7.93公顷，引水灌溉沟渠101.29千米，安装输水管道总长2.3千米，受益面积186.67公顷，新修小坝塘1个；排险加固小坝塘1个，蓄水量3万立方米，解决4个自然村民小组稻田灌溉用水。新修田间道路24.707千米，新修、维护机耕路5.03千米。使用土壤改良调理剂改良土壤面积300公顷，推广种植绿肥334.67公顷，测土配方施肥面积430公顷，秸秆还田381.3公顷。

【农业科技培训】 2010年，编写印发《农作物高产栽培技术读本》、《农作物高产创建技术》、《威信县测土配方施肥技术手册》、《栽桑养蚕技术读本》、《稻田养鱼技术》、《沼气池建造和安全作用手册》等5 000余册发放。开展病虫害防治技术、测土配方施肥技术、农作物标准化生产技术培训2 026场次，培训人员35 848人次，发放技术资料2万余份。

【表彰奖励】 2010年，威信县获昭通市委、市政府表彰为农民增收先进县、农业农村工作综合考评三等奖。稻田工程养鱼、小春综合生产、沼气池建设分别获昭通市人民政府农业技术推广工作一、二、三等奖。

（县农业局　杨永湘）

畜牧兽医

【机构人员】 威信县畜牧兽医局组建于2009年11月，2010年6月与县农业局分开独立办公，设局办公室、畜牧技术推广站、动物疫病预防控制中心（挂畜产品安全检测中心牌子）和动物卫生监督所。有职工56人。其中女13人，中共党员6人，技术干部50人，少数民族3人，高级工1人、中级工4人，大学文化8人、大专11人、中专36人、高中及以下1人。

【畜牧生产】 全年出栏生猪23.206 2万头，出栏肉牛2.013 9万头，出栏肉羊0.356 8万只，出栏家禽73.6万只，蜂蜜产量48吨，禽蛋产量2 607.3吨。存栏生猪18.174 6万头（其中能繁母猪2.228 7万头），存栏大牲畜6.597 5万头（其中牛存栏6.007 6万头），家禽存栏61.971 8万只。肉蛋奶总产量2.804 8万吨。畜牧业总产值3.231 2亿元。

【牲畜杂交改良】 全年生猪杂交改良3.572 9万窝，其中人工授精3.398 6万窝，人工授精面95.12%，杂交改良面98%。改良配种黄牛1.223 8万头，受胎率81%。

【饲草饲料推广】 2010年完成种植多汁青绿饲草264公顷，制作使用青贮饲料118 280吨，推广配（混）合饲料9 010吨（其中推广使用配合饲料7 220吨，浓缩饲料1 532吨，饲料添加剂258吨）。

【实施现代农业发展生猪产业项目】 2010年，在扎西镇大河、墨黑和双河苗族彝族乡偏岩、蔡营4个村7个村民小组实施中央财政支持现代农业发展生猪产业项目，完成生猪养殖核心示范户351户，就位良种猪0.184 9万头，新建示范户标准化猪舍14 425平方米、污水处理池1 712立方米、排污沟8 435米、沼气池1 846立方米。示范区内3个规模养殖场标准化猪舍改建5 642平方米、污水处理池513立方米、建排污沟5 086米、沼气池526立方米。建5个生猪人工授精站点（其中县级站点1个，乡级站点4个），共建种公猪舍、采精室、工作室328平方米。该项目的建设使351户核心户生猪存栏0.220 4万头（含能繁母猪0.058 1万头），出栏肥猪0.551万头，生产销售仔猪

1.49 万头。与项目建设前同比分别增长 66.2%、90%、212.4% 和246.5%。

【畜禽规模养殖】 2010 年，在双河、扎西两个乡镇的5 个村新建6 个生猪标准化规模养殖场，完成猪舍标准化改造7 890平方米，排污沟1 960米，堆粪区550 平方米。所建生猪标准化规模养殖场存栏生猪0.185 6万头（含能繁母猪0.013 5万头），出栏生猪0.189 8万头，出售仔猪0.078 9万头，产值 281.5 万元。在麟凤、庙沟两乡建养鸡示范点，共有示范户 44 户，鸡存栏 1.02 万只（其中新就位鸡苗 0.485 万只），就位食槽 384 个、水槽211 个，围栏面积10 500平方米。开展科学养鸡技术培训 3 期，受训人数 827 人次，又组织技术人员开展鸡的疾病防疫治疗并进行逐户指导。年度养鸡示范工程、生猪标准化养殖获昭通市政府三等奖。

【动物疫病防控】 2010 年，重大动物疫病防治完成生猪 W 病免疫注射38.099 5万头，占存栏数的 104.44%；大牲畜 W 病免疫注射12.422 4万头，占存栏数的 103.91%；羊 W 病免疫 1.348 8 万只，占存栏数的 113.06%；D 病免疫注射 127.821 8 万只，占应免数的 100%；猪蓝耳病免疫38.099 5万头，占应免数的 100%。常规免疫完成猪瘟免疫注射35.162 3万头，占存栏数的 96.39%，大牲畜免疫注射8.886 2万头，占存栏数的 74.3%，免疫接种鸡新城疫58.910 9万只，占存栏数的 56.2%。猪、牛、羊、禽疫病死亡率分别控制在 4%、1.5%、2%、8% 以内。及时扑灭双河乡家畜不明高热病。

【畜牧兽医行政执法】 2010 年，生猪定点屠宰场检疫猪 2.618 8万头，检疫不合格生猪 0.078 9万头（销毁处理0.001 3 万头），检验牛肉0.071 2万头。检疫运出县境生猪 78 车次 0.352 1万头、大牲畜 55 车次 0.097 8万头、鸡 60 车次 0.55 万只、冻肉 30 车次 320 吨、皮张550 张。检验入境生猪 34 车次 0.186 万头、大牲畜 4 车次 0.008 8 万头、家禽 22 车次 2.005 6万只。年内开展动物疫病溯源推广工作，对 10 个乡（镇）87 个村级动物防疫员、乡镇部分畜牧兽医技术干部和县级部分技术干部 124 人进行“二维码耳标”的使用技术培训。11 月，县畜牧兽医局协助县法制局，组织牧医行政执法人员 50 人参加法制培训。出动 450 人次对全县兽药、饲料及饲料添加剂营销市场进行 3 次专项整顿，检查经营兽药、医疗机构、饲料及饲料添加剂经营摊点 179 个（次），查处假冒伪劣兽药品种 18 个，查处假劣兽药针剂1 100支、290 瓶，查处无证违规经营商贩 3 人（责令停业补办经营许可证），对查出的假劣兽药，全部予以没收销毁。

（**县畜牧兽医局** 杨立新）

特色绿色产业开发

【蚕桑产业】 经过“十一五”持续发展，2010 年全县 6 个乡镇、27 个村、6 005户农户有桑园2 133.33公顷，新建、改建大蚕房1 250间，新建改建小蚕共育室100 间；投资1 246万元新建季加工鲜茧能力 50 吨的蚕茧收购站 4 个，改建一个，改良簇具 150 万片；全县新栽桑 33.33 公顷，改造低产桑园 266.67 公顷，养蚕 4 420张，产茧 132.6 吨，实现产值 343.4 万元，单产 31 千克／张，均价 25.90 元／千克。

【香桂产业】 2010 年，共完成资金投入1 600万元，培育香桂树苗 80 万株，发展种植 133.33 公顷，生产提炼黄樟油 15.2 吨，实现生产产值 320 万元，交纳税金 18 万元；新建苗圃基地 13.33 公顷，育苗工作基本结束，可培育香桂树苗2 000万株。

【红锦春泡菜产业】 年初，红锦春公司泡菜食品产品进入沃尔玛超市。随着销售市场的不断壮大，种植基地不断扩大，原有的工厂不能满足生产需求，于下半年公司已将厂址迁到扎西镇干河村沙子坡村民小组和麟凤乡柏香村菜坝沟村民小组交界处的河平沟进行扩建，占地面积6 000余平方米，建设规模为年加工量15 000吨，其中洋姜 1 万吨、草石蚕（地纽子）5 000吨。年内发展有洋姜、地纽子种植基地 2 个村 6 个社，种植农户 325 户，种植面积 26.67 余公顷，其中新增种植基地 10 公顷。产品实现销售收入 152 万元，农户原材料销售收入 75 万元。

（**县绿特办** 张佐香）

林　业

【机构人员】　2010年，县林业局内设及局辖单位有办公室、林政股、营林站、林业勘察设计队、森林病虫害防治检疫站、林业科技推广站、林木种苗站、天然林保护及退耕还林办公室、双河木材检查站、昭通市森林公安局威信分局（3月更名为威信县森林公安局，升格为正科级，辖林区派出所，已独立）、森林防火指挥部办公室、国营林场（辖大雪山、后山、创业山、大楠木、新生、坛厂、八字山、天星8个营林区及1个综合经营部）和10个乡镇林业站。根据省市林业部门要求对口设立的部门有能源站、林业改革发展办公室、林业产业办公室、林木采伐交易中心、林权抵押登记办公室。有干部职工167人（未含乡镇林业站人员）。其中副高2人、中职28人、初职7人，干部69人、工人98人，中共党员41人，女51人，少数民族12人，本科20人、专科52人、中专及高中55人、初中以下40人。

【天保工程建设】　2010年，完成天保工程森林管护面积5.4万公顷，落实管护人员136名，逐人签订岗位责任书，做到山有人管、林有人护、责有人担。走生态发展产业化的路子，把生态环境建设与产业结构调整相结合，完成上年及当年天保工程公益林建设人工造林1 333.33公顷、封山育林2 666.67公顷任务。

【退耕还林工程】　2010年，完成2009年度30个村199个村民小组8 104户1 856公顷退耕还林粮食折现668.142万元、医教补助55.679万元的兑现工作，与退耕农户签订管护责任书，落实林权所有者责任，组织人员对退耕还林地块进行抚育和检查验收。完成2009年613.33公顷、当年800公顷巩固退耕还林成果种植业项目建设任务。国家林业局对全县2009年退耕还林到期面积659.54公顷的阶段性验收核查，因面积保存率和合格率均达到100%而一次性通过验收。

【林业产业建设】　2010年林业产业建设的重点是竹产业、香桂产业和木材深加工。竹产业完成2009年度造林333.33公顷，在扎西、麟凤、庙沟完成引种绵竹试验，在旧城建立8公顷绵竹试点示范。完成“十二五”竹产业基地建设规划。香桂产业完成种苗基地建设9.87公顷，原料基地建设133.33公顷，引资在罗布乡建成香桂加工厂1个。年内在旧城建成年加工木材2万立方米的木材加工厂1个，完成设计规模为年加工木材5万立方米的双河偏岩木材加工厂投资1 000万元。

【义务植树】　2010年完成义务植树任务70万株，为上级下达计划任务65万株的107%。

【中低产林改造】　根据《云南省人民政府关于加快推进中低产林改造的意见》和《低效林改造技术规程》，结合全县森林资源现状，2010年编制完成《威信县中低产林改造规划及年度实施方案》，方案规划全县中低产林改造规模1.88万公顷，涉及10个乡镇和1个国营林场。计划分两个阶段实施：第一阶段为2010—2015年，计划改造面积1.33万公顷；第二阶段为2016—2020年，计划改造面积0.55万公顷。低效林改造则围绕林业产业基地建设规划，优先选择竹子、香桂、桉树等品种，突出重点，注重规模，优化布局。不断优化树种结构、完善生态功能，有效提升生物多样性。年内全面完成上级下达计划1 466.67公顷（其中中幼林抚育1 000公顷、树种更替466.67公顷）。

【种苗培育】　2010年，采取多种形式对育苗企业宣传《中华人民共和国种子法》、《云南省林木种子条例》，印发宣传资料300份，培训林木种苗生产经营户20次。组织完成72公顷苗圃地建设。严格审核申办资质和换发证，抓好种苗“两证”核发与管理，对13家苗木生产、经营企业审核并换发许可证。

【重点公益林分级区划和生态效益补偿】 2010年，完成国家级公益林认定面积的分级区划工作：全县国家级公益林33 240公顷，涉及10个乡镇1个国营林场83个村委会81 604户355 156人，361个林班3 814个小班。落实国家和省级两项重点公益林生态效益补偿面积到林权所有者，各乡镇按规定将面积分户花名册予以张榜公示。根据上级对《云南省省级公益林生态效益补偿威信县省级公益林实施方案》和《2009年新增中央财政森林生态效益补偿基金云南省威信县实施方案》的批复，全县国家级重点公益林生态效益补偿面积6 666.67公顷，涉及1个乡4个村委会61个村民小组1 827户和1个国营林场，补偿标准71.25元／公顷·年，补偿金额47.5万元；省级重点公益林生态效益补偿面积7 166.67公顷，涉及7个乡镇50个村委会557个村民小组17 494户，补偿标准75元／公顷·年，补偿金额53.75万元。年内，县财政采用“一折通”将101.25万元补偿资金全额兑现到群众手中。

【森林资源旱灾损失调查】 5月，组织人员对森林资源旱灾损失情况进行全面调查，形成《威信县森林资源旱灾损失调查报告》。报告显示：全县有林地面积40 066公顷，受灾面积6 441.33公顷，受灾率16%，活立木总蓄积量损失7 234立方米，直接经济损失计736.051万元。

【“十二五”森林采伐限额编制】 2010年，完成“十二五”森林采伐限额编制资源消耗量调查。根据调查测算，全县森林年生长量为219 790立方米，将年森林采伐限额指标确定为110 888立方米。其中主伐46 928立方米、抚育采伐30 534立方米、更新采伐811立方米、其他采伐32 615立方米。

【资源林政管理】 2010年，加强对木材、林产品经营加工流通环节管理。根据县政府办公室印发的《威信县木材加工经营企业清理整顿方案》，制定《威信县木材经营加工管理办法》、《威信县林木采伐加工经营运输管理办法》、《威信县木材检查站管理办法》、《威信县木材采伐加工经营运输诚信管理规定》和《木材运输许可证办理流程》等规定，围绕“管好源头、规范加工、把住流通”的目标，联合工商、国土部门在全县范围内开展木材经营加工清理整顿工作，确保诚信经营者和有实力的企业做强做大，提高精深加工能力，对违规或无证经营者予以严厉打击。年内清理木材经营加工企业174家，取缔无证经营42家，打击处理30家，待处理20家，对违法违纪的30家企业曝光55次。搞好木材运输证的核发管理工作，办理木材运输证913份22 157.98立方米（其中原木9 742.9立方米、半成品12 415.08立方米、阴沉木6吨、黄柏皮120吨、竹子824吨）。对全县木材经营、加工企业进行年检换证。加强林地保护管理，对威信县煤电一体化工程配套黄水河工程建设项目、昭通市110千伏马家输电线路工程、云南省S302镇威二级公路工程征占用林地共32.16公顷进行现地行政查验，并组织上报工程建设项目使用林地审核、审批材料，省林业厅于年内就批准并核发使用林地审核同意书的有2家，收取植被恢复费127.225 2万元。强化野生动物保护，拟定《威信县陆生野生动物造成人身财产损害补偿办法实施细则》上报。全年发生陆生野生动物肇事案件391起，损害金额16.6万元。

【森林采伐管理改革试点】 按照“加强队伍建设，提高执法水平，夯实基层基础，坚持严打方针，维护生态安全，维护林区稳定”的工作思路，搞好商品林采伐管理改革试点。2010年威信县被纳入全省森林采伐管理改革试点县之一。根据省林业厅对《威信县森林采伐管理改革试点实施方案》的批复，制定《威信县森林采伐管理改革试点林木采伐、运输管理办法》、《威信县成片林木采伐指标分配方案》，完善《威信县木材采伐许可证办理流程》等多项措施，推进森林采伐管理改革试点工作。充分体现公开、公平、公正的原则，首次采取抽签摇号方式将林木采伐指标直接落实到林权所有者（林农）手中。抽号现场分两轮进行，第一轮由申请参加抽签林农抽取顺序号，第二轮按第一轮抽取的顺序号抽取林木采伐指标号，现场宣布抽号结果，按抽取的指标号现场进行林木采伐指标方量递减，减完为止。经抽号获得成片林木采伐指标林农120户（宗），采伐蓄积指标46 496立方米，分配情况在威信县政府网、县电视台和相关乡、村进行公示。抽号由林农自己选出的代表和县纪检监察部门的干部全程监督，改变过去采伐指标由少数人控制，林农很难得到采伐指标的现象。年内办理林木采伐许可证1 508份、蓄积86 388立方米、采伐出材65 452.7立方米。其中抽签摇号取得采伐指标的134份，采伐面积385.68公顷，蓄积47 488立方米，出材35 877立方米；“生态家园”建设林木采伐49份，采伐面积276公顷，蓄积3 614立方米，出材2 606.2立方米；零星林木采伐1 269份，蓄积5 232.8立方米，出材3 425.9立方米；征占用林地采伐1份，蓄积63.2立方米，出材50.6立方米；国营林场主伐、抚育间伐（含异地补偿采伐）55份，蓄积29 990立方米，出材23 493立方米。

【林业行政执法】 2010年，开展“冬季行动、春季行动、木材经营加工企业清理整顿”等专项行动。全年受理森林案件215起，查处215起。破获森林刑事案件12起，逮捕4人，刑事拘留8人，取保候审7人；查处治安案件23件，治安拘留12人，并处治安罚款21人次，收缴治安罚款0.44万元；查处林业行政案件180起，林业行政处罚288人，林政罚款124人次，处罚补种树木33人，罚款110.067 5万元（含黄水河改变林地用途罚款88.442万元），收缴木材460.868 45立方米，变价23.955 2万元，没收违法所得2.353 2万元，处其他违法所得3.604万元。

【森林防火】 2010年的森林防火工作仍然坚持“预防为主，积极消灭”的方针和“政府全面负责、部门齐抓共管、社会广泛参与”的工作机制，采取强化宣传教育，提高群众防火意识、法律意识。从火源管理入手，排除林区不安全火灾隐患，有效遏制森林火灾发生。完善预案，提高应急反应能力等措施，实现连续22年无重特大森林火灾的好成绩。落实行政首长负责制，把责任分解细化，明确到人，层层签订责任书34 464份。发放（张贴）各类宣传资料56 000份、法律法规汇编270份、宣传光碟（含录音磁带）150张，召开各类会议1 620次，书写（翻新）宣传标语（碑、牌）2 873条（块），发放张贴森林防火戒严令1 580张，发送手机短信5 193条。继续抓好“五个一”宣传教育，各学校上森林防火课7 586课时，出墙报526期，发放公开信864份，书写标语1 254条，专题作文12 684篇，举行主题演讲比赛、游行活动10余场次。通过媒体对森林防火工作中取得的好经验、好措施、涌现的好人好事进行广泛宣传，利用反面典型对群众进行警示教育，用身边的事教育身边的人。强化火源管理，严格落实野外火源管理“五个100%”，切实把好火源管理“五关”（生产生活用火关、学生失火关、流动人口乱丢烟头关、林区作业单位失火关和监测关），增加巡山护林密度，对重点地段、重点区域实行严防死守；对“五类人员”（痴、呆、聋、哑、精神病人）登记造册并落实监护责任人，签订监护责任书；对林边、林中坟所进行清理，签订防火责任书；加大野外用火的查处力度，严厉打击一切野外用火行为。修订完善《威信县处置森林火灾应急预案》，制定100亩连片森林预案653个；组建一支60人的县级民兵应急大队，各乡（镇）分别组建一支30人以上的应急扑火队伍，各村、组相应组建15～20人不等的义务扑火队伍，共625支15 525人。聘请136名天保护林员和81名专职护林民兵进行巡山护林和堵关设卡，严防火种进山。在坚持日常培训演练的基础上，邀请云南省森林警察部队退伍的同志为教官，对县民兵应急大队进行培训。筹措资金71万元用于维持日常工作运转及购买扑火物资，使物资储备基本达到省、市要求。严格执行防火期24小时双值双带班制度，保持通信畅通，及时掌握火险、火情动态，及时处置火情。县森林防火指挥部及成员单位定期或不定期深入联系挂钩乡镇或片区进行检查，发现问题，及时发出整改通知书，督促其限期整改。年内查处违规用火65起，处罚款3.5万元。抓获2009年“2·12罗坭失火案”网上追逃犯1名并移送起诉判刑。

【森林病虫害防治】 2010年，坚持“预防为主，科学防控，依法治理，促进健康”的方针开展森防检疫工作，把防治工作由部门防治向社会化防治转变。对林业有害生物进行防治。全年全县有带病虫的林地面积21 560公顷，发生病虫害面积为766.67公顷，发生率3.97%；

成灾面积为66.67公顷，成灾率3.5‰；防治686.67公顷，防治率89.57%。对木材、竹材、药材、种苗等实施检疫。全年检疫木材22 157.98立方米，黄柏皮120吨，竹子824吨，药材100吨，树桩盆景34个，种苗100公顷，检疫率100%。成立专项行动小组"威信县'利剑2010'林业植物检疫执法专项行动"，对林木和林产品经营户进行全面摸底调查，向经营业主发放森林检疫执法宣传资料和通知书112份，制作宣传牌4块，印发各类法律、法规和政策宣传手册200份、宣传单3 000份，宣传覆盖率80%。

【集体林权制度改革】 集体林权制度主体改革后，至2010年共确权10个乡镇87个村1 611个村民小组，面积64 673.33公顷，占应确权面积的99.98%，确权宗地271 753宗，确权农户65 993户，平均宗地面积0.24公顷，确权面积到户率为98.83%；共打印林权证79 799本，发放林权证77 941本，发证宗地264 529宗，发证面积63 493.33公顷，面积发证率为98.18%，宗地发证率97.67%；收集、整理、归档林改档案9 155卷94 029件；受理林权纠纷调解申请289件690.67公顷，调处结案287件676.67公顷，件数调处率99.31%，面积调处率97.94%（其中协议调处260件，协议调处率90.59%）。对全县林权交叉、重叠的5 108处进行修正完善。为巩固林改成果，继续推进配套改革。年内3月，经县人民政府批准成立林权交易服务中心，开展信息发布、林权交易、中介服务为一体的全方位、系统化、一站式综合服务。4月初又设立林权评估抵押登记办公室，为林地的承包经营权和所有权流转提供平台。

【固定资产投资】 2010年上报完成固定资产投资5项2 086万元，实际完成980万元。其中：农村能源建设计划投资80万元，完成80万元；中低产林改造上报计划3 333.33公顷投资500万元，实际下达计划1 466.67公顷投资170万元，实际完成投资290万元（农户自筹资金120万元）；森林公安局办公楼建设计划投资58万元，实际投入资金40万元；国营林场棚户区改造（建设经济适用房81套6 480平方米）计划投资648万元，实际完成390万元；林业宾馆改造（建设11层12 100平方米）计划投资800万元，实际完成250万元。

【机关管理】 2010年，先后制订《林业局机关管理制度》、《林业局岗位管理规定》等规章制度，由过去人管人向制度管人转变；初步建立分管领导直接抓、部门领导抓落实、责任到人的管理模式；充分发挥机关工会的作用，加强干部职工的沟通与联系，积极为职工排忧解难，充分调动干部职工的工作积极性。

【党风廉政建设】 2010年，严把干部选拔任用关，做到"三个坚持"：坚持"德才兼备、以德为先"的用人标准和正确的用人导向，坚持走群众路线，坚持领导班子集体讨论决定。严格落实重大事项集体决策制度。建立局领导与职工对话机制，通过工会与一线职工代表定期进行面对面的交流或由局办公室制发征求意见表，广泛征求和听取职工的意见和建议。在重大工程项目建设的勘察、设计、施工及苗木采购上，严格按照法律规定、法定程序，公开招投标，确保公开、公平、公正、透明，杜绝暗箱操作。认真执行责任追究和问责制度，对"不在状态"的干部职工严格问责。在党的基层组织和党员中深入开展创先争优活动。

【群众来信来访】 2010年，结合实际调整信访工作领导小组，落实办公室和工作人员，具体负责日常工作；健全领导责任制度和接待制度和定期分析制度，按月按季度排查矛盾纠纷和召开信访工作例会。全年收到群众来信13件，办结12件。

【受表彰情况】 7月，县林业局集体林权制度主体改革受到省委、省政府表彰。11月，余腾淮、郑光翠参加云南省林业厅林木种苗法律法规知识竞赛获奖。杨仕江被云南省森林防火指挥部评为"2006—2010年度全省森林防火工作先进个人"。

（县林业局　宗大煜）

水　务

【机构设置】 2010年，县水务局内设办公室、财务室、总工办、农村水电及电气化发展中心、农田水利管理站、水利水电勘测设计队、扎西水库管理所、水政监察大队、水利物资供应站、县防汛抗旱指挥部办公室和县水土保持委员会办公室。3个临时性机构水土保持世行贷款项目办公室、中央财政小型农田水利重点县建设管理局和桂香沟水库工程建设管理局设于水务局内。

【农村饮水安全】 2010年实施中央财政预算内专项资金农村饮水安全项目和威信县党员抗旱爱心捐款饮水安全工程项目。前者所用管材由全市统一招标采购，由供应商直接向威信县供货；后者所用管材在本县实行询价采购，由县水务局牵头，按照《威信县饮水安全工程管材询价采购办法》，由发改、财政、审计、监察、工商、质监等部门人员组成采购小组实施询价采购，做到公正、公开、透明，确保采购的管材质量好、价格合理。水泥、沙、钢筋、炸药等土建材料由乡镇统一采购供应，土方开挖及回填由受益群众投工投劳解决，国家适当补助技工费。年内建成农村饮水安全工程170件，完成总投资1 778万元，解决4万人饮水安全问题。

【水土保持】 2010年，坚持“预防为主、全面规划、综合防治、因地制宜、加强管理、注重效益”方针，以小流域为单元，以坡耕地治理为重点，把工程措施和生物措施相结合，大力开展“山、水、林、田、路”综合治理。同年继续实施水土保持世行贷款／欧盟赠款项目，对扎西镇桂花小流域、水田乡香树小流域和高田乡新华小流域开展综合治理，年内治理水土流失面积55平方千米，完成总投资2 682万元。

【桂香沟水库建设】 县城扎西城市化进程加快，导致水资源供需矛盾日益突出，兴建桂香沟水库已成为解决县城居民饮用水问题的当务之急。县政府累计安排200万元资金作为前期工作经费，继2009年12月桂香沟水库可行性研究报告通过市政府投资评审中心评审后，县水务局与设计单位密切配合，于2010年5月上旬完成工程初步设计报告编制。2010年5月26日市水利局对初步设计报告进行评审并于同年作出批复。7月16日县政府举行桂香沟水库奠基仪式。10月25日省发改委对桂香沟水库可研报告进行复核。11月29日县委、县政府成立桂香沟水库工程建设指挥部，由吕磊任指挥长，王维强、赵祖辉、姜荣学任副指挥长，水务、发改等18个单位主要负责人为成员。指挥部下设桂香沟水库工程建设管理局，由姜荣学兼任局长，管理局内设办公室、财务室、技术组。同年，桂香沟水库《水资源论证报告》、《水土保持方案》、《地质灾害危险性评估报告》等相关专题报告也通过市级评审。年内省级下达桂香沟水库投资计划1 500万元。

桂香沟水库位于赤水河上游支流扎西河左岸的支流桂香沟小河上，行政区划隶属威信县扎西镇桂花村，距县城扎西6.5千米。水库拟建坝址以上流域面积为5.22平方千米，多年平均年径流量273万立方米，最大坝高52.3米，推荐坝型为混凝土面板堆石坝，总库容224.6万立方米，正常水位以下库容207.6万立方米，水库规模为小（一）型，省发改委、省水利厅核定总投资为6 006.92万元。水库淹没旱地11.73公顷，淹没林地3.73公顷，淹没房屋及附属建筑1.42公顷，淹没未利用地1.81公顷，淹没迁移人口360人，枢纽工程永久占地1.97公顷，交通工程永久占地1.35公顷。桂香沟水库建成后，每年能为县城居民生产生活及水库下游农田灌溉提供265万立方米的清洁水源，供水受益人口1.42万人，灌溉面积333.33公顷。防洪保护人口0.55万人，保护耕地333.33公顷。

【中央财政小型农田水利重点县项目建设】 2010年，编制完成《中央财政小型水利重点县建设方案》上报评审通过，威信县被批准为2010年第二批中央财政小型农田水利重点县，建设期3年（2010—2012年），计划实施小型农田水利灌区工程9件，建设灌溉渠道178千米（其中主干渠65.7千米，支渠112.3千米），新建渠系建筑物1 873个（取水构筑物9个，分水口229个，背水桥136个，人行桥1 499个）。工程量为土石方47.22万立方米，砌石8.33万立方米，混凝土和钢筋混凝土3.25万立方米。工程建成后，将增加灌溉面积0.25万公顷，新增粮食作物产量674万千克，新增经济作物产值718.4万元，新增节水能力727.9万立方米，农民年人均增收509.6元，粮食综合生产能力提高10.5%。灌溉水利用系数由0.2提高到改造后的0.7。项目概算总投资5 910.45万元，资金筹集按照中央、地方、群众共同负担的原则，每年中央、省各补助800万元。年内下达2010年度投资计划1 600万元（中央、省级各800万元），计划实施小型农田水利灌区工程3件，分别位于三桃乡新街斑竹村、双河乡过街楼村和旧城镇松林村，计划建设灌溉渠道67.1千米（主干渠21千米，支渠46.1千米），分水口23个，设计灌溉面积0.09万公顷。工程量为土石方15.72万立方米，砌石2.70万立方米，混凝土和钢筋混凝土1.32万立方米。计划总投资2 129.51万元（其中中央财政800万元、省级补助800万元，其余为市、县和群众自筹及整合资金）。工程施工单位由省统一招投标选定，分6个标段施工。

经市水利局和县政府批准，县水务局于年内成立威信县中央财政小型农田水利重点县建设管理局，内设办公室、财务室、技术指导组。

【水务行政执法】 在3月22日“世界水日”和“中国水周”期间，在县城及出城主要路口悬挂标语20幅、在县城广场向群众散发宣传册500余份，并通过电视、报纸等多种形式进行宣传。年内查处水事违法活动15起，调处水事矛盾纠纷3起，办理落实群众上访涉水案件3件。收取水资源费22万元，收取率85%。

【黄水河水库移民后期扶持】 全县大中型水库移民后期扶持工作由县水务局负责。年内移民后期扶持只涉及威信煤电一体化项目黄水河水库。移民后扶人口244人，生产扶持23人。补充完善移民后扶人口基础信息表244份，收集后扶人口户口簿复印件221份，身份证复印件104份，填制《后扶证》244本，建立移民后扶人口资料数据库。

【第一次全国水利普查】 2010年，第一次全国水利普查启动，县政府成立以副县长赵祖辉为组长、水务局长王正勇和统计局长晋茂为副组长，相关单位负责人为成员的领导组，设办公室于水务局，下设综合组、技术调查与数据处理组、河流专项组、水土保持专项组4个工作组。年内制定《威信县第一次全国水利普查工作实施方案》，选派人员参加全省统一组织的水利普查业务培训。

【冬春农田水利基本建设】 2009年10月至2010年4月，全县建成各类农田水利工程118件，投入劳动工日19.357万个。出动机械台班0.63万个，完成土石方32.72万立方米。新增蓄水能力0.662万立方米，新增除涝面积33.33公顷，新增防治渠道2.1千米，清淤渠道10千米，新增灌溉面积66.67公顷，改善灌溉面积280公顷，改造中低产田66.67公顷，新增节水灌溉面积66.67公顷，新增节水能力6万立方米，治理水土流失38.42平方千米，新建蓄水池165个，建设村镇供水工程44处，新增供水受益人口1.76万人。完成总投资2 627.59万元，其中国家投入504.09万元、省级投入282.19万元、州市县乡82.19万元、群众自筹579.6万元、其他1 179.59万元。

【防汛抗旱】 2009年12月至2010年3月，全县降水普遍偏少，天气持续高温少雨，出现了60年一遇的冬春连旱，给农业生产和群众生活带来巨大损失。全县农作物受旱22.1千公顷（其中轻旱15.8千公顷，重旱6.3千公顷），10.9万人和4.8万头大牲畜饮水困难，造成直接经济损失8 505万元。旱情发生后，上级下达抗旱资金240万元，县财政安排30万元用于抗旱救灾，本县干部职工捐赠资金130.95万元用于抗旱水利工程建设。县人民政府组织除相关部门购买“旱地龙”3吨分发到受旱乡镇外，还发动群众投工投劳积极抗旱，建成人畜饮水工程21件，涉及6个乡镇13个村21个村民小组，受益4 638人。

2010年5月31日，县政府召开全县防汛工作会议，对防汛工作作全面部署。要求相关部门坚持汛期24小时值班制度和雨情、水情、险情报告制度。防汛办要及时将气象部门提供的重要天气消息传达到各乡镇，及时统计上报汛情灾情。县防汛抗旱指挥部要严格落实防汛安全责任制，按照“谁主管、谁负责”的原则，实行行政首长负责制，层层落实到县、乡、村。认真对县内重点河流、水库、水电站、集镇开展汛前、汛中检查，对查出的隐患及时督促整改。

【农村小型水利工程管理体制改革】 5月31日，县政府召开全县农村小型水利工程管理体制改革工作会，要求2010年底基本完成改革，2011年6月底前全面接受县级和市级验收。8月19日组织召开乡镇水管站长会议，对各乡镇工作开展情况进行巡回检查、指导和督促。后又组织人员对全县符合改革的406件农村小型水利工程进行调查摸底、资产评估和情况核实工作。

【水利发展与改革“十二五”规划】 2010年，组织工程技术人员编制《威信县水利发展与改革“十二五”规划（草案）》，8月18日召开听证会，听证代表对《威信县水利发展与改革“十二五”规划（草案）》提出修改意见和建议4条。

【新农村建设】 2010年，选派新农村指导员1名进驻扎西镇大山村开展新农村建设，投入资金3.96万元解决该村1个村民小组72户412人120头大牲畜的饮水困难。

【扎西水库日常管理】 2010年安排专人24小时值班，做好扎西水库大坝安全监测和保卫工作，及时清理库区漂浮物，保持水质清洁。投入资金1万元新增和修复扎西水库管理警示牌各1组，及时制止在库区钓鱼、游泳等危害水质的行为。

【自身建设】 2010年的干部队伍建设主要是教育引导广大党员干部牢固树立马克思主义世界观、人生观和价值观，不断加强党性修养。尊重客观规律，重实际，讲实话，出实招，办实事，求实效。认真践行“献身、负责、求实”的水利行业精神，增强奉献意识，提高服务质量。认真实施责任政府“四项制度”、阳光政府“四项制度”和效能政府“四项制度”，抓好政府信息公开工作和信息查询工作。年内，县水务局“五五普法”顺利通过验收。

（县水务局　陈茂林）

工　业

电　力

【经营概况】 2010年，威信供电公司推进“1149”战略实施工程，贯彻“3213”工作思路和“一线工作法”，做好增供扩销、节能降损、安全增效、电网建设、创先争优、群团建设等工作。公司把基础管理达标14个专题、创先6大专业相结合，积极开展公司管理创优工作，召开专题会进行动员部署，开展全员学习标准培训和考试，共发放管理办法、优秀企业标准各360余册，《县级供电企业基础管理文件汇编》40余套，通过学习和宣贯，进一步增强员工对标准的熟悉和掌握，开展岗位“对标找差”活动，认真对照管理标准开展自查，进行修订制度、流程、梳理界面等工作，为深入开展全员绩效管理、基础达标和创先工作奠定基础。下半年，强化电网运行和电力调度管理，科学安排用户生产用电，确保电力有序供应。做好业扩报装等工作，增加供售电量，比上年增加供电量4 585.61万千瓦时。抓线损“四分”管理，组织开展3期线损管理知识培训，更换淘汰各类计量装置3 986只（套），对所有容量在100千伏安及以上客户变压器全面实行率调考核。

经营完成情况

指标名称	单　　位	2010 年完成	2009 年完成	同比增减
供电量	万千瓦时	18 287.78	13 702.00	33.46%
售电量	万千瓦时	16 334.16	12 069.00	35.33%
销售收入	万元	7 063.79	5 363.00	31.70%
综合线损率	%	10.68	11.92	－0.32
总资产	万元	2 643.48	2 571.00	2.82%
实现利润	万元	98.61	110.97	－21.15%

【威信 110 千伏马家输变电工程启动验收】　1 月 28 日，昭通供电局召开威信 110 千伏马家输变电工程启动验收会。经工程启动验收委员会按工程建设运行规程规范的要求，对工程各项参数进行严格评审，认为工程建设质量优良，完全具备投产条件，同意验收。经地调操作命令，线路于 1 月 28 日 15 时带电运行，19 时主变冲电正常运行。

【安全生产】　2010 年，共开展各类安全检查 37 次，检查发现各种隐患1 544处、整改1 358处。清理、砍伐竹、木7 759棵。开展各种保供电服务 798 人次，落实整改资金 398 万元。开展各种安全培训 7 期共 587 人次参加培训，对“三种人”进行资格认证，68 人取得“三种人”资格。严肃查处违章用车、行车行为，强化对专（兼）职驾驶人员的管理。全年出车 2 235 辆次，安全行车 31.95 万千米。10 月 19 日，云南电网安全性评价专家组对威信电网安全性评价进行复评，通过安全性评价。

【电网建设】　2010 年，进行电网大修和无电人口工程建设。电网建设与大修、技改全年完成大修、技改项目 10 个，总投资 148.18 万元。

无电人口工程　完成投资2 568万元，完成年度计划2 454万元的 104%，工程量完成电杆组立5 721基，10 千伏线路架设 81.69 千米，400 伏／220 伏线路架设 212.97 千米，变压器安装 95 台；

农网升级工程　完成投资763 万元，完成年度计划 695 万元的 109.78%，工程量完成电杆组立1 057基，10 千伏线路架设 13.65 千米，400 伏／220 伏线路架设 67.33 千米。

【党群和宣传工作】　3 月 4 日，召开 2010 年工作会暨一届七次职工代表大会。会议传达网省公司和昭通局工作会议精神，对公司 2009 年各项工作进行全面总结，明确 2010 年工作。4 月 30 日，公司召开新闻宣传培训座谈会。7 月 30 日，《威信电力志》编审会在烟草大楼五楼会议室召开。会议决定于 12 月前对《电力志》初稿做进一步的完善，力争于 2011 年 7 月前完成《威信电力志》的出版工作。12 月 4 日，召开团总支换届选举工作会暨二届二次团员大会，以无记名投票和差额选举方式选举产生新一届团总支班子。同月，公司党总支按照云南电网公司、昭通供电局党委《关于开展党支部“公推直选”试点工作实施方案》的要求和部署，严格按照规定程序圆满完成发变电党支部“公推直选”试点工作。全年《威信电力》出刊 12 期，共向上级各类刊物投稿 70 余篇。

【“五五”普法通过县验收】　5 月 27 日，公司“五五”普法暨依法治企工作通过县“五五”普法验收检查组初步验收。

【公司获省级文明单位称号】　10 月 20 日，供电公司正式申报“云南电网公司文明单位”。2009 年 12 月 22 日，威信供电公司被省委办公厅、省政府办公厅命名为云南省第十二批省级文明单位。

【吴瑞华视察工作】　11 月 5 日，昭通供电局党委书记、局长吴瑞华到公司调研、检查指导工作。吴局长深入110千伏变电站、用电营业厅、调度室等部门检查工作，通过听取汇报和了解经营情况。

【涉电办挂牌成立】 11月22日，威信县防范和打击涉电违法犯罪办公室成立暨揭牌仪式隆重举行。县政府副县长左顺春、副县长兼公安局局长何国荣，县法院、检察院、司法局、政法委、广电局等部门负责人参加揭牌仪式。全年共查处各类窃电、违约用电55起，追补电费40.54万元。

【员工教育培训】 2010年，组织开展针对性和差异性培训，全年共开展涉及安全、营销业务、生产管理、变电运行、办公文秘、班组长技能等培训55期，共有1 377人次参加培训，培训完成率100%。

【受表彰情况】 2月，罗光成获云南电网公司和昭通供电局“城农网建设与改造工程立功竞赛活动”功臣个人。王永泽荣获昭通供电局“城农网建设与改造工程立功竞赛活动”功臣个人，曹增被授予“先进（生产）工作者”。3月，金春仙被昭通局工会评为“优秀女职工”。5月，公司获“昭通市防范和打击涉电违法犯罪工作先进集体”，黎成华被授予“昭通市防范和打击涉电违法犯罪工作先进个人”。7月，熊顺喜被昭通局党委授予“优秀共产党员”。8月，团总支获昭通局团委“五四红旗团支部”，刘国秀被评为昭通局“优秀团干部”，姚志德被评为昭通局“优秀共青团员”。9月，公司代表队在昭通电网“同心杯”篮球运动会上获得亚军。11月，昭通局团委授予变电检修班为“青年文明号”，授予吴易“青年岗位能手”称号。

（威信供电公司　熊顺喜）

煤　炭

【煤炭工业经济】 2010年，全县有煤与瓦斯突出矿井26对，其余14对矿井按突出矿井管理。全县生产原煤225.4万吨，实现销售收入7.89亿元，完成固定资产投资1.54亿元。与上年相比，原煤产量增长1.03%，销售收入增长17.06%，固定资产投资增长28.33%。

【煤矿安全情况】 2010年，全县发生煤矿安全生产死亡事故2起，死亡10人（其中运输事故1起死亡1人，煤与瓦斯突出事故1起死亡9人），直接经济损失750万元，煤炭生产百万吨死亡率4.43。与上年相比，事故起数减少5起、死亡人数上升1人，煤炭生产百万吨死亡率上升0.4，全县煤炭生产百万吨死亡率控制在4.5以下。

【从业人员培训】 2010年，采取“请进来、走出去”的培训方式，先后投入培训资金280万元，加强监管队伍和煤矿从业人员业务技能培训。1月28日至2月5日，邀请中国矿业大学的专家、教授为全县煤矿业主、矿长、工程师讲解矿井防突、“一通三防”管理等方面的知识。2月20～28日，组织78名驻矿安监员进行全封闭式的军事化训练；购买《防治煤与瓦斯突出规定》读本发放到煤矿企业和驻矿安监员，要求每月进行6个小时培训，掌握安全基本知识，增强安全意识；为每个煤矿制作一套“班组长怎样搞好安全管理工作”光盘，要求矿级管理人员进行学习。23日，出资16万元，请省高级技工学校对全县126名瓦斯抽放工开展为期半个月的矿井瓦斯抽放技术专题培训。3月初，选送10名驻矿安监员到云南能源技术学院进行采煤专业培训，提高监管队伍业务水平。4月8日，组织县级瓦斯治理专家组成员和部分煤矿技术负责人到四川兴文县参观学习。5月6～10日，请重庆煤科院专家对威信煤矿进行调研，为煤矿业主、工程师、部门工作人员举行瓦斯综合防治专题讲座。8月6～17日，请重庆科能高级技工学校对全县166名防突工进行专题培训。12～26日，请省安全技术培训中心对全县煤矿的246名矿级管理人员、班组长进行职业病防治和白国周班组管理法培训。9月1日，组织64名安全监管人员和煤矿从业人员参加重庆高级科能技工学校脱产中专班、西安科技大学函授大专班学习。9月15日至10月4日，组织218名安全管理人员到市局参加国务院446号令和国发［2010］23号文件专题培训。10月18日至11月15日，请镇雄县煤矿安全培训中心对全县251名特员进行培训。11月12～27日，省煤矿安全技术中心对438人煤矿管理人员开展职业病防治培训。28日，省煤矿安全技术中心对330名煤矿兼职救护队员进行复训。2010年共组织185名管理人员到省安培中心参加安全资格证培训、320名从业人员到市安培中心参加特员培训。结合威信实际，编制工人培训讲义，逐矿免费培训煤矿工人，并实行全员挂牌上岗。全年逐矿免费培训煤矿工人4 413人，在全县煤矿开展安全生产大检查、大排查、大整治活动期间，到矿组织培训考试107矿次5 640人。

【瓦斯综合治理】 2010年，把“深化煤矿瓦斯治理”作为煤矿安全工作的重中之重来抓，落实《防治煤与瓦斯突出规定》，制定《威信县煤矿防治煤与瓦斯突出实施意见（试行）》，加强防突工作队伍建设、制度建设、装备建设和现场管理工作，强化“两个四位一体”防突措施落实。完成全县煤矿矿井的瓦斯参数测定和30对矿井的突出危险性鉴定工作，23对矿井安装完善固定式瓦斯抽放系统。制定《威信县煤矿瓦斯治理专项资金提取和使用管理暂行办法》，全县煤矿企业建立瓦斯治理专项资金专户。继续推行“海尔售后服务模式”，煤矿安全监控系统服务中心安装完善全县煤矿矿井的安全监控系统，39对矿井的远程联网监控系统与省、市联网。成立威信煤矿安全测控仪器技术服务站和威信县煤矿瓦斯治理技术咨询服务站，构建瓦斯治理技术服务平台。采取“请进来、走出去”等形式，邀请中国矿大、重庆煤科院专家举办瓦斯防治专题讲座，请云南、重庆煤炭院校对全县煤矿瓦斯抽放工、防突工进行专题培训，组织煤矿技术人员、安全监管人员到县外交流学习。进一步增强煤矿安全技术管理力量，全县煤矿专业技术人员由原来的56名增加到84名。调整充实瓦斯治理县级专家组，成员从原来的9名增加到27名，4个专业的技术型成员全部配齐，并按月组织专家组到矿开展会诊工作。严格实行“超前钻孔”制度，有效释放瓦斯。深刻吸取煤与瓦斯突出事故教训，全县煤矿实行井外远距离爆破和强制配备使用隔离式自救器措施，确保煤矿安全生产。

【片区煤管所成立】 2月25日，成立4个片区煤管所，分片负责9个产煤乡镇的煤矿安全生产工作，分别是扎西片区煤管所、罗布片区煤管所、麟凤片区煤管所（辖麟凤、长安、庙沟、三桃）、双河片区煤管所（辖双河、水田、高田）。片区煤管所隶属县煤炭工业局，财务实行报账制。同时，落实煤管所负责人和工作人员，县政府安排工作启动经费，配备相应的办公设施和工作装备。

【煤矿安全隐患“大检查、大排查、大整治”活动】 7～8月，为深刻汲取沟头煤矿“6·30”事故教训，在全县范围内集中开展了煤矿安全隐患“大检查、大排查、大整治”活动。县政府成立4个联合执法检查组，从证照管理、机构设置、制度建设、装备建设、基础工作、炸材管理6个方面着手，逐矿开展安全生产隐患大检查、大排查。检查结束后，县政府将执法检查组排查出来的安全隐患，召开交办会及时交办，督促煤矿企业整改。此次活动共查出各类安全隐患和问题1 328条，已整改1 313条，限期整改15条。

【煤矿安全监管】 2010年，严格执行“领导挂片、煤管所包片、职工包矿、安监员驻矿”监管制度。制定监管计划，按月开展一次全面督查，片区煤管所每月不少于两次逐矿检查，安监员驻矿搞好日常监管，对上级监管监察部门查出的隐患实行“回头盯、回头看”，督促煤矿落实整改，逐条验收销号，对煤矿企业违反规定的行为以及拒不执行各项监管监察指令和要求的，坚决予以重处重罚，并在威信县煤矿安全生产管理警示栏进行公示，全力推动煤矿安全整改。按程序审批煤矿整改方案，对不执行批复超范围整改的煤矿，其工程师、矿长、副矿长实行集中学习和经济处罚，并对超范围整改形成的巷道、采面，立即停止作业，实施密闭。严格执行煤矿井下现场管理暂行规定。加强对煤矿整改范围、防突工作、瓦斯管理、通风管理、顶板管理等重点环节实施监控，对不支持、不配合落实井下现场管理规定的煤矿，从严处理。强化监管执法。加强对煤矿安全整改的跟踪监管、定期监管、专项监管、巡回监管执法，对存在的问题及时督促煤矿落实整改责任、限期进行整改，对停产整改期间擅自组织生产的煤矿和限期整改达不到要求的煤矿从严从重处罚。全年共监督检查煤矿1 031

矿次，下达现场处理决定书485份，查出隐患3 881条，已整改3 768条，实施行政处罚41起，罚款3 445 350元（其中有290万元属事故罚款），对20家煤矿实施停止井下采掘整改处罚，保持对煤矿安全监管的高压态势。

【煤矿安全生产教育体系建设】

2010年，建立干部教育培训制度。与云南能源技术学院建立长期合作关系，先后组织3期4批县乡煤矿安全管理干部和技术人员到该院系统学习安全管理、机电、通风与安全等知识，整体提升全县煤矿安全管理水平。建立安全教育培训基地。充分利用县职业学校资源，请云南能源技术学院、重庆高级科能技工学校、西安科技大学在威信办学，开办函授中专班、大专班，对64名安全监管人员和煤矿专业技术人员进行培训教育，为各煤矿安全生产提供人才保障。建立安全培训中心。加强师资队伍建设，配备相应硬件设施，充分发挥威信县煤矿安全四级培训中心作用，加大对全县煤矿生产一线工人的安全教育培训力度，提高矿工生产技能和自我保护能力。建立煤矿工人活动中心。以各煤矿企业工会为基础，设立工人活动中心，通过组织煤矿安全知识竞赛、集中观看煤矿安全生产纪录片、开会学习等方式，大力开展煤矿全员培训，逐步增强煤矿工人队伍的综合素质和安全防范意识。

【煤矿员定位系统试点】 2010年，把煤矿井下人员定位系统建设工作作为煤矿的“生命工程”来抓落实，提升全县煤矿安全装备水平，切实掌握井下人员的动态分布及作业情况，给煤矿安全管理、抢险救援工作提供可靠信息，保障煤矿安全生产。6月27日启动3家煤矿的井下人员定位系统安装试点工作，分别由北京天一众合科技发展有限责任公司安装宏发煤矿、重庆煤科院安装纸坊沟煤矿、深圳翌日集团安装鑫源煤矿试点。系统试运行一段时间后，对3个厂家安装的试点煤矿进行比较，选择一家产品技术符合规范，具备对井下人员位置的实时跟踪定位、移动目标监测查询、入井人员日常考勤管理等功能，售后服务及时有效的生产厂家进行安装。

【驻矿安监员军事化训练】 2月21～27日，为打造一支业务精湛、体魄强健的驻矿安监员队伍，塑造煤矿安全监管员队伍的良好形象，县煤炭工业局邀请县武装部对驻矿安监员进行为期一周的军事化训练活动。27日，驻矿安监员军训汇报表演仪式在红色文化广场举行，并对军训中的先进集体和训练标兵给予表彰奖励。

【蒋建忠督查煤矿安全工作】

3月6～7日，云南煤矿安全监察局副局长蒋建忠在昭通煤监分局局长张子金、市煤炭工业局副局长胡永联等的陪同下，深入威信云投粤电扎西能源有限公司、长塘垮煤矿，就煤矿春节复工和“两会”期间的安全工作进行实地检查。督查组在听取县长张顺民对全县煤矿安全工作的汇报后，蒋建忠对县煤矿春节复工准备工作和“两会”期间煤矿安全工作予以充分肯定，特别对开展驻矿安监员军训活动、企业向县政府作出安全生产承诺等做法给予高度评价。

【技术服务平台建设】 4月29日，在云南煤监局、市煤炭工业局、昭通煤监分局、省煤科院的帮助下，云南省煤矿安全计量监测站与县煤炭工业局严格按照《云南煤矿安全监察局关于印发云南省煤矿安全测控仪器区域技术服务中心建设实施方案的通知》（云煤安技装［2009］50号）要求，威信县煤矿安全测控仪器技术服务站正式挂牌成立。该服务站主要负责威信片区煤矿安全测控仪器的调校、维护等工作。威信县煤矿安全测控仪器技术服务站与2008年12月成立的威信县煤矿安全监控系统服务中心、2009年5月组建的威信县瓦斯治理县级专家组、2010年10月成立的威信县煤矿瓦斯治理技术咨询服务站，共同构建瓦斯治理技术服务平台，标志着县煤矿安全技术服务体系建设又迈出新的步伐，为防范瓦斯事故起到了重要作用。

【矿山应急演练】 6月18日，为检验专业救护队伍的救援水平和实战能力，县矿山救护队开展火灾应急救护演练。整个演练分为闻警集合、安装灭火工具、抢救伤员、高倍数泡沫灭火等内容。

【煤矿安全生产知识竞赛】 6月，为强化安全意识，普及安全常识，提高安全生产技能，促进安全生产，县煤炭工业局、县煤矿工会举办六月安全月煤矿安全生产知识竞赛活动。竞赛活动经过矿区初赛和片区煤管所复赛，选拔出8支代表队，每支代表队由3人组成。6月25日晚在九龙溪大酒店五楼会议室进行决赛。竞赛题型有必答题、抢答题和风险题。赛题内容涉及煤矿安全生产各环节，针对性强。竞赛活动本着公平公正公开原则，实行当场评判、当场打分，并设立仲裁机构。经过一个多小时的精彩角逐，麟风片区煤管所代表队获第一。

（县煤炭工业局　余明泉）

烟　　草

【两烟经营】 2010年，烟叶种植1 571.33公顷，种烟乡镇7个，完成收购6.66万担（含0.16万担级外烟叶），其中上等烟占43.69%、中等烟占36.27%、下等烟占20.04%。实现收购均价每千克14.04元，收购产值4 562.9万元，比上年增加657.1万元，增长率16.82%。销售卷烟11 500.03箱，实现含税销售收入20 165.615 2万元，实现毛利4 459.119 0万元。订货成功率98.46%，客户满意度95%以上，电子计算率71.85%。

【烟叶基础设施建设】 2010年，完成县财政补贴专项烤房建设，新建烤房150座，总投资140万元；完成烟草农机具购置111台／套、补贴资金19.98万元；按照国家局、省市局（公司）现代烟草农业烟叶基础设施建设程序和要求，组织开展水田乡香树村460万元烟水管网工程和机耕路建设项目招投标及工程建设工作，完成机耕路建设9.12千米、水池16个1 150立方米、管网90.96千米。年内烟草投入资金超2005—2009年烟水工程建设之和，烟叶生产基础设施综合配套能力增强。

【专卖管理】 2010年，抓好“保牌、稳价、规范、增效”各项措施落实，把“卷烟上水平”建立在尊重市场规律、优化资源配置、良好经营秩序、保持价格稳定、切实加强管理“五个基础”之上。以规范为前提，以确保资金安全为重点，努力打造“七彩服务、情动云岭”服务品牌，实现访送分离。初步建立卷烟物流体系，规范卷烟分拣、送货流程，优化送货线路，有效提高送货效率，强化服务意识，品牌培育和农村市场开拓工作持续增强，电话订货成功率逐步提升，营销网建水平明显提高。专卖监督管理围绕“打假破网、内部监管和创建”三项重点任务开展工作，加大打击涉烟违法犯罪及烟叶收购执纪执法工作力度，与公安、工商、法院、检察院等部门协调配合，开展整治卷烟市场秩序专项行动。全年完成《烟草专卖零售许可证》新证办理147本；查处涉烟违法案件118起，查获非渠道进货卷烟1 053.9条、无证运输卷烟1 319.7条，没收假冒商标卷烟904.4条，擅自收购无证运输劣质烟叶3 185千克。收缴罚没款58 559元，追究法律责任5人。

【综合管理】 2010年，县局（分公司）按省、市局（公司）关于加强基础管理的工作要求，贯彻“重心下移、着眼基层、突出服务、加强基础”的工作方针，以“预算管理、贯标、对标、基层创优”四项工作为重点，全面加强基础管理和基层建设，积极推进管理创新，扎实推进企业管理现代化、规范化和制度化，向管理要效益。推进信息化管理与“两烟”生产经营相融合，围绕卷烟营销、专卖内管、烟叶生产、物流建设等核心业务，进一步健全标准，明确职责，优化流程，完善程序，初步搭建基础管理平台和综合管理体系。突出过程管理，坚持从规范入手，建立和完善各项制度，切实做到用制度管权、管事、管人，建立规范化工作的长效机制。“两标一体”建设通过市局（公司）三次检查评审。11月初，经北京世标／WSC认证中心有限公司认证，顺利通过职业健康安全质量管理体系审核达标。以省局提出的“控本增效、控员增效、挖潜增效、节支增效”总体要求，以提高财务预算管理水平，强化预算的控制力和执行力为重点，认真开展对标、贯标和创建工作，“六化”管理水平得到进一步提升。

【队伍建设】 2010年，按照“抓班子、带队伍、强管理、促发展”的基本要求，认真贯彻党的十七届四中、五中全会精神，持续深入开展学习实践科学发展观活动，深入开展坚持“四项标准”、社会主义荣辱观、预防职务犯罪警示等主题教育活动。工会工作围绕中心工作来开展，组织机构健全完善，注重对职工的思想教育和业务知识技能培训，加强爱岗敬业和职业道德规范的建设，切实关心职工的工作和生活，解决职工的实际困难和问题。分公司的生产经营等重大决策都通过会议向职工传达，加强了职工的民主监督，职工积极参与企业的民主管理，职工各方面的权利得以保护。公司先后举办“忆牛年迎新春联欢晚会”、纪念“三八”国际妇女节100周年庆典晚会、“潮起威烟”联欢晚会。开展“抗旱救灾”献爱心、捐资奖励助学、“坚持四项标准、促进职工成长”主题演讲等活动。全年共编撰、制作简报32期，制作展板6期。有多篇信息在网络媒体上刊载，其中《烟草在线》21条19幅、《烟草中国》7条、云南省烟草专卖局（公司）网38条、《云南烟叶信息网》19条、市局（公司）简报采用72条。在“七一”建党节期间，局党总支开展“弘扬红军长征扎西精神，加快威烟追赶型发展”专题传统教育活动，组织党员干部参加“重走长征路，当一天红军”活动，庆祝中国共产党建党89周年。组织16名职工参加义务献血活动。

【老龄工作】 2010年，有退休退养职工70名，占职工总数的35%。县局（分公司）加强老龄工作管理，深入细致地做好离退休干部的抚慰工作，成立老龄工作领导组，有兼职人员负责老龄工作。把退休退养老党员分解到机关两个支部，为他们订阅党报党刊，邀请他们参加支部会议，让老同志及时了解企业生产经营情况。解决生活待遇，确保每个月能按时领到工资及福利待遇，逢年过节进行慰问发给礼金和礼品，送去企业对他们的关心和温暖。重阳节期间召开退休职工座谈会，向他们通报企业生产经营情况并征求他们的意见和建议。在此基础上，建立老年活动室，安装空调，使老同志一年四季都有一个固定的活动场所。年内，对死亡职工家属、特殊困难职工、寒窗助学等发放抚恤金及慰问36 993元。

【受表彰情况】 2010年，分公司获昭通市政府烤烟生产抗旱工作先进单位、“五五普法、依法治理”先进单位，卷烟销售网建工作先进单位，获昭通市烟草专卖局（公司）评为安保工作先进集体。

（**烟草威信县分公司**　白富元）

交　通

【二级公路建设】 凤（翥）威（信）二级公路大塘—大落脚段　全长21.5千米，2009年5月20日开工建设，累计完成投资4 500万元，2010年共完成投资1 030万元。2010年10月完工投入使用，12月通过交工验收，评定为合格工程。

凤（翥）威（信）二级公路大落脚—狮子沟段　全长15.33千米，2007年11月开工建设，概算投资8 900万元，累计完成工程投资8 973万元。12月全面完工并顺利通过交工验收，评定为合格工程。

镇（雄）威（信）二级公路威信段　全长3.4千米，2009年4月开工建设，概算投资1 700万元，累计完成投资2 277万元，2010年完成工程投资1 447万元。2010年12月投入使用。

【通乡油路工程建设】 扎西江西塆—罗布油路改造工程 全长20.08千米，2008年12月开工建设，2010年完成投资727万元，累计完成工程投资3 277万元。2010年9月完工投入使用。

双河比喜—水田斑鸠井路基路面工程 全长28千米，2008年11月开工建设，累计完成投资4 500万元，2010年完成1 358万元。2010年完成双河比喜至水田斑鸠井路基路面工程，以及标志、标牌安装和安保工程建设。

顺河—中心公路 全长10.5千米，2009年9月开工建设，至2010年底完成级配层10.5千米、水稳层8.5千米，累计完成投资1 504万元，年度完成1 110万元。

罗布—柏坳林公路 全长33千米，2009年9月开工建设，至2010年底完成路面级配层15千米、水稳层3千米，累计完成投资2 776万元，年度完成2 133万元。

罗布—高田公路 全长15.8千米，2009年9月开工建设，至2010年底完成路面级配层、水稳层铺筑，累计成投资1 652万元，年度完成1 244万元。

木瓦房—三桃公路 全长12.4千米，2009年9月开工建设，至2010年底完成路面级配层铺筑5千米，累计完成投资1 322万元，年度完成928万元。

【农村公路通达工程】 2010年，计划项目2个共22千米，即柏坳林至观斗山12千米、簸箕至簸火10千米。计划总投资440万元。11月两个工程启动，截至12月底累计完成总投资20万元。

【旅游公路工程建设】 1月，长安至瓦石旅游公路开工，全长6千米。6月，工程完工投入使用，并通过县政府组织的交工验收。完成工程投资381.33万元。

【村组公路建设】 2010年，计划实施的村组公路建设共计218千米，概算投资1 095万元。截至12月底，全县共新建村组公路182.5千米，完成工程投资约1 003.75万元。

【公路养护管理】 2010年，完成养护总投资279.24万元，其中扎西至石坎油路中修工程完成投资84.88万元，火碱坑至观斗山公路中修工程完成投资94.46万元。县道小修保养完成投资99.9万元。

【农村客运站点建设】 2010年，县城中心客运站建设计划总投资740万元。年底客运综合楼主体工程完工，项目累计完成总投资724.8万元，年度完成投资243.8万元。6月，高田客运站站场建设全面完工，累计完成投资85万元。年内，庙沟客运站完成站台选址和施工图设计工作。

【张诚安检查威信交通工作】 4月，云南省交通运输厅纪检组长张诚安等一行到威信县检查“抗大旱、保民生、保建设、保畅通”工作进展情况，对县二级公路、农村公路、农村客运站点建设取得的成绩给予充分肯定。

【表彰奖励】 年初，县交通局被昭通市政府授予“昭通市‘十一五’交通运输工作”一等奖。

（县交通局 潘 涛）

铁 路

【隆黄铁路】 2010年1月28日，铁道部发展计划司对隆黄铁路建设的必要性给予肯定。隆黄铁路北起四川隆昌，南到贵州黄桶，由北向南经川南、渝西、黔北、滇东，北接成渝铁路隆昌站，南接贵昆铁路黄桶站，西边有内昆铁路，东边有川黔铁路，全长497.4千米。建设标准为铁路Ⅰ级，设计时速每小时160千米。

【成贵铁路客运专线乐（山）贵（阳）段初步设计编制结束】 5月中旬，成贵铁路客运专线乐（山）贵（阳）段初步设计编制结束，采用CRH系列动车组，最高时速为每小时350千米，全线平均站间距约为41千米。采用长短两种编组方式，短编组定员为600人，长编组定员为1 200人。

【成贵铁路乐山至贵阳段环境影响报告书通过国家技术评估】 7月16～17日，由环境保护部环境工程评估中心、铁道部工程设计鉴定中心共同主持的新建铁路成都至贵阳线乐山至贵阳段环境影响报告书技术评估会在成都举行，铁道部计划司、省发改委、省环境保护厅等相关单位的代表及特聘专家70余人参加。会议认为，新建铁路成都至贵阳线乐山至贵阳段符合《中长期铁路网规划（2008年调整）》和国家产业政策。工程的建设与运行主要带来生态、噪声、振动、地表水、地下水等方面的环境影响，在认真落实报告书中提出的各项环保措施后，可得到有效控制或缓解。从环境保护角度分析，工程建设可行。21日，成贵铁路乐山至贵阳段环境影响报告书通过国家技术评估。

【铁道部专家实地踏勘成贵铁路威信段】 9月24～25日，铁道部鉴定中心副主任吴克非，副总工程师秦永平、丁亮，成贵公司总经理张国力，中铁二院集团公司副总工林世金等一行53人组成的专家组，实地踏勘成贵铁路威信段。专家踏勘组一行到扎西镇田坝村、小坝村及扎西水库，罗布乡簸火村、青龙村，旧城镇天蓬村、松林村等村庄进行踏勘，对天蓬隧道、应山岩隧道、任家山等隧道及桥面车道、火车站点的总体设计方案逐一进行核实，并详细了解相关技术参数、施工方案及线路走向。踏勘主要是对施工难度较大的隧道、桥梁以及全县的控制性工程和重难点工程进行现场核对。目的是结合当地的工程地质条件、桥位选择、隧道条件、工程难度、运营风险、工程投资等进行综合比选和核实，为铁路建设进一步做好准备。成贵铁路是国家铁路建设长期发展规划中"成都—乐山—贵阳—广州"线形成的西南到华南新通道的重要路段，全长530千米，设计时速为每小时350千米，是全国高速铁路网的重要组成部分。成贵铁路途经威信县旧城镇、高田乡、罗布乡、扎西镇4乡镇14个村，火车站设计建在田坝村白岩寨。威信段除院子村范阁梁子为露天车道外，另有8座桥面车道，其余基本为隧道。

【成贵铁路建设动员大会在宜宾举行】 12月26日上午，成都至贵阳铁路建设动员大会在宜宾南岸西区财富广场隆重举行。四川省委书记、省人大常委会主任刘奇葆宣布开工，铁道部部长刘志军、云南省铁路建设督导组组长梁公卿、四川省副省长王宁在建设动员大会上讲话。铁道部副部长卢春房主持动员大会。

（县志办　整理）

邮政·电信

邮　政

【机构人员】 2010年，威信县邮政局设置两个管理部，即综合部和市场部，设4个生产班组。下辖高田、旧城、麟凤、长安、双河、罗布、石坎、水田、三桃和庙沟10个农村邮政所。年底有员工68人，其中会计员4人、助理经济师1人、助理经营师1人、经济员4人。在岗职工获得职业技能鉴定中级证书18人、初级证书16人、基金从业资格证书1人、保险从业资格证书2人、银行业从业资格证书1人。劳务派遣人员32人，内部退养员工7人，退休28人。

【经营情况】 2010年，实现业务收入660.9万元，完成预算目标626.26万元的105.53%，完成市局下达计划目标647.14万元的102.13%，比上年的554.32万元增长19.23%，增长绝对值106.58万元。其中邮务类业务收入实现113.37万元，完成年计划的89%，比上年下降1%；速递物流类业务收入实现69.7万元，完成年计划的55%，比上年增长13%；金融类业务收入实现468.32万元，完成年计划的115%，比上年增长25%。劳动生产率9.72万元，是全市邮政劳动生产率7.36万元的132%。全年储蓄余额2.32亿元。全年放贷1 205万元。履行"课前到书、人手一册"的承诺，完成全县15所中学、49种92万册、181吨教材的配送工作；收订报纸7 321种，杂志4 978类；特快专递收寄24.51万件，累计实现收入56.07万元，比上年增长13%；兑付汇票35 303张，5 315万元，其中务工汇款4 614万元。

【基础管理】 8月，全县11个营业网点全部实现电子化营业，为下一步各种中间业务、代收费业务等奠定技术基础。安全防范和资金内控制度得到很好贯彻，机要通信确保了万无一失，全局未发生资金案件、通信事故和安全生产事故。党风廉政建设得到进一步加强，党风廉政建设责任制得到很好的贯彻执行，经市局检查考核组现场检查考核，党风廉政建设得97分。

【企业文化】 2月，建成罗布邮政所职工小家。“三八”节期间，组织全局女职工开展系列庆祝活动。积极开展职工文体活动，派遣范孝敏参加省公司举办的女职工健身操比赛。张全新和施庭荣等参加省公司举办的“红邮杯”羽毛球比赛。做好职工互助相关工作，包括开展好春节送温暖活动，工会互助团体补充医疗保险参保率100%。邓声学、余忠华分别获子女“金秋助学”奖励4 000元和2 200元。马玲获中国邮政集团公司授予的“航空机票百日营销竞赛优秀营销员”称号，黄涛、吴学诚、廖绍芳、万正林、毕芹、胡祖学、喻文仲获云南省邮政公司总经理提名奖。

（县邮政局 杨 力）

电 信

【业务完成情况】 2010年，完成业务收入1 410.45万元，其中实现固网收入1 160.77万元，移动收入249.68万元。年终绩效考评得分106分，评为S档，在县区公司中名列前茅。

【市场拓展】 5月10日，分公司转型业务实现新突破，签订“平安威信”视频监控系统合作协议，并于7月20日建成投入使用。加快业务发展，积极拓展市场空间，建成宏发煤矿、鑫源煤矿等通信合作项目，由项目方投资，建成后为公司带来上万元的月收入，成为公司后来发展业务的一个典型案例。“平安威信”项目建成后，年内即为公司带来25万的业务收入。签订煤电一体化通信服务项目，年创收50余万元，实现公司与用户双赢。

【提升服务水平】 2010年，围绕提升客户感知，完善客户服务管理体系，进一步提升服务能力和水平，把服务打造成为公司核心竞争力。做好基础服务工作。建立服务检查、自查工作的长效机制。向客户试推出“五个一”服务新举措。

【网络优化】 2010年，强化日常维护，以“双基”管理为根本，固化“四防”成果，积极开展主动性和预防性维护工作，加强对电子工单和112系统工单的追踪和督促，实行重点管理，派单查修，形成闭环管理，装移机、障碍查修时限得到了有效管控。共计4个月得到市公司的成本激励奖。通信建设上，完成威信煤电一体化项目观音山煤矿办公楼及宿舍楼的EPON设备安装（HW5680OLT一套，ONU8套，路由器1个，24口宽带交换机4台）。煤电一体化项目金竹电厂办公楼及宿舍楼的EPON设备安装（ONU3套，路由器1个，16口宽带交换机3台）。完成水田乡政府、旧城镇政府、三桃乡政府的光纤局域网组网，完成县审计局、宣传部外宣办、人力资源开发办、纪委等13个单位的光纤局域网组网。完成赤源宾馆、苗家情宾馆、广场宾馆等6家宾馆的通信设备安装及开通工作。完成县城47套EOPN设备（ONU）的安装，割接ONU宽窄带用户128户。完成宏发煤业有限公司、鑫源煤矿的通信建设。新建C网工程基站建设8个，替换站1个，其中EVDO站开通4个。

【基础管理】 2010年，公司加强基础管理，推动公司经营发展，提升管理水平。加强财务基础管理，理顺水费管理体制，出台公司车辆管理办法。开展小金库自查，公司资金运行安全，无违规现象。开展公司绩效二次分配，实施计件计量工作。开展“安全生产月”活动，为员工培训《中国电信集团安全生产管理规定》、《云南电信通信大楼安全管理规定》，收看《电信线路作业安全技术规范》影视光盘，组织消防安全实战演练。

【关心关爱员工】 7月，公司在省市、公司的关心下，“四小”工作启动建设，10月投入使用。“四小”建设的完成，改善员工的工作和生活条件，解决员工最关心、最直接的、最现实的“吃饭难、洗澡难、上厕所难、学习活动难”的问题，为员工创造精神与物质的良好氛围和环境，改善员工的精神面貌。

（电信威信分公司 宗德松）

城乡建设

【城镇规划】 2010年，启动庙沟、水田等7个乡镇的地质灾害评估工作，并在城市总体规划指导下组织编制廉租房平面布局。召开双河沙河沟文化体育广场，庙沟乡核心区修建性详细规划，长安老街片区修建性详细规划和《威信县城镇“十二五”规划》听证会并通过。启动消防等专项规划编制。

【城乡建设】 **县城建设** 完成新区人行道硬化900平米；茶园路中段、兴威路北段、龙泉路中段路面硬化11 985平米；江西塆街道硬化5 000平米；英才苑及高舰槽桥建设，规模1 200平米；城区4个节点花园建设，规模4 360平米；完成麒麟新区、人民路、西环、环城东路等人行道青石板铺装40 500平米；启动后山森林公园、滨河大道建设，完成投资3 624万元。

县城污水处理厂及配套管网工程 累计完成截污管网32.7千米，2010年完成投资包括征地、厂房、桥及设备3 584万元，累计完成投资6 166万元，现已进入试运行调试阶段。污水处理厂由云南省水务产业投资有限公司达成项目融资协议，水务投资公司出资1 530万元，获得污水处理厂30年的经营权。

路灯绿化工程 安装三桃路灯37盏，长安47盏，麒麟新区139盏，纪念碑33盏。完成扎西公园二期绿化，面积1万平米；麒麟新区一期绿化栽植香樟、桂花、银杏等绿化树600棵，灌木及草坪6 000平米，同时对县城4 000多株乔木类、15 000多平米灌木及10 400平米草坪进行常规养护。

环境整治工程 完成烈士陵园二期改造及扎西会议会址环境整治，完成投资360万元。组织环卫基础设施更新维护，新建公厕4座、改造维修厕所1座，增设垃圾箱、果壳箱400个。

供排水及设施改造工程 安装环西路至长征路至污水处理厂等DN200MM塑管2 152米，DN160MM塑管1 436米，DN110MM塑管1 080米。完成关口坳水厂的修建。收购后山引水工程，完成投资1 240万元。

拆迁工作 实施仓头、寨门口城中村改造，扎西烈士陵园、扎西纪念馆拆迁120户，拆迁房屋面积14 000平方米。

农村危房改造 2010年下达农村危房改造指标为1 100户，安排在旧城23户、长安60户、庙沟561户、水田400户，工程全面开工建设。

【小集镇建设】 2010年，全市小集镇建设工作会议确定威信县麟凤为特色集镇，旧城、水田、庙沟为重点集镇。年内麟凤乡完成街道硬化4 900平米，人行道彩砖铺装4 800平米，行道树栽植160棵，绿化带建设1 000平米；旧城镇完成集镇供水和街道硬化、亮化、绿化工程，居民自建房19 400平米；庙沟乡筹措资金200万元对集镇街道实施沥青铺筑、人行道铺筑和集镇排水设施建设，乡政府投入资金360万元，拉动农户投入资金1 500万元对房屋建筑实施穿衣戴帽工程；水田乡结合实施“整乡推进”，建成“三横一纵”主街道4条26 000平方米，建成柏油路面主干道0.8千米，完成红军烈士陵园的改造、绿化，建成农村客运站和乡文化站，并启动主要街道绿化、亮化和文化活动广场建设工程。

【住房保障】 2010年，完成2009年下达18 000平米任务（其中用于教师周转房8 000平米），累计完成投资2 282万元，年度完成投资1 297万元。本年下达建设任务1万平米（其中用于教师周转房6 600平米），已全面开工建设，完成投资730万元。

【房地产管理】 2010年，全年发放住房租赁补贴880户1 858人，累计发放补贴资金1 433 656元；引进昭通怡林房地产开发公司，开发新建位于扎西仓头“扎西圣景”商品房小区，占地47 520平米，设计总面积128 285平米；办理房屋所有权登记331件，房屋他项权登记

355 件。完成档案上架 700 余份。

【城市管理】 2010 年，出台《威信县出租汽车经营秩序整治实施方案》，印发 2000 余份《关于整治城市出租汽车营运秩序的通告》，整顿出租车非法营运市场。全年开展以人民路为“严管街”九龙路为“示范街”创建活动，纠正违章 763 人次，乱停乱放 378 车次，取缔占道经营 76 处，扣留占道经营物品 389 批次。取缔垃圾死角 20 余处，清运垃圾 5 600 吨，粪便 1 600吨。

【工程质量安全管理】 2010 年，全年监管建设工程 49 项，受监面积 20.1886 万平方米，竣工验收备案 14 项，建筑面积 6.159 万平米，出具质量监督报告 14 份；发出质量整改通知 30 余份，局部停工通知 5 份。全年履行安全检查 600 余次，发出整改通知书 40 份，停工通知 6 份，培训一线建筑农民工 600 人，发放安全手册 400 套。

【行政审批】 2010 年，共核发《建设项目选址意见书》10 份，《建设用地规划许可证》173 份，《建设工程规划许可证》133 份。审查施工图 9 份。年内共办理人大代表建议 4 件、政协委员提案 13 件。

（县建设局 周诘淞）

住房公积金管理

【住房公积金情况】 2010 年，全县应建住房公积金制度单位 147 个8 546人。年底已建单位 147 个8 546人，其中本级行政事业单位 112 个、职工6 449 人，上划单位和国有企业 35 个、职工2 097人。

【资金归集管理】 2010 年，全县应归集住房公积金4 658.48 万元，实际归集5 010.11 万元；完成年内应归集任务的 108%，比上年同期归集的3 470.61万元增加1 539.5 万元，增幅 44%。累计归集18 564.81 万元，当前住房公积金余额为 18 362.3 万元。

【缴存比例】 自 2010 年 1 月起，全县职工的缴存比例从 8% 提高到 10%。威信县自 2002 年建立住房公积金制度至 2007 年底，住房公积金缴存比例执行 5%。2008 年 1 月缴存比例调整为 8%。职工住房公积金缴存比例和缴存基数还停留在一个很低的标准。为切实解决全县机关事业单位在职人员住房公积金缴存比例过低的问题，办事处多次向县委、县政府领导汇报，同时积极做好县财政的沟通、协调工作。通过努力，得到县委、县政府的重视和支持，并下文提高缴存比例为 10%。

【资金提取管理】 2010 年，提取 155 笔 305.5 万元，占归集额的 7%。其中：退休、死亡提取 77 笔 139.52 万元；购建房提取 14 笔 62.32 万元；一次性提取还贷 11 笔 31.34 万元；按年提取还贷 16 笔 19.47 万元；调离昭通市辖区提取 18 笔 35.62 万元；其他提取（包括企业改制、职工辞职与单位终止劳动合同）19 笔 17.23 万元。累计提取住房公积金1 016.39万元。支取严格控制在年内归集额 10% 以内。

【个人住房贷款管理】 2010 年，全年贷款规模6 300万元。1 月，贷款工作正式启动，受理职工个人住房贷款预申请 513 笔 7 051.6万元，审批发放贷款 510 笔7 018.9万元，超额完成 718.9 万元。累计发放公积金贷款 2 019笔17 490.5万元，累计回收贷款本息6 699.76万元，其中本金5 687.66万元，利息1 012.1万元。贷款余额 11 802.84 万元。全部贷款按期回收，无逾期贷款或不良贷款。住房公积金贷款基本具备安全、优质、便民的特点，同时住房公积金贷款规模的扩大，有效地提高对广大职工购买、建造住房的资金支持力度，帮助2 000多户职工家庭解决购房资金困难或改善居住条件。

（住房公积金管理办事处 简代平）

环境保护

【环境监测】 2010年，全县地表水河流、水库10个监测断面4个达到Ⅱ类水质，4个达到Ⅲ类水质，一个断面为Ⅳ类水质，一个断面为Ⅴ类水质，县城饮用水源水质达标率100%。城市环境空气质量好转，县城环境空气中总悬浮颗粒物年平均浓度下降，非暖期二氧化硫日平均浓度低于国家环境空气质量二级标准。全年城市环境空气质量好于国家二级标准的天数达到200天。城市声环境质量逐步改善，社会生活噪声达到《城市区域环境噪声标准》1类标准，道路交通噪声达到《城市区域环境噪声标准》4类标准。辐射环境管理进一步规范，8家使用放射性同位素和射线装置的涉源单位全部办理辐射安全许可证，并将放射性装置安全检查纳入环境监管。年末全县林地面积65 820公顷，林木绿化率46.1%，森林覆盖率37.2%。

执行国家环境政策和产业政策，在建设项目环评审批过程中认真落实《促进产业结构调整暂行规定》和《产业结构调整指导目录》，提高建设项目环保准入门槛，严格控制高耗能、高污染项目上马建设。通过“十一五”减排工作，淘汰关闭麟凤电石厂、电石厂、电化厂电石车间、宏达电冶有限公司、罗布电石厂、上坪电石厂、斑竹电石厂、鸿锐电冶有限公司、鱼井电石厂、下坪电石厂、双河水泥厂、麻园水泥厂共12家高耗能、高污染排放企业，实现二氧化硫减排406.876吨。新增工业废水处理能力26万吨／年，工业废水排放达标率达到70%；新增工业废气处理能力4亿立方米／年，遏制环境空气质量恶化趋势，新增工业固体废弃物处理能力12万吨／年，排放量减少。

年内，按照全省环保工作会议提出的环境监测“三个说得清”（说得清环境质量现状及其发展趋势、说得清污染源排放情况、说得清潜在的环境风险）的要求，按时完成环境质量常规监测工作任务，分别于1、3、5、7、9、11月6次开展全县地表水2个省控断面、2个市控断面、6个县控断面和城镇集中式饮用水源环境质量常规监测，分别于1、4、7、10月4次进行县城环境空气质量2个市控点的例行监测，分别于6、12月开展县城功能区环境噪声监测，对宏达煤矿、纸房沟煤矿、花家坝煤矿的排污情况和云南泸西路桥公司沥青料场淋溶水污染情况进行了污染源监督性监测。

【环境管理】 2010年，落实《环评法》和《建设项目环境保护管理条例》，按照国家环保部新颁发的《建设项目分类管理名录》，办理完善丰岩坝煤业有限公司煤炭转运项目和锦昌生物科技有限公司年产250吨黄樟油生产项目2个环境影响报告表、驰翔汽修、县农产品质量安全检验检测站等45个建设项目环境影响登记表的审批手续。建设项目环保竣工验收完成桥上煤矿、宏发煤矿、李子埂煤矿3个技改扩能项目。按照国家、省、市环保局关于开展2009年度、2010年度污染源普查动态更新调查工作的安排部署，成立领导组和工作机构，组织开展人员培训和宣传动员，拟订调查工作方案。3月完成49家重点工业污染源、5家重点农业污染源、2家城镇生活污染源和2个集中式污染治理设施普查的动态更新调查工作任务，实行调查数据和录入质量审核。调查成果通过国家、省、市环保部门的审查。

4月，根据9日国家环保部等8部门联合召开的2010年全国环保专项行动电视电话会议精神和省、市的安排部署，围绕完成污染减排任务、重金属清查和煤炭行业污染治理，会同相关部门开展对重点行业环境违法问题的集中清理整治，把县城生活污水处理厂工程建设和上坝煤矿、尹家塆煤矿、蒲草坝煤矿、水洞坪煤矿的废水限期治理纳入挂牌督办，检查排污单位68家，处罚环境违法企业4家。针对全县煤矿废水治理水平低、水处理设施简陋、运行不稳定、废水不能稳定达标排放的现状，在县煤炭工业局的支持和帮助下，组织煤矿业主到贵州六盘水、四川珙县等地参观学习煤矿废水治理技术，在此基础上督促煤矿业主加大环保投入，全面推广工艺成熟、运行稳定、管理方便的煤矿废水治理新技术。在2009年完成花家坝、李子埂、沙地头、宏发4家煤矿废水治理任务的基础上，上半年完成桥上煤矿废水治理工作。9月底水洞坪煤矿、顺河煤矿、南风煤矿和鑫星煤矿完成废水治理设施的土建工程，11月底安装完毕投入运行。

【“十二五”专项规划】 2010年，按照《“十二五”专项规划责任书》的要求，根据威政发［2009］36号文件和昭环通［2010］26号文件精神，成立环境保护“十二五”规划编制工作领导组，协调指导规划编制工作。为科学确定规划的各项目标和具体指标，组织开展生态文明建设与农村环境综合整治、清洁生产与循环经济、污染减排与总量控制等环保课题前期研究。在编制完成规划初稿的基础上，通过电子政务平台向县直各部门和各乡镇征求意见，在县政府政务信息公开网站上发布规划初稿，征求社会各界的意见和建议。8月中旬召开环境保护“十二五”规划专题听证会，听取意见和建议，并与全市环保“十二五”规划、全县国民经济和社会发展“十二五”规划进行对接。先后5次对规划文本进行修改完善，将规划上报市环保局。

【污染减排目标基本实现】 2010年，按照县政府与市政府签订的2010年主要污染物总量减排目标责任书的要求，加强对重点减排项目的检查督促。1月底，麻园水泥厂两条机立窑生产线拆除完毕，淘汰落后水泥产能10万吨，预计减排二氧化硫669.9吨。6月上旬，减排成果图片及相关文本材料报市环保局。9月26日污水处理厂工程建设全部完工，项目完成总投资5 236万元，累计完成截污管网23.59千米，进入厂网贯通和试运行阶段。

【生态乡镇创建和农村环境整治】 2010年，结合新农村建设，以“清洁家园、清洁田园、清洁水源”为目标，组织开展造林绿化、治水改土、“三清五改”等环境整治和生态建设工作。并对罗布乡进行地表水、环境空气和声环境质量状况监测。罗布生态乡创建的文本和影像材料已通过市环保局组织的专家组评审，上报省环保厅验收批准命名。农村环境综合整治完成扎西水库水源补给区扎西镇小蒿坝农村环境综合整治示范项目实施方案编制，报省环保厅审批。

（县环保局 余佑旭）

经贸·供销

经济贸易

【机构】 2010年，县经贸局内设的经济合作办公室撤销，新成立的威信县商务招商局升格为一级局。

【经贸简况】 2010年，全县完成现价工业总产值166 581.4万元，实现现价工业增加值60 497万元，规模以上工业企业增加值完成38 058万元，主营业务收入完成70 477万元，利税总额18 028万元（其中利润6 055.7万元，交税金11 972.4万元）。原煤完成222万吨，电石完成6 068吨，发电量完成1.724亿千瓦时，白酒2 510吨，砖1.39亿块。全县社会商品零售总额50 696.7万元。扎西、罗布、旧城、长安、麟凤、双河6个乡镇完善生猪定点屠宰场建设。非公经济完成增加值10亿元。年内，全县累计新增固定资产投资完成1.58亿元，主要是完善西部农网改造工程和煤矿企业改造的投入。

【招商引资】 2010年，新增招商项目7个，签约项目2个，达成投资意愿项目5个，招商引资实际到位资金17.07亿元。签约2个项目分别是：云南锦昌生物科技有限公司投资7 935万元独资开发黄樟油生产加工，该项目现已完成投资1 982万元；台塆香春岳国际有限公司投资5 000万元独资开发山嵛菜产业化开发。

【整顿市场经济秩序】 2010年，建立健康、和谐、安全、诚信的市场经济秩序为目标，抓住关系人民切身利益、群众反映强烈、社会危害严重的重点、难点问题，开展以食盐、成品油、生猪屠宰为重点的专项整治工作，打击私屠乱宰不法行为。为维护群众的切身利益，防止注水肉、病害肉流入市场，突出重点，强力整治，行业监管取得新成效。在生猪定点屠宰管理工作中，加大市场稽查力度，组织县定点屠宰稽查队每天坚持开展日常稽查，并牵头联合各职能部门每月开展一次集中整治行动。针对节假日等一些特殊日期，及时组织协调工商、畜牧等有关部门开展8次联合执法行动，及时对病害猪肉进行无害化处理，并对货主给予教育和处罚。累计取缔私屠滥宰窝点19个，出动执法人员120人次。组织检查屠宰企业8家，并对6户企业进行换证。会同畜牧、工商、卫生等有关部门深入屠宰企业，调查了解屠宰企业存在的问题和困难，指导和引导企业按照《生猪屠宰管理条例》、《生猪屠宰管理实施办法》、《生猪屠宰与分割车间设计规范》（GB50317—2000）、《生活饮用水卫生标准》（GB5749—85）、《生猪屠宰操作规程》（GB／T17236—1998）及有关规定守法经营，保证上市猪肉质量。共出动检查人员43人（次），对全县8个加油站进行了全面检查，共排查出隐患1处，下发了责令限期改正通知书4份。

【盐业监督管理】 2010年，在经费较为困难的情况下，安排资金用于盐业市场整治，积极组织开展食盐零售许可备案登记和发证工作。按全县食盐零售销售的监控，对150户零售点和7个乡镇中心配送站进行8次检查，没收1.2吨非法渠道进入威信县的食盐。通过整治，有效防止非碘盐和工业盐流入食盐市场。

【节能降耗】 2010年，向城镇居民推广节能灯5 000只，一户试点企业全部安装了节能灯。全县单位GDP能耗同比下降3.31%。

【安全生产管理】 2010年，始终把人民生命财产安全作为头等大事，高度重视安全生产。采取目标管理的方法，与企业层层签订责任书，落实安全生产责任制，形成一级抓一级、一级对一级负责的安全生产目标管理体系，全年累计检查企业129个，查出各种事故隐患146条，现场督促整改131条，下发整改通知书限改15条。按照县委、县政府的统一安排和《威信县2010年安全生产目标责任书》的具体要求，狠抓落实，真抓实干，安全生产呈现良好的态势，实现全年无伤亡事故发生。

（县经贸局　潘先俊）

供销合作

【经营情况】 2010年，经营总额完成8 366万元，占计划8 000万元的104.58%，比上年的6 540万元增长27.9%。化肥销售完成12 246吨，占计划12 000吨的102.5%，比上年的11 768吨增长4.1%。实现利润109万元，占计划90万元的121%，比上年的68万元增加41万元。发展“两社一会”16个，其中专业合作社10个、规范化综合服务社5个、协会1个，占计划16个的100%。7月，举办第二次农产品经纪人培训班，培训各类人员360人，占计划350人的103%。其中农产品经纪人持证人数60人，培训农产品经纪人67人。新建提升配送中心1个，引进合作项目1个。新建、改扩建乡村集贸市场1个。

【农资供应】 2010年，为保证农业生产资料的供应，加强对各农资经营网点的指导、服务和监督，充分发挥好供销社农资经营网点和依托已发展起来的农村综合服务社的作用，组织农资就位，做到及时、足量供应，确保不误农时。购进化肥12 980吨，销售化肥12 246吨，其中尿素7 193吨、复合肥1 505吨、普钙1 148吨、磷肥30吨、碳酸氢铵1 095吨、其他化肥1 275吨。占全县化肥市场用量18 000吨的68.03%。配合相关部门抓好农资市场的整顿工作，加强宣传，把识别假冒伪劣农资产品资料印发给广大农民，提高广大农民群众识别假冒伪劣商品，提醒广大农民群众到供销社经营店及供销社农村综合服务社购买化肥。同时，在化肥经营期，县社及时召开会议，要求各农资经营网点不得经营进货渠道不明、没有质量认定的商品，做到对不合格产品要及时下货架，确保所经营的农资商品货真价实。

【“乡村流通工程”及“两社一会”发展】 2010年，结合年初工作意见及市供销社签订的综合目标责任书，根据县政府《关于印发县政府2010年重点工作任务分解方案的通知》，实施“乡村流通体系建设”，发展“两社一会”。年内共发展“两社一会”16个，其中专业合作社10个，规范化综合服务社5个，协会1个。

【企业统筹欠费工作】 3月，市政府副市长胡月星、市供销社党组书记李斌一行到威信调研供销合作社改革发展情况，了解供销系统企业历年欠缴的职工基本养老保险费。为解决供销系统企业职工基本养老保险欠费遗留问题，根据昭市劳社［2010］105号文件和全市供销系统企业职工基本养老保险工作会议精神，供销社和社会保险事业管理局组织人员对供销系统企业历年欠缴的职工基本养老保险费进行清理。经过清理，供销系统有企业22个，共有职工542人，从1995年10月起全部参加企业职工基本养老保险。从1997年10月起部分企业开始欠费，1999年4月供销系统实行转制、改制，但企业经营仍不正常，无力缴纳企业职工基本养老保险。至2009年12月止，供销系统累计应缴养老保险费7 723 657.23元，欠费2 835 263.5元。昭通市财政局、市供销社联合以昭财企［2010］104号文下达威信县供销社系统养老保险专项补助资金271万元。尚缺口125 263.5元。按照全市供销系统企业职工基本养老保险工作会议精神，不足部分由县政府解决。为处理好供销社下属企业养老保险历史欠费，对此次清理后不能解决的125 263.5元养老保险，请示县政府同意批准，县财政全额划拨解决。4月，县政府为进一步加强供销工作的领导，将供销社工作纳入全县农业农村工作进行考核。

（县供销社 毛义臻）

财政·税务

财　政

【机构人员】 2010年5月13日，县委会议决定：在县财政局加挂“威信县国有资产监督管理局”牌子，与县财政局合署办公，局长按正科级配备，由县财政局副局长兼任。8月26日，县机构编制委员会办公室《关于威信县会计管理局等事业单位岗位设置类别通知》核定威信县会计管理局事业编制15名，其中管理人员2名，专业技术人员13名；威信县财政局票据监管中心事业编制2名（专业技术人员）；基本建设财政性投资评审中心事业编制4名（专业技术人员）。11月30日，人事和劳动社会保障局《关于对威信县财政局事业单位岗位设置方案报告的批复》对会计管理局、票据监管中心、财政投资评审中心三个事业部门的岗位数和各岗位等级作核准。年末，财政局共有职工116人，其中在职106人、退休10人。年末，县财政局被昭通市委、市政府表彰为“昭通市2006—2010年普法依法治理先进单位”。

【财政收支完成情况】 2010年，全县地方财政一般预算收入完成12 689万元，比年初预算增加581万元，增长4.8%，比上年增加2 600万元，增长25.8%。其中：税收收入完成10 114万元，比上年增长22.5%；非税收入完成2 575万元，比上年增长40.4%。全县地方基金预算收入完成1 766万元，比年初预算增加866万元，增长96.2%，比上年增加315万元，增长21.7%。

全县地方财政一般预算支出完成98 189万元，比上年增支23 923万元，增长32.2%。全县地方基金预算支出完成5 033万元，比上年增支656万元，增长15%。其中：上级下达基金预算支出3 267万元，县级基金预算支出1 766万元。

地方财政收支平衡情况：地方财政一般预算收入12 689万元，上级补助收入84 474万元，债券转贷收入308万元，上年结余收入1 907万元，收入总计99 378万元；地方财政一般预算支出98 189万元，上解支出586万元。收支相抵，年终滚存结余603万元，增设预算周转金80万元，结转下年支出520万元，净结余3万元。结余资金形成的主要原因：一是部分上级下达专项补助资金下达较晚，年内难以形成支出；二是预算单位授权支付额度结余。

地方基金预算收支平衡情况：地方基金预算收入1 766万元，上级补助收入3 267万元，收入总计5 033万元。基金预算支出5 033万元，收支平衡。

【财政工作】 2010年，全县农林水事务支出完成15 616万元，比上年增长71.7%。其中通过"一折通"发放补贴资金3 789万元，及时落实粮食直补、农资综合直补和退耕还林现金补助等惠农补贴政策；兑付家电下乡和汽车摩托车下乡财政补贴492万元；安排农业保险费补贴资金183万元，继续为农民住房购买保险，改进能繁母猪保费补贴资金的管理方式，增强参保户抵御自然灾害的能力；筹措安排农资综合补贴资金和小型农田水利设施建设资金2 024万元；拨付抗旱救灾资金1 024万元；拨付资金1 256万元，保障了粮食生产、畜牧生产、烤烟生产、森林防火等农业农村生产发展需要；安排资金2 700万元，支持新农村生态文明家园建设，进一步改善农村居民住房条件；拨付资金400万元，用于村组公路建设；投入资金1 408万元，启动实施283个村内户外公益事业项目；安排扶贫资金2 284万元，重点支持水田整乡推进、实施38个整村推进和易地扶贫搬迁、农村劳动力转移培训、以工代赈示范工程等扶贫项目；安排资金2 782万元，确保了用三年时间化解全部农村义务教育债务目标的实现。

全县教育支出完成26 642万元，比上年增长24.2%。其中：筹措安排农村义务教育经费保障机制改革经费4 132万元，小学和中学生均公用经费标准分别达到400元和600元，比改革前增长10倍；筹措安排农村义务教育阶段贫困家庭寄宿学生生活补助2 210万元，23 720名学生受益，小学生补助标准达到每生每年750元，中学生达到每生每年1 000元；投入资金1 360万元，实施中小学校舍安全工程；投入资金1 231万元，支持学前教育推进工程试点和特殊教育学校建设。

全县医疗卫生支出完成12 025万元，比上年增长79.1%。其中：筹措资金3 622万元，支持县人民医院门诊综合楼和医疗基础能力建设；筹措资金4 289万元，支持新型农村合作医疗；筹措资金643万元，用于支持农村优抚对象、五保、特困人口等参加新农合和医疗救助；筹措资金246万元，用于农村孕产妇住院分娩补助；筹措资金145万元，用于乡镇卫生院建设和购置医疗设备；筹措资金642万元，用于基本公共卫生服务项目和村级卫生室建设；筹措资金190万元，继续支持防治艾滋病和重大传染性疾病防控工作。

全县社会保障和就业支出完成13 552万元，比上年增长36.4%。其中：筹措资金1 430万元，确保企业退休人员基本养老金按时足额发放；筹措资金1 236万元，支持启动农村社会养老保险试点工作；筹措资金745万元，为农村群众和城镇低保对象发放燃煤补贴；筹措资金4 069万元，及时发放城乡居民最低生活保障补助和优抚对象补助；筹措资金542万元，促进城乡临时救助制度的建立和完善，切实加大对困难群众的救助力度；筹措救灾救济资金380万元，解决受灾群众和困难群众的基本生产生活问题；筹措安排资金113万元，发放高龄老人保健和生活补助；筹措资金273万元，支持创业促就业政策的落实；筹措资金200万元，用于小额担保贷款保证金；筹措创业贷免扶补财政贴息资金84万元，拉动全县"贷免扶补"创业促就业和小额担保贷款1 005万元，扶持高校毕业生、农民工和困难人员自主创业和实现再就业；筹措资金1 160万元，实施廉租住房建设和向住房困难居民发放租赁补贴；筹措资金1 100万元，支持农村危房改造工程建设，提高农村居民抗御自然灾害的能力；筹措资金1 100万元，继续支持扎西陈列馆建设；全县公共安全支出完成4 546万元，比上年增长17%；筹措安排资金3 559万元，支持乡村公路养护、农村公路改造、通乡油路工程建设；融资4 000万元，支持大落脚至凤翥二级公路建设。筹措资金729万元，用于支付市级划转柿凤二级公路建设贷款威信县应承担的本金和利息；筹措资金3 788万元，支持市政建设、烈士陵园、扎西陈列馆建设和扎西会议会址周边环境整治，进一步提升城市形象，促进旅游业向前发展；筹措资金2 287万元，用于城镇污水处理设施配套管网建设、退耕还林、农村环保等方面。

【内务建设】 4月26日，局党组书记、局长刘华宇与各分管副局长签订党风廉政建设责任书，各分管领导与分管股室、中心、财政所分别签订党风廉政建设责任书、财政局2010年财政工作目标责任制。28日，财政局积极响应县委、县政府“抗大旱、保春耕”要求，筹集86袋尿素运往挂钩村，发放到部分贫困群众手中。

5月20日，对全县领购财政票据的92个行政、事业单位2009年度的财政票据管理和使用情况进行年度检查。对个别单位在票据的使用和管理上还不够规范、收入未及时上缴的问题责令做纠正。27日，成立由分管副局长任绩效评价组组长，社保股、预算股负责人为成员的绩效评价组，对民生专项资金项目城市最低生活保障资金和农村最低生活保障资金进行绩效评价。农村低保项目评价得分70分，属中档次；城市低保项目评价得分97.96分，属优档次。同时，针对存在的问题提出意见和建议。

6月11日，召开创先争优活动动员大会，动员部署创先争优活动。

7月20日，就办理的人大代表建议和政协委员提案，邀请人大代表和政协委员进行面商，面商会上，财政局详细介绍建议、提案的办理程序、政策依据、数据来源及初步办理结果等，认真听取代表和委员对办理工作的意见或建议。

9月6日，县政风行风评议组对财政局政风行风工作进行检查。评议组对财政局政风行风建设工作予以肯定。月初，财政局委托昆明引航学校对全县557名会计人员进行为期6天的继续教育培训。21日，局长刘华宇、副局长熊腾洋带工作人员到水田乡水田村三合村民小组开展入户调查工作。26日，为让全县财政系统人员全面掌握政治理论和财政财务知识，局党组收集有关政治理论、党风廉政建设、四项制度、省情、市情、县情、财政业务综合知识，印制《威信县财政局建设学习型机关学习资料汇编》发给每个干部职工作为学习材料，对全系统干部职工进行测试。

12月1日，县行政事业资产管理信息系统全面建成并投入使用。

年内，县级56个部门及其所属37个基层预算单位、10个乡镇全部纳入国库集中支付改革范围，年内纳入改革的财政性资金总量46 288万元，占全县地方财政一般预算支出的47.1%。共完成财政投资评审项目61个，审定投资10 343万元，审减928万元，审减率为8.2%。

（县财政局 郎启太）

国家税务

【收入完成情况】 2010年，共组织入库各项收入8 804万元，其中税收收入8 796万元，比上年增收2 285万元，增长35.09%，完成全年计划的126.82%。税收收入中增值税入库7 731万元，同比增收2 330万元，增长43.14%；企业所得税入库585万元，同比减收71万元，下降10.82%；个人利息所得税累计入库22万元，同比减收25万元，下降53.19%；车辆购置税累计入库456万元，同比增收53万元，同比增长13.15%；消费税入库2万元，同比减收2万元，下降50%；其他收入累计入库8万元，同比减收2万元，下降20%。

【税源分析】 2010年，对税收增长的税源进行分析。一、行业分析：电力、商业零售和煤炭三大行业稳步发展，税收收入共计6 995万元，占总税收收入的79.52%，成为三大支柱行业。电力税收入库633万元，其中威信供电有限公司2010年度缴纳增值税540万元，同比增收53万元，增长原因主要是县域工业经济发展，供电量增加。商业零售税收入库541万元，同比增收190万元，增长54.13%，主要原因是居民消费能力增强，商业销售状况良好。煤炭税收入库5 821万元，同比增收2 538万元，增长77.31%，增长原因主要是煤炭产量增加，市场销售价格提高，且全面加强煤炭税收征管。二、税种分析：增值税增幅明显，主要是因为煤炭工业成为带动增值税增收的主体，占全年税收总收入的66.2%。企业所得税有所下滑，累计入库585万元，同比减收71万元。减收的主要原因是市烟草公司2010年分配给县烟草公司的企业所得税同比减少165万元。车辆购置税继续增长，累计入库456万元，同比增收53万元，同比增长13.15%，主要原因是国家实行小排量乘用车减按7.5%税率征收车辆购置税，及“汽车、摩托车下乡”财政补贴等政策，从而促进消费，促使税收增长。三、经济结构分析：非公经济发展迅速，同比增收3 384万元，增长76.7%，原因是政府鼓励支持并引导个体、私营等非公经济发展，推行小额贷款扶持创业、对小型微利企业减按20%税率征收企业所得税等优惠政策，刺激非公经济快速发展。

【税收征管】　2010年，加强税源户籍管理，做好管户数据分析比对，定期与工商、地税部门交换登记信息，对纳税人信息实施动态监控，摸清税源情况。年内，新增纳税人391户，累计正常开业登记户数1 651户。落实税收管理员制度，狠抓执法考核，强化责任追究。实行分类管理，对不同行业、不同规模、不同类型的企业进行分类管理，制定重点税源管理措施，把责任落实到人，同时对非正常户进行重点跟踪，对停复业户进行重点巡查。规范个体工商户核定管理，年内共核定个体工商户1 387户，其中达起征点165户，入库税款总计124.46万。强化收入预测和税收进度分析。充分利用综合征管软件和税负预警系统，对税款征收入库情况进行全面监控。做好纳税评估工作，全年共评估纳税人17户，通过评估补缴增值税税款2.43万元，进项税额转出1.24万元，滞纳金451.75元，调增应纳税所得额30.68万元。

【增值税管理】　2010年，把好一般纳税人认定关，按照《增值税一般纳税人资格认定管理办法》对14户企业进行一般纳税人资格认定。抓好进项税抵扣管理工作，深入44户煤炭企业督促健全账务，辅导纳税人严格按政策规定核算应抵扣的进项税款。全年共查出增值税专用发票抵扣不合规定企业2户，合计作进项税转出8.1万元。抓好增值税申报管理工作，提高申报质量，全年企业申报率为100%，个体申报率保持99%以上。

【所得税管理】　2010年，抓好所得税汇算清缴工作，共有47户企业应参加2009年度企业所得税汇算清缴，实际参加汇算的46户，汇算面98%。通过汇算清缴调增应纳税所得额126.71万元。划分管辖范围，与地税定期进行所得税管理信息交换制度，互通管理信息，对新办企业所得税的管理做到不重复、不漏管。所得税法及相关优惠政策的宣传，采取集中培训、上门宣传辅导等方式进行，把所得税政策宣传落实到位。全年举办所得税培训2期，培训企业法人和财会人员165人次。深入享受企业所得税税收优惠政策企业，认真检查核实税收优惠政策执行情况，对存在问题及时纠正。

【车辆购置税管理】　2010年，加强车辆销售管理，杜绝虚开发票行为，对异常发票加大稽查力度，采取协查等方式确认发票的真伪和开具金额。做好车购税征收系统的升级工作，及时更新车辆购置税最低计税价格。积极与交警部门协调配合，由交警部门协助督促纳税人及时缴纳车辆购置税。

【发票管理】　2010年，抓好普通发票简并换版工作。截至年底，全县应推广使用新版发票户644户，已推广使用新版发票430户。加强发票安全管理，严格按发票管理有关要求将安全责任落实到人。开展打击制售假发票和非法代开发票专项整治工作，强化发票使用情况的日常检查。共检查药品经销、商业销售、煤矿企业28户，查处发票违法案件8户，不合规定开具发票324份，查补税款1.54万元，加收滞纳金 0.37 万元，罚款 1.2 万元。建立发票管理台账，认真登记纳税人发票领、销、用、存情况，同时加强发票验旧管理工作。严格按照要求代开发票，全年共代开普通发票2 401份、开票金额5 139万元、征收税款 142 万元。

【税收执法】 2010 年，认真组织开展红色税收宣传活动，与共青团威信县委、县地税局联合开展税收宣传月活动，在威信扎西广场设立税收咨询台，共接受咨询800余人次，发放宣传资料5 000余份。到全国爱国主义教育基地“扎西会议会址”开展红色税收宣传活动，组织干部沿威信境内红军长征路，深入纳税人经营地，为纳税人送政策上门。召开税企座谈会，组织全县56户企业法人、会计和办税人员参加会议，对增值税、企业所得税法等相关税收政策业务进行宣传讲解。开展送税法进矿山活动，组织税收干部上山下乡，走进全县 44 家煤矿，深入开展税收宣传活动。全年共检查纳税户9户，有问题户 9 户，查补入库税款 5.82 万元，滞纳金 1.73 万元，罚款 3.38 万元，合计 10.93 万元。认真落实查前告知制度，积极辅导企业开展自查。安排企业自查 13 户，有问题户 10 户，自查入库增值税税款 44.76 元，滞纳金 2.18 万元，自查入库合计 46.94 万元。年内采取人机结合的方式强化监督和考核，利用税收执法管理信息系统，对日常征管工作中的 4 类 57 项执法行为进行全面检查。市局组织执法检查组对全年工作中的执法行为进行全面检查，县局及时对检查组发现的存在问题进行整改。制定《威信县国家税务局 2010 年税收法制宣传教育工作计划》和认真落实云南省阳光政府四项制度，在税收政务公开网站上录入涉税热点难点问题，及时公开相关涉税信息，方便纳税人和公众进行查询。规范涉税案件审理工作，做到程序合法、事实清楚、证据确凿、定性准确，全年所审案件无复议、无听证、无诉讼。贯彻执行税收政策法规，认真落实惠农等各项税收优惠政策，采取有力措施堵漏增收，做到应收尽收，确保税收收入稳步增长。

【税务管理信息化建设】 2010 年，抓好应用系统推行工作和数据分析利用，做好 CTAIS 综合征管软件升级工作，做好 FTP、办公自动化、“四小票”采集系统等后台数据库的日常维护和数据备份工作。推广网络申报这一新申报方式，2010 年威信县共有 2 家企业成功实行网络申报。抓好金税工程建设，做好金税卡、IC 卡的发行和维护工作，保证数据的接收、清分、比对和上传工作准确及时。全面完成网络教育培训系统与广域网改建、扩容项目工程。做好全局各项硬件设备的巡检工作和网络运行监测、维护工作。年内维护计算机 200 多次，保证全局工作正常开展。

【纳税服务】 2010 年，落实首问负责制，首问责任人负责指导纳税人办理各项涉税事宜，为纳税人查询纳税情况、了解税收政策等提供方便。通过开展送税法上门和召开税企座谈会活动，主动为纳税人解决涉税问题，宣传税收政策，讲解办税流程，认真收集纳税人意见和建议，创建和谐征纳关系。改善办税服务环境，在办税服务厅设置通用窗口，避免纳税人办税多处跑，同时在办税服务厅设置休息区，为纳税人提供良好办税环境。简化审批程序，缩短审批时限，减并纳税人上报的各类报表资料，避免纳税人重复上报。推行多元化申报，开展银行网点代扣代缴、代收代缴，边远山区委托代开发票和介质申报等方便快捷的办税形式，切实降低纳税人办税成本。

【领导班子和廉政建设】 2010 年，按照《2010 年思想政治工作和教育培训工作要点》，党组中心学习组坚持每周五集体组织学习 1 次，副科级以上干部全年共撰写学习心得体会 29 篇。领导班子结合工作实际，分别多次深入纳税户中，就纳税服务、税收征管等课题进行调研。采取发放征求意见表、召开座谈会等方式在全体干部职工中征求意见和建议，共收集到意见和建议 11 条，对职工提出的问题认真研究，拟定 8 条措施及时进行整改落实。完善各项管理制度，从体制和机制上抓好税收行政权和税收执法权的监督制约。与纳税人签订《廉政公约》，并积极做好《廉政公约》回访工作，回访率达 95%。在社会各界聘请 5 名特邀监察员，主动接受社会监督。局与各股室分别签订《党风廉政建设责任书》和《预防职务犯罪责任书》，明确工作职责和责任。组织干部职工学习中央关于《建立健全教育、制度、监督并重的惩治和预防腐败体系实施纲要》，开展廉政理论教育和警示教育，强化预防职务犯罪工作，全年开展典型案例警示教育4次，举办预防职务犯罪知识专题培训1期，全年没有发生干部违法违纪行为。

【精神文明建设】 2010年，国税局文明创建工作得到县委、县政府的高度评价，确定为“十一五”规划成就展的典范单位。围绕“和谐发展年”工作主题，坚持内强素质，外树形象，制定《威信县国家税务局2010年精神文明建设规划》，健全制度，完善奖惩办法。开展创先争优活动，同时抓好党建工作，充分发挥基层党组织的战斗堡垒作用和共产党员的先锋模范作用。认真开展“三读”活动，全面推进学习型机关建设，提高国税干部队伍素质。对全局干部职工从“言、行、容、礼”四个方面进行统一规范，文明用语、文明执法。组织开展争当“优质服务星”、“先进税务工作者”、“文明国税人”等系列活动。

【教育培训】 年初制定年度教育培训计划并严格执行，全年共组织税收业务培训4期，参加培训干部62人次，每月组织计算机操作培训1次。参加省局、市局组织的税收业务培训共计23期35人次。选送5名干部参加昭通市国税系统征管业务能手竞赛。开展岗位大练兵活动，共组织税收法律法规考核4期。继续抓好学历教育，有在读本科生3人。

（县国税局　魏宝慧）

地方税务

【税收计划完成情况】 2010年，地税系统共组织入库地方各项税收收入11 100万元，完成年度计划任务11 100万元的100%，与上年的9 450.2万元相比增收1 649.8万元，增长17.46%。完成非税收入4 464.5万元，与上年的3 631万元相比增收833.5万元，增长22.96%。其中：社会保险费收入完成3 856.4万元，同比增收767.2万元，增长24.83%；地方教育费附加完成188.1万元，同比增收28万元，增长17.49%；工会经费及建会筹备金完成419.2万元，同比增收47.8万元，增长12.87%；文化事业建设费完成0.2万元，同比持平；散装水泥基金完成0.6万元，同比增收0.6万元；水资源费本年无入库数，同比减收10.1万元。

【税收征管】 2010年，进一步明确“向征管要效益，强征管促收入”的思路，不断采取措施，强化税收征管，加强税收政策管理。进一步落实税收执法责任制和执法错案追究制，有针对性地开展税务稽查，提高税收执法水平，推进依法治税；严把政策关，先后开展分税种、分项目的税源调查和政策调研，为税收征管工作提供可靠的理论依据。积极开展税源普查和发票检查工作，对全县范围内的1 229名管理业户进行摸底调查，摸清全县地方税源的构成，分布及与税源有关的主要经济指标等情况。同时，按照上级统一部署，采取进户检查，调账检查，外调检查等形式，对全县行政、事业单位和个人的发票使用情况进行检查。

【税务稽查】 2010年，加强税收政策管理，有针对性地开展税务稽查，提高执法水平，推进依法治税。深入开展税收专项检查，积极采取日常管理、专项检查、专案稽查相结合的办法，对全县重点企业涉及地方税收所有税种及发票使用情况进行检查，有力地打击各种涉税违法行为，维护税法的严肃性。

【党风廉政建设】 2010年，细化量化责任内容，将廉政建设教育、领导干部廉洁自律、落实各项廉政规定、群众来信来访、纠风工作、加强内外监督等纳入责任内容，并细化分解为若干条款，层层签订廉政责任状，使廉政建设由一项“软”任务，变成一项“硬”指标。深化教育，寓教于先，通过组织收看《大案警示录》等电教片，以案示法，做到寓教于先，警钟常鸣。强化管理，健全制度，从根本上杜绝“腐败源头”作出制度上的保证。硬化监督，严格考核。将廉政建设纳入对基层单位的目标考核，实行一票否决，实施明察暗访，严格监督。

【干部队伍建设】 2010年，本着两手都抓、两手都硬、两个成果都要的指导思想，坚持精神文明建设与业务工作一起研究、一起部署、一起考核、一起落实。制定措施，确立目标，总结往年精神文明建设的经验和做法，提出新的工作措施、目标和竞争标准，即理论宗旨引导人、四爱教育培养人、法纪制度约束人、领导示范带动人、关心职工感召人、寓教于乐陶冶人。加强领导班子建设，确立“团结实干，作风民主，决策科学，廉洁勤政”的工作标准，认真研究制定工作措施，抓制度的建立与完善，确保教育培训规范化。根据年龄结构、知识结构、复合型人才短缺的实情，采取题库练习和兼职教师帮教教学模式，内容涵盖税收业务、时事、政治思想、公文写作、计算机知识、政策法规、会计知识等。同时完善学习教育培训制度，将原有的学习教育培训制度补充修改。

【“七个一”工程及“六好”创建】 2010年，根据省、市关于在行政机关公务员中深入开展以“忠诚教育”为核心，提高行政机关公务员职业道德水平和公共服务效能为目的的“七个一”活动，成立领导小组，结合实际制订方案，开展以宣誓、红色教育、廉政教育、读一本好书、主题演讲、主题征文、岗位练兵为主要内容的“七个一”活动。本年，把“六好”创建与推行税收执法责任制，探索建立适用的考核机制。抓好环境卫生和安全保卫，巩固文明成果。厉行节约，按照建设节约型机关的要求，杜绝铺张浪费。切实落实安全责任，保障机关内外财、物、网络安全，使各项工作开展正常、运行有序。

【地税文化建设】 2010年，以规范绩效管理为重点，开展地税文化建设。通过建立标准化、规范化、程序化的税收质量管理体系，优化岗位职责和工作流程，实现“执法规范化、管理精细化、决策科学化、信息一体化、环境优良化”的质量管理总体目标，保证执法服务工作取得实效。组织开展健康向上的文体活动。加强自身宣传工作。为进一步树立地税部门的良好形象，让社会广泛了解地税的职能和作用，利用新闻媒体、橱窗宣传栏、走廊等，围绕队伍建设、行风评议活动、贯彻落实四项制度等方面工作，加大自身宣传，扩大社会影响。以制度、格言、警句为主，职工进行走廊文化、橱窗文化艺术创作。做好办公场所的美化、净化和亮化。

【税收宣传】 2010年，立足县域实际，在一分局征收大厅和扎西广场设立税收服务咨询台，为受纳税人释疑解惑，发放税收法律、法规、“五险统征”、工会经费、建会筹备金以及税收优惠政策等宣传资料。组织党员、干部，将税收政策送到各党政机关、企事业单位、个体工商户、重点税源企业，以及全县10个乡镇。利用自行建立的企信通服务平台，在税法宣传期间向广大纳税人发送税收信息1万余条。实时更新威信地税网站内容，让纳税人及时了解税收征管动态和新的税收政策，对纳税人提出的热点问题搜集整理、归纳上报。

【受表彰情况】 2月，王永琦被省地税机关授予“代收工会经费工作先进个人”称号。4月，肖泽燕、罗兆苓在昭通市审计局举办的《中华人民共和国审计法实施条例》知识竞赛中荣获三等奖。

（县地税局　李　盼）

金融·保险

人民银行威信县支行

【金融存贷】 2010年末，全县金融机构各项存款余额252 711万元，各项贷款余额119 770万元。

【金融管理】 2010年，成立农村信用社改革试点专项中央银行票据兑付后续监测考核工作组，督促农村信用社进一步加强内部管理、转换经营机制，巩固央行票据兑付后已经取得的成果，保证国家利率调整得到贯彻落实。引导辖内金融机构灵活运用扩大贷款利率浮动区间的政策，对不同的贷款客户采取差别利率，真正体现国家产业政策和信贷政策的取向，扶优限劣。

【推行优质服务】　2010年，在全县开展普及征信知识活动，做好面向公众的征信知识宣传和征信系统建设，完善银行信贷登记咨询系统。6月完成数据质量提高工作和个人信用基础数据库建设。下半年，对企业贷款卡发放年审，审核人民币银行结算账户的开立、变更和撤销行为，完成辖内银行结算账户的现场和非现场检查工作，并对违反相关规定的金融机构进行处罚。做好反洗钱现场和非现场监管检查工作。年内，为做好支付清算工作，加快社会资金周转，支行执行支付清算系统运行管理《小额支付系统业务管理办法》、《中国现代化支付系统运行管理办法》的相关制度和规定，开展支付系统百日宣传活动，积极推广“支票影像交换系统”的使用范围；按照上级相关部门的要求组织相关人员开展系统升级测试，并做好系统运行涉及问题的反馈。做好财政资金集中支付和财税库横向联网工作、国库会计核算和报表分析工作，做到与财税部门对账、与上级国库部门对账、内部账务核对严谨细致。积极协助地方财政部门做好财政资金集中支付工作。

【货币发行基金调拨管理】　2010年，根据辖内货币投放市场流通情况，编制发行基金需求计划，保证辖内经济对现金的合理需求与票面的调剂工作。遵守发行规章制度与操作规程，坚持“五好钱捆”标准，保证总量充足，券种结构合理，提高流通中的货币质量。积极开展残损券的兑换工作，严把质量关，使流通中的人民币整洁度进一步提高。实施发行库房封闭化管理，确保库款安全，保证合理现金供应，安全无事故。执行《现金管理条例》，规范发行基金管理，确保现金安全。截至11月30日，全年累计投放6.34亿元，累计回笼1.5亿元，净投放4.84亿元。

【反假币工作】　2010年，按照昭通中支人民币反假工作要求，以第五套人民币的反假知识为重点，组织辖内金融机构有关人员，尤其是一线临柜人员进行反假货币知识培训，重点对反假收缴程序进行规范，增强人民币反假工作能力。在城乡开展反假宣传活动，制定人民币反假宣传计划，设立城乡反假咨询台，有针对性地指导和要求乡镇金融机构做好农村居民的反假宣传和咨询工作。本年共散发反假宣传资料2万余份，解答群众咨询千余人次。配合地方公安机关打击假币贩卖活动，积极组织辖内金融机构做好假币收缴上报工作。

【现金管理】　2010年，依据《现金管理条例》、《金融机构反洗钱规定》及《人民币账户管理办法》等法规制度，重点对各行（社）的大额支取审批备案监督，规范各类账户的开户和使用。组织开展了现金管理现场检查工作，防范利用现金收付方式进行金融诈骗、偷逃税款、洗钱等犯罪活动。

【内部管理】　2010年，重点加强与各金融机构往来对账和财税库的对账管理。发行部门按规定，在日常操作中做到管库员同进同出金库，管理人员不得接触货币管理系统中的会计核算子系统。创建国库资金安全区，形成财政、税务、国库齐抓共管、整体联动、共同创建辖区国库资金安全区的防范体系。按照《中国人民银行突发事件应急预案》和《中国人民银行突发事件应急预案管理办法》的要求，支行完善金融突发事件应急预案，健全突发事件应急预案管理工作机构及相应工作机制。9月，开展防火、防汛、防抢劫等应急演练工作。加强农村信用社商业可存活和财务可持续、辖内煤炭市场、烤烟情况等多个项目进行调查，并将有关情况及时反馈上级行。在参考上级行有关考评方案的基础上，完善《人行威信县支行金融调研信息工作考核办法》。

（人行威信县支行　熊明林）

农业银行威信县支行

【业务经营】　2010年，各项存款余额111 968万元，其中储蓄存款余额61 672万元，较上年末净增13 451万元，增长21.81%；对公存款余额50 296万元，较上年末净增12 302万元，增长24.46%。按一行一社口径，各项存款存量市场占比50.77%，增量市场占比45.77%。其中储蓄存款存量市场占比45.24%，增量市场占比49.36%；对公存款存量市场占比59.73%，增量市场占比42.41%。

各项贷款余额16 184万元，较年初净增2 449万元。全年累计发放贷款17 600万元，其中法人客户贷款12 340万元，一手楼住房按揭贷款2 971万元，农户小额贷款467万元。累计收回贷款15 151万元。其中清收自营不良贷款679万元，委托不良资产454万元。

全年完成中间业务新增个人电子银行客户数10 461户，企业电子银行客户25户，第三方存管个人客户62户，有效POS商户33户，新发惠农卡12 670张，贷记卡增量1 664张，完成理财产品销售1 000万元，托管养老金895.3万元。全年实现中间业务收入328万元，其中保险手续费收入7万元，投资银行业务收入7万元，电子银行业务收入27万元，自助银行收入38万元，代收代付业务收入0.6万元，代理销售基金等投资类产品业务收入2万元，个人人民币结算业务收入204万元，对公人民币结算与现金管理业务收入1.9万元，信用卡业务收入3.28万元，托管业务收入0.03万元。

全年累计现金收入236 843万元，累计现金支出251 939万元，净投放15 096万元。

全年实现拨备前利润1 363万元，加上拨备计提202万元，实现拨备后利润为1 565万元，人均创利25万元。

【员工素质教育】 3月3日至4月3日，开展以“心怀感恩，善施于行，真诚服务，构建和谐”为主题的职业道德教育活动。活动的有效开展，进一步净化了员工心灵，使员工在深深感受社会、单位、亲人和客户恩泽的同时，带着一颗“感恩的心”快乐工作，将感恩之情化作强烈的社会责任感，化作加倍奉献社会、奉献农行、奉献亲人、真诚服务客户的自觉行动。支行营业室员工魏仁玉、刘明洪谢绝大客户宴请和红包，真诚服务不图回报；员工熊强将客户遗失在收银槽里的1万元现金通过努力物归原主后，婉言谢绝客户锦旗和礼金。

【合规文化建设】 2010年，为把农行打造成“优秀大型上市银行”，总行提出用三年时间开展合规文化建设活动。对此，支行党总支认真研究，结合实际拟订《中国农业银行威信县支行开展合规文化建设活动的实施方案》。6月4日晚召开员工大会，就该项工作开展的重要意义、指导思想、建设目标、实施步骤等进行宣传动员和安排部署。会后，各机构、部室对本部门现行行之有效的规章制度进行认真梳理，组织员工对岗位应知应会规章制度进行学习，对照制度对不规范操作进行及时全面整改，使“人人合规、事事合规、时时合规”意识贯穿于各项工作开展的过程中。

【业务技能测试】 2010年，市分行制定新的技能奖励工资暂行办法，出台实用、规范易学、科学简捷的测试题库和系统，并加大技能奖励工资挂钩力度，调动全员狠钻业务、苦练技能的热情和动力。测试中，全员踊跃参与、力争佳绩，参测率100%，测试成绩在全市农行系统名列前茅，钱长武取得总分和3个单科得分均获全市第一的优异成绩。

【内务管理】 3月3日至4月3日，按照市分行党委安排，以“心怀感恩，善施于行，真诚服务，构建和谐”为主题的职业道德教育活动，进行宣传动员、听取讲座、学习材料、参观企业、主题讨论、撰写心得等各环节工作。在即将农行股改上市，树立“违规就是风险，安全就是效益”的风险理念，层层签订各项风险防范责任书，坚持按月召开内控风险分析例会，对新业务、新产品规范化操作流程的学习，对各类检查发现问题全面及时进行整改，认真落实内控评价目标责任制，信贷资产质量责任制，对账与账户管理制度，坚持执行近亲属回避，合理进行岗位轮换，对重要岗位实行强制休假，对有不良习惯和可疑行为的员工进行排查，坚持做到定期查库和带班查看录像，认真组织各环节应急防暴预案演练。年内，控评价得分95.84分，较上年提升5.14分，位于全市系统前列，继续保持一类行的先进管理水平和“零案件”。同时，严格财务管理，费用开支经总支集体决策，支行财务管理委员会审核、上级行审批同意后方予使用，并坚持实行行长一支笔签字报销制度。

【储蓄业务】 春节期间，组织开展“大行德广、伴你成长”金钥匙春天行动综合业务营销活动。在威信电视台播出“刷卡有礼，基祥如意”摇奖活动和《告农民朋友书》，在营业网点、公共场所、主要街道路口张贴“刷卡有礼，基祥如意”活动海报，在柜台向客户散发各种宣传折页，悬挂大幅宣传布标。在春天行动打好“激情仲夏、金彩生活”个人金融综合业务营销。加强重点项目和重点客户营销，做好老客户维护、稳定工作和新客户资源的挖掘、拓展工作。根据需要，由行领导、网点负责人或客户部经理等随时对其进行拜访，了解客户的需求，听取意见和建议，竭尽全力为客户排忧解难，以此稳定和扩大客户群体。建立定期业务工作分析制度，按月听取各机构负责人的情况汇报，统计各机构存款计划执行情况，测算存款市场占比，了解和分析存款增、减的主要原因，及时对工作作出调整。对任务完成较差的机构，行领导亲自到机构开会帮扶，与大家共同找差距，寻对策，并深入到部分员工家里与其交心谈心，促其充分发挥潜能，提高工作积极性和主动性，齐心协力把该机构各项工作搞上去。以改善服务环境，提升服务质量为核心，加强网点软硬件设施建设，狠抓网点软转型工作，精心打造对外营业窗口良好服务形象，竭尽全力为客户提供舒适、贴心、安全、快捷的文明优质服务，最大限度提高客户满意度，增强我行核心竞争力。继续坚持不懈地做好上门代收学校报名费、石油公司售油款等工作，扩大储源。

【信贷管理】　上半年，针对信贷资产“空心化”难题，如何在确保信贷资金安全的前提下，实现更大社会效益和经济效益。农行加强法人客户到期贷款的收回，累计收回威信云投粤电扎西能源有限公司到期贷款1.2亿元。做好客户新贷款的营销与办理，累计发放威信云投粤电扎西能源有限公司中期流动资金贷款1.2亿元，成功拓展鼎鑫商贸有限公司短期流动资金贷款180万元。此外，云投粤电扎西能源有限公司申请周转贷款3亿元提交至省分行信贷管理部审查。做好云投粤电扎西能源有限公司贷款十二级风险分类，盐业公司、鼎鑫商贸有限公司贷款五级风险分类以及法人客户年度信用等级评定及内部综合授信工作。抓住“天瑞祥·合园”项目楼盘，全力营销个人住房一手楼按揭贷款，累计受理并发放个人住房按揭贷款182笔，贷款金额2 935万元。办理小额质押贷款业务，累计发放个人小额存单质押贷款3笔，金额17万元。办理个人综合消费贷款业务，累计发放贷款9笔，金额70万元。办理个人助业贷款业务，发放贷款1笔，金额40万元。累计收回个人贷款1 713笔，本金收回额867.3万元。

【惠农卡及农户小额贷款】
2010年，将惠农卡发卡计划分解下达到各营业网点及相关部门，拟定与工资和费用挂钩的考核办法。组成客户经理组，先后深入大河、簸箕、黑龙等地，积极开展惠农卡宣传与发卡工作。开展对大河、田坝、簸箕三个村农户小额贷款的贷后检查与分析评价，寻找新的示范点。累计收回农户小额贷款29笔，本金76万元。将大河、田坝农户小额贷款办成日常业务，并将公职人员提供保证担保的农户小额贷款作为补充，累计受理并发放农户小额贷款27笔，贷款金额75.4万元。及时统计数据，不定期通报各营业网点惠农卡发卡计划完成情况。参与到“新农村示范长廊”工作，先后同双河乡党政领导、扎西镇舒交社社长进行磋商，派客户经理深入偏岩村公路沿线农户调查还贷来源和落实担保，将对具备条件农户发放惠农贷款进行住房改造，提高农户生活质量。利用从客户部向罗布乡黑龙村派出新农村建设指导员的优势，积极在黑龙村开展惠农卡及农户小额贷款宣传发动以及现场办公。

【贷款管理和不良贷款清收】
2010年，做好C3系统上线准备工作，分3批将客户部全体人员派往楚雄接受系统操作培训，对C2系统数据做清理、修改、补录，对个人住房按揭贷款的担保合同进行补录及抵押权利凭证清理，确保系统数据与纸质资料相互衔接。上报注销PCRM用户5个，重新申请PCRM用户16个，并对新申请用户逐个签订《保密协议》，促进PCRM系统的推广运用。按要求进行CRM系统数据整改，使系统数据的真实、有效性大幅度提高。做好个人征信系统和企业征信系统的维护。做好LMS系统维护与管理。做好风险报告系统维护与管理。逐户制定清收预案，举力清收不良贷款，通过不懈努力，上半年共清收自营不良贷款本息627万元，委托不良贷款315万元。

【中间业务营销工作】　2010年，将中间业务营销纳入综合业务营销计划，分解落实到全行员工，与存贷款任务同布置、同考核，加大奖惩力度并严格兑现，通过新闻媒体、悬挂宣传布标、散发宣传资料等形式宣传。逐月召开由部门负责人和机构主任参加的中间业务营销分析会，听取各机构、部门中间业务营销完成情况，对各项进展较差的业务进行认真分析，集思广益寻找突破口。对重点业务集中人力和时间全力营销。抓住财政部门大力推行公务贷记卡的契机，在春天行动期间累计发卡264张基础上。6月，集中人力和时间加大营销力度，客户部向营业网点下发资料清单及资料整理目录，下发《中国农业银行股份有限公司威信县支行公务卡营销方案》，将客户部全体人员分别分配到4个营销小组，参与客户资料的收集整理、表册的填写、数据录入等工作，同时对各营销小组上报资料制定专人进行审查。6月22日，派专人将资料送市分行并负责逐户审核提交资料，对不符合要求的资料及时整改，经过半个月的审核、整改和提交，市分行同意上报发卡约1 600张。

【党建和员工队伍建设】 2010年，认真组织开展党员争先创优活动，坚持开好“三会一课”，充分发挥党总支的战斗堡垒作用和党员的先锋模范作用，促进业务开展。与县中医院联系，由该院组织骨干医师和先进设备，对全行员工进行一次全面身体检查，让员工了解了自身各项生理指标情况和身体健康状况。利用双休日、晚上空闲时间，大力组织开展羽毛球、乒乓球、跳绳、象棋、跳棋、大贰等有益员工身心健康的娱乐文体活动。向挂钩扶贫点黑龙村干旱灾区捐款1万元，向青海玉树地震受灾同胞捐款11 000元。

【受表彰情况】 2010年，支行获昭通市分行“费用管理第一名”、“内控等级评定一类行”、“业务技能测试领导班子组织奖”的表彰。黄琴获农行云南省分行“业务能手”称号，毕勇先获省分行“2007年至2009年度统计先进工作者”荣誉称号，钱长武获农行昭通市分行业务技能测试“业务能手”、“综合测试第一名”、“客户经理知识第一名”、“办公自动化应用第一名”表彰。

（农行威信县支行 武绍春）

农业发展银行威信县支行

【存贷业务】 2010年，各项贷款余额25 279万元，其中市县储备粮油贷款980万元，占3.88%，比上年末增加19万元；政策性财务挂账贷款4 299万元，占17.00%，与上年末持平；农村基础设施贷款2亿元，占79.12%，比上年末增加2亿元。贷款增加的主要原因为11月向云投粤电扎西能源有限公司发放贷款2亿元。

年末各项存款余额10 639万元，人均日均存款比上年末增加129万元，增长24%。经营效益比上年末增加113万元，增长115%。实现各项经营收入595万元，各项经营支出384万元，收支轧差盈利211万元，比上年增盈113万元。

【业务拓展】 2010年，为实现业务的加快发展，根据年初全省分支行行长会议、全市农发行支行行长会议及市分行召开的一系列会议精神，结合本地县情、行情，以指导全年各项工作，制定具体的贯彻措施。明确支行工作思路、目标任务，制定业务发展经营策略、工作重点和措施，即“一确保、一突破、一稳定”，确保粮油购销储信贷资金供应不出问题，力争实现农村基础设施建设贷款的突破，稳定存款和中间业务良好发展态势。4月和10月，市分行行长孙梅深入支行调研，帮扶业务发展工作，对业务发展等各项工作进行指导，深入企业开展营销，最后促成煤电项目2亿元贷款营销成功。

【粮油信贷】 2010年，支持企业做好市县储备粮油增储、轮换业务，确保资金按时足额供应。年末全县地方储备粮总规模为600万千克，其中市级200万千克、县级400万千克；县级储备油5万千克。全年发放地方储备油贷款1笔，金额75万元。年末实际储备粮油455万千克，库存值938万元，占用贷款980万元。库存值小于贷款42万元，属于储备粮轮出形成货币资金回笼在企业账户上。做好日常储备粮油贷款的信贷管理，坚持封闭管理的各项行之有效的管理措施和库存检查核对。年内，按照上级行安排布置，开展库贷核查和“一核两清”检查工作。

【风险防控】 5月，为增强员工工作中风险识别能力和依法合规经营意识，支行组织全行员工参加省属企事业单位管理人员法律知识考试，参加考试的员工合格率100%。按要求进行风险排查，对日常贷款管理、CM2006

系统运行、资金调拨、信息技术安全、综合业务会计系统运行、安全保卫等关键部位和环节的风险进行排查，分析各部门和相关岗位落实制度、流程的到位情况，是否存在工作不落实、违规操作和潜在的风险，并有针对性地采取对策和措施，积极化解和应对风险，把各种可能的风险降到最低，并按月上报风险排查表和风险分析报告。年末支行贷款余额25 279万元，按风险的五级分类，正常贷款20 980万元，占83%；关注贷款4 299万元，占17%，未出现不良贷款。

【财政拨补】　2010年，县级财政应拨补各项利费补250万元，实际拨付到位250万元，其中县级承担新增财务挂账利息应拨补40万元、新增财务挂帐贷款利息51万元、县级储备利费补贴159万元。支行应收各项贷款利息390万元，实际收回利息390万元。另外，上贷下管公路建设贷款4 000万元，全年县级财政应承担利息240万元，实际拨付到位并上划240万元。全年共拨付到位公路贷款本金200万元。

（农发行威信县支行　黄　锐）

威信县信用联社

【信用存贷】　2010年末，各项存款余额10.86亿元。其中：对公存款3.36亿元，占总存款的30.94%；储蓄存款4.32亿元，占总存款的39.78；定期存款3.18万元，占总存款的29.28%。

各项贷款余额7.72亿元，其中农业贷款余额6.38亿元。全年累计发放各项贷款4.49亿元，累计收回各项贷款3.07亿元，在确保不突破贷款规模的前提下，涉农贷款全面实现省联社“三个高于”的目标要求。

不良贷款实现双降，年末不良贷款余额3 772.31万元，较上年下降429.20万元，完成省联社计划净下降250万元的171.68%，与上年相比下降1.77个百分点。呆账核销199.6万元，完成省联社计划170万元的117.41%。

全年实现营业收入6 933.25万元，比上年增加1 337.25万元，增长23.9%，完成省联社计划7 200万元的96.3%，其中中间业务收入83.87万元，占比1.2%，完成省联社计划170万的49.34%；实现利润总额1 536.24万元，比上年增加1 129.24万元，增长277.45%，比省联社计划470万元多增1 066.24万元，完成计划的326.86%；费用率38.49%，2010年末拨备余额5 730.51万元，拨备覆盖率达到151.91%；资本充足率8.14%；比上年提高2.86个百分点，比省联社计划的7.53%增加0.61个百分点。上缴地方税收9 932 131.20元。

【经营管理】　2010年是信用社实现统一法人后第一个“三年规划”发展年度。2月，结合省联社召开的全省农村信用社第二届社员大会第二次会议暨2010年度工作会议精神，理事会审议通过下发《理事会2010年对经营班子目标责任制考核办法》和《威信县农村信用社2010年度绩效考核办法》，依据各乡镇信用社的实际情况进行分解落实。明确提出落实“五个到位”（即思想到位、责任到位、措施到位、监督保障和服务工作到位）。年初，上级对信贷投放采取规模控制的方式，为保证“三农”服务能力不降低，同时兼顾新农村建设和地方经济建设发展合理的资金需要。在贷款投放上，及时进行市场调研，听取基层网点意见，召开社务会总结分析在开展日常信贷业务中遇到的问题，对影响面宽的农户小额信用贷款、农户建房贷款、农村个体工商户贷款、生态文明家园建设贷款，在贷款额度、期限上进行调整，此次调整既考虑兼顾到大多数客户的贷款需要，又能够更加有效地营销贷款。与政府部门密切合作，积极支持新农村生态文明家园建设，以政府贴息的方式先后向涉及生态文明家园建设的乡镇农户发放房屋建设资金贷款3 395笔（户），金额9 758.5万元。与扶贫办和财政局合作，扶贫到户贴息贷款1 425笔、金额3 100万元。与共青团、妇联和劳动人事局等部门合作，向下岗失业人员再创业发放贷款342笔，金额1 279万元。在确保“三农”贷款的同时，对符合国家产业政策和省联社信贷指引行业的中小企业法人客户，都给予积极的支持，有力地支持了“三农”经济、新农村建设和地方经济建设的发展。

【着力降低不良贷款】　2010年，联社下决心从年初就把不良贷款的压降列为全年最重要的一项工作任务，采取加大不良贷款考核力度，对不良贷款进行按月考核制度，将绩效工资的一部分用于考核，按月末清收情况进行考核后兑现，督促各社主任、信贷员从年初就加强对不良贷款的清收工作。对无法清收且符合核销条件的，则按规定核销2 146笔、金额199.6万元。依靠司法清收，通过诉讼收回9笔，金额275 553.5元。由于措施得当，相关人员密切配合共同努力，到年末不良贷款的清收工作成效显著，全年不良贷款净下429.2万元，完成省联社计划170万元的252.47%。

【开拓新业务】 2010年，上级联社和有关部门相继推出OA系统正式上线、新财务制度和财务管理实施办法、贷款新规等新业务。联社及时组织安排相关培训对各营业网点主任、内勤主任进行OA办公自动化培训；对各营业网点主任、信贷员进行贷款新规和“三法一指引”操作内容的培训，并进行考试；对各营业网点内勤主任进行新财务制度和财务管理实施办法培训；应市公安局的要求，组织参加专职守护押运及金融安全管理培训，23人通过双考取得合格证。

【换届工作】 9月25日，按照联社《章程》的规定，第一届的社员代表、理监事会及经营班子的任职期满。根据《省联社关于做好2010年度县级机构换届工作的通知》要求，及时向省联社提出请示并获批复后，向昭通银监分局上报关于召开第二届社员代表大会的报告，召开第二届社员代表大会，通过选举产生新一届的社员代表、理监事会及经营班子。

【“贷款真实性及账户合规性”专项检查】 2010年，为保障省联社贷款真实性及账户管理合规性专项检查组在社期间能够正常开展工作，成立领导小组，县政府下发《关于配合农村信用社发放支农贷款真实性专项检查工作的通知》，要求各乡镇要加强宣传，同时要积极支持和配合好专项检查工作。在联社的协调下，检查组一行40人通过52天的辛勤工作，按期保质全面完成检查核对工作。针对存在的问题，联社及时召开专题会议，结合银监部门对检查提出的整改要求，进行整改规范。同时根据《省联社关于印发云南省农村信用社信贷真实性和账户管理规范性专项检查违规行为责任追究指导意见的通知》规定及检查组提出的处理建议，对相关责任人进行处罚。

【安全保卫工作】 2010年，本着“花小钱，保大钱”的原则，根据《中华人民共和国金融安全防范工程行业标准》以及昭通市公安局贯彻落实的有关要求，针对有隐患的部位有计划、有步骤地认真进行整改。投入100余万元，对所有营业网点安装监控，并对营业网点的监控系统进行联网，实现远程集中监控。为确保各项安全制度落到实处，联社要求保卫部门对各个营业网点要进行定期不定期的专项安全检查。全年检查网点枪支60余次；电话抽查200余次；监控回放检查值班守库及营业期间情况30余次。

【党风廉政建设】 2010年，为贯彻落实党中央关于在党的基层组织和党员中深入开展创建先进基层党组织、争当优秀共产党员活动，联社按照省联社及县委部署，制订实施方案。联社党组要求全体干部职工参与到创先争优活动，把本次活动与“服务创优工程”相结合，党员要带好头，进一步提升我们的服务水平，办好每一笔业务、做好每一项工作。围绕省联社各项目标任务及县委、县政府的中心工作，服从大局，始终以支持“三农”经济、县域经济和中小企业的发展为己任。按照各阶段的要求，把创先争优活动与本单位的中心工作紧密结合起来，同研究、同部署、同落实、同考核，保证了本年目标任务的圆满完成。年内，按照《省联社关于印发2010年云南省农村信用社党风廉政建设责任制考核办法的通知》要求，联社对落实责任制的情况认真进行自查，党组和领导班子成员分别写出执行党风廉政建设责任制情况的总结，采取个别谈话、民主评议等方法，听取群众对党组班子成员落实责任制的评价和意见，对存在的问题及时进行纠正。还根据日常工作中遇到的不正之风情况，结合县情、社情联社纪委制定《关于加强党风廉政建设和勤俭办社的通知》，对利用乔迁等喜庆事宜大操大办的情况都作出了明确的规定，提出了具体的要求。

（县信用联社　王金宗）

财产保险

【经营情况】　2010年，中国人民财产保险股份有限公司威信支公司完成各保险险种收入1 318万元；支出各险种赔款625.8万元，其中机动车保险251.9万元、能繁母猪保险127.4万元、农房保险39.9万元、责任保险7.1万元、企业财产保险5.8万元、交通事故强制保险193.7万元。

【理赔案例】　6月2日11时，庙沟乡宗家坳村关地垮村民小组村民潘先金家因电起火，造成其房屋受损。因潘先金投保农房保险，经现场查勘，确认属保险责任范围，赔付农房保险4 500元。12日，长安乡长安村李家山村民小组村民毕敬金住房因山体滑坡而遭受损失。因毕敬金投保农房保险，经现场查勘，确认属保险责任范围，赔付农房保险600元。20日18时38分，贺玉兰的云C68816 MR7180吉利美日牌轿车行至猫谢线K256＋600M处，与云CZ3667号摩托车相撞，造成1人死亡、1人受伤及两车不同程度受损的交通事故。经查勘，确认为“碰撞”责任，赔付贺玉兰交强险责任保险116 639.85元。

7月31日晚，罗布乡发生暴风灾害，造成罗布乡56户农户住房不同程度受损。因民政局投保农房保险，经现场查勘，确认属保险责任范围，赔付民政局农房保险3.36万元。

9月11日17时09分，县特色绿色产业开发办公室的云C79342猎豹车行至扎西街与工厂路路口处，与云C20479号小车相撞，造成两人受伤及两车不同程度受损的交通事故。经查勘，确认为“碰撞”责任，赔付县绿特办交强险责任保险118 696.76元。

11月12日8时，扎西镇龙里村良家村民小组郭应堂饲养的一头能繁母猪非传染（疾病）死亡。9时，向公司95518专线报案。因郭应堂投保能繁母猪保险，赔付保险款1 000元。

（财产保险威信县支公司　李怀洪）

人寿保险

【机构设置】　2010年，威信公司内设经理室、个险部、团险部、中介部、客户服务中心，正式员工8人。有由保险营销员、团险销售人员以及专业和兼职代理机构组成的分销网络，95519客户服务专线、企业互联网站。由60多名个险、团险、银行保险渠道营销员成为客户寿险服务商。

【经营状况】　2010年，实现保费收入1 116.82万元，其中短期保险196万元、长险首年保费248.69万元、续收保费469.53万、中介银邮趸交保费198.6万、期交保费4万；团险保费196万元。理赔案件5 000多起，最大个人赔付15万元，最大团体赔付70万元。

【产品与业务】　2010年，公司向个人及团体提供人寿、意外和健康保险产品，涵盖生存、养老、疾病、医疗、身故、残疾等多种保障范围，全面满足客户在人身保险领域的保险保障和投资理财需求。健康保障类保险，对客户因疾病、医疗、失能等原因导致的损失提供保障；意外保障类保险，对客户因意外伤害导致身故、残疾或医疗费损失时给予赔付；少儿类保险，提供未成年人在教育金储蓄、健康和意外等方面的保障；养老类保险，为客户养老生活提前储蓄，保障老年生活品质；分红、万能、投资连结等投资理财类保险，让客户在拥有保障的同时，分享专家理财的投资收益；团体保险业务，为各类企业、社团及政府机关等提供各类团体保险服务，帮助投保团体制定全面的员工福利计划。

（人寿保险威信县支公司　肖剑华）

经济综合管理

发展和改革

【机构人员】 2010年，县发展和改革局内设办公室、综合股、农村经济股、社会事业股、价格股、物价检查所、招投标中心。有职工32人，其中公务员20人、事业人员5人、合同制工人4人、临时工3人。

【计划编制】 2010年，在综合分析有利条件和不利因素的基础上，形成《关于威信县2009年国民经济和社会发展计划完成情况及2010年国民经济和社会发展计划（草案）》，经县十四届人大二次会议审议通过。加强经济运行调控，严格按季度检查国民经济计划执行情况，每季度形成经济运行综合分析报告。年内完成《威信县国民经济和社会发展十二五规划纲要（草案）》。

【争取建设项目和资金】 2010年主动与上级各相关部门汇报，积极衔接和沟通，争取中央和省投资支持。年内落实以工代赈项目资金、国债项目投资、社会事业建设、农村能源及基础设施建设等方面投资项目64个，总投资3.1亿元。

【来信来访】 2010年成立以局长为组长的信访工作领导组，定期召开信访工作会议，研究、部署、落实信访工作。局领导实行信访包案处理制，加大信访排查力度，对可能出现上访苗头的信访热点、难点问题，做到"早排查、早发现、早控制、早解决"。坚持每月排查1次，对出现的新动向、新问题主动协调，及时沟通，把问题化解在初始阶段，处理在萌芽状态。

【队伍建设】 2010年，认真落实党风廉政建设责任制，建立廉洁自律承诺制度，增强党员干部的廉洁自律意识和公仆意识。认真贯彻落实服务承诺制、首问责任制、限时办结制、行政问责制四项制度，坚决杜绝"门难进、话难听、脸难看、事难办"的不正之风，做到工作接待"一张笑脸、一杯热茶、一句问候、首问必答"，能办的事迅速办理。进一步转变工作作风，强化工作责任落实。制定《机关作风考核办法》，实行工作月安排和上下班月考勤，当月兑现奖惩。

【办理建议提案】 2010年办理县人大代表意见建议和政协委员提案6件。获2009年办理县人大代表意见建议和政协委员提案先进单位奖。

（县发改局 陶元才）

统　计

【机构人员】 2010年威信县统计局内设办公室、普查核算农经调查股、综合政策法规城镇调查股、商贸劳资服务业调查股、工业能源投资调查股。有职工33人，其中公务员11人、事业人员20人、借用2人。

【公信度调查】 公信度调查工作是云南在全国率先开展的一项政治调查工作，于2009年开始进行，到2011年结束。2010年县统计局选定政治素质高、业务能力强的10名工作人员组成5个调查小组开展调查工作，县纪委派出5名纪检干部，县人大派出2名市级人大代表、3名县级人大代表对整个工作进行全过程监督。根据《云南省乡、村领导班子和领导干部群众公信度调查实施方案》制定《威信县乡、村领导班子和领导干部群众公信度调查监督员工作职责》，按要求完成扎西、双河、麟凤、长安4个乡镇45个村领导班子和领导干部所涉及到的2 570份样本调查工作任务。

【第六次全国人口普查】 第六次全国人口普查是国务院统一部署的重大国情国力调查，其目的是全面掌握全国人口的基本情况，为研究制定人口政策和经济社会发展规划提供依据，为社会公众提供人口统计信息服务。按照国家、省、市相关要求成立威信县第六次全国人口普查领导小组，由县长张顺民担任组长（后期由代理县长吕磊担任），县统计局局长晋茂担任人口普查办公室主任，选调普查指导员334人、普查员1 422人参与，于2010年底完成普查机构的组建、“两员”的选调培训、户口整顿、清查摸底、宣传动员、入户登记和长短表的快速汇总工作。

【农民人均纯收入及农村贫困监测调查】 2010年国家统计局随机抽定威信县10个村的100户农户作为调查对象开展365天的日监测工作。调查结果显示：年内农民人均纯收入2 818元，与2009年同期的2 446元相比多372元，增长15%。在农村贫困监测抽样调查中，对所抽到的100户农村居民的基本情况、财产拥有、生活设施、土地使用、借贷等状况及扶贫情况进行调查，全面收集农民贫困规模、贫困程度、贫困成因以及扶贫效果等方面的信息。根据《国家统计局云南调查总队 云南省统计局关于开展云南省农村住户类抽样调查样本轮换工作的通知》（云调字［2010］27号）文件要求，县统计局抽调大量人力物力进行农村住户抽样调查样本轮换工作，11月前完成培训、样本抽选、新网点的开点、开户和试记账工作，12月1日起正式启用新的农村住户抽样调查网点。

【城镇居民可支配收入监测调查】 威信县城镇住户调查工作从2004年开始实施。按城镇住户调查方案要求抽取50户城镇居民作为样本开展日记账调查工作。调查结果显示：2010年城镇居民人均可支配收入11 998元，比2009年的10 888元多1 110元，增长10.2%，城镇居民人均消费支出9 724元，比2009年同期增长6.4%，人均食品支出4 462元，比2009年同期增长2.1%，人均衣着支出1 256元，比2009年同期增长1.6%。

【举办统计业务知识培训班】 2010年举办有各乡镇党委书记、乡镇长、分管统计的副乡镇长、县直各部门主要领导及行政机关、事业单位从事统计工作的业务人员120余人参加的培训。县委常委、组织部部长保卫华作动员讲话。县统计局局长晋茂主持培训会。云南财经大学继续教育学院院长、教授彭家声，国家统计局昭通调查队副队长耿怀高，威信县司法局律师所主任喻清分别对宏观经济、《统计法》、《统计违纪违法处分规定》和《全国人口普查条例》作讲解。

【受表彰情况】 2010年威信县统计局专业统计调查工作获国家统计局昭通调查队表彰奖励，其中农村住户调查、规模以下工业调查获一等奖，贫困监测调查、主要畜禽监测调查、工业品价格调查、服务业调查、企业景气调查获二等奖，城镇住户调查获三等奖。

（县统计局　赵庆富）

审　计

【机构人员】 2010年，县审计局内设办公室、法制股、财政金融股、农业与资源环保股、固定资产投资股、经贸股、经济责任股。有干部职工13人，其中本科6人、专科5人、中专1人、高中1人；审计师2人、助理审计师2人、土建工程造价员4人。13人通过审计署AO认证考试。9月，县审计工作获省委、省政府“文明行业”称号。县审计局获昭通市审计机关2010年度审计工作“一等奖”。

【基本情况】 2010年完成项目21项（其中审计项目16项、审计调查3项、结果报告1项、工作报告1项），审计查出违规金额103万元，查出管理不规范金额540万元，应上交财政金额13万元，应减少财政拨款金额5万元，应归还原渠道资金85万元，提出审计建议32条。计划向社会公告审计结果6期。

【县财政预算执行审计】 2009年，县本级财政预算执行和其他财政财务收支坚持实事求是的原则，加快预算下达和资金拨付，加强财政资金监管，严格预算管理，严把资金投向，有效控制财政支出。财政收入稳定增长，2009年县财政一般预算收入实现10 089万元，其中税收收入完成8 255万元，比2008年增长39%；非税收入完成1 834万元，比2008年增长12%；地方基金预算收入完成1 451万元，比2008年增加537万元。一般预算支出74 266万元，比2008年度增支10 438万元，增长16.4%。积极推进收入分配秩序改革，注重民生投入，支出结构趋向合理。2009年县财政安排教育、科技、文化体育、医疗卫生、社会保障和就业等支出共计4.17亿元，比2008年的3.28亿元增长27.1%。预算执行中按照“保工资、保运转、保重点”的要求，合理调度预算资金，积极反映困难，通过多渠道、多领域筹措资金，年内地方财政可用财力76 277万元。全县干部职工工资按时发放，机构正常运转，各项重点支出得到保障，上级下达专项补助及时兑现。

【地方税收计划执行审计】 2009年昭通市地税局下达威信县地税局地方各项税收任务8 600万元（其中市级建安营业税200万元），年末调整为9 450万元。经审计，县地税局完成各项税收9 450.18万元。审计结果表明：县地税局以组织收入为中心，以服务地方经济发展为主线，加强组织领导，强化税源管理，加大稽查力度，依法治税，圆满完成计划任务。但审计中也发现存在个别纳税人未据实申报或少申报税款、个别代扣代缴单位未按规定履行扣缴义务和发票开具不规范、内容不完整等问题。2010年地方税收计划执行审计在全省实现联网审计。

【专项资金审计】 **义务教育经费专项审计** 审计发现部分学校违规使用义务教育资金21.48万元（公费旅游列支义务教育资金156 240元，用义教资金垫付单位职工电费42 236元，用义务教育资金支付福利费16 325.6元）。部分学校财务管理不规范，以领代报义务教育资金31.3万元。13所学校不同程度存在不符合开支用途使用义务教育资金464.51万元。所发现问题在审计完成后均移交县教育局督促相关学校按规定处理。

“两基”教育经费的投入和管理使用情况审计 根据云审办发［2010］62号通知要求和昭通市审计局的安排，对威信县2007—2009年度“两基”教育经费的投入和管理使用情况进行专项审计调查。经审计调查抽查，发现存在违反规定使用义务教育资金、挤占挪用教育经费140 571元，以领代报义务教育资金17 615.3元，固定资产未入账83 245元等问题。所发现问题均并入2009年度义务教育经费专项审计项目进行处理。

长安乡新型农村合作医疗基金审计 对长安乡2009年度新型农村合作医疗基金筹集管理和使用情况进行审计，审计中随机抽查发现：长安乡卫生院虚造病例、套取新农合基金751.99元；个别参合农民将《新农合医疗证》借给县外亲戚看病，造成基金流失1 805.90元。

2010年抗旱救灾资金和物资筹集、管理、使用情况审计 截至2010年6月25日，全县筹集抗旱救灾资金1 314.65万元，拨付资金975.82万元，按规定上划团市委抗旱救灾特殊团费0.15万元，待拨资金338.68万元。威信县2010年抗旱救灾资金和物资的筹集、管理、分配、拨付符合民政部《救灾捐赠管理办法》和《云南省救灾资金管理办法》的有关规定，资金使用遵守了专款专用的原则，审计未发现违法违规问题。

1～4批扩大内需项目整体实施情况的审计调查 审计调查结果表明：全县38个项目均按时开工建设，截至2010年8月31日，完工28个项目，占总项目的73.7%；财政部门严格按照规定及时足额拨付各项资金，落实配套资金1 261.58万元；工程实施认真执行项目法人责任制、招标投标制、工程监理制和合同管理制；项目投向没有发现新增扩大内需项目投资用于“两高”行业、低水平重复建设和产能过剩行业、党政机关办公楼等楼堂馆所项目的情况。

“校安工程”财务收支审计 威信县“校安工程”项目批准建筑面积50 601平方米，截至2010年8月底实际完工建筑面积42 741平方米，占84.46%。审计情况表明：“校安工程”实施的39个校点工程质量和进度基本达到预期的目标和要求，建设档案基本规范，但也存在个别校点工程监理不到位、大部分施工企业未按规定设置财务机构、个别项目工程进度缓慢等问题。

【领导干部任期经济责任审计】 根据县委组织部的委托和威信县2009年度审计工作计划安排，结合财政财务收支审计，县审计局组织人员对县教育局局长张建军、扎西镇政府镇长张永、三桃乡政府乡长杨令3人的任期经济责任进行审计。审计未发现三人存在个人经济问题。

（县审计局　高武香）

国土资源管理

【机构人员】 2010年，县国土资源局内设办公室、用地股、地矿股、地籍股、政策法规股、执法监察大队、土地整理储备交易中心、测绘队、信息中心、规划股、人事教育股，辖9个国土资源所和扎西国土资源分局。有职工76人，其中党员44人，女

22人，苗族4人、彝族3人、白族1人，公务员39人、事业人员8人、工人29人，大学8人、大专42人、中专19人、高中4人、初中3人。

【法律法规宣传培训】　2010年，通过网络等各种媒体进行土地管理法律法规和土地资源、矿产资源、地质灾害防治等知识的宣传。根据《威信县2010年地质灾害防治方案》和《威信县2010年地质灾害应急预案》要求，采取以会代训的形式，对各所及地灾监测人员进行培训。利用标语、广播、印发宣传材料等形式在“地球日”、“土地日”、“安全月”与县司法局联合开展宣传。年内印发宣传资料32 000份，出动宣传车在各乡镇巡回宣传34次，开展法律咨询服务16场（次），张贴标语102幅。

【执法监察】　2010年，以《中华人民共和国土地管理法》、《云南省土地管理条例》及相关法律法规为依据，结合实际，建立起从源头上防范国土资源违法行为的工作机制。明确责任，强化动态巡查工作。强化以局长为执法监察巡查第一责任人，监察队长为动态巡查工作的组织实施责任人的国土资源法监察动态巡查分片包干责任制，每周不少于5次对城市规划范围进行动态巡查和监测，完成完善动态巡查台账，每两个月不少于3次对各乡（镇）的土地、矿产资源进行动态巡查。依照《土地管理法》及其他配套法规不定时对各乡（镇）使用土地、矿产资源的行为进行监督检查。年内责令停建61宗面积7 200多平方米。对不符合城市规划和土地利用总体规划的25宗面积1 500.03平方米进行不同程度的处罚，收取各种税费32万多元。关闭炸封矿井（场）10个，对屡教不改的12个业主送法制学校学习。查处越层越界开采3起，罚款3.5万元，对非法煤矿实行零报告制度。

【基本农田保护】　2010年，以县政府耕地保护责任目标为切入点，成立基本农田保护检查工作领导小组，制订工作实施方案，建立到户基本农田台账，层层签订责任状。对已划定的34 540公顷基本农田保护情况进行定期、不定期检查，保护率达到100%。

【国土资源总体规划利用】　2010年上报审批中央省市县重点项目用地1宗面积0.625 9公顷。依法依规加强土地征、转、供用地保障工作，确保中央新增投资计划和省重点建设项目的用地。完成煤电一体化项目勘查丈量土地44.54公顷；完成仓头、寨门口城中村改造征地丈量1.53公顷。批准农村居民建房用地500宗面积5.2公顷。出让土地使用权92宗面积2.39公顷，收取出让金360万元。

【土地开发整理】　2010年，狠抓土地开发复垦和整理工作，以新增加的土地面积补充被占用的土地面积，实现耕地总量动态平衡。年内完成土地开发整理市级投资项目申报4个（《威信县扎西镇墨黑村土地整理项目》、《威信县庙沟乡大塘村土地整理项目》、《威信县水田乡土地整理项目》、《威信县罗布乡顺河村土地整理项目》），总面积283.12公顷，建设规模251.06公顷，总投资675.81万元，新增耕地9.85公顷，综合新增耕地率为4.245%。保质保量完成2009年土地开发整理项目6个。其中省级投资中低产田地改造项目1个，省级投资土地整理项目1个，市级投资土地开发整理项目3个，县级投资土地开发项目1个。总面积2 338.01公顷，建设规模1 660.88公顷，总投资4 042.1万元，新增耕地320.01公顷，综合新增耕地率为23.84%。积极做好新申报项目的前期准备工作，年内3月省国土资源厅通过《昭通市威信县长安乡长安村等2个村土地整理项目可行性研究报告》的评审并下达项目资金。

【土地利用登记发证及地籍系统建设】　2010年，建立健全土地资源基础数据统计和综合分析制度，建立地籍信息系统并完善土地变更管理台账，为实现土地的科学、高效、规范利用提供技术保障。年内办理土地登记188宗，登记面积31 598.63平方米。其中国有土地办理登记182宗，面积30 132.15平方米；集体土地办理登记6本，面积1 466.48平方米。办理土地抵押登记13宗。发布土地登记公告12期193户。

【第二次土地调查及土地利用规划修编】　2010年，完成第二次土地调查。调查结果表明，全县土地总面积为139 300公顷，其中耕地44 992.09公顷，园地964.50公顷，林地69 606.17公顷，草地4 123.61公顷，商服用地6.32公顷，工矿仓储用地129.96公顷，住宅用地131.92

公顷，公共管理与公共服务用地113.65公顷，特殊用地27.11公顷，交通运输用地1 450.42公顷，水域及水利设施用地953.96公顷，其他土地14 155.56公顷。年内还完成全县土地利用总体规划修编和城镇基准地价更新、农用地分等定级工作并通过省厅专家的评审。

【矿产资源管理】 2010年，落实《国务院关于全面整顿和规范矿产资源开发秩序的通知》（国发［2005］28号）精神，加强矿产资源勘查开采管理，健全完善并严格执行矿业权出让、转让审批制度。开展采矿权年检，做好上年度矿产资源年检年报。建立探矿权数据库、采矿权数据库和矿山基础统计数据库，提高地矿管理信息化程度。配合云南省国土资源规划设计院搞好第二轮矿产资源规划，优化矿产资源的合理布局。严格执行“收支两条线”制度，加强矿产资源相关规费的收取。年内收取矿产资源补偿费40万元，征收矿产资源有偿使用费146万元。贯彻《云南省人民政府关于印发云南省探矿权采矿权管理办法等3个文件的通知》精神，严格执行矿产资源有偿制度。新设采矿权或增扩资源的，除按规定允许以协议方式出让外，一律以招标、拍卖、挂牌等市场竞争方式出让，初步建立矿业权一、二级市场体系。煤炭、硫铁矿的新建、改扩建一律通过云南省矿业权交易中心按照拍卖、招标、挂牌、协议出让等方式进行有偿出让。年内新立石灰岩采矿权1个，变更采矿权7个，累计成交采矿权价款51.9万元。根据《威信县人民政府办公室关于继续深入开展安全生产年活动的实施意见》（威政办发［2010］61号）要求，全面清理持过期采矿许可证采矿的行为，严厉打击无证勘查开采。对清理出的3个过期探矿权、21个过期采矿权下发停采通知书并限期办理勘查（采矿）许可证。对无证非法开采的矿山，坚决关闭取缔。制定下发《关于开展矿产资源利用现状调查工作和下发威信县矿产资源利用现状调查工作实施方案的通知》，开展资源利用现状调查工作，该项工作于4月底开始，年内通过市级验收。按照《威信县煤炭资源整合方案》批复（云煤整合［2008］28号）规定，全力搞好矿产资源整合工作。2010年整合保留煤矿42个，整合目标是资源集中型2对，相邻重组型12对，单独保留型28对。年内完成相邻重组型4对并办理采矿许可证；完成3个单独保留矿井的扩界审批。完成砂石料矿山整合2对。

【地质环境保护】 2010年制定下发地质灾害防治方案，与监测人员签订地质灾害监测协议，明确监测责任。制作宣传标语30幅，印发宣传画册3 000份；印发地质科普知识书200本，制作警示牌30块，复制下发《国土隐患》光碟13碟，播放地质灾害专题片1期。实行汛期24小时值班，对地质灾害发生情况进行日报告制度，做好灾情的上传下达。开展地质灾害普查，摸清地质隐患家底。排查发现新增地质灾害点14个，有54个地质灾害点威胁1 120户4 859人的生命安全及9 536万元财产安全。加强对重点建设项目的监督检查。对学校在建工程45个（其中校安工程39个、农村初中校舍改造工程1个、教师廉租房工程4个、苗圃希望工程1个）进行地质勘测，由符合资质的单位对工程建设场地进行地质灾害评估并出具场地岩土勘测报告。对存在地质灾害隐患的罗布至顺河段、大落脚至麟凤段通乡油路提出防范意见，要求麟凤、罗布国土所及工程建设单位设立警示牌并做好监测工作。与各煤矿签订地质环境保护与恢复治理责任书，限期编制完善矿山地质环境保护与恢复治理方案。责令存在隐患的蒲草坝煤矿区、顺河煤矿区停止采掘作业。敦促矿山缴存地质环境保证金，年内收缴132个矿山企业缴存的矿山地质环境恢复治理保证金300万元。

【效能政府四项制度】 2010年，继续实施阳光政府四项制度，强化效能政府四项制度领导组，制订实施方案，强化监督机制，提高办事效率，改变工作作风。贯彻落实国土资源“五条禁令”、“十项便民措施”。开展争创“先进国土所”活动，加强基层国土资源所建设。理顺国土资源管理体制，通过中层干部任职考察和岗位调整，贯彻能上能下的用人机制。进一步优化干部队伍结构，提高服务意识和管理水平。

【群众来信来访】 2010年，牢固树立“群众利益无小事”的观念，突出信访工作的重要地位。成立信访工作领导小组，设立信访接待室，按国土资源信访接待要求，对群众来访热情接待，耐心听讲，认真记录，文明办信，及时处理来信来访，做到“件件有着落，事事有回音”。全年接待群众来信来访168件次（含各级批转信件），群众上访86人次，妥善处理168件次。没有出现群体性重大上访案件。

（县国土资源局　毕晓芹）

工商行政管理

【人员机构】　2010年，县工商行政管理局内设办公室（含工会）、法规股、企业注册监督管理股、市场规范管理股（网络市场监督管理）、消费者权益保护股（食品流通监督管理）、反不正当竞争执法股（经济检查大队）、商标广告监督管理股、人事教育股、监察室及扎西、麟凤、罗布、双河工商所4个派出机构。有干部职工94人，其中公务员86人、机关工人1人、事业工人7人。

【法制建设】　2010年，继续强化落实“法治政府”四项制度，打造“法治工商”。建立县局、业务部门、基层工商所三级执法责任体系，强化执法责任追究。全面清理和公开行政审批事项，杜绝违法违规行政审批行为。以“五五”普法为主线，多形式开展执法人员、市场主体和消费者法律法规知识培训。采取“四审八核”加强案件的核审工作，开展行政执法案件评查活动。全面推行行政指导制，对市场违法状态进行预警和疏导，推广使用“说理式”执法文书，树立柔性化监管、人性化执法理念。年内开展党组学法2次，法律法规培训5次，闭卷考试2次，培训市场主体600人次。组织案卷交叉评议2次，评议案件60件，评查行政许可132件，行政指导85次，发《行政指导建议书》85份。

【纪检监察】　学习贯彻《中国共产党党员领导干部廉洁从政若干准则》，严格规范干部廉洁从政行为。坚持一手抓教育防范、一手抓岗位督查，签订党风廉政责任制，落实“一岗双责”。建立领导干部述职述廉报告制度，每半年向人大、政协述职述廉1次，定期开展基层执法人员向监管服务对象述职述廉活动。加强重点岗位及关键环节的廉政和风险点防范。年内签订党风廉政责任书12份，三级督察12次，四、五级督察20次，个人价值系数认证4次，向基层监管服务对象述职述廉4次，群众满意度98%。

【人事教育】　健全完善党组议事、中心组学习制度，举办基层所党支部书记培训班，加强领导班子和队伍建设。3月起在全系统开展“创先争优”活动。以“三线宣传、三项建设、三个争创、三个突破”为工作内容，把基层党组织建设成为“顶梁柱”，基层领导干部做好“标杆”，党员充当好“排头兵”。抓好注册、执法、计算机“三个能手”岗位大练兵、大比武活动和“我为工商添光彩”主题演讲比赛等活动，调动干部职工心系工商、奉献工商的激情，巩固“省级文明单位”称号，完成“生态文明家园示范长廊”建设任务。年内开展党组学习6次，评选先锋模范岗3人，流动红旗1块。

【企业注册登记】　2010年，按照“完成五项指标，构建效能工商”的要求，采取工作目标“倒逼”措施，畅通登记信息渠道，服务重大项目和重点工程建设。规范“绿色通道”窗口，提供高效率、零距离服务，采取降低准入门槛、放宽登记范围、简化办事程序、上门走访等措施培育和扶持市场主体发展。制订“两高一剩”产业和淘汰企业清理整顿实施方案，严格把好登记注册前置审批关口，协助环保、建设等部门开展对电力、煤炭、水泥等9大行业的排查清理，推进企业“关、停、并、转”工作的开展。推行企业网上年检，提供全新服务。年内，全县有国有企业110户（其中法人企业28户），注册资金4 866万元，登记农村经纪人10户，农民专业合作社23个（成员160个），企业网上年检率95%。撰写上报《农民专业合作社调研报告》1篇。

【个私经济管理】　2010年，拓宽服务窗口和层面，分层分类登记管理个私经济。实施“回访”工程，对困难企业提供帮扶。推行企业信用分类监管体系建设，健全完善“经济户口”档案。建立市场主体信息报告制度，为县委政府工作决策提供依据。年内登记注册个体工商户4 371户（新登记494户），注册资金14 395万元；私营企业309

户（新登记注册37户），资金74 522万元。个体验照率98%。依法取缔无照经营42户。

【市场规范管理】 2010年，以食品安全监管和规范农资市场为重点，制订《市场巡查管理办法》和《片区市场监管达标考核办法》，加强对市场的监管。发放资料1 656份，建立“七制一账一卡”制度950户，签订《食品安全责任书》950份，开展快速检测34批次，抽检商品162组，没收不合格食品220千克，粘贴式台账100%建立，受理农资产品质量咨询130人次，签订农资诚信经营责任书5份，建立“两账两票一书一卡”制度32户，创建食品安全示范店18户，星级示范店挂牌9户。

【消费者权益保护】 2010年，全面推进12315平台建设，提升服务效能，完善快速调处机制，将消费维权由事后调处为主转变为事前调控和防范为主。加强“一会两站”（“一会”即消费者协会基层分会，“两站”即维权联络站和投诉举报站）建设，推行“一会两站”进商场、超市和企业工作，实现投诉维权网络全覆盖。在超市建立“两站”1个，在街道（社区）建立“两站”4个，开展法律法规宣传3次，接待消费者咨询500余人次，发放宣传资料3 500余份，宣传展板8块，调解消费者投诉41件，涉及争议金额40余万元，为消费者挽回直接经济损失12万元，发布消费警示10期。

【反垄断与反不正当竞争执法】 2010年，在供电、供气、成品油等重点行业和服装、化妆品、酒类等重点商品及医药购销、工程建设等重点领域开展反垄断与反不正当竞争执法。立案查处各类行政处罚案件219件，涉案金额125.3万元，收缴罚没款27.6万元，没收非法书刊100余册，查获假冒卷烟1 200条，取缔“黑网吧19户。

【广告监督管理】 2010年，对广告市场实施动态长效监管。建立广告发布登记备案制度，健全广告登记台账，严把审核关。加强《广告法》、《广告管理条例实施细则》宣传，与经营者签订《广告经营监管责任书》。年内召开联席会议1次，建立户外广告登记台账130户，查处广告案件3件，没收印刷品广告310份，取缔广告牌2块。

【商标监督管理】 2010年，成立实施商标品牌战略领导小组，制定2010—2012年商标培育计划，开展“一所一标”商标发展工作。办理商标注册8件。

【计划财务工作】 2010年以行政绩效管理为基础，加强“节约型”工商建设，健全完善车辆管理、财务管理等制度，规范财务行为。年内一般性成本支出比上年节约30%。

【基本建设】 2010年，按照创建“五型工商所”目标，推进基层规范化建设。扎西、罗布创建“五型工商所”工作顺利通过昭通市工商行政管理局考核验收达标。

【老干工作】 2010年，对老干部管理工作实行“一把手”负责制，成立领导机构抓好日常工作。建立老干部活动室，定期召集老干部开展娱乐活动，定期开展民主生活会听取老干部的意见和建议。建立走访慰问工作制度，在春节、中秋节、重阳节等重大节日期间开展走访慰问活动，为他们“送政策、送知识、送温暖”。

【信息化建设】 2010年，投入资金3万元配置电脑、摄像机、照相机等信息化设备。完善办公平台，全面启用“一体化”软件各个功能模块，将软件的使用纳入目标责任制考核。健全红盾网络服务平台，开设网上年检、投诉、政务公开园地。搭建集中培训平台，加强队伍计算机使用知识培训，提高信息化应用水平。

【个私协会工作】 1月13日，威信个私协会成立“中共威信县个私协会支部委员会”，在支部中开展“创先争优”活动。8月10日、8月25日分别召开协会常务理事会议和理事会会议，讨论修订协会章程，将个私会费标准纳入协会章程；抓好“贷免扶补”工作及宣传摸底调查工作，组织创业人员专题培训。年内个私协会党支部发展党员10名，召开学习培训会4次，参会会员1 500人。

【受表彰情况】 2010年，县工商局被昭通市委、市政府评为“平安基层先进单位”。“五五”普法工作获昭通市委、市政府“先进单位”称号；潘妮获云南省工商局“红盾护农保春耕专项执法行动先进个人”称号和昭通市工商局“执法能手”称号，黄烨、何方英获昭通市工商局“注册登记能手”称号。

（县工商局 杨富友）

质量技术监督

【机构人员】 2010年，县质量技术监督局内设办公室、业务管理股和法规监督股。有工作人员13人，其中女2人，党员8人，本科文化1人、大专文化5人、中专及高中文化5人、初中文化2人。

【行政执法】 2010年，出动车辆196台次、执法检查人员598人次，集中开展各类执法检查活动23次，监督抽样送检产品5类80组。办理行政案件83件（其中立案查处19件），处罚没款23.596 1万元。

【计量监督管理】 2010年，检定加油机63台、电子汽车衡45台、烟叶收购等台秤56台。协助省市计量检定部门检定医疗计量器具24台。开展“5·20”世界计量日、诚信计量建设和谐城乡活动。加强农资等产品定量包装情况监督检查，出动车辆15台次、人员38人次，检查农资等产品批发、零售、超市和医院45家，与2家单位签订计量诚信承诺书，抽查定量包装商品110批次。

【组织机构代码管理】 2010年，着力规范组织机构代码管理工作，努力提高代码管理人员业务素质，强化材料审查把关和代码数据管理，提高代码数据合格率。年内完成新办代码证59户、换发代码证98户，年检代码证书91户。实施代码行政处罚48件，罚款54 200元。

【特种设备安全监察】 2010年，强化安全巡查和安全隐患治理，同22个设备用户签订安全责任书。与上级安全监察、技术检验机构协调配合，保证煤电联营工程进场安装设备及时检验，检验新安装设备17台，检验到期设备22台。在“两节”、“两会”和“五一”、安全月、高考、中考、中秋、国庆期间，开展安全检查9次，出动车辆63台次、人员213人次，检查用户82户次，检查设备105台次，查出隐患53条，当场整改45条，下发安全监察指令书进行限期整改8条；加强安全违法行为查处，立案查处1件，罚款2万元。

【食品质量安全】 2010年，强化部门监管责任和落实食品生产企业安全主体责任，核查辖区食品生产加工情况，增补完善相关台账信息。与企业和小作坊签订《食品质量安全管理目标责任书》和《食品安全承诺书》。加强重要节日和日常食品检查，加大违法查处力度，年内开展集中检查整治活动6次，出动车辆32台次、人员95人次，实施处罚19件（立案3件），处罚款28 825元。严格食品生产市场准入和证后监管，新取证1户，获证食品企业6家。做好重点食品质量抽检，抽检白酒、月饼、米线、桶瓶装饮用水等食品35组。组织开展“质监邀你看企业，食品安全大家行”观摩检查活动，营造全社会关注关心食品安全的氛围。

【农资产品质量检查】 组织开展春、秋季农资执法检查活动，出动车辆19台次、人员57人次，检查销售门市、仓库52个，涉及化肥品种8个1 500吨、农药品种5个120件和农膜品种4个。

【建材专项检查整治】 2010年，以服务新农村示范长廊建设和整乡推进工程为重点，集中开展对钢材、铝型材及混凝土彩瓦等建材的检查。出动车辆30台次、人员90人次，检查生产、销售单位46户，抽检钢筋、混凝土彩瓦样35个，立案查处2件，罚款8 261元。

【成品油质量整治】 2010年，出动人员12人次开展成品油质量专项检查整治。检查加油站11个，抽检5个加油站的汽油、柴油样品10个，立案查处1个抽检不合格的加油站，罚款2万元。

【强制认证产品检查整治】 2010年，开展电线、电缆、灯具等小家电和矿山机械产品的认证检查整治3次，出动车辆21台次、人员63人次，检查批发、零售门市和使用单位31个，涉及电取暖器、电饭锅、低压电器、插头插座、电线电缆、开关等6大类8个品种的“3C”强制性认证产品，立案查处14件，处罚款105 400元。

【国家调整特种设备管理目录】 1月14日，国家质检总局发布《关于增补特种设备目录的通知》，对纳入管理的厂（场）内机动车辆种类进行调整。结合省、市局关于场（厂）内机动车辆监察工作的紧急通知要求，县质量技术监督局于1月25日起停止对纳入原目录管理而新目录中没有的挖掘机、装载机、压路机等特种设备的执法检查及相关的行政许可活动。

【有效处置县供排水公司氯气泄漏事故】 3月2日，供排水公司位于扎西镇江西塆的二水厂发生氯气瓶氯气泄漏，造成33人轻度中毒。县质量技术监督局及时通过上级与宜宾天原集团联系。3月4日晚天源集团技术人员赶到，对剩下的1瓶更换气瓶阀门后，控制流量用烧碱中和。3月5日下午2时左右所有残存的氯气被处理完毕。

【向灾区和困难人员捐款】 3月26日，县质量技术监督局11名干部职工向受严重旱灾的灾区人民捐款献爱心，捐款4 253元。8月16日组织对徐声华献爱心捐款活动，有8名职工捐款900元。两次捐款共5 153元。

【食品生产加工小作坊集中核查】 8～10月，对食品生产小作坊状况进行全面情况核实。对照上年台账，对生产地址变更、有效证照、从业人员数及健康体检情况、联系电话、生产正常与否、承诺书签订、台账建立、产品抽检和产品主要销售地域等情况进行逐一核实，进一步建立和完善食品生产动态管理台账。

【及时解决汽车衡计量事件】 8月17日晚，威信县宏发煤矿反映，该厂发出的煤炭至货场和矿产品出境验票站复秤时出现短少，40吨的煤炭短少量在0.6～0.8吨之间。18日中午，县质量技术监督局领导和相关人员带着4吨砝码赶到宏发煤矿，对发煤用汽车衡各个传感器进行重新计量标定。8月19日从泸州等地反馈回来的信息表明，差值已恢复到正常范围。

【国家锅炉检验中心技术人员到威调研】 9月19日，国家质检总局锅炉检验中心、云南省特种设备检验研究院、昭通市综合检验检测中心相关安全技术人员到威信县云投粤电扎西能源有限公司麟凤发电厂，就电站锅炉安装前的安全准备工作进行调研，与业主方就锅炉等特种设备进场检验工作进行协商。

【党支部委员会换届选举】 11月12日，中共威信县质量技术监督局党支部举行支委班子换届选举，经全体党员大会选举，产生新一届党支部支委班子，魏国香任支部书记、周雪芹任组织委员、谢华忠任宣传委员。

【廉政教育】 12月21日召开职工大会，传达学习省纪委驻省质量技术监督局纪检组关于昆明市质量技术监督局稽查大队出纳员王琼贪污公款、德宏州瑞丽市质量技术监督局报账员苏丽红长期私自占用公款、楚雄州质量技术监督局楚雄开发区分局局长普建国借女儿考上大学大操大办敛财和楚雄州姚安县质量技术监督局领导班子成员违反组织纪律、闹纠纷、动手打人、严重影响质监形象的4起典型案件的查处情况。会议要求干部职工一定要从中汲取教训，防微杜渐，时刻警醒。要经得起诱惑，清廉自守，慎独自制，千万不能踩廉政纪律的“红线”。

（县质监局　袁安强）

安全生产监督管理

【机构及业务经费投入】 2010年8月，县编制委员会根据事业单位岗位设置要求，核定安全生产监管执法队事业编制4名。年内共投入安全生产工作资金522万元，其中投入装备资金94.1万元。综治维稳投入工作资金55万元；消防大队投入工作资金110万元，其中装备投入54万元；煤炭工业局投入工作资金206万元，其中装备投入资金138万元；安监局投入工作资金55万元，其中装备投入资金30万元。

【全县安全生产工作会议】 2月3日，县委、县政府召开全县安全生产工作会议，认真贯彻落实全国安全生产电视电话会议和全市安全生产工作会议精神，总结2009年安全生产工作，兑现2009安全生产责任制，安排部署2010年的安全生产任务。会上，县政府与各乡镇及县直行业主管部门签订《2010年度安全生产目标责任状》。

【全年安全事故统计】 2010年，全县共发生各类安全生产事故110起，死亡15人，受伤18人，直接经济损失211.96万元，其中发生较大事故2起死亡13人。与上年相比，事故起数上升17.02%，死亡人数下降6.25%，受伤人数下降28%，直接经济损失下降6.58%。安全生产事故死亡人数比市政府下达的死亡控制指标少5人。分行业情况是：煤矿事故2起，死亡10人，经济损失193万元，死亡人数比县政府下达的行业控制指标少2人；道路交通事故107起，死亡5人，受伤18人，经济损失18.56万元，死亡人数与县政府下达的行业控制指标持平；发生火灾事故1起，无人员伤亡，直接经济损失0.4万元；其他行业未发生生产责任事故。

【安全监管与专项整治】 2010年，在认真总结2009年安全生产年活动的基础上，提出采取"坚持两个到位"、"注重三个重点"、"落实四项制度"措施，深化"安全生产年"活动的深入开展。县政府下发《关于继续深入开展安全生产年活动的实施意见》，明确各部门的职责和任务。针对雨雪、大风等恶劣自然天气，及时发出预警通知，督促各级各部门、相关企业认真落实各项安全防范措施，注重重点行业和领域安全专项治理。组织开展以道路交通、煤矿、消防、非煤矿山、危险化学品、建筑、电力等行业领域为主的安全生产专项治理活动。结合各节假日、"两会"、汛期等重点时期安全生产工作特点，做出专项安排部署，落实重点时期安全监管措施。围绕创建安全生产示范乡镇、村（社区）活动，完善基层安全生产基础设施建设。督促各重点企业细化分解安全生产目标管理责任，层层落实到企业、班组。照严格落实隐患排查治理工作要求，对排查出的安全隐患，由主管部门督促指导企业确定整改责任人、整改时限、整改措施、落实整改资金，并对隐患整改情况进行复查验收。在各行业主管部门日常检查的基础上，安委会适时开展专项检查、突击检查，组织相关部门进行拉网式的联合执法检查，严厉打击非法违法生产、经营、建设等行为。定期召开安全生产成员单位联席会议，及时掌握安全生产形势，安排部署下一阶段安全生产重点工作。

【"打非"专项行动】 2010年，为解决安全生产的非法违法问题，加强政府部门监管执法力度，确保安全生产法律法规得到有效落实，推动和促进政府和企业经营单位安全生产"两个主体责任"的落实，推动我县安全生产形势稳定好转，根据上级有关文件要求，下发方案，开展打"三非"、防"三超"，反"三违"活动。

煤矿 逐矿检查，严肃处理违章指挥、冒险蛮干、违反劳动纪律等违章行动；严格清查井下作业人员，坚决防止矿山企业超定员、超能力生产；强制炸封3口在清查中发现的非法小煤窑。

非煤矿山 关闭20家采石场，取缔非法采石场3家。

烟花爆竹 查处12家非法经营烟花爆竹摊点和打击1个非法生产土火炮窝点，对当事人进行行政处罚。

危险化学品 取缔非法销售成品油的摊点1个，没收成品油12桶600余千克。

道路交通安全 取缔非法营运的微型客运车5辆。

【沟头煤矿"6·30"煤与瓦斯突出事故】 6月30日11时左右，扎西镇沟头煤矿发生煤与瓦斯突出事故，9人遇难。7月1日9时，所有死者家属都与矿方达成赔偿协议，由矿主向每名死亡人员家属赔偿29万元。事故应急救援工作结束，沟头煤矿矿长周玉洪、防突副矿长李金美、安全整改排水系统工程负责人白志云等责任人员被公安机关刑事拘留。

【重点行业专项整治】 下半年，为深刻吸取扎西镇沟头煤矿"6·30"煤与瓦斯突出事故的教训，坚决遏制煤矿安全事故再次发生。由安监局牵头，从煤炭、国土、公安等部门抽调人员组成4个联合执法检查组深入到各产煤乡镇开展执法检查工作，共查出隐患1 328条。联合执法检查组排查出的安全隐患报县政府，县政府按职能交煤炭工业局、公安局、国土局等部门督促煤矿企业整改。通过整改，做到责任、措施、资金、预案和监控"五落实"，严防隐患酿成事故。按威政发［2010］14号文件要求，对全县98家非煤矿山企业，从持证情况、制度建设、现场管理等各方面逐矿进行全面检查，除现场立即整改完毕的隐患外，对所有隐患和问题全部予以登记，并下达隐患整改通知书，同时载明具体的整改措施和整改要求。吸取"1·06"交通事故教训，加大执法力度，严肃查处超速、超载、酒后驾驶、无证驾驶、不按规定让行等各种违章违法行为。开展打击非法生产烟花爆竹专项整治活动，对响连天和吉祥两个三级批发企业进行整合。严查销售、储存、运输、产品质量各个环节。严把烟花爆竹经营企业市场准入关。

县共有危险化学品生产、经

营企业14家，其中有13家属经营企业，1家属生产企业（电石）。一年来，全县共开展危险化学品专项检查6次，共查出各类安全隐患30条，已全部整改完毕。

【安全生产宣传】 2010年，以开展“安全生产月”活动作为“安全生产年”的重要内容，下发《2010年“安全生产月”活动方案》，唱响安全生产的主旋律，强化活动实效，力争达到以月促年效果。全县各级各部门和各企业在六月安全月活动中悬挂标语26幅，宣传挂图300余份，设立宣传展板500余块，播放关爱生命、守法驾驶等音响磁带30余次，向群众发放安全知识宣传材料1万余份，接待群众2 000余人次。组织开展安全生产事故应急救援演练、学生防火应急疏散逃生演习各3次。5月30～31日，县安委办安排部署安委会各成员单位及各乡镇收看昭通市政府的电视讲话。6月，在威信广播电视台滚动播放安全生产宣传标语15条。利用体育馆前大显示屏播出《血泪危途》、《遵章守法祝平安》等云南省600万机动车驾驶人交通安全教育专题片、云南省农村道路交通安全警示教育片5部，收看群众8 000多人次。利用宣传车在全县范围宣传《云南省安全生产条例》及《关于进一步规范和加强安全生产监督管理责任及生产经营单位主体责任的通知》等法律、法规。6月11日，县安委会成员单位在体育馆广场开展“安全生产月宣传咨询日”活动，参与部门共发放宣传资料3 000余份，解答了200余人提出的疑难问题。

【安全生产培训】 2010年，共培训非煤矿山企业矿长、法人73人，安全员105人，装载机40人，爆破员98人；煤矿共培训矿长18人，安全员及工人628人。另外，通过以会代训的形式，组织县交通、煤炭、交警等部门领导对各乡镇乡镇长、分管安全工作的副乡镇长、安监副站长及安委成员单位负责人进行一次集中培训。在县政府安排下，由县卫生局牵头，县安监局、煤炭局共同参与，集中对全县所有煤矿、非煤矿山的业主进行系统的职业病防范知识培训。加强对《安全生产法》、《云南省安全生产条例》、《国务院关于进一步加强企业安全生产工作的通知》、《云南省人民政府贯彻落实国务院关于进一步加强企业安全生产工作通知的实施意见》等安全生产法律法规的学习、宣传、贯彻，坚持学以致用与思想整顿相结合，坚持理论学习与工作实际相结合，进一步规范了执法行为，提高队伍业务水平和执法能力。

【受表彰情况】 县政府被昭通市政府评为“二〇一〇年度安全生产”二等奖，安监局被昭通市安监局评为“二〇一〇年度安全生产监督管理”一等奖。

（县安监局　秦　芸）

（经济栏责任编辑　魏勋健　杨　军）

科教文卫

科学技术

科研科普

【机构人员】 2010年3月，县科技局与县科协分设。县科学技术局（以下简称县科技局）内设办公室、发展与创新股、科普办公室、科技情报信息中心、知识产权办公室，加挂县知识产权局牌子，干部职工总人数17人，其中党员9人、女职工6人。

【科技项目管理】 2010年，在庙沟、罗布、扎西、水田、旧城5个乡镇启动“乡镇科委科技服务能力建设”，下达经费5.8万元，为乡镇科委配置电脑等办公设备，提高乡镇科委的科技服务能力，改善乡镇科委开展工作的基本条件。中国科协实施的“扎西镇田坝村科普兴村”项目中，组织种植、养殖等科技培训5场次340人次，做好跟踪技术服务，完成项目经费投资6万余元，如期完成项目结题验收工作。省科技厅实施的“威信县罗布乡农业综合开发科技示范”项目9月通过验收，项目选题准确、思路清晰，组织实施得当，措施有力，资金使用合理，实现发展蚕桑基地6.67公顷、核桃和金秋梨经济林果示范3.34公顷、稻田养鱼2公顷、年出栏生猪500头以上、相关农户人均纯收入1 500元以上、户均节支600元以上，新建沼气池33口、改建节能灶33个、科技培训2 000余人次。

【科技项目申报和储备】 2010年，按照省、市科技计划项目选题指南的要求，组织申报省科技计划项目1项。向市科技局组织申报项目5项：《威信县科技局科技服务能力建设》、《威信县科技局办公自动化建设》、《威信县川山洞优良母猪基地建设》、《威信县科技局解决农民“学科技难”惠民工程》、《威信县扎西镇墨黑村黄牛养殖基地建设》，其中：《威信县科技局科技服务能力建设》和《威信县墨黑村黄牛养殖基地建设》获得批准立项。年内共有储备项目24个，内容涉及工业、农业、教育、旅游、科技等方面。另外，完成昭通市科技局的《威信县冰雪冷冻灾害恢复重建》项目经费使用报告的编写和上报，及时转发省、市科技主管部门关于申报农业科技成果转化项目的通知。

【科普调查统计】 2010年，国家科技部在全国开展R&D（应用研究与开发）活动调查，威信县有县气象局、县防雷安全检测中心、县农业局农技推广中心和县水利局水勘队4个抽样调查单位。在相关单位的积极配合下，于4月中旬圆满完成调查工作，为国家了解掌握地方R&D活动情况提供依据。同年，组织开展全国科普调查统计工作，指导18个被调查单位进行问卷的填写，保质保量按时上报，基本上掌握全县科普机构和人员、科普经费投入、科普场地及传媒、科普工作运行等情况，摸清底数，为今后做好科普工作具有一定的指导和促进作用。

【科普宣传培训】 2010年，编印《威信科技简讯》30期。

积极组织向各级报刊投稿，有多篇稿件被市、县级媒体采用。县政府制发《威信县贯彻落实建设创新型云南行动计划的实施方案》，全力推进科技自主创新。在全县10个乡镇开展《中华人民共和国科学技术普及法》和《全民科学素质行动计划纲要》的宣传，增强干部群众的科技意识，积极营造“科教兴威”的环境氛围。春节期间联合县委宣传部、县文体局、县科协等部门组织开展送春联、苗族花山节等活动，发放宣传资料3 000余份，展出科普展板20余块。3月和“三八”节期间，联合县科协、县妇联举办“科普进万家、构建新农村”活动，发放科普资料1 200余份，送光盘450张，悬挂标语16幅，展示科普挂图800幅，发挥科普大篷车的作用，演示科普大篷车器材325人次。5月“科技活动周”期间，开展以“携手建设新家园、依靠科技促发展”为主题的科普宣传活动。联合县科协、县文体局、县农业局、县卫生局开展形式多样、内容丰富的活动。发放预防口蹄疫、节约水资源、流感防控知识等8个专题的科普宣传资料4 000余份，接受群众咨询1 000余人次，放映科普光盘13个。加强对10个乡镇科委的工作指导，组织开展好科技培训，着力解决农村“学科技、用科技”难的问题。乡镇科委利用科普宣传栏刊载工作信息、实用技术信息120条。结合春耕生产进行玉米单株密植定向移栽、烤烟漂浮育苗、烤烟栽培及中耕管理、烤烟烘烤技术、蚕桑修剪及蚕病防治、蔬菜保护地栽培、科学施用化肥等技术培训，全县10个乡镇科委累计培训1.2万余人次。紧密结合各乡镇产业特点进行科学养牛、科学养猪、果树栽培技术、果树病虫害防治技术、科学养蚕等适用技术培训，共培训2万余人次。在新农村建设挂钩点进行烤烟栽培技术、玉米单株密植定向移栽、科学养猪、科学养牛等适用技术培训，培训人数2 250人次。配合县畜牧兽医局在旧城、罗布、双河等乡镇开展猪、牛的疫病防治工作，累计培训24场（次），培训人员1 450人次，有效预防猪、牛疫情的发生。配合县科协在长安乡开办玉米选育技术、科学养牛等2个农函大班培训，招收学员110人，采取集中辅导和个别辅导的形式进行教学，每个班开课累计40个学时。

【知识产权保护】 2010年，县知识产权局联合县委宣传部、县农业局、县文体局、县工商局等有关部门在“三下乡”、“科技活动周”及“知识产权宣传周”等活动中，开展知识产权宣教工作，发放知识产权宣传资料1 800余份，接受咨询600余人次。特别是在知识产权宣传周期间，在扎西广场组织以“创造、保护、发展”为主题的系列宣传活动，县政府副县长刘坤致开幕词，并就全县知识产权工作提出具体要求。在扎西广场周围的报刊栏张贴宣传资料，并在主要路口悬挂宣传标语4幅。发放1 000余份宣传资料，接受群众咨询500余人次。利用广播宣传《专利法》、《商标法》、《著作权法》、《云南省人民政府关于贯彻国家知识产权战略的实施意见》等法律、法规。县工商局、县文体局还当场销毁非法出版物及盗版音像制品1 000余份（册）。年内，受省、市知识产权局委托，以罗布乡为主开展“知识产权进企业、进校园”活动，参加人数400人次以上，收到良好的效果。5月12日，县知识产权局协同县文体局组织全县音像制品、出版物经销业主共14家开展版权、著作权法律知识培训，组织学习《著作权法》、《音像制品管理条例》、《出版管理条例》、《出版物市场管理条例》等法律、法规。

年内，按照国务院、省政府关于开展打击侵犯知识产权和制售假冒伪劣商品专项行动的部署，县政府及时成立领导小组，由县知识产权局牵头组织14家领导小组成员单位，结合实际，研究制订《威信县打击侵犯知识产权和制售假冒伪劣商品专项行动方案》，开展为期半年的专项行动，以保护专利权、商标权、著作权等为重点内容，以本县大型商业企业、文化娱乐场所、批发市场、药店、商品流通铺面等为重点检查对象，以图书、音像、软件、手机、药品、种子、烟、酒等为重点查处产品，全面查处侵犯知识产权和制售假冒伪劣行为，提高执法办案效率，大力净化市场环境，保护企业和消费者的合法权益。同时，充分利用网络平台，在威信科技信息网、政府信息公开门户网站上开辟专栏刊载知识产权保护相关知识。全年共接待企业、个体工商户、专业技术人员就有关专利、商标、版权等事物的咨询25人次，发放相关资料115份。年内威信县有1项专利获得国家知识产权局授权。

（县科学技术局 银西平）

科学技术协会

【机构人员】 2010年3月，威信县科学技术协会（以下简称县科协）根据2008年10月威信县机构编制委员会文件（威编通〔2008〕30号）精神，正式从威信县科学技术局分设出来，内设一个综合办公室，总人数7人（核定编制为5人）。

【科普宣传】 2010年春节期间，参加县委宣传部、县文体局、县民宗局组织的开展送春联、游园、苗族花山节等活动，发放科普宣传资料3 000余份，展出文物展板20张。“三八”国际劳动妇女节期间与县妇联发放科普资料1 200份、送科技光盘450张，组织12个宣传队演出。“3·15”期间开展“科普进万家、构建新农村”主题科普活动，悬挂宣传标语16幅，展示科普挂图800幅，发放宣传资料1.15万份，配合县工商局销毁案值30万元的烟、酒等假劣产品。利用科普大篷车同林业局、气象局、水务局、疾病预防控制中心在全国植树节、全国气象日、全国水日及世界防治结核病日期间进行科普宣传，演示大篷车器材325人次，放映科技光盘8个。5月“科技活动周”期间，同科技局、县“610”办公室、县总工会等10余个单位举办书画展、登山比赛、老年门球赛、全县职工劳动技能比赛、体检环卫工人以及崇尚科学、反对邪教活动，办展板12块，发放有关科普资料4 000余份，接受咨询1 000余人次；组织有关科技专家到农村、工厂、学校举办科普讲座活动6场1 000余人次，演示科普大篷车器材628人次，放映科技光盘13个。年内，同文体局、卫生局、农业局等单位送科技、送文化、送医疗到社区、到农村，送科普挂图500张、科普专题资料8个2 000份，接受群众科技咨询3 000余人次。全年指导社区和老体协办科普长廊12期，刊登文章382篇，指导乡、村科普宣传员办科普专栏315期，刊登实用技术等知识1 468篇。同时，联合县防震减灾局在学校发放地震预防知识等宣传资料3万余份，在红色旅游景点向游客发放科普宣传单1.5万余份。年内从县科协、教育局、广电局、外宣办选定4人从事科普宣传；投入资金建成威信县科普网，属昭通市首家建立科普网的县；向省科普网、《昭通科普》报刊等投送科普稿件30余篇，其中被省科普网刊登3篇；《昭通科普》出专版刊登威信县科普工作所取得的各项成绩；办《威信科协简讯》12期600份。

【科技培训】 2010年，在庙沟乡、长安乡科技培训新型农民520人，其中农函大学员100人。配合县、乡党校科技培训农村党员、基层干部2 868人次。配合县农业局等部门培训种植、养殖人员3 767人次。配合人力资源办、劳动就业局培训农村劳动力和下岗人员6 585人次。选送5名教师参加云南省“百千万科技教师培训”活动。

【科普示范工程引导创建】 2010年，指导扎西镇大河翠微生态园把植物科普、旅游科普、卫生科普、观光科普融为一体，使之获得较好的社会效益和经济效益，同时在田坝村、石龙村筹建2个科普兴农示范园。推进科普教育示范学校创建工程，以扎西小学、威信县第二小学为龙头，组织学生参加科普读书和禁毒、森林防火、消防安全、交通安全、食品卫生安全等宣传活动，增强科普示范学校的素质教育能力，扩大科普教育示范学校的创建面。把科普富民示范村与社会主义新农村建设有机结合起来，联合县村建办、扶贫办开展整村推进工程，在田坝村、大山村、新田村、安稳坝村建立科普服务站，选配科普宣传员，办好科普宣传栏。田坝蔬菜协会涉及农户478户，户均年收入1.5万余元，成为该村第二支柱产业，带动运输、烧砖、农家乐等产业的发展；大河蔬菜协会会员年均收入2万余元。以威信县富华种业有限公司、威信县生猪屠宰场为科普创效示范企业，开展厂会协作，引进推广新技术，培育经济增长点，提高经济效益。农学会会员安禄富等人研制的“扎单”玉米在云、贵、川3省受到欢迎。加强科普文明示范社区引导，组织业余舞队、乐队宣传人口普查、计划生育等工作，办科普长廊专栏，展示老年书画。

【青少年科技创新大赛】 2010年，组织教师、学生参加第26届青少年科技创新大赛，评选有关优秀作品上报。对全县第25届科技创新大赛获奖教师、学生进行表彰奖励。

【学会（协会）清理】 2010年，对县直学会（协会）和农村专业技术协会进行清理整顿，成立老年科技工作者协会。

【受表彰情况】 2010年，在科普宣传日活动中举办的科普活动获中国科学技术协会优秀奖。

（县科协　胡祖鋆）

气象测报

【机构人员】 2010年，县气象局内设业务股、综合股、防雷装置安全检测中心、人工降雨防雹办公室。正式职工7人，其中工程师3人、助理工程师1人。

【气象测报预报】 2010年，准确预报汛期雨季开始日期，无漏报大雨及25毫米以上的重要天气。发布重要天气消息9期、气象情报4期、预警2期。向县领导发布短信息服务5次、雨情通报5次和多次电话服务。全年发布《专题气象预报服务》5期、《森林防火专题天气预报》4期、《重要天气消息》12期、《气象情报》5期、《短期气象服务》3期。

【人工降雨防雹】 2010年，向县政府争取资金40万元购置3门高炮，将院子、牛厂坪、麟凤3个炮点的高炮更换为新式双管“三七”高炮。截至9月30日，全县共遭遇21次局地强对流天气过程，9个炮点共作业205次，消耗炮弹4 403发，防灾减灾效益2 180万元。

【防雷工作】 2010年，联合公安局在重点煤矿、沙厂、油库、仓库的防雷安全进行重点检测。防雷产业创收21万元，比2009年增长40%。

【全年气候综述】 2010年，气温偏高，降水量偏少，日照时数正常。年内光、温、水时空匹配条件较差，秋冬春连旱、低温雨雪、5月高温、6月冷涝、局部暴雨洪涝、大风冰雹、秋季连阴雨等灾害性天气，对工农业生产极为不利，属偏差年景。年平均气温13.9℃，比历年偏高0.6℃，比2009年偏低0.4℃。年总降水量933.1毫米，比历年偏少123.5毫米，比2009年偏少124.7毫米。年总日照时数937小时，比历年偏少109小时，比2009年偏少129.6小时。年降水量主要集中在5～8月。汛期大雨明显偏多，出现大雨6次、暴雨1次。雨季开始期偏早，最大一次降水出现在7月27日，降水量68.6毫米。7月为全年洪峰期，降水量181.4毫米。极端最低气温－2.6℃，出现于12月16日，极端最高气温35.8℃，出现于8月12日。年内无倒春寒和8月低温天气。雨季于10月18日结束，属正常年份。

冬季（2009年12月至2010年2月）：季平均气温5.9℃，比2009年同期偏低0.3℃，比历年同期偏高1.4℃。降水量67.4毫米，比2009年同期偏多3.4毫米，比历年同期偏少10.0毫米。日照时数152.7小时，比2009年和历年同期偏多5小时和43.1小时。2009年12月20日至2010年4月30日，矮山河谷地区出现持续性干旱灾害性天气，强度大、影响范围广、持续时间长、灾害重，属威信县有气象记录以来近50年未遇。

春季（2010年3～5月）：季平均气温13.1℃，比2009年同期和历年同期偏低0.6℃和0.3℃。降水量237.5毫米，比2009年同期偏多4.9毫米，比历年同期偏少1.7毫米。日照时数202小时，比2009年和历年同期偏少44.9小时和52.8小时。春季气温偏低，降水和日照偏少。春季气温回升快，无倒春寒天气，降水较为调匀，雨季于4月22日开始，属偏早年份。

夏季（2010年6～8月）：季平均气温21.9℃，比2009年同期偏低0.2℃，比历年同期偏高0.4℃。降水量425.0毫米，比2009年同期偏少221.6毫米，比历年同期偏少95毫米。日照时数331.6小时，比2009年和历年同期偏少97小时和60.1小时，夏季气温偏高，降水量和日照均为偏少。7月为全年洪峰期，降水量181.4毫米。全年唯一的暴雨天气出现在7月27日，降水量68.6毫米。

秋季（2010年9～11月）：季平均气温14.8℃，比2009年同期偏低0.1℃，比历年同期偏高0.9℃。降水量218.0毫米，比2009年同期偏多124.0毫米，比历年同期偏少2.0毫米。日照时数205.1小时，比2009年同期偏少64.9小时，比历年同期偏多11.2小时。秋季气温较历年偏高，降水量较2009年同期偏多，日照较2009年同期偏少。9月上中旬和10月中旬出现晴阴相间的好天气，对秋收较为有利。9月21日至10月2日出现较明显的连阴雨天气，由于降水量特多，导致田间积水明显，对小春作物小麦的播种及蚕豆查苗补缺等田间农事活动的开展不利。但有利于秋季植树造林。

【气象灾害】 1月，全县总降水量为17.5毫米，比往年同期降水量减少近20毫米。全县10个乡镇39个村432个村民小组3.14万户12.56万人受灾，造成12.5万人、4.2万头大牲畜饮水困难及4 828户2.17万人缺粮，特别是河谷地区小春粮经作物受灾严重。麟凤、水田、罗布、高田4个乡集镇供水困难。直接经济损失8 505万余元。

2月11日起，全县出现持续降温天气，气温从2月11日的2.2度下降到2月19日的-1.4度，温差幅度大，造成高二半山区粮经作物受灾严重。全县10个乡镇58个村884个村民小组8 592户3.36万人受灾。农业直接经济损失1 394.9万元，其中：小麦受灾1 861公顷，直接经济损失504.5万元；油菜受灾2 031公顷，直接经济损失548.4万元；马铃薯受灾1 926公顷，直接经济损失288.9万元；经济林果受灾32公顷，直接经济损失21.6万元。房屋受损35户105间，直接经济损失31.5万元。

5月5日11时左右，强对流天气造成全县4个乡镇15个村134个村民小组4 020户1.81万人受灾。经调查统计，灾害造成直接经济损失381.1万元，其中：油菜等经济作物受灾260公顷，成灾156公顷，直接经济损失56.2万元；小麦受灾169公顷，成灾101公顷，直接经济损失36.4万元；蔬菜受灾105公顷，成灾63公顷，直接经济损失60.5万元；马铃薯受灾125公顷，成灾120公顷，直接经济损失54万元；房屋受灾115户517人532间（其中垮塌3户9间、受伤1人），直接经济损失160万元；公路塌方11处，直接经济损失14万元。

5月30日至6月2日，因冷空气南下与威信湿热空气会合，境内连续4天普降小到中雨。4个乡镇15个村271个村民小组1 299户5 847人受灾。玉米受灾434公顷，烤烟受灾81公顷。发生滑坡点25处，导致民房受损65户292间（其中急需搬迁18户81人）。公路塌方12处，冲毁公路5.2千米。

7月7~9日，间断出现几次中到大雨天气过程，总降水量61.6毫米。罗布、长安等3个乡镇14个村225个村民小组2 287户1.03万人受灾。玉米受灾462公顷，成灾323公顷，绝收115.5公顷；烤烟受灾73公顷；民房受损116户353间；乡村公路损坏18千米，雷电击坏电视机、电脑等电器设备100余台。因滑坡灾害急需搬迁19户81人。造成直接经济损失452.7万元。

7月16日15时至16时30分，扎西镇、双河乡遭受风雹灾害袭击。2个乡镇4个村65个村民小组2 138户8 620人受灾。玉米受灾335公顷，成灾247公顷，绝收72公顷。烤烟受灾67公顷，成灾22公顷，绝收11公顷。其他作物受灾32公顷，成灾21公顷，绝收12公顷。民房受损65户292人195间。电力、水利、通信等其他基础设施不同程度受损。因灾造成直接经济损失480.9万元，其中：农业经济损失291.9万元。

7月27日16时20分，全县10个乡镇遭受严重风雹灾害，造成部分村组玉米、烤烟、民房、公路等不同程度受灾。受灾较重的村是：扎西镇石龙村、大山村，双河乡半河村、过街楼村，高田乡凤阳村、鸪城村，庙沟乡庙沟村、宗家坳村。经核查统计，全县10个乡镇65个村845个村民小组1.54万户4.61万人受灾，乡村公路受损3千米、学校围墙倒塌30米。直接经济损失850万元，其中：农业经济损失590万元。

7月31日19时30分至20时40分，罗布、旧城2个乡镇遭受严重风雹灾害，10个村117个村民小组2 937户1.31万人受灾，直接经济损失414.5万元。玉米受灾701公顷，成灾242公顷，绝收173公顷，直接经济损失208万元；烤烟受灾90公顷，成灾23公顷，绝收19公顷，直接经济损失63万元；其他作物受灾46公顷，成灾46公顷，绝收15公顷，直接经济损失24万元；民房受损344户1 424人959间，直接经济损失95.9万元；乡村公路受损4千米（其中塌方

50方），直接经济损失11万元；吹断林木5 450根，直接经济损失10.9万元；损坏照明线路5.5千米，直接经济损失1.7万元。

8月1日14时10～30分，长安乡、麟凤乡遭受严重风雹灾害，造成部分村组玉米、烤烟等严重受灾。其中：长安乡长安村、天坪村、瓦石村、安乐村和麟凤乡龙塘村等村受灾较严重。

8月2日16时30分，罗布乡庙坪村、麟凤乡坪房村、庙沟乡宗家坳村遭受风雹灾，造成部分村组玉米受灾。2次风雹使4个乡8个村55个村民小组3 192户1.44万人受灾，直接经济损失1 007.6万元。玉米受灾457公顷，成灾256公顷，绝收142公顷，直接经济损失348.4万元；烤烟受灾291公顷，成灾156公顷，绝收135公顷，直接经济损失634万元。民房受损171户769人480间，直接经济损失24万元。吹断树木118根，直接经济损失1.2万元。

2010年异常气象年报

项目名称	历史记录			更新记录	
	极值	出现时年月、日	记录年代	极值	出现年月、日
1月平均最高气温	9.9℃	2010年1月	1959.1～2010.12	9.4℃	1987年1月
2月下旬雨量	0.0毫米	2010年2月下旬	1959.1～2009.12	0.4毫米	2003年2月下旬
4月中旬日照	2.9小时	2010年4月中旬	1959.1～2009.12	6.2小时	1971年4月中旬
4月日照时数	28.2小时	2010年4月	1959.1～2009.12	35.3小时	1975年4月
8月中旬气温	25.6℃	2010年8月中旬	1959.1～2009.12	25.1℃	2006年8月中旬
8月极端最高气温	35.8℃	2010年8月	1959.1～2009.12	35.5℃	2006年8月
9月中旬气温	23.2℃	2010年9月中旬	1959.1～2009.12	22.6℃	2005年9月中旬

2010年气象要素值

单位:℃、毫米、厘米

项　　目	1月	2月	3月	4月	5月	6月	7月	8月	9月	10月	11月	12月	年
月平均气温	5.6	6.3	10.2	11.9	17.3	18.9	23.9	23.0	20.0	14.3	10.3	5.5	13.9
极端最高气温	18.3	21.5	33.4	28.9	31.8	30.8	33.8	35.8	34.2	25.4	22.3	19.1	35.8
出现日期	3	27	21	29	24	18	3	12	20	2天	12	3	16／7
极端最低气温	－1.1	－1.8	1.4	5.4	11.0	12.3	17.2	13.9	13.0	6.2	4.2	－2.6	－2.6
出现日期	16	19	2天	2	23	4	11	29	26	27	5	16	26／1
平均最高气温	9.9	10.3	15.7	15.8	21.7	22.5	29.3	28.7	24.6	18.1	14.4	9.7	18.4

续表

项　　目	1月	2月	3月	4月	5月	6月	7月	8月	9月	10月	11月	12月	年
平均最低气温	3.1	3.8	6.6	9.3	14.3	16.4	20.2	18.9	17.0	11.9	7.8	3.0	11.0
月总降雨量	13.7	15.5	52.9	762	108.4	139.3	181.4	104.3	68.0	105.3	44.7	23.4	933.1
一日最大降雨量	3.0	2.6	11.8	12.2	37.8	30.9	68.6	30.5	10.7	22.0	7.2	9.0	68.6
出现日期	12	2天	24	26	1	24	27	22	14	7	2	15	27／7
一日最大降雨量≥25.0毫米最多日数					1	1	3	1					6
一日最大降雨量≥50.0毫米最多日数							1						1
最多冰雹日数													
最大积雪深度		0										2	2
出现日期		18										16	16

威信县气象累年极值表

单位:℃、毫米、小时、米／秒、天

项　　目	1月	2月	3月	4月	5月	6月	7月	8月	9月	10月	11月	12月	年
月平均气温	5.7	9.6	11.7	18.0	20.1	21.8	24.3	23.7	21.1	15.9	12.2	6.5	24.3
极端最高气温	19.9	31.9	33.4	33.8	35.0	34.9	35.8	35.8	37.2	30.3	28.9	23.5	35.8
出现日期	26	12	21	26	29	29	15	12	6	1	6	31	2天
出现年份	1979	1998	2010	1979	1964	1994	2003	2010	1995	1999	2003	1996	2年
极端最低气温	-9.6	-4.9	-3.5	-3.7	5.3	9.8	12.0	10.2	7.5	1.6	-2.1	-5.9	-9.6
出现日期	30	14	2	5	4	5	2	20	26	23	30	28	30
出现年份	1977	1968	1986	1969	1961	1964	1973	1965	1971	1981	1967	1997	1977
平均最高气温	9.9	13.1	17.5	24.9	25.3	28.0	30.3	29.8	21.4	20.3	16.9	11.1	30.3
出现年份	2010	1966	1966	1998	1969	1961	1959	1990	1999	1959	1998	2年	1959
平均最低气温	-0.8	-0.2	3.9	8.3	12.7	18.2	17.8	17.1	13.2	9.2	4.4	0.6	-0.8
出现年份	1969	1968	1970	1968	2年	2002	1971	1965	1997	1970	1976	1975	1969

续表

项　　目	1月	2月	3月	4月	5月	6月	7月	8月	9月	10月	11月	12月	年
最多降雨量	44.1	60.0	82.6	166.8	321.6	334.1	392.1	320.4	195.8	140.3	81.3	43.3	392.1
出现年份	1991	1992	1994	1992	1972	2000	1986	1961	1983	1963	1975	1970	1986
最少降雨量	12.1	11.6	20.3	27.8	33.3	55.5	67.7	22.9	18.5	42.5	12.4	12.0	11.6
出现年份	1963	1979	1998	1979	1994	1980	1981	2003	1996	1978	1997	1996	1979
一日最大降雨量	16.8	29.1	31.5	46.3	112.8	117.4	144.4	104.4	78.9	69.7	44.5	19.0	27
出现日期	15	27	25	30	5	7	7	24	12	25	13	2	
出现年份	1981	1987	1995	1961	2005	2008	2008	2007	1964	1979	2008	1970	
一日最大降雨量≥25.0毫米最多日数			1	2	6	6	6	5	5	2	2		
出现年份			3年	3年	1972	2000	1988	2年	1997	2007	2年		
一日最大降雨量≥50.0毫米最多日数					2	2	3	2	1	1			
出现年份					2005	2年	2年	2年	6年	1979			
最多日照时数	94.4	107.2	145.5	198.3	182.8	165.5	226.7	238.4	175.4	109.2	111.6	82.6	
出现年份	1963	1966	1963	1998	2000	1961	1971	1990	2009	1959	1992	1962	
最少日照时数	11.6	5.1	23.5	28.2	21.5	22.9	86.7	63.0	32.0	11.1	7.6	0.0	
出现年份	1962	1961	1989	2010	1979	1982	1982	1974	1972	1962	1996	2005	

（**县气象局**　张新乔）

防震减灾

【机构人员】　2010年，县防震减灾局内设一个综合办公室。总人数3人，其中：女1人，党员2人，本科2人、高中1人，工程师1人。4月投资70万元的县防震减灾中心业务用房开工建设，年底完成主体工程。

【地震监测预报】　2010年，按时从石龙马蹄井取水做水氡前兆连续观测数据365个，数字化氡气、地温、水位观测设备正常运转，观测数据及时上报市防震减灾局。地震监测设备正常监测，共获得地震信息590次，其中震中距500千米内2级以上近震109次，震中距100千米内2级以上地震42次（最大地震4.8级）。8月29日巧家发生4.8级地震，预测区和强度正确。9月7日21时44分1秒威信县罗布乡顺河村发生2.4级地震，微观震中北纬28°03′、东经104°59′，当地部分居民有震感。10月1日《震情通报》（第九期）预测威信及周边地区近期有可能发生5级左右地震的危险，10月6日和10月18日分别发生在四川长宁4.8级地震和盐津4.6级地震，预测区、时间、强度三要素正确。

【地震灾害预防】 2010年，为使地震应急工作协调、有序和高效进行，修订完善《威信县防震减灾局地震应急预案》。根据市政府、县政府有关抗震设防及工程建设场地地震安全性评价工作纳入基本建设程序的通知精神，按照地震动参数区划要求，完成55家建设单位抗震设防工程的审批工作。积极指导农村居民地震安全工程的抗震设防工作。

【防震减灾科普知识宣传】 2010年，按照"积极、慎重、科学、有效"的原则，重点加强地震科普知识、应急避险知识、抗震设防等方面的宣传。全年共出《震情通报》12期，并及时向县四套班子主要领导及政府分管领导报告震情和地震发展趋势，对威信及周边发生的重要地震，以重要震情的形式在20分钟内通报县委办和政府办2次。通过威信县防震减灾局政府信息公开网发布稿件14篇，公开地震工作动态、办公业务信息、地震信息、防震减灾科普宣传等内容。发放《防震避震常识》、《地震知识100问》等宣传资料1.09万余份，接受群众咨询1 200余人次。

（县防震减灾局 熊瑞春）

教　育

【教育部门简况】 2010年，教育局内设行政办、党委办、纪委办、教育股、人事股、计财股、职教师训股、教研室、电教室、安全办、招考办、内审室、教育督导办公室。局机关总人数48人，其中：公务员24人、事业人员19人，工人3人、临时工2人。

秋季学期全县有小学269所（其中完小150所），普通初中13所，完中2所，职业教育中心1所，幼儿园8所（其中公办幼儿园2所）。小学在校生60 690人。全县7～12周岁适龄儿童55 311人，已入学55 201人，入学率99.8%，辍学率0.4%。13～15周岁适龄少年22 319人，初中阶段在校学生23 901人，毛入学率107.09%，辍学率1.4%。15周岁人口8 180人，完成初等教育8 124人，初等教育完成率99.32%。7～15周岁三类残疾儿童、少年174人，已入学164人，入学率94.25%。17周岁人口9 325人，完成初级中等教育9 107人，初级中等教育完成率97.66%。高中在校生6 441人，毛入学率38%。职高在校生1 734人。幼儿园及学前班8 916人，入园率46.9%。民办幼儿园和学前班在班幼儿5 235人，比2009年增长15%。小学教职工2 499人，其中专任教师2 405人，师生比为1:24.29，学历达标率98.34%；有初中教职工1 148人，其中专任教师1 049人，师生比为1:20.82，学历达标率98.95%。全县教职工4 264人，其中专任教师3 955人。民办幼儿园在园幼儿2 000余人、教师118人。全县共有文明学校103所，其中省级9所、市级27所、县级67所。

秋季学期全县中小学校共设党支部107个、党总支11个，其中：县直中小学校（含公办幼儿园）均建立党支部，11所乡镇中心学校建立党总支、85个村完小建立党支部，8所民办幼儿园中1所建立党支部。党组织书记有52人为兼任、66人为专职。全县教师党员1 337人，占教职工总数的34%，其中：农村小学教师党员851人，占22%。全县教师党员大专以上学历占82.1%。

【教育教学研究】 2010年，教研室有在册人员14人，实际从事教研工作7人（其中1人借用）。年内确定"深入贯彻落实科学发展观，大力实施素质教育，以提高教育教学质量为目标，以基础教育课程改革为中心，以科研论文、课题研究为抓手，加强科研队伍建设，加大校本教研力度，切实抓好教学研究、管理、指导和服务工作，更新教育观念，深化常规管理，加强教师培训，强化校本教研，下移工作重心，创新教研机制，不断提高教育教学科研水平，努力开创全县教研工作新局面”的指导思想。加强教育教学理论的学习，全室人员每人学习专著一本、写读书笔记2万余字，全年派出参加教学研究业务培训、教学研究观摩9人次，为全县中小学校长、教导主任和部分教师开展有关专题讲座12人次。完成《威信教育》共4期的选稿与编辑工作，编辑文章80余篇16万字，在《威信教研信息网站》发布教学教研信息60余条。召开教育教学质量分析暨表彰会，对2009—2010学年度教师教学质量进行表彰奖励。小学183人，其中一等奖58人、二等奖53人、三等奖72人；初中30人，其中一等奖6人、二等奖6人、三等奖18人。

教学管理 组织一中、二中高三年级2 000余名学生统测2次，并进行质量分析；组织全县初三年级毕业前质量检测及八年级地理生物实战训练检测，初三5 000余人参加、八年级6 000余人参加。召开小学语文、数学及英语毕业复习研讨会，全县各村完小300余名教师参加，请命题专家组就毕业复习方法和命题指导意见进行培训，组织一中、二中教导主任参加全市高中新课改培训，组织15名小学语文教师到楚雄观摩全省小学语文课堂教学。组织19名小学教师到南京参加苏教版小学语文课堂教学观摩、23名小学数学教师参加全省小学数学课堂教学观摩。评选骨干教师113人（省级24人、县级89人）、学科带头人34人（省级5人、县级29人）。

教学研讨 全县征订《云南教育·中学教师》149份，《云南教育·小学教师》563份，《学生新报》256份。各校以教科室、教研组为单位，定期对每一位教师的“六环”开展情况进行检查登记，作为晋职晋升依据。县教研室经常到各中、小学检查“六环”教学常规管理和教学工作，进入课堂听课，检查学校135所，听课325节。到县一中、县二中听课，了解全县高中新课改情况。组织一中、二中、扎西小学、二小、逸夫小学等县直学校到旧城、长安、高田、麟凤等乡镇及院子、大河、新田等村级学校开展送教下乡下村活动23次。县教研室除组织全县幼儿园教师讲故事比赛和在县一中、二中选拔教师参加全市课堂教学竞赛外，还组织全县中小学音体美教师课堂教学竞赛。全县近300名教师参与活动，80余名音体美教师通过说课、做课，展示参赛课100余节，30余名评委对参赛课进行点评，50余名中小学教师获得表彰奖励。全年共组织教学竞赛8科次，举办示范课45次。组织教师参加心理健康课堂教学竞赛活动荣获全省一等奖。在全省中小学音乐学科课堂教学竞赛中，小学组李唐玲、柳青均获二等奖，初中组龚涵超获二等奖，高中组马艳蕾获三等奖。在全省中小学美术学科课堂教学竞赛中，小学组胡莉、刘扬分获二、三等奖，初中组余秋芳获三等奖，高中组罗晓坤获三等奖。在全省中小学体育课堂教学竞赛中，逸夫小学徐俊、麟凤中心校胡芸获小学组二等奖，县一中周天强获高中组二等奖。在全省政治课堂教学竞赛中，熊瑞兵获二等奖。在全市举行的中小学心理健康课堂教学竞赛中，扎西小学潘婷获小学组一等奖并代表昭通市参加全省竞赛获得省一等奖、县一中刘娥艳获中学组二等奖。同时，全县有关学校举办各具特色、形式多样、内容丰富的教学研讨活动，如：扎西小学的开放周活动（全县各小学150名教师观摩学习），县二幼的“亲子游戏”活动和幼儿运动会，县一幼的高级教师示范教学，旧城镇中心学校的全镇教导主任、教研组长培训，长安乡中心学校的小学毕业复习研讨会和市级课题研究工作，县逸夫小学的教师演讲比赛、数学教师课堂教学及论文比赛，石坎中心校、院子中学在大山小学联办的小学初中英语教学衔接研究，石坎中心校在石坎小学、大河小学举办的村校领导培训、秋季学期教学经验交流会和数学课堂教学竞赛活动，三桃乡中心学校的小学语文、数学课堂教学竞赛，高田乡中心校在鸹城小学举办的开放周活动，麟凤乡中心学校的全乡语文教学研讨活动，扎西中学举办班主任培训，水田乡中心学校组织的语文、数学学科带头人送教到村到校，罗布乡中心校在簸箕村中心小学举行全乡课堂教学研讨活动等。

课题研究 长安中心校开展市级课题《小学高年级“四步式”习作教学实验研究》的现场结题，全县中小学、幼儿园教科室主任共96人参加现场结题会，昭通师专副校长陶仁、市教研室主任张佐才亲临指导并做专题讲座。在省教育学会举办的“云南省教育学会优秀教育科研成果评选”活动中，旧城中学李清富的《尝试探究学习研究》、双河中心校陈茂杰的《小学语文合作学习的开发性实验研究》同获二等奖，院子小学吴华龙、宋思海的《农村小学生不良行为习惯的形成与矫正研究》获三等奖，庙沟希望小学周清举、周道华、彭泽富的《目标教学融情景教学的实验研究》和石坎中心校曾敬富、杨文江、邓尚军的《小学科学课程探究性学习实验研究报告》获鼓励奖。石坎中心校校长吴化强荣获全国教育科研先进个人，李清富的课题《尝试探究性教学研究》获全国一等奖。张在松撰写的论文《农村小学教育中如何因地制宜实施多元化教学》、《教师在留守儿童教育工作中的角色地位》在云南教育编辑部组织的评选中获二等奖。在云南省教育学会举办的“云南省教育学会优秀教育科研成果评选”活动中，全市获奖的5项科研成果均在威信县。在省规划立项课题中，王正发主持的《基于现代远程教育的农村小学语文教学研究》完成结题材料准备，曹安云主持的《农村初中物理探究教学实验研究》完成结题。同时，扎西中学的《基于计算机网络的信息技术课堂研究》、扎西小学的《应用现代远程教育对教师进行课件制作及运用技能的培训研究》、双河中心校的《应用远程教育进行科学教学的探索与研究》3个课题经过学校历时3年的研究，顺利通过省电教馆的结题验收。

【学校管理】 2010年，积极推进初中教育评价制度的改革，制发《关于成立威信县初中教育评价制度改革领导组的通知》，明确相关股室的职责，提出学校工作的要求，完善七年级学生的成长记录档。同时，于4月对罗布乡小学校长及教导主任等50余人进行学校常规管理的培训，于8月对全县完小以上小学校长进行校园文化建设方面的培训，有效促进学校管理效能和管理水平的提高。在学籍管理工作中，加强学籍信息化管理，于11月组织全县中小学学籍管理人员进行为期2天的培训，完成学校基本信息的录入工作。完成年内初升高的教学质量评定工作，完成10所中小学校普通话的评估验收和部分教师及社会考生普通话测试工作，合格率90%以上。

【威信被列为全省学前教育试点县】 12月，省发改委和省教育厅确定威信县为全省学前教育试点县之一，开展“管办分离、委托办学”试点，形成公办与民办并举的办园体制。全县2.38万名学前幼儿将享受普惠性、公益性教育，部分家贫幼儿将获得补贴。

【现代远程教育】 2010年，根据省市要求，通过网络培训方式，确定高田、长安、旧城、罗布4所中学的4名校长和全县11名中心学校校长参加省教育厅组织的农村中小学现代远程教育工程项目远程专题培训。通过10天的网上学习、交流讨论与专家答疑，15名校长均完成和网上提交所要求的作业，过程性评价成绩合格，取得培训合格证，培训学时及成绩计入继续教育3个学分。组织419名中小学教师参加教育技术能力（初级）网上远程培训。组织136名高中教师参加为期10天的网上高中新课改培训，其中语文20人、数学22人、英语29人、历史5人、地理7人、体育3人、美术1人、生物7人、政治14人、物理12人、化学10人、信息技术6人。3月，根据省教育厅下发的《云南省农村中小学现代远程教育工程项目应用考评标准》和市教育局下发的《关于全面推进农村中小学现代远程教育工程三种模式应用意见》文件精神开展农村中、小学现代远程教育“三种模式”的应用评估工作。县教育局成立威信县农村中小学现代远程教育工程建设和应用评估工作领导小组，围绕“建设管理”、“应用成效”、“应用成效附加分”三项评估指标开展自检自评工作，并于3月21日接受市教育局远程教育评估组对威信县的检查评估，评估组对威信县“三种模式”工作的开展给予肯定。

【电化教育】 2010年，惠普中国有限公司出资5万余元在威信县实施“春蚕破茧”工程教师全免费培训计划，聘请北京微软软件工程师杨飞对全县32所中小学、幼儿园计92名教师进行为期2天的培训。电教室借职教师训办开展全县小学校长、教师培训之机设置多媒体教学课件、信息技术条件下的学校管理等培训内容，使校长、教师转变观念，提高运用信息技术的能力和水平。组织15名初中生物教师参加市教育局举办的实验教师培训、15名初中教师参加市教育局举办的《信息技术课学业水平考试终端软件培训》。组织水田小学、龙洞小学、双河中心学校、长安中心学校、县二中的5名课题研究负责人参加省电教馆举办的“运用信息技术减轻中小学课业负担”课题开题培训会，培训结束后，向省教育厅上报6个远程教育课题研究结题报告，其中扎西小学开展的《应用现代远程教育对教师进行课件制作及应用技能的培训研究》、扎西中学开展的《基于计算机网络的信息技术课研究》、双河中心学校开展的《应用远程教育进行学科教学的探索与研究》被省教育厅结题验收，对3所学校的课题研究颁发课题结题证书，占全市“十一五”教育技术类研究课题结题验收的四分之三。教育局获全市科普先进集体、周清松等4名教师获先进个人的表彰奖励。

从学校公用经费中拨出640万元资金，采购价值24.9万元的中小学实验仪器、设备，按一类标准装备中学生物仪器1套、小学科学实验仪器3套，小学科学实验桌72张、实验凳144个、实验柜60个、实验演示台3张；采购价值206.8万元的中小学图书，其中中学6.6万册（价值98.8万元）、小学9.2万册（价值108万元），采购价值20.7万元的初中计算机教室设备，新增计算机教室6间、升档6间，使全县初中生机比达27∶1；采购价值67.98万元的多媒体教学设备，配备多媒体教室16间；采购价值120万元的学生桌椅及办公设备。同时积极开展“两室”（实验室、图书室）管理示范学校的创建活动，对长安中学、麟凤小学、庙沟希望小学、长安瓦石小学、逸夫小学的“两室”建设与管理工作进行检查评估，使之达到市教育局关于“两室”建设与管理的评估验收标准。

组织中小学生参加省教育厅开展的“全国中小学电脑制作活动十年纪念活动”，推荐报送优秀作品3件，威信一中高中部学生李垚宏制作的《核后余生》网页、扎西中学初中学生黄云翔制作的《放飞音乐的梦想》网页分别获得纪念奖。组织中小学生参与省教育厅举办的2010年电脑制作评审活动，上报参赛作品19幅，其中：小学Flash动画1幅，电脑绘画16幅；中学电子报刊2幅。组织中小学教师参加市教育局举办的首届电信“天翼杯”电脑作品课件制作大赛，上报作品16件，其中：小学13件、中学3件，教研室王正发、二中胡莉莉分获中学组一、二等奖，扎西小学张琴获小学组优秀奖。收集中小学理科教学论文98篇，选出26篇参加市教育局组织的全市中小学理科论文评审活动，获一等奖1人、二等奖2人、三等奖6人。获省教育厅评选三等奖1人。教育局获市优秀组织奖称号。全年共有3篇中小学教师电教论文在《云南教育信息简报》上刊出。在第25届昭通市青少年科技创新大赛活动中，逸夫小学获优秀组织奖，扎小晋齐书、二小刘明香、逸夫小学陶晓坤获优秀科技教师称号。上报的科幻作品获市三等奖2人、鼓励奖18人，科幻作文获市二等奖4人、三等奖12人。教育局获市科普先进集体称号，一中汪仁良、扎西中心校朱良才、二小刘智铨、教育局周清松4人获市科普先进个人称号。

【职业技术教育】 2010年，在农村成人文化技术培训中，以县职教中心牵头，在县运输公司成立农民工服务站开展农村成人文化技术培训。大面扶贫培训153期6 944人；示范基地农民工技能培训1 100人，其中沼气生产工38人、电动缝纫工49人、电工192人、电焊工172人、装饰装修工473人、家用电子产品维修115人；农民工“夜校试点”培训38期1 378人，其中扎西镇培训22期850人、高田乡培训16期528人；“阳光工程”农民工培训308人，其中电工139人、电动缝纫工120人、砌筑工49人。全年转移农村富余劳动力9 730人，其中安置家用电子产品维修工115人到苏州弘林电子有限公司就业，安置电工、焊工、电动缝纫工364人到江苏昆山好孩子集团就业，安置

29人到浙江临安雷威电器有限公司就业，就地转移到威信生态文明新村家园建设514人，其余为自主择业。

年内，市教育局下达给威信县的职高招生任务为1 200人（含市直中专学校招生任务300人），在2009年的基础上增加750人的指标。在全市职教工作会议后，于5月5日组织召开威信县职业教育工作会议，会上传达市职教工作会议精神，布置招生宣传工作，把招生任务分解到各中学，全年完成职高招生910人。办学过程中积极探索“校企联合、校校联合”等办学方式，弥补学校教育资源不足，截至2010年，县职业教育中心与四川4所职业学校、与江苏常熟精元电脑公司校企联合办学。

【师资队伍建设】 2010年，采取面向全员、突出骨干、分层次对师资队伍进行培训，对象包括中小学校长、特岗教师、小学教师、骨干教师、履职晋级等培训。

中小学校长培训 根据《昭通市教育局关于组织开展中小学校长全员培训的通知》精神，完成全县中学校长培训报名工作，制订全县小学校长培训方案。高完中校长参加省级培训2人、初级中学校长参加市级培训3人、村以上小学校长参加县级培训108人。

中小学骨干教师培训 选拔优秀中青年骨干教师参加省、市两级骨干培训，建立骨干教师人才库。1月带领10名小学教师到大关参加云南少数民族基础教育项目（英国救助儿童会项目）培训；4月遴选8名中小学教师参加云南省第三期农村中小学教学骨干培训，对省、市级骨干教师进行跟踪调查、培养，完成云南省第二期农村中小学教学骨干二、三阶段培训；6月组织3名教师参加第一期昭通市心理健康咨询培训。在“国培计划”培训中，选拔优秀教师参加国家教育部、财政部“国培计划”—云南省农村骨干教师培训项目培训，8月31日完成“国培计划”、“云南省农村中小学骨干教师培训者及管理人员培训项目”、“云南省农村中小学骨干教师短期集中培训项目”、“云南省农村中小学骨干教师远程培训项目”3个培训项目申报及学员报名工作。配合“国培计划”各培训高校、网站做好跟进培训服务工作，全县有32人参加“国培计划”短期培训，149人（初中60人、小学89人）参加“国培计划”远程项目培训。

小学教师全员培训 抓实课堂教学环节中的诊断、指导、评价等工作，坚持理论和实践相结合，在实践中运用理论，在经验中升华理论，确立8个专题培训内容。小学教师1 046人报名参加培训，实际参训1 014人。

高中新课改培训 根据《云南省教育厅关于云南省普通高中新课程改革师资培训工作的指导意见》继续做好高中起始年级教师的培训和高中教师新课程同步跟进培训，全县135名教师参加高中新课改培训。

新教师上岗培训 对新招聘的教师进行上岗培训，培养其良好的师德规范，初步树立育人为本的教育思想和素质教育理念，初步掌握科学的教育方法和有效的教学技能，共培训特岗教师128人。

中小学、幼儿园教师继续教育培训 3月完成全县中小学3 127名教师校本培训《新教材将会给教师带来些什么》、《走向发展性课程评价》2科次的检查验收工作，通过考核验收，全县参培教师的合格率为99%。春季学期中小学教师1 408人报名履职晋级培训，实际参加培训中学教师320人、小学教师910人，完成1 230人履职晋级考试、登分等工作。

教师学历提高培训 鼓励全县中小学、幼儿园教师参加脱产进修、函授、电大、自修大学、网络教育等学历提升教育。全县被昭通师专函授教育专业录取35人，被云南师范大学函授英语本科录取4人、教育学本科录取30人。完成开放教育大专招生74人。

教师资格认定 共有88人申报教师资格认定，85人获得教师资格证，其中高中17人、初中37人、小学31人。

【教育督导】 2010年，全县有县级督学19人，县级特聘督学9人。教育督导室在制度建设中，根据《云南省教育督导规定》、《中华人民共和国教育督导条例》，进一步完善《威信县人民政府教育督导室主要职责》、《教育督导工作的主要内容》、《综合与专项督导工作的实施程序》、《督学履行的职责》、《督学行为规范》等制度。

业务培训 教育督导室工作

人员分别参加4月12日省的“两基”迎国检业务培训、7月19～22日北京的“全国基础教育改革动态研修班”培训、7月20～22日由教育部在成都组织的“国家基础教育质量监测”培训、8月15～18日昆明的全省“两基”国检培训会、8月31日至9月2日全市的“两基”国检业务培训会。

教育督导评估 县政府于3月22日组织召开全县教育督导评估工作动员会后，教育督导室根据《教育督导评估实施细则》和《威信县人民政府关于教育督导评估实施方案》多次深入到各单位、各部门收集、整理教育督导评估资料，并按照《云南省县级人民政府教育工作督导评估标准》中教育地位、教育决策、教育管理、教育投入、办学条件、教育监督6个A级指标20个B级指标逐项进行分类、整理、编目、装档。协调财政局、教育局财务室对近3年的教育经费投入情况进行自查，并按照A4教育投入的指标要求逐项核对，发现2005—2009年的城市教育费附加未按时足额用于教育，经报请县政府领导批示后，财政局补拨5年的城市教育费附加916万，从而使教育经费达到“三个增长”指标要求。完成《教育督导评估登记表》、《教育督导评估申报表》的填写，报请县人民政府审批后按时上报市人民政府教育督导室，协助完成全县教育督导评估资料汇编、专题片的制作以及展室的布置。各乡镇中心校、中学、县直中小学、幼儿园在集镇、校书写永久性标语和悬挂布标共125幅，教育局有关股室到各乡镇检查、指导教育督导评估工作151人次。5月8日，教育督导室把《威信县关于教育工作督导评估的自评报告》、《云南省县级人民政府教育工作督导评估基本情况登记表》、《云南省县级人民政府教育工作督导评估申请表》、《威信县人民政府关于教育工作督导评估复查的请示》等材料报县政府审批后按时上报市政府教育督导室。5月13～15日市政府教育督导评估复查组对威信县的教育督导评估工作进行复查，通过听取汇报、查阅资料、到乡镇实地查看、走访部分教师和学生等方式进行复查，复查组一致认为威信县的教育督导评估工作基本达到教育工作先进县的标准，同意申报省教育督导团进行督导评估认定。

“两基”迎国检工作 成立教育督导评估和“两基”迎国检业务小组，确定工作人员，明确工作职责，负责全县教育工作督导评估及“两基”迎国检工作的业务指导。制订教育系统教育工作督导评估和“两基”迎国检工作方案，进一步明确教育局各股室工作职责，拟订工作进度日程安排表，成立督办组、秘宣组、业务组、后勤保障组、安全保卫组等工作机构，落实责任，严肃纪律，加强督查，抢抓进度。制发《威信县“两基”迎国检实施方案》和“两基”各成员单位职责，各乡镇都相继召开“两基”迎国检动员大会。及时组织人员督查指导“两基”迎国检档案建设和“控辍保学”工作。组织召开业务培训会4次、过程性督查8次，分别从“两基”迎国检档案建设、人员培训、控辍保学、扫除文盲、经费投入、师资水平、特色展示、学校建设、宣传氛围、展板制作、汇报材料、迎检准备等多方面、全方位进行督查、指导。严格按照“两基”国检指标要求，从普及九年义务教育和扫盲程度、教师队伍、教育质量、办学条件、教育经费等7大项35项指标要求，将收集的各种资料逐项进行整理、归档，保证档案的规范、齐全、统一、准确。将《“两基”迎国检工作手册》和《“两基”迎国检知识问答》等资料发至县直各“两基”成员单位及全县各中小学、幼儿园，用于规范和指导全县“两基”迎国检工作。同时利用广播、电视等媒体广泛进行“两基”知识宣传。各乡镇在集镇醒目地段书写永久性标语120条，在公路沿线制作广告牌标语99幅、布标160幅，乡政府、学校充分利用专刊、黑板报等方式对“两基”进行大力宣传，督导室每月撰写“两基”迎国检工作过程汇报材料和编辑“两基”简报（共142期），有效推进“两基”迎国检的工作进程，并对各乡镇“两基”档案的建设、材料的准备、宣传氛围、校园的美化、净化绿化、校园文化以及学校的常规管理等方面进行全方位的检查达154人次。财政局、教育局根据《云南省“两基”国检指标要求》逐一进行核对，特别是对其中的7个“一票否决”指标进行多次核对，对“教育经费”

中的"三个增长"认真自查，查出2008年威信县的生均教育事业费没达到增长，及时向县政府汇报后，财政局补拨100万教育经费。此外，重建"两基"档案，从1月起，各乡镇、各学校安排教师深入农户开展"两基"摸底，逐户登记，核对数据，填写表册，逐步完善"两基"14个表册的电子文档录入、表册的核对工作。同时协助完成全县"两基"资料辑的编写、电视专题片的制作和展室的布置，撰写"两基"自查报告和汇报材料，报县政府审批后上报市政府教育督导室。

国家基础教育质量监测 7月19～22日督导室派人到成都参加国家基础教育质量监测培训后，于8月30日组织召开各样本校校长说明会议，于9月20日联合教研室召开全县各样本校主监、巡视员、监测员和工作人员共96人的培训会。9月26～28日国家基础教育质量监测视导员梁祖选到威信县麟凤中学、旧城中学等18个样本校检查指导质量监测工作。

【党风廉政建设】 2010年初，制定《威信县教育局党风廉政建设责任分解制度》，明确划分局党委、班子成员、各部门负责人和各中小学校长各自的责任，要求教育局党政班子领导认真履行"一岗双责"，对分片包干的乡镇、学校、股室的党风廉政建设承担责任，党委对全县教育系统党风廉政建设负领导、监督责任。实行责任到人，层层推进。根据年度党风廉政建设的总体要求，局长、副局长和部门负责人、各中小学校长、幼儿园园长分别签订责任状，各中小学、幼儿园结合工作实际同教师签订廉政承诺书。在制度建设中，制发《威信县教育局行政成本控制实施方案》、《威信县教育局行政能力提升实施方案》、《威信县教育局行政绩效管理工作方案》、《威信县教育局行政行为监督实施方案》等规章制度。

廉政文化进校园 于3月研究制订《关于在全县教育系统行政事业管理人员中开展反腐倡廉警示教育的实施方案》，在全县教育系统开展为期3个月的反腐倡廉警示教育活动，内容包括教育法规、教育政策、教师职业道德等，组织教师学习全省近年来学校和教师违纪、违规被查处通报的典型案例，警示自我、吸取深刻教训，进一步提高学校依法治校、教师廉洁从教的能力。3月12日，教育局局长张建军在全县教育工作会议上传达学习昭通市教育工作会及威信县纪委十一届五次全会精神，组织学习《中国共产党党员领导干部廉洁从政若干准则》及《中纪委关于严格禁止利用职务上的便利谋取不正当利益的若干规定》，要求各中小学针对师德师风建设及"减负提质"的要求抓好教师职业道德规范的学习和整顿，规范教育收费行为，减轻群众负担。7月13日，为进一步落实中央《建立健全教育、制度、监督并重的惩治和预防腐败体系实施纲要》及《建立健全惩治和预防腐败体系2008—2012年工作规划》，教育局召开中小学校长会议，就幼儿园办学收费、教辅资料的征订、学校领导干部廉洁自律等有关问题进行学习和强调。同时召开党委班子会议，组织学习县委十一届七次全会和县纪委五次全会精神，深刻领会县委书记龙进、县纪委书记任有恒的讲话精神，对《威信县2010年党风廉政和反腐败工作主要任务分解》进行贯彻落实，要求教育局领导班子要起好带头作用，自觉坚持"三谈两述一报告"制度。规定教育局每年秋季学期开学时要进行为期一周的安全教育和师德师风整顿，并把廉政文化进校园作为常规工作来抓，纳入学校考核。教育局在全县聘请65名"提质减负"监督员，对教育收费补课、乱订教辅资料等进行监督。多次与发改、财政、审计等部门就学校收费、财务管理等问题进行检查、审计，进一步规范学校行为。在全县各级各类学校校园设置举报电话，在教育局大厅设置信访举报箱，畅通信访举报渠道，广泛接受群众监督。

目标管理考评 制定印发《威信县教育系统党风廉政建设目标管理考评细则》（简称《考核细则》）及《威信县学校领导干部履职廉政建设目标管理民主测评表》。《考核细则》围绕学校领导班子贯彻执行党风廉政情况、廉洁自律情况、推行行风建设和纠正不正之风情况、坚持民主集中制和政务公开情况等制定详细的考核标准。从德、能、勤、绩、廉等方面对学校领导班子进行民主测评。在党风廉政考核中，注重采取"五个结合"，即：党风廉政考核与目标管理考核相结合、与平时纪检监督相结合、与对整个单位的责任追究相结合、与对学校领导班子廉洁自律的考核相结合、与广泛接受群众监督相结合。对考核结果分别进行处理，对基本合格的学校领导实行诫勉谈话，限期整改，对不合格的学校领导进行免职处理。年内，1名中学校长因学校党风廉政建设考核为基本合格被诫勉谈话，学校领导班子被取消评优评先资格；1所学校因对寄宿制学生生活补助资金使用违规被没收资金6 000元，直接责任人被诫勉谈话和通报批评。

政风行风评议 制发《威信县教育系统政风行风评议实施方案》，对政风行风评议进行明确规定，通过学生评老师、老师评学校、学校评机关、社会评教育的方式，认真查找在工作和管理中存在的问题和不足，对存在的问题认真分析原因、拓宽思路，逐一整改，完善制度，落实问题。教育局领导班分别深入罗布乡新田、扎西镇田坝、麟凤柴家井等村、社走访学生及学生家长，了解其对学校的意见和看法及对教育的要求和期望等。全年共收到群众来信18件，群众来访7次，上级批转处理的信访件7件，主要领导均提出书面办理意见，落实专人负责调查核实，做到件件有落实，事事有交代，办结率100%。

教育收费 年初制发《关于教育乱收费的实施意见》，对教育收费、服务性收费、代收费等进行规定，规定教辅资料必须由学生自行选购，不得统一强制购买，不得借发放教材之机搭售教辅资料，坚决杜绝“打擦边球”式的乱收费。非义务教育阶段必须坚持亮证收费和收费公示制度，服务性收费和代收费必须在尊重学生自愿的前提条件下即时收取按时结算，严禁只收费不服务，严禁强制消费。教育局纪委不定时深入各级各类学校进行监督检查，坚决打击各种乱收费和乱订教辅资料行为。年内，1名小学校长因协助推销教辅资料被免职，1名中心校校长因对教辅资料推销督查不力被诫勉谈话；1所小学因“六一”儿童节向学生收取捐助款被清退资金2 400余元。

【德育工作】 2010年，全县各校坚持育人为本、德育为先的原则，以贯彻中央关于加强未成年人思想道德建设的若干意见和云南省中小学德育分年级实施意见为重点，强化德育常规管理，加强德育工作的针对性和实效性。立足以德治校、以德兴教，注重发挥课堂教学主阵地、主渠道作用，开展一系列贴近学生、贴近生活、贴近社会，丰富多彩、生动活泼的德育实践活动。强化德育常规管理，加强德育工作的针对性和实效性，以实施“三生教育”为载体，加强学生的思想道德教育。教育局进一步完善校园文化建设实施方案，构建书香、人文、和谐校园；印发《净化社会文化环境 加强未成年人思想道德建设工作方案》。各学校做到“三生教育”有方案、有教材、有师资、出成效。县一中、二中开展学生军训，扎西小学、二小及部分乡镇学校举行消防、地震撤离演练活动，县逸夫小学开展经典诗文诵读活动。清明节期间，县一中、扎小、麟凤、罗布等各地中小学组织学生开展扫墓等革命传统教育活动。“六一”节期间，全县各小学举行丰富多彩的文艺活动。在活动中渗透生命为本、生存为立、生活有爱的理念。在思想政治、法制纪律、心理健康、民族团结和禁毒防艾等方面做到教育计划、课时、教材和师资四落实。各学校注重整合德育资源，创新教育路径、载体和形式，采取“接近原则”，从学生身边的小处着手，对学生的日常行为进行全方位检查，每周对学生晨读、早操、就餐、就寝和自习课等进行有效规范和指导。引导学生自己管理，培养学生自我教育、互相督促、竞争向上的意识，使全县学生文明行为和习惯养成教育成效明显。完成省市级三好生、优干和先进班集体的评选推荐工作，对3所省级文明学校进行复查，申报1所省级文明学校。在教师节期间县委、县人民政府对全县60名优秀教师和优秀教育工作者进行表彰，评选推荐省特级教师3名。在德育队伍建设上，对50余名校长及教导主任进行学校常规管理培训，对全县完小以上小学校长进行校园文化建设培训。全县教育系统共征订《人民日报》105份，《云南日报》185份，《昭通日报》158份，《半月谈》142份，《人民教育》91份，《云南教育·视界》217份。各校建有学习制度，利用每周业务学习会和全校职工会学习相关法律法规和党的方针政策。逐步健全学校、家庭、社会“三位一体”的青少年思想道德教育体系，建立完善留守学生档案，加强其思想道德教育，为留守学生提供心理健康指导、法律法规咨询等服务。在依法治校工作中，坚持法制教育与常规教育相融合，校内教育与校外教育相补充，正面教育与反面典型教育相结合，突出以青少年学生为重点，进一步提高师生的法律素质和学校依法治校水平。5月，县扎西小学学生舞蹈《打麦场上》在北京参加第六届全国儿童艺术展演魅力校园“六一”晚会活动中荣获金奖，被中国教育学会、全国校园春节联欢晚会、中国文学艺术基金会评为“全国艺术教育特色学校”。

【学校安全工作】 2010年，认真贯彻落实“安全第一，预防为主，综合治理”的学校安全管理方针，按照“质量是学校第一要务，安全是学校第一责任”的管理理念，完善各类安全事故应急预案，全力抓实学校安全管理工作。全县共签订学校安全管理责任书10万余份，上安全教育课7.53万课时。各学校开展专题安全教育讲座588场次、专题法制教育讲座272场次、安全应急演练338场次，出黑板报450余期，书写安全宣传标语120余条幅。

学生食品安全 联合县卫生监督部门对全县82个学生食堂、198名从业人员、11 317名就餐学生实施严密的跟踪检查，检查内容达223项次，督促整改食堂安全隐患65条次。开展学校传染病监督9所、对校园周边食品摊点、小吃店安全监督46家，督促整改隐患72条次。共收到各级下发的各类学校安全管理文件228个，参加各级召开的学校安全管理工作会议26场次。

治安防范 教育局按照昭通市《关于开展2010年重点青少年排查摸底专项行动的通知》要求，在全县各学校对6～14周岁和14～18周岁不在学青少年进行摸底调查，6～18周岁不在学学生2 055人，其中小学1 414人、中学（含高中）641人。对学生不在学原因进行分析，形成分析报告上报上级主管部门。联合县公安部门深入学校检查治安防范工作45场次，教育、公安、学校共开展1 183场次的清缴学生私藏管制刀具活动，督促整改学校周边治安隐患学校16所。对全县列入管理的高危人群46人，成立由家庭监护人、村委会治保干部、村民小组长、片区民警组成的监控小组，防止其混入校园。全年共深入基层学校开展安全检查74次，对112所基层学校安全工作开展督查。发放安全隐患整改通知书16份，督促整改安全隐患65处，调处安全矛盾纠纷5起。为完小以上学校配备保安68人、兼职保安109人、派驻保卫人员13人。为全县32所完小以上学校配备钢叉、警棍、盾牌等防护器具，长安、麟凤等13所中学、幼儿园的校园监控系统已安装投用。全县学校聘请178名法制副校长，聘任率100%。所有学校配备84名片区民警，配备率100%。全年无重特大安全事故和群体性上访事件发生，无迟报、谎报、瞒报、漏报安全和信访信息。年底，全县共有依法治校县级示范学校30所、市级依法治校示范学校1所、省级依法治校示范学校1所，县级禁毒先进学校32所，“A”级标准食堂3家。年内扎西小学被市教育局评为昭通市安全管理先进学校。教育局2人分别被市教育局评为全市安全管理先进个人、反邪教先进个人，基层学校有1人被省教育厅评为省级平安校园创建先进个人。

【人事工作】 2010年，完成2009年度机关17个国家公务员和3个工勤人员的年度考核工作，评出优秀公务员3人、称职14人。组织完成2009年度教育系统35个事业单位3 643名专业技术人员、127名工人、16名职员的履职考核评聘工作，评出优秀专业技术人员527人。清理查处全县教育系统在编不在岗人员，共清理上报并已处理除名长期不在岗5人，上报处理辞退6人。同时，根据《昭通市委督查室关于对清退违规借用公务员和事业单位人员进行督查的通知》和县委组织部的通知要求，对机关和各中小学长期借用人员进行认真清理清退。根据《昭通市教育局、昭通市人事局关于2010年招聘紧缺教师实施办法》文件精神制订《威信县2010年招聘高中紧缺教师和职业高中专业课教师面试实施方案》，成立招聘领导组，并于4月26～30日在云南师范大学公开招聘高中紧缺教师和职业高中专业课教师，共招聘录用12人（一中5人、二中7人），职业高中专业课教师1人。根据《昭通市

2010年农村义务教育阶段学校教师特设岗位公告》要求及省“特岗”办有关文件精神拟订“特岗”教师招聘“岗位计划”申报，制订《威信县2010年农村义务教育阶段学校特设岗位教师招聘面试考核方案》、《威信县2010年特岗教师招聘面试说课量化评价细则》，共招聘“特岗教师”48人，其中：初中23人、小学25人，本科学历40人、专科学历8人。根据《昭通市2010年中专、中小学、幼儿园招聘教师公告》要求完成中小学教师补员招聘的计划岗位申报、报名、信息采集工作，报名251人，招聘58人。按照“凡进必考”和公开、公正、透明的原则考调16名乡镇中小学教师补充到县直学校任教。

岗位设置 本着“以人为本、构建和谐社会”为宗旨，对全县37个单位、3 773个在职在编在岗人员、4 489个岗位进行认真研究，精心指导，对各单位制定的“实施办法”、“岗位说明”进行认真审核把关，使该项工作于12月顺利完成。

职称评聘 通过审查，推荐到省市参加评审的中、高级材料共185份，其中：高级职称材料40份、中级职称材料145份。高级职称通过省高评委评审认定39人，合格率97.5%；中级职称通过市中评委评审认定144人，合格率99.3%；落选的2人属于事迹不突出落选；初级职称通过县初评委评审认定293人。评选推荐上报省特级教师3人，认定1人（一中张云书）。

绩效工资分配 自2009年起，国家在义务教育阶段学校实施绩效工资和绩效奖励性工资。2010年初，按照“优质优酬、多劳多得、奖勤罚懒”的原则指导各乡镇中小学科学制定绩效工资考核办法，严格考核程序，贯彻落实好国家绩效工资政策，真正使绩效奖励性工资发挥激励作用。

工资福利 按政策为全县在职教职工办理正常晋升薪级工资3 852人，办理2009年新招聘中小学教师转正定级手续131人，审核认定办理全县教师绩效工资基础性津贴3 773人，办理离退休职工住房公积金40人。根据省人事厅、财政厅有关文件精神审核办理遗属困难生活补助50人，办理一次性抚恤费和安葬费20人。

【招生考试工作】 2010年，全县共有2 915名学生报考全国普通高等学校，其中：文史类1 657人、理工类1 257人、三校生1人。全县在一中和二中2所学校共设99个考场。高考上线人数2 607人，上线率91.28%，比2009年提高16.78个百分点，其中：一本上线130人，比2009年增加21人；二本上线593人，比2009年增加204人；三本上线960人，比2009年增加294人。据不完全统计，经过省招生考试办公室正式录取新生1 635人。

2010年全县共有5 303名学生报名参加中考。在信息采集的过程中，县招办深入全县所有中学对学生信息采集情况进行检查，使考生的基本信息准确无误地进入《云南省高中阶段教育招生管理系统》。分别在县一中、县二中、扎西小学、扎西中学4所学校共设177个考场。年内初中升学考试阅卷工作下放到县级，考试结束后，招办按照上级招考办的要求，完成阅卷、复分、登分、查分工作。同时，根据县招委下达的招生计划数和考生所填的志愿分5个批次完成市下达的2 205人的高中正式生和职高生604人的招生指令性计划。其中：县一中录取1 390名（含择校生）、县二中录取1 230名（含择校生）、省市中学录取267名、中等专业学校录取126人（不完全统计）。共计录取3 617名，录取人数占报考人数的67.86%。

此外，还完成全省第59次、60次、61次高等教育自学考试的报名工作。上半年参加全省第59次、60次、61次高等教育自学考试的报考人数120人共305科次。完成县直学校六年级毕业生质量检测和分学校工作，县直学校六年级毕业生共979人，按照义务教育的有关要求将毕业生全部分配到县一中、二中就读初中，入学率100%；完成初升高地理、生物全市统一考试工作；完成县一中、二中高中文化学科（13 349科次）、信息技术（2 329科次）和实验学科（5 202科次）会考工作；完成成人高考和教师资格考试考生的报名、录入和照片采集工作，全县参加全国成人高考的报名248人，教师资格考试报名160人，共308科次。

3月，威信县首次在一中设点进行高考英语口语考试，共

607 人参考。9 月，完成 2011 年高考英语口语（534 人）、听力（1 765 人）的考试。截至 2010 年，一中、二中有 102 间教室安装考试视频监控系统。

【教育经费内部审计】 2010 年，对全县教育系统 32 个独立核算单位 2009 年 9 月至 2010 年 8 月的教育经费进行两次全面审计检查。重点审计县财政下拨的中小学公用经费支出的安全性、有效性、规范性和专用性，检查各种补贴、劳务费的发放，会务费、活动费、业务招待费、设备费和修缮费是否按规定列支，有无乱支行为；审计全县中小学贫困生生活补助、中学生助学金、少数民族学生生活补助是否有挤占、挪用等现象；审计学校在职人员工资收入是否及时全额存入银行个人专户，有无扣款和拖欠等情况；重点检查学校是否建立收费管理责任制，所有收费是否全部纳入单位财务账核算，有无乱收费行为，有无擅自增加收费项目，扩大收费范围和提高收费标准的现象，代办费是否及时与学生结算等；检查学校财产登记的真实性和完整性，基建工程竣工结算后是否及时办理固定资产增加手续，各类设备是否按规定办理固定资产入库手续，财产报废报损是否按规定程序办理，学校财产有无长期外借，财产管理是否规范、账物是否相符等；检查有无“小金库”、公款私存和账外账，各单位是否严格执行财经法规，有无违纪违规、弄虚作假和损失浪费等行为。通过审计检查，32 个独立核算单位在公用经费使用中交叉存在不规范的问题 46 个，及时指导督促各单位对应存在的问题进行认真整改，专门制定下发《威信县教育局关于进一步规范学校公用经费管理的补充意见》。

协助县审计局完成 2007—2009 年全县“两基”教育经费投入和管理使用的专项审计调查和全县 2009 年度义务教育经费的分配拨付和管理使用情况的专项审计，重点审计教育局机关及 15 所中学和中心校，审计抽查覆盖面 50%。通过审计发现，部分学校存在挤占和挪用学生公用经费、举债办学和财务管理不规范等情况。不符合规定用途使用的义务教育资金 486 万元，其中：11 个单位发放教师津补贴、奖金及加班费 59.38 万元、10 个单位支付代课教师和长期临时工工资 80.48 万元 、7 个单位支付小规模基建、征地、绿化校园等项目款 324.65 万元、扎西中学 2008 年公费旅游列支义务教育资金 156.24 万元、石坎中学 2007—2009 年用义务教育资金垫付单位职工用电支出收回后未归还原资金渠道 4.22 万元、麟凤中学用义务教育资金支付福利费 1.63 万元。以领代报金额 31.30 万元，其中：石坎中心校支付打印费 0.74 万元、扎西中学学生活动费 15.66 万元、县二中各科室办公费 1.02 万元、高田中学教育组活动费 1.005 万元、麟凤中学支付学生住宿费 4 万元及支付卫生工具费 2.97 万元、高田中心校支付维修费 0.9 万元。账务处理不实金额 2 万元。逸夫小学 2009 年 12 月列支购教学用书款 3.32 万元，实际付款 1.32 万元，应记未记应付账款 2 万元。固定资产购置未登计入固定资产账 16.42 万元，其中：扎西中学购课桌 7.67 万元、石坎中心校购电脑 0.66 万元、旧城中学购办公桌 3.59 万元、麟凤中学购售饭系统 4.5 万元。对以上问题必须整改的，内审室及时下发整改通知，限期整改。

协助云南省财政厅委托的中介机构（中瑞岳华会计师事务所）对全县义务教育经费保障机制的专项检查。重点抽查扎西中心校等 11 个单位 2009 年秋季学期和 2010 年春季学期义务教育保障机制专项经费和各地应安排的非义务教育经费保障专项经费。组织对石坎中心学校离任校长曾本炎任职期间的经济责任离任审计和其他群众信访审计工作，完成“普六”、“普九”期间学校占用农户土地给予补偿的摸底调查、兑现工作，共组织 514 农户签订协议，兑现补偿资金 536.87 万元。

【义务教育保障经费及“两免一补”专项资金】 2010 年，共发放义务教育保障经费3 215.21 万元、“两免一补”专项资金 2 534.55万元（其中免教科书费 917.41 万元、义务教育学校经济困难寄宿学生生活补助费 1 617.14万元）。严格执行公用经费的标准（以每生每年计，下同），小学生均 300 元、初中生均 500 元、家庭经济困难寄宿学生生活费补助小学生均 500 元、初中生均 750 元。对重点项目资金使用情况进行绩效评价，完成 2009 年 26 个中、小学校贫困寄宿学生生活补助绩效评价，涉及资金1 451.42万元，主要对各学校贫困寄宿学生生活补助费发放和使用情况进行调查，并对项目任务完成情况、资金管理情况、项目管理情况、取得成效、主要做法、存在的问题、意见和建议进行自查自评；完成2009年和2010年中小学校舍安全工程专项资金的绩效评价，涉及40个项目资金2 174万元，主要对项目资金使用、项目进度、项目质量管理、资金管理、取得的效益等进行全面分析总结。

【校舍建设维修】 2010年，全县投入教育资金7 194.55万元，其中县财政投入600万元，改扩建校舍5.06万平方米。全县生均占地面积小学为12.11平方米、中学为19.73平方米；生均校舍建筑面积小学为4.02平方米、初中5.81平方米；小学生均图书7.03册、初中生均图书10.28册；2009年锁定的中小学危房已全部排除，教学用房、课桌椅配备均为100%。

校舍维修改造工作 完成2009年启动建设的50 601平方米校安工程续建工作，除3个项目正在装饰外，已竣工36个，竣工面积46 917平方米。完成2009年启动的8 000平方米教师廉租住房的建设工作，工程全部完工交付使用。新启动建设项目16个，建筑面积27 790平方米，计划总投资3 725万元。新启动项目中校舍安全工程项目6个，建筑面积11 650平方米（旧城中学4 500平方米、水田乡龙洞小学1 500平方米、石坎中学食堂400平方米、扎西镇大河小学750平方米、县二小3 600平方米、双河乡楠木小学900平方米），计划投资1 390万元。教师廉租住房项目3个，建筑面积4 600平方米，计划投资644万元。青少年活动中心项目1个，建筑面积3 000平方米，计划投资400万元。特殊教育学校项目1个，建筑面积3 541平方米，计划投资590万元。农村幼儿园建设项目5个，建筑面积4 999平方米，计划投资701万元。年内共撤并教学点16个，完成双河中学、双河小学、庙沟中学、庙沟小学4所学校的维修美化工程，共投入资金120万元，装修学校外墙面积21 462平方米。

项目管理资料档案目录规范集中管理 加快校舍信息采集和数据录入工作，完善全国中小学校舍信息管理系统。加强在建工程质量管理，及时召开工程管理现场推进会。于5月29日组织召开威信县校舍安全工程建设管理现场会，于11月22日组织校安办全体人员到已完工的石坎小学参观总结，对工程主体施工阶段、装修阶段需要控制的部位进行现场学习和观摩总结。编制《威信县中小学校舍安全工程档案资料清单》，统一印发至施工企业、监理企业和项目学校现场管理人员，让参与各方都明确校安工程档案资料收集的范围。并要求各施工企业对照资料清单，将完善以后的相关资料统一交档案管理人员集中管理。制作影像留存资料，完整记录建设过程。选取了具有代表性的石坎小学、茶腊园小学、两合岩小学工程实施前后的视频资料，附上解说词，制作成专题片，详细地介绍重建学校的基本情况、校舍安全排查情况和鉴定结论、校舍缺陷部位、重建方案和设计图纸、施工单位和监理单位情况、重建校舍进度情况等。在此基础上，还选取县一中实验楼和长安乡大山口小学及天坪小学、高田乡高田小学、双河乡双河小学5所学校教学楼建设前后的照片，制作校舍重建对比照片。通过视频和照片的对比，全面反映威信县重建学校改造前后的情况。全年共编发校安工程简报7期，定期和不定期地向主管部门和各成员单位汇报工程进展情况和取得的成绩。

（县教育局 晋崇智）

文体·旅游

文化体育

【机构人员】 2010年，县文化体育局（以下简称文体局）内设办公室、文体股，辖文化市场综合执法大队、文物管理所、扎西会议纪念馆、文化馆、图书馆、体育馆、红色扎西艺术团、新华书店等事业单位，总人数118人。4月28日撤销县文化市场稽查队，成立县文化市场综合执法大队，负责文化（文物）、广播电视、新闻出版（版权）等执法职能。执法大队以原文化市场稽查队为主进行组建，编制5人。6月4日正式挂牌成立。4月30日“2131”电影放映队从县文化体育局划出，归县广播电视局管辖。6月4日红色扎西艺术团组建并挂牌成立，艺术团属副科级全额拨款事业单位，编制40人，其中事业人员10人、临时合同人员30人。

【文化体育设施建设】 5月，三桃、水田2所乡镇文化站建设竣工（工程于2009年11月启动），12月，庙沟、罗布2所乡镇文化站建设开始启动。4所文化站面积均为300平方米以上，共完成投资130万元。同年，完成42个农家文化大院建设，其中22个属整合省级实施的农家书屋项目资金建设，其余20个由政府解决建设资金40万元建设。年内启动水田乡文体活动广场、双河乡偏岩村河沙沟文体活动广场、扎西镇院子村文体活动广场建设，院子村文体活动广场及水田乡文体活动广场于12月竣工投入使用，分别建成标准篮球场1块，周边环境进行绿化，共投入资金50万元；河沙沟文体活动广场整合各部门资金200余万元，年末完成场地平整，已投入资金60余万元。年内还完成麟凤乡、水田乡、旧城镇、双河乡4个体育健身路径工程，投入资金近40万元。年底，于2009年12月动工修建的扎西会议纪念馆新馆竣工，两层建筑，占地面积3 520平方米，建筑面积4 119平方米，累计投入资金约1 390万元（其中工程主体总投资704万元）。

【群众文化及文艺演出】 元旦、春节期间，组织系列文体活动，包括新春音乐会、义务书赠春联活动、三人篮球运动会、象棋比赛、苗族花山节、龙灯、狮灯、牛灯表演等活动。2月在扎西体育馆举办全县“百场演出进百村”首场演出，有歌舞、舞蹈、独唱、说唱、民乐演奏等节目12个，约3 000人观看演出。此活动中艺术团共编排演出节目11个，此活动于6月28日起正式展开，全年深入村（社区）演出51场次，剧目贴近生活，贴近群众，贴近农村，受到广泛的欢迎。3月，县妇联举办“三八”妇女节100周年纪念大会文艺演出，表演《幸福山歌》、《山路十八弯》等歌曲及《埃及之夜》、《稻田乐》等舞蹈节目。4月，昭通市老战士艺术团联合县老体协艺术团在扎西体育馆举行“战士情怀系老区”文艺演出，有合唱《长征》、《祖国颂》，男声小合唱《天路》，男女声二重唱《威信一片新面貌》，舞蹈《冬季花儿开》、《西部放歌》、《红旗颂》、《盛世欢歌》，民乐合奏《喜洋洋》等节目，1 000余名观众观看演出。5月，团县委主办“纪念红军长征过扎西75周年青少年红歌会”，节目包括县一中师生《山丹丹开花红艳艳》、逸夫小学《长征组歌诗朗诵》、旅游局宣传队《军民鱼水一家亲》、扎西乐队《五星红旗》、陈莉《春天的故事》及结尾由全体人员合唱的《团歌》等节目。同月，县总工会举办“庆祝五一国际劳动节119周年威信县职工书法美术作品展”和“献给劳动者的歌”广场歌舞演出，节目有《咱们工人有力量》、《阳关大道》、《怒放的生命》、《洒向人间都是爱》等10个。“六一”期间，扎小、二小、逸夫小学、蓝天艺术幼儿园、小太阳幼儿园、麒麟幼儿园在扎西体育馆和校园内组织庆“六一”系列文艺演出；县教育局在县文化馆展厅举办教育成果展览及播放“兴教富民谱新篇——威信县政府教育工作督导评估纪实”专题片。6月，为庆祝“七一”建党节，县老体协艺术团举办“红飘带上的新威信”文艺演出。8月，县人民政府组队参加在四川省古蔺县举办的川黔滇13个县市民族文化风情节文化交流活动。9月，县老体协在扎西体育馆举办国庆节文艺演出。10月，市艺术剧院到威信开展“百场演出进百乡”文艺演出，深入乡镇演出10场次。同月，威信艺术团编排节目参加昭通市少数民族运动会表演项目，《滚铁环》获得金奖，《啴呔茸呀》获银奖，《芦笙舞》获铜奖。

【文物和文化遗产保护】 1月，拟定《扎西会议纪念馆陈列大纲》，聘请上海海华公司进行布展设计，布展设计方案经5次修改报审，并编制施工图、预算表，9月完成招投标，共投入布展资金530万元。3月2日，昭通市第三次全国文物普查实地调查阶段示范验收在威信召开现场会，来自昭通市和11个县（区）的文体局领导、专家和普查一线人员70余人参加会议。威信县242项普查登录文物通过验收，并成为全市验收的样板。现场会议期间在扎西广场举办威信县第三次全国文物普查成果展览。至此，威信第三次全国文物普查田野调查工作全部完成，登记不可移动文物242处（其中复查27处、新发现215处）。6月，在扎西广场组织开展以“非遗保护、人人参与”为主题的文化遗产日主题宣传活动，宣传非物质文化遗产保护为主的法规及威信县非物质文化遗产项目，发放宣传资料1 000余份。同月，召开全县文物安全工作暨文物知识培训会议，县文物管理所和扎西会议纪念馆安全保卫人员及各乡镇文化站站长、文物保护单位义务管理处的主要负责人参加培训。10月，启动观斗山石雕群本体保护工程，聘请云南省文物考古研究所负责实施，重点对观斗山石雕进行全面清洗，采用现代先进技术手段进行防冻、防风化、防霉菌处理，投入资金20余万元。

【体育活动和竞赛】 春节期间，长安乡、扎西镇龙井社区、扎西镇田坝村举办春节象棋、篮球等体育活动。文体局在扎西体育馆举办三人篮球运动会。2月，威信组织代表队参加全市中学生篮球运动会获第三名。5月1～4日，威信县举办“分享运动快乐、展示青春风采”为主题的中小学生田径运动会，各中小学266名运动员参加高中、初中、小学三个组别13项比赛，有29人打破全县记录。双河中学、民族中学、麟凤中学获中学组团体前三名，县二小、逸夫小学、双河中心校获小学组团体前三名，麟凤中学和水田中心校获“体育道德风尚奖”。8月7日，威信组织代表队参加昭通市中小学生田径运动会，取得中学组团体第二名和小学组团体第三名的成绩，受到市级表彰，其中：中学组获金牌10枚、银牌12枚、铜牌13枚，小学组获金牌1枚、银牌2枚、铜牌3枚。同月，麟凤中学杨铭参加云南省第十三届运动会获男子400米短跑金牌、男子五项全能金牌，打破省青少年纪录，获体育道德风尚奖。10月21～27日，威信县组团参加昭通市第二届少数民族传统体育运动会，获得5金5银8铜和团体总分第六名的成绩，黄春花、胡静获秋千双人触铃（65千克以上）、秋千双人高度（65千克以上）2块金牌，杨凯获武术男子B组器械金牌，范培坤获北嘎74千克级金牌。

【图书工作】 2010年，县文化资源信息共享工程中心加强建设，提高服务质量。图书馆共接待读者累计2万余人次。建设乡镇文化资源信息共享工程网点4个（分别是长安乡、水田乡、高田乡、三桃乡），工程投入资金22万元。

【体育彩票发行】 2010年，加强4个体育彩票发行点的彩票销售工作，全年累计销售体育彩票收入近150万元。

【陈香才词作入选中华诗词文库】 年初，县政策研究室主任陈香才的词作《朝中措·村居》在中华诗词学会举办的全国第三届华夏诗词大奖赛中被评选入围，属云南省7篇入围作品之一，于6月被收录在公开出版的《中华诗词文库·第三届华夏诗词奖获奖作品集》一书。

【陈正强诗集《穿过高原的雨季》出版】 1月，县法院陈正强的诗集《穿过高原的雨季》由云南出版集团公司、云南人民出版社公开出版，中国作家协会《诗刊》社副社长王清风，中国散文学会、中国音乐文学学会、贵州省作家协会会员、《今日文艺报》主编黄长江，《蒲田侨乡时报》记者马冰青为其分别作序。诗集分为“穿过高原的雨季”、“遥远的山庄”、“守望月光下的美人”、“燃烧的旗帜”4个部分，共126首诗。

【祝焘等著名画家到威信采风】 4月1~3日，全国著名画家、国家一级美术师祝焘，嘉州画院专业画家刘辉，文化部中国画研究院创作室主任袁艺，著名画家、文化部中国画研究院研究员杨松葛，四川省美术协会会员费遇忠等著名画家应邀到威信县开展“红色经典·水墨扎西”采风创作活动。祝焘曾为北京人民大会堂山西厅、中南海、天安门等地创作40余件巨幅陈列画，2005年其作品《三晋珍禽图》作为“神州六号”的搭载物漫游太空。在威期间，采风团深入水田乡垮子苗寨、花房子会议会址、水田红军渡口和扎西镇庄子上会议会址、两合岩、院子等景点景区进行采风创作宣传活动。

【《扎西诗词》第七集出版】 6月，威信县诗词楹联学会编辑的《扎西诗词》第七集由中华诗词出版社公开出版，栏目内容包括“专题吟咏”、“河山胜景”、“吟苑心声”、“吟友唱和”、“故人遗韵”等，潘孝正任主编。全书汇集县内外近200名诗词爱好者的作品1 300余篇。

【《红色经典·水墨扎西》出版】 7月，县委、县政府主编的《红色经典·水墨扎西》画作内部出版，其中主要收集年内4月威信邀请的全国著名画家、国家一级美术师祝焘，嘉州画院专业画家刘辉，文化部中国画研究院创作室主任袁艺，著名画家、文化部中国画研究院研究员杨松葛，四川省美术协会会员费遇忠（女）等著名画家在威信县开展“红色经典·水墨扎西”采风创作活动所创作的精品力作50余幅，此外还收集中国科学院昆明植物研究所高级工程师、中国美术家协会会员曾孝濂（威信县人）的作品10余幅。

【文化市场清理整顿】 2010年，全县有文化经营单位96家，其中：县城互联网上网服务场所12家，电子游戏室13家，印刷、打字复印业20家，图书、报刊经营单位7家，卡拉OK、酒吧10家，音像制品11家，其他6家，乡镇文化市场经营单位17家。文体局还深入开展“两节”期间文化市场经营、校园周边环境、中高考文化市场、“扫黄打非”等系列专项整治行动6次。全年共出动检查人员2 500人次，检查经营单位850家次，停业整顿1家，取缔“黑网吧”3家、无证照经营摊点1个，办结案件13件，收缴盗版音像制品485盘、盗版图书352本。开展文化市场经营业主法律法规培训6场次。

【受表彰情况】 5月，林庆明、郭璋琼、余腾松被云南省文化厅、云南省文物局表彰为云南省第三次全国文物普查实地文物调查阶段先进个人。6月，余腾松获国家文物局第三次全国文物普查实地文物调查阶段突出贡献个人奖。10月，在云南省政协举办的书画作品展评选活动中，县志办杨军的作品《祥和彩云南》获三等奖，县人大退休职工黄河的国画《苗岭情歌》和县信用联社职工滕明聪的书法作品同获优秀奖。同月，威信苗族青年熊玲参加“云南省少数民族酒歌”大赛获第二名。

（县文化体育局　余腾松）

旅　游

【机构人员】 2010年，旅游局内设办公室、综合股。共有干部职工23人，其中公务员6人、工勤人员1人、借用人员1人、驾驶员1人、文化旅游宣传队员14人，中共党员12人（其中预备党员4名）。8月，续聘文化旅游宣传队员14人。

【旅游经济】 2010年，全县共接待各类游客39.8万人次，同比增长19.5%；旅游综合收入1.55亿元，同比增长19.2%。

【旅游宣传促销】 4月23~25日，组织文化旅游宣传队及旅游企业参加由国家旅游局、重庆市政府主办的中国国内旅游交易会。5月12~13日，邀请由云南日报、春城晚报、云南电视台、云南人民广播电台、云南经济日报、昆明电视台、云南政协报、云南老年报8家媒体及宜良九乡旅行社、昆明市文教局等组成的旅游团队到威信采访，了解和考察威信红色革命历史，进一步宣传、推介威信红色旅游，并在《云南日报》、云南旅游新时空等媒体上专题报道威信红色旅游。21~24日，组织参加由省文化厅、旅游局、体育局、昆明市政府、中国国际贸易促进委员会云南省分会共同举办的第二届中国云南国际旅游休闲文化产业博览会。6月6～10日参加由商务部与省政府主办的第十八届昆交会暨第三届南亚国家商品展，共计发放资料3万余份，表演具有威信县民族地方特色的歌舞、红军歌舞等32场次，宣传推荐威信特色的旅游资源，提升威信“红色圣地·绿色家园”旅游品牌形象。8月12～14日，应四川省古蔺县邀请，旅游局与民宗局制作威信地方文化特色的宣传展板，参加古蔺县“浪漫箐竹·风情之旅”活动，展现威信苗族文化，取得第四名的优异成绩。

【培育星级酒店】 4月，汇丰宾馆和鸿际宾馆通过云南省星级酒店评定委员会的评审，荣获“二星级饭店”称号。县“二星级饭店”增至3家。12月15日，按照“四星级饭店”标准建设的瑞丰大酒店正式营业。

【旅游项目申报储备】 2010年，建立旅游投资项目集群规划信息管理系统；组织向市旅游局上报《扎西会议纪念馆维修改造工程》、《改扩建扎西老街历史文化街区工程》、《观斗山文化生态旅游避暑度假区工程》、《天星国家森林公园工程》、《大雪山生态旅游度假区工程》、《天台山溶洞地质公园工程》、《天堑两合岩红色文化与地质公园工程》、《乡村旅游景区工程》、《扎西后山生态公园工程》9个旅游建设项目。9月，编制《昭通市威信县扎西会议纪念馆红色旅游经典景区二期工程建设方案》，与县发改局联合上报省、市相关部门，由省旅游局转报国家红色旅游建设领导组办公室，省发改委转报国家发改委社会事业建设司，争取纳入国家红色旅游景区二期工程建设。

【红色旅游景区建设】 2010年，投资1 390万元的扎西会议陈列馆拆除重建工程，全面完成主体工程。扎西会议陈列馆占地面积2 300平方米，建筑面积4 019平方米。完成扎西红军烈士陵园内道路、园中园亭，狮子营楼房原貌恢复装饰，休息亭台、亭廊、梯步、照明、厕所改造等维修改造及环境绿化，投资560万元。投资180万元完成扎西会议会址内部环境整治和绿化。结合新农村建设，整合各类资金480.06万元，加强扎西镇石坎村庄子上特色旅游村建设。

【旅游规划】 5月，编制《威信县“十二五”旅游发展规划（草案）》。7月20日邀请县内相关部门代表、人大代表、政协委员、景区代表、旅游企业代表等参加《威信县“十二五”旅游发展规划（草案）》听证会。9月，根据各位代表提出的意见和建议，组织修编完善《威信县“十二五”旅游发展规划》。10月，邀请中国西部规划研究院编制《威信县水田乡旅游总体规划思路》。

【旅游环境整治】 2010年“春节”、“五一”、“十一”黄金周期间，组织人员加大旅游安全检查力度，及时消除旅游市场上存在的不安全隐患，有效预防各类安全事故的发生，确保游客的生命财产安全。同时进一步规范旅游市场，提高游客的满意度，2010年未发生一起旅游安全事故和游客投诉事件。

（县旅游局 张启禹）

广电·新闻

广播电视

【机构人员】 2010年，县广播电视局（以下简称广电局）内设办公室、新闻部、事业建设股、广播电台、财务室。总人数30人。3月县新闻宣传中心从县广电局分出，广电局不再办理网络及纸质媒体宣传业务。6月9日县政府将原隶属于县文体局的“2131”农村电影放映队划归广电局管理。

【电视新闻宣传】 2010年，完成新闻采写1 207条，其中会议新闻396条，占32%，比2009年同期减少50条。非会议新闻811条，民生新闻450条。对外新闻宣传上，送省台播出15条次、市台播出347条次。其中《昭通新闻》232条，昭通台《壳子》栏目30条，《联播昭通》85条。新闻部精心制作抗击旱灾等专题片16部、标语62条、字幕公告66个、广告10个。电视新闻宣传主要从9个方面进行宣传报道：一是更加关注民生，主要是参与威信县天瑞祥和园房地产开发中涉及群众切身利益的问题的追踪报道，彰显媒体监督力量，使案子进入司法程序。二是按照县委、县政府的部署，做好春节送温暖、庆祝活动、全县春耕生产、创先争优、第六次全国人口普查等一系列工作的报道，精心组织外勤记者深入基层、企业做好相关报道，宣传好强基础、保民生、强工业、促发展的典型事例。三是面对50年一遇的严重旱情，按照省市相关精神进行宣传报道，全力做好抗大旱保民生促春耕工作，确保大灾之年，农业增产增收。四是紧扣县委、县政府做好“黑红绿”三篇文章的发展思路，加强策划，选准角度，进行主题宣传报道。五是按照县委的安排部署主动做好“争先创优”活动各个阶段宣传工作，抽调骨干记者，深入基层一线报道，营造良好的社会氛围。六是分别派出专门记者精选主题，集中做好农田水利、交通基础设施、城市建设和管理、蚕桑、旅游产业等事关大局和民生的综合性报道，起到鼓舞士气、凝聚民心的良好社会效果。七是做好县委、县政府积极采取果断措施以交通基础设施建设为突破口，夯实发展基础，在改造县城至大落脚公路的基础上贷款改造斑鸠沟至大塘公路的宣传报道。八是做好市人民政府在威信举行的现场会等一系列重要会议的报道服务工作，及时上传新闻稿件，同时积极主动配合好市台记者的工作，完成好宣传报道服务工作。九是着力做好“回眸十一五”系列报道。2010年是十一五的收官之年，为及时、深入、高效地报道好全县十一五期间取得的辉煌成就，在县委宣传部的安排部署下，抽调业务精、功底好的记者深入一线深挖素材，采写、编辑出62篇高质量、有亮点的通讯稿件，开辟《回眸十一五》专栏予以报道。

【广播电台】 2010年，县人民广播电台紧紧围绕县委、县政府的总体思路和不同时期、不同阶段的重要部署、重点工作，认真研究制定宣传报道方案和计划，全年共组织新闻稿件1 200余篇，播出《威信新闻》144期。电台还开展每周重大新闻回顾，对当周报道的重点或社会热点新闻事件的发生发展结果进行梳理和再报道，全年共录制《一周新闻回顾》48期。与昭通电台《早安昭通》连线16条新闻，送昭通《941播报》80条。电台开辟《经典小故事》（已播100期）、未成年人教育节目《成长导航站》（已播95期）、健康节目《健康新生活》（已播120期）以及本土文学栏目《扎西文学》（已播94期）。

【有线电视】 2010年，大力发展有线电视用户，推进有线电视数字整体转换。全年新增用户1 711户，其中乡镇联网280户、县城新增1 431户，全县有线电视用户15 000户。整体转换数字电视用户2 791户，全县数字用户11 000户。县委、县政府划拨10万元支持乡镇联网二期工程建设，拓展业务空间，扩大有线电视网络覆盖面，实现乡乡通有线电视。全县电视人口覆盖率95%。

【电视“村村通”工程】 2010年，对县、乡、村的电视“村村通”工程维护点实行挂牌、公开服务电话，有效提升服务质量，做到一般问题不出村、疑难问题不出乡，所有问题县内解决。加强对第一轮“村村通”直播卫星设备的有效维护，保障“村村通”长期通。同时大力推进第二批、第三批“村村通”工程建设。第二批“村村通”直播卫星覆盖工程17 886户的建设任务全面完成并顺利通过市政府验收，第三批1 000户的建设正在进行中。同时，按照国务院《卫星电视广播地面接收设施管理规定》的要求，在县政府统一领导下，联合公安、工商、网络公司等部门对全县非法销售及安装使用卫星广播电视地面接收设施开展“拉网式”清查和打击，并对自动上缴非法卫星电视接收设施的用户提供“零费用”的优惠入网方式。从2009年8月至2010年底共查缴、自动上缴非法卫星电视接收设施500余套，全部进行销毁处理。

【电影放映】 2010年，“2131”农村电影放映队采取定点、流动等多种形式到农村、学校播放先进模范人物、优秀影视片放映活动，其中在全县各学校巡回放映《青涩记忆》、《黑白记忆》、《五月的声音》等影片。全年巡回放映电影220余场次，观看群众15万余人次。

【新农村建设扶贫】 2010年，选派1人到罗布乡郭家村担任新农村建设指导员。县广电局积极筹资4万余元，为该村添置办公电脑1台、直播卫星覆盖工程83户，为该村采写、播出新闻报道8篇。

【广告收入】 2010年，县广电局通过提高威信新闻的质量来提升频道形象，吸纳广告客户。全年广告收入9.68万元，比2009年增加10%。

（县广播电视局 范 超）

广电网络

【机构人员】 2010年，云南广播电视信息传播网络股份有限公司威信支公司（以下简称威信支公司）内设行政管理部、运营维护部。公司有职工18人，其中中级职称以上1人。

【业务创收】 2010年，昭通分公司下达给威信支公司的任务为：经营收入301万元，新增用户600户。威信全年新增用户1 711户，其中乡镇联网280户（县政府划拨专项资金10万元支持乡镇联网二期工程建设），县城新增1 431户，完成任务的285%，整体转换数字电视用户2 791户。实现主营业收入320.48万元、收视费收入290.48万元、初装费收入30.23万元。

【提高服务质量】 2010年，威信支公司为方便电视用户办事，在收费大厅摆设座椅、饮水机、饮水杯，安装空调，为用户提高方便。并向用户公开承诺：新安装或需迁移的用户，自交费之日起，在1天内安装完毕；用户电视线路发生故障，自接到报修电话后，故障在8小时内消除。解决了过去安装有线电视要等、要拉关系才能及时安装的老大难问题，增加了公司服务的公信力。

（威信支公司 赵怀毅）

新闻宣传

【机构人员】 2010年3月，县新闻宣传中心从县广电局划归县委宣传部，机构名称更名为中共威信县委宣传部对外宣传办公室（以下简称外宣办），属县委正科级参公管理事业单位，主要在威信新闻网上开展新闻媒体宣传和对外宣传业务。核定编制15人。9月通过全省统招，考进工作人员6人。年底总人数12人。

【新闻宣传报道】 2010年，紧紧围绕县委、县政府中心工作，把握正确的舆论导向，坚持“三贴近”原则，立足“塑形象、造影响、促发展”，围绕“打造红色老区品牌”目标开展对内对外的新闻宣传工作。县委宣传部部长汤国乾等县领导多次带领外宣办研究策划宣传工作，推动新闻宣传作品向“深、精、准、实”方向发展。外宣办主任潘先卫带头研究策划宣传题材，带领记者深入一线采访编写新闻，切实提高记者工作的积极性和主动性，拓宽新闻采编的范围和内容。并以服务中心、服务大局为出发点，始终坚持团结和谐、昂扬向上的宣传基调，加强对社会热点问题的正确引导，更好地发挥新闻宣传工作在推动经济发展、引导人民思想、培育社会风尚、促进社会和谐等方面的重要作用。全年主要做好7个方面的宣传报道：一是全县开展深入学习实践科学发展观活动和创先争优活动，二是抢抓发展机遇、应对经济危机、拉动经济增长，三是春耕备耕为重点的农业农村工作，四是社会主义新农村建设，五是“两会”，六是抗旱救灾工作中涌现出来的先进典型人物，七是加大民生新闻报道的力度，大力宣传全县各级党委、政府情系百姓、为民办实事、排忧解难的实际行动。同时，紧紧围绕近年来县委、县政府开展的“黑、红、绿”三项工作以促进全县经济追赶发展，千方百计保增长、保民生、保稳定所做的大量卓有成效的工作，精心策划，组织力量，深入挖掘，推出《希望路上的铺路石》、《歌声献给劳动者》、《红色经典励青春》、《情撒苗岭释党性》等深度报道，为增强发展信心，积极应对困境，克难奋进，提供强大的舆论支持。截至12月7日，威信新闻网共发布各类新闻信息1 000余条。

在对外宣传工作中，制定细化对外重点报道意见，建立起重大选题论证策划、分工合作的写稿供稿、与上级新闻单位的沟通联络、上级媒体刊发稿件汇总通报四大工作机制。截至12月7日，外宣办在《云南日报》、云南网、新浪网等省级以上媒体刊发稿件220篇，在《昭通日报》、昭通党建网等市级媒体和网站刊发稿件120余篇和1个整版。其中：《云南日报》刊登的《威信县：破壁垒，强合作，珙威两地省际共建谋发展》，云南网刊登的《威信农民工服务站——架设劳务增收的金桥》、《威信县举办青少年红歌会》，《昭通日报》刊登的《精彩瞬间——红色经典励青春》、《威信坚持"三结合"打好抗旱救灾攻坚战》、《威信县发挥金融信贷杠杆作用促创业谋发展》等多篇报道引起较好反响。

【制度和队伍建设】 2010年，与职工签订《中共威信县委外宣办2010年对外宣传目标责任书》，及时分解落实全县对外宣传目标任务，并把任务具体落实到了每一个人。建立健全《县委外宣办工作人员联系乡镇和部门安排》、《县委外宣办关于采编工作的奖惩规定》、《县委外宣办工作量化考核规定》、《县委外宣办岗位职责》、《县委外宣办信息发布规定》等相关管理、工作制度。10月初，在新招工作人员中选派3人到《昭通日报》顶岗培训2个月。

（县委宣传部对外宣传办公室）

史志·档案

党史研究

【机构人员】 2010年，县委党史研究室设一个办公室，总人数4人，其中大专3人、中专1人。

【革命遗址普查】 3月28日至8月31日，县委党史研究室、县文体局通过宣传、培训后在全县开展革命遗址、遗迹普查登记工作，登记革命遗址、遗迹216处，其中重要历史事件和重要机构旧址79个、重要历史事件及人物活动纪念地102个、革命领导人故居8个、烈士墓19个、纪念设施8个。拍照、拍摄革命遗址、遗迹照片1 783张、录像815个片段，撰写历史背景材料10万余字。

【编制扎西会议纪念馆主题陈列展览】 2010年，根据省、市、县的有关要求，牵头编制《实现转折 走向胜利——扎西会议纪念馆主题陈列展览》。经多次推敲修改，撰写文字脚本近2万字，收集提供图片100余张。初步通过省级审查，报送中宣部待审定。

【撰写扎西会议史实解说词】 2010年，根据中共威信县委的要求，撰写完成《光辉的扎西会议——扎西会议史实解说词》，并联合县广电局完成光盘的制作。

【为《浴血川滇黔》剧组提供史实服务】 2010年，向《浴血川滇黔》剧组讲述红军川滇黔边区游击纵队的光荣历史，提供相关史实材料，并带领剧组人员实地采风，采访部分健在的老游击队员和历史见证人。

【配合省老促会对威信革命老区进行调研】 2010年，为进一步掌握革命老区经济社会发展现状，科学制定革命老区"十二五"发展规划，省老促会副会长黄树跃、王元辅两位领导先后莅临威信开展革命老区的调研工作。党史研究室积极主动提供相关史料和所需材料，并陪同领导深入水田、扎西等乡镇对新农村建设、扶贫攻坚、老区开发等情况进行调研。

（县委党史研究室）

地方志工作

【年鉴编辑出版】 2010年初，及时草拟《关于认真做好〈威信年鉴〉2010年卷供稿工作的通知》，由县政府办公室印发全县各乡镇、县直各有关单位。县志办加强检查、指导和督促，绝大多数单位在规定时间内完成供稿工作，使年鉴分纂工作得以按计划于7月底前全部完成。8～9月总纂，10月送审，11月由云南民族出版社出版发行。全书60万字。为使年鉴图文并茂，增加可读性和存史价值，本卷策划编辑“上级领导在威信”及部分县直部门和乡镇宣传彩版。年内按省志办、市志办要求，如期完成《云南年鉴》、《云南小康年鉴》、《昭通年鉴》威信部分的撰稿和上报工作。计《云南年鉴》、《云南小康年鉴》各1万余字，《昭通年鉴》3万余字。

【续修《威信县志》工作】 2010年，在编辑年鉴的同时，按照续修《威信县志》（1978—2010）编纂任务分解，在各单位供稿的基础上，大量搜集资料，完成绝大部分章节初稿的撰写。

【范孝懿调研指导威信地方志工作】 4月13～14日，市地方志办公室主任范孝懿一行在威信调研指导地方志工作。在听取威信志办工作汇报后，范孝懿对威信志办在人少事多、条件艰苦的情况下工作取得可喜成绩给予充分肯定。要求威信县抓好续修《威信县志》进度的科学安排，狠抓志书质量，尽职尽责克期完成工作任务。

【学习培训】 4月下旬，在市志办统一组织下，威信县志办主任与全市各县（区）志办主任一起，到省内红河州考察学习地方志工作。红河州是云南省地方志工作搞得比较好的一个州，无论办公条件改善还是工作进度都位居全省前列。通过几天的考察学习，开阔了视野，拓宽了思路，取得宝贵的经验。9月14～17日参加在水富召开的《云南省地方志工作规定》学习交流会。

【参加昭通市2县志稿评议】 7月、10月，威信县志办应邀先后参加续修《绥江县志》（1978—2005）、《永善县志》（1978—2005）评议会，在会上作评议发言。

（县地方志办公室 古仕林）

档　案

【机构人员】 2010年，县档案局（馆）内设办公室、档案业务指导股、提供利用股3个股室，在职干部职工15人，其中大专以上12人、高中3人，专业技术人员9人（全部为馆员职务）、中级工5人、管理人员1人，党员9人。年内，县档案局（馆）被昭通市政府表彰奖励为全市综合档案馆档案目标责任制考核二等奖。

【制度建设】 2010年初，修订完善干部岗位责任制，把各股室的主要职责、每个干部的责任进行细化和量化，对学习、会议、考勤、财务、党风廉政建设等13个制度重新进行修订和完善，做到用制度管人、用制度管事。调整各股室工作人员，将工作重心转移到档案日常管理、档案资源建设及利用服务上。

【档案建设管理】 2010年11月底，接收部分单位档案近137卷2 055件入馆。同时接收林改档案9 308盒96 472件入馆，其中文书档案1 811盒23 226件、林权类档案7 335盒72 421件、纠纷类档案75盒289件、电子声像类6盒124件。

2010年，把声像档案的收集、整理工作作为档案资源整合的重要范围纳入工作计划，启动威信县重大活动声像档案收集、编辑、归档系统工程。通过直接参与摄录本地区的重大活动、重要会议、城市景观、项目建设、外事活动等获取第一手资料。同时与县委办、县政府办、县委宣传部、电视台等多个部门联系，及时收集。主动征集散存在民间的各种声像档案。档案局投入设备，安排专人对收（征）集到的声像档案资源进行规范整理、分类，系统剪辑，精心制作，已整理归档重大政务活动、上级领导视察、项目经济建设等5个门类24卷共4 199张重大活动照片档案。

针对档案馆馆藏的民国时期档案因年代久远，纸张已严重发黄、变脆、易碎的情况，为加强对该档案资料的抢救、保护，档案局向上级争取到一定经费，组织人员进行修裱抢救工作，共抢救档案289卷。

切实加强对各乡镇、村委会和城市社区档案业务指导工作，帮助搞好农村经济结构调整、农业科技创新、精神文明建设、基层民主政权建设、劳务输出、农村独生子女、婚姻登记等档案建档管理工作。安排8名专业人员进行业务指导和参加全县林改档案的清理、立卷归档工作。

年内，县人事和劳动社会保障局接收整理2009年机关公务员和事业单位工作人员年度考核表、工资晋级表等材料2 487份，并对所接收材料进行造册登记。按照档案管理规定查阅在职人员和毕业生个人档案395人次，出据查阅证明66人份。接转在职人员和大中专毕业生档案430人卷。清理装订政府系列公务员和事业单位在职人员档案1 584册。

【档案利用】 2010年，积极打造政府信息公开的服务平台，为领导决策、各部门、各单位工作查考、落实政策、修史编志等接待前来查阅利用档案、资料215人次（利用现行文件9人次、利用档案183人次、利用资料23人次）1 187卷次（修史编志217卷次，工作查考469卷次，经济建设26卷次，宣传教育42卷次，退伍军人、婚姻登记等433卷次，资料46卷次），复制档案、资料172页，复制现行文件23页，出示各类证明60余份。

【档案执法检查】 9～10月，组织对全县10个乡镇16个村委会和80个县直机关、企事业单位进行一次档案移交接收、安全保管、档案星级目标管理等工作年检执法抽查，其中优秀率26%、合格率95%。通过开展检查，使档案星级目标管理工作得到巩固和加强。

（县档案局 王 俊）

卫　生

【机构人员】 2010年，县卫生局内设办公室、人事教育股、业务股、计财股、督导办、爱卫办，总人数19人。管辖的医疗卫生单位有县人民医院、县中医院、县妇幼保健院、县疾病预防控制中心、县卫生局卫生监督所、县新型农村合作医疗管理办公室、扎西中心卫生院、旧城中心卫生院、罗布中心卫生院、麟凤中心卫生院、高田卫生院、水田卫生院、双河卫生院、长安卫生院、庙沟卫生院、三桃卫生院。全县共有村卫生所83个，社区卫生服务站4个（即麒麟社区卫生服务站、海子社区卫生服务站、龙井社区卫生服务站、渔洞社区卫生服务站），个体诊所5个（即古玉清诊所、茂春诊所、国富诊所、万民诊所、段锡文中医诊所），民营医院4家（即仁安医院、百信医院、民生医院、山城精神病院）。全县共有政府举办的医疗机构13个，病床845张。有医疗技术人员561人，其中正高职1人、副高职称18人、中级职称155人、初级师160人、初级士97人、其他37人。村卫生所有医务人员252人。

【卫生工作会议】 7月28日，召开全县卫生工作推进会议。县政府副县长李朝伟和县卫生局局长作讲话。县政府对2009年度卫生综合目标考核取得优异成绩的3个先进单位、6个无偿献血先进单位、20名先进卫生工作者予以表彰，县卫生局表彰疾病控制、妇幼保健先进集体和卫生系统卫生责任目标先进单位，对13名从事护理工作30年的人员颁发荣誉证书。李朝伟和卫生局局长分别代表县政府、县卫生局与各乡镇政府、卫生院、县直医疗卫生单位和县直有关单位签订《2010年卫生工作责任目标书》和《艾滋病防治目标责任书》。

【建立国家基本药物使用采购制度】 2010年，全县所有乡镇卫生院、村卫生所全部按要求使用基本药物，县人民医院、妇幼保健院及民营定点医院使用基本药物不低于药品销售总额的35%，县中医院不低于10%。严格执行《云南省基本药物采购零售价格》，同时实行中药饮片采购价格备案制。建立完善基本药物采购登统制度。积极开展实施基本药物制度培训宣传工作，对全县医疗机构的相关医务人员、财务人员进行培训。全县所有定点医疗机构使用的基本药物（包括省补品种）均按要求编制集中采购计划，确定基本药物采购的剂型、规格、数量，并实行网上集中采购，规范各级医疗机构药品进购渠道，降低药品价格，确保广大农民能用上安全、有效、价廉的药品。为加强监管，卫生局代表医疗机构与药品配送公司签订《威信县2010年新农合定点医疗机构药品采购与配送协议书》，严格按照配送协议进行采购和配送，保障基本药物及时配送到位。

【健全基层医疗卫生服务体系】

2010年，全面推进医疗卫生机构综合改革，建立新的运行机制。完善编制管理，创新机构编制管理方式。深化人事制度改革，实行定编定岗，全面建立人员聘用制度和岗位管理制度，实行按需设岗、竞聘上岗、按岗聘用、合同管理，建立绩效考核、优胜劣汰、能上能下、能进能出的用人机制。全面实行绩效工资，保障医务人员合理收入水平不降低。坚持多劳多得、优绩优酬，适当拉开医务人员收入差距，并向关键岗位、业务骨干和作出突出贡献的人员重点倾斜，调动医务人员积极性。健全绩效考核机制，根据工作数量、质量和服务对象满意度、居民健康状况改善等指标，对医疗卫生机构及医务人员进行综合量化考核，考核结果与医疗卫生机构补助和医务人员收入水平挂钩。

基础设施建设 抓住国债项目机遇，积极向省、市、县争取资金，为水田乡水田村卫生室、高田乡新华村卫生室争取国债项目资金12万元（每所卫生室6万元），为长安卫生院争取到五矿集团资金70万元进行改扩建，为旧城中心卫生院业务用房争取国债项目资金108万元，为县人民医院门诊、医技楼争取国债项目资金3 234万元。争取国债项目为扎西、旧城、麟凤3所卫生院配备救护车各1辆。建立鱼洞、龙井、海子、麒麟4个社区卫生服务站，社区卫生服务能力日益完善。

基层医疗卫生队伍建设 做好2009年度继续医学教育学分验证工作，对符合学分验证对象进行验证，共组织28人次进行学分验证。进一步提高乡村医生中医药服务水平和学历层次，扩大农村中医药服务的覆盖面，开展乡村医生中医专业中专学历教育项目，共派出25名乡村医生到昭通卫校进行学习。顺利完成第二期滇沪合作全科医学项目培训，共培训乡镇卫生院全科医学136人，其中合格119人。完成医师资格报名考试，共完成报名资格审核125人。招聘紧缺卫生人员大专以上学历专业技术人才4名、补员招聘专业技术人员23名、争取到“三支一扶”大学生4名、招录公务员3名。

基层医疗卫生机构服务 深入开展“医院管理年”和“医疗质量万里行”活动，加强医疗服务要素的准入管理，规范医疗机构的执业行为。对医疗机构分级量化管理，作为医疗机构校验的重要依据。强化以人为本的服务理念，改善服务态度，优化就医环境，提高工作效率，维护患者利益。优化门诊服务流程，增加便民措施；加强急诊绿色通道管理，及时救治急危重症患者；改善住院、转科、转院、出院服务流程，确保患者得到方便、快捷、连续和个性化的医疗服务；进一步建立和完善医患沟通的制度体系，推动门诊首问负责制，建立医患关系协调管理机制，及时有效化解医患矛盾、纠纷。

【基本公共卫生服务】 2010年，全面启动国家确定的建立居民健康档案、健康教育、预防接种、传染病防治、慢性病管理、重性精神疾病管理、儿童保健、孕产妇保健、老年人保健9项基本公共卫生服务项目。为各乡镇卫生院统一添置彩超等体检设备，印制58.67万份《威信县居民个人健康档案》，依托村卫生所和社区卫生服务站，采取多种方式为城乡居民建立个人健康档案。完成健康档案11.026万人份。

【疾病预防控制】 2010年，积极做好艾滋病、手足口病、甲型H1N1流感、加强免疫和计划免疫、结核病、狂犬病、疟疾等疾病疫情的预防防控工作。

艾滋病防治 7月21～23日，召开全县艾滋病自愿咨询检测培训班，来自各医疗机构的36名防艾工作人员参加培训。7月24日，县人民医院、县中医院、县妇幼保健院、扎西卫生院通过艾滋病监测点的验收，标志着威信县艾滋病防治工作迈上一个新台阶。在12月1日的世界艾滋病防治日中，联合公安、广电、妇联、团委、民政等部门在扎西广场开展一系列宣传活动，累计发放宣传材料1 000余份，接受现场咨询400余人次。全年共完成HIV自愿咨询检测300份；结婚人群HIV检测2 326例，完成率为155%；婚姻登记人群免费梅毒检测1 942人份，完成率129%；完成孕产妇HIV抗体检测1 998例，未检出HIV阳性病例。

手足口病 以学校、幼儿园、公共场所等为重点，加强疫情管控。组织开展督查活动8次；培训医务人员、学校教师1 200余人，发放宣传资料2.5万余份，普及手足口病等防治知识；做到科学诊断，规范诊治，确诊手足口病1例，经过治疗康复出院，无重症与死亡病例发生。

甲型H1N1流感 完成10 520人甲型H1N1流感疫苗应急接种和28 682人麻疹强化免疫接种工作，全年无重大疫情发生。

加强免疫和计划免疫 实施扩大国家免疫规划，免费接种疫苗140 361剂次，取得良好的社会效益。完成10次基础免疫运转，乡、村覆盖率均为100%，共建卡3 460人，建卡率93.87%；卡介苗接种3 148人，接种率90.98%。脊灰糖丸接种13 041人次，接种率93.12%。三联疫苗接种12 944人次，接种率93.01%。麻风二联疫苗接种3 704人，接种率88.44%，乙肝疫苗接种11 284人次，接种率91.99%。乙脑接种3 041人，接种率76.56 %。流脑疫苗接种2 141人，接种率87.49%。七苗全程接种率为91.23%。

麻疹强化免疫 7月中旬开展麻疹抗体监测工作，共监测3个乡9个村428个样本，阳性313个，阳性率73.13%。9月8日，召开全县麻疹强化免疫工作暨培训会议，全县麻疹强化免疫工作正式启动。到9月24日顺利完成麻疹强化免疫工作，完成接种28 682人，接种率98.59%。

结核病防控 在第15个“世界结核病防治宣传日”里共发放宣传资料5 000余份，电视播放宣传资料1次，制作宣传标语7条，宣传展板1块。共检查初诊病人579人，管理项目病人282人，新涂阳病人101人，占总任务的97.12%。复治涂阳完成8例，重症涂阴24例，初治涂阴149例，复治涂阴18例，追踪到位180例，追踪到位率91.84%。家属筛查228人，筛查率100%。

疟疾防治 1～11月全县疟疾项目病人15例，均采用氯伯八日疗法给予治疗，全程服药率100%。浸泡蚊帐800顶。

霍乱监测 5月1日起对县医院、中医院腹泻病人采集粪便进行真菌培养的检测工作，县人民医院完成338份，县中医院完成572份，结果全为阴性。

狂犬病防控 共注射狂犬病疫苗695人份，增强易感人群的免疫屏障，有效地控制狂犬病的发生。

地方病防治 制订下发《威信县2010年地方病健康教育方案》。全县改炉425套，入户宣传率100%。项目乡学生地方性氟中毒防治知识知晓率达100%，家庭主妇地氟病知晓率达90%以上，炉灶正确使用率达95%以上。对全县9个乡镇36个村288户居民开展碘盐监测，同时还抽取仓库盐19份一起进行检测，结果为不合格碘盐4户，非碘盐1户，合格碘盐283户，合格率98.26%。

卫生监测 全年体检各类从业人员1 308人。对酒类、水、餐具等共检样品24个，合格22个，合格率91.7%。

其他疾病防治 结合“世界无烟日”、“世界防治结核病日”等开展形式多样的慢性病防治宣传。此外，还精心组织实施国家“百万贫困白内障患者复明工程”，为219例贫困白内障患者免费手术治疗。

【妇幼保健】 2010年的妇幼保健工作主要包括降消新生儿破伤风病和死亡率及孕产妇保健工作。

“降消”项目 实施贫困救助4 548人，使用项目经费157.46万元。加强乡级产科建设，有2个中心卫生院能开展产科危急抢救工作，8个卫生院产科建设按照《产科建设标准》验收合格。实施危急抢救98例，抢救成功96例，抢救成功率97.96%；死亡1例，死亡率为21.99／10万。无新生儿破伤风病例报告。

孕产妇保健 全县有孕产妇4 548例，进行建卡接受产前或产后保健服务的有4 480例，保健覆盖率98.50%；程序完整的孕产妇系统管理4 477人，孕产妇系统管理率98.44%；住院分娩3 911例，住院分娩率85.99%。

“三网”监测 筛查高危孕产妇823例，高危孕产妇筛查率18.10%，高危孕产妇管理率100%，住院监护分娩率100%。5岁以下儿童监测点活产1 010

例。5岁以下儿童死亡率16.83‰，婴儿死亡率13.86‰。

【儿童保健】 2010年，全县7岁以下儿童34 523人，建卡接受保健服务32 153人，保健覆盖率93.14%。3岁以下儿童16 656人，按“4、2、1”程序体检管理14 922人，系统管理率89.59%。5岁以下儿童中、重度营养不良发生率6.23%。完成入园儿童体检1 160人，体检率74.99%。

【无偿献血】 2010年，认真贯彻落实《中华人民共和国献血法》，积极开展多种形式宣传，超额完成无偿献血任务20.33万毫升，创下历年新高。

【爱国卫生】 2010年，认真履行职责，积极开展爱国卫生工作，广泛开展健康教育宣传，提高了群众文明卫生意识，有力地促进了县城卫生面貌的改善。在第九次全省卫生县城检查评比中荣获全市第四名，威信县被评为“云南省甲级卫生县城”。

【卫生行政执法】 2010年，以学校食品安全、乳制品专项清查、打击违法添加非食用物质和滥用食品添加剂行为为重点，开展卫生专项检查。全县共出动执法人员641人次，出动执法车辆56辆次，监督检查2 201户次，查处食品安全案件3起，罚款1.1万元。全县医疗机构审查校验105家。共查处非法行医20起，收缴医疗器械、药品等价值约2 000元，没收违法所得7 189元，罚款24 450元。对辖区内18家各类供水单位进行监督检查，确保全县群众的饮用水卫生安全。对全县近百家接触有毒有害因素企业的1 365名工人进行健康体检，并建立个人健康档案。受理卫生行政许可申请547件，办结543件。发放健康证及卫生知识培训合格证978个。全年共监督检查公共场所222户次，出动执法人员108人次，评出“A”级单位2家、“B”级单位5家、“C”级单位95家。

【中医药服务建设】 2010年，以中药房建设为重点积极开展中医中药能力建设工作，以新农合制度深入实施充分发挥中医药作用，以中医医院急诊急救能力建设、基层常见病多发病中医药适宜技术推广为途径促进中医药事业发展。在全县范围内组织开展中医现状调查工作。经过全县20余名直接调查人员的努力和其他部门的大力支持配合，历时18天调查各级各类医疗卫生单位99家，完成电脑系统录入数据100份，纸质调查材料300份。

【处置突发公共卫生事件】 3月2日下午，县城江西塆附近水厂发生氯气泄漏事件，卫生局接到报案后立即启动应急预案，并组织县人民医院、县疾控中心有关医务人员及时赶到事故现场调查处理，对患者及时收住县人民医院并密切观察病情。2天内共有40人到县人民医院进行救治。在相关部门的配合下，使事件得到及时有效地控制。

【新型农村合作医疗】 2010年，确定县内定点医疗机构103个、省市级10个。全县参加新型农村合作医疗（以下简称新农合）357 361人，比2009年增加13 053人，参合率96%，比2009年提高3.55个百分点。共筹集资金5 003.054万元，其中个人缴纳714.722万元（含民政补助特困群众31 857人63.714万元，计生补助农业独生子女、两女结扎户8 654人17.308万元，“做昭通移动客户”享农村合作医疗参合费2 361人，补助金额47 220元），中央和省级财政补助4 288.332万元。全年共有84.87万人次享受到新农合减免补偿政策，支出资金3 680.95万元。其中：门诊减免82.47万人次，支付基金852.93万元；住院补偿2.28万人次，支付基金2 776.33万元；其他补偿支出52.24万元。

年内全面提高新农合参合人员住院报销比例，全年人均筹资总额由2009年的100元提高到140元。稳定住院补偿比例，乡、县和省市级医疗机构住院报账比例保持2009年的75%、65%和40%，适当提高住院起付线和补偿封顶线，将个人住院补偿由2009年的2万元提高到4万元。对慢性肺炎等12个慢性、特殊性疾病的门诊补偿提高到500元。对中医门诊、住院和70周岁以上老年人门诊、住院报账比例提高10个百分点。在基金监管工作中，按照全年使用的目标，上半年不超过40%、下半年不超过60%的原则，对定点医疗机构基金使用提出最高限额控制，超过限额范围的，由医疗机构自行承担；对定点医疗机构上报的结算资料进行审核，严格按照抽样审核的原则（即：门诊，每个医疗机构抽取当月人次的5%，住院抽取10%）进行审核，不符合报销政策的坚决不予支付新农合基金；坚持每月深入农户开展入户调查，核实定点医疗机构上报资料的真实性，防止虚报套骗行为；严格基金使用公示制度，县、乡合管办和定点医疗机构每月按时将基金使用情况及参合农民住院补偿情况进行公示，接受社会的监督；对定点医疗机构违反新农合有关规定，超范围、超标准、重复补偿或错报、虚报、套取新农合基金而造成新农合基金损失的，由县合管办从定点医疗机构上报的结算金额中扣除，同时给予套取金额5倍的罚款，情节严重构成犯罪的，移交有关部门处理。

（县卫生局　王华春）

食品药品监督管理

【机构人员】　2010年，县食品药品监督管理局内设办公室、药品安全与市场监督科、食品安全协调与监察科。编制13人，有职工11人，其中党员8人，本科9人、大专2人。

【食品安全监督管理】　2010年，制定下发《威信县2010年食品安全工作重点》。在全县卫生工作会议上，县政府对全年食品安全进行具体安排部署，并与各乡镇政府和县食品安全委员会成员单位签订《威信县2010年食品安全工作目标责任书》，层层分解落实食品安全工作目标责任，对食品安全工作进行目标责任管理，确保食品安全工作落到实处。县人民政府把食品安全工作列入政府工作目标，制定食品安全工作联席会议制度，召开食品安全工作联席会议和专题会议4次。食品安全委员会办公室制定《威信县重大食品安全事故应急预案》，相关部门根据各自职责建立食品安全重大事故应急预案，完善应急处理机制。在各乡镇成立食品安全监管协调办公室，落实乡镇食品安全监督协管员和村级食品安全监督信息员，制订下发《威信县农村（社区）家庭自办宴席监督管理办法》。全年发布食品安全预警公告3期。5月，县人民政府组织召开食品安全整顿专题会议，制定下发《威信县2010年食品整顿工作方案》，细化工作目标，落实工作责任，重点在违法添加非食用物质和滥用食品添加剂、农产品质量安全、食品生产加工环节、食品流通环节、餐饮消费环节、畜禽屠宰、保健食品和化妆品、食品生产企业诚信体系建设8个方面的整顿上下工夫。县食品安全委员会办公室组织对各职能部门整顿工作开展督促检查，召开联席会议听取整顿工作阶段情况汇报，针对存在问题要求进行限期整改。同时制订整顿工作评价考核办法，组织对食品安全整顿工作进行评价考核，形成食品安全监管的长效机制。利用"3·15"国际消费者权益保护日，开展食品宣传系列活动，发放宣传材料1万余份，大力普及食品安全知识。定期印发《威信县食品安全监管信息》，及时通报各部门工作进展情况，推广好的经验做法，及时解决食品安全工作中存在的问题。

定期对蔬菜果类进行抽样检测，加大对兽药、饲料经营企业的监管力度，开展专项整顿行动，规范经营行为，制定《兽药、饲料门市制度规范》，建立健全兽药、饲料进销台账。引导农民进行标准化生产，制定油菜、大棚蔬菜、生猪养殖、稻田养鱼等标准化技术规程，积极帮促指导农民进行标准化种养殖，建立健全销售台账、用药记录等档案。全年完成无公害油菜生产示范1 333.33公顷、大棚蔬菜示范20公顷、标准化稻田养鱼13.33公顷、生猪养殖大户48户、养牛大户4户。

严格执行食品市场准入制度，对没有取得生产许可证的食品生产企业坚决不准生产。结合产品质量和食品安全专项整治工作，建立县内食品生产加工企业和小作坊的管理制度，进一步建立和完善食品生产动态管理台账，编制监管类食品企业目录。抽取白酒、米线、桶装饮用水、月饼等样品38组送检，对不合格的26个品种处罚款1.81万元，督促其业主进行整改。

要求商品经营店在墙上统一悬挂《产品质量和食品安全监管四项制度》牌匾，统一启用《流通领域产品质量和食品安全监管购销凭证》，全面推行商品进货登记台账。将市场监管责任划片区落实到人，依法查办食品违法案件，取缔无照经营，及时受理消费者投诉申诉。贯彻落实市场巡查制度，提高巡查质量、巡查力度、巡查覆盖率。落实监管职责，提高监管水平。坚持食品安全监管工作目标量化考核责任制度，指导和监督食品经营者落实"七制一账一卡"制度，落实食品经营者第一责任人的责任，规范经营行为，积极引导和监督经营者建立健全购进、自检、储存、销售和不合格商品退市等环节的食品安全内部监控体系。指导经营者制定符合实际、有针对性、可操作性强的自律措施，创建商家的诚信经营品牌。县工商部门全年出动执法人员691人次，检查经营户323户，取缔无照经营6户，没收不合格食品15千克，退市食品510千克。

全面推进食品安全信用体系建设，大力实施"食品放心工程"，在餐饮服务单位推行卫生监督量化分级管理，大力开展餐饮业从业人员的培训及健康检查，杜绝有从业禁忌疾病的人员进入食品行业。开展农村厨师登记、培训工作。认真贯彻实施《餐饮服务许可管理办法》和《餐饮服务食品安全监督管理办法》，积极组织学习《食品安全法》，强化企业第一责任人的食品安全意识。加强对餐饮业、农村家庭自办宴席、学校、企业、建筑工地食堂的监管，强化对预防野生菌中毒的宣传，严防群体性食物中毒事故和食源性疾病的发生。加大日常监管管理力度，全年共监督查检餐饮服务单位1 896户次，出动执法人员641人次，出动执法车辆56辆次，规范餐饮业的加工、经营行为，严防过期、变质等食品流入消费环节。加大对餐饮业食品安全违法行为的处罚力度（共查处食品案件3起，罚款人民币1.3万元），提高餐饮服务行业自律意识。做好重大节日、重大活动的食品安全保障工作，开展学校及校园周边食品安全专项整治工作，开展餐饮服务单位采购和使用食用油脂、一次性筷子及一次性塑料餐盒专项整治工作，开展餐饮服务环节问题乳粉专项整治和保健食品安全整顿工作，加强对餐饮具消毒效果的监测管理及生活饮用水的卫生监督管理。严格按照《威信县生猪定点屠宰厂（场）设置规划》，加强生猪定点屠宰场的建设和管理，除县城生猪定点屠宰场外，有6个乡镇建立生猪定点屠宰场，生猪进点屠宰率、宰前检疫率、出场检验率均达100%。

制订《威信县校园及校园周边食品安全专项整治工作方案》，组织相关职能部门重点对学校食堂卫生许可证的办理情况、食品原料采购索证索票、进货检查验收、制作加工、操作流程、清洗消毒、食品储藏、留样制度落实情况、生熟交叉污染、从业人员健康体检和培训情况，以及小卖部、学校周边食品超市索证索票制度和进货台账制度的建立和落实，食物储存、有无过期食品、三无食品等方面进行检查。教育局、卫生局组织督查组先后5次深入各级各类学校进行督查，检查学校食堂53个、学校饮用水172处。在中高考期间，联合检查学校及周边餐馆58家，对无许可证、卫生条件不达标、从业人员无健康体检证和无卫生知识培训合格证等责令限期整改，并抓好事后监督检查和验收。加大学校食堂建设投入，上半年，全县学校食堂建设投入资金共计40余万元。大部分学校食堂都配有相当面积的备料洗涤间、加工操作间、销售间、进餐厅及库房，并配备有冰箱、冷柜，建立严格的消毒制度和卫生值日制度。

【问题乳粉清查】 2010年，认真贯彻落实国家和省、市关于加强问题乳粉查处工作的相关文件精神，切实抓好问题乳粉的清查工作。县政府于7月22日召开问题乳粉清查工作会议，传达学习国家和省、市相关文件精神，对全县问题乳粉的清查工作进行安排部署；及时成立以分管副县长任组长，食品药品监督、农业、质监、工商、卫生、公安、监察等相关部门为成员的清查工作领导组，下设办公室于县食品安全委员会办公室，负责协调组织相关职能部门联合开展问题乳粉清查行动；制订下发《威信县问题乳粉清查工作方案》，开展全县所有乳制品和含乳食品生产、经营企业进行全面集中清查；建立领导定点包厂质量安全负责制，由于威信县没有乳品生产企业，只有6家使用含乳制品为原料生产加工食品的生产企业，由质监部门实行领导定点包厂负责制，实行分片包干，做到使用乳制品企业厂厂有人监管、监管任务到人、监管责任到人。共出动执法人员180人次，累计检查单位458户次，流通环节未发现问题乳粉，生产加工、餐饮服务单位没有使用采购来源不明和使用问题乳粉。

【药品安全监督管理】 2010年，昭通市食品药品监督管理局下达给威信的药品抽检任务65批次、快检任务80批次。威信实际完成抽检80批次、快检80批次、医疗器械靶向抽检2批次，均超额完成任务。对检验不合格药品，均及时立案查处，查处结案率为100%。同时加强对药品不良反应与药物滥用监测站的内部管理，指定专人负责药品不良反应、医疗器械不良事件监测工作，制定完善相关制度。全年市局下达威信的药品不良反应报告任务55份、医疗器械不良事件5份，威信实际共收集填报药品经营、使用单位药品不良反应报告76份，收集并报告医疗器械不良事件16份。

加大对麻醉药品、精神药品、易制毒化学药品、放射药品等特殊药品的监管力度，保证其安全使用，防止流入非法渠道。利用6月26日禁毒宣传日与公安、司法、卫生等部门在扎西广场联合开展宣传活动，共发放宣传资料1 400余份，接受咨询800余人。督促宏康药业有限公司申请办理蛋白同化制剂、肽类激素（仅限经营含麻复方制剂）的经营资格，保证其合法经营。在日常监管中，每季度对使用特殊药品的单位进行一次全面检查，对使用特殊药品的医疗单位实行动态管理，及时掌握辖区内特殊药品的使用情况。在打击制售假劣药品和不合格医疗器械的市场监管中，开展人血白蛋白和双黄连注射液等药品、非药品冒充药品销售和药品夸大宣传销售、医疗机构配制制剂、医疗器械、计生药械、中药饮片、非法药械广告等的专项检查。在工作中采取日常检查、突出性大检查和元旦、春节、“3·15”、“五一”、“6·26”等节日期间专项检查宣传相结合。仅“3·15”国际消费者权益保护日活动和6月26日参与禁毒委、司法、公安等部门联合开展的以“珍惜生命，远离毒品，预防艾滋病”主题宣传活动上就发放有关宣传资料2 800余份，接受广大群众就有关药品的管理、假劣药品鉴别、药品监督法律法规、虚假广告等问题咨询2 000余人。全年共检查涉药单位200余家，出动执法车辆110余次，出动执法人员680余人次，查处药品违法案件共22件，处罚款0.875万元。

【GSP认证】 2010年，按照市局整顿和规范药品流通领域市场秩序会议精神，成立整顿和规范药品流通领域市场秩序领导组，制订专项整治工作方案，安排部署整顿和规范药品流通领域市场秩序工作。全年共有55家药品经营企业通过GSP现场认证。

（**县食品药品监督管理局** 兰功祥）

（**科教文卫栏责任编辑** 周元珠）

社　会

扶贫开发

【机构人员】 2010年，威信县扶贫开发领导小组办公室（以下简称扶贫办）内设综合股、项目股、小额信贷办、易地开发股，总人数22人。

【整村推进】 2010年，全县实施省、市整村推进项目自然村41个，投入省、市财政扶贫专项资金600万元。其中：省级财政38个，投入省级财政扶贫专项资金570万元；市级财政3个，投入市级财政扶贫专项资金30万元。

【整乡推进】 2010年，威信县争取到省级财政专项资金600万元，整合各类农业发展资金1亿余元，在水田乡实施整乡推进项目，覆盖90个村民小组4 011户16 020人。

【易地搬迁】 2010年全县实施县内易地搬迁86户400人，投入省级财政扶贫专项资金200万元。

【革命老区开发】 2010年，全县实施市级财政革命老区开发项目1个，投入市级财政扶贫专项资金15万元。

【茅草房改造】 2010年，全县实施茅草房改造365户（其中专项扶贫200户、整村推进项目165户），投入省级财政扶贫专项资金200万元。院坝硬化998个32 811平方米，户间道路硬化3 800米，村组公路硬化1 100米，实施新农村建设房屋改造1 200户。

【小额信贷扶贫】 2010年，全县投入小额信贷扶贫到户项目资金3 100万元，支持0.25万户贫困农村家庭发展生产。

【产业开发】 2010年，全县实施种植香桂、养牛、养猪、养鸡项目4个，投入财政扶贫专项资金200万元。完成蚕桑、核桃、香桂、油菜等经济林果、经济作物种植10 681亩；实施畜圈改造1 690户21 780平方米，养猪、养牛、养鸡43 229头（只）；实施稻田养鱼1.2公顷。项目惠及143个自然村5 360户26 800人。

【“百千万帮扶”工程】 2010年，全县93个单位部门挂钩83个村，2 093名干部职工结对帮扶2 120户贫困户。县财政投入扶贫专项资金1 815万元。全县有3 000个贫困人口基本解决温饱、15 000个贫困人口稳定解决温饱。

【公路建设】 2010年，全县新建、改造公路122千米，建涵洞10个，建水泥桥2座，37个自然村1 959户9 070人的交通困难问题得到解决。

【饮水工程】 2010年，全县安装人畜饮水塑管4 400米，建蓄水池44个1 629立方米，解决13个自然村453户2 138人的饮水困难问题。

【能源开发】 2010年，全县实施节能灶1 333眼，建沼气池722口，项目覆盖55个自然村2 055户9 260人。实施通电项目4个自然村，惠及86户400人。

【新农村生态文明家园建设】 2010年，威信县在7个乡镇25个村203个村民小组开展新农村生态文明家园建设，启动房屋改造4 785户，全面完成1 837户（其中1 187户通过检查验收），县财政在信用部门贴息贷款

3 055户8 759.5万元，户均2.87万元，县财政共投入资金5 000万元。

【重点村建设】　2010年，全县完成2009年度省、市下达的15个省级重点村建设项目，启动2010年度13个省级重点村和3个市级示范点建设。实施奖补试点村级公益事业283个，投资2 540万元，其中财政奖补1 408万元。

【社会事业建设】　2010年，全县安装地面卫星接收设备2 715户，建文化信息资源共享工程1个，建农家书屋4个村4间80平方米，建妇女之家1个村1间20平方米，建卫生室4个村4间80平方米。

（**县扶贫办**　袁尤贵）

人口和计划生育

【机构人员】　2010年，县人口和计划生育局内设办公室、人事股、财务室、宣传股、政策法规股、流动人口管理办公室、县直机关管理办公室、科技股、计划生育宣传服务站，县计划生育协会和县人口计生局合署办公。计划生育宣传服务站内设预防保健科、急诊科、妇产科、外科、内科、临床体液血液专业、X线诊断专业、B超诊断专业等科室，并实行新农合和城镇医保定点服务。局机关有公务员17人，合同制工人5人，县计生服务站有专业技术人员16人、合同制工人14人。县计划生育协会有公务员1人，其中专职副会长兼秘书长（实职副科级）1人、办公人员1人。全县计划生育工作人员包括国家公务员、事业干部、合同制工人、临时工（宣传员）共299人，其中：公务员21人、事业干部67人、合同制工人（助理员）32人、临时工（宣传员）179人，大学10人、大专48人、中专62人、高中及以下179人，中职5人、初职12人，执业副主任医师3人、执业主治医师2人、执业医师8人、执业助理医师5人、执业主管药师1人、主管护师1人、执业护士12人。

年内，县计生服务站和庙沟、双河计生服务所达到标准化、规范化管理，罗布、旧镇、麟凤、三桃、水田、长安计生服务所正常开展工作并达规范化管理，高田、扎西计生服务所正在筹建中。

【召开计生工作会议及业务培训】　2009年12月26日至2010年1月1日，县委、县政府组织全县优生促进暨统计信息化工作培训会议，参加培训的有各乡镇分管人口计生工作领导、计生办主任、计生服务所长、全体村级宣传员。会议由县委常委、宣传部部长汤国乾主持，副县长李朝伟作主题报告，县人口计生局副局长姜伟五、统计股股长蒋利文分别就优生促进工程和统计信息化工作进行培训。

1月18日召开全县人口和计划生育工作会议，参加会议的有县四套班子领导、县计划生育协会会长、县人口和计划生育协调领导组成员单位领导、县人口和计划生育局股所级以上干部，各乡镇党委书记、乡镇长、分管计划生育工作的副乡镇长、计生协会会长、计生办主任、服务所长，村总支书记。县委书记龙进、县人民政府县长张顺民分别作讲话，副县长刘坤通报2009年度人口和计划生育工作情况，县人民政府与10个乡镇人民政府及县直12个责任部门签订《2010年度人口和计划生育工作目标管理责任书》，县委常委、副书记贺飞主持会议并作会议总结。

3月2日召开全县人口和计划生育工作推进会议。参加会议的有各乡镇分管人口和计划生育工作的领导、计生办主任、统计员及县人口和计划生育局全体人员。会议由县人口和计划生育局副局长张朝友主持，县人口和计划生育局局长王绍雷作讲话，县人口和计划生育局副局长姜伟五通报近期明查暗访的情况，县计生协会专职副会长刘树金就计生协会工作进行安排布置。

4 月 4 日召开人口和计划生育工作半年考核动员培训会议。参加会议的有各乡镇分管人口计生工作的领导、计生办主任、统计员，县人口计生局全体工作人员。县人口计生局局长王绍雷主持会议并作会议总结，县人民政府副县长刘坤作讲话，县人口计生局副局长姜伟五通报明查暗访情况，县人口计生局统计股股长蒋利文作专题培训。

11 月 22 ~26 日，根据《威信县人民政府办公室关于开展依法行政和综合行政执法培训的通知》精神，组织各乡镇分管人口计生工作的领导、计生办主任及相关工作人员、县人口计生局全体行政执法人员共 77 人进行培训，均获得省人民政府颁发的《行政执法证》。

【奖优免补】 2010 年，威信县继续贯彻执行国家、省、市人口和计划生育工作相关政策，县委、县政府结合县情增加 17 项优惠扶助政策，促进少生快富工程开展。全年办理农业人口独生子女 29 户，其中享受一次性奖励金 14 户。全县享受教育奖学金1 064 人，兑现金额 19.02 万元，小学生 864 人 13.82 万元（每人每学年 160 元）、初中生 200 人 5.2 万元（每人每学年 260 元）。享受养老生活补助 955 人。享受特别扶助 88 人（伤残 8 人、子女死亡 80 人）。享受升学加分录取 32 人、奖学金 3.66 万元，高中有 21 人享受奖学金 2.1 万元，大专的 8 人奖学金 0.96 万元，本科的 3 人奖学金 0.6 万元。

【计生指标完成情况】 2010 年，全县常住人口出生率 9.2‰，比市下达指标 13‰低 3.8 个千分点。常住人口计划生育率 89.6%，比市下达指标 88% 高 1.6 个百分点。生育一孩放环1 335 例，一放率 66.1%，比市下达指标 65% 高出 1.1 个百分点；生育二孩结扎 505 例，二扎率为 72.8%，比市下达指标 65% 高出 7.8 个百分点。违法多孩生育 34 人，比市下达控制指标 40 人少 6 人。

截至 9 月 30 日，全县总人口396 972 人，育龄妇女102 691 人，其中已婚育龄妇女73 004 人（其中没有落实避孕节育措施的 4 476 人，占已婚育龄妇女的 6.1%）。

【流动人口计生管理】 2010 年，全县流动人口80 329 人，其中流出人口78 139 人、流入人口 2 190 人。流出人口中育龄妇女 29 290 人，其中已婚育龄妇女 21 779 人，流出人口《婚育证明》办证率 86%，比市政府下达指标 80% 高出 6 个百分点。流出人口违法多孩生育 6 人，比市政府下达指标 15 人少 9 人。流出人口个案信息提交上网 29 290 人，提交上网率 100%。流入人口中育龄妇女 417 人，其中已婚育龄妇女 377 人，流入人口验证率 98%，比市政府下达指标 95% 高出 3 个百分点。流入人口个案信息提交上网率 100%。应反馈核实流动人口信息1 753 条，已核实反馈1 719 条，反馈率 98.06%。对流动人口实行以流入地为主的计划生育目标管理，完善流动人口计划生育管理和服务网络，乡镇明确 1 ~2人专门管理流动人口计划生育，公安、民政、工商、卫生和建设等部门协调配合，切实履行流动人口综合管理和服务职责。首先严把流出关，做好外出育龄人员的计划生育宣传教育培训、节育措施落实和免费办理婚育证明等工作，重点管理好流出无措施的已婚育龄人群，实行“谁看房谁负责、谁种地谁负责、谁带孩谁负责”的管理模式，把责任落实到留守人员头上，利用春节外流人员返乡之机抓节育手术的落实，有效防止计划外生育；其次是建立流入地与流出地“信息互通、管理互补、服务互动、责任互担”协作机制，加强流动人口跟踪服务和管理，通过全国 PADIS 流动人口系统及时收集流出人口婚育、节育信息，按月清理核对到户到人；三是不断加强区域协作，与广东省高州市、宜宾市（翠屏区、江安县、珙县、兴文县）、昆明市五华区、曲靖市师宗县、丽江市（古城区、华坪县）、玉溪市（峨山县、新平县）、大理州永平县、楚雄州大姚县等地人口计生局签订《流动人口计划生育管理和服务双向协作协议书》，并于 6 月与四川省兴文县建立四大区域协作管理机制，有效促进周边流动人口的计划生育管理。

【计生优质服务】 2010 年，着力加强县人口计划生育服务中心和乡镇计划生育服务站标准化、规范化建设，为全面实施优质服务创造良好环境。开展科技大练兵活动，提高全县计划生育技术服务人员的业务水平和操作技能，为全面开展优质服务提供优良的技术保障。开展已婚育龄妇女生殖健康检查，在查环、查孕的同时，重点检查妇科疾病，并提供治疗，确保生殖健康。实施优生促进工程，通过宣传引导、健康促进、优生咨询、高危人群指导、孕前优生健康检查和均衡营养6项工作的开展，使已婚育龄妇女的健康意识、优生意识明显增强，出生人口素质进一步提高。加强药具使用管理，建立完善药具管理台账，建立自助药具柜，方便群众自取药具，强化目标人群的随访和跟踪服务，有效确保已婚育龄妇女的健康和安全。

【生育关怀】　春节期间，组织为400户计生困难家庭送大米、衣被及8万元（户均200元）慰问金，使计生困难家庭真切地感受到党和政府的温暖与关怀。县、乡计生协会组织走访慰问农业人口独生子女户、双女结扎户和享受养老补助的贫困家庭336户，其中农业人口独生子女贫困户250户、两女结扎贫困户63户、享受养老补助贫困户21户、孤女2户。每户发给慰问金200元，共计发放慰问金706万元。春季学期，县人口计生局为就读小学、初中的275名孤女及特殊单亲家庭女孩发放救助金4.54万元，确保其顺利完成九年制义务教育。“六一”期间，县计生协会协调县教育局、县妇联等部门分别对农业人口独生子女户、孤女户、两女结扎户、留守儿童等困难家庭在校学生104人进行走访慰问，共发慰问金1.04万元（每人100元）、送书包248个，各乡镇还组织对农业人口独生子女进行免费体检。

【宣传教育】　2010年，以树立新型婚育观念，建设社会主义新农村为主题，深入开展婚育新风进万家活动和“关爱女孩行动”，将奖励扶助优惠政策印发张贴到户，扩大宣传的覆盖面和影响力，增强群众实行计划生育的自觉性。在公路沿线和城镇醒目位置制作大幅标语和宣传画，利用电视和政府信息公开网站等媒介广泛开展宣传教育，认真组织“5·29”协会纪念日、“7·11”世界人口日、“9·25”公开信发表日宣传教育活动，普及计划生育、优生优育、生殖健康和预防性病、艾滋病等科学知识，增强群众的自我保健意识。在推进新农村建设工作中，积极利用各类文化场所，采取多种宣传途径，动员组织群众广泛参与先进人口文化和新型生育文化创建活动。9月25日是《中共中央关于控制人口增长问题致全体共产党员、共青团员的公开信》（以下简称《公开信》）发表30周年纪念日，县人口计生局开展隆重纪念宣传活动，共接待咨询群众1 800余人，发放优生优育、让女孩健康成长、预防艾滋病知识、妇女权益保护法等宣传单1万余份，发放避孕药具1 000余盒。

【计生协会建设】　2010年，县计生协会紧紧围绕“协会的生命力在于活动，凝聚力在于服务”，从农业人口独生子女户、两女结扎户和享受养老补助户等计生困难家庭的慰问，独生子女、孤女免费体检和“关爱女孩”救助活动，引导实施村民自治，加强自身建设等几个方面开展工作。将《中国计生协会科学发展规划纲要》宣传提纲和县委、县政府十七项奖扶政策刻制成光盘进行广播宣传，将政策法规、优生优育、避孕节育、生殖健康和预防艾滋病知识印制成宣传单发放给广大育龄群众。及时传达贯彻全市计划生育村民自治会议精神，制订《威信县关于开展计划生育“合格村”、“村民自治”工作实施方案》，对村民自治“合格村”进行专题培训和业务指导，使其进一步明确目标任务，懂得实施村民自治的程序、方法、步骤，为计划生育村民自治工作有序推进奠定了较好的基础。对会员进行清理整顿，重新登记发证。

（县人口和计划生育局　郑绍江）

民族宗教

【机构人员】 2010年，县民族宗教事务局（以下简称民宗局）内设办公室、民族宗教股，总人数7人，其中苗族3人，彝族2人。年内全县8乡2镇均设立民族工作助理员，并明确1名副书记或副乡镇长分管民族工作，民族村确定1名副主任分管民族工作。

【民族宗教政策法规宣传学习】 2010年，《党和国家民族政策宣传教育提纲》发布后，及时组织干部职工进行反复学习，并充分利用各种机会和条件，由领导亲自带队深入边远偏僻民族村寨20余次，加强《民族宗教政策法规汇编》、《党和国家民族政策宣传教育提纲》等民族法律法规和有关知识的宣传教育力度，使党的民族宗教政策和法律法规在全县广大干部群众中得到广泛了解，为做好民族宗教工作，加强依法管理创造良好氛围。

【弘扬民族文化】 2月，充分利用苗族传统节日“花山节”在28个花山点开展民族团结月、周、日宣传教育活动，悬挂宣传标语10幅，书写坎标12条，发放宣传资料400余份，全县有近3万人参加活动。活动期间，开展民族人士和宗教人士、民族工作信息人员、禁毒工作信息人员的慰问活动，共慰问65人。通过活动的开展，既实现和推动民族文化的传承和发展，又广泛宣传党的民族宗教政策及法律法规知识，加强党和政府同少数民族干部群众及宗教人士、信教人员的联系，体现党和政府的关心和温暖，进一步激发广大人民群众树立“三个离不开”的思想和“四个维护”的意识，不断巩固和发展平等、团结、互助、和谐的社会主义新型民族关系，为构建“平安威信”、“和谐威信”创造良好的氛围。

为抢救、挖掘和整理少数民族文化，在扎西镇开办一个“扎西多彩民族世界”，经营少数民族群众需要的服装、服饰及生产生活用品，以方便、满足威信县少数民族群众的需要。同时组织开展苗族古歌抢救、保护、收集工作，共收集、整理苗族古歌100余首。启动威信县境内的彝族语言抢救项目，拟订《彝族口头非物质文化遗产抢救、保护与利用实施意见和方案》报县政府，落实领导班子和具体工作人员，确定以水田乡香树村河底彝族聚居区为重点工作区。同时，开展对民族民间艺人调查统计，掌握其基本情况。

【发展民族地区经济】 2010年，向市民宗局申报民族地区受援项目7个，并管好用好市民宗局拨给的专项资金，做到专款专用。县政府拨给民族机动金，帮助少数民族地区解决难题，有效地促进民族地区的发展。

年内，解决扎西镇甘河村荒田村民小组、旧城镇文兴村比一塆村民小组的交通修建问题；解决水田乡香树村坪子村民小组、旧城镇文兴村袁家山村民小组的人畜饮水困难；对县民族中学困难学生予以补助；利用民族经费在县城创办“扎西多彩世界门市”，对民族文化服饰进行开发；对双河乡天池村开展文化活动所需音响设备予以补助；加强对民族文化人才的培养，对参加云南省首届少数民族酒歌大赛获第三名的苗族青年歌手熊玲予以经费奖励；对基层民族宗教工作助理员办公条件予以改善；加大消除茅草房工作力度，完成市民宗局下达的罗布乡新庄村水坪、坪坝共17户茅草房改造任务。尽可能用有限的民族经费帮助少数民族地区解决难题，有效地促进民族地区的发展。

根据市委、市政府出台的《中共昭通市委、昭通市人民政府关于进一步加强民族工作，促进民族团结，加快少数民族和民族地区科学发展的决定》的文件精神，拟定《关于进一步加强民族工作，加快民族地区经济社会科学发展的决定》的初稿。初稿于6月27日经县政府常务会议研究通过，并初步决定在今后5年中，每年县财政安排预算经费100万元用于民族工作和民族地区的经济建设发展。

认真贯彻执行《民族乡工作条例》，促进民族乡经济社会全面发展。多方协调关系，加大对民族乡基础设施建设的投入，使全县整村推进项目、新农村建设示范点、农村通达工程等项目都优先向民族乡倾斜。协调卫生、教育等部门加大对教育、卫生、社会事业的投入力度，改善办学条件，为培养人才夯实基础；村村建有卫生室，切实解决民族乡群众看病难、就医难的问题。草拟《威信县人民政府关于贯彻落实云南省民族乡工作条例的实施意见》，正在广泛征求意见。

【促进民族团结】 2010年，县政府分管民族宗教工作的副县长与8乡2镇签订了《民族团结和宗教稳定目标管理责任书》，并在会上表彰奖励14个民族工作先进集体和24名先进个人。民宗局高度重视维护稳定情报信息工作网络组织建设，充分利用和发挥情报信息的作用，于年初建立健全情报信息网络组织，安排专项经费对禁毒维稳情报信息人员进行慰问。把巩固和发展平等、团结、互助、和谐的民族关系作为平安和谐威信建设的主要内容，安排5万元专项经费在干部群众中广泛开展民族基本知识和民族团结教育活动，使各民族干部群众牢固树立“三个离不开”的思想，自觉贯彻执行党的民族工作方针政策和国家法律法规。依据《党和国家民族政策宣传教育提纲》，在双河苗族彝族乡及民族工作任务重的乡镇、村开展宣传教育活动4次，发放宣传资料250份，帮助广大少数民族群众正确理解党和国家的民族政策。深入少数民族村寨对禁毒、防艾知识进行宣传，召开群众会议10余次，发放宣传资料50余份。定期不定期召开少数民族代表人士座谈会，听取工作意见，加强情感沟通。坚持团结、教育、疏导、化解的方针加大民族矛盾纠纷排查的调处力度，结合领导干部“大接待大下访”活动，积极深入民族地区注意调查、掌握影响民族地区安定团结的不利因素，积极配合有关部门协调处理民族的各种纠纷、矛盾化解工作，全年共排查4次。共接待民族来信来访85件次，做到件件有答复、事事有回音，把矛盾纠纷处理在萌芽状态，避免民族纠纷的激化、升级、扩大，维护全县民族领域的稳定和团结。

【少数民族贫困学生救助】 2010年，加大对进入高中、大学少数民族困难学生的救助力度，解决少数民族贫困学生救助资金5万元，对76名大中专贫困学生实施救助。同时，按照市委、市政府提出的“培养一人，就业一个，脱贫一户，带动一片”的人才培养战略指导思想，对想读书而家庭又无能力支持的学生，积极做好宣传动员工作，共组织推荐10名初中生到省、市中专学校就读。

【民族团结示范点建设】 2010年，结合新农村建设的总体要求，按照团结和睦好、遵纪守法好、经济发展好、计划生育好、村容村貌好、教育科普好的目标，争取到上级资金30万元用于罗布乡郭家村泡桐垮民族团结示范村建设。泡桐垮已建成生态环境优美、民居整洁明亮、连户道路整洁、民族风情文化浓郁的新农村。

（县民族宗教事务局　安定咏）

人事和劳动社会保障

【机构人员】 2010年，县人事和劳动社会保障局内设办公室、公务员管理与调配安置股、专业技术人员管理股、工资福利与退休人员管理股、社会保险事业管理局、劳动就业服务局、劳动监察与基金监督股、城镇职工基本医疗保险中心，县机构编制委员会办公室与人事和劳动社会保障局合署办公，下设综合股。2010年底总人数55人。

【机关公务员和事业单位人才统计及考核】 2010年初，完成2009年全县政府序列机关公务员和事业单位人才统计上报工作。政府序列机关公务员806人（新录用公务员21人），其中：县直机关公务员631人、乡镇公务员175人。事业单位工作人员4 895人，其中：管理人员208人、专业技术人员4 689人。新增人员141人，其中：新录用专业技术人员84人、从县外调入13人、其他44人。减少人员109人，其中：调出县外14人、退休31人、其他64人。事业单位人员总数比2008年实际增加32人。

年内完成2009年政府序列公务员及全县机关工勤人员的年度考核工作。公务员应参加考核40个单位472人，实际考核472人，其中优秀等次81人、称职等次346人、不确定等次43人、不称职2人。机关工勤人员应参加考核51个单位249人，实际考核51个单位249人，其中优秀等次34人、合格等次210人、不确定等次2人、按规定不参加考核2人。

【人事调配安置】 2010年，按照人事调配工作程序，认真审核上报县人民政府批准，办理人事调动手续118人，其中调出县外17人、县外调入9人、调本县党群部门4人、本县党群部门调政府口1人、县内调动87人。年内争取到省、市解决企业军转干部的生活困难补助金10.3万元，县政府解决医疗保险金1.8万元。

【公务员登记和招考】 2010年，办理近年来新录用公务员正常登记20个单位126人。申报并获得审批2010年政府系列公务员招考计划29人，实际办理招录手续29人，其中县直单位23人（县人事和劳动社会保障局10人、县财政局2人、县公安局7人、县卫生局3人、县环境保护局1人）、乡镇6人（罗布乡政府2人、旧城、高田、双河、三桃4个乡镇政府各1人）。

【公务员培训管理】 2010年，组织全县43个单位956人征订《公共服务职业道德与技术方法》培训教材，并对全县44个单位（含工商局）1 078人分为51个考场进行考试，考试结束后对所有试卷按照统一评分标准进行阅卷，将考试成绩记入《国家公务员培训证书》，作为年度考核的重要依据之一。根据省、市和县人民政府要求草拟《威信县行政机关行政能力提升制度实施方案》和《威信县行政机关行政能力提升制度实施工作流程》。根据方案和流程安排，结合全县实际，收集41个县直行政机关实施方案、培训课题、一线工作计划、重点工作148项，目标倒逼管理工作72项，将72项目标倒逼管理工作上报县人政府并通过政府网站进行公示，以便督促完成各项目标任务。

【大中专毕业生及学历变更登记】 2010年，为大中专毕业生办理报到登记336人，出据报考证明20余份。接待来信来访人员60余人次。办理全县机关、事业单位在职人员通过自考、函授取得专科以上学历的学历变更登记61人。

【“三支一扶”大学生服务管理】

2010年，按照省、市要求做好2009年招募“三支一扶”大学生2人的服务管理工作。年内申报“三支一扶”计划131人，实际招募30人，来威信县报到上班的24人，其中乡镇农业综合服务中心8人、乡镇卫生院4人、乡镇中学12人。县人事和劳动社会保障局将国家和省、市、县财政部门划拨的一次性安置费和生活补助23.22万元发放给“三支一扶”大学生。

【借用人员清理】 2010年，根据市委督查室文件通知精神，对全县政府系列机关和事业单位借用人员及长期不在岗人员进行清理，共清理借用人员170人，其中公务员34人、事业单位人员136人；长期不在岗人员51人，其中：公务员3人、事业人员48人。对借用人员全部清退回原单位。报请县人民政府批准，对长期离岗、自动离职的5名教师按规定进行处理。

【就业再就业工作】 2010年，按照全市人力资源和社会保障工作会议精神，及时召开全县人事编制和劳动社会保障工作会，与各乡镇人民政府签订目标管理责任书，将就业工作各项考核指标，分解到乡镇，量化到部门，年终按目标管理责任书进行考核，兑现奖惩。各乡镇、社区按照目标管理责任书要求，建立健全下岗失业人员、城镇失业人员以及这两类人员中的就业困难人员、中共党员和高校毕业生、返乡农民工等基本情况台账，月报和季报表与台账相符，数据翔实。城镇新增就业1 911人，完成1 700个目标任务的112%；成功创业159人，通过“贷免扶补”扶持创业40人，带动就业

159人，完成150人目标任务的100%和106%；就业困难人员再就业265人，完成260人目标任务的101%；开发公益岗位110个，安置就业困难人员110人，完成110个目标任务的100%，城镇下岗失业人员再就业410人，完成400人目标任务的102%；高校毕业生就业见习16人，完成15人目标任务的106%；失业保险参保7 905人，完成7 900人目标任务的100%；城镇年末登记失业人数950人，城镇登记失业率4.4%，控制在年度目标以内。

年内市级下达威信县鼓励创业“贷免扶补”目标任务202人，其中：县总工会50人、县妇联26人、工商联7人、个私协会5人、就业经办机构40人、团县委70人、教育局4人。截至12月底，审核放贷201人（其中教育局只完成3人），放贷资金1 005万元，完成目标任务的99.5%。

11月18日全市小额担保贷款工作推进会议后，县政府于22日召开人事劳动、财政、人行、农村信用社、工商、税务等部门负责人和经办人员工作协调会。根据《昭通市人民政府关于贯彻云南省鼓励创业促进就业小额担保贷款实施办法的通知》精神，威信县人事和劳动社会保障局、威信县财政局、人行威信县支行、威信县农村信用合作联社4个部门联发《关于2010年失业人员小额担保贷款工作的通知》，并通过威信电视台面向全社会公告。同时，结合小额担保贷款工作的开展，启动威信县创业一条街的创建和“十佳创业之星”的评选活动。截至12月底，失业人员小额担保贷款担保金到位325万元，乡镇、社区初审申报失业人员小额担保贷款850人，劳动就业部门审核申报730人，财政部门审查申报730人，劳动、财政部门审核审查认定劳动密集型小企业2户，承贷银行审批放贷工作于2011年1月1日起进行。

把创业培训与“贷免扶补”创业小额贷款和失业人员小额担保贷款工作有机结合，开展创业培训965人，其中第一、二阶段（创办你的企业）175人，第一、二、三阶段（创办和改善你的企业）525人，第三阶段（改善你的企业）265人。开展砌筑工职业技能培训72人。按照省、市劳动和社会保障厅（局）关于机关事业单位技术工人职业资格培训鉴定工作的有关通知精神，审核上报机关事业单位技术工人职业资格培训鉴定142人，其中：高级工74人、中级工6人、初级工62人。

根据省市有关促进就业困难人员就业再就业的文件精神，制发《关于申报2010年公益性岗位及安置人员的通知》、《关于2010年就业困难人员社会保险补贴的通知》，并通过张贴公告、网上公布、媒体播放等形式广泛宣传，充分营造政策公开、办事公正、待人公平的良好社会氛围。审核审批公益性岗位从业人员110人，补贴金额42万元；社会保险补贴270人，补贴金额72万元。

根据《昭通市劳动和社会保障局关于进一步做好2010年失业保险工作的通知》精神，县人事和劳动社会保障局、县财政局联合制发《关于做好2010年度失业保险工作的通知》，全年收缴失业保险金115万元；每月发放失业救济金495人23万元。

【劳动保障监察】 2010年，共受理立案农民工举报投诉案件10起，为219名劳动者追讨被拖欠、克扣的工资83.64万元，使农民工的合法权益得到保护。督促13户用人单位参加工伤、养老、失业保险，涉及职工1 433人。责令6户用人单位为470名农民工参加工伤保险，纠正38户用人单位违反劳动保障法律法规、规章制度135条。根据市劳动和社会保障局、公安局、工商行政管理局《关于具体实施清理整顿人力资源市场秩序专项行动方案的通知》文件要求，联合公安、工商等部门组织开展清理整顿人力资源市场秩序专项行动，严厉打击非法职业中介和欺诈行为，对66户用人单位、1户职业中介机构进行检查，没有发现违法招工和违规行为。对在威信县境内提供虚假招工信息的四川1户保安公司予以取缔。在劳动保障监察执法年审工作中，发放劳动保障执法资料300余份，有206户用人单位上交劳动保障执法年审资料，其中：国有企业6户、私营企业93户、机关52户、事业单位55户，经审查，199户年审合格，对不合格的7家用人单位限期整改。对不按时参加劳动执法年审的10家用人单位给予处罚。根据《云南省建设领域农民工工资支付管理试行办法》、昭通市劳动和社会保障局、昭通市建设局、昭通市监察局《关于在建设领域内开展预存农民工工资保证金工作的通知》文件规定，收取10家建筑施工单位缴存农民工工资保证金127.81万元，工程完工后退还农民工工资保证金95.6万元，农民工工资保证金专项结余31.41万元。收缴保证金与2009年11万元相比增加116.81万元。根据《昭通市劳动和社会保障局关于开展2009年城镇职工基本医疗保险基金进行专项检查通知》要求，及时成立专项检查领导组，并下发文件到各定点医院和药店，要求其按时做好自查自纠工作，上报自查结果。8月，对县人民医院、中医院、益康大药房开展抽查工作，发现均不同程度地存在一些问题。

年内，审查82户用人单位与6 504名劳动者签订劳动合同，合同期限为半年到三年不等，以一年期居多。签订劳动合同的劳动者比2009年同期增加360人。其中：煤矿38户6 042人，采石场砖厂31户248人，建筑公司及保安公司等14户214人。供电公司、能源公司、电站、邮电局、顺河煤矿、药店等53户用人单位1 278名劳动者的劳动合同在合同期限以内。劳动合同签订率98%。

6月1日至7月31日，联合公安、工商、安监、工会等开展县乡村三级联动整治非法用工打击违法犯罪专项行动，共排查用人单位114户，其中：煤矿37户、采石厂44户、房地产4户、小作坊5户、其他行业19户，涉及劳动者4.55万人，责令支付、克扣劳动者工资2.1万元。补签劳动合同329人，督促24户煤矿对1 200人改善劳动保护措施，督促7户采石厂为45人补缴年内1～6月的工伤伤保费5 600元，督促房地产公司为20名职工补缴养老保险和失业保险费6 200元，对1户拖欠职工工资拒不改正的企业处罚2万元。

【劳动争议仲裁】 2010年，共接到劳动争议仲裁申请54件，调解处理40件，裁决4件，不予受理的9件，未结案的1件。其中麻园水泥厂146名职工重大劳动争议案件上报市仲裁委立案处理裁决。劳动争议仲裁结案率99%。由于大力宣传《劳动争议仲裁法》，加大调处力度，与2009年同期的56件相比下降4%。劳动争议案及时得到调处，化解了矛盾纠纷，维护社会稳定。全年接待群众来信来访、政策咨询430人次，主要是劳动保障法律法规、劳动合同签订、工伤、伤残赔付、劳动争议仲裁、工龄落实等，其中威信县麻园水泥厂职工上访咨询146人次。在来信来访工作中做到件件有登记，事事有落实。

【养老保险】 2010年，全县城镇职工参加基本养老保险4 114人，征缴基金1 761万元，比2009年增长33.7%。发放养老金1 384.14万元。书面稽核参保单位35户职工295人，稽核面占单位参保职工数据数的22%，占参保单位户数的47%。实地稽核13户职工869人，稽核面占单位参保职工的64%，占参保单位户数的17%。查出3户参保单位未足额申报缴费289人，少缴养老保险费118万元，已追缴到账；核查享受养老待遇966人，完成养老金资格认证工作，没有发现欺诈冒领现象。10月，威信县被国务院列为全国第二批新型农村社会养老保险试点县，28日，县人民政府已批准《威信县新型农村社会养老保险试点实施方案》并印发执行，县政府成立工作领导小组，县人事和劳动社会保障局设立农村社会保险局，并严格按照“宣传动员和参保登记同步，参保登记和张榜公布同步，参保登记和申报缴费同步，申报缴费和待遇发放同步，发现问题和解决问题同步”的要求全力推进。新型农村社会养老保险应参保163 629人，实际参保155 432人，参保率95%。

【城镇职工和居民基本医疗保险】 2010年，全县城镇职工基本医疗保险参保单位173户，参保人员1.14万人。应征缴基金1 348万元，实征缴基金1 348万元（统筹基金699万元、个人账户649万元），征缴率100%。全年住院1 082人次，医疗保险费共支出1 107万元（其中统筹基金691万元、个人账户416万元）。基本医疗保险最高支付线由原来的5万提高到6万元。城镇居民基本医疗保险参保经办点48处，参保人员1.28万人。应征缴基金15.4万元，实征缴基金15.4万元，征缴率达100%。全年住院486人次，医疗保险费共支出182.28万元。城镇职工医疗保险和城镇居民医疗保险合计参保人员2.42万人，完成市下达任务2.46万人的98.38%。

城镇职工基本医疗保险基金当期结余241万元（其中统筹基金8万元，个人账户233万元），滚存结余1 560.57万元（其中统筹基金743.49万元，个人账户817.08万元）。年内一级医院起付线标准由原来的200元下降到100元、三级医院报销比例由原来的50%提高到55%、最高支付限额由原来的2万元提高到3万元；同时启动门诊统筹，一级医院报销30%、二级医院报销20%，全年累计可报销200元。

全年大病补充医疗保险参保单位173户，参保人员1.14万人。应征缴基金136万元，实征缴基金135万元，征缴率99%。实际上报参保人1.06万人，实际上缴大病保险费127万元。全年产生大病36人次，大病补充医疗保险费共支出186万元。全年共组织3次专家组集体会诊会议，以加强特殊病、慢性病人的管理，涉及职工58人。

【工伤保险和事故认定】　2010年，全县参加工伤保险单位114户，参保人员1.28万人，完成市下达目标任务1.18万人的108%，其中：农民工参保1.07万人。应征缴工作保险基金466.63万元，实征缴466.63万元，征缴率100%。全年共产生工伤（亡）住院141人次，支出工伤保险基金420.91万元。

全年共接到工伤报案164件，涉及工伤职工176人，其中死亡案件3件，死亡职工11人。经省疾病防治控制中心诊断为矽肺病3起，涉及职工3人。发生的工伤案件与2009年同期限的124起相比，增加40起，上升率为24.4%，受伤人数比2009年增加13人。对159起工伤事故完成调查取证工作，暂未调查的5起。工伤事故完成调查取证的97%。

【生育保险】　2010年，全县参加生育保险单位16户，参保人员738人，完成市下达目标任务1.15万人的6.42%。应征缴生育保险基金22.27万元，实际征缴22.27万元，征缴率100%。全年共发生生育保险1人次，保险费上报还未批付。

【专业技术人员管理】　2010年，全面完成2009年度全县4 681名事业单位工作人员考核工作。根据上级人事职改部门的要求及下达给威信县的职务指标，科学设置教育等职改系统220名高、中级专业技术职务岗位。完成全县172家事业单位6 107个岗位设置和方案的上报工作，其中管理岗位115个、专业技术岗位5 576个、工勤岗位416个。认真指导农业、工程、中小学教师4个系列初评委活动，全年共审查推荐评审高级专业技术职务40人、审查推荐评审中级专业技术职务180人，审查并提交评委会评审确认初级专业技术职务300人（其中农业系统7人、教育系统293人），考核确认初级专业技术职务3人，办理专业技术人员聘任手续并提取职务聘任工资函434人。参与组织招聘事业单位紧缺专业工作人员21人，其中：教育系统13人、卫生系统4人、计生系统3人、广电系统1人。补员招聘教育系统工作人员13人（其中1人为西部志愿者计划）、特岗教师48人。完成事业单位聘用合同566人的鉴证工作，其中新聘223人、解聘85人、续聘258人。完成全县事业单位4 762人专业技术人员和管理人员《低碳经济》培训考试工作。

【工资福利与退休人员管理】　2010年，根据省的有关文件精神，完成全县机关单位工作人员2009年按规定条件晋升级别工资以及级别工资档次工作及事业单位工作人员2009年正常增加薪级工资工作，配合教育、财政对29所义务教育学校进行绩效工资实施情况的检查。根据省、市有关文件精神，及时拟订公共卫生与基层医疗卫生事业单位绩效工资改革的实施方案并组织实施，于9月15前全部兑现。

年内办理转正定级142人，月增资4 326元。审批办理11人的知识分子补贴，月增资240元。办理全县机关、事业单位干部职工退休手续39人，办理遗属困难补助和一次性抚恤36人金额94.07万元。对全县44名信访干部发放信访津贴64.36万元。审批办理事业单位岗位职务变动工资111人。办理工资转移276人、修建房补助费18人金额41.6万元。办理机关、事业单位工人晋升技术等级62人增资5 538元，办理事业单位专业技术人员晋升职务267人增资3.99万元。办理2009年度优秀奖励公务员88人，增资7.04万元。

【事业单位年度检验及法人登记工作】　2010年，除在1～2月完成2009年度全县67个行政机构、246个事业单位的编制统计上报工作外，还按照《事业单位登记管理暂行条例》和《实施细则》的规定对全县2009年度事业单位开展法人检验工作。年度检验合格事业单位114个，办理事业单位法人变更证书12个，事业单位设立登记2个。此外还按月完成164个工资统发单位（53个工资户）的编制核对工作。

【机构编制管理】 2010年，根据省纪委《关于机构改革期间暂停机构编制审批等若干纪律的规定》文件精神，暂停办理政府机构改革涉及到的单位及参公管理事业单位的机构设置、人员编制。按照有关程序，严格审核、办理相关单位的机构编制工作。根据昭通市机构编制委员会办公室《关于增加森林公安政法专项编制的通知》、《关于下达基层司法所政法专项编制的通知》、《关于增加全市检察院政法专项编制的通知》、《关于增加全市法院政法专项编制的通知》等文件精神，分别增加县森林公安局政法专项编制、县司法局执法专项编制、县检察院政法专项编制各1名、县法院政法专项编制3名。根据威信县人口和计生工作服务功能的逐步扩大，经县编委2月2日会议同意，增加威信县计划生育服务站人员编制5名。根据昭通市机构编制委员会办公室、昭通市公安局、昭通市林业局《关于规范全市森林公安机关机构设置和加强队伍建设的意见》文件及1月18日威信县委常委会决定，规范威信县森林公安局机构设置的相关事宜。根据昭通市机构编制委员会办公室《关于调整和明确全市公安交警编制的通知》精神，调整和明确威信县公安交通警察大队的管理体制、机构设置和人员编制。根据昭通市机构编制委员会办公室《关于调整设置县乡两级新型农村合作医疗管理机构的通知》精神，调整威信县县乡新型农村合作医疗管理办公室机构设置及人员编制。根据昭通市机构编制委员会办公室《关于成立威信县困难职工维权帮扶服务中心的批复》，成立威信县困难职工维权帮扶服务中心。根据昭通市机构编制委员会办公室《关于成立威信县广播电视台的批复》精神，成立威信县广播电视台。根据《中共昭通市委办公室、昭通市人民政府办公室关于对各县区中低产田地改造工作领导小组办公室机构设置等事项进行专项督查的通知》精神，成立威信县中低产田地改造工作领导小组办公室。根据昭通市机构编制委员会办公室《关于下达昭通市食品药品监督管理系统人员编制的通知》精神，明确威信县食品药品监督管理局的管理体制、人员编制。为贯彻落实中央、省、市、县《关于事业单位岗位设置管理实施意见》，规范事业单位岗位设置管理，按照事业单位岗位设置的有关要求，完善201个事业单位的机构编制方案。提交县政府机构更名事业单位3个，即县畜牧站、兽医站、动物卫生监督检验所。上报市编委待批机构5个，即威信县城市管理综合行政执法局、威信县人大财政经济工作委员会分设为财政经济及农业工作委员会、政协威信县委员会人口与环境资源委员会、威信县委政府接待办公室。

（县人事和劳动社会保障局 程泉清）

民　　政

【机构人员】 2010年，县民政局内设办公室、优抚安置股、社会事务和区划地名股、救灾救济股、低保股，下设救助管理站、扎西红军烈士陵园管理所2个事业单位。县老龄工作委员会办公室与县民政局合署办公，由民政局局长兼任办公室主任。总人数33人，其中女15人，苗族2人，党员21人，干部25人、正式工人2人、合同制工人6人，大学本科5人、专科9人、中专高中15人、初中4人。

【救灾救济】 2010年，全县先后遭受干旱、风雹、山体滑坡、泥石流等自然灾害。特别是2009年12月下旬以来，全省遭受的长时间持续特大干旱灾害也波及威信县，此次旱灾持续时间长，影响范围大，危害较深，给全县群众生产生活带来重大影响，直接经济损失11 134.9万元（其中农业经济损失8 714.9万元）。进入6月以后，又连续遭受“7·16”、“7·27”、“7·31”、“8·01”等特大风、洪、雹灾害。经统计，全年累计受各种灾害21.6万人，其中成灾10.1万人。民房受损2 501户7 485间（其中倒塌128户450间），各种农作物受灾20 478.6公顷（其中成灾10 140公顷，绝收3 008.6公顷），因灾减产粮食36 000吨。灾害引发泥石流、滑坡点39处（个），危及农户722户2 932人（其中急需搬迁84户421人）。全年发生火灾15起18户，烧毁住房72间。各类灾害造成直接经济损失17 612.35万元（其中农业经济损失13 663.45万元）。县人民政府先后安排和投入救灾应急资金520.5万元（其中：抗旱救灾捐款154.5万元）解决干旱灾区、贫困地区困难群众的生产生活，确保灾区人心安定，社会秩序正常。县民政局全年安排救助粮50万千克（其中：抗旱救灾大米20万千克），解决6 960户（次）26 700人（次）的吃饭问题。发放救济寒衣2 000套、被盖1 600床，解决灾区、五保、孤儿和特困户2 700户9 451人的御寒问题。在春节慰问和送“温暖”活动中，共安排春节慰问资金275万元，慰问各类对象14 790人，慰问春节坚守岗位单位及在威信县承担重点工程建设的施工单位等共42家，县领导带队“送温暖”共走访慰问特困户108户（其中贫困党员13户）和劳动模范及有突出贡献科技人员16人。“三八”妇女节、“六一”儿童节期间，县民政局会同县妇联、妇儿工委等相关部门对贫困妇女、贫困儿童进行走访慰问。认真组织实施残疾贫困儿童手术康复“重生行动”，共护送15名贫困残疾儿童前往昆明成功实施唇腭裂手术。同时，在8月下旬邀请中国基金“微笑行动”专家一行15人来威信县为62名唇腭裂患者实施康复手术。

【农村住房保险】 2010年，县财政安排资金42万元将全县8.4万户城乡居民住房全部纳入住房保险。县民政局与县财保险公司联合，坚持深入受灾地区对民房受损情况进行核损、评估，及时实施赔偿。截至12月保险部门对因火、风、洪、雹、雪凌等灾害造成住房受损的328户农户进行赔偿，赔付资金43.5万元。

【农村低保】 2010年，按照低保制度全面覆盖的要求和动态管理下的应保尽保、应退即退的原则，建立和实施农村低保制度。截至12月，全县共纳入农村低保对象30 150人，比2009年同期增加3 000人；占农村居民人口的8%，月人均补助水平70元，比2009年同期增加10元。1～12月累计发放低保金2 319.6万元（其中县财政配套全年资金210.99万元）。规范农村低保资金发放制度，实行社会化发放，确保低保资金及时足额发放到对象手中。

【城市低保】 2010年，在应保尽保的基础上针对物价上涨的实际情况，重点抓好扩面、提高保障标准、增加临时生活补贴、提高补差水平等工作。城市低保的申请、审核、审批、发放低保金等都实现规范化和制度化。同时，严格按照上级要求，积极应对和化解物价上涨因素，认真落实城市低保对象增发临时补助政策，及时向城市低保对象增发临时补助。到12月底，取消城市低保对象82户142人，全县共有享受城市低保对象4 515户7 109人，占城市居民人口的20%，比2009年增加720人。全年发放城市“低保”金1 322.21万元，到12月底人均补差水平达160元，确保城市贫困居民的基本生活。

【五保供养】 2010年，对农村五保供养对象实现应保尽保的目标，认真贯彻《农村五保供养条例》和《昭通市人民政府关于进一步加强农村五保工作的意见》，切实落实五保供养政策。到12月底，全县农村五保供养对象5 411人，全部纳入五保供养范围。全年累计发放农村五保供养金664.08万元（其中县财政配套197.8万元）。同时，根据上级主管部门有关文件要求，对农村五保对象按每人每月20元的标准增加一次性医疗救助，共发放一次性医疗救助金128.4万元。旧城敬老院重建工程于6月全面完工，8月投入使用，总投资250万元（其中省慈善总会资助110万元），集中供养五保对象68人。新建威信县中心敬老院，到12月已完成投资1 200万元。安排集中供养136名“五保”老人的生活，月人均享受供养金220元。

【城乡医疗救助】 2010年，严格按照《威信县农村医疗救助管理（暂行）办法》、《威信县城市医疗救助管理（暂行）办法》的相关规定，紧紧围绕实现“病有所医”的总体目标，以住院救助为主，门诊救助为辅。资助农村困难群众参加新型农村合作医疗，逐步扩大救助病种范围或取消救助病种限制，简化救助程序，取消起付线。适当提高救助封顶线和救助比例。全年为农村低保户、五保户、重点优抚对象等35 561人缴纳新型农合资金107万元，为城市低保对象、低保边缘群众12 079人缴纳城市医疗保险金73.53万元。到12月底，共安排城乡医疗救助资金442.82万元，救助大病患者、城乡低保对象、五保等对象9 045人次。全年共救助城乡困难群众56 694人，累计支出医疗救助金623.35万元。

【城乡临时救助】 2010年，根据《威信县城乡临时救助管理（暂行）办法》有关规定抓好城乡临时救助工作。县政府共安排临时救助金889.2万元。其中：安排临时救助资金731.8万元，以人均20元标准，解决36.59万农村居民燃煤补助；安排13.2万元，解决6 600名城市低保对象燃煤补助；安排144.2万元（其中：上级下拨干旱灾临时救助资金97.8万元），救助贫困大学生、因灾因病和因城市建设征地、拆迁等造成临时困难群众9 220人（次）。

【流浪乞讨人员救助】 2010年，按照“自愿受助，无偿救助”的原则抓好生活无着落未成年人、危重病人、传染病人、精神病人等特殊困难人员的救助、劝返工作，全年共支付救助资金4.2万元，救助585人。

【精简人员生活补助】 2010年，认真落实60年代精简人员生活补助，确保按标准及时将补助兑现到对象手中。截至12月，累计发放232名60年代精简退职人员生活补助费40.330 8万元。

【优抚安置】 2010年，全县共有优抚对象6 804人，享受抚恤和定期生活补助的重点优抚对象2 360人。对在部队荣立二、三等功，荣获优秀士兵的37名现役军人通过其家属给予奖励，共发奖金7 700元。解决优抚对象“三难”问题，共救助住房难31户92人，补助资金12.53万元；医疗难105人，补助资金31万元；生活难136户408人，补助资金13.6万元。对麟凤烈士纪念地墓、碑等进行维修，共支付维修资金0.8万元。对1名革命伤残人员评残材料审核上报，并落实医疗待遇。对各乡镇落实优抚政策情况进行检查，全县统一义务兵家属优待标准，年人（户）均720元，共兑现125名义务兵家属优待金9万元。对重点优抚对象生活补助按要求进行调整，按时足额发放2 360名重点优抚对象抚恤金和定期补助730.76万元。全年累计发放各类优抚对象抚恤补助金800余万元。

2009年冬至2010年4月，共接收部队批准退出现役的士官及士兵45人，其中安置回原籍39人，符合政府安置就业6人。积极组织其参加各种职业技能培训，推荐就业。截至8月，6名退役士兵全部实行自谋职业补偿安置，共发放自谋职业补偿金33.144万元。发放6人待安置期间生活补助费0.396万元。按每人300元标准解决39名退役士兵农具费。

【“双拥”工作】 春节期间，县委、县政府领导及县“双拥”领导组成员单位负责人组织慰问驻威部队官兵和军休干部158人，每人发放慰问金200元。对全县的现役军人家属、烈士家属、因公牺牲军人家属和病故军人家属、老复员军人等共计2 919人（户），按每人（户）200元慰问标准组织慰问。“八一”期间，认真组织开展庆祝建军83周年活动，县委、县人民政府领导带领相关部门负责人慰问驻威部队官兵、军休干部及部分高寒边远山区伤残军人、烈军属、老复员军人，共发放慰问金36.14万元。全年安排专款用于开展“双拥”活动和驻威部队粮油、水电燃料补贴及部队基础设施建设等经费90余万元。县人民政府还投入260万元资金组建民兵应急分队。切实抓好双拥模范城（县）创建工作，县委、县人民政府高度重视，切实加强组织领导，把创建工作列入各级党委、政府的“一把手工程”来抓，先后共投入资金50余万元。

【烈士陵园管理】 2010年，

以威信县打造红色旅游县为契机，抓住国家对全国重点烈士纪念建筑物保护改造建设加大投资的机遇，充分利用革命老区优势，大力加强爱国主义教育基地建设，着力打造红色文化品牌。积极争取上级主管部门支持，第一期工程投入资金486.58余万元，2009年已完成新建瞻仰平台、汉白玉栏杆、梯步青石板铺装、休憩亭台维修和墓碑改造、烈士陵园大门改造等工程，完成第一期改造保护工作建设项目。2010年初起继续实施第二期保护改造工程建设项目，截至6月底，第二期保护改造建设项目工程全面完成，完成投资500万元。同时，强化对革命烈士纪念碑及建筑物的管护，坚持24小时值班制度，做到园内环境幽静，治安秩序良好，为前来悼祭、进行爱国主义教育、游览观光等各界人士提供一个舒适的环境，全年共接待参观、悼念人员10万余人次。

【婚姻登记管理】 2010年，全县申请登记结婚对象5 120人，经审查后办理登记5 000人、未办理60对。其中初婚4 898人、再婚52人、复婚50人。申请离婚468人，其中办理离婚420人、不予离婚48人。

【福利彩票发行】 2010年，全县6个电脑彩票投注站销售彩票总额250万元，可筹集公益金25万元。

【老龄工作】 2010年，积极深入基层调查研究，了解和掌握全县老龄人口现状，对全县80岁以上高龄老年人口结构状况基本情况进行普查。全县共有80～99岁高龄老人4 660人，100岁以上长寿老人6人。抓好高龄老人保健补助和百岁老人长寿补助发放工作，1～12月累计发放80～99周岁老人保健补助111.84万元，100周岁老人长寿补助1.44万元。做好《老年法》和《云南省老年人权益保障条例》的宣传贯彻，认真开展老年人优待工作，积极为老年人的供养、医疗、出行、居住、学习和维权等提供方便。坚持同老年书画协会创办《老龄工作宣传专栏》，每月出刊一期。认真为高龄老人办理《老年人优待证》，全年共办理385本。对城乡最低生活保障线以下的老人按要求全部纳入最低生活保障范围，做到应保尽保。对无劳动能力、无生活来源、无赡养人和扶养人及确无供养能力的老年人，除纳入五保供养对象外，全部纳入最低生活保障给予补助。

春节期间，走访慰问全县城乡五保老人，每人以200元标准组织慰问。重阳节期间，县委、县人民政府召开离退休老干部、老年人代表座谈会，通报全县社会经济发展情况，听取参会老年人的意见和建议。组织对各敬老院集中供养五保老人和全县6名百岁老人进行慰问。积极抓好农村老年协会和“百村建设”工作，年底，全县有乡村老年协会13个，老体协、夕阳红、书画等协会6个。

【基层政权建设和社区建设】 2010年，认真做好村（社区）委会办公楼改扩建及规划上报工作，加强基层群众自治组织基础设施建设，切实抓好村（社区）活动场的新建和修缮工作。指导村（社区）充实完善村务公开民主管理的各项制度，拟发村务公开目录，制定村务公开的内容、程序、财务审计、村务公开监督小组与理财小组，民主决策、民主管理等13个制度，创新机制，发挥村务监督委员会的作用。深入开展村务公开民主管理示范乡镇、村创建，村民委员会“六个好”建设及“和谐社区”创建，敬老先进村（社区）创建等活动。配合县委组织部等相关部门做好第四届村民委员会换届选举工作。截至3月31日，全县83个行政村全部完成村党组织和村委会换届。选举产生村两委干部655名，其中村党总支416人、村委干部445人，书记83人、主任82人、副书记83人。有65名村党总支书记连任，占78.3%；58名村委会主任连任，占69.9%。通过换届选举，一大批素质优良、干事创业、群众公认的双带型人才进入村“两委”班子。

【行政区划和地名管理】 2010年，切实加强平安边界创建活动，按云南和四川两省综合部署，威信与四川珙县、筠莲、兴文、叙永签订平安边界创建协议及边界年检。同时，积极配合相关部门认真抓好麟凤、庙沟、罗布3乡撤乡改镇材料的整理和申报工作。

【社会团体管理】 2010年，加强对社会团体组织管理，严格审批程序，按时年检。至年底，全县有社会团体组织31个，其中：农村专业经济协会5个、民办非企业单位3个。

【信访接待】 2010年，切实加大信访工作力度，进一步建立健全信访工作制度，坚持每月15日的局长接待日，由局长、副局长轮流接待来访群众。局领导坚持参加书记、县长大接访活动。按照“排查得早、控制得住、解决得好”的原则，搞好信访排查工作及来访群众的疏导工作，避免群体性上访事件的发生。全年共接待来信来访群众45件60人（次），其中来访信件10件12人（次）；来访35件48人（次）。到12月底，除1件正在办理外，其余全部办结。大接访活动中，县委、县人民政府安排部门落实的信访件5件全部办结。办理人大代表建议5件。

【威信县获省“双拥先进县”称号】 1月，威信县获中共云南省委、省政府、省军区授予“双拥先进县”称号。

（县民政局 余发强）

残疾人事业

【机构人员】 2010年，县残疾人联合会（以下简称县残联）内设行政办公室、残疾人服务社、残疾人劳动就业服务所、残疾人用品用具供应站、助残志愿者联络站。有工作人员8人，其中公务员6人、工勤人员2人，女2人，少数民族2人，党员4人，大专2人、中专2人、高中2人。全县87个村委会（社区）有残疾人工作联络员87人。

【残疾人就业】 2010年，积极做好残疾人就业咨询、职业介绍、就业安置、就业回访等工作，联系在盐津云宏福利企业新安置残疾人就业20人。组织县、乡镇残联开展残疾人就业需求摸底工作，为残疾人搭建就业平台，新登记在册人员25人，推荐安置残疾人就业40人。

【残疾人培训】 2010年，全县有残疾人2.86万人，其中具备劳动能力的有1.8万人。为进一步提高残疾人的综合素质和技能，县残联于年初制定培训计划，并把任务分解落实到各个乡镇，培训内容包括法律法规、水果种植与培育、家禽养殖与防病、绿色蔬菜培育、烟叶栽培与烘烤等。举办培训班9期310人，其中实用技术7期210人、职业技能2期100人。选送2名盲人青年参加昆明华夏中专举办的盲人按摩技术培训。全年县残联下拨残疾人培训经费1.5万元。

【扶贫助学】 2010年，组织乡镇开展特困残疾人调查工作，建立保障对象档案，为政府实施残疾人的最低生活保障提供依据。全县有贫困残疾人1.96万人，其中享受最低生活保障的1.2万人。确定28户农村特困残疾人为危房改造对象。对全县非农业人口的特困残疾人进行摸底筛查，帮助23户无住房的特困户解决安置了廉租房。组织4个社区及乡镇对城镇残疾居民情况进行摸底调查，全县残疾居民共2 496人，其中对享受低保的617人、重度残疾的160人给予免费参加合作医疗优惠政策的照顾。在享受低保的残疾人中开展法律援助摸底调查，共登记136人。

认真贯彻执行《残疾人保障法》、《义务教育法》、《残疾人教育条例》等法律法规，配合教育部门输送3名聋哑儿童到昭通市特殊教育学校就读。针对残疾儿童就学困难、接受教育少的情况，积极开展残疾少年儿童和残疾人子女因贫失学情况的调查和立档建册工作，配合教育部门进一步提高残疾少年儿童的入学率。同时多渠道开展特困残疾学生助学活动，全年共资助60名贫困残疾人子女及残疾学生入学，发放助学金1.63万元。

【残疾人慰问救助】 春节前夕，在全县开展慰问困难残疾人62人，送去慰问金1.25万元。各乡镇残联及残工委成员单位开展走访慰问贫困残疾人138人，发放慰问金及慰问品折合人民币

2.5万元。“助残日”期间，县四套班子领导带领县残联、县民政局等成员单位重点走访困难残疾人家庭，送去慰问金1.2万元。

【残疾人康复工作】 2010年，继续组织实施省、市、县三级党委、政府为民办实事“亮睛行动”项目，完成贫困白内障患者免费手术226例，其中脱盲率99%，脱残率98%。推行“助行工程”、“辅助工程”，先后为4名残疾人免费安装假肢，为残疾人提供拐杖、助听器等辅助用具110件，并对全县贫困残疾人需求辅助器具开展调查摸底，建立数据库。

【残疾人事业宣传】 2010年“助残日”、“爱耳日”、“爱眼日”等节日期间，加强与外宣办、广播电视局等宣传媒体的联系，积极拓展宣传空间，及时开展全县各类残疾人自强不息的先进事迹和助残模范行动等系列报道，营造社会对残疾人“高看一眼，厚爱一分”和关心支持残疾人事业的浓厚氛围。

（县残联）

农村人力资源开发

【机构人员】 2010年，县农村人力资源开发办公室内设办公室、劳动技能鉴定站，总人数6人，其中临时工1人。

【农村富余劳动力】 2010年，全县人口40.7万，其中农业人口38.2人，占全县总人口的93.8%。有农村劳动力21.6万人，占农业人口总数的56.5%。全县有耕地2.37万公顷，按人均劳动力耕种0.27公顷计算，有农村富余劳动力12.7万人。农业人口中，人均纯收入1 196元以下的有11.73万人，占农业人口数的30.7%。贫困人口分布在1 439个村民小组，占村民小组总数的88.8%。2003—2010年全县开展引导性培训和技能培训60 724人，有6.6万名富余劳动力未接受培训。

【农村劳动力培训输出及跟踪服务】 2010年，县委、县政府继续把做大做好做强劳务经济作为促进农村经济发展、确保农民增收的重头戏，提出更高的目标要求，全县计划转移输出农村劳动力9.64万人，实现务工工资性收入9.4亿元，务工纯收入5.56亿元。围绕这一目标，县人力资源办狠抓培训提高、转移输出、回引创业和跟踪服务4个方面的工作。在培训提高方面，全县共培训农村劳动力172期10 690人，其中：大面扶贫培训128期8 000人，阳光工程技能培训32期1 990人（村级动物防疫员1期30人、机防手2期100人、沼气工2期100人、电工6期343人、十字绣4期215人、中式烹调5期254人、电焊工2期101人、农机手2期112人、砌筑工1期50人、电动缝纫工2期120人、汽车驾驶员5期452人、保安人员2期113人），示范基地技能培训12期700人（电焊工3期172人、电动缝纫工1期49人、装饰装修工3期249人、电工4期192人、沼气工1期38人）。通过培训办理职业技能资格证2 187人。在转移输出方面，截至11月底，全县转移输出农村劳动力9.642万人，占全年目标任务的100%，实现务工性工资收入8.85亿元，务工纯收入5.24亿元，分别占全年目标任务的94%和94.2%。在回引创业方面，重点抓好返乡农民工创业2个示范点，即：扎西镇大河村水晶生产加工点、罗布乡顺河村蛋鸡养殖点；为23名返乡农民工争取贷免扶补政策，落实创业贷款115万元。在跟踪服务方面，3月初人力资源办联合县总工会、职教中心、运输公司等单位在运输公司车站内成立集培训、就业信息咨询、职业介绍、转移就业、考试办证、维权救助、困难帮扶、跟踪服务等为一体的农民工多媒体教学培训服务站（属昭通市第一家），在4家单位抽调20名人员组建服务站工作队。同时，进一步健全完善技能鉴定中心和农民工维权工作站职能职责，聘请6名懂法律知识的人员担任义务维权员，为农民工提供法律援助。截至11月10日已为8 000余名农民工提供就业信息咨询服务，集中开展农民工进城务工引导性培训和基本技能培训172期10 690人次，培训后转移7 924人次，共发放农民工维权服务卡1万余张。派人到广东江门、肇庆、深圳、东莞，福建泉州，浙江金华、义乌，江苏南京和昆明等地考察，建立9个劳务联络点开展延伸式服务，积极为农民工提供法律援助和困难帮扶，针对农民工因工致伤情况，向企业索赔资金21万元。

从2006年起，采取建立农村劳动力资源库（基本台账）、农村劳动力转移输出台账、农村劳动力转移培训台账、劳务输出变动台账（及时了解和掌握辖区内外出务工人员的流进和流出情况，在台账上能准确具体地反馈变动情况）、辖区内劳务用工台账（进一步加强返乡务工人员动态监测预报，随时掌握农民工输出的变化情况，及时采取措施改变培训方式和内容，不断满足农民工择业就业的需求）等方式和措施，加大对全县输出劳务人员的管理力度。至2010年累计培训农村劳动力45 504人次，累计输出农村劳动力42.71万人次，实现务工收入28.58亿元，务工纯收入18.09亿元。

（县人力资源开发办公室）

（社会栏责任编辑 周元珠）

乡镇概况

扎西镇

扎西镇位于县境中南部，为县城驻地和全县政治、经济、文化中心。全镇国土面积336.7平方千米，林地面积16 175公顷。自然资源有森林、煤炭、石灰石、铜、铁、钾盐等，其中木材和煤炭资源尤为丰富。森林覆盖面积44%，通过林权改革后现有兔儿塆、大楠木、后山3个国有林场，观音村1个集体林场，全镇木材贮量约48.2万立方米。

2010年辖小坝、石龙、玉京山、桂花、观音、田坝、庙坝、扎岭、干河、长地、墨黑、巷子、龙里、大河、罗垅、院子、大山、河口、石坎19个村委会，4个城市社区，387个村民小组，20个居民小组。年末总户数40 012户，总人口123 820人，其中农业人口95 379人、女性60 746人、少数民族11 266人。

全年实现生产总值62 087万元，同比增长17.5%。其中：农业生产总值24 773万元，同比增长11.6%；工业生产总值25 016万元，同比增长15.4%；第三产业产值12 298万元，同比增长35.0%。实现城镇居民人均可支配收入11 060元以上，同比增长6.8%。农村居民年末存款余额12 530万元，同比增长12.9%。

全镇耕地总面积5 258公顷，其中水田60公顷。农作物总面积11 816公顷。其中：粮食种植面积9 834公顷，总产量33 652吨；烤烟种植面积170公顷，总产量36.5万千克；水果产量34.8万千克。大牲畜出栏4 500头、存栏15 691头；生猪出栏56 210头、存栏36 314头；羊出栏1 031头、存栏713头。畜牧业总产值7 800万元。劳务输出19 900人，劳务总收入14 330万元。

全镇有初级中学3所，村完小34所，单小12所。小学在校生15 450人，初中在校生5 450人。有小学教师617名，初中教师215名。小学适龄儿童入学率99.88%，辍学率0.12%；初中毛入学率118.6%，辍学率2.02%；残疾儿童、少年入学率97%。中学校园占地5.8公顷，校舍建筑总面积1.82万平方米。小学配备Ⅰ类实验设备17套、图书2.8万册。建立74个现代远程教育网点。中学配备理化生实验室13间，图书5.5万册，计算机室5间，3个现代远程教育网点。

全镇19个村均通公路、通电19个、通自来水19个（其中石坎、大河、干河、庙坝、田坝、石龙、观音巷子等村已实现通油路或水泥路）。农民人均有粮361千克。农民人均纯收入2 857元。电视覆盖率96%。

村民委员会（社区）概况一览表

村民委员会（社区）名称		小 坝	石 龙	玉京山	桂 花	观 音	田 坝	庙 坝	扎 岭
总面积（平方千米）		18. 06	16. 25	15. 13	18. 88	12. 46	24. 15	15. 43	16. 13
其中	村民小组（个）	16	24	11	19	10	35	20	15
	居民小组（个）	\	\	\	\	\	\	\	\
总户数（户）		553	1 223	386	1 381	386	1 704	789	762
总人口（人）		2 632	5 136	1 670	5 501	1 701	8 285	3 652	3 748
其中	少数民族（人）	210	590	506	176	172	1270	207	677
	女性（人）	1 284	2 625	800	2 745	850	4 137	1 836	1 874
耕地总面积（公顷）		124	302	147	201	186	471	207	211
其中水田面积（公顷）		\	\	\	\	\	\	\	\
农作物总面积（公顷）		297	715	310	439	326	1 097	531	630
其中	粮食种植面积（公顷）	242	558	272	376	292	979	471	501
	总产量（吨）	750	1 762	748	1 295	865	3 371	1 573	1 599
	烤烟种植面积（公顷）	\	40	\	\	\	10	\	54
	总产量（千克）	\	55 000	\	\	\	20 000	\	100 000
	其他经济作物产量（千克）	\	\	\	\	\	54 600	\	\
大牲畜出栏（头）		86	126	98	68	86	234	157	155
大牲畜存栏（头）		577	956	578	425	243	1 290	865	870
生猪出栏（头）		1 425	3 025	980	3 410	1 030	5 250	1 960	1 890
生猪存栏（头）		852	2 120	650	2 310	740	3 412	1 245	1 324
羊出栏（头）		98	124	97	\	62	\	123	81
羊存栏（头）		87	123	76	\	58	\	133	89
农业总产值（万元）		\	\	\	\	\	\	\	\
畜牧业总产值（万元）		\	\	\	\	\	\	\	\
农民人均纯收入(元)		2 260	3 110	2 390	3 090	2 910	3 090	2 910	2 790
通公路村民小组（个）		14	24	10	17	9	33	18	13
通电村民小组（个）		16	24	11	19	10	35	20	15
通自来水村民小组(个)		8	17	8	12	7	21	13	8
电视广播覆盖率（%）		90	92	85	85	96	96	95	85

续表(一)

村民委员会（社区）名称		干河	长地	墨黑	巷子	石坎	河口	龙里	罗坭
总面积（平方千米）		17.98	19.95	21.14	3.21	19.81	17.78	18.11	20.82
其中	村民小组（个）	24	19	31	3	30	21	23	25
	居民小组（个）	\	\	\	\	\	\	\	\
总户数（户）		1 211	935	1 502	427	1 408	712	1 248	1 011
总人口（人）		5 209	4 515	6 752	1 631	6 526	3 222	5 725	5 193
其中	少数民族（人）	1 558	83	1 354	14	1 077	50	697	322
	女性（人）	2 647	2 204	3 377	826	3 286	1 512	2 736	2 673
耕地总面积（公顷）		327	255	493	6	343	296	509	389
其中水田面积（公顷）		\	\	\	\	\	\	\	\
农作物总面积（公顷）		788	593	747	136	978	501	720	699
其中	粮食种植面积（公顷）	732	521	655	106	798	404	654	529
	总产量（吨）	2 626	1 910	2 787	227	2 906	1 351	2 136	1 792
	烤烟种植面积（公顷）	16	20	22	\	40	\	8	\
	总产量（千克）	30 000	40 000	40 000	\	70 000	\	15 000	\
	其他经济作物产量（千克）	\	\	\	\	197 400	100 800	31 700	285 600
大牲畜出栏（头）		423	236	436	\	268	169	187	112
大牲畜存栏（头）		584	572	1 087	6	1 360	830	1 203	839
生猪出栏（头）		3 010	2 330	3 370	1 020	3 495	1 790	3 040	2 542
生猪存栏（头）		2 134	1 875	2 354	963	2 496	1 243	2 498	1 745
羊出栏（头）		\	\	\	\	125	\	\	\
羊存栏（头）		\	\	\	\	136	\	\	\
农业总产值（万元）		\	\	\	\	\	\	\	\
畜牧业总产值（万元）		\	\	\	\	\	\	\	\
农民人均纯收入（元）		2 790	2 930	2 840	3 340	2 850	2 610	2 760	2 650
通公路村民小组（个）		24	19	31	3	29	21	23	25
通电村民小组（个）		25	19	31	3	30	21	23	25
通自来水村民小组（个）		16	10	23	3	21	14	14	14
电视广播覆盖率（%）		86	82	85	100	93	86	88	89

续表（二）

村民委员会（社区）名称		院子	大山	大河	龙井	麒麟	海子	渔洞
总面积（平方千米）		18. 94	18. 76	19. 62	0. 5	2. 6	1. 1	0. 8
其中	村民小组（个）	17	17	27	\	\	\	\
	居民小组（个）	\	\	\	4	12	2	2
总户数（户）		1 089	898	1 558	1 932	3 372	1 485	1 126
总人口（人）		5 004	3 901	6 862	6 954	11 260	4 370	3 653
其中	少数民族（人）	\	52	134	306	737	135	56
	女性（人）	2 481	1 812	3 309	3 533	5 676	2 231	1 894
耕地总面积（公顷）		195	192	434	\	\	\	\
其中水田面积（公顷）		7	\	\	\	\	\	\
农作物总面积（公顷）		670	629	1 028	\	\	\	\
其中	粮食种植面积（公顷）	490	460	794	\	\	\	\
	总产量（吨）	1 606	1 578	2 770	\	\	\	\
	烤烟种植面积（公顷）	\	\	\	\	\	\	\
	总产量（千克）	\	\	\	\	\	\	\
	其他经济作物产量（千克）	294 000	298 200	321 300	\	\	\	\
大牲畜出栏（头）		123	135	658	\	\	\	\
大牲畜存栏（头）		625	621	1 678	\	\	\	\
生猪出栏（头）		2 690	2 240	6 570	\	\	\	\
生猪存栏（头）		2 041	1 456	3 756	\	\	\	\
羊出栏（头）		\	\	\	\	\	\	\
羊存栏（头）		\	\	\	\	\	\	\
农业总产值（万元）		\	\	\	\	\	\	\
畜牧业总产值（万元）		\	\	\	\	\	\	\
农民人均纯收入（元）		3 100	2 850	3 090	10 260	11 340	11 260	11 030
通公路村民小组（个）		17	17	27	4	12	2	2
通电村民小组（个）		17	17	27	4	12	2	2
通自来水村民小组(个)		12	10	21	4	12	2	2
电视广播覆盖率(%)		97	96	93	100	100	100	100

△3 月 14 日，扎西镇获市委、市政府表彰为先进平安基层单位。被县委、县政府表彰为全县综治维稳信访目标责任奖一等奖。其中黄勇、王永夫获综治维稳暨平安创建工作先进个人，范占高被评为信访工作先进个人，麒麟社区被评为综治维稳暨平安创建工作先进集体。

△3 月 21 日，田坝、桂花和石龙三村相继发生森林火灾，着火面积计 17 余公顷，扑火过程中副镇长杨静、武装部部长江劳先等 5 人受轻伤。

△7 月 27 日，镇辖区内普降大雨，部分村有大风、冰雹等自然灾害，造成全镇多个村不太程度受灾。农作物受灾面积 1 000公顷，折合经济损失 150 万余元。基础设施、房屋等方面损坏造成直接经济损失 350 万元。因灾造成大山村意外死亡 1 人，受伤 1 人。

（扎西镇政府　陈祥海）

水田乡

水田乡位于县境东南角，地处云贵川三省接合部，素有“鸡鸣三省”之称。乡政府驻地距县城 43 千米。全乡国土面积 45.87 平方千米。主要经济作物有烤烟、花生、油菜、天麻。全乡公路通车里程 70 千米。

2010 年辖水田、龙洞、河坝、香树 4 个村民委员会 90 个村民小组。年末总户数5 723户，总人口17 351人，其中农业人口 16 801 人、女性8 367 人、少数民族2 619人。

全年实现经济总收入 4 589.93万元。乡机关年末有职工 46 人。劳务输出人员4 071人次，劳务总收入1 150万元。

全乡耕地总面积1 035公顷，其中水田面积 12 公顷。农作物总面积2 278公顷。其中：粮食种植面积1 785 公顷，总产量 6 654吨；烤烟种植面积 173 公顷，总产量47 万千克；水果产量 30.2 万千克。农业总产值 3 242.6万元。全年完成黄牛冻精改良 894 头，推广配（混）合饲料 530 吨。大牲畜出栏 583 头，存栏 2 653 头；生猪出栏 11 218头，存栏9 276头；家禽存栏13 372只，出栏12 480只。实现畜牧总产值1 722.3万元。

年末有中小学 11 所，其中单小 1 所，一师一校教学点 1 个，在校小学生2 531人，有小学教师 110 人；初级中学 1 所，在校初中生 802 人，中学教师 66 人。2010 年中考上线人数 138 人，上线率达 66%，名列全县第二。全年兑现寄宿制学生生活补助2 130 人次 70.88 万元，全乡“两基”成果进一步巩固，小学适龄儿童入学率达 99%，初中生入学率96%。

全乡 4 个村均通公路、通电、通自来水。农民人均纯收入 2 556元，人均有粮 375 千克。电视覆盖率90%。

参保农民6 226人，参保率 74%。及时启动 60 岁以上农村老年人基础养老金发放工作，发放基础养老金 26.2 万元。继续开展城镇居民基本医疗保险工作，参保城镇居民 78 人。

基础设施建设　完成双河比喜至水田花房子、斑鸠井油路贯通，硬化乡村公路 2 条 1.1 千米，新建村组公路 11 条 31 千米。实施饮水工程 5 件，解决集镇片区和龙洞村罗布、河坝村宽滩等 5 个村民小组饮水困难。香树村世行贷款水土保持项目有序推进，建成沼气池 422 口，建卫生畜圈 422 间。烟水配套工程进入扫尾阶段，修建机耕路 6.7 千米，蓄水池 16 个1 150立方米，安装引水管网 91.2 千米。完成集镇片区电网整改规划设计，启动香树村庙坝、水田村者珠、易倒等自然村电网改造工程，全乡所有村组有望在 2012 年实现农网改造工程全覆盖。投入项目资金400 万元，按照县建设部门抗震设防的标准和生态文明家园建设的要求，实施农村危房改造工程400户。

扶贫工作 涉及产业发展、基础设施建设、村容村貌整治、农村社会事业发展、科技培训等7个方面的71个子项目相继启动建设，规划投入资金11 976.8万元，2010年完成投资6 216.7万元，占规划投资总额的52%。“百千万帮扶工程”继续推进，全乡123名各级干部结对帮扶125户贫困户，为贫困村组协调落实发展项目3个，争取和引进资金50余万元。完成香树村田坎易地搬迁扶贫工程建设，启动香树村坳口易地搬迁扶贫工程。

新农村建设 完成下马地重点村建设工程，启动楼上市级示范点建设工程，相继建成楼上、高坎、塆子、者珠、河边、核桃、园田、老乌沟等10余个新农村生态文明家园示范点。

绿色特色产业 在全乡主要公路沿线片区种植竹子3 000丛、核桃5 000株、香桂53.33公顷。在水田村和龙洞村新发展桑园10公顷，完成老桑园管护和嫁接改良14公顷。

集镇建设 建成“三横一纵”主街道4条26 000平方米，柏油路面主干道0.8千米，完成主要街道（道路）绿化工程，文化站、农村文化活动广场等配套设施建成投用，启动主要街道（道路）绿化、集镇亮化等工程，投入资金达310万元。

新型农村合作医疗 全乡16 950人次享受门诊减免20.3万元，126人次享受住院减免12.1万元，筹集2010年度新农合资金46.3万元。

村民委员会概况一览表

村民委员会名称		水田	河坝	龙洞	香树
总面积(平方千米)		19	11.2	5.38	10.2
村民小组(个)		38	20	17	15
总户数(户)		1 453	590	1 034	1 173
总人口(人)		6 006	2 367	3 422	4 368
其中	少数民族	508	126	\	1661
	女　　性	2834	1066	1686	2078
耕地总面积(公顷)		391.6	153.3	170.9	319.8
其中水田(公顷)		1	\	1	\
农作物总面积(公顷)		854.1	355.9	429.8	638.2

续表

村民委员会名称		水田	河坝	龙洞	香树
其中	粮食种植(公顷)	688	294	341	462
	总产量(吨)	2 662	862	1302	1 828
	烤烟种植(公顷)	89	10	\	115
	总产量(千克)	195 000	23 000	\	252 000
	其他经济作物产量(千克)	36 690	26 960	33 840	34 210
大牲畜出栏(头)		144	66	72	71
大牲畜存栏(头)		1 100	487	412	587
生猪存栏(头)		3 190	939	1 750	2 179
生猪出栏(头)		3 376	1 348	2 186	2 613
羊出栏(头)		＼	＼	＼	10
羊存栏(头)		＼	＼	＼	55
农业总产值(万元)		1 304.2	336	547.7	1 054.4
畜牧业总产值(万元)		585.5	294.7	274.6	567.5
农民人均纯收入(元)		2 342	2 301	2 376	2 403
通公路村民小组(个)		31	18	16	15
通电村民小组(个)		38	20	17	15
通自来水村民小组(个)		25	16	10	7
电视广播覆盖率(%)		89	90	91	92

△5 月 25 日，水田乡整乡推进扶贫开发试点项目通过省相关部门评审。

△8 月 13 日，县委、县政府在水田乡召开水田乡整乡推进动员大会。县委书记龙进作讲话，县扶贫办主任杨洪飞、乡党委书记王祖春分别作表态发言，挂钩帮建的 53 个县直部门负责人及全乡乡、村、组干部参加大会。

△9 月 9 日，乡党委、乡政府在水田中学召开第 26 个教师节表彰大会，表彰 20 名优秀教师。

△11 月 12 日，水田乡召开整乡推进集镇站、所房屋等项目改造工作协调会。县供电公司、县教育局、县邮政局等项目涉及单位主要领导参加会议。会议由县人大常委会副主任、水田整乡推进项目建设指挥长杨应伦主持。会上，水田乡整乡推进办公室主任王祖春介绍水田集镇建设总体安排部署和工作进度，介绍因集镇建设而涉及的中小学校、邮政所、供电所等办公用房现状和改造计划安排。项目所涉及的县直部门参会领导分别作表态发言。会后，各部门参会领导分别到所涉及站所，对房屋改造实地进行规划、设计。

△12 月 17 日，乡党委、乡政府在新建成的农村文化活动广场举办小学生庆元旦唱红歌比赛，全乡 19 支小学生代表队参赛，河坝村核桃树小学代表队获得一等奖。

（水田乡政府　郑明余）

双河苗族彝族乡

双河苗族彝族乡位于县境东部，地处威信东大门，是进入成都、重庆等城市的重要通道。全乡总面积 146.89 平方千米。乡政府驻地距县城 17 千米。

2010 年辖茨竹坝、偏岩、过街楼、半河、双河、天池、楠木、蔡营 8 个村民委员会 167 个村民小组。年末总户数8 701户，总人口32 679人，其中农业人口31 759人、女性15 742人、少数民族8 672人。

全年实现农村经济收入7 821万元，同比增长 20.3%。其中第一产业实现总收入7 045万元，第二产业收入 418 万元，第三产业收入 358 万元。全社会固定资产投资完成6 600万元，同比增长 27.5%。社会消费品零售总额完成 186 万元。

全乡有耕地总面积2 409公顷，其中水田 82 公顷。农作物总面积4 384公顷。其中：粮食种植面积3 833公顷，总产量11 764吨；烤烟种植面积 123 公顷，总产量 27 万千克；水果总产量 16.9 万千克。农业总产值7 821万元。大牲畜出栏3 633头，存栏9 503头；生猪出栏19 517头，存栏16 958头；羊出栏1 584头，存栏3 600头。完成畜牧业产值3 417万元。劳务输出7 213人，实现劳务收入4 189万元。兑现粮食综合补贴 215 万元，落实农机具补贴 4.5 万元。完成“五术”320 例，其中结扎完成 101 例，放环完成 201 例，人引完成 18 例，全乡计划生育率达 89.4%。办理独生子女光荣证 6 对。征收社会抚养费21.85 万元，占县下达任务的109.25%。安装广播电视“村村通”工程1 350户。全年享受农村低保人数达2 297人，人均月享受低保金 60 元，发放资金450 万元。517 户 520 名农村五保、孤儿重残人员领到补助，人均月享受补助 100 元，共发放补助 62.4 万元。医疗救助 78 人，解决资金 6.58 万元；临时救助17 人，发放救助资金 1.15 万元。发放各种救济粮 2.8 万千克。兑现优抚资金 0.5 万元，发放优抚慰问金 0.6 万元。

全乡有小学 30 所，有教职工 220 人，在校学生5 130人，小学学龄儿童4 712人，入学4 691人，入学率为 99.38%。有初级中学 1 所，有教职工 66 人，在校生2 190人，初中生入学率为95.38%，巩固率为98.9%。小学学校占地面积48 991平方米，生均建筑面积9.57平方米；中学学校占地面积28 681平方米，生均建筑面积13.4平方米。

全乡通公路村8个，通电村8个，通自来水村8个。电视覆盖率89%。农民人均纯收入2 431元，人均有粮457千克。

基础设施建设 完成大坡上、大坪上、落底、苦茶坝4个整村推进工程建设。新建安居房87户、改造危房42户、硬化院坝3 860平方米、亮化房屋2 350平方米、建节能灶207眼、完成圈舍改造200平方米、建成文化活动场所60平方米，偏岩楼方、新房子、大地塆、核桃坳和蔡营苦茶坝等5个省级重点村建设正在启动建设。修建半河村大塆至黄连洞令子反、天池至风岩、蔡营至马家坳等村组公路8千米，维修天池小洞岩至打铁岩等村组公路31.5千米。投资224.6万元实施31个村民小组的“一事一议”财政补助项目。完成连户路硬化6万多米。完成双河、楠木、半河、过街楼、偏岩5个村的183件人饮工程规划上报工作，该工程实施后，可解决23个村民小组1 093户4 746人3 214头大牲畜的饮水困难。

新型农村合作医疗 2010年，完成新农合门诊8.8万人次，门诊和住院总费用211万元，基金报销94.5万元；参合人数29 937人，参合资金89万余元，参合率97.2%。

新农村建设 2010年推进新农村生态文明家园建设。在叙威公路和比喜至水田公路沿线居住的农户完成1 454户，为876户农户协调3年期全额贴息贷款2 360万元，并将新农村生态文明家园建设民居新貌制作成宣传画册发放给全乡各农户。

村民委员会概况一览表

村民委员会名称		茨竹坝	偏岩	过街楼	半河	双河	天池	楠木	蔡营
总面积(平方千米)		10.9	14.1	13.6	18.4	29.8	24	19.56	14.4
村民小组(个)		12	17	11	18	32	30	24	23
总户数(户)		345	842	585	782	1424	1152	722	865
总人口(人)		1 596	3 638	2 829	3 812	6 718	5 115	3 253	3 689
其中	少数民族	1 249	42	35	1 179	1 544	3 045	473	70
	女 性	730	1 815	1 360	1 725	3 237	2 385	1 528	1 733
耕地总面积(公顷)		182	236	228	308	498	402	314	241
其中水田(公顷)		\	1	\	\	\	\	35	46
农作物总面积(公顷)		301.5	501.2	342.6	533.9	915.7	642.9	515.7	512.3

续表

村民委员会名称		茨竹坝	偏岩	过街楼	半河	双河	天池	楠木	蔡营
其中	粮食种植(公顷)	286.3	421.5	317.9	472.2	806.6	543.9	469.5	466.3
	总产量(吨)	882.7	2226.5	1234.3	1236.1	2226.5	1611.6	1002.4	1091.6
	烤烟种植(公顷)	\	550	\	350	550	550	\	\
	总产量(千克)	\	55 400	\	34 600	54 600	55 400	\	\
	其他经济作物产量(千克)	3 760	5 593	4 518	5 798	8 991	5 641	17 767	25 758
农业总产值(万元)		121.9	313.8	171.3	285.3	502.1	102.9	196.9	2 18.7
畜牧业总产值(万元)		158.7	241.5	189.7	317.3	730.5	419.7	245.6	301.8
农民人均纯收入(元)		2 153	2 098	1 878	1 919	2 135	1 671	1 930	1 939
通公路村民小组(个)		11	15	10	15	29	27	20	10
通电村民小组(个)		12	17	11	18	32	30	24	23
通自来水村民小组(个)		12	13	9	14	20	25	20	10
电视广播覆盖率(%)		86	88	75	90	88	87	91	85

（**双河乡政府** 雷 健 古吉洪）

高田乡

高田乡位于县境东北部，乡政府驻地距县城30千米。全乡国土面积173.2平方千米。拥有人工用材林3 866.7公顷，蓄量为4.53万立方米，天然林2 533.3公顷。资源丰富，以煤、硫、铁为主的矿产资源和水资源较有优势。

2010年末辖鸽城、坡上、大塆、凤阳、鱼井、马家、新华、高田8个村民委员会163个村民小组。年末总户数7 695户，总人口31 347人，其中农业人口30 648人、女性14 455人、少数民族5 854人。

全年完成农村经济总收入14 440万元，同比增加13%。其中第一产业完成6 786万元，第二产业完成4 765万元，第三产业完成2 888万元，一、二、三产业的比重由上年的48∶33∶19优化为47∶33∶20。

全乡有耕地总面积1 949公顷，其中水田331公顷。农作物总面积4 753公顷，其中粮食种植面积4 223公顷，总产量13 742吨。大牲畜出栏1 881头，存栏7 087头；生猪出栏18 267头，存栏16 509头；羊出栏645头，存栏1 216头；家禽出栏6.62万只。黄牛冻改682头。改良生猪1 987窝。实现畜牧业总产值3 378.6万元。

对丧失劳动能力长期依赖政府的优抚对象，或近年来因灾造成住房、生活相当困难的特困户、烈军属、伤残退伍军人实行救济扶贫，发放重点优抚金34.212 6万元。发放城镇居民最低生活保障金19.9万元、五保供养金67.8万元。统计上报80岁以上高龄人口377人，高龄保健补助待县民政局划拨资金后予以发放。发放农村低保金154.6万元，救灾救济粮4.4千克。受灾民房恢复重建111户，发放重建资金19万元。发放医疗救助金4.1万元，临时救助资金1.61万元，完成白内障康复手术8例，唇裂康复手术6例。发放棉被155床。办理结婚登记手续105例，离婚登记手续5例。完成高田村水口、大塆村后山两个整村推进点工程建设和投资50万元的坡上村后槽村民小组易地搬迁工程，正在实施坡上村埂上、长塆两个整村推进点工程，完成投资61万元。劳务输出7 100人，实现劳务收入3 000万元。全乡有砂厂6家、发电站6家、煤矿5家。全年收缴新型农村养老保险参合基金104万元，占县下达任务的107%，参合人数13 500人，占可参合人数的64%。

有中学1所，在校生1 396人，教职工55人。小学42所（有9所是中心完小），在校生5 837人，教职工168人。2010年末全乡有定点医疗机构9家，乡卫生所有职工13名，有乡村医生16名，初级卫生保健规划得到全面实施，医疗水平得到提高。

全乡8个村均通公路、通电、通自来水。人均有粮415千克，农民人均纯收入2 658元。城镇人均居住面积约32平方米，农民人均居住面积约21平方米。电视覆盖率100%。

基础设施建设 完成11个村民小组人畜饮水工程，解决483户2 056人的人畜饮水困难。总投资800万元的新华世行贷款项目启动建设，已完成投资300余万元，建成引水渠2.4千米，沼气池200口，连户路9千米，水池6口。修建通组公路20千米，挖土石方9.6万立方，炸石方2.4万立方，支砌挡墙430立方米，拱砌涵洞5座，投入资金39万元，解决16个村民小组的通路问题，全乡通路里程达280千米，通路小组148个，占全乡村民小组的91%。投入资金20.6万元养护村组公路190千米，填石方2.6万方，铺碎石0.9万方。完成篛坝和罗沙溪两个省级重点村建设点建设，完成连户路硬化120米，院坝硬化8 800平方米，新建卫生畜圈20户428平方米，改厕15户72平方米，改厨19户200平方米，总投资189万元。规划黄泥坡和坳上两个省级重点村建设点，规划连户路硬化4 740米，院坝硬化65户4 960平方米，修建排洪沟200米，文化活动室60平方米，该工程正在实施中。规划建设“一事一议”财政奖补连户路硬化工程28个，硬化连户路62 985米，投入资金915 980元，受益农户880户3 799人。

新型农村合作医疗 2010年，新农合参合基金56.5万元，参合人数28 231人，参合率98%。享受门诊减免75 051人次，减免总金额76万元。

村民委员会概况一览表

村民委员会名称		锅城	坡上	大塆	凤阳	鱼井	马家	新华	高田
总面积(平方千米)		38.71	16.52	18.2	29.25	8.65	18.9	18.73	24.19
村民小组(个)		34	19	12	25	12	16	18	27
总户数(户)		1 486	613	582	849	663	858	875	1 389
总人口(人)		5 846	2 451	2 278	3 457	3 188	3 767	3 850	5 497
其中	少数民族	702	1 177	1 427	1 376	638	68	632	571
	女　性	2 678	996	1 097	1 688	1 496	1 695	1 772	2 427
耕地总面积(公顷)		440	181	191	234	68.3	216	242.1	268
其中水田(公顷)		28.9	8.6	\	19.5	57	106.8	108.2	2
农作物总面积(公顷)		1 094	469	374	589	239	547	645	704
其中	粮食种植(公顷)	1 008	421	303	489	162	522	599	626
	总产量(吨)	2 582	1 186	1 307	1 615	923	1 982	2 243	1 900
	烤烟种植(公顷)	\	\	\	\	\	\	\	\
	总产量(千克)	\	\	\	\	\	\	\	\
	其他经济作物产量(千克)	16 550	8 690	12 610	8 890	19 020	10280	10570	28780
大牲畜出栏(头)		308	253	347	409	251	317	358	235
大牲畜存栏(头)		1 086	789	635	799	336	698	637	937
生猪出栏(头)		3 317	1 862	1 749	2 203	1 907	2 239	2 293	2 822
生猪存栏(头)		3 192	1 587	1 058	1 676	2 107	2 633	2 274	1 942
羊出栏(头)		58	97	14	149	\	\	\	\
羊存栏(头)		263	325	157	536	\	\	\	\
农业总产值(万元)		1 074	639	769	792	633	991	985	904
畜牧业总产值(万元)		583.3	312.6	352.1	471.9	330.7	401.2	425.5	501.3
农民人均纯收入(元)		2 671	2 604	2 653	2 611	2 710	2 613	2602	2707
通公路村民小组(个)		34	19	12	20	10	16	18	27
通电村民小组(个)		34	19	12	25	12	16	18	27
通自来水村民小组(个)		18	11	5	16	7	4	7	16
电视广播覆盖率%		88	88	100	92	100	100	100	100

△2010年乡党委政府始终把教育工作放在重要位置，争取资金，加大中小学排危工作力度，改善办学条件，投资425万元修建中学综合楼、学生宿舍和食堂；修建鱼井小学教学楼及配套设施。巩固“两基”成果，提高“两基”水平。“两基”工作在2010年顺利通过国检。

（高田乡政府 陈忠明）

旧城镇

旧城镇位于县境最北端，镇政府驻地距县城41千米。总面积163.9平方千米。镇政府驻地距县城41千米。全镇林地面积8 700公顷，森林覆盖率49.6%。

2010年辖文兴、天蓬、马鞍、回龙、龙马、松林、旧城7个村委会144个村民小组。年末总户数8 076户，总人口30 666人，其中农业人口29 540人、女性14 489人、少数民族4 922人。

全年实现生产总值16 365万元，同比增长15%。耕地总面积3 114公顷，其中水田1 482公顷。农作物总面积4 866公顷，其中粮食种植面积4 037公顷，总产量15 604吨。农业总产值3 038万元。大牲畜出栏1 816头，存栏4 344头；生猪出栏19 464头，存栏19 200头；羊出栏66头，存栏201头；产茧28吨，产值68万元。稻田养鱼规模不断扩大，有工程养鱼稻田6.67公顷，大面养鱼稻田66.7公顷，渔业收入100万元，稻田养鱼已成为农民增收的新亮点。实现畜牧业产值4 050万元，同比增长15%。劳务输出收入2 500万元，同比增长11%。实施移动信息富民工程，集镇开通闭路电视户，农村安装“村村通”广播电视卫星直播器，第二批直播卫星村村通工程完工，2 000户农户受益。启动新型农村社会养老保险，参保10 393人，参保率76%。完成“五术”356例；征收社抚费19.13万元。2010年有城市低保对象372人，农村低保对象2 177人，农村五保供养对象459人。

年末有中小学11所。总在校学生5 954人。民办幼儿园1所，在园幼儿213人。义务教育阶段学生入学率和完学率分别达到99%与95%。

全镇7个村均通公路、通电、通自来水。电视覆盖率96%。农民人均纯收入2 730元，同比增长15%。农民人均占有粮食528千克。

基础设施建设 启动实施旧城至柏坳林通乡油路工程，维护村组公路120千米；实施完成集镇供水、上街（老街）街道改造、滨河路及立街人行道硬化绿化，文化站、司法所院坝建设等工程，改造集镇生态文明民居100户；实施完成30个村民小组村民一事一议工程，解决5 000人的饮水安全，建成农田水利设施9件，改造中低产田地1 000亩，建成沼气池1 000口。

新型农村合作医疗 新农合运行平稳，筹资工作完成，参合农民人数28 124人，参合率98%。

村民委员会概况一览表

村民委员会名称		旧 城	马 鞍	文 兴	天 蓬	松 林	回 龙	龙 马
总面积(平方千米)		20.8	19.6	30.5	23.9	24.1	20.2	24.8
村民小组(个)		19	18	29	19	20	18	22
总户数(户)		1 512	773	1 134	902	991	739	871
总人口(人)		6 024	3 549	5 150	3 819	4 257	3 202	3 772
其中	少数民族	1 015	231	581	796	620	966	736
	女 性	2 931	1 652	2 394	1 771	2 003	1 526	1 779
耕地总面积(公顷)		408	366.6	616	404	457.3	368	497
其中水田(公顷)		235	110	256	245	322	207	107
农作物总面积(公顷)		623	599	840	496	645	552	611
其中	粮食种植(公顷)	502	441.3	658	410	531.3	425.3	464
	总产量(吨)	2 258	1 859	2 962	1 615	2 500	1 400	1 611
	烤烟种植(公顷)	\	\	\	\	\	\	\
	总产量(千克)	\	\	\	\	\	\	\
	其他经济作物产量(千克)	1 610	2 275	2 512	1 321	1 480	2 183	2 490
大牲畜出栏(头)		172	180	249	203	182	182	198
大牲畜存栏(头)		615	598	633	628	635	560	575
生猪出栏(头)		2 114	2 339	2 905	2 679	2 455	2 566	2 574
生猪存栏(头)		2 983	2 456	3 634	2 356	2 568	2 465	2 780
羊出栏(头)		\	\	45	\	\	\	\
羊存栏(头)		\	\	198	\	\	\	\
农业总产值(万元)		485	404	492	373	462	390	432
畜牧业总产值(万元)		575	581	617	587	564	551	575
农民人均纯收入(元)		2 850	2 730	2 720	2 710	2 680	2 680	2670
通公路村民小组(个)		19	18	29	19	20	18	22
通电村民小组(个)		19	18	29	19	20	18	22
通自来水村民小组(个)		14	10	19	19	14	10	12
电视广播覆盖率(%)		85	86	83	82	85	85	86

△9月8日，由云南省慈善总会出资，总投资200万元的旧城中心敬老院建成投入使用，可容纳入院老人100人。

（旧城镇政府 刘 松）

罗布乡

罗布乡地处县境中部偏北，威信县入川公路的主干道威珙公路从境内穿过，是威信县入川的“北大门”。全乡国土面积164平方千米。矿产资源主要有煤、硫、石灰石等，无烟煤贮量达25亿吨、硫铁矿0.8亿吨。水能资源1.2万千瓦，已开发利用5 600千瓦。森林面积6 000公顷，其中人工林4 000公顷，森林覆盖率37%。粮食主产玉米、稻谷，经济作物有烤烟、油菜、花生、甘蔗等。

2010年辖罗布、青龙、桃坝、簸火、簸箕、新庄、黑龙、郭家、新田、顺河、庙坪11个村民委员会212个村民小组。年末总户数13 162户，总人口54 371人，其中农业人口53 092人、女性26 475人、少数民族8 250人。

全乡国民经济总收入18 897万元。第三产业从业人员6 271人。有乡镇企业13个，从业人员781人，企业总收入4 506万元。劳务输出1万余人。

全乡耕地总面积3 530公顷，其中水田545公顷。农作物总面积7 528公顷。其中：粮食种植面积6 213公顷，粮食总产量20 685吨；烤烟种植面积161公顷，总产量36.2万千克。农业总产值9 481万元。大牲畜出栏1 864头，存栏7 552头；生猪出栏30 410头，存栏28 115头；羊出栏73头，存栏160头。实现畜牧总产值4 652万元。

全年累计发放各类资金454.907万元，生活救济粮7.9万千克；核实五保供养对象784人，办理城乡低保217人，核定优抚对象148人，慰问困难群众180户，发放医疗救助18.5万元，惠及群众90余人次；发慰问金7.72万元、寒衣165套、被盖65床；组织17名残疾人做白内障手术；落实515名80岁以上老人的长寿补助和121名60岁以上退伍军人的生活补助；争取到民房恢复重建资金和受灾赔偿金19.05万元，惠及农户72户。实施农村居民地震安全工程260户，其中重建户100户100万元，加固户160户32万元；茅草房改造43户17.2万元，易地搬迁127户279万元，危房改造80户80万元。投入经费20多万元，落实五术措施559例，其中结扎212例，二扎177例，放环322例，人引25例。独生子女办证11户，征收社会抚养39.2万元，开展生殖健康检查和医学监护检查3次。发放家电下乡补贴50多万元，惠及农户2 000多户；发放摩托车下乡补贴70多万元，惠及农户1 400多户，发放汽车下乡补贴10多万元，惠及农户30余户。

年末有中小学35所。其中：小学34所，小学生人数8 610人，教职工262人；中学生人数4 845人，教职工82人。

全乡11个村均通公路，通自来水、通电。农民人均纯收入2 439元，人均占有粮食400千克。电视覆盖率77%。

基础设施建设 实施安全饮水工程32件，总投资171万元。配合施工方做好辖区内4条通乡油路建设（江西塆至罗布、罗布至旧城、罗布至高田、顺河至中心），其中江罗公路已经完工，其余3条通乡油路也在建设中；建成庙坪村坝头至坳田、黑龙至大塆2条农村通达公路。投入资金185万元组织实施完工4个整村推进工程与2个易地搬迁工程以及1个重点村建设工程。

新型农村合作医疗 新农合运行平稳，农村合作医疗住院报销近200余万元，8万余人次。

村民委员会概况一览表

村民委员会名称		罗布	青龙	桃坝	簸火	簸箕	新庄
总面积(平方千米)		16	11	13	20	30	15
村民小组(个)		23	16	16	26	24	16
总户数(户)		1 252	626	887	1 268	1 419	793
总人口(人)		6 017	3 067	3 996	5 939	6 801	3 475
其中	少数民族	185	150	1 201	1 925	727	876
	女　性	2 832	1 469	1 916	2 856	3 210	1 656
耕地总面积(公顷)		336	241	284	435	653	323
其中水田(公顷)		67	113	20	120	25	21
农作物总面积(公顷)		786	546	718	949	1 238	618
其中	粮食种植(公顷)	626	482	583	784	976	529
	总产量(吨)	2 217	1 694	1 677	2 763	3 027	1 814
	烤烟种植(公顷)	\	\	\	\	\	\
	总产量(千克)	\	\	\	\	\	\
	其他经济作物产量(千克)	\	\	\	\	\	\
大牲畜出栏(头)		110	146	275	330	275	76
大牲畜存栏(头)		740	470	630	800	840	510
生猪出栏(头)		2 950	1 350	1 820	3 150	3 660	1 210
生猪存栏(头)		2 500	1 600	2 500	2 300	4 000	1 500
羊出栏(头)		\	\	\	\	\	\
羊存栏(头)		\	\	\	\	\	\
农业总产值(万元)		1 140	500	710	1 170	1 318	450
畜牧业总产值(万元)		490	248	346	568	640	220
农民人均纯收入(元)		2 016	1 116	1 640	1 688	4 050	1 560
通公路村民小组(个)		17	12	15	17	15	15
通电村民小组(个)		23	16	16	26	24	16
通自来水村民小组(个)		15	5	14	7	5	4
电视广播覆盖率(%)		81	68	70	70	72	70

续表

村民委员会名称		黑龙	郭家	新田	顺河	庙坪
总面积(平方千米)		11	15	8	14	11
村民小组(个)		18	21	18	24	10
总户数(户)		708	1 066	803	1 602	525
总人口(人)		3 350	5 259	3 764	7 546	2 513
其中	少数民族	84	1613	408	409	198
	女　性	1 600	2 506	1 796	3 624	1 196
耕地总面积(公顷)		243	327	156	304	230
其中水田(公顷)		47	40	23	45	23
农作物总面积(公顷)		532	631	430	667	413
其中	粮食种植(公顷)	462	550	357	513	351
	总产量(吨)	1 512	1 817	1 166	1 809	1 189
	烤烟种植(公顷)	\	\	\	\	\
	总产量(千克)	\	\	\	\	\
	其他经济作物产量(千克)	\	\	\	\	\
大牲畜出栏(头)		110	109	73	183	73
大牲畜存栏(头)		600	600	300	620	360
生猪出栏(头)		1 420	3 040	2 420	4 110	1 400
生猪存栏(头)		1 800	2 700	2 500	3 800	1 600
羊出栏(头)		\	\	\	\	\
羊存栏(头)		\	\	\	\	\
农业总产值(万元)		500	1 010	798	1 385	500
畜牧业总产值(万元)		240	500	390	680	240
农民人均纯收入(元)		960	2 875	1 448	4 530	1 240
通公路村民小组(个)		14	17	18	22	9
通电村民小组(个)		18	21	18	24	10
通自来水村民小组(个)		7	13	6	6	5
电视广播覆盖率(%)		71	76	75	82	83

(罗布乡政府　武孔一)

三桃乡

三桃乡位于威信县境西北部，乡政府驻地距县城扎西43千米，全乡总面积104.87平方千米。矿产资源主要有无烟煤、石灰石，其中无烟煤储量400万吨。境内有蒲草坝、水洞坪、沙地头3个煤矿，有砂石厂8个，电站3个。水能资源蕴藏量8 500千瓦。粮食作物主要有玉米、水稻、薯类、小麦，经济作物主产烤烟、油菜、花生、棉花，主要经济林树种有杜仲、黄柏、柑橘等。盛产柑橘、药桃。年末林地面积4 426.5公顷，森林覆盖率36%。

2010年辖三桃、渔洞、斑竹、新街、环房、菜坝、新芬7个村民委员会127个村民小组。年末总户数7 619户，总人口32 656人，其中农业人口32 145人、女性15 483人、少数民族2 918人。

2010年，全乡生产总值完成12 480.72万元，同比增长16.5%。固定资产投资2 804万元。年末耕地总面积2 482公顷，其中水田320公顷。农作物总面积5 454公顷。其中：粮食种植面积3 870公顷，总产量15 619吨；烤烟种植面积275公顷，总产量47.5万千克。农业总产值5 214.44万元。大牲畜出栏2 290头，存栏4 856头；生猪出栏19 531头，存栏17 458头。累计完成肉蛋总产量2 881吨。实现畜牧业产值4 123万元，同比增长15%。全乡发展种植大户35户，养殖大户6户。劳务输出6 751人，劳务收入3 999.4万元，同比增长3%。发放蚕种16.5张，产值1.1万元。在环房村栽植麻竹34公顷，完成菜坝村67公顷竹产业示范基地的规划设计作业。完成“两杂”良种就位54.5吨，其中玉米良种44.5吨。

全年完成“五术”387例，其中结扎138例，放环226例，补救措施31例，征收社会抚养费23.451万元。开展医学监护3次，医学监护率100%。全年出生人口242人，其中计划内出生216人，计划生育率91%。发放农村低保、城市低保、春节慰问金、“五保”津贴、保健长寿补助、优抚金及军人补助、奖励等共217万元。

年末有中小学14所，其中小学13所。小学教职工192人，学生4 326人；中学教职工58人，学生1 265人。

全乡7个村均通公路、通电、通自来水。农民人均纯收入2 644元，人均有粮448千克。电视覆盖率88%。

基础设施 启动木瓦房至三桃通乡油路建设，实施全乡农村电网改造工程；完成投资126万元，解决7个村29个村民小组安全饮水工程；完成投资65万元，修建斑竹、新街小型农田水利灌溉工程，修建沟渠3.7千米；投资38万元完成菜坝村“两委”新办公楼修建及配套办公设施；投资71万元，完成渔洞至斑竹6千米通达公路建设；规划完成21个村民小组“一事一议”财政奖补项目工程建设，申请财政补助资金78万元，建设连户路54千米；建设村组公路87.4千米。

新农村建设 培训新型农民2期320人次。完成渔洞铁炉省级重点村建设；三桃村争取到188口沼气池建设指标，从6月10日起沼气池建设工程启动，至6月20日止，完成沼气池30口。

新型农村合作医疗 全乡参合农户6 914户30 945人，参合率98%；住院减免168 671.1元，门诊减免58.9万元，减免55 662人次。

扶贫工作 完成总投资75万元的菜坝村易地搬迁工程；完成节能灶改造638眼，建沼气池100口；新启动实施总投资45万元的新芬白老，菜坝麻壤，新街田坝、小沟4个点的整村推进工程。

村民委员会概况一览表

村民委员会名称		三桃	渔洞	斑竹	新街	环房	菜坝	新芬
总面积(平方千米)		15.05	16.16	15.7	13.8	7.63	12.5	16.56
村民小组(个)		25	21	30	15	7	13	16
总户数(户)		1 905	917	1 240	868	303	720	785
总人口(人)		9 524	4 278	6 718	4 069	1 309	3 351	3 453
其中	少数民族	561	662	821	149	37	250	300
	女　性	4 526	2 046	3 310	1 915	627	1 566	1 641
耕地总面积(公顷)		1 124	720	947	560	113	320	653
其中水田(公顷)		4	90	140	65	3	12	6
农作物总面积(公顷)		1 355	682	1 368	793	234	512	520
其中	粮食种植面积(公顷)	1 021	513	974	506	152	315	389
	总产量(吨)	4 121	2 211	3 628	1 742	669	1 422	1 826
	烤烟种植(公顷)	258	14	1	\	\	14	40
	总产量(千克)	373 500	20 000	1 500	\	\	20 000	60 000
	其他经济作物产量(千克)	989 900	509 400	828 800	598 000	183 800	438 300	455 600
大牲畜出栏(头)		486	278	484	132	70	208	220
大牲畜存栏(头)		1 121	642	788	572	140	588	787
生猪出栏(头)		6 072	3 026	3 883	2 382	591	2 171	1 914
生猪存栏(头)		5 018	2 289	2 896	2 101	601	2 313	2 147
羊出栏(头)		\	\	\	\	\	\	\
羊存栏(头)		\	\	\	\	\	\	\
农业总产值(万元)		1 709.6	649.9	1 023.9	556.1	202.1	457.7	616.2
畜牧业总产值(万元)		1 709	983.3	1 219.6	667.7	213.5	758.4	701.9
农民人均纯收入(元)		2 259.4	2 899.4	2 386.1	2 448.7	2 428.9	2 669.1	2 794.6
通公路村民小组(个)		21	19	16	13	5	9	13
通电村民小组(个)		25	21	30	15	7	13	16
通自来水村民小组(个)		21	18	28	12	5	10	11
电视广播覆盖率(%)		90	85	85	85	75	82	90

△8月6~10日，举行第二届“健身杯”篮球运动会。11支代表队120多名运动员参加比赛，新芬代表队获得冠军。

△9月16日，“三桃——洛表”计划生育区域协作会议在三桃乡召开，珙县计生局、洛表镇政府、三桃乡政府领导和两乡镇计生系统负责人参加会议，就计划生育区域协作事宜作了交流。

（三桃乡政府　荣必中）

麟凤乡

麟凤乡位于县境西部，巧威公路通过麟凤境内，是威信县“西大门”。全乡总面积133平方千米。乡政府所在地距县城扎西33千米。集镇面积约1.5平方千米。旅游资源有天台山溶洞、大雪山原始森林和黄水河万亩筇竹林等风景名胜点。有珙桐、红腹锦鸡、黑熊依次属国家一级保护植物、二级保护动物、三级保护动物。境内煤炭资源丰富，优质煤储量达2 800万吨。

2010年辖坪房、柏香、五谷、金竹、金凤、金鸡、斑鸠、龙塘、麟凤9个村民委员会143个村民小组。年末总户数12 494户，总人口45 898人，其中农业人口44 340人、女性22 121人、少数民族1 288人。

全年实现生产总值20 066万元，同比增长18%。其中：第一产业实现产值14 150万元，同比增长13%；第二产业实现产值3 348万元，同比增长53.6%；第三产业实现产值2 568万元，同比增长10%。社会固定资产投资6 644万元（不含煤电一体化项目投资15.5亿元），同比增长12.4%。全年实现现价工业总产值2 203万元（不含煤电一体化项目投资），比上年增长44.9%。

全乡耕地总面积2 209公顷，其中水田面积13公顷。农作物种植面积6 936公顷。其中：粮食种植面积5 371公顷，总产量19 092吨；烤烟种植面积514公顷，总产量88.3万千克；油菜籽产量304吨，比上年增长1.7%。农业总产值14 150万元。大牲畜出栏25 511头，存栏25 928头；生猪出栏3 156头，存栏5 541头；羊出栏169头，存栏89头。家禽出栏8.1万只，比上年增长1.7%，禽蛋产量210吨，比上年增长4.5%。实现畜牧产值7 402万元。劳务输出8 207人，劳务总收入1 805万元。

发放惠农直接补贴484.4万元，财政投入农业发展资金520万元。扶贫开发全面推进，易地搬迁、整村推进、小额信贷、挂钩结对扶贫深入实施，解决和巩固1 300名贫困人口的温饱。二扎完成136例；放环完成248例；人引完成22例；三术合计314例，五术合计349例。征收社会抚养费40.01万元。全乡享受城市低保236人，享受农村低保3 780人，占全乡农业人口的8.7%，优抚对象256人，五保对象410人。

年末有初级中学1所，小学16所。其中：小学教职工241人，小学在校生人数6 172人；中学在校生1 898人，教职工89人。

全乡9个村均通电，通公路，通自来水，通电视。电视广播覆盖率90%。城镇居民人均可支配收入11 980元，同比增长10.2%；农民人均纯收入2 996元；人均有粮436千克。

基础设施建设　新修村组公路18.5千米。实施28个村民小组人畜饮水安全工程建设，解决1 400户人的人畜饮水困难。争取资金1 000余万元，实施新农村示范长廊工程建设，完成710户房屋改造。加强农村公益事业建设，实施“一事一议”财政奖补项目25个，投入奖补资金87万元。斑鸠村被作为村级集镇建设示范点，街道硬化6 100平方米，安装路灯33盏、景观灯50盏，安装垃圾桶16个。启动实施麟凤集镇楼房、小寨和金竹村新房子移民安置地街道硬化5.1万平方米。安装垃圾桶31个、健身器材12件，完成街道交通标识线的划线和麟凤河东岸防护栏建设，实施集镇房屋“穿衣戴帽”工程，完成麟凤老拱桥和新石拱桥的修复。

新农村建设 新农村建设启动实施680户，完成290户。至12月5日止，建沼气池629口，节能灶235眼，蓄水池103口；农网改造9个村民委员会143个村民小组，有104个完成农网改造，通电143个村民小组；路网改造9个村民委员会143个村民小组，已有125个村民小组通村组公路。

广播电视“村村通”安装工程 麟凤乡实施广播电视“村村通”安装工程，并安排专人配合广电部门上门安装、调试，安装广播电视村村通“卫星锅”3 600套，惠及3 600户16 000多农民群众。

集镇建设 2010年，为适应煤电一体化项目建设的需要，麟凤乡请云南省规范设计院对麟凤集镇重新进行规划修编，争取上级投资189万元，于8月6日启动市政工程，截至9月25日完成新街人行道彩砖、排水管道安装，基本完成河边街和步行街填充碾压工程。街道硬化工程正在顺利施工中，年底完成三条主街道8 000平方米硬化工程。

新型农村合作医疗 全乡参合人数41 363人，占全乡人口的98%。就诊人次77 876人次，医疗总费用197.35万元，报销医疗费用114.2万元。

村民委员会概况一览表

村民委员会名称		麟凤	坪房	柏香	斑鸠	五谷	金竹	金凤	龙塘	金鸡
总面积(平方千米)		14.02	14.88	8.36	13.96	13.49	8.67	16.77	23.06	19.77
村民小组(个)		22	15	20	16	20	15	15	11	9
总户数(户)		2 655	1 133	1 385	1 166	1 260	1 364	1 045	809	690
总人口(人)		9 633	4 762	5 316	4 637	5 118	5 063	4 918	3 486	2 965
其中	少数民族	86	7	364	\	284	148	42	\	339
	女性	3 949	2 309	2 578	2 248	2 482	2 455	2 385	1 690	1 438
耕地总面积(公顷)		302	197	223	222	330	266	249	244	192
其中水田(公顷)		30	2.53	2.47	\	\	17.53	17.53	5	2.47
农作物总面积(公顷)		1 085	738	751	648	796	853	783	648	634

续表

村民委员会名称		麟凤	坪房	柏香	斑鸠	五谷	金竹	金凤	龙塘	金鸡
其中	粮食种植（公顷）	829	591	587	543	632	667	575	491	456
	总产量（吨）	2 805	2 040	2 052	1 872	2 450	2 323	2 096	1 785	1 669
	烤烟种植面积（公顷）	53	\	73	17	73	57	113	87	100
	总产量（千克）	80 000	\	110 000	25 000	110 000	80 000	180 000	130 000	155 000
	其他经济作物产量（千克）	1 455 600	786 500	827 700	755 200	670 000	822 500	731 200	731 400	625 200
大牲畜出栏（头）		391	275	255	210	372	282	276	229	210
大牲畜存栏（头）		1090	823	801	580	1078	781	815	671	591
生猪出栏（头）		5 023	2 450	2 730	2 380	2 410	3 180	3 750	1 680	1 410
生猪存栏（头）		4 507	2 113	2 716	3 068	2 917	2 414	4 024	1 911	1 610
羊出栏（只）		\	\	\	70	\	\	125	\	\
羊存栏（只）		\	\	\	40	\	\	60	\	\
农业总产值（万元）		926.8	578.2	705.5	550.3	790.9	738.5	808.5	679.2	662.7
畜牧业总产值（万元）		1 248.9	714.3	765	655.1	778	862.8	920	532	474.5
农民人均纯收入（元）		3 388	2 391	2 712	2 937	2 637	3 311	3 165	3 037	3 172
通公路村民小组（个）		19	15	17	16	17	14	15	11	9
通电村民小组（个）		22	15	20	16	20	15	15	11	9
通自来水村民小组（个）		22	15	17	16	17	15	15	11	9
电视广播覆盖率（%）		91	88	89	90	88	90	91	89	91

（**麟凤乡政府** 范召贤）

长安乡

长安乡位于威信县境最西部，总面积78.5平方千米。矿产以煤为主，无烟煤地质储量6 000万吨。有少量钾盐。可采筇竹资源333.3公顷，珍稀植物有银杏、梭椤、豆衫等物种。

2010年辖长安、天坪、安乐、安稳坝、瓦石5个村民委员会110个村民小组。年末总户数8 228户，总人口32 822人，其中农业人口31 236人、女性15 811人、少数民族492人。自然增长率10.56‰。

全乡农村经济总收入完成9 733万元，同比增长12.9%。社会固定资产投资完成1 841万元。全乡耕地总面积1 111公顷。农作物播种总面积3 758公顷。其中：粮食种植面积4 550公顷，总产量3 650吨；烤烟种植面积11 958公顷，产量1.67万千克。农业总产值5 998万元。大牲畜出栏226头，存栏2 094头；生猪出栏19 228头，存栏22 959头。畜牧业产值2 886万元。完成新型养老保险参保人数1.1万人，投保金额达112.9万元。民政优抚工作得到全面落实，发放各项民政补助资金62.4万元，发放救济粮4.3万千克，解决474户771名困难群众的生活用粮。完成结扎、放环360例。完成社会抚养费征收14万元。

全乡有初级中学1所，教职工93人，教学班18个，在校生1 329人；小学16所（其中完小12所、教学点4个），教学班105个，在校生4 399人，教职工165人。校内外适龄儿童3 960人，入学3 956人，入学率99.9%。

全乡5个村均通公路、通电、通自来水。农民人均纯收入2 336元，人均占有口粮377千克。电视广播覆盖率86%。

集镇建设 与县级有关部门协调，编制成长安中心集镇总体规划，完善长安集镇规划修编工作。招商引资初见成效，乡政府同个体私营企业达成银厂沟煤矿业主自愿向集贸市场建设投放300万元借款的投资协议，已到位资金100万元。完成征地工作，拆迁及三通一平工程即将启动。

新农村建设 全乡重点项目投入资金1 051万元。完成100户危房改造工程，安乐、杆子树两个村民小组易地扶贫搬迁试点工程，安稳、麻元两个村民小组易地扶贫搬迁试点项目建设工程，示范长廊区域内18户新农村生态文明家园建设工程。完成天坪黄家寨、长安杨叫塆、张家3个村民小组实施整村推进，村组安全饮水改造（受益人口达5 000余人），长安至瓦石四级砂石路改造工程，天坪至花秋沟通达路工程，19个“一事一议”财政奖补项目工程，天坪村柿子坝防洪沟、排涝沟综合治理。

新型农村合作医疗 全乡有农村居民28 984人参加新农合，筹资计57 968元，参合率97.04%。累计减免报销费用130万元。

村民委员会概况一览表

村民委员会名称	长安	天坪	安乐	安稳坝	瓦石
总面积(平方千米)	\	\	\	\	23.3
村民小组(个)	29	20	13	17	31
总户数(户)	2 362	1 317	802	987	1 598

续表

村民委员会名称		长 安	天 坪	安 乐	安稳坝	瓦 石
总人口(人)		9 632	6 426	3 476	4 532	7 633
其中	少数民族	251	\	99	31	\
	女 性	4 425	3 401	1 704	2 468	3 372
耕地总面积(公顷)		260	239	210.7	138.2	268.7
其中水田(公顷)		\	\	\	\	\
农作物总面积(公顷)		\	\	\	\	\
其中	粮食种植面积(公顷)	820	719	571	679	861
	总产量(吨)	2 078	2 068	2 013	1 989	2 583
	烤烟种植面积(公顷)	47	80	10	43	7
	总产量(千克)	70 000	120 000	15 000	65 000	10 000
	其他经济作物总产量(千克)	136 200	110 200	9 700	17 000	149 700
大牲畜出栏(头)		13	27	35	43	38
大牲畜存栏(头)		380	541	166	370	347
生猪出栏(头)		4 812	2 714	1 885	2 495	3 405
生猪存栏(头)		6 015	3 392	2 262	2 988	4 305
羊出栏(头)		\	\	\	\	\
羊存栏(头)		\	\	\	\	\
农业总产值(万元)		1 848.2	1 547.6	987.9	1 273.5	1 534.7
畜牧业总产值(万元)		937.59	612.92	374.98	465.45	703.9
农民人均纯收入(元)		2 318	2 259	2 494	2 832	2 060
通公路村民小组(个)		29	20	17	13	31
通电村民小组(个)		29	20	17	13	31
通自来水村民小组(个)		29	20	17	13	31
电视广播覆盖率(%)		91	90	88	85	87

（长安乡政府　刘相勤）

庙沟乡

庙沟乡位于威信县西南部。全乡国土面积54.28平方千米，有林地1 389公顷。境内煤炭资源丰富，马河向斜原煤储量达40亿吨，煤层气储量420亿立方米。全乡公路通车里程65.1千米，经济收入主要以粮烟、畜牧业、蚕桑和劳务输出为主。

2010年辖庙沟、大塘、马河、宗家坳、扎实沟5个村民委员会70个村民小组。年末总户数有5 405户，总人口21 228人，其中农业人口20 589人、女性10 173人、少数民族423人。

全乡农村经济总收入6 034.5万元，同比增长6.7%；财政总收入1 458万元，同比增长171.5%。全乡耕地总面积558公顷。农作物总面积2 991公顷，其中粮食种植面积2 290公顷，总产量7 069吨。农业总产值1 610万元。大牲畜出栏190头，存栏1 268头；生猪出栏12 706头，存栏10 550头。畜牧业总产值1 890万元。劳务输出6 180人，劳务输出总收入1 301万元。发放贫困家庭医疗救助资金8.5万元、救济粮食22 000千克，发放低保金、五保户、孤儿和特困残疾人补助资金134万元，发放民政抚恤金和部分参战人员补助40万元。通过宣传新型农村社会养老保险政策，全乡参保人数7 159人，收取社会养老保险金74.08万元，参保率72.6%；对60岁以上的1 989名老年人发放养老保险金32.8万元；兑现各项惠农政策资金283.5万元，同比增长12.7%。完成结扎66例，放环105例，补救措施20例，收取社会抚养费10.9万元，计划生育率91.3%。

年末有中小学13所，总在校生5 150人。其中：小学12所，在校生3 470人，教职工142人；中学1所，在校生1 680人，教职工74人。

全乡5个村均通公路、通电、通自来水。农民人均纯收入2 155元，人均占有粮食341千克。电视覆盖率90%。

新型农村合作医疗 参加新型农村合作医疗的人数19 607人，参保资金53.1万元，年内享受减免补偿政策的有55 010人次，减免金额81.63万元。

新农村建设 新农村生态文明家园建设涉及庙沟、大塘、马河和扎实沟4个村，政府投入资金360万元，群众自筹投入1 500万元，完成以集镇建设为中心，覆盖公路沿线4个村23个村民小组1 032户的农村民居房屋改造，整个项目工程预计在2011年6月份以前完成。

村民委员会概况一览表

村民委员会名称	庙沟	大塘	马河	宗家坳	扎实沟
总面积(平方千米)	14.6	5.4	13.5	11.4	11
村民小组(个)	17	11	15	14	13
总户数(户)	1 390	766	1 007	1 132	834
农业户数(户)	1 160	656	915	979	769
总人口(人)	5 525	3 138	4 072	4 563	3 544
农业人口(人)	5 120	3 083	4 024	4 502	3 542

续表

村民委员会名称		庙 沟	大 塘	马 河	宗家坳	扎实沟
其中	少数民族	253	17	52	\	87
	女 性	2 575	1 581	2 010	2 120	1 720
耕地总面积(公顷)		78	72	160	75	173
其中水田(公顷)		\	\	\	\	\
农作物总面积(公顷)		639	525	569	668	565
其中	粮食种植(公顷)	471	379	434	535	471
	总产量(吨)	1 071	894	1 618	1 722	1 764
	烤烟种植(公顷)	\	\	\	\	\
	总产量(千克)	\	\	\	\	\
	其他经济作物产量(千克)	226 000	160 000	139 000	142 000	78 000
大牲畜出栏(头)		26	15	31	20	50
大牲畜存栏(头)		190	200	298	199	230
生猪出栏(头)		2 030	1 950	2 200	2 300	2 100
生猪存栏(头)		1 600	1 500	2 000	2 900	1 800
羊出栏(只)		\	\	\	\	\
羊存栏(只)		\	\	\	\	\
农业总产值(万元)		396.4	302.6	460	489	462.9
畜牧业总产值(万元)		408	356.2	404.7	428.6	389.7
农民人均纯收入(元)		2 480	2 320	2 230	2 150	2 100
通公路村民小组(个)		17	11	15	14	13
通电村民小组(个)		17	11	15	14	13
通自来水村民小组(个)		17	11	15	13	13
电视广播覆盖率(%)		90	89	88	89	88

(庙沟乡政府 马 俊)

(注:乡镇人口数据采用县公安局统计数据。乡镇经济社会发展概述和村民委员会(社区)概况一览表,根据县统计局统计数据和乡镇提供的数据综合整理,两者不一致的地方直接采用乡镇所提供的数据。表格中的“\”表示未作统计或没有。)

(乡镇概况栏责任编辑 余 燕)

人　物

领导干部

中国共产党威信县委员会

书　记　龙　进
副书记　张顺民（9月止）
吕　磊（9月起）
贺　飞（2月止）
姚　勇（9月起）
陈　麟（3月起，挂职）
常　委　龙　进
张顺民（9月止）
吕　磊（9月起）
贺　飞（2月止）
姚　勇（9月起）
陈　麟（3月起）
王国斌
王维强
汤国乾
任有恒
蒋德华
保卫华（彝族）
郑维江

威信县人民代表大会常务委员会

主　任　吴必田
副主任　项云华（苗族）
李　想（女，彝族）
杨应伦
李朝华
副调研员　张元昌

威信县人民政府

县　长　张顺民（9月止）
代理县长　吕　磊（9月起）
副县长　王维强
左顺春
李朝伟
戴自坤（2月止，挂职）
何国荣
赵祖辉
刘　坤
陈　强（2月起）
副调研员　江旭林

中国人民政治协商会议威信县委员会

主　席　陶军秀（女，苗族）
副主席　姜荣学
李联洲（兼）
晋家荣
张安明

县委部门

县纪律检查委员会

书　记　任有恒

副书记　谢　刚

　　　　王旭东

县监察局

局　长　谢　刚（3 月起）

副局长　卢　德（彝族）

　　　　李绍勇

县纪委办公室

主　任　刘树远

县纪委信访室

主　任　王　玲（女，3 月止）

　　　　黄启发（3 月起）

县纪委纪检监察室

主　任　（空缺）

县纪委案件审理室

主　任　詹泽澄

县纪委执法监察室

主　任　张　议

县纪委党风廉政建设室

主　任　（空缺）

干部教育管理室

主　任　陶祝军（苗族，10 月止）

县委巡视组

组　长　任大衡

副组长　周道怀

县纪委派出第一纪工委监察分局

书　记　范孝春

副书记　陶　泉

局　长　陶　泉

县纪委派出第二纪工委监察分局

书　记　肖正孝

副书记　罗光明

局　长　罗光明

县纪委派出第三纪工委监察分局

书　记　白庆海

副书记　曾定勇

局　长　曾定勇

县纪委派出第四纪工委监察分局

书　记　陈光海

副书记　李绍恒

局　长　李绍恒

县纪委派出第五纪工委监察分局

书　记　白庆远

副书记　周映东

局　长　周映东

县委办公室

主　任　郑维江

副主任　余　波

　　　　潘先杰

　　　　严亚伟（1 月止）

县委组织部

部　长　保卫华（彝族）

副部长　谢联友

　　　　冯天学

　　　　王祥玲（女）

　　　　牟　汉

县委宣传部

部　长　汤国乾

副部长　王善松

　　　　吴太辉

　　　　李　勇

　　　　刘光友

县委政法委员会

书　记　王国斌

副书记　陈　勇

　　　　熊有龙

　　　　林　隆（8 月止）

　　　　何国荣

县委统一战线工作部

部　长　张安明

副部长　陶永成（苗族）

　　　　张宗万

县委政策研究室

主　任　陈香才

副主任　陈子毅

县直属机关工作委员会

书　记　古国良（苗族，1 月止）

　　　　陈　健（9 月起）

副书记　王春琼（女，9月止）
　　　　廖永兵（9月起）

县人大常委会部门

办公室

主　任　张建国
副主任　余嘉策（彝族）
　　　　吴　玲（女，9月起）

财政经济工作委员会

主　任　袁从全

教科文卫民族事务工作委员会

主　任　曾以忠
副主任　吴　玲（女，9月止）
　　　　李玉强（9月起）

法制工作委员会

主　任　白孝洪

代表选举联络工作委员会

主　任　袁付先

县政府部门

县政府办公室

主　任　陶义
副主任　李怀锋（9月止）
　　　　陈光勇（9月止）
　　　　应永斌
　　　　罗光勇（9月止）
　　　　江　鸿（9月起）

县发展和改革局

局　长　杨正洪（苗族）
副局长　杨章湧（9月止）
　　　　余廷刚（9月起）
　　　　王凤先（女）
　　　　刘成勇
　　　　刘银昌

县经济贸易局

局　长　唐　俊
副局长　杨华章
　　　　张贵方
　　　　王德勤

县农业局

局　长　陶其华
副局长　张孟贵
　　　　陈　健（9月止）
　　　　毕承帅
　　　　罗光勇（9月起）

县林业局

局　长　钟　浚
副局长　李联洲
　　　　李朝强
　　　　杨仕江

县水务局

局　长　王正勇（彝族，1月起）
副局长　王宗高
　　　　周清远
　　　　王　涛（9月起）

县公安局

局　长　何国荣
政　委　余发鹏
副局长　白孝东
　　　　徐　炘
　　　　宗德群
　　　　杜洪景
　　　　曹安奎（2月起）
　　　　武　勇（4月起）
副政委　熊建华
纪委书记　袁志林

县教育局

党委书记　杨章洪
副书记　张建军
局　长　张建军
副局长　张　勇
　　　　季大恒
　　　　晋崇高
纪委书记　胡纯炜

县科学技术局

局　长　余　挺
副局长　陈振波
　　　　杨兴权（苗族）

县文化体育局

局　长　段锡勇

副局长　晋家林
杨　炎

县卫生局

局　长　张　俊
副局长　张明宇（9月止）
王　卫（彝族）
杨应勇

县人口和计划生育局

局　长　王绍雷（2月起）
副局长　姜伟五
张朝友
李克江（9月起）

县司法局

局　长　王绍雷（2月止）
毛子海（3月起）
副局长　武绍洪
李永春

县财政局

局　长　刘华宇
副局长　吴学忠
韩　杰（苗族）
熊腾洋
陶思健

县民政局

局　长　安永华（彝族）
副局长　李　敏
余廷钢（9月止）
张新亮（9月起）
熊　煦（9月起）

县人事和劳动社会保障局

局　长　冯天学
副局长　马世钦
刘　剑
刘伦华

县国土资源局

局　长　郑光宏
副局长　牛　敏
陈永国
宗德波
钟永奇
扎西分局局长　陈吉奎

县建设局

局　长　陶思茂
副局长　赵恒昭
陈　方
胡四海
江　鸿（9月止）

县交通局

局　长　安定麟（彝族）
副局长　余　进（9月起）
李晓春（9月止）
李　波（9月止）
张全宇（女）
魏章勇（9月起）
王　拓（9月起）

县审计局

局　长　杨　聪
副局长　杨云碧
毛雨秋

县环境保护局

局　长　陶思宽（9月起）
副局长　李宗伟
魏仁贵

县统计局

局　长　晋　茂（女）
副局长　杨信堂（苗族）
罗联军

县安全生产监督管理局

局　长　周瑞权
副局长　江　涛
石　泉（3月起）

县政协部门

办公室

主　任　张佐泽
副主任　熊　熙（9月止）
李小华（9月起）

提案委员会

主　任　肖吉英（女）

经济科技委员会

主　任　杨应辉

教文卫委员会

主　任　熊　熙（9月起）

副主任　陈吉运

司法部门

威信县人民检察院

检察长　王晓芹（女）

副检察长　李跃贵

宋思万

卢迎庄

反贪局长　李跃贵（兼）

纪检组长　周纪辉

政工科长　杨正玲（女，苗族，2月起）

威信县人民法院

院　长　周必仁

副院长　余　泳

曹　刚

刘宣虎

政工科长　杨文勇

纪检组长　邱德香

执行工作局局长　王泽甫

群团组织

县总工会

主　席　李朝华（兼）

常务副主席　陈丽霞（女，6月止）

杨章湧（9月起）

副主席　白书先（女）

郑居栋

共青团威信县委员会

书　记　顾英毅（彝族）

副书记　李云飞

威信县妇女联合会

主　席　白尚芬（女）

副主席　刘朝飞（女）

威信县科学技术协会

主　席　胡祖鋆

县工商业联合会

会　长　文成书（9月止）

陶登科（苗族，9月起）

副会长　兰其江（专职副会长兼秘书长，2月止）

王宗权（专职副会长兼秘书长，9月起）

罗吉文（兼）

陈怀苍（兼）

李天勇（兼）

张全宇（女，兼）

熊孟琴（女，苗族，兼）

威信县残疾人联合会

理事长　艾　强（苗族）

副理事长　王逊帮

潘　猛

威信县计划生育协会

会　长　张元昌（兼）

副会长　刘树金

专职秘书长　刘树金

威信县革命老区建设促进会

会　长　陶玉高（苗族）

副会长　江旭林

胡志平

雷洪美

陶举林（苗族）

专职秘书长　陶举林（苗族）

事业单位

中共威信县委党史研究室

主　任　李朝洪

副主任　骆忠贵

威信县委宣传部对外宣传办公室

主　任　潘先卫

副主任　安定咏（彝族，9月止）

威信县广播电视局

局　长　刘光友

副局长　王永鹏

钟远萍

威信县地方志办公室

主　任　古仕林（苗族）

副主任　周元珠

威信县档案局

局　长　肖昆华

威信县防震减灾局

局　长　张泽辉

副局长　熊瑞春

威信县供销社

主　任　李怀锋（9月止）

陈光勇（9月起）

副主任　杨成湘（苗族）

任家麒

威信县人民医院

院　长　李良辉

威信县中医院

院　长　杨柏庭

其他单位

中共威信县委机要局

局　长　冯维东

副局长　杨仕春

威信县国家保密局

局　长　汪　健（女）

中共威信县委、县人民政府信访局

局　长　罗光勇（9月止）

江　鸿（9月起）

副局长　卢云宗

中共威信县委老干局

局　长　王祥玲（女）

副局长　肖泽波

中共威信县委督查室

主　任　严亚伟（1月止）

余　波（2月起）

副主任　王应远

中共威信县委、县人民政府接待处

主　任　潘先杰（兼，9月起）

中共威信县委、县人民政府防范处理邪教问题办公室

主　任　林　隆（兼，8月止）

中共威信县委党建办公室

主　任　牟　汉（9月起）

副主任　刘富琼（女，9月起）

威信县煤炭工业局

局　长　丁开砚

副局长　刘跃聪

周　炯

余　进（9月止）

余天旭（9月起）

威信县民族宗教事务局

局　长　陶永成（苗族）

安定咏（彝族，9月起）

威信县旅游局

局　长　曹　华

副局长　王　拓（8月止）

申世龙（8月起）

威信县粮食局

局　长　杨章湧（兼，9止）

余廷刚（兼，9起）

副局长　刘朝俊

威信县扶贫开发领导小组办公室

主　任　杨洪飞

副主任　王胤谦（9月止）

李明江

徐明春

王春琼（女，9月起）

威信县人民政府烟草办公室

主　任　宗　林

副主任　廖道雄

威信县特色绿色产业开发办公室

主　任　白孝勇

威信县生物资源开发创新办公室

主　任　白孝勇（兼）

威信县人民政府法制局

局　长　宗吉松

威信县物价局

局　长　刘成勇（兼）

威信县乡镇企业局

局　长　唐　俊（兼）

威信县人民政府驻昆办事处

主　任　张新亮（9月止）

副主任　何方升（9月起）

威信县人民政府信息中心

主　任　张　江（9月起）

县安全生产委员会办公室
主　任　周瑞权（兼）
威信县人民政府老龄工作委员会办公室
专职副主任　杨祖花（女，苗族）
威信县人民防空办公室
主　任　申世龙（9月止）
威信县知识产权局
局　长　余　挺（兼）
威信县森林防火指挥部
专职副指挥长　陈建国（2月起）
昭通市森林公安局威信分局
副局长　陈文毅（2月起）
王应勇（2月起）
政　委　牟延禄
威信县机构编制委员会办公室
主　任　冯天学
专职副主任　胡　俊
威信县人民政府教育督导室
主　任　兰其江（2月起）
威信县公安交警大队
大队长　高宏彪（9月止）
张青松（9月起）
副大队长　王开强（9月起）
教导员　张青松（9月止）
肖世君（9月起）
威信县社会治安综合治理维护稳定委员会办公室
主　任　白书军
威信县精神文明建设指导委员会办公室
主　任　杨仕琴（女）
威信县文化产业办公室
主　任　李　勇（兼）
威信县矿产品税费统一征收管理办公室
主　任　杨　柳（8月止）
李怀锋（8月起）
威信县农村人力资源开发办公室
主　任　任家才
威信县非税收入管理局
局　长　韩　杰（苗族）
威信县新型农村合作医疗管理委员会办公室
主　任　张　俊（兼）
副主任　吴化勇

威信县煤电联营一体化项目建设协调领导组办公室
主　任　马正宇
威信县外事侨务办公室
主　任　陈光勇（兼，9月止）
应永斌（兼，9月起）
副主任　胡祖军（9月起）
威信县商务招商局
局　长　张贵方（兼）
副局长　白庆阁
威信县畜牧兽医局
局　长　张孟贵
威信县法律援助工作管理局
局　长　曹开勇
威信县国有资产监督管理局
局　长　陶思健（9月起）

直管单位

云南省威信县烟草专卖局
局　长　张清霖
副局长　艾宗智
昭通市烟草公司威信县分公司
经　理　张清霖
副经理　陈　华
付　方
威信供电有限责任公司
董事长　张　林
总经理　李宗清
副总经理　王永强
黎承华
人民银行威信县支行
行　长　曹阜刚
副行长　熊建强
邵大权
农业银行威信县支行
行　长　张　跃
副行长　邓兴林
杨廷武（6月起）
康绍洪（6月起）
农业发展银行威信县支行
行　长　柴　强

副行长　黎成勇

威信县信用联社

理事长　周清松

主　任　肖　叁

副主任　邹纯乾

监事长　熊建武

人寿保险公司威信支公司

经　理　胡廷梅（女）

财产保险公司威信支公司

经　理　李怀洪

副经理　刘洪莉（女）

威信县国家税务局

局　长　陈善全

副局长　李应琼（女）

陈　骁

纪检组长　韩　英（女，苗族）

威信县地方税务局

局　长　晋家万

副局长　宗大松

何德学

纪检组长　李　琳（10月止）

威信县工商行政管理局

局　长　柯发昌

副局长　罗　辉

谢　锋

刘昌林

纪检组长　熊孟琴（女）

威信县气象局

局　长　李克武（10月止）

刘　成（10月起）

副局长　刘　成（10月止）

朱桢国（10月起）

纪检监察员　朱桢国（兼）

威信县质量技术监督局

副局长　魏国香

纪检组长　周雪芹（女）

威信县食品药品监督管理局

局　长　谭清霖

副局长　吴　兰（女）

纪检组长　刘德润

威信县邮政局

局　长　张全新

云南省电信有限公司威信县分公司

经　理　杨宛锋

威信县公路管理段

段　长　杨仕兴

路政管理大队长　宗德洪

威信公路路政管理大队

大队长　游本东

威信县交通运政管理所

所　长　成忠岱

副所长　钱启阶

住房公积金办公室

主　任　简代平

云南广播电视信息传输网络股份有限公司威信支公司

经　理　王建远

副经理　魏仁碧（女）

邮政储蓄银行威信县支行

负责人　王耀芳

企业单位

威信云投粤电扎西能源有限公司

总经理　何胜峰

党委书记　周站立

常务副总经理　李金锋

副总经理　刘文中

董伟忠

总会计师　杨池东

苏劲松

威信云投粤电煤炭有限公司

总经理　何胜峰

副总经理　赵永科

雷保厚

特聘专家　丁克俭

总工程师　包寿胜

威信长征茧丝绸有限公司

总经理　李　伟

副总经理　袁劲松

谢　勇

学　校

中共威信县委党校

校　长　贺　飞（兼，2月止）

　　　　姚　勇（兼，10月起）

常务副校长　倪仕龙

副校长　姚忠贤（9月起）

威信县第一中学

校　长　汪仁良（10月止）

　　　　张　勇　（兼，10月起）

威信县第二中学

校　长　张佐威

威信县职业教育中心

主　任　熊胜银

威信县民族中学

校　长　江家才

驻　军

威信县人民武装部

部　长　佘世福

政　委　蒋德华

副部长　欧建明（4月止）

　　　　李连奇（4月起）

军事科科长　欧建明（兼，4月止）

　　　　　　李连奇（兼，4月起）

政工科科长　黄祖锋

后勤科科长　孙海燕

武警威信县中队

政治指导员　矣文华（4月止）

　　　　　　叶菊新（4月起）

中队长　吴如志（4月止）

　　　　何　鑫（4月起）

威信县消防大队

大队长　赵明礼（9月止）

　　　　李家连（10月起）

政治教导员　李家连（9月止）

副政治教导员　王成明（10月起）

乡　镇

扎西镇

党委书记　白孝华

副书记　张　永

　　　　黄　勇

　　　　刘　剑（挂职，2月止）

　　　　胡誉馨（9月起）

镇　长　张　永

副镇长　陈功燕（女）

　　　　杨　静

　　　　王　凯

　　　　张佐叙（女，挂职，9月止）

　　　　谢仕波

　　　　周遵书（挂职，9月起）

　　　　周　聪（挂职，12月起）

　　　　杨　宏（苗族，12起）

人大主席　王义书

纪委书记　吴　华

武装部部长　江劳先

水田乡

党委书记　王祖春

副书记　范　镇

　　　　龚尚昆

　　　　李宗伟（挂职，2月止）

乡　长　范　镇

副乡长　熊　颐（苗族）

　　　　魏国勇

　　　　王方全（彝族）

人大主席　林正清

纪委书记　王春梅（女，9月止）

　　　　　李文波（9月起）

武装部部长　郑　山

双河苗族彝族乡

党委书记　王正勇（彝族，1月止）

　　　　　王永康（1月起）

副书记　陶　勇（苗族，1月止）

　　　　古国良（苗族，1月起）

　　　　江　旺

乡　长　陶　勇（苗族，1月止）

古国良（苗族，1月起）
副乡长　柯雄昌
李克江（9月止）
陈啸澜（挂职，2月止）
陇良会（女，彝族，9月起）
张　梅（女，12月起）
人大主席　闻明章
副主席　杨祖庆（苗族）
纪委书记　熊宗文（苗族）
武装部部长　陶余芳

高田乡

党委书记　陶　勇（苗族，1月起）
副书记　王永康（1月止）
严亚伟（1月起）
陈建国（1月止）
李　勇（2月起）
乡　长　王永康（1月止）
严亚伟（1月起）
副乡长　张如聪
陈听聪（3月止）
李　勇（2月止）
钟　巍（挂职，2月止）
周梦秋（女，12月起）
朱相海（12月起）
人大主席　陈建国（兼，1月止）
陈听聪（3月起）
纪委书记　杨登高（苗族）
武装部部长　张永强

旧城镇

党委书记　杨应松
副书记　林昌虹（女）
毛子海（3月止）
李宗余（9月起）
余修甫（蒙古族，9月起）
镇　长　林昌虹（女）
副镇长　王秀琼（女）
陈茂胜
万里然
吴先春
陈祥泽（挂职，2月止）
陶　涛
人大主席　毛子海（兼，3月止）
潘为东（3月起）
纪委书记　李宗余（兼）
武装部部长　陈茂胜（兼）

罗布乡

党委书记　罗学松
副书记　陶永朝（苗族）
杨章龙（9月止）
王春梅（女，9月起）
乡　长　陶永朝（苗族）
副乡长　刘以强
刘　琼（女）
雷洪旗
宗　勇（3月止）
毕钰波（8月止）
杨清强（挂职，12月止）
刘元碧（9月起）
人大主席　罗学松（兼，3月起）
纪委书记　黄启发（3月止）
武装部部长　向成虎

三桃乡

党委书记　彭吉武
副书记　杨　令
张万春
陶祝军（苗族，挂职，3月止）
乡　长　杨　令
副乡长　潘为林（11月止）
王兴勇
张朝坤
陈祥桂（12月起）
应　文（女，12月起）
人大主席　潘为林
纪委书记　杨　林
武装部部长　白庆阁（3月止）
曾定鹏（3月起）

麟凤乡

党委书记　陶思宽（9月止）
宋思湘（9月起）
副书记　宋思湘（9月止）
杨章龙（9月起）
周　林（9月止）

陈永国（挂职，2月止）
乡　长　宋思湘（9月止）
杨章龙（9月起）
副乡长　赵佐高
王　涛（9月止）
魏　梁
郭忠发
马正宇（挂职）
人大主席　陶登科（苗族，9月止）
周　林（9月起）
纪委书记　王永会（女）
武装部部长　曹阜勇（9月起）

长安乡

党委书记　邓兴钊
副书记　陈吉波
牟　鸿（3月止）
张　剑（挂职，2月止）
陶祝军（苗族，3月起）
乡　长　陈吉波
副乡长　魏章勇
涂云聪
蒋鸿燕（女）
熊　煦（9月止）
人大主席　柳昌贵
纪委书记　牟　鸿
武装部部长　潘为东（3月止）
骆怀泽（9月起）

庙沟乡

党委书记　舒云辅
副书记　高秀清（12月止）
张启尧
李云飞（挂职，2月止）
乡　长　高秀清（12月止）
副乡长　王宗权（9月止）
周清怀（2月起，2010卷更正）
宗　瑜（2月起，2010卷更正）
人大主席　袁从政
纪委书记　白雪芳（女）
武装部部长　骆怀泽（9月止）

先进模范人物（已知）

全国先进模范人物

全国劳动模范（2010年4月国务院表彰）
杨贵喜　威信县扎西镇罗坭村青年农民工

第三次全国文物普查实地文物调查阶段突出贡献个人奖（2010年6月国家文物局表彰）
余腾松　县文体局办公室主任

全国“十一五”教育科研先进工作者（2010年7月中国教师发展基金会表彰）
吴化强　扎西镇石坎中心学校校长

反邪防邪先进个人（2010年中央610办表彰）
林　隆　县政法委副书记、610办主任

云南省先进模范人物

云南省新农村建设优秀工作队长（2010年3月省委、省政府表彰）
陈祥泽　县法院派驻旧城镇工作队队长、松林村指导员

云南省新农村建设优秀指导员（2010年3月省委、省政府表彰）
郑明余　水田乡工作队副队长，水田乡派驻水田村指导员
陶　梅　县科技局派驻扎西镇田坝村指导员

云南省第三次全国文物普查实地文物调查阶段先进个人（2010年5月省文化厅、省文物局表彰）

林庆明　县文管所副研究员
郭璋琼　县文管所副研究员
余腾松　县文体局办公室主任

清理执行积案先进个人（2010 年 9 月省高级人民法院表彰）
王泽甫

云南省巾帼建功标兵（2010 年省妇联表彰）
李冬翠　县振兴实业有限公司经理

2006—2010 年度全省森林防火工作先进个人（2010 年省森林防火指挥部表彰）
杨仕江　县林业局副局长

昭通市先进模范人物

十佳政法干警（2010 年 2 月市委、市政府表彰）
林隆芬　扎西司法所所长

昭通市新农村建设优秀指导员（2010 年 3 月市委、市政府表彰）
卓正华　县人大常委会派驻扎西镇河口村指导员
韩　荣　市第一人民医院派驻扎西镇小坝村指导员
陶　剑　县农业局派驻双河乡过街楼村指导员
袁从立　罗布乡派驻郭家村指导员
张佐朝　旧城镇派驻天蓬村指导员
朱绍清　麟凤乡派驻龙塘村指导员
邓　靖　县政府办派驻麟凤乡柏香村指导员
刘道宇　县委组织部派驻长安乡工作队副队长、瓦石村指导员

昭通市档案工作先进个人（2010 年 4 月市政府表彰）
谢军治　县档案馆
张祖芳　县档案馆

昭通市劳动模范（2010 年 5 月市委、市政府表彰）
杨仕兴　威信公路管理段段长

十佳扎根基层好干警（2010 年市委、市政府表彰）
王朝军　县委政法委

（**人物栏责任编辑**　古仕林）

附　　录

威信县国民经济和社会发展第十二个五年规划纲要

（2011年3月12日威信县第十四届人民代表大会第四次会议批准）

威信县发展和改革局

第一章　“十一五”经济社会发展回顾

第一节　“十一五”期间的主要成就

“十一五”时期，是威信经济社会发展取得显著成就的重要时期。在市委、市政府的正确领导下，县委、县政府团结带领全县各族人民坚持以邓小平理论、“三个代表”重要思想和科学发展观为指导，认真贯彻落实党和国家的各项方针政策，紧紧围绕“打牢一个基础、做好三篇文章”的县域经济发展思路，不断解放思想，抢抓西部大开发、发展绿色经济和扩大内需的历史机遇，一心一意谋发展，聚精会神搞建设，县域经济和社会事业发展取得了令人鼓舞的成就。经济增长明显提速，新型工业化、新型城镇化、绿色农业产业化步伐加快，财政收入大幅增加，改革开放不断深化，城乡面貌日新月异，民生工程广惠群众，人民生活水平明显提高，社会事业全面进步，全面完成“十一五”规划确定的各项目标任务，为“十二五”时期经济社会快速发展奠定了坚实基础。

一、经济总量持续增长，产业结构不断优化

2010年全县生产总值完成203 586万元，比2005年的80 998万元增加122 588万元、增长151.3%，“十一五”年均增长20.2 %，高于规划目标7.2个百分点，提前两年实现规划目标，其中：一产实现增加值39 910万元，比2005年的26 000万元增加13 910万元、增长53.5%，年均增长8.9%，高于规划目标5.9个百分点；二产实现增加值82 227万元，比2005年的17 621万元增加64 606万元、增长366.7 %，年均增长36.1 %，高于规划目标11.1个百分点；三产实现增加值81 449万元，比2005年的37 377万元增加44 072万元、增长117.9%，年均增长16.9 %，高于规划目标5.6个百分点。第一、二、三产业增加值占生产总值的比重为20∶40∶40，一产所占比重比“十五”下降12个百分点，二产所占比重比“十五”增加18个百分点，三产所占比重比“十五”下降6个百分点。人均生产总值完成5 276元，“十一五”年均增长19.2 %，高于规划目标7.1个百分点。地方财政一般预算收入完成12 689万元，比

2005年的2 760万元增加9 929万元、增长360％，“十一五”年均增长35.7％，高于规划目标25.7个百分点，提前三年实现规划目标。全社会固定资产投资五年累计完成80亿元，“十一五”年均增长70.8％，提前两年实现规划目标。社会消费品零售总额完成50 697万元，比2005年的23 866万元增加26 831万元、增长112.4%，“十一五”年均增长16.3％。城镇居民人均可支配收入完成11 998元，比2005年的6 683元增加5 315元、增长79.5%，“十一五”年均增长12.4%，高于规划目标4.4个百分点，提前两年实现规划目标。农民人均纯收入完成2 818元，比2005年的1 334元增加1 484元、增长111.2％，“十一五”年均增长16%，高于规划目标6个百分点，提前两年实现规划目标。

二、农村经济健康发展，新农村建设稳步推进

“十一五”期间，全县上下按照统筹城乡发展和建设社会主义新农村的要求，把解决好“三农”问题作为全部工作的重中之重，千方百计促进农业发展、农民增收、农村稳定。2010年全县农林牧渔业总产值完成68 510万元，比2005年的38 792万元增长76.6％，“十一五”年均增长12％。

粮食生产稳步增长。2010年，全县粮食总产量155 839吨，比2005年121 538吨增加34 301吨、增长28.2%，“十一五”年均增长5%，人均粮食产量403.9千克，比2005年333千克提高70.9千克。全县油菜籽产量达4 513吨，比2005年增长1%。烤烟、蚕桑等特色经济作物产业得到较好发展，产量、产值和烟农、蚕农收入都有较快增长。

畜牧业生产快速发展。2010年，全县肥猪出栏23.21万头，比2005年增加8.02万头、增长52.8%；肉类总产量达2.16万吨，比2005年增加0.69万吨、增长46.9%。大牲畜、家禽的存栏数和出栏数都有较大幅度增长。全县畜牧业产值2010年完成32 312万元，比2005年的15 573万元增长107.5%，牧业产值占农林牧渔业总产值的比重达47.2%，已超过种植业产值。

劳务经济成效明显。2010年，全县转移输出农村劳动力9.64万人，实现务工工资性收入9.4亿元，其中务工纯收入5.56亿元，务工工资性收入比2005年的2.38增加7.02亿元、增长295%。

农民收入显著增加。2010年全县农民人均纯收入达2 818元，比“十一五”规划目标2 148元高670元，比2005年1 334增加1 484元、增长111.2%，“十一五”年均增长16%，提前两年完成目标任务。

新农村建设稳步推进。全县按照“生产发展、生活宽裕、乡风文明、村容整洁、管理民主”的要求，坚持以农民为主体力量，以培育产业为首要任务，以改善基础条件为突破口，以发展社会事业、提高农民素质为重要保障，完善机制，突出重点，强化措施，规划实施各级各类示范点48个，完成15个省级重点村项目建设，高标准打造双河谢家坳至庙沟大塘公路沿线新农村生态文明家园示范长廊、全面启动水田乡整乡推进工程，新农村建设的层次和水平进一步提高。

三、基础设施日益完善，城乡面貌明显改观

“十一五”期间，全县各级各部门认真贯彻落实国家宏观调控政策，紧紧抓住中央扩大内需的重大历史机遇，准确把握国家固定资产投资方向，大力实施项目带动战略，以大项目带动大发展，固定资产投资保持快速增长的良好势头，对促进全县经济社会实现又快又好发展发挥了重要作用。“十一五”规划目标确定，2006—2010年全社会固定资产投资累计应完成201 382万元，2006—2008年已累计完成246 195万元，提前两年完成规划目标。2010年全社会固定资产投资完成306 318万元，五年累计完成80亿元，是“十五”累计完成55 038万元的14.5倍，“十一五”年均增长70.8％。

交通建设步伐加快。五年来，累计投入交通建设资金52 241万元，改造完成大落脚—县城狮子沟二级公路15.3千米，大塘—大落脚二级公路21.55千米，完成煤电一体化项目进场二级沥青路（河底下—麟凤）14.5千米，猫谢线镇雄—威信二级公路威信段3.4千米。改造建设通乡四级沥青路125.73千米，其中：麟凤柴家井—长安公路5.93千米，双河比喜—水田公路27.9千米，江西塆—旧城柏坳林公路53.13千米，罗布—高田公路15.84千米，顺河—中心公路10.52千米，麟凤木瓦房—三桃公路12.41千米。完成农村公路通达工程362千米，四级旅游砂石路37.9千米，完成村组公路建设1 771.2千米。建成长安、扎西院子、水田、麟凤、高田、庙沟6个农村客运站、1个县城客运站。截至目前，全县公路通车里程2 498.3千米，比“十五”末增长130.9%，其中二级公路58.1千米，比“十五”末增长128.8%；四级公路475.3千米，比“十五”末增长58.4%；村组公路1 771.2千米，比“十五”末增长153.8%。2010年实现了出县有等级路、县乡通油路、村组公路四通八达的发展目标，交通“瓶颈”大为缓解。通过各方努力，争取成贵铁路客运专线经过威信并设站，“十二五”期间威信将结束无铁路的历史。

城镇建设取得实效。“十一五”时期是威信历史上城镇建设发展最快的时期，五年来，按照“统一规划、分步实施、突出重点、加快建设”的思路，以城市规划为龙头，以项目建设为重点，加大资金投入，加强城市管理，城市规划日益完善，城市功能日益齐全，村镇建设明显加快，城乡面貌显著变化。完成县城麒麟新区建设和老城区街道铺油工程，建成扎西红色文化广场，对人民路等主要街道进行“穿衣戴帽”；完成县城供水管网改造和污水处理工程建设；启动庙沟小集镇建设工程。到2010年，县城区建成面积达3.83平方千米，街道面积由原来的9.8万平方米增加到30万平方米，人行道面积从0.5万平方米增加到6.4万平方米，绿化面积由1.4万平方米增加到5.1万平方米，人均公共绿地增加1.2平方米，县城路灯由102盏增加到950盏，县城自来水普及率达90%，全县城镇化水平从“十五”末的16%提高到22%。一个亮起来、绿起来，既有文化品位，又有现代气息的“省级历史文化名城”已呈现在世人面前。

新能源建设力度加大。实施完成省网入威工程，结束威信远离大电网孤网运行的历史。完成第三期西部地区农网完善工程，实施无电村通电工程、农网改造工程，农村电网一户一表覆盖提高到52.4%。完成城区电网改造，城镇居民生产生活用电质量明显提高。建成高田核桃河等小水电站，新增装机容量8 000千瓦。煤电一体化项目正式通过国家核准，电厂主厂区、配套煤矿、电网和水库建设、征地拆迁和移民安置等工作进展顺利，累计完成投资48亿元。二期工程前期工作已全面展开。

旅游设施建设有序推进。“十一五”时期是全县旅游设施建设的起步阶段，5年累计投入资金2亿元，超过前30年投资总和。完成扎西到水田、石坎、麟凤、长安、大雪山、观斗山等主要景点景区的公路改造；按照“尊重历史、修旧如旧”的原则，对水田“花房子会议会址”、石坎“庄子上会议会址”、“扎西会议纪念馆”进行全面维修，并扩大保护范围，对周围环境进行美化、绿化；扎西陈列馆拆除重建全面完成，完成扎西红军烈士陵园改造工程，新建1家星级宾馆，建成13 000平方米红色文化广场。

邮电通信设施建设成就喜人。建成交换程控化、传输数字化、有线与无线相结合的现代化电信网络。2010年，全县有固定电话用户1.14万户，移动电话用户7.32万户，互联网用户已达到0.42万户。邮政业务范围逐步扩大，业务种类逐渐增加，由最初的平信、挂号、汇兑、包裹、报刊发行、机要等，扩展增加集邮、邮政储蓄、速递、农业服务等。2010年，全县邮电业务总量7 530万元，比2005年的2 696万元增长1.79倍。

四、新型工业化进程扎实推进，红色旅游活县战略取得进展

“十一五”期间，全县上下呈现抓工业、求发展的良好局面，工业规模迅速壮大，经济实力不断增强。2010年，全县有工业企业（不含个体）145个，其中规模以上企业31个。主要工业产品产量：原煤完成223万吨，比2005年增长2.1倍；发电量完成16 980万千瓦时，比2005年增长60%。完成工业总产值166 581万元，比2005年的32 046万元增长4.2倍，“十一五”年均增长39%。其中规模以上工业产值70 845万元，比2005年的10 511万元增长5.7倍；规模以下工业总产值95 736万元，比2005年的21 495万元增长3.5倍。按轻重工业分：轻工业产值完成14 810万元，比2005年的5 166万元增长1.9倍；重工业产值完成151 771万元，比2005年的26 880万元增长4.6倍。按所有制分：国有工业总产值完成304万元，比

2005年的1 781万元下降82.9%；集体工业总产值完成306万元，比2005年1 239万元下降75.4%；股份制企业总产值完成12 638万元，比2005年的16 456万元下降23.2%；其他经济类型企业总产值完成153 333万元，比2005年的12 570万元增长11.2倍。实现工业增加值60 497万元，比2005年的14 718万元增长3.1倍，“十一五”年均增长32.7%。按照国家产业政策，坚决关闭了能耗高、污染大、效益低的小水泥厂、小煤矿、非煤矿山小企业，工业结构进一步优化。优势产业支撑作用明显，2010年产煤223万吨，比2005年的108.6万吨增产114.4万吨，实现产值89 200万元，占2010年全县工业总产总值的53.5%；重点项目4×60万千瓦火电机组和年产量500万吨配套采煤系统一期工程建设稳步推进，累计完成投资48亿元，成为拉动投资增长的主要力量。民营工业发展迅猛，2010年民营工业实现工业总产值153 333万元，占全县工业总产值的92%，成为新的工业经济增长点。

充分发挥红色文化旅游资源优势，完善旅游设施，开发旅游产品，培育旅游热线。形成集扎西会议会址、两合岩古栈道、水田花房子旧址、天台山溶洞、观斗山大型石雕群、大雪山原始森林、天星百里林海等景点景区为一体的人文景观。从2006年起，每年举办一届高规格、高品位的红色文化旅游节，彰显历史文化名城风采，打造红色生态旅游大县，做大做强特色旅游产业。每年都有大量游客来威观光旅游，5年累计接待游客90万人次，实现旅游收入31 000万元。

五、深化改革有新突破，对外开放成效明显

按照国家、省、市的部署，积极推进经济体制和行政管理体制改革，为经济社会发展营造良好的体制和政策环境。

以打造服务、法制、责任、效率型政府为契机，推进政府管理体制改革，推行电子政务服务，减少行政审批事项，简化办事程序，逐步实现经济管理型政府向公共服务型政府转变。农村综合改革深入推进，按照群众得实惠、生态受保护的原则，完成了农村集体林权制度改革，为解放和发展林业生产力、增加农民收入、建设农村生态文明打下了基础。公共财政制度体系建设取得实质性进展，以部门预算、国库集中支付、政府采购、“乡财县管乡用”试点为主的财政管理体制改革深入开展，全县49个部门63个单位实行国库集中支付，87个村（社区）实行会计委托代理服务；村级公益事业建设“一事一议”财政奖补试点工作成效明显，全县累计实施奖补试点项目945个，投入财政奖补资金3 396.7万元。国有企业改制全面完成，县属25家国有（集体）企业全部实现民营化。新一轮政府机构改革全面启动。

“十一五”期间，在科学发展观的指导下，威信充分发挥背靠云南、面向川渝黔的区位优势，实施“引进来，走出去”战略，不断优化投资环境，制定出台优惠政策，扩大对外交流合作，提高对内对外开放水平。五年累计签约项目18个，协议引资125亿元，实际到位资金67亿元。广东、四川、昆明、昭通等一批省内外企业落户我县，为全县经济社会又好又快发展注入强大动力。

六、社会事业全面发展，人民生活水平明显提高

“十一五”期间，随着基础设施投入不断增加，各项政策措施全面落实，科技、教育、文化、卫生等社会事业得到了全面发展。

科技发展实现新突破。全县继续实施科教兴威和人才强威战略，充分发挥各类科技人才的作用，积极开展科技下乡活动，重点在农村推广使用各种实用技术，依靠科技进步实现了粮食、烤烟、畜牧业和特色产业的新发展，科技对经济增长的贡献率逐年提高。

教育事业成就辉煌。坚持教育优先发展，加强教育基础设施建设，实施中小学校舍安全工程，新建和改造校舍9.9万平方米。认真落实“两免一补”政策，农村义务教育阶段学生杂费、书本费全部免除，贫困寄宿学生享受生活补助。九年义务教育全面普及，形成了基础教育、科普、职业教育、成人培训等多层次的教育网络。2010年，全县有各类学校295所，其中：普通中学15所，职业高级中学1所，小学269所，幼儿园10所。全县有教职工4 278人，其中：专任教师3 838人。中小学在校学生82 956人，其中：高中在校学生6 174人，职业高级中学在校学生1 860人，初中在校学生20 382人，小学在校学生54 540人。小学学龄儿童入学率达 99.46%、初中毛入学率达 96.8%、高中毛学率达 38%，分别比 2005 年提高 0.06 个百分点、0.3 百分点、19.8 个百分点。在园幼儿8 585人，比 2005 年增长 327%。年内被高等院校录取的学生 2 607 人，高考上线率达 91.28%，比 2005 年提高 37.46%。

文化事业欣欣向荣。威信是革命老区，是红色文化旅游圣地。2010 年，全县有全国爱国主义教育基地、文化馆、图书馆和红军长征扎西纪念馆、陈列馆各 1 个。“十一五”期间建成乡镇文化站 6 个、农家书屋 9 个，完成了 13 个农民体育健身示范场地建设。图书馆总藏书量 7.3 万册，通过国家一级馆评估验收。群众性文艺活动得到普及，节日系列文化活动、夏日广场文化活动广泛开展，重大庆典举办歌咏赛、文艺专场演出，经常性举办美术、书法、摄影展览。对威信范围的民间文学等进行挖掘、收集和整理，先后出版《威信县文史资料汇编 》、《扎西诗词选》、《麦芒文集》等作品，促进了威信文化事业的繁荣发展。2010 年，全县广播综合覆盖率 92%，电视综合覆盖率 96% ，有线电视入户率 12.8%，基本形成卫星、无线、有线等多种传输方式并存的广播电视覆盖网络，极大地丰富人民群众的精神文化生活。

卫生事业健康发展。各乡镇中心卫生院改扩建工程全面完工，县人民医院住院大楼建成投用、门诊业务综合楼开工建设。两家县级民营医疗机构运行良好。全县医疗卫生条件显著改善。卫生体制改革进一步深化，医疗市场秩序进一步规范。2010 年，全县有医疗卫生机构 18 个，卫生机构病床 819 张，卫生专业技术人员 561 人。县级医疗机构拥有 CT、彩色 B 超等先进设备。有村级卫生所 87 个，村级卫生所覆盖率 100%，形成覆盖县乡村的医疗卫生服务网络。“新农合”参合率 96%，农村居民享受到新型农村合作医疗的优惠政策，有效地缓解“看病难，看病贵”的问题。防疫、保健事业稳步发展，各种地方病传染病发病率得到有效控制。人民群众的健康水平明显提高，人均预期寿命提高到 72 岁。

“十一五”期间，是人民群众得到实惠最多，生活水平提高最快的时期。2010 年，职工年平均工资25 807元，比 2005 年的14 954元增长 72.6%；城镇居民人均可支配收入11 998元，比规划目标高 2.8%，比 2005 年的6 683元增长 79.5%；农民人均纯收入 2 818 元，比 2005 年的 1 334 元增长 111.2%；城乡居民储蓄存款余额达到159 481万元，比 2005 年增长 2.4 倍。居民消费观念不断更新，家庭消费支出结构呈现新变化，2010 年城镇居民人均生活消费支出9 724元，比 2005 年增长 70%，农民人均生活消费支出2 149元，比 2005 年增长 64.6%。居民消费中用于精神文化生活和卫生保健支出不断提高，特别是医疗保健、交通通信、教育文化娱乐、居住的消费明显增长。城乡居民家庭的现代化耐用消费品从无到有，从少到多，逐渐向高档化发展。

七、可持续发展能力增强，节能降耗目标如期实现

“十一五”期间，威信认真贯彻落实计划生育基本国策，严格执行“奖、优、免、补”等措施，在经济与人口、资源、环境协调发展方面实现了良性循环。2010 年年末户籍总人口达 41.36 万人，人口出生率、死亡率和自然增长率分别为 8‰、5.2‰和 7‰，各项指标数据均低于全市平均水平，初步实现“低出生、低死亡、低增长”的目标。依法管理国土资源，土地、矿产、水利资源得到合理开发利用，农业节水灌溉进一步推广，可持续发展能力不断增强。积极推进工业污染防治、城区环境综合整治，全县主要污染物排放总量得到有效控制，工业废水排放达标率 100%，工业废气处理率均为 100%，工业固体废物综合利用率 49%。

生态建设方面重点抓了植树造林和封山育林。2010 年，全县森林面积65 800公顷，林木绿化率 46.9%，森林覆盖率 38.3%，生态环境得到有效改善，为今后发展低碳经济打下坚实基础。

“十一五”规划目标确定，2010 年万元 GDP 能耗量为 3.98 吨标准煤，年均下降 2.1%。昭通市人民政府下达的 2006—2010 年万元 GDP 能耗降低率年度考核目标分别为 3.60%、3.80%、3.90%、3.30% 和 3.30%。2006—2009 年实际万元 GDP 能耗量（吨标准煤／万元）分别为 1.521、1.463、1.405 8、1.358 4，实际万元 GDP 能耗降低率分别为 3.61%、3.81%、3.91%、3.37%，均超额完成目标任务。2010年的节能降耗目标任务，经过全县各级各部门的共同努力，较好地完成。

八、民主法制和精神文明建设不断加强，文明平安法制威信建设呈现新气象

坚持把法制建设与道德建设、依法治县与以德治县紧密结合起来，深入开展民主法制和精神文明建设。通过开展新一轮解放思想大讨论和学习实践科学发展观活动，进一步强化科学理论武装工作，大力推进科技创新。通过开展“爱国守法、明礼诚信、团结友善、勤俭自强、敬业奉献”基本道德观教育，全社会文明程度提高，爱国主义、集体主义、社会主义思想日益深入人心，崇尚先进、学习先进蔚然成风，追求科学、文明、健康生活方式逐渐成为人民群众的自觉行动；社会公德、职业道德、家庭美德走进城乡家庭和行业；团结拼搏，求真务实，负重奋进，不屈不挠的红军长征过扎西精神不断激发全县人民开拓进取的热情；诚信企业、诚信单位、诚信市民等群众性诚信创建活动取得实效。

开展平安县创建活动，荣获省首批“创建平安县区”称号。把改革的力度、发展的速度和社会可承受的程度统一起来，正确处理好改革发展稳定的关系，正确处理好新形势下的人民内部矛盾。坚持以人为本，坚持群众利益无小事，开展书记、县长大接访和部门领导大下访，畅通群众投诉渠道，倾听群众心声，热心为群众办实事、解难事、做好事。积极运用多种手段化解各类社会矛盾，预防和减少集体上访和群体性事件的发生。加强社会治安综合治理，始终保持“严打”高压态势，依法严厉打击各种刑事犯罪，积极推进社会治安防控体系建设，努力提高城乡治安防范水平。

推进依法治县进程。围绕“五五”普法和依法治县的总体要求，大力开展普法宣传进社区、进企业、进机关，进一步提高全县公民的法律素质和社会法治化管理水平。建成青少年法制学校，加强对未成年人法制教育。深入开展依法治理，全县各行政职能部门认真贯彻实施《行政许可法》，建立和完善了行政执法责任制、过错责任追究制和错案追究制等制度，行政行为得到进一步规范，依法行政机制得到进一步完善，政务公开进一步强化，执法监督得到有效落实；司法机关积极采取各种举措使“有法可依、有法必依，执法必严、违法必究”的执法要求更有效落实，维护司法公正。进一步推进村民自治。

加强市场经济秩序整治。依法打击生产、加工、流通领域的各类违法行为。依法开展农村建房、医疗服务、教育收费、农用物资的价格监测与检查，依法查处价格违法案件。

第二节 “十一五”期间取得的主要经验

过去五年，是威信经济持续快速健康发展、社会全面进步、人民生活水平显著提高的五年，成绩来之不易。在发展中积累了许多宝贵的经验，归结起来主要有以下几个方面：一是始终坚持以邓小平理论和“三个代表”重要思想为指导，落实科学发展观，把解放思想、实事求是、与时俱进、开拓创新，作为推进经济和社会事业全面发展的根本动力。二是始终坚持以发展为第一要务，一心一意、集中力量抓发展，坚持不懈打基础、创条件，边蓄势边发展，不断增强自我发展能力、增强综合经济实力。三是始终坚持走适合威信特点的发展路子，大力实施“黑、红、绿”战略。四是始终坚持正确处理改革、发展、稳定的关系，把改革的力度、发展的速度和社会可承受的程度统一起来，在稳定中促进改革发展，在改革发展中促进社会稳定，搞活与开放并举；坚持了物质文明、政治文明、精神文明、生态文明一起抓。五是始终坚持统筹城乡发展，统筹经济社会发展，统筹贫困地区和发展较快区域协调发展，重视弱势群体发展以及跨越式发展，推进和谐社会建设。六是始终看到发展存在的差距，树立发展速度慢也是倒退的思想，在科学发展观指导下，增强抓机遇抓时间快速追赶发展的紧迫感。七是始终坚持以人为本，把人民的利益作为一切工作的出发点和落脚点，发展依靠人民、发展为了人民、发展成果由人民共享受，不断满足人民的多方面需求和促进人的全面发展，加大人力资源培育，提高人民自我增收能力，切实维护和发展好广大人民的利益。八是始终坚持提高开放水平，积极走出去的同时，在节能环保背景下更加注重高起点引进实力雄厚的大公司、大企业进来投资开发，

以大开发促大发展。

第三节　“十一五”期间存在的主要问题

通过五年的努力，我县经济社会发展已步入快车道，呈现出发展速度加快、运行质量提高、经济结构趋优化、财力增长快、实力明显增强、经济位次有所前移、人民生活水平不断提高等特点。分产业看，现代农业经营发展开始迈步，农业效益明显提高，基础进一步牢固；新型工业发展速度加快，煤、煤电联营新型产业主导地位进一步突出，新型工业强县成效进一步凸现；以特色旅游带动的第三产业呈现出新的经济增长亮点，拉动经济增长力量进一步增强。固定资产投资快速膨胀，聚集了发展的基础资源和产业资源优势，为追赶发展搭建了起飞平台。全县上下形成了心齐气顺、团结奋进、干事创业、竞相发展的良好氛围。为今后实现科学发展+追赶发展创造了有利条件。但在发展中仍存在一些不容忽视的困难和问题：一是发展滞后，经济总量小，人均水平低，经济社会发展与全省、全市差距大。2009 年，全县生产总值排列全省（129 个县）第 96 位、全市（11 个县）第 9 位；地方财政一般预算收入排列全省第 91 位、全市第 7 位；全社会固定资产投资排列全省第 50 位、全市第 3 位；全部工业增加值排列全省第 79 位、全市第 8 位；农民人均纯收入排列全省第 91 位、全市第 4 位。全县人均生产总值4 609元，排列全省第 120 位、全市第 7 位。二是交通、电力、水利等基础设施仍很薄弱，尤其是交通建设发展滞后问题还没有根本改变，建设任务重、压力大。三是财政收支矛盾突出，增收渠道单一，搞建设，保发展的任务相当繁重。2010 年，全县地方财政一般预算收入完成12 689万元，财政一般预算支出完成91 189万元，支出是收入的 7.7 倍。四是新型工业化、新型城镇化和农业产业化水平低，优势资源开发利用程度不高，支柱产业不突出，总体竞争力不强。五是城乡居民尤其是农民增收渠道不多，收入增长缓慢，城乡居民收入差距大，城乡二元经济结构矛盾突出，社会就业压力大，农村贫困面大，贫困程度深，扶贫攻坚任务重。六是一些领域体制机制性障碍依然存在，对外开放力度不强，利用外资规模不大。“十一五”期间引资开发的新能源项目仅有煤电一体化项目超过亿元。七是教育、科技、卫生、文化等社会事业发展相对滞后，设施不足，人才短缺。

第二章　“十二五”经济社会发展的环境条件

第一节　“十二五”期间面临的宏观环境

“十二五”时期，是全面建设小康社会承前启后的关键时期，是深入贯彻落实科学发展观，构建和谐社会的重要时期，也是深化重要领域和关键环节改革的关键时期。国际、国内环境的变化和走势，将直接影响威信“十二五”期间发展思路和规划目标的实现。把握“十二五”期间国内外形势，研究宏观环境影响，对促进威信“十二五”时期经济社会加快发展具有重要的现实意义。

一、国际环境

（一）世界经济面临深度调整和再平衡，短期难现高增长。发达国家过度消费、储蓄不足的结构性失衡难以持续，新兴市场的出口导向、过度依赖出口的发展战略也面临深度调整，全球贸易、储蓄与消费正处于再平衡和调整过程。国际贸易、投资保护主义抬头和升级，加大了经济复苏的阻力。

（二）新科技革命加速推进，抢占世界经济发展新制高点的竞争更趋激烈。金融危机表面上由次贷引发，实质是科技创新不足，经济增长动力减弱。当前，各国都在加大科技研发力度，纷纷将发展重点转移到新能源、新材料、信息技术、生物医药、节能环保、绿色经济、新能源汽车等新兴产业上。这些产业将成为新一轮经济增长的主动力。

（三）全球产业结构快速重组，产业融合加速推进。国际金融危机、应对气候变化，为全球产业结构调整带来重大机遇。实体经济、低碳经济比重将上升，现代制造业和高新技术产业倍受青睐。产业融合进一步加速，节能环保、信息技术革命及其强大渗透力广泛作用于传统产业，不同产业或产业内部的不同行业相互交叉、渗透、融合，不断催生出新的融合产业或新型产业形态，促使产业结构动态高度化与合理化，拓宽产业发展空间。

（四）新兴市场国家的地位逐步上升，世界经济政治出现新变化。中国、印度、巴西、俄罗斯等新兴国家，拥有资源、市场、人力资本等多种优势，在经济全球化和信息化的带动下，将成为国际产业转移的主要承接国和新兴国际产业中心，在构筑新型国际经济政治秩序中的主导权增大，推动全球经济政治格局向多极化发展，世界经济也将在此过程中形成新的均衡格局。

二、国内环境

（一）技术创新将成为经济发展重要驱动力。本世纪以来，中国经济延续了依靠资源投入和出口需求驱动的粗放经济增长方式。金融危机造成国际市场收缩、贸易保护主义重新抬头，加上国内要素成本全面上升和生态环境约束加剧，以“大进大出”为基本特征的传统增长模式难以为继。在全党全国深入贯彻落实“科学发展观”的形势下，我国将逐步放弃“以资源促发展”、“以市场换技术”和“以利润换资本”等要素和投资驱动的发展方式，逐步转向主要依靠创新驱动的发展模式。

（二）全面建设小康社会、结构调整任务紧迫而艰巨。当前，我国长期形成的结构性矛盾和粗放型增长方式尚未根本改变，影响发展的体制机制障碍依然存在，收入分配差距拉大趋势还未根本扭转。“十二五”和“十三五”将是全面建设小康社会的攻坚阶段和决战阶段，如果在“十二五”时期长期存在的重大结构性问题不能出现转折性变化，将影响全面建设小康社会目标的实现程度。

（三）平衡需求增长动力、内需拉动作用逐步增强成为长期趋势。近10年来，外需拉动对我国经济增长发挥了重要作用。但这种高对外依存度的经济增长模式风险很大。本轮国际金融危机是对全球经济失衡的强制性调整，美国由资产泡沫和金融创新支撑的透支消费难以为继，进口需求大幅萎缩，发展中国家出口导向型的经济发展模式也被迫进行调整。全球经济调整决定了我国经济增长必须由外需拉动转向由内需、外需协调拉动。严重依赖外需的需求结构失衡已经影响到宏观经济平稳运行，如果不能切换到居民消费与社会投资良性循环上，将人口在国内在市场潜力充分发挥，我国可能结束高速增长期。

（四）传统产业提升和新兴产业培育成为新的产业增长动力。中国的新型工业化道路，必须立足于就业压力大、人均拥有的资源量少、工业化进程中的高能耗重污染等问题突出的具体国情。据此，中国的新型工业化模式必须符合三高两低，即高科技、高效益、高就业，低能耗、低污染，传统产业优化升级和发展新兴产业是我国的必然选择。加快运用高新技术和先进适用技术改造传统产业，大幅提升农业、制造业和传统服务业的现代化水平。增强前沿技术的预研能力，突破制约产业转型升级的关键技术，促进战略性新兴产业加快发展。重点支持节能环保、新能源、新材料、生物医药、高端装配制造业、新兴信息等产业的技术研发和产业化，加快发展低碳经济、绿色经济。

（五）城市集聚发展、区域经济一体化带动作用增强。与工业化相比，我国城镇化滞后，发展空间巨大，城镇化将成为未来扩大内需、推动新型工业化、带动我国经济增长最重要的动力。而我国拉动内需要政策和社会领域的改革将加快新型城镇化步伐。大量农村人口进入城市，为基础设施建设和房地产等产业发展提供巨大空间，也有利于农村经济全面发展，提高增收能力。新型城镇化进程加快，城市集聚发展、区域经济一体化有利于优化资源配置，拓展内在需求和经济发展空间，增强中国经济增长的可持续性。

（六）区域协调发展，新兴经济区域兴起趋势明显。中国经济发展总体呈现出一种“东高西低”的地域性态势，虽然全球金融危机之下，东南沿海地区经济受冲击明显，但区域经济发展差距依旧不断扩大。平衡国内生产力布局、促进资源优化配置、拓展经济发展空间和促进区域经济协调发展的重要性凸显，发展格局将更趋“多元”。新兴区域将成为中国下一轮经济发展的强劲增长点。

（七）着力推进重点领域和关键环节改革。我国将坚持把改革开放作为经济增长的强大动力，积极推进重点领域和关键环节改革，资源型要素价格改革、国企改革、垄断性行业改革，收入分配改革，社保、教育、卫生等民生领域各项改革的推进和深化将为发展带来活力和动力。

（八）更加注重保障和改善民生。本着发展成果由人民分享的思想，深化收入分配改革，进一步解决涉及人民群众切身利益的问题，大力加强就业、社保、教育、卫生、住房等民生领域的各项保障制度建设。开展基础教育加科普的知识教育和以职业培训加干中学的技能培训相结合的人力资源培育政策，增强自我增收能力。通过调整和完善收入分配宏观格局，破除阻碍“富民”的体制机制障碍，通过扩大社会保障覆盖面和增加公共服务投入，形成利于扩大内需的政策组合，实现共享式经济增长。

（九）应对全球气候变化，构造竞争新优势的要素制约压力大。全球积极应对气候问题，大力倡导低碳经济。我国已成为世界第一大碳排放国，减排也成为中国外交面临的首要问题。为实现可持续发展，我国也有促进碳减排的内在要求。国内民众对改善环境的期待也越来越迫切。加快产业结构、能源结构调整的压力进一步加大，应对气候变化，发展低碳经济，引入生态补偿机制，参与国际竞争，从传统竞争优势提升到新的国际竞争优势的资源瓶颈、环境瓶颈、体制瓶颈、科技瓶颈和人才瓶颈等的制约日趋严重。

（十）社会建设和管理面临诸多新课题。“十二五”时期我国将步入中等收入国家行列，社会结构、组织形式、利益格局发生深刻变化，社会建设和管理面临诸多新课题。解决社会发展滞后于经济发展的问题更加迫切；加强流动人口管理，建立适应人口老龄化的社会建设模式和社会保障制度任务艰巨；体制改革进入攻坚阶段，面对可能出现的社会突发事件增多。

第二节　“十二五”期间面临的机遇与挑战

“十二五”时期，我县经济社会发展既面临许多难以预见的风险和挑战，也面临难得的重大历史机遇，可谓是机遇与挑战并存，机遇大于挑战。

一、机　遇

（一）面临新一轮经济增长期的机遇。金融危机后，经过宏观调整，全国将迎来新一轮经济周期的上升阶段机遇。在新一轮经济周期上升大环境里，我县也将同全国一道迎来新一轮经济上升阶段机遇。

（二）面临承接产业转移机遇。金融危机后，随着国际环境变化，我国经济深层次矛盾更加凸现，调整经济结构，转变发展方式刻不容缓，产业结构调整和东部发达地区产业优化升级，东部和中部产业转移步伐将进一步加快，从地处西部区域的我县来看，劳力优势、区位条件、资源产业基础、环境功能等，为我们扩大开放、发展劳动密集型产业带来新的发展机遇，有利于承接产业转移。

（三）面临国家实施乌蒙山区重点扶贫开发等政策优惠的机遇。国际积极应对气候变暖，提倡低碳经济，碳汇交易，国家放眼未来，提倡生态环保，提出排污权交易试点、绿色税收等政策导向，将加大生态补偿，扶持生态环保区。国家继续实施西部大开发战略，继续实施扩大内需政策，实施积极的财政政策和稳健的货币政策，加大扶贫开发，加大对贫困地区财政转移支付，扶持革命老区、民族地区、边疆地区、贫困地区加快发展，加大对薄弱环节和重点领域的支持力度等政策措施，将为我县经济社会发展提供更多的项目支撑和资金扶持，为固定资产投资平衡增长提供了条件和空间，对弥补我县基础设施建设留下的历史欠账、改善发展条件、增强发展后劲等将起到积极的作用。

（四）面临机制体制改革完善的机遇。加快经济市场化、国际化进程，要求进一步实现政府职能向公共服务型转变，加快完善社会主义市场经济体制，同时，新的分配机制、人才机制等将进入各领域，将为全县经济赶超发展和社会全面进步提供强大的动力支持。

（五）面临结构调整和经济发展方式转变的机遇。受国际金融危机的影响，我国经济发展的深层次矛盾更加突显出来，调整经济结构、转变经济发展方式已刻不容缓。经济结构调整：既包括国民收入分配结构的调整，也包括投资和消费结构的调整；既包括一、二、三产业结构的调整，也包括各产业内部结构和产业组织结构的调整；既包括区域结构的调整，也包括城乡二元结构的调整；既包括所有制结构的调整，也包括国有经济的战略调整。转变经济发展方式的主要内容是促进经济增长由主要依靠投资、出口拉动向依靠消费、投资、出口协调拉动转变，由主要依靠第二产业带动向依靠第一、第二、第三产业协同带动转变，由主要依靠增加物质资源消耗向主要依靠科技进步、劳动者素质提高、管理创新转变。

（六）面临城乡居民收入快速增加和消费快速上升的机遇。“十二五”时期，随着医疗养老等系列社会保障体系广泛覆盖，逐步解除群众就医上学养老等后顾之忧；以及实施调节收入分配，以扩大内需特别是增加居民消费需求为重点的政策等，必将迎来新一轮消费热并促进消费快速升级。

（七）面临加快和谐社会建设的机遇。“十二五”时期，国家将继续推进基本公共服务均等化；加大对民生领域和社会事业支持力度，增加对“三农”、科技、教育、卫生、文化、社会保障、保障性住房、节能环保和中小企业、居民消费、欠发达地区支持力度，支持重点领域改革；加快统筹城乡、区域发展；加快民主法制建设，促进社会公平和正义等。这些为加快和谐威信建设提供了良好的大环境。

二、挑 战

（一）面临竞争挑战。金融危机后，国际贸易保护主义蔓延，区域间合作也会产生一些制约因素。随着国内、省内、市内和县周边区域经济与国际市场接轨加快，在今后经济缓慢“回暖”过程中，国内外市场竞争压力加大，全球一体化在带来机遇的同时，将对我国部分产业发展产生一定冲击，特别是对农业产业化程度低、工业层次低、资源型经济为主的区域，影响将进一步加大。

（二）面临自主创新挑战。“十二五”时期，为提高经济回升的质量和发展的可持续，国家将“发展战略性新兴产业，推进产业结构调整”，推进新能源、新材料、生物医药、第三代移动通信、三网融合等产业的技术研发和产业化，推动科技创新和自主品牌建设。面对新形势，特别是人才匮乏、劳动者素质有待提高，科技自主创新能力不强的欠发达地区，走依靠科技进步、劳动者素质提高、管理创新转变的发展路子，制约因素增多。

（三）面临深化改革的挑战。随着改革进一步推进，处理发展、改革、稳定的任务更加艰巨。如，经济体制改革力度势必加大，各种深层次矛盾将逐步显现；保地与大规模城乡建设，有可能产生局部磨擦。

（四）面临新型工业化挑战。为应对全球气候变化问题，“十二五”时期，国家将加大推进节能减排、抑制过剩产能，加强生态保护和环境治理，加快建设资源节约型、环境友好型社会。这些制约因素对我县发展大项目增加了压力。

（五）面临统筹发展挑战。在推进新型城镇化和统筹城乡发展进程中，仍然面临农村经济基础薄弱，农民增收难度大，社会保障功能不健全，城乡差距会进一步拉大，城镇发展滞后、承载功能弱、加快城镇化发展难度大，就业压力大、劳动力转移难等问题。同时，剩下的贫困人口是“高难度”扶贫。

（六）面临追赶发展的挑战。我县经济总体实力处于全省全市靠后位次，由于经济总量基数小，差距大，随着市场竞争的加剧，在产业结构和资源类似的县区之间，竞争将更加激烈，特别是近年来我县发展速度快，加速难度大，赶超压力大。

第三节 “十二五”期间的发展优势

（一）迎来大规模投资回报阶段。“十一五”时期，我县固定资产投资快速增长，建成一大批基础设施，增强了经济社会发展承载能力，成为“十二五”后发优势，加上蚕桑、香桂、旅游和煤电一体化工业项目等新兴产业将在“十二五”期间投产，为“十二五”经济腾飞奠定了基础。

（二）良好的发展环境。全县干部群众“一心一意谋发展，聚精会神搞建设”的共识形成。“强化一个基础，做好三篇文章”的县域经济发展思路目标明确，为发展少走弯路提供了捷径。随着全县“一进四出”主干公路等级化、县乡公路油路化，乡村通达、组组通路，以及成贵铁路客运专线经过威信，隆黄铁路、宜毕高速公路有望经过威信，威信的交通条件将进一步改善，为威信发展融入周边经济区域乃至全国缩短了航程，为加快威信现代物流业、新兴信息产业、招财聚宝创造了条件。

（三）国家把县域经济发展提高到更加重要的

地位，实施省直管县财等措施，将更快推动县域经济发展。

（四）区位优势进一步凸现。威信虽不沿边、不沿海、不沿江，远离昆明、昭通、成都、重庆、宜宾、泸州等大中城市，但地理位置位于云贵川三省接合部，生态环境好、资源富集，与毗邻县市产业关联度高，优势互补性强，有利于扩大区域合作，为我县利用国际资本、技术、资源、市场、管理经验以及承接产业转移带来新的契机。

（五）大力发展低碳经济是大势所趋，威信县2010年森林覆盖率达38.3%，在今后的碳排放交易中，将成为经济发展的后发优势，为推动经济实现跨越追赶式发展创造条件。

（六）矿产、旅游资源丰富，特色明显。地矿部门资料表明，全县煤炭资源远景储量达40亿吨，近期经济开采储量15亿吨；煤层气储量320亿立方米；硫铁矿经济开采储量1.8亿吨；优质石灰石储量60亿吨；适宜大力发展煤电联营、煤化工、建材等新型产业。集红色旅游资源、自然景观、历史人文景观于一体的旅游资源丰富，适宜大力发展红色旅游、生态旅游、休闲避暑。生态环境较好，生物资源也十分丰富。

（七）人力资源丰富。“十一五”末，全县总人口（常住人口）38.6万人，农村人多耕地少，农村劳动力20.6万人，人均受教育年限8.5年，丰富的人力资源及其素质的不断提高是加快全县发展的一个优势。

第三章　“十二五”规划的总体构想及主要目标

第一节　指导思想、发展战略、总体思路与基本原则

一、指导思想

以邓小平理论和“三个代表”重要思想为指导，以“追赶发展＋跨越发展＋科学发展”为主题，以加快转变经济发展方式、增加内生动力为主线，以保障和改善民生为根本出发点和落脚点，以改革开放为强大动力，以科技进步和创新为重要支撑，以建设资源节约型和环境友好型社会为着力点，紧紧围绕到2020年实现全面建设小康社会的奋斗目标，培育壮大特色优势产业、绿色生态产业和新兴支柱产业，以信息化推动新型工业化和农业产业化，大力发展新型地方工业、特色农业产业和现代服务业，推进新型城镇化进程，协调发展各项社会事业，加快社会主义新农村建设，努力提高城乡群众的生活水平，实现集追赶、跨越和科学三位一体的新型赶超战略，构建社会主义和谐社会。

二、发展战略

“十二五”时期，威信要实现“追赶发展＋跨越发展＋科学发展”这一主题，必须继承“十一五”发展成果，采取切实有力措施，实施“穿红戴绿，以红促绿”战略。“穿红戴绿，以红促绿”战略，就是“红色为先＋绿色为本＋产业推动＋人才至上＋制度保障”。即充分发挥自身优势，以红色文化为先导，以发展绿色经济为目的，广纳各方贤才，凝聚各类资源，实现“追赶＋跨越＋科学”发展的战略。

具体体现为“三主三辅”战略。

“三主”：

实施红色文化引导战略。坚持以红色文化为先导，打红色文化牌，“借船出海”，大力弘扬以红军“古田、遵义和扎西”会议三大会议之扎西会议为主的红色文化品牌，并以此为先导凝聚各类资源，实现“追赶＋跨越＋科学”发展的战略。

实施绿色生态立县战略。坚持“以人为本”和“全面、协调、可持续”的科学发展观，发展绿色农特产品加工业、新型能源产业和红色文化旅游产业等生态环保产业，大力发展低碳经济，扎实开展生态环境体系建设、生态经济体系建设、生态社会体系建设、可持续发展能力体系建设，保护和改善环境质量，促进生态环境资源的有序开发和永续利用，“以红促绿，生态致富”，实现全县经济与社会可持续发展。争取率先成为扶贫开发、生态环保、革命老区建设综合实验区。

实施新型工业强县战略。新型工业化是今后一段时期我县在科学发展观指导下，争先进位、实现经济社会追赶式发展的主要支撑力量。全县上下要进一步强化新型工业强县意识，依托资源优势，以工业产业新型化、集群化、信息化发展

为方向，以培植优势工业产业和骨干企业为重点，以深化体制机制改革和科技创新为动力，以项目建设拉动区域经济为支撑，以新型工业园区建设为平台，走新型资源开发、招商引资壮大工业经济规模的路子，做大做强优势战略性工业产业和优势高科技工业产品，提升工业经济运行质量和效益，提高工业经济对地方财政的贡献率，并推进以工辅农，拉长工业带动区域经济发展的作用，促进全县经济社会实现更高起点上的新跨越。

“三辅”：

实施开放改革活县战略。坚持改革开放，完善社会主义市场经济体制，解决经济社会生活中深层次的矛盾问题，统筹推进各方面的改革，努力实现宏观经济改革与微观经济改革相协调、经济领域改革和社会领域改革相协调、城市改革和农村改革相协调、经济体制改革和政治体制改革相协调，统筹国内发展和对外开放。全面优化投资环境，将扩大开放、招商引资作为全县经济发展的突破口，形成全方位、多层次、宽领域的对外开放格局，引进项目、资金、技术、人才等生产要素，投资、消费、进出口贸易三驾马车并举，以大开放促进经济大发展，壮大县域经济实力，加快全面建设小康社会步伐。

实施科教兴县和人才强县战略。坚持经济建设和社会发展必须依靠科学技术的基本方针，切实把科技、教育放在优先发展的战略地位，加速各行各业的科技进步，促进全民全面发展，逐步建立科技、教育与经济紧密结合、协调发展、相互促进的新体制和运行机制，促进全民能力提升，为威信发展提供人才和科技支撑，加快经济发展方式转变由主要依靠增加物质资源消耗向主要依靠科技进步、劳动者素质提高、管理创新转变，提高科技在经济社会发展中的贡献率。

实施依法治县战略。按照依法治国基本方略的要求，坚持党的领导的原则，发挥党的领导核心作用，动员全县各方面的力量，调动全县人民的积极性和创造性，不断深化依法治县工作。坚持以宪法和法律为依据的原则，做到有法可依、有法必依、执法必严、违法必究，确保宪法和法律在全县得到正确的贯彻和实施。坚持尊重和保障人民群众利益，各项决策必须符合最广大人民的根本利益，依法保障人民群众权利，促进人的全面发展。坚持服务发展的原则，充分发挥法制的规范、引导和保障作用，促进威信经济社会全面协调持续发展，为威信追赶发展奠定坚实的法制基础。切实提高全县广大干部群众的法制观念和依法办事的能力，提高全社会的法制化管理水平，逐步把各项事业纳入法治化、规范化轨道，促进全县物质文明、政治文明、精神文明协调发展，努力实现建设民主法制之县、文明有序之县、安全稳定之县的目标。

三、总体思路

“十二五”时期，威信仍处于打基础、创条件、蓄力量、快发展的重要阶段，经济社会发展的总体思路是，以红色文化为先导，绿色经济为核心，紧紧围绕“发展”（追赶发展+跨越发展+科学发展）一个主题，强化两个基础（以交通、水利、城镇为重点的基础设施建设+以能力培养为重点的实用性人才建设），做好三篇文章（以煤炭产业开发为主的黑色经济文章、以红色旅游文化开发为主的红色经济文章、以绿色特色生态产业发展为主的绿色经济文章），推进农业产业化、新型工业化、城乡一体化、教育现代化“四化”进程，培育新型能源、煤化工、红色文化旅游、绿色农特产品加工、现代物流业五大支柱产业，实施红色文化引导、绿色生态立县、新型工业强县、开放改革活县、人才科教兴县、依法治县“三主三辅”六大战略，积聚后发优势，形成追赶跨越科学发展态势。外联毗邻的四川县市，内接镇雄和彝良，积极推动威川经济圈和昭东北区域一体化“镇彝威”经济圈发展。通过“十二五”及“十三五”期间的努力，把威信建设成为集新型工业、红色旅游、生态经济为重点的新兴经济发达强县，力争到2020年与全国、全省、全市同步实现全面建设小康社会的宏伟目标。

四、基本原则

必须坚持科学发展观指导下追赶发展、跨越发展的原则。当前，全国很多地方已进入高速高效、持续发展的新阶段，威信作为一个发展基础薄弱、发展前景看好，集革命老区、民族贫困地区、经济欠发达地区和区域边缘化为一体的山区农业县，如果仍然按部就班、走常规发展之路，与全国、全省、全市的发展相比差距将会更大，全面建设小康社会的宏伟目标就难以实现。形势逼人、不进则退，我们必须用新视野认识科学发展，用新理念提升科学发展，用新路径推动科学发展，用新的实践推进威信经济社会追赶、跨越式发展，增强发展内生动力，实现新型赶超战略。

必须坚持加快转变经济发展方式的原则。要落实好把发展新型产业作为基本国策的要求，积极推进经济结构战略性调整，促进产业结构优化升级。坚决杜绝盲目投资、低水平重复建设。大力发展循环经济，低碳经济，保护生态环境，加快建设资源节约型、环境友好型社会，促进经济发展与人口、资源、环境相协调。推进国民经济和社会信息化，切实走新型工业化道路，坚持节约发展、清洁发展、安全发展，实现可持续发展。

必须坚持统筹协调发展的原则。坚持经济社会协调发展，解决“一条腿长、一条腿短”的问题。坚持区域协调发展，继续发挥各个地区的优势和积极性，逐步扭转地区差距扩大的趋势，实现共同发展。坚持城乡协调发展，突出全面建设小康社会的难点在农村、关键在农民的要求，加大对农业的支持和保护力度；推进有特色的城镇化建设，充分发挥城市对农村的带动作用，统筹推进城乡改革，消除体制性障碍，逐步改变城乡二元结构。

必须坚持加强民生建设的原则。以人为本促进社会和谐是我国发展的重要目标和必要条件。要按照以人为本的要求，把人民利益作为一切工作的根本出发点和落脚点，从解决关系人民群众切身利益的现实问题入手，更加注重经济社会协调发展，加快发展社会事业，促进人的全面发展；更加注重社会公平，使全体人民共享改革发展成果；更加注重民主法制建设，正确处理改革发展稳定的关系，保持社会安定团结。

必须坚持不断深化改革开放的原则。在不断深化改革中，要始终坚持以经济建设为中心，特别是要突出经济发展是建立在优化结构、提高质量和效益的基础上的发展，要突出了实现速度、结构、质量、效益相统一的要求。要通过大力推进体制、机制创新和方法创新，特别是在产业、用人、财政税收、能源环保等政策上的创新。坚持搞活与开放并举，引入多种所有制，大力发展民间资本。坚持区域协调发展，充分利用好国际、国内、省内、省外、周边市场和资源、形成全方位、多领域的对外开放新格局，拓宽经济发展空间。

必须坚持边打基础边发展的原则。要牢固树立“基础不牢，地动山摇；经济不发展，任何工作难以开展”的发展理念，坚持不懈地解决基础设施落后问题，毫不动摇地加快经济发展，为基础设施建设提供财力保障，在发展中进一步打牢基础，通过打牢基础进一步促进发展加快。

第二节　发展目标

一、“十二五”发展主要预期目标

（一）经济发展

1. 全县生产总值年均增长26%以上，2015年达到65亿元。其中：第一产业达到6亿元，年均增长8.5%；第二产业达到41亿元（其中工业达到37亿元，年均增长43.65%，建筑业达到4亿元，年均增长12.98%），年均增长37.9%；第三产业达到18亿元，年均增长17.17%。

2. 人均生产总值（人均GDP）2015年达到16 311元（2 434美元），年均增长23.3%。

3. 一、二、三产业占生产总值（GDP）的比例由2010年的20∶40∶40调整为2015年的9∶63∶28，一产下降11个百分点，二产提高23个百分点，三产下降12个百分点。

4. 全社会固定资产投资五年累计完成300亿元，年均增长30.3%。

5. 地方财政一般预算收入2015年达到4亿元，年均增长25%。

6. 社会消费品零售总额2015年达到15亿元，年均增长24.23%。

（二）社会发展

7. 到2015年，全县总人口（常住人口）控制在39.85万人。

8. 人口自然增长率控制在6.5‰以内。

9. 城镇登记失业率控制在4.5%以内。

10. 人口平均受教育年限达到9.5年。

11. 人均预期寿命73岁。

12. 城镇化率提高到35%。

13. 广播电视人口覆盖率98%。

14. 城镇居民最低生活保障率100%。

15. 农村居民最低生活保障率95%。

16. 城镇基本养老保险覆盖率60 %以上。

17. 高中阶段毛入学率75%以上。

（三）人民生活

18. 城镇居民人均可支配收入达到2万元，年均增长10.76%。

19. 农民人均纯收入达到5 100元，年均增长12.6%。

（四）可持续发展

20. 森林覆盖率达到45%。

21. 单位GDP能耗五年累计下降15%以上。

22. 城镇污水处理率达到80%以上。

23. 城镇垃圾无害化处理率达到80%以上。

二、到2020年远景目标

党的十六大确立了在本世纪头二十年全面建设小康社会的目标。根据威信经济社会发展状况，“十三五”GDP年均增长7%，到2020年，全县GDP达到90亿元，人均GDP达到21 924元（3 272美元）。人口自然增长率继续控制在6‰以内。城镇居民人均可支配收入和农民人均纯收入有较大提高，人民素质得到提升，城镇化率达到40%以上。新型产业化建设基本完成，建成一批重大项目，于内形成集城镇功能定位和产业发展定位为一体的新型城镇化格局及产业布局，于外形成外联东北四川县市，内接西南镇雄和彝良的对外开放格局，打造出威川经济圈以及昭东北地区一体化“镇彝威”经济圈，基本形成富强、文明、健康、和谐富有威信文化特色的生态县，实现由小康向全面小康社会过渡。

第四章　发展定位和产业布局

第一节　发展定位

目前威信仍处于打基础、创条件、蓄力量、快发展的重要阶段，根据省委省政府建设“绿色经济强省、民族文化强省和中国面向西南开放的桥头堡”的要求，按照市委市政府“十二五”期间把昭通建成“四基地一屏障一走廊”的总体部署，以及确定的“一圈一轴一带一片区一门户”的发展布局，抓住国家实施乌蒙山区开发的机遇，立足昭通，发挥威信地处云贵川三省接合部的区位优势，外联东北四川县市，内接西南镇雄和彝良，利用铁路公路网络，积极推动昭东北区域一体化和“镇彝威”经济圈发展，建设云南省“桥头堡”面向川渝经济区的开放网络和开放体系；依托资源，打造集城镇功能定位和产业发展定位为一体的新型城镇化格局及产业布局。大力发展煤炭产业、火电产业、化工产业、红色文化旅游产业、绿色特色产业，把威信建设成为川、滇、黔、渝边区的重要能源化工基地，有吸引力的红色文化旅游基地，有鲜明特点的绿色特色产业基地，承接东部产业转移基地，长江中上游生态长廊的一颗绿色明珠（或滇东北一颗绿色明珠），云南省“桥头堡”面向川渝经济区开放和昭通融入川渝经济区的一个双向重要前沿平台（四基地一明珠一平台），成为乌蒙山区快速崛起的新型工业县、绿色生态产业县、红色旅游县。

第二节　产业布局

以“穿红戴绿，以红促绿”战略促进红、绿、黑三大特色经济发展为前提，以市场为导向，以资源为基础，以促进经济发展方式转变来优化配置生产要素和合理确定产业布局区域，同时，兼顾产业化和城镇化。通过合理的地域分工，做到真正能够发挥各地的比较优势，合力形成我县的产业优势，提高经济总体效益，推动县域经济社会协调发展。“十二五”期间，全县要逐步形成“1336”空间布局，即“一区”、“三园”、“三带”、“六片”。

“一区”——以县城为中心的发展核心区，突出县城作为行政、文化、科技、教育、旅游、居住、以城带乡和以工促农、商贸物流中心的核心地位。主要以县城为中心，以县城至庙沟、麟凤、双河、水田公路沿线为辐射线，以线辐射全县大面。重点发展产业是：依托红色文化资源，以全国红色旅游经典景区“扎西会议”会址为主，整合水田花房子、塆子苗族风情园、石坎庄子上特色乡村旅游等资源，发展旅游产业。依托“两线”（成贵、隆黄铁路）和县城城市资源，以完善县城功能和加强亮化、美化、净化、红色文化等工作，提升功能和形象，发展繁荣服务业。依托工业资源，发展水泥、砖、火电、煤和洗煤、白酒、农产品加工等工业产业；依托农业和科技资源，以“一带”（县城扎西—石坎、院子河地带）为优质玉米、马铃薯、油菜、蔬菜育种基地和养殖示范基地，以“一廊”（庙沟大塘—双河谢家坳公路沿线）为推广示范基地，形成高产优质高效生态农业区和农产品贸易集散地，并辐射全县。通过培育，让核心区发展中逐步形成较强的物流、信息流、资金流、技术流、人流效应，形成集让游客吃住游娱购等为一体的美好旅游地，综合形成行业兴、市场旺、人气胜、聚财多、物流快、科教兴、城市美、交通便捷、农工商贸并举的繁荣区，提高县城扎西在川、滇、黔、渝边区的影响力和吸引力。

“三园”——作为培植工业产业的重点区域。以麟凤、三桃为煤电、化工一园区，依托丰富的煤炭、石灰石、煤电一体化一期发电厂煤渣等资源，在麟凤实施煤电一体化一期工程，在三桃发展电石、水泥等产业。以高田、旧城为煤电、化工二园区，依托丰富的煤炭、硫铁矿资源，发展火电、硫酸、磷肥等产业。以扎西、罗布、旧城、长安、庙沟为三园区，分区域发展农产品深加工，旧城主要进行木材、香蓝菜、蚕丝加工，扎西、罗布、长安、庙沟主要发展香桂、笋、蔬菜、屠宰以及其他副食品等农产品加工。

“三带”——作为培植旅游产业的重点区域。以扎西会议纪念馆为核心，培植集吃住游娱购于一体的红色经典景区（赤水河）旅游带。以红军川滇黔游击纵队基地大雪山为核心，培植集大雪山原始森林、瓦石僰人悬棺、天台山溶洞、潘朔端将军故居、三桃铁炉红军标语于一体的老三区景区（白水江）旅游带。以云南游击支队基地郭家坟为核心，培植集观斗山石雕群、天星百里林海（国家级森林公园）于一体的南广河旅游带。

“六片”——作为培植特色种养业的重点区域。以麟凤、三桃、扎西、罗布、长安、水田、双河为主，打造8 000公顷高产优质烤烟片区。以旧城、庙沟、三桃、扎西、罗布、水田等乡镇为主，打造0.33万公顷高产优质蚕桑片区。以旧城、扎西、罗布、三桃、高田等乡镇为主，打造竹、笋、香桂等林业发展片区。以罗布、双河、扎西等乡镇为主，发展特种养殖（白羽乌骨鸡、大种鸡、马头羊等）片区。以扎西、麟凤、长安为主，打造0.67万公顷高产优质无公害蔬菜片区。依托“一廊一带”，培植辐射全县的高产优质高效粮油和养殖示范片区。

第三节　城镇化格局

按照城乡一体化发展方向，加速小城镇建设，构建新型城镇化格局。坚持把小城镇建设作为提升威信形象的基础工程，围绕“一二三五”工作思路和“六个一”发展目标推进小城镇建设，提高城镇化水平 。

“一二三五”工作思路，即树立一个中心（以县城扎西为中心），增强两种意识（增强特色意识、品牌意识），处理好三个关系（处理好名城开发与保护、名城发展与环境保护、丰富市民精神生活与提高市民素质的关系），突出五个重点（突出高起点规划，打造特色县城；突出高标准建设，打造精品县城；突出高效益经营，打造活力县城；突出高生态保护，打造低碳县城；突出高效能管理，提升名城形象），将县城扎西打造成为环境优美、具有浓厚红色文化底蕴的省级历史文化名城、省级园林城市和省级甲级卫生城市。乡镇集镇发展“六个一”目标，即建设一条配套功能完善的街道、一个自来水厂、一个环卫管理站、一座公厕、一个农产品交易市场、一个科技文化服务站，打造一批功能齐全、布局合理、设施完善、环境优美、适宜居住、有特色产业支撑的特色小集镇，形成以城带乡、城乡互动、协调发展的新格局。

县城建设要按照新一轮总体规划，逐步完善城市功能，加强防洪、给水、排水、供电、供气、污水处理、垃圾处理等基础设施建设，继续抓好“一片历史街区风貌，一条扎西滨河绿带，一个后山森林公园”的“三个一”工程建设，重点推进“一河、两路、三片区”（“一河”即扎西滨河景观，“两路”即新建外环路和兴威南路，“三片区”即田坝综合开发区、平桥居住新区和一中新校区）建设。要在政府宏观调控下，发展房地产，增加经济适用住房和普通商品房供应，稳步推进廉租房建设，完成连接火车站大道等建设工程。抓好老城区穿衣戴帽改造工程，加快绿化亮化。乡镇集镇建设要围绕做特目标，发挥优势，搞好规划，打造特色集镇。一是把麟凤乡集镇建设成以煤电产业为支撑，集工业、消费、旅游为一体的新兴工业集镇；二是依托柿凤二级公路，把庙沟乡集镇建设成集商贸、物流、餐饮业为支撑的商贸物流集散集镇；三是把旧城镇集镇建设成以生态旅游和绿特产业为支撑、连接四川兴文石海洞乡和蜀南竹海的生态旅游集镇；四是把水田乡集镇打造成红色文化特色鲜明、民族风情浓郁、有川滇黔风味的红色旅游集镇；五是把罗布乡集镇建设成以香桂产业为支撑，川南交通要道上的农副产品加工集散集镇。同时，做好长安、三桃、双河、高田乡集镇的规划建设工作。

通过五年的努力，将全县城镇化率从2010年的22%提高到“十二五”末的35%以上。

第五章　发展重点和主要任务

第一节　推进绿色农业产业化进程，加快民生工程建设步伐

统筹城乡经济社会发展，坚持新型工业反哺农业、城市支持农村和“多予、少取、放活”的方针，逐步改变城乡二元结构，走一条以城带乡，以工促农，城乡共同发展的新路子。根据“希望在山、潜力在水、重点在田、后劲在畜、出路在工”的思路，全面发展农村经济，提高农业综合生产能力，推进绿色农业产业化。依靠科技进步和机制创新，转变农业发展方式，加快传统农业向现代农业转型，发展绿色农特产品加工产业链。扶持发展农业龙头企业，鼓励农产品加工企业进行技术改造和产品开发，提高农业产业附加值。按照“生产发展、生活宽裕、乡风文明、村容整洁、管理民主”的要求，以农民增收为出发点，认真落实富民、惠民政策，全面推进以“建设新村镇、发展新产业、培育新农民、创建好班子、建立好机制”为主要内容的社会主义新农村建设。积极探索有利于推进农村集体经济快速发展的新机制新体制，实现集体资产经营性收益和农民分配收入的稳定增长。切实加强对农村公共事业项目投入资金的民主监督，完善卫生、失地农民、社会保障等措施和机制，真正实现公共服务城乡一体化，推动农村经济社会可持续发展。通过努力，力争“十二五”末一产增加值达到6亿元，年均增长8.5%；农民人均纯收入达到5 100元，年均增长12.6%；全县粮食总产达到16.8万吨。

改善农村基础设施条件，提高粮食综合生产能力。抓住国家加大实施生态保护，省加大水利、中低产田改造建设投入的机遇，新建高稳产农田0.73万公顷；通过治理土地新增耕地100公顷；完成桂香沟水库等一批农田水利和农村安全饮水工程，新增和改善灌溉面积0.22万公顷，解决179 851人的饮水困难；水利化程度由“十一五”末的22%左右提高到30%以上。实施县内河道治理24.8千米。实施烟水配套工程，将基本烟田有效灌溉面积增加到4万亩以上。提升主要冰雹带的人工防雹网络功能和覆盖全县的气象预报体系功能，提高防御自然灾害的预警能力。利用“一事一议”的财政奖补机制筹集资金，切实解决农村公共建设资金不足的问题，完成组组通硬化路等工程。加强农村能源建设，积极推广沼气、太阳能等清洁能源，以民用沼气带动农村改圈、改厕、改厨，切实改善农民群众生活和居住环境。“十二五”期间，新建沼气池21 500口、节能灶8 700眼。切实做到“吃放心饭，喝安全水，吸干净气”。

拓宽农民增收渠道，提高农民生活水平。积极推进新型农业产业结构调整，大力发展精品农业、生态农业和特色农业，提高科技对农业的支持力度，提升绿色农特产品的附加值和市场竞争力。大力推进绿色农业产业化经营，积极推行龙头企业+基地+农户的生产模式，使农民在新型农业产业链的延伸中获得更多的收入。与此同时，采用知识（基础教育+科普）与技能（职业教育+干中学）相结合的方式使农民能力得到提升。重点扶持“两高一优”农业，加快绿色农业产业链化步伐，不断推出具有国际竞争力的绿色农特产品，走生态、高产、优质、高效的农业发展之路，推进绿色农业的区域化、专业化、产业化和现代化，提高参与市场竞争的实力。一是提升粮、烟、畜效益。围绕粮食安全，保持年均推广“两杂”良种100万斤以上，保证粮食年产量不低于

16万吨。发展经济作物产业化，烤烟基本实现区域化布局，规模化生产，育秧、栽、管、烤规范化，保持年收购总量5万担左右。2015年，畜牧业总产值达52 117万元，年均增长10%，力争黄牛改良面达90%。二是加快绿色农产品加工产业链发展。以通过省无公害生产产地认证的蔬菜标准化示范区和红锦春公司泡菜食品通过绿色食品认证为带动，扩大白菜、番茄蔬菜标准化区建设，提升农产品质量安全水平和竞争力，保持全县年均蔬菜种植面积4 000公顷以上、年均实现产值16 670万元以上。以龙头企业为带动，在旧城、庙沟、水田、罗布、三桃等乡镇新发展“一步桑园”2 000公顷，力争“十二五”末建成蚕丝厂，实现年产值4 000万元以上。以威信生物锦昌有限公司为龙头，大力发展香桂等生物资源，力争“十二五”末，实现年产值1亿元以上。继续巩固玉米植种产业，力争“十二五”末植种面积达333公顷，生产杂交玉米种子100万千克以上，年产值突破2 000万元。加快油菜产业发展，力争“十二五”末油菜产量达12 000吨，实现产值5 000万元以上。积极发展稻田养鱼，力争“十二五”末养鱼533公顷，实现产值1 000万元以上。三是鼓励发展蚕桑、养牛、养猪等规模种养大户和蚕桑、养牛、养猪等专业协会专业合作社，提高农民组织化程度，加快农村市场化培育。四是加快发展微耕机和标准大棚等现代农业装备，力争“十二五”末全县30%的耕地实现机械化耕作，机耕面积达0.67万公顷。五是加大农村劳动力转移输出力度，增加农民务工收入，力争“十二五”末转移输出农村劳动力10万人左右，实现年务工性总收入12亿元以上。六积极发展民营经济，鼓励外出务工人员回乡创业和广大农民自主创业，领办、创办、合办民营企业。

加快林业发展，建设“森林威信”。围绕把威信建设成为生态环境良好、林业产业发达、低碳经济繁荣、人与自然更加和谐的“森林威信”目标要求，坚持“生态建设产业化、产业发展生态化”原则，认真实施好“森林威信”10年发展规划。力争“十二五”期间全县造林28 000公顷，其中改造低产低效林1.33万公顷，新造人工林8 000公顷，封山育林0.67万公顷，全县森林覆盖率由2010年的38.3%提升到45%。大力发展特色经济林，建成以毛竹、绵竹、苦竹、筇竹为主的竹产业基地0.73万公顷，发展以核桃为主的干果木本油料产业0.067万公顷，在条件适合的石漠化地区适度发展香桂产业基地2 000公顷。积极引进、扶持木材加工企业进行深加工，延伸木材产业链，提高资源综合利用率。力争到“十二五”末实现木材加工5万立方米，林业总产值达到1.5亿元。

创新扶贫开发模式，加快扶贫开发进程。坚持“造血式”扶贫和政府主导、全社会共同参与的方针，推动由单一帮扶转化为多元化帮扶的新模式。统一规划，科学布局，整合资金，实施罗布、高田、旧城整乡推进工程，230个自然村整村推进工程，4 820人易地扶贫搬迁工程，5个老区开发建设项目。着力抓好小额信贷扶贫、贷款贴息扶贫、劳动力培训转移、产业扶贫开发、结对帮扶等工作。“十二五”期间，高标准解决完全县3万贫困人口的脱贫奔小康问题。

加强新农村建设工作，提高新农村建设水平。按照“抓两头促中间”的思路，围绕小康建设目标，提升“一廊一带”新农村试点建设层次，力争建设点广泛覆盖。“十二五”期间，全县规划建设400个省级重点建设村。主要规划布局情况：双河乡双河村谢家坳至庙沟大塘村干河新农村建设示范长廊78个，扎西镇罗坭村团结至石坎村庄子上新农村建设示范带50个，江中出境公路（扎西镇小坝村江西塆至罗布乡新田村中心）33个，顺柏出境公路（罗布乡顺河村至旧城镇松林村柏坳林）24个，麟凤乡麟凤村木瓦房至三桃乡鱼洞村半沟公路13个，罗布乡罗布村香树至三桃乡斑竹两叉河公路13个，花房子至庄子上景区（含比水公路）24个，天星观斗山景区（含新华、马家、高罗公路沿线）15个，天台山溶洞瓦石悬棺大雪山景区16个，麟凤斑鸠黄水河景区19个（共计277个），大面123个，建设概算总投资79 249.05万元。具体目标是：通过实施新型产业发展、基础设施建设、新型能源建设、生态保护与环境建设、新型农民培育、文化建设、产业发展协会建设、民主法治建设、社会保障体系建设等工程，达到“户十有”、“村十有”要求。“户十有”：有一幢安居房，有安全饮水，有节能生活设施，有卫生厕（厩），有广播电视，适龄儿童有学上，有致富技能，有新型合作医疗，有接受教育的条件，有文化活动场所。“村十有”：有一支好的干部队伍，有一个行之有效的村规民约，有符合当地实际的发展思路和规划，有增收致富产业，有村级活动场所，有进村公路和连户水泥路及入户水、电、气、广播电视、通信信号，有良好的生态环境，有公共卫生设施和环境卫生常规管理机制，有新农村建设理事会和专业合作经济组织，有邻里和谐、家庭和睦的文明风尚。

第二节　推进“新型工业强县”进程 加快产业链化步伐

加快新型工业化进程是富民强县的治本之策，是推进威信经济社会更好更快发展的核心举措。实践证明，加快新型工业发展，调整和优化产业结构，是大势所趋、形势所逼，是我们再难也必须闯的“关”，再苦也必须过的“坎”。必须坚定信心，增强发展内生动力，实施新型赶超战略，努力赶上新型工业化浪潮，促进县域经济更好更快发展。必须坚持以市场为导向，发挥市场配置资源的基础性作用，依托优势资源，使资产、资源、资本互动互变，按照“突出节能环保重点，发挥能源优势，有所为有所不为”的原则，重点发展电力、煤炭、化工、建材、生物资源等新型能源产业，着力培育龙头企业和工业园区。通过扶持重点行业、骨干企业、新型工业园区的发展，实现新型工业经济快速增长，带动产业信息化发展。力争2015年全县工业总产值达90亿元，比2010年的16.7亿元增长439%，年均增长40.1%；实现工业增加值37亿元，比2010年的6亿元增长517%，年均增长43.65%。

要发挥能源优势，加大煤电一体化项目建设推进速度，确保2011年配套煤矿投产和第一台机组发电，积极推进煤电项目二期二厂建设，力争到2015年火电装机达240万千瓦，发电120亿千瓦时，把威信打造成在全省乃至全国具有影响力的新型煤电能源基地。推进能源与相关产业间的重组与融合，建立现代能源产业体系，实现能源与相关产业集约、高效发展。力争到“十二五”末原煤产量由“十一五”末的223万吨增加达到783万吨，净增560万吨以上。发挥煤电一体化项目留存部分电量给地方的机遇，力争建成年产45万吨电石厂等煤化工项目。以大建设推动大发展为突破口，加大招商引资力度，积极引进资金实力强、综合素质高的大企业、大公司开发丰富的硫铁矿资源，发展年产40万吨硫酸、30万吨磷肥生产线等新型硫磷化工项目。

加强产业发展战略研究，利用新科技改造建材等传统产业，努力培育特色支柱产业，做大做强一批龙头骨干企业。力争“十二五”期间，建成60万吨水泥粉磨站生产线，筹建120万吨/年电石渣和火电厂煤渣制水泥项目或制砖项目。

要树立新型工业与现代农业、特色城镇化与新农村建设协调发展的思想，积极发展绿色农特产品加工业。力争“十二五”末威信生物锦昌有限公司年实现产值1亿元，旧城“百盈木业行”等木材加工企业年实现产值1亿元，红锦春公司实现年产值2 000万元。建成威信长征茧丝绸公司120吨茧丝生产厂，实现年产值2 400万元。在做强做大龙头企业的同时，发挥其辐射作用，培植一批战略性新兴企业。

发展民营经济，激活民间资本。在推进新型工业化进程中，要高度重视发展民营经济，鼓励民营资本进入法律、法规未禁止的一切行业和领域，做到思想上放心，工作上放手，政策上放宽，使更多的人投身民营经济，参与新型工业发展。鼓励新型民营工业企业实现规模化、集约化发展，建立健全适应市场经济发展要求的现代企业制度。把发展民营经济与建设新型工业园区、新型城镇化建设、新农村建设结合起来，引导其形成产业集群。

第三节　推进基础设施建设进程 加快增强经济社会发展后劲步伐

抓住国家进行社会主义新农村建设和中央明确将乌蒙山区作为扶贫开发重点的重大发展机遇，积极争取国家政策支持，加强新型城镇和基础设施建设。重点解决交通、城建、供电、给排水、节能环保、信息化和生态保护建设问题。力争“十二五”期间全社会固定资产投资累计完成300亿元，年均增长30.3%。

加快交通设施建设，构建快速便捷的交通运输网络体系。一是以提高公路建设等级和提高农村公路通达能力建设为重点，按照客运快速化、货运物流化的要求，坚持新建、扩建和改造并举的方针，与县乡经济发展、资源开发、城镇化建设、人口分布相结合，与铁路等其他运输方式和国省干线公路相衔接，与水、田、森林治理以及环境保护相协调，做到远近结合、干支结合、科学合理、切实可行，基本形成较为完善的综合交通运输网络体系。二是注重路站配套建设。加强公路网络内部结构的优化调整和汽车站场的配套建设，新建一批农村客运站点和旅游景点客运站点，完善现有客运站点的服务功能，实现道路交通协调发展。三是注重建管结合。健全县乡公路建、养、管体制，提高管理水平，做到修一条、成一条，管养一条、发挥一条的效益，逐步实现县乡公路建、管、养的规范化和科学化。力争“十二五”期间，新建威信—叙永（威信段）38.7千米、宜宾—毕节（威信段）73千米高速公路；将扎西—中心、顺河—柏坳林、三桃—孔花、双河比喜—水田斑鸠井建设总里程109.3千米四级路改造成二级公路；改造乡与乡公路5条119.2千米；新建乡与乡连接公路4条89千米；新建改造旅游公路5条92.4千米；按四级沥青路面标准硬化乡村公路19条232.1千米；新建村组公路500千米；贯通县城至两个火车站一级路28.7千米；建设农村客运站点2个。举全县之力支持完成成贵铁路威信段、隆黄铁路威信段建设。通过努力，全县形成“对外干线公路上等级、县乡公路通油、村组公路通达、干支结合，公路铁路结合，优势互补，四通八达”的公路网络。

抓好电力电网设施建设，提高供用电质量。继续完善县城电网、农村电网，提升网络电压水平，加强网络覆盖面。重点抓好西部农村电网改造工程，新建4个乡镇35千伏变电站、实现乡镇有35千伏输变电设施，解决罗布乡、水田乡及旧城镇3 371户人口14 976万无电人口用电问题，实现一户一表率达96%。完成500KV输电线等威信火电厂输电设施建设，完成下载预留电设施建设。

第四节　推进旅游开发进程
加快第三产业发展步伐

加速培育特色（红色、生态和文化）旅游产业，带动现代服务业发展，提升第三产业发展水平。2015年第三产业实现增加值18亿元，比2010年的81 449万元增长121%，年均增长17%以上。

突出发展特色旅游业。充分利用威信地处“鸡鸣三省”的区位优势，整合区域资源，加强区域合作，发展特色旅游业。全县旅游业发展的目标是，力争“十二五”期间累计接待人次和旅游综合总收入比“十一五”翻三番，年均增长率分别达15%和16%以上，接待游客总人次359万人次，旅游综合总收入达到12.38亿元人民币。基本形成五大精品旅游品牌：以扎西会议纪念馆等为代表的红色文化旅游品牌；以大雪山自然保护区、天星国家森林公园、天台山喀斯特溶洞、小三峡赤水河漂流为代表的生态旅游品牌；以观斗山为代表的宗教文化旅游品牌；以塆子苗族文化村、香树彝族风情园为特色的民俗风情旅游品牌；以彩陶、红色旅游纪念品、苗族蜡染、民间刺绣等系列产品开发为重点的特色旅游商品品牌。重点在扎西、水田、麟凤、长安、旧城、高田、双河实施旅游建设项目，努力创建AAAA景区1个，AAA景区3个，AA景区6个。新建三星级宾馆2家、二星级宾馆6家。

加快发展现代物流、信息服务、文化产业、服务外包等新兴服务业为代表的现代服务行业。重点发展物联网、通信网络等与人民生活息息相关的服务业。大力发展现代物流业，鼓励和支持商贸流通经营业创新，加快连锁经营、特许经营、代理制、电子商务等现代营销方式和组织形式的发展。完善商品市场体系，着力提高市场单体交易规模、集约化程度、服务功能，培育建设一批具备一定规模的商品批发市场，使市场建设由数量型向质量型、由粗放型向集约型、由主销地型向集散辐射型、由内销型向外销型转变。依靠供销社逐步完善农村流通网络，扩大服务面。发展新型文化业态，增强多元化供给能力，满足多样化供给需求，繁荣社会主义文化市场。力争“十二五”期间社会消费品零售总额年均增长24%以上。

积极发展现代社区服务业。兴办多种所有制的社区服务业，推动社区服务业向社会化和产业化方向发展，重点推进社区家政服务、文化娱乐、医疗保险、社会安全、体育健身、老年人及儿童服务等行业产业化发展。加强社区服务设施建设，办好社区服务中心和社区综合服务站，拓展社区服务新领域，扩大社区服务覆盖面，健全社区管理服务功能。同时，加快发展信息、中介、金融保险、房地产等现代服务业，促进第三产业内部结构的优化升级。

第五节　推进社会事业发展进程　加快经济社会协调发展步伐

以科学发展观为指导，坚持经济社会协调发展，解决“一条腿长、一条腿短”的问题。切实推进五协调，即区域协调、产业协调、政策协调、措施协调、人员协调。大力实施人才“科教兴威”战略，为全县经济和社会发展提供有效的人才保障和智力支持、科技支撑。要进一步发挥科学技术第一生产力的重要作用，建立健全面向“三农”和企业的科技成果推广应用体系，对新上项目要求技术高起点，对传统产业要加大应用现代科技成果力度。

依托成贵铁路、隆黄铁路和出川公路，向上与毗邻的四川县市积极开展区域合作。向下打造昭东北区域一体化“镇彝威”经济圈。跨越行政区划，构建统一市场，促进生产要素的自由流动，提升区域内经济合作的深度、广度和速度，促进区域经济社会全面、协调、可持续发展。

坚持教育优先发展，加快教育现代化进程，提高国民素质，把人口压力转化为人力资源优势。坚持以人为本，加大教育投入，推进人力资本培育。深化教育改革，调整教育结构，一方面进一步完善知识教育，即基础教育和科普教育，另一方面要注重技能培训，开展职业教育体系，尤其要针对成年人采用“干中学”的形式，加快农民转型。建设学习型社会，切实提高全民素质，促进全民全面发展。针对农村薄弱环节，巩固和提高九年义务教育水平。进一步加大农村教育工作力度，提高农村教育水平，促进义务教育均衡发展。加大农村教育投入，建立农村义务教育保障机制。进一步改善办学条件，消除农村中小学危房，着力改善农村寄宿制中小学的学生住宿等生活条件。大力发展高中教育，把以解决扩招为主逐步转变为普招，解决高中入学难问题，力争到“十二五”末，全县高中毛入学率达75%以上。进一步做强做优普通高中，办好县优质高中，扩大优质高中教育资源，全面完成威信一中新校区建设。加大职业教育力度，提高职教水平，大力培养和培训初、中级实用技能人才，为加快经济社会发展和做强劳务产业奠定人才基础。高度重视民族教育，学前教育、在职人员继续教育，加快现代远程教育发展。高度重视人力资源培育，倡导外出劳务汲取经验，采用干中学形式，以增强自身能力，提高自我增收能力。

发展卫生事业，建设以县人民医院、中医院、妇幼保健站、疾病预防控制中心为依托、乡镇卫生院为骨干，以村卫生室为基础的农村卫生服务网络。大力开展信息化网络与周边省市先进医疗机构的沟通交流，充分利用省级医院、医科院校及科研机构的先进技术，提高县、乡、村三级医疗技术水平。加大卫生专业人才队伍建设、医疗设备购置投入、卫生体制改革，坚持多种体制并存。建立农村新型合作医疗，力争农村新型合作医疗覆盖率达到98%，保证农民看得上病，看得起病。加强农村初级卫生保健队伍建设，让农村群众人人享受初级卫生保健。加快健全疾病预防控制体系、信息化远程医疗体系和医疗救治体系，加强疾病预防控制，加快地方病防治进程，完善突发公共卫生事件应急指挥体系，力争建设老年康复中心、疗养院。健全卫生执法监督体系，加强食品药品监督管理，建立监督有效、保障有力的综合卫生监督执法机制。到2015年，建立起适应威信社会经济发展水平和满足人民群众多层次健康需求的公共卫生、医疗服务、预防保健、远程医疗、卫生监督体系。以美化人居环境和巩固“省乙级卫生县城”创建成果为目标，继续大力加强爱国卫生工作，不断提升爱国卫生工作管理水平。

积极发展文化事业。抓好县文化体育综合场馆建设，着力推进基层综合文化站、村文化室、农家书屋建设。开展文化、科技、电影下乡活动，倡导和开展科学、健康向上的群众文化活动。加强文艺精品创作，培育文化龙头企业，激发文化发展活力，发展红色旅游文化产业。加强文化市场监管，规范文化市场秩序，加大网吧管理力度。大力发展体育事业，推进群众性体育活动蓬勃开展。力争完成直播卫星覆盖工程3.8万户；完成本地地面无线数字节目覆盖工程1.7万户；建成广播节目光缆通村覆盖工程，使7万户农户能够收听广播。

关心和支持工会、共青团工作，加快实施妇女儿童发展纲要，重视和支持老龄、残疾人事业。加强国防、民兵预备役和人防建设，做好拥军优属、优抚安置和军民共建。发挥人事、编制等工作在人才人事工作中的基础作用，发挥统计调查工作的信息、咨询和监督作用，继续做好民族宗教、外事侨务、对台、工商联等工作，加强文史研究和档案、地方志等工作，推动各项事业全面发展。

加强就业和再就业工作，健全和完善社会保障体系。把扩大就业放在经济社会发展更加突出的位置，实行积极的就业政策。在政府的宏观指导下大力培育劳务公司，本着以人为本的原则，努力开拓省外以及国外劳务市场，鼓励劳动者自主择业，促进多种形式就业。积极实施再就业援助工程，开展就业再就业培训和创业培训工作，提高劳动者从业技能和创业能力，促进劳动者素质的提高，提供劳动者转型的机会。引导城乡劳动力有序流动和合理配置，积极鼓励返乡创业，建立外出就业和返乡创业双向流动就业机制。强化就业服务体系建设，发展劳动保障服务机构，完善建立法律援助中心，为劳动力转移提供支持和保障。到2015年城镇登记失业率控制在4.5%以内，“十二五”期间，保持年转移输出农村劳务人员10万人左右。

加快社会保障体系建设。完善最低生活保障制度，关心救助社会弱势群体，将符合条件的城市和农村低收入人口全部纳入最低生活保障范围，做到“应保尽保”，并逐步提高保障标准。发展城乡社会救济、优抚和社会福利事业，逐步建立和完善优抚对象抚恤补助标准自然增长的机制。完善城镇社会保障体系和养老保险制度，进一步扩大城镇基本养老和基本医疗保险面；按照“一年试点，两年基本实现全覆盖”的目标，切实做好新型农村社会养老保险工作，到2012年底实现对全县农村适龄居民全覆盖。进一步加强农村“五保”供养工作，扩大失业保险覆盖面，保证符合条件的失业人员按规定享受失业保险待遇，确保基本生活。大力推进失业人员再就业培训，提供失业人员自我增收能力，积极引导农民参加社会各类政策允许的社会保障。

第六节　推进财税工作进程
加快公共财政体系建设步伐

财政工作要围绕发展大局，强化机遇意识，培植财源，要认真研究低碳经济，积极争取成为资源环境税收试点。要积极争取上级各类转移支付补助，切实提高县财政保障能力，使财政保障能力和经济发展后劲更足更强。要努力挖掘税源，强化收入征管，使财政收入增长更快。要坚持公共财政方向，优化支出结构，使公共财政覆盖范围更广。要牢固树立长期过紧日子的思想，大力压缩一般性支出，把关系国计民生和改革发展大局的事业作为投入重点，不断提高公共保障能力，有力地支持县域经济建设和各项事业的发展。要加快推进各项改革，使财政经济运行质量更好。要不断强化监督检查，使资金管理使用效益更佳。争取率先成为扶贫开发、生态环保、老区建设综合实验区。到2015年，地方财政一般预算收入达到4亿元，年均增长25%以上，为全县经济社会发展提供有力支持。

探索建立金融风险分摊机制和金融服务协调联动机制，大力发展民间资本，同时，通过资本注入、风险补偿、林权抵押等方式，搭建信用担保和银企、银农对接平台，着力解决中小企业贷款难、“三农”工作投入难问题。抓好其他领域的银政、银企合作，加大金融对地方经济社会发展的支持力度。

第七节　推进可持续发展进程
加快绿色生态立县建设步伐

全面落实计划生育基本国策，稳定低生育水平。采取有效措施，不断深化人口与计划生育综合改革，加快建立“依法管理，村（居）民自治、政策推动、优质服务综合治理”工作机制，推进“省级计划生育优质服务县”创建工作，开展无多孩乡镇、村创建工作，实施计划生育家庭奖励和扶助“少生快富”扶贫工程，大力倡导婚育新风进万家，提倡文明生育，严格控制人口增长。到“十二五”末，将人口自然增长率控制在6.5‰以内，将总人口（常住人口）规模控制在39.85万人以内。

加强节能环保，建设绿色生态威信。用高效节能、先进环保、循环利用的生态理念统领全县经济社会发展全局，促进生态转型。重点建设生态经济、生态文化、生态人居、生态支撑和生态环境系列工程，走符合威信县情的可持续发展之路。加大环保资金、科技投入，做好城乡环境污染防治工作，采取分散治理与集中治理相结合等防治措施，严格控制新建、改建、扩建项目新增污染物排放量，大力推进企业清洁化生产和经营业主清洁燃料的使用，做到增产增利不增污。强化污水、垃圾、农村污染等综合整治，切实做到使全县人民吃放心饭，喝安全水，吸干净气。走新型工业化道路，健全资源开发合理机制和生态修复机制，鼓励和支持发展经济效益好、环境污染小的投资项目，压缩环境污染严重项目的生存空间，避免“先污染后治理”，督促传统产业引入环保机制。加强生态建设，改善农业生态环境，巩固退耕还林成果。到“十二五”末，将森林覆盖率由2010年的38.3%提高到45%以上。继续实施沼气、节柴改灶为重点的农村清洁能源建设。引进绿色GDP理念，将绿色GDP作为衡量经济和社会发展的重要参考指标，努力建设生态文明，实现可持续发展。不仅做好环境成本的“减法”，更要做好生态保护的“加法”，“以绿生财，以绿致富”，积极争取成为碳排污权交易试点。

第八节　推进改革开放进程

加快改革开放活县建设步伐

要按照国家、省、市的部署，积极稳步推进经济体制和行政管理体制改革，逐步消除影响生产力发展的体制性、政策性障碍，为经济和社会发展营造良好的体制和政策环境。

深化农村土地使用权制度改革，切实保护农户的土地承包经营权，保障农民的物质利益和民主权利不受侵犯，按照“依法、自愿、有偿”的原则，有序推进土地经营权合理流转，切实提高土地利用效率。深化农村金融体制改革，引入现代金融业，注入民间资本，大力发展小额信贷，解决农民发展生产和创业致富过程中资金不足问题；利用集体林权制度改革的成果，促进林业产业健康发展。

医药卫生体制改革要坚持公共医疗卫生的公益性质，坚持预防为主、以农村为重点、中西医并重的方针，实行政事分开、管办分开、医药分开、营利性和非营利性分开，强化政府责任和投入，完善国民健康政策，健全制度体系，加强监督管理，创新体制机制，鼓励社会参与，积极引入信息化网络，沟通交流服务，建设覆盖城乡居民的基本医疗卫生制度，不断提高全民健康水平，促进社会和谐。

以建立廉洁高效、运转协调、行为规范的行政管理体制为目标，全面加强经济调节、市场监管、公共管理、社会服务四大政府职能。全面推进依法行政，转变政府管理方式，增强政府调控市场经济的能力，实现管理方法从行政管理为主向法制管理为主转变，管理手段从直接调控向间接协调转变，管理领域从偏重经济发展向经济、社会、环境协调发展转变。改革审批制度，减少审批项目，简化审批程序，公开审批条件，提高政府行政效率。积极推进行政服务网络、电子政务和电子监察系统建设，加强行政效能投诉受理工作，加强对行政权力运行的网上监控，促进政府管理创新。把行政服务中心作为创优政务环境的主阵地，大力推行一站式、全程式、跟踪式、“保姆式”服务，不断优化政务环境。完善各项政府规章，建立科学完善的行政决策制度。加快发展独立的行业协会和中介服务机构，实现政事分开。深化投融资体制改革，进一步发挥市场在资源配置中的基础性作用，确立企业在投资活动中的主体地位，按照“谁投资、谁决策、谁受益、谁承担风险”的原则，保护投资者的合法权益，维护市场公平、有序竞争与投资要素的合理流动。

按照“发展为上，投资为本”的原则，进一步优化投资环境，提高对外开放水平。继续把招商引资作为威信经济社会发展的重要抓手，明确工作职责，完善政策措施，在符合国家产业政策和生态环保要求的前提下，兼顾本地经济形式，招大商、大招商，推进产业链招商、产业集群招商。紧紧围绕我县丰富的旅游、矿产、能源、林特资源优势，主动承接东部沿海地区产业转移，做好招商引资项目与我县资源的有效对接，扩大引资规模，提高招商质量。组织重大招商活动，着力招引高就业、高税收的大项目、好项目。要在招商引资过程中，坚决破除引资开发是“卖资源赚税收”的闭关狭隘思想，牢固树立“大开放促进大开发、大开发推动大发展”开放包容意识，把对外开放摆到更加突出的战略位置，形成“上争、内聚、外引”的开放格局。充分平衡大项目不同时期对当地民生经济带来的影响，拉长大项目为当地经济带来的拉动作用，快速发展，平稳过渡。要充分利用威信背靠云南、面向川渝黔的区位优势，积极融入昭通市特别是昭东北地区一体化和“镇彝威”经济圈发展，认真研究如何加强城市规划、基础设施、产业发展、公共事务等方面与昭通市其他区县的合作，不断优化自身的生产力布局和资源配置。与此同时大力发展区域经济，主动融入川、渝、黔经济圈，寻求更广阔的发展空间，赢得更多的合作机会。要充分利用昆交会、昭交会、上海旅交会等平台，把我们富足的资源、良好的政策环境推介出去，吸引大企业、大财团进入威信，开发新型能源、特色旅游、绿色农副产品加工等新型产业，形成多形式、全方位的开放态势，注重投资、消费、进出口贸易三驾马车并举。建设大项目，推动大发展，提升县域经济竞争力。要树立“服务企业就是发展自己”的理念，强化干部责任意识、服务意识和法治意识，纠正和克服有令不行、有禁不止，办事拖拉、推诿扯皮，不求进取、平庸无为，暗箱操作、逃避监督等问题，严肃查处吃、拿、卡、要等违纪违法行为，创造一个宽松、宽容的社会环境。力争“十二五”期间全县利用县外资金100亿元以上，使全县开放型经济占生产总值比重进一步提高。

启动和扩大民间投资，促进经济较快增长。认真贯彻落实民间投资“新36条”，促进“十二五”民营经济进一步发展，促进民间资本在威信的金融业、基础设施建设、市政建设、保障性住房、现代服务业等领域发挥更大更好的作用。

第九节　推进依法以德治县进程
加快科学和谐稳县建设步伐

以科学发展观为指导，努力构建民主法治、公平正义、诚信友爱、充满活力、安定有序、人与自然和谐相处的新威信。

加强政治文明建设。坚持和完善人民代表大会制度，强化人大依法监督“一府两院”职能。坚持和完善共产党领导的多党合作和政治协商制度，推进政协履行职能的制度化、规范化和程序化。充分调动工商联、人民团体和各族各界人士的积极性，为全面建设小康社会贡献力量。扩大基层民主，健全群众性自治组织，完善以职工代表大会为基本形式的企业民主管理制度，组织人民群众依法管理经济、文化和社会事务。进一步推进法制建设，坚持依法治县，建设法治政府，确保依法行政；维护司法公正，切实保障公民和法人的合法权益。加大执法检查监督力度，纠正行政违法行为。开展“六五”普法建设，提高全县广大干部、群众的法律素质。完善行政监督机制，构建人大监督、社会监督、舆论监督、内部监督相结合的监督体系。建立健全教育、制度、监督并重的惩防腐败体系，从源头上预防和解决腐败问题。

加强精神文明建设。认真贯彻公民道德实施纲要，弘扬爱国主义精神，大力倡导社会公德、职业道德和家庭美德，大力推进社会主义先进文化建设，加强思想政治和道德品质教育，培养有理想、有道德、有文化、守纪律的社会主义公民。大力弘扬和培育民族精神、科学精神和创新精神。广泛开展文明城市、文明社区、文明村镇、文明行业、文明单位等创建活动，营造文明健康的生活氛围。以建设“诚信威信”为目标，建立和完善社会信用制度。开展社会诚信教育、增强公民诚信守法意识，营造全社会良好的诚信环境。

全力推进“平安威信”建设，努力保证社会大局和谐稳定，为经济和社会事业发展创造良好环境条件。进一步加强社会治安和综合治理，依法严厉打击各种违法犯罪活动，着力解决群众反映强烈的治安问题，增强人民群众的安全感。教育引导群众理性合法的表达利益要求通过合法手段维护自身合法权益。建立安全生产监督机制，加强对工矿企业、交通运输、公共娱乐、学校等重点行业和领域的集中教育和整治，消除事故隐患，预防重特大事故发生。坚决打击强买强卖、强装强卸、阻工扰工、压标串标行为，坚决打击制假售假、商业欺诈、偷逃骗税等行为，建立良好的市场经济秩序。大力推进治安防范体系基础建设，发动群众参与治安。坚持“分级负责、归口办理”原则，认真落实信访工作领导责任制和责任追究制，试行信访听证会等有效办法，妥善处理信访突出问题及群体性事件，严格控制集体访、越级访、重复访。认真解决好群众反映强烈的突出问题，保证人民群众安居乐业。

第六章 “十二五”期间重大项目规划

根据国家、省、市的投资导向以及今后5年全县经济社会发展的目标任务，综合分析“十二五”期间投资形势，经过收集整理各行业投资项目的前期工作情况和与上级对接预测，全县“十二五”期间规划建设重大项目160个，估算总投资3 057 592万元，其中新建项目120个，估算总投资1 934 741万元；续建项目18个，估算总投资870 788万元；改建项目19个，估算总投资207 063万元；扩建项目3个，估算总投资45 000万元。

按行业分类：能源建设项目13个，估算投资970 873万元；交通建设项目28个，估算投资1 389 850万元；工业建设项目9个，估算投资136 000万元；农林水建设项目24个，估算投资181 108万元；城镇建设项目31个，估算投资117 190万元；社会事业发展项目46个，估算投资176 605万元；商贸流通项目4个，估算投资38 000万元；扶贫项目5个，估算投资47 966万元。

第七章 “十二五”规划实施保障措施

一、做好“十二五”编制工作

深入贯彻落实科学发展观，做到“四个注重”：一要注重发展条件的研究，力求更加系统；二要注重发展区域的研究，力求划分更加具体；三要注重发展平台的研究，力求更加务实；四要注重发展保障的研究，力求更加配套。此外还应突出与“十一五”的新、异、特之处，作为其传承和发展。

二、创新思想

牢固树立“创新发展”理念，紧紧围绕“追赶发展+跨越发展+科学发展”第一要务，进一步解放思想，抢抓机遇，开拓创新，以思想观念大转变促进发展新跨越。全县各级、各部门必须把“十二五”全县经济社会发展战略、规划目标作为本地、本部门“十二五”期间工作重点的主要依据，制定专项规划和实施方案，编制和实施年度计划并加以具体落实。加强思想舆论引导，加大“十二五”规划宣传力度，使其成为凝聚人心、引领发展的旗帜。

三、切实加大投资力度

紧紧抓住国家进行社会主义新农村建设和中央明确将乌蒙山区作为扶贫开发重点的重大发展机遇，争取率先成为扶贫开发、生态环保、老区建设综合实验区及排污权交易试点，尽可能多地争取国家资金支持；加强与省、市沟通联系，争取专项资金和更多的财政转移份额；狠抓招商引资工作，广泛引进外来资金和项目；加强同金融部门和机构的联系，发挥好中小企业担保公司桥梁和纽带作用。引入银行试点，最大限度争取开发银行贷款，大力推进小额贷款，充分利用地方金融充裕资金，引入民间资本，促进储蓄存款向投资转化；优化投资环境，进一步鼓励和吸引社会投资；积极运用债券等直接融资方式，增加资本融资。坚持项目带动实施行动计划，精心编制“十二五”规划建设项目，实行重点建设项目政府直接调度制度，编制年度建设项目计划，逐年实施。

四、全面优化发展环境

坚持依法行政，认真贯彻落实《行政许可法》，减少和规范行政许可事项，杜绝“不作为、乱作为”。建立效能建设考核制度，开展行政效能评议，强化对政府工作的监督，建立健全行为规范、运转协调、公正透明、廉洁高效的行政管理服务体制。加强投资服务中心和乡镇便民服务全程代理平台建设，全面推行首问负责制、服务承诺制、限时办结制、责任追究制，提高行政运行效率。推行“一个窗口”对外和“一站式”服务，建立健全项目审批“快捷通道”，实行“联审联办”，减少环节，简化程序，提高效率。对有合作意向的项目要盯住不放、跟踪落实，力争尽快签约。加强行政执法监督，营造公正的执法环境。围绕构建应用、支撑、基础设施三大体系，加快“数字威信”建设，突出抓好电子政务建设，建立和完善政府门户网站，推进政务电子化和网络化，提高政府工作透明度。进一步完善基础设施建设，创造更优良的硬件环境。妥善做好征地、拆迁、安置等工作，为投资创业创造良好的社会环境。切实增强对非公有制经济的服务意识，加强产业政策、空间布局、结构调整、资源配置的宏观指导，在市场准入、投资立项、土地使用、资金融通、税收征取等享受外来投资同等待遇，为其提供信息咨询、技术支持、产权交易、信用担保、法律援助等服务，促进非公有制经济蓬勃发展。积极建设“信用威信”，加强政府信用建设，取信于民；推进企业信用建设，建立企业信用自律机制；抓好个人信用建设，建立个人信用联合征信体系。广泛开展诚信教育实践活动，努力形成诚信为本、操守为重的社会风尚。

五、不断完善体制机制改革，按照机制体制改革并行，机制改革优先的原则，加快政府管理创新和职能转变，强化公共服务职能

深化投资体制改革，实行民间投资项目备案制。建立健全科学、民主、依法决策的有效机制，提高政府决策水平。加快建立公共财政体制，优化财政支出结构，保证政府有效履行公共服务职能和集中财力办大事。完善县乡财政管理体制，加大对乡镇财政支持。

六、实施人才强县战略

积极实施“人才工程”，营造尊重知识、尊重人才、鼓励创业的浓厚氛围。拓宽人力资源培育政策，从知识和技能两个角度，加快建立有利各类人才健康成长、脱颖而出、人尽其才的机制。建立智力产权制度，推行知识、技术、管理、专利等无形资产参与分配的政策和办法，吸引并留住各类人才。抓好党政领导人才、招商引资人才、专业技术人才、企业经营管理人才、农村乡土人才建设。加强县人才市场建设，健全人才市场网络。建立合理的人才流动制度，创造人才引得进、留得住、用得好的优良环境和创业条件。

“十二五”时期是党的十七大召开后威信编制的第一个国民经济和社会发展的中长期规划，是威信全面建设小康社会承前启后的关键时期。全县人民要以强烈的历史使命感和时代紧迫感，振奋精神，励精图治，奋力拼搏，扎实工作，为实现县域经济社会发展新跨越而努力奋斗。

附：威信县“十二五”经济社会发展主要指标表（略）

威信县“十二五”重大项目规划表（略）